우정사업본부 · 우체국 · 지방우정청 우정 9급 계리직 공무원 시험 대비

계리직 공무원

한국사 기본서 (상용한자 포함)

SD에듀
(주)시대고시기획

계리직이란?

우정사업본부에서 하는 사업은?

우정사업본부(지방우정청)는 과학기술정보통신부 산하기관으로, 핵심 업무인 우편물의 접수 · 운송 · 배달과 같은 우정사업을 비롯하여 우체국보험 등 금융 관련 사업에 관한 정책을 수립하고 집행하는 일을 담당합니다.

우 편   예 금   보 험

계리직 공무원이 하는 일은?

계리직 공무원의 직무는 우체국 금융업무, 회계업무, 현업창구업무, 현금수납 등 각종 계산 관리업무와 우편통계관련업무입니다.

우체국 금융업무   회계업무   현업창구업무   계산관리업무   우편통계관련업무

계리직 공무원을 선호하는 이유는?

하나. 시험 부담 DOWN

계리직 공무원의 필기시험 과목은 한국사, 우편상식, 금융상식, 컴퓨터일반 4과목으로 타 직렬에 비하여 비교적 시험과목이 적어 수험생들에게 인기 있는 직렬 중 하나입니다.

둘. 업무 만족도 UP

계리직은 대부분 발령이 거주지 안에서 이루어지므로 거주지 이전의 부담이 적습니다. 또한 업무 특성상 명절 기간 등을 제외하고는 야근을 하는 일이 드물어 업무 만족도가 높은 편입니다.

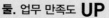

시험 안내

주관처

우정사업본부 및 지방우정청

응시자격

학력 · 경력	제한 없음
응시연령	만 18세 이상
결격사유	다음에 해당하는 자는 응시할 수 없음 ① 「국가공무원법」 제33조의 결격사유에 해당되는 자 ② 「국가공무원법」 제74조(정년)에 해당되는 자 ③ 「공무원임용시험령」 등 관계법령에 의하여 응시자격을 정지당한 자(판단 기준일: 면접시험 최종예정일)
구분모집 응시대상자	① 장애인 구분 모집 응시 대상자 「장애인복지법 시행령」 제2조에 따른 장애인 및 「국가유공자 등 예우 및 지원에 관한 법률 시행령」 제14조 제3항에 따른 상이등급 기준에 해당하는 자 ② 저소득층 구분 모집 응시 대상자 「국민기초생활 보장법」에 따른 수급자 또는 「한부모가족지원법」에 따른 지원대상자에 해당하는 기간이 응시원서 접수일 또는 접수마감일까지 계속하여 2년 이상인 자
거주지역 제한	공고일 현재 모집대상 권역에 주민등록이 되어 있어야 응시할 수 있음

**시험과목 및
시험시간**

시험과목	① 한국사(상용한자 2문항 포함) ② 우편상식 ③ 금융상식 ④ 컴퓨터일반(기초영어 2문항 포함)
문항 수	과목당 20문항
시험시간	80분(문항당 1분 기준, 과목별 20분)

※ 필기시험에서 과락(40점 미만) 과목이 있을 경우 불합격 처리됩니다.
※ 세부 사항은 시행처의 최신 공고를 확인해 주세요.

총평

우정사업본부 발표에 따르면 2022년 우정 9급(계리) 공무원 선발인원은 2021년 331명에서 464명으로 증가한 반면 지원자는 24,364명에서 17,999명으로 줄면서 경쟁률이 평균 73.6 대 1에서 38.8 대 1로 크게 하락하였습니다. 지원자 17,999명 중 11,035명이 응시하여 61.3%의 응시율을 나타냈는데, 이는 2021년 대비 4.6%p 하락한 것으로 2021년의 경우 지원자 24,364명 중 16,046명이 응시해 65.9%의 응시율을 기록하였습니다.

2022년의 필기시험은 기존의 우편상식 및 금융상식 과목이 분리되어 한국사, 우편상식, 금융상식, 컴퓨터일반 4과목으로 치러진 첫 시험이었습니다. 전체 문항 수도 60문항에서 80문항으로 증가했고, 과목이 분리된 만큼 공부해야 할 시험범위도 넓어져 수험생들에게는 부담이 될 수 있었습니다.

우정사업본부는 2024년 시행 시험부터 다음의 변경사항을 예고했습니다.

- 한국사능력검정제 도입 │ 시험의 공신력 향상을 위해 기존 필기시험 과목 중 한국사를 한국사능력검정시험으로 대체
- 직무관련 과목 확대 │ 직무관련성이 높은 금융상식(20문항)을 예금일반(20문항)과 보험일반(20문항)으로 세분화하여 업무전문성 및 시험 변별력 확보
- 실무위주 문제 출제 │ 업무관련성이 낮은 컴퓨터일반의 알고리즘, 프로그래밍 언어론 및 학습동기 유발이 없는 상용한자를 출제범위에서 제외
- 창구업무를 주로 수행하는 계리직종의 특성을 고려하여 기초영어는 생활영어 중심으로 개선하고 문항 수 확대 (2문항 ➡ 7문항)

2024년 시험을 대비하기 위해서는 먼저 한국사능력검정시험을 준비해야 하며, 금융상식 과목이 분리·확대된 만큼 우정사업본부에서 제공하는 학습자료를 바탕으로 꼼꼼하게 학습해야 합니다. 또한 영어 과목의 문항이 생활영어 중심으로 확대·개편되므로 창구업무에서 사용될 수 있는 다양한 숙어와 표현을 학습해야 합니다.

2023년 시행 예정인 시험은 2022년과 동일하게 진행될 예정이므로, 2022년 시험을 준비하였던 수험생들에게는 좀 더 수월하게 느껴질 수도 있습니다. 다만, 2022년 필기시험의 전체적인 난도가 중상 이상으로 높게 체감되었던 만큼 좀 더 세분화해 꼼꼼하게 학습하는 자세가 필요합니다.

2022년 계리직 지역별 지원자 및 응시율

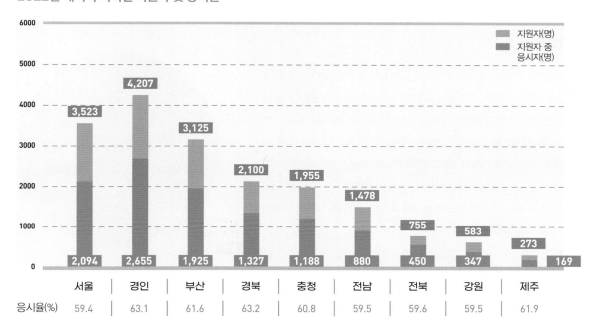

	서울	경인	부산	경북	충청	전남	전북	강원	제주
지원자(명)	3,523	4,207	3,125	2,100	1,955	1,478	755	583	273
지원자 중 응시자(명)	2,094	2,655	1,925	1,327	1,188	880	450	347	169
응시율(%)	59.4	63.1	61.6	63.2	60.8	59.5	59.6	59.5	61.9

2022년 계리직 시험 지역별 합격선 및 경쟁률

	서울	경인	부산	경북	충청	전남	전북	강원	제주
합격선(점)	70.00	71.25	67.50	63.75	65.00	62.50	61.25	62.50	70.00
경쟁률(%)	58.7	45.2	43.4	33.3	34.3	25.9	24.4	25.3	34.1

※ 합격선은 각 지방 우정청별 '일반'부문 합격선을 기준으로 수록하였습니다.

한국사 기출분석

2022년 계리직 한국사의 난도는 중상으로 작년보다는 쉬웠고 2022년에 시행된 국가직과 지방직 시험보다는 어려웠습니다. 단순 암기 문제가 대부분이었지만 생소한 사료와 어려운 지문이 다수 출제되어 체감 난도가 훨씬 높았을 것입니다. 단원별 출제 비율은 작년과 유사하며, 특히 문화사와 경제사는 적은 문항수이지만 자주 출제되므로 포기하면 안 되는 영역입니다. 고득점 합격을 위해서는 단순 암기보다 시대별 특징과 흐름을 정확히 이해하고 암기해야 합니다.

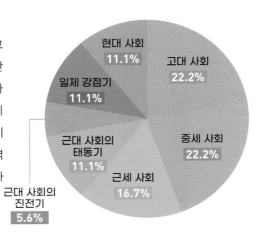

현대 사회 11.1%
고대 사회 22.2%
일제 강점기 11.1%
중세 사회 22.2%
근대 사회의 태동기 11.1%
근세 사회 16.7%
근대 사회의 진전기 5.6%

한국사 학습 안내

한국사는 우정서기보(계리직) 시험 과목 중 수험생들에게 가장 익숙한 과목이자 고득점을 올리기 위한 전략 과목입니다.

계리직 한국사의 경우 다른 직렬의 시험에서는 출제되지 않는 '우정 한국사' 영역이 출제되기 때문에 시대적 흐름 파악은 물론 우정청과 관련된 사건 및 인물에도 초점을 맞추어 학습해야 합니다.

한국사는 큰 틀에서 보면 하나의 커다란 이야기입니다. 시대별 공통점과 차이점을 비교하여 정리하고 한국사의 각종 사건들을 테마별 · 시대별로 나누어 인과 관계를 이해한다면, 보다 효율적인 학습이 가능합니다.

학습 포인트

▶ **하나**
한국사의 전체적인 흐름 파악은 물론 우정청과 관련된 역사적 사건과 인물들의 특징을 꼼꼼히 파악하여야 합니다.

▶ **둘**
고득점을 올리기 위해서는 한국사의 각종 사건을 테마별 · 시대별로 나누고 비교 · 연계하여 암기하는 연습을 하여야 합니다.

▶ **셋**
기출된 사료를 정리하여 반복 학습하고 제시된 자료에서 핵심 단어를 찾는 연습을 통해 생소한 자료에 대한 적응력을 키워야 합니다.

CONTENTS

목차

SD에듀와 함께, 합격을 향해 떠나는 여행

출제 비중 체크!

※ 계리직 전 8회 시험(2008~2021) 기출문제를 기준으로 정리하였습니다.

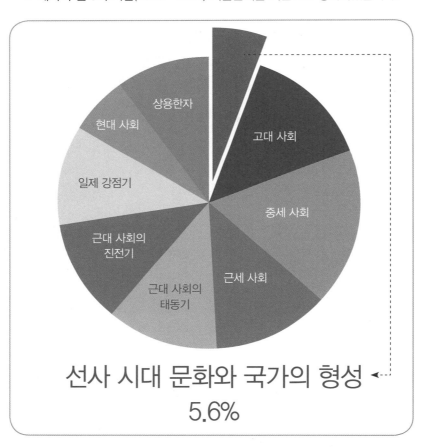

선사 시대 문화와 국가의 형성
5.6%

PART

01 | 선사 시대 문화와 국가의 형성

I wish you the best of luck!

우정사업본부 지방우정청 9급 계리직

한국사

역사의 학습 목적

1. 역사의 의미

(1) 객관적 의미의 역사

① **과거의 객관적 사실** : 사실로서의 역사는 객관적 사실, 즉 시간적으로 현재에 이르기까지 일어났던 모든 과거의 사건을 의미한다.

② **과거 사건의 집합체** : 이러한 의미에서 역사는 바닷가의 모래알같이 수많은 과거 사건들의 집합체가 된다.

③ **랑케의 견해** : 랑케(L. Ranke)는 "역사가는 자기 자신을 죽이고 과거가 본래 어떠했는지 밝힐 수 있어야 하며, 역사적 사실만으로 이야기해야 한다."라고 말하여 있는 그대로의 역사, 사실로서의 역사를 강조하였다.

(2) 주관적 의미의 역사

① **주관적 재구성** : 기록으로서의 역사는 과거의 사실을 토대로 역사가가 이를 조사하고 연구하여 주관적으로 재구성한 것이다.

② **역사가의 가치관 개입** : 필연적으로 역사가의 가치관과 같은 주관적 요소가 개입하게 되어 역사라는 말은 기록된 자료 또는 역사서와 같은 의미가 된다.

③ **카(E. H. Carr)의 견해** : 카(E. H. Carr)의 견해는 "역사는 역사가와 사실 간의 부단한 상호 작용이며, 현재와 과거 사이의 끊임없는 대화이다."라고 말하여 기술로서의 역사, 사실 해석과 의미 탐구, 역사가의 올바른 해석의 중요성을 강조하였다.

더 알아보기 ➕

객관적 의미의 역사 VS 주관적 의미의 역사

구분	객관적 의미의 역사	주관적 의미의 역사
특징	• 사실로서의 역사 • 현재까지 일어난 모든 과거 사건 • 수많은 과거 사실들의 집합체 • Geschichte, 역(歷) • 실증주의 사관	• 기록으로서의 역사 • 역사가에 의해 재구성된 기록 • 역사가의 주관적 요소 개입 • Historia, 사(史) • 상대주의 사관
대표 학자	• 랑케(Ranke) : 역사의 객관성 강조 → "오직 역사적 사실로 말하게 해야 한다."	• 크로체(Croce) : 역사가의 현재 주관 강조 → "모든 역사는 현재사이다."
	카(E. H. Carr) : 역사가와 과거 사실 사이의 부단한 상호 작용을 강조하며 중도적 입장을 취함 → "역사란 현재와 과거의 끊임없는 대화이다."	

한민족의 형성

1. 우리 민족의 기원

(1) 민족의 기틀 형성

① **분포 지역** : 우리 조상들은 대체로 중국 요령(랴오닝)성, 길림(지린)성을 포함하는 만주 지역과 한반도를 중심으로 한 동북아시아에 넓게 분포하여 살고 있었다.

② **민족의 기원**▼ : 우리나라에 사람이 살기 시작한 것은 구석기 시대부터이며, 신석기 시대에서 청동기 시대를 거치면서 민족의 기틀이 형성되었다.

③ **한(韓)민족의 근간 형성** : 기원전 8000년경 신석기인이 해안이나 강변 지역에 정착하기 시작하면서 농경 생활을 바탕으로 독자적인 문화(동방 문화권)를 형성하였다. 이들은 중국 요령(랴오닝), 길림(지린)성을 포함하는 만주 지역과 한반도를 중심으로 동북아시아에 넓게 분포되었는데, 이들이 바로 우리 민족을 형성하는 근간이 되었다.

▼ **중국 고전의 기록**
중국 문헌에는 우리 민족을 맥족, 예맥족, 동이족, 한족(韓族) 등으로 기록하였다.

2. 구석기 시대의 유물과 유적

(1) 구석기의 시기 구분

① **구석기 시대의 시작** : 우리나라와 그 주변 지역에 구석기 시대 사람들이 살기 시작한 것은 약 70만 년 전부터이다.

② **구석기 시대의 시기 구분** : 구석기 시대는 석기를 다듬는 수법에 따라 전기 · 중기 · 후기의 세 시기로 나누어진다.

▼ 구석기 시대 유적지

(2) 구석기 시대의 유적지▼

① **구석기 시대의 유적지** : 우리나라 구석기 시대의 대표적인 유적으로는 평남 상원 검은모루 동굴, 경기도 연천 전곡리, 충남 공주 석장리 등이 있다.

② **출토 유물** : 이들 유적에서는 석기와 함께 사람과 동물의 뼈 화석, 동물 뼈로 만든 도구 등이 출토되어 구석기 시대의 생활상이 밝혀지게 되었다.

더 알아보기➕

구석기 시대 주요 유적지

시기	유적지	특징 및 출토 내용
전기	충북 단양 금굴 유적	• 가장 오래된 유적(최고(最古), 70만 년 전)
	평남 상원 검은모루 동굴	• 포유동물의 뼈 • 주먹도끼
	경기도 연천 전곡리 (1978)	• 아슐리안계통 주먹도끼 – 양면핵석기 : 유럽식 · 서남아시아계 • 찍개문화 – 동아시아식
중기 ~ 후기	함북 웅기 굴포리	맘모스 화석, 패총, 박편석기
	덕천 승리산 동굴	인골 – 덕천승리산인
	충북 청원 두루봉 동굴	인골 – 흥수아이
	평남 평양 만달리 동굴	석회암 동굴, 중석기 유물 포함
	강원도 명주 심곡리	동해안 구석기 연구의 중요한 유적
전기 ~ 후기	충남 공주 석장리 (1964)	• 구석기 전기 · 중기 · 후기까지 전시기 유물 출토 • 찍개문화 : 주먹도끼, 밀개, 긁개, 외날, 쌍날찍개 • 예술품 : 선각화 • 후기 집자리 유적 : 평지에 지은 거주지, 불 땐 자리 흔적
	충북 제천 포전리 점말동굴	사람의 얼굴을 새긴 코뿔소 뼈
비고	함북 종성 동관진 유적	최초 발견(1933) → 한반도 구석기 존재를 처음 확인
기타	요령성 금우산 동굴, 길림성 석문산촌 동굴, 양구 상무룡리, 제천 창내, 제주도 어음리 빌레못, 청청암 동굴, 용곡리 동굴, 서울 면목동, 일산 신도시 등 전국 50여 개 지역	

3. 구석기 시대의 도구와 생활

(1) 사용 도구

① **뼈 도구나 뗀석기 사용** : 구석기 시대 사람들은 동물의 뼈나 뿔로 만든 뼈 도구와 돌을 깨뜨려 깨진 상태의 뗀석기를 가지고 사냥과 채집을 하면서 생활하였다.

② **제작 기술의 발달** : 처음에는 찍개 같은 도구를 가지고 여러 가지 용도로 썼으나, 점차 뗀석기를 제작하는 기술이 발달함에 따라 용도가 뚜렷한 작은 석기들을 만들게 되었다.

③ **사냥 도구와 조리 도구** : 주먹도끼, 찍개, 팔매돌(둥글게 다듬은 주먹만 한 돌로 짐승사냥에 쓰임) 등은 사냥 도구이고, 긁개, 밀개 등은 대표적인 조리 도구이다.

구분	특징	종류
전기	한 개의 큰 석기를 여러 가지 용도로 사용	찍개, 주먹도끼
중기	큰 몸돌에서 떼어 낸 돌 조각인 격지를 잔손질하여 석기를 만듦 → 한 개의 석기가 하나의 쓰임새를 지니게 됨	밀개, 긁개, 찌르개
후기	쐐기 같은 것을 대고 형태가 같은 여러 개의 돌날격지를 만듦	슴베찌르개

용도	종류
사냥용	주먹도끼, 찍개, 찌르개, 팔매돌, 슴베찌르개
요리용	긁개, 밀개, 자르개
공구용	새기개

 슴베찌르개	주로 구석기 시대 후기에 사용된 것으로 슴베(자루 속에 박히는 부분)가 달린 찌르개로 창의 기능을 하였다.	 주먹도끼	짐승을 사냥하고 가죽을 벗기며, 땅을 파서 풀이나 나무뿌리를 캐는 등 여러 용도로 사용하는 만능 석기이다.

(2) 구석기 시대의 생활

① **주거 생활**

㉠ 주거지 : 구석기 시대 사람들은 동굴이나 바위 그늘에서 살거나 강가에 막집▼을 짓고 살았다. 이를 보여주는 구석기 시대 유적으로는 상원 검은모루 동굴, 제천 창내, 공주 석장리 등이 있다.

㉡ 규모 : 구석기 시대 후기의 막집 자리에는 기둥 자리, 담 자리 및 불 땐 자리가 남아 있다. 집터의 규모는 작은 것은 3~4명, 큰 것은 10명이 살 수 있을 정도의 크기였다.

▼ 막집
임시로 간단하게 막처럼 꾸민 집

② **사회 생활**

　㉠ 무리 사회 · 이동 생활 : 구석기 시대에는 무리를 이루어 큰 사냥감을 찾아다 니는 이동 생활을 하였다.

　㉡ 평등 사회 : 무리 중에서 경험이 많고 지혜로운 사람이 지도자가 되었으나, 권력을 가지지는 못했으며, 모든 사람이 평등한 공동체적 생활을 하였다.

(3) 구석기 시대의 예술 활동(원시예술)

① **조각품 제작** : 구석기 시대 사람들은 석회암이나 동물의 뼈 또는 뿔 등을 이용하여 조각품을 만들었다. 공주 석장리와 단양 수양개 유적에서 고래와 물고기 등을 새긴 조각이 발견되었는데, 이를 통하여 당시 사람들의 소박한 솜씨를 엿볼 수 있다.

② **주술적 의미** : 이러한 유물에는 구석기 시대 사람들이 사냥감의 번성을 비는 주술적 의미가 깃든 것으로 보인다.

4. 신석기 시대의 유물과 유적

(1) 신석기 시대의 시작과 사용 도구

① **시작** : 우리나라의 신석기 시대는 기원전 8,000년 경부터 시작되었다.

② **간석기**▼**의 사용** : 신석기 시대 사람들은 돌을 갈아서 여러 가지 형태와 용도를 가진 간석기를 만들어 사용하였다. 신석기 시대 사람들은 부러지거나 무디어진 도구를 다시 갈아 손쉽게 쓸 수 있게 되었으며, 단단한 돌뿐만 아니라 무른 석질의 돌도 모두 이용하게 되었다.

③ **토기의 사용**▼ : 진흙으로 그릇을 빚어 불에 구워서 만든 토기를 사용하여 음식물을 조리하거나 저장할 수 있게 되었고, 이에 따라 생활이 더욱 나아졌다.

(2) 신석기 시대의 토기

① **빗살무늬 토기 이전의 토기**

　㉠ 신석기 시대의 토기 : 우리나라 신석기 시대의 대표적인 토기는 빗살무늬 토기이지만 이보다 앞선 시기의 토기도 발견되고 있다. 무늬가 없는 이른 민무늬 토기, 토기 몸체에 덧띠를 붙인 덧무늬 토기, 눌러 찍은 무늬가 있는 것으로 눌러찍기무늬 토기(압인문) 등이 있다.

▼ **간석기(마석기 · 마제 석기)**

돌을 갈아서 석기를 만드는 기술의 보편화는 신석기 시대와 밀접한 관련이 있다. 신석기 시대의 화살촉 · 돌도끼 · 돌끌 · 돌낫 · 창끝 등에서 간석기 기술을 볼 수 있다. 우리나라의 경우 간석기의 제작기술이 가장 발전하였던 시기는 청동기 시대에 해당한다. 돌을 가는 기술뿐만 아니라 갈아서 만든 석기의 종류가 가장 다양하게 나타나는 때가 바로 이 시대이다. 이 시대에는 앞에서 말한 신석기 시대의 간석기 종류와 함께 돌단검 · 턱자귀 · 가락바퀴 · 그물추 · 별도끼 · 달도끼 · 반달칼 등에서 당시 주민들이 지녔던 정교하고 세련된 간석기의 제작 기술을 엿볼 수 있다. 그러나 철기 시대로 넘어가면서 간석기의 비중은 매우 적어진다.

▼ **토기 사용의 의의**

신석기 시대에는 토기를 제작하여 사용하였는데, 이를 통해 식량을 저장하고 정착 생활을 했음을 추정해 볼 수 있다.

    ⓛ 출토 지역 : 이런 토기는 제주도 한경 고산리, 강원도 고성 문암리, 강원도
    양양 오산리(흙으로 빚어 구운 사람 얼굴 모습의 유물이 출토), 부산 동삼동
    조개더미 등에서 발견되었다.

 ② 빗살무늬 토기

   ㉠ 빗살무늬 토기의 특징 : 빗살무늬 토기는 도토리나 달걀 모양의 뾰족한 밑
    또는 둥근 밑 모양을 하고 있으며, 크기도 다양하다. 토기의 용도는 그 크기
    에 따라 각각 달랐을 것으로 추측된다.

   ⓛ 출토 지역▼ : 빗살무늬 토기가 나온 유적은 전국 각지에 널리 분포되어 있
    다. 대표적인 유적은 서울 암사동(돌도끼, 돌화살촉 등의 유물이 다수 출
    토됨), 평양 남경, 김해 수가리 등으로, 대부분 바닷가나 강가에 자리 잡고
    있다.

▼ 빗살무늬 토기의 분포
빗살무늬 토기는 스칸디나비아, 시
베리아, 만주, 연해주, 한반도의 해
안이나 강가에 주로 분포하고 있
고, 일본의 소바다식(조몬) 토기와
연결된다. 빗살무늬 토기의 기원은
시베리아 전파설이 통설이었으나,
근래에 기원 연대 수정과 함께 무
늬 발생 과정과 토기 형태의 차이
가 발견되면서 우리나라 자생설이
제기되고 있다.

덧무늬 토기

빗살무늬 토기

번개무늬 토기

(3) 신석기 시대의 유적지▼

주요 유적	특징
함북 웅기 굴포리 서포항	• 온돌 장치 발견 • 동침신전앙와장 → 태양신 숭배, 사후 세계에 관한 관념 형성 • 조개더미(패총) 발견
봉산 지탑리	탄화된 좁쌀 출토 → 농경 생활
양양 오산리	• 이른 민무늬 토기, 덧무늬 토기, 눌러찍기무늬 토기 출토 • 흙으로 빚어진 사람 얼굴 조각상(안면상) 출토
부산 동삼동	• 불에 탄 조와 기장 출토 → 농경 생활 • 조개껍데기 가면 발견 • 조개더미(패총) 발견 • 일본 신석기의 조몬 토기, 일본산 흑요석기 출토 → 신석기 시대 한·일 관계
서울 암사동	빗살무늬 토기, 움집 출토
제주 고산리	이른 민무늬 토기, 덧무늬 토기, 눌러찍기무늬 토기 출토
온천 궁산리	뼈바늘, 빗살무늬 토기 출토

▼ 신석기 시대 유적지

5. 신석기 시대의 생활

(1) 농경의 시작

① **잡곡의 생산** : 신석기 시대부터 농경 생활이 시작되었다. 황해도 봉산 지탑리, 평양 남경의 유적에서는 **탄화된 좁쌀**이 발견되는 것으로 보아 신석기 시대에 잡곡류(조, 피, 수수)를 경작하였음을 알 수 있다(벼 · 보리 · 콩은 청동기 시대에 시작).

② **농기구 사용** : 이 시기에 쓴 주요 농기구로는 돌괭이, 돌삽, 돌보습, 돌낫 등이 있다.

(2) 사냥과 고기잡이

① **사냥의 시작** : 농경이 시작되면서 사냥과 고기잡이가 경제 생활에서 차지하는 비중이 점차 줄어들었지만, 여전히 식량을 얻는 중요한 수단이었다.

② **어로 생활** : 여러 가지 크기의 그물과 작살, 돌이나 뼈로 만든 낚시 등으로 고기잡이를 하였다. 또, 굴 · 홍합 등 많은 조개류를 먹었는데, 때로는 깊은 곳에 사는 조개류를 잡아서 장식으로 이용하기도 하였다.

(3) 원시 수공업

농경 도구나 토기의 제작 이외에도 원시적인 수공업 생산이 이루어졌으며 가락바퀴나 뼈바늘이 출토되는 것으로 보아 옷이나 그물을 만들었음▼을 알 수 있다.

▼ **직조 생활**
신석기 시대에 들어와서 옷이나 그물을 만든 직조 생활을 했음을 알 수 있다.

  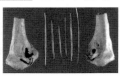

농경 굴지구(전북 진안 정천면 모정리) 땅을 파고 일구는 도구이다.

가락바퀴 실을 뽑는 도구이다.

뼈바늘과 바늘통 실을 꿰는 도구이다.

(4) 주거 생활(움집)의 변화

① **움집의 등장과 형태** : 도구가 발달하고 농경이 시작되자 주거 생활도 개선되어 갔으며 집터는 대개 움집 자리로, 바닥은 원형이나 모서리가 둥근 사각형이다.

② **화덕과 출입문의 위치** : 움집의 중앙에는 불씨를 보관하거나 취사와 난방을 위한 화덕이 위치하였고 출입문은 햇빛을 많이 받는 남쪽으로 내었으며, 화덕이나 출입문 옆에는 저장 구덩을 만들어 식량이나 도구를 저장하였다.

③ **집터의 규모** : 집터는 4~5명 정도의 한 가족이 살기에 알맞은 크기였다.

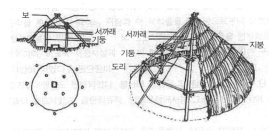

신석기 시대 움집

(5) 신석기 시대의 사회(부족 사회 · 평등 사회 · 원시 신앙의 출현)

① <u>부족 사회의 성격</u>▼ : 신석기 시대에는 부족 사회를 이루고 있었다. 부족은 혈연을 바탕으로 한 씨족을 기본 구성단위로 하였다. 이들 씨족은 점차 다른 씨족과의 혼인을 통하여 부족을 이루었다.

② **평등 사회** : 부족 사회도 구석기 시대의 무리 사회와 같이 아직 지배와 피지배의 관계가 발생하지 않았고, 연장자나 경험이 많은 자가 자기 부족을 이끌어 나가는 평등 사회였다.

③ **원시 신앙의 출현** : 농경과 정착 생활을 하게 되면서 자연의 섭리를 생각하는 원시 신앙이 출현하였다.

신석기 시대 집터

▼ **부족 사회**

씨족이 족외혼을 통해 모여 살며 형성된 자연 집단으로 사회 분화와 교역의 증대에 따라 씨족 사회가 해체되면서 보다 큰 단위로서의 부족 사회가 형성된 것으로 본다.

(6) 신석기 시대 원시 신앙의 등장

① **애니미즘** : 자연계의 모든 사물에는 생명이 있는 것으로 보고, 그것의 영혼을 인정하여 인간처럼 의식 · 욕구 · 느낌 등이 존재한다고 믿는 신앙을 말한다. 특히 농사에 큰 영향을 주는 해 · 구름 · 비와 같은 자연 현상과 산이나 하천 등 자연물에 정령이 있다고 믿었는데, 태양과 물에 대한 숭배가 으뜸이었다.

② **샤머니즘** : 인간과 영혼 또는 하늘을 연결시켜 주는 존재인 무당과 그 주술에 대한 신앙으로, 이는 제사장과도 연관되므로 고조선의 단군, 삼한의 천군과 관련된다.

③ **토테미즘** : 자기 부족의 기원을 특정 동식물과 연결시켜 숭배하는 것으로 단군 신화의 곰과 호랑이, 박혁거세의 말, 석탈해의 까치 등이 이에 해당된다.

④ **영혼 불멸 사상** : '사람이 죽어도 영혼은 없어지지 않는다'고 믿는 것으로, 계세 사상, 순장 · 부장의 풍습이 이에 해당한다.

⑤ **조상 숭배 사상** : 신석기 시대인들은 부족마다 자기들의 조상신을 모시고 숭배하였다.

(7) 신석기 시대의 예술 활동

이 시대의 예술품으로는 주로 흙을 빚어 구운 얼굴 모습이나 동물의 모양을 새긴 조각품, 조개껍데기 가면, 조가비 또는 짐승의 뼈나 이빨로 만든 치레걸이▼ 등이 있었다.

▼ **치레걸이**

장식이 되는 목걸이, 귀걸이, 팔찌, 구슬 등의 액세서리

조개껍데기 가면
인천 옹진 소야도

치레걸이

CHAPTER 03 청동기·철기 문화와 고조선

1. 청동기의 보급

(1) 청동기 시대의 등장

신석기 시대 말인 기원전 2000년경에 중국의 요령(랴오닝), 러시아의 아무르 강과 연해주 지역에서 들어온 덧띠새김무늬 토기▼ 문화가 앞선 빗살무늬 토기 문화와 약 500년간 공존하다가 점차 청동기 시대로 넘어간다.

(2) 청동기 시대의 특징▼

기원전 2000년경에서 기원전 1500년경으로, 한반도 청동기 시대가 본격화되며 고인돌도 이 무렵 나타난다. 청동기 시대에는 생산 경제가 이전보다 발달하고, 청동기 제작과 관련된 전문 장인이 출현하였으며, 사유 재산 제도와 계급이 나타나게 되었다. 이에 따라 사회 전반에 걸쳐 큰 변화가 일어나게 되었다.

(3) 청동기 시대의 유물과 유적

① 유물 : 대표적 유물로 석기는 반달 돌칼, 바퀴날 도끼, 홈자귀 등이 있었고 청동기로는 비파형 동검, 거친무늬 거울 등이 있었지만 청동제 농기구는 없었다.

청동기 시대 석제 농기구

▼ **덧띠새김무늬 토기**

신석기 시대 말기부터 나타나는 새로운 양식의 토기로서 청동기 시대 가장 이른 시기를 대표한다. 이것은 신석기 시대의 융기무늬 토기나 철기 시대의 덧띠 토기(점토대 토기)와는 다른 새로운 양식의 토기이다.

▼ **청동기 시대의 특징**

• 사유 재산의 발생
• 계급의 발생
• 선민 사상
• 벼농사의 시작

② 유적▼ : 청동기 시대의 유적은 중국의 요령성, 길림성 지방을 포함하는 만주 지역과 한반도에 걸쳐 널리 분포되어 있다.

주요 유적	특징
부여 송국리	• 돌무덤, 독무덤, 비파형 동검, 송국리형 토기, 붉은 간토기 출토 • 탄화미 출토 → 벼농사 • 집터에 저장 시설 발견
울주 반구대	암각화(바위그림) 발견 → 북방 문화권과 관련된 유적으로 우리 민족의 기원과 이동을 알려주는 자료
여주 흔암리 · 평양 남경	탄화미 출토 → 벼농사

청동기 시대 유적지

(4) 청동기 시대의 토기

① 청동기 시대 토기의 특징 : 민무늬 토기(송국리식 토기), 미송리식 토기, 붉은 간토기 등이 있다. 청동기 시대의 대표적인 토기인 민무늬 토기는 지역에 따라 모양이 약간씩 다르다. 밑바닥이 편평한 원통 모양의 화분형과 밑바닥이 좁은 팽이형이 기본적인 모양이며, 빛깔은 적갈색이다.

미송리식 토기   민무늬 토기   붉은 간토기

② 출토 지역 : 이들 유물은 청동기 시대 집터를 비롯하여 고인돌, 돌널무덤, 돌무지무덤 등 당시의 무덤에서 출토되고 있다.

(5) 비파형 동검의 출토

이 시기의 대표적인 동검인 비파형 동검은 만주(滿洲)와 동호(東胡; 중국 춘추 시대에서 한(漢)나라 초기에 몽골고원의 동부에서 생활한 유목민족) 지역, 한반도 전역에 이르는 넓은 지역에서 출토되고 있는데, 비파형 동검의 분포 지역에서 미송리식 토기와 거친무늬 거울 등이 함께 출토되면서 이 지역이 청동기 시대에 같은 문화권에 속하였음을 보여 준다.

비파형 동검(경북 상주, 충남 부여) 요령 지방에 주로 분포한 '요령식 동검'

2. 철기의 사용

(1) 철기 시대의 시작

우리나라에서는 기원전 5세기경부터 철기 시대로 접어들었다. 초기 철기 시대는 한국 고고학의 편년에서 사용하고 있는 특수한 용어로서, 기원 전후까지의 시기를 말한다.

(2) 청동기와 철기의 혼용

이는 앞선 청동기 시대에 이은 제2차 청동기 시대로도 언급되는데, 이 시대의 특징적 유물로는 세형 동검과 잔무늬 거울을 들 수 있다.

(3) 경제 기반의 확대와 청동기 사용의 변화

철제 농기구의 사용으로 농업이 발달하여 경제 기반이 확대되었고, 철제 무기와 철제 연모를 사용함에 따라 그때까지 사용해 오던 청동기는 의식용 도구로 변하였다.

(4) 중국과의 교류 시작

철기와 함께 출토되는 화폐인 명도전, 반량전, 오수전▼은 중국과 활발하게 교류했음을 보여주며 경남 창원 다호리 유적에서 나온 붓은 당시에 이미 한자를 쓰고 있었음을 말해준다.

▼ 명도전 · 반량전 · 오수전
• 명도전 : 중국 춘추 전국 시대에 연나라와 제나라에서 사용하던 청동 화폐이다.
• 반량전 : 진에서 사용한 청동 화폐로 '半兩(반량)'이라는 글자가 새겨져 있다.
• 오수전 : 전한(前漢) 무제가 만든 청동 화폐이다.

다호리 유적의 붓 현재까지 우리나라에서 출토된 붓 중 가장 오래된 것으로 다호리 고분을 만든 세력이 중국과 활발하게 교역하였으며, 상당한 수준의 문자생활을 하고 있었다는 것을 증명해 주는 유물이다.

반량전(경남 사천 늑도) 진에서 사용한 청동 화폐로 '半兩(반량)'이라는 글자가 새겨져 있다.

명도전 중국 춘추 전국 시대에 연나라와 제나라에서 사용한 청동 화폐이다.

잔무늬 거울

(5) 독자적 청동기 문화의 발전

① **형태의 변화** : 청동기 시대 후반 이후, 비파형 동검은 한국식 동검인 세형 동검으로, 거친무늬 거울은 잔무늬 거울로 그 형태가 변하여 갔다.

② **거푸집의 사용** : 청동 제품을 제작하던 틀인 거푸집▼도 전국의 여러 유적에서 발견되고 있는데, 이는 청동기 문화가 (황하 유역의 은, 주 계열의 청동기와 다르게) 한반도 내에서 독자적으로 발전했음을 보여주는 증거이다.

▼ 거푸집

한자로 용범(鎔范)이라고 쓴다. 같은 모양의 청동기를 다수 생산하기 위하여 만든 주물틀이다. 중국의 청동기 거푸집이 흙으로 만들어진 데 반해 우리나라의 거푸집은 대부분 활석(납석, 곱돌)이라고 불리는 돌로 만들어졌다. 이는 우리나라에서 중국과 관계없이 독자적으로 청동기를 생산했음을 입증하는 유물이라고 볼 수 있다.

더 알아보기 ⊕

청동기 · 철기 시대의 유물

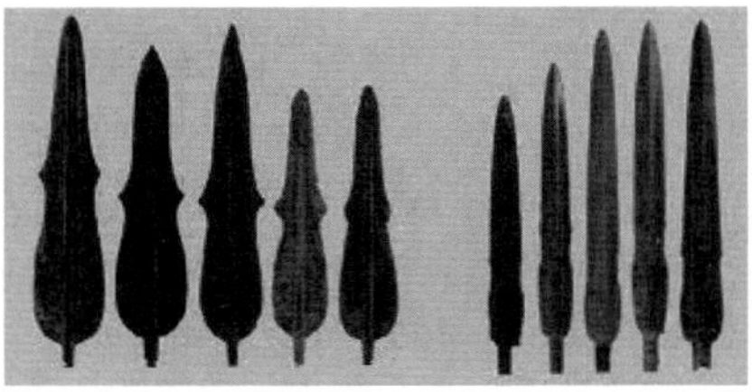

비파형 동검과 세형 동검  / 철기 시대 청동기 제작 거푸집

(6) 철기 시대의 토기 사용

토기는 민무늬 토기▼ 이외에 입술 단면에 원형, 타원형, 삼각형의 덧띠를 붙인 덧띠 토기, 검은 간토기 등도 사용되었다.

▼ 민무늬 토기

청동기 시대 민무늬 토기의 영향으로 일본에서는 야요이 토기가 제작되었으며, 야요이 문화의 벼농사나 고분 문화의 금 · 은장식, 흠자귀, 잔무늬 거울, 고인돌 등도 우리나라 청동기 · 철기 시대 문화의 영향을 받은 것이다.

▼ 울주 반구대 암각화의 보존 노력

사연댐의 건설로 수위가 상승하여 울주 반구대 암각화의 훼손 우려가 심각해지자, 현재 다각적인 노력이 진행되고 있다. 1971년에 울주 반구대가 발견된 이후 2013년에는 숨은 그림 11점이 추가로 발견되었으며, 학계에서는 울주 반구대 암각화의 시기를 신석기 후기에서 청동기 시대의 것으로 추정하고 있다.

(7) 바위그림

① **울주 반구대 바위그림▼** : 울산(울주) 반구대 바위 면에 새긴 바위그림은 당시 사람들의 활기찬 생활 모습을 보여준다. 바위그림에는 거북, 사슴, 호랑이, 새 등의 동물과 작살이 꽂힌 고래를 비롯한 여러 종류의 고래, 그물에 걸린 동물, 우리 안의 동물 등이 새겨져 있는데 이것으로 당시 사람들이 사냥과 고기잡이의 성공과 풍성한 수확을 기원했음을 알 수 있다.

② **고령 양전동 알터 바위그림**▼ : 고령 양전동 알터의 바위그림에는 동심원, 십자형, 삼각형 등의 기하학무늬가 새겨져 있다. 동심원은 태양을 상징하는 것으로, 이 바위그림 유적은 다른 지역의 청동기 시대 농업 사회에서 보이는 태양 숭배와 같이 풍요로운 생산을 비는 제사 터와 같은 의미를 지니고 있다.

▼ **고령 양전동 알터 바위그림**
행정 구역 개편으로 고령 장기리 암각화가 되었다.

고령 양전동 알터의 바위그림
기하학 무늬

울주 반구대 암각화(울산)
여러 종류의 동물그림

3. 청동기·(초기)철기 시대의 생활

(1) 경제 생활

① **생산 경제의 발달** : 청동기·철기 시대에는 이전부터 주요한 생산 도구로 사용되던 간석기가 매우 다양해지고 기능도 개선되어 생산 경제가 좀 더 발달하였다.

② **농경의 발달** : 돌도끼나 홈자귀, 괭이, 그리고 나무로 만든 농기구로 땅을 개간하여 곡식을 심고, 가을에는 반달 돌칼로 이삭을 잘라 추수하는 등 농경이 더욱 발전하였다.

③ **벼농사의 시작**▼ : 농업은 조, 보리, 콩, 수수 등을 재배하는 밭농사가 중심이었지만, 일부 저습지에서는 청동기 시대에 벼농사가 시작되었다.

반달 돌칼 청동기 시대에 곡식의 이삭을 자르는 데 사용하던 도구이다.

④ **사냥 비중의 축소** : 사냥이나 고기잡이도 여전히 하고 있었지만 농경의 발달로 그 비중이 점차 줄어들었다. 돼지, 소, 말 등 가축의 사육도 이전보다 늘어났다.

▼ **청동기 시대의 벼농사 관련 유적지**
평양 남경 유적지, 여주 흔암리 집자리, 나주 다시면 등지에서 기원전 1000년 전후의 탄화미가 발견되었다. 부안군 소산리와 토산리, 반곡리와 부산 아치섬에서는 볍씨 자국이 있는 토기가 발견되었다.

(2) 주거 생활

① 배산임수 지형에 위치한 취락 : 집터 유적은 한 반도 전역에서 발견된다. 대체로 앞쪽에는 시 냇물이 흐르고, 뒤쪽에는 북서풍을 막아 주는 나지막한 야산이 있는 곳의 배산임수 지형에 우물을 중심으로 자리 잡고 있다.

청동기 시대의 집터

② 집터의 형태와 크기

    ㉠ 온돌 구조 : 집터의 형태는 대체로 장방형 이며, 움집은 점차 지상 가옥인 초가집, 귀 틀집으로 바뀌어 가면서 온돌 구조도 나타 나게 되었다. 보통의 집터는 부부 중심의 4~8명 정도 가족이 살 수 있는 크기이며, 이는 한 가족용으로 만들어진 것이다.

철기 시대의 귀틀집

    ㉡ 움집의 내부 구조 : 움집 중앙에 있던 화덕은 한쪽 벽으로 옮겨지고, 저장 구덩이도 따로 설치하거나 한쪽 벽면을 밖으 로 돌출시켜 만들었다.

③ 정착 생활 규모의 확대 : 집터는 넓은 지역에 많은 수가 밀집되어 취락 형태를 이 루고 있다. 제주시 삼양동의 경우, 철기 시대 전기의 계급 사회의 발생을 알려 주는 대규모의 집터(마을)들이 발견되기도 하였다. 이것은 농경의 발달과 인구 의 증가로 정착 생활의 규모가 점차 확대되었음을 보여준다.

(3) 계급의 분화

① 계급의 분화와 빈부 격차의 등장 : 여성은 주로 집안일을 담당하고 남성은 농경, 전쟁과 같은 바깥일에 종사하였으며, 생산력의 증가에 따라 잉여 생산물이 생기 자, 힘이 강한 자가 이것을 개인적으로 소유하였다. 생산물의 분배와 사유화로 인 하여 사람들 사이에 갈등이 생겼으며, 빈부의 격차와 계급의 분화를 촉진하였다.

② 군장의 등장과 선민 사상 : 우세한 정치 권력과 경제력을 가진 지배자인 군장이 등장하였고, 스스로를 하늘의 자손이라고 믿는 선민 사상도 나타났다. 계급의 분화는 죽은 뒤에도 영향을 주어 무덤의 크기와 껴묻거리의 내용에 반영되었다.

(4) 고인돌의 출현

① **고인돌과 돌널무덤의 등장** : 청동기 시대에는 고인돌과 돌널무덤(널빤지 모양의 돌로 관을 만들고 그 안에 시체를 넣도록 만든 무덤) 등이 만들어졌고, 철기 시대에는 널무덤과 독무덤 등이 만들어졌다.

돌널무덤

② **고인돌의 특징** : 그중에서 계급 사회의 발생을 보여 주는 대표적인 무덤이 고인돌이다. 고인돌의 전형적인 형태는 보통 탁자식에서 볼 수 있듯이, 4개의 판석 형태의 굄돌을 세워 돌방을 만들고 그 위에 거대하고 편평한 덮개돌을 얹은 것이다.

고인돌

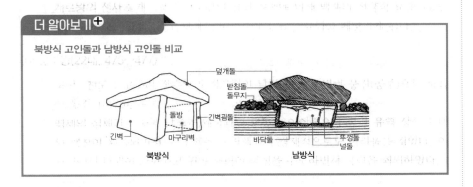

더 알아보기 ⊕

북방식 고인돌과 남방식 고인돌 비교

북방식 / 남방식

(5) 선민 사상과 군장

① **선민 사상의 등장** : 정치권력이나 경제력에서 우세한 부족은 스스로 하늘의 자손이라고 믿는 선민 사상을 가지고, 주변의 약한 부족을 통합하거나 정복하고 공납을 요구하였다.

② **활발한 정복 활동** : 청동이나 철로 된 금속제 무기의 사용으로 정복 활동이 활발해졌고, 이를 계기로 지배자와 피지배자의 분화가 촉진되었다.

③ **군장의 등장** : 평등 사회가 계급 사회로 바뀌어 가면서 권력과 경제력을 가진 지배자가 나타났는데, 그를 군장이라고 한다. 군장은 청동기 문화가 일찍부터 발달한 북부 지역에서 먼저 등장하였는데 대표적인 군장국가는 고조선이다. 당시 군장은 제정일치의 지도자였다.

▼ **거석문화와 고인돌**

고인돌과 선돌(입석)은 거석을 이용한 구조물로, 거석문화의 상징이다. 이집트나 마야의 피라미드, 중동 지방의 각종 석조물, 프랑스 서북부 대서양 연안 지역의 거석렬(巨石列)과 영국의 스톤헨지 등이 모두 이 거석문화의 산물이다.
우리나라에는 세계에서 가장 많은 고인돌이 분포되어 있는데, 형태에 따라 탁자식, 바둑판식, 개석식으로 구분한다. 유네스코 세계 유산 위원회는 2000년 12월에 고창, 화순, 강화의 고인돌 유적지를 세계 문화유산으로 지정하였다. 청동기 시대 사람들이 거석을 숭배하던 신앙을 엿볼 수 있다.

▼ **군장 세력의 성장과 사회 변동**

중국의 역사서에는 우리나라 여러 사회의 지배자가 군장(君長), 장수(長帥), 주수(主帥), 거수(渠帥) 등으로 표현되어 있다. 이러한 차이는 각 사회 발전 단계가 달랐던 사실을 반영한 것이라기보다는 정치적으로 비슷한 단계의 지배자를 달리 불렀던 것으로 이해된다.

4. 단군 신화와 고조선

(1) 고조선의 건국

① **배경** : 청동기 문화의 발전과 함께 족장이 지배하는 사회가 출현하였다. 이들 중에서 강한 족장은 주변의 여러 족장 사회를 통합하면서 점차 권력을 강화해갔다.

② **고조선의 등장** : 군장 사회에서 가장 먼저 국가로 발전한 것은 고조선이다(기원전 2333년). 「삼국유사」와 「동국통감」의 기록▼에 따르면, 고조선은 단군왕검이 건국하였다고 한다. 그리고 고조선이 처음 역사서에 등장한 시기는 기원전 7세기 초이다(관자; 관중의 언행록).

③ **고조선의 세력 범위**

　㉠ **고조선의 발전 영역** : 고조선은 처음에는 요령 지방을 중심으로 성장하여 점차 인접한 족장 사회를 통합하면서 한반도(대동강 지역)까지 발전하였다.

　㉡ **고조선의 세력 범위를 특징짓는 유물▼** : 고조선의 세력 범위는 청동기 시대를 특징짓는 유물 중 하나인 비파형 동검과 북방식 고인돌이 발견된 지역과 깊은 관계가 있다. 그리고 미송리식 토기와 거친무늬 거울도 고조선의 세력 범위를 특징짓는 유물이다.

▼ 단군의 건국에 관한 기록

삼국유사(최초의 기록), 제왕운기, 세종실록지리지, 응제시주, 동국여지승람 등에 나타나고 있다. 단군 신화는 기록자에 따라 내용이 조금씩 다르지만 가장 원형에 가까운 것은 13세기 말 승려 일연이 쓴 삼국유사의 기록이다.

▼ 고조선의 세력 범위를 특징 짓는 유물

• 비파형 동검
• 북방식 고인돌
• 미송리식 토기
• 거친무늬 거울

고조선의 세력 범위 만주와 북한 지역에서 집중적으로 발굴된 비파형 동검과 북방식 고인돌(탁자식)로 고조선의 세력 범위를 짐작할 수 있다.

(2) 단군 신화

① **단군 신화의 배경** : 고조선의 건국 사실을 전하는 단군 신화는 오랜 세월동안 전승되어 기록으로 남겨진 것으로 기록에 따라 조금씩 차이가 있다.

② **역사적 사실 반영** : 신화는 그 시대 사람들의 관심이 반영된 것으로, 역사적인 의미가 담겨 있으며 단군의 기록도 마찬가지로 청동기 시대의 문화를 배경으로 한 고조선의 성립이라는 역사적 사실을 반영하고 있다. 「삼국유사」에 수록된 단군 신화의 내용을 소개하면 아래와 같다.

더 알아보기 ✚

단군 신화

"옛날 하늘에서 환인(桓因: 하느님)의 서자 환웅(桓雄)이 천부인(天符印) 3개와 3천 명의 무리를 데리고 홍익인간(弘益人間)하기에 적합한 태백산 꼭대기 신단수(神檀樹) 아래로 내려와 신시(神市)를 열었다. 풍백, 우사, 운사를 데리고 곡식, 생명, 질병, 형벌, 선악 등 360여 가지를 주관하며 다스리던 때 곰과 호랑이가 같은 굴에 살면서 인간으로 태어나게 해달라고 환웅에게 기원하자 환웅은 쑥한 줌과 마늘 20매를 주어 100일간 햇볕을 보지 않게 했다. 호랑이는 그 약속을 지키지 않았으나 곰은 21일간 햇볕을 보지 않아 여자로 변해 웅녀(熊女)가 되었다. 그 후 웅녀는 환웅과 혼인하여 단군왕검(檀君王儉)을 낳는데, 중국의 요임금이 즉위한 지 50년이 되는 경인년에 평양성에 도읍을 두고 조선(朝鮮)을 세웠다. 그 후 단군은 백악산(白岳山) 아사달(阿斯達)로 도읍을 옮겼으며, 1500년간 나라를 다스리다가 기자(箕子)가 조선의 왕이 되자 장당경(藏唐京)으로 도읍을 옮겼다. 그 뒤 아사달에 돌아와 숨어서 산신(山神)이 되었는데 나이는 1908세였다."

– 「삼국유사」 –

③ **농경 사회** : 신화를 통해 나타난 역사적 사실을 해석해보면, 이 시기의 사람들은 주로 구릉지대에 거주하면서 농경 생활을 하였다.

④ **지배 계급의 등장** : 사유 재산의 성립과 계급의 분화에 따라 지배 계급은 농사와 형벌 등의 사회 생활을 주도하였다.

⑤ **부족 연합 사회의 형성** : 하늘의 자손임을 내세워 자기 부족의 우월성을 과시하며 새롭게 지배층으로 등장한 세력과 토착세력인 곰을 숭배하는 부족의 결합으로 부족 연합 사회를 형성하였고 호랑이를 숭배하는 부족은 연합에서 배제되었다.

⑥ **제정일치의 사회** : 단군왕검은 제정일치(祭政一致; 제사를 지내는 일을 정치 수장이 겸한 정치 형태) 사회의 지배자로, 단군은 제사장을 뜻하고 왕검은 정치적 지배자를 뜻한다.

⑦ **고조선 건국 세력의 이념** : 건국 세력이 주장한 홍익인간의 이념은 주체성과 도덕성을 담고 있으며, 단군의 영혼불멸의 신화적 요소는 낙천성을 담고 있다.

▼ 홍익인간의 이념
이 시기에 등장한 새로운 지배층은 널리 인간을 이롭게 한다는 통치 이념을 내세워 자신의 권위를 내세우고자 하였다.

안심Touch

5. 고조선의 발전

(1) 단군조선의 건국과 발전

▼ 고조선의 구분
단군왕검이 건국한 조선과 이성계가 건국한 조선을 구분하기 위해 기원전 2333년 건국된 조선을 고조선이라 부르는데, 고조선은 통치자에 따라 단군조선, 위만조선으로 구분되기도 한다.

① 단군조선의 성립과 발전 : 고조선▼은 우리나라 최초의 국가로 청동기 문화를 기반으로 요령 지방과 대동강 유역을 중심으로 독자적인 문화를 이룩하면서 발전하였다.

② 철기 문화 수용 : 기원전 4세기경에 철기 문화를 수용하면서 요하와 대동강 일대의 세력을 규합하여 대 연맹 왕국으로 발전하였고, 요서를 경계로 중국 7웅 중의 하나인 연나라와 대립관계를 형성하기도 하였다.

③ 왕위 세습과 관직의 조직화 : 기원전 3세기경에는 부왕, 준왕 같은 강력한 왕이 등장하여 왕위를 세습하였고 그 밑에 상, 대부, 장군(중앙 관직), 도위(지방 관직) 등의 관직도 조직화하였다.

(2) 위만조선▼의 건국과 발전(철기 문화의 발전, 중계 무역의 성행)

▼ 위만조선의 고조선 계승
위만은 고조선으로 들어올 때에 상투를 틀고 조선인의 옷을 입고 있었다. 그리고 왕이 된 뒤에도 나라 이름을 그대로 조선이라 하였고, 그의 정권에는 토착민 출신으로 높은 지위에 오른 자가 많았다. 따라서 위만조선은 단군의 고조선을 계승한 것으로 볼 수 있다.

① 배경 : 중국이 전국 시대 이후로 혼란에 휩싸이면서 조선 가까이에 있던 연, 제, 초 등의 나라에서 기원전 4세기경 수만 명의 동이계 지배층이 망명해왔는데 고조선은 그들을 받아들여 서쪽 지역에 살게 하였다. 이후 기원전 2세기 초 진·한 교체기에 또 한 차례의 유이민 집단이 이주해 왔는데, 그중 위만은 1,000여 명의 무리를 이끌고 고조선 사람과 같은 상투와 고조선의 옷을 입고 있었다고 한다.

② 위만의 집권 : 고조선의 준왕은 위만을 박사(博士)에 임명하고 서쪽 변경을 수비하는 임무를 맡겼는데, 위만은 그곳에 거주하는 이주민 세력을 통솔하면서 자신의 세력을 점차 확대하여 나갔다. 그 후, 위만은 수도인 왕검성에 쳐들어가 준왕을 몰아내고 스스로 왕이 되었다(기원전 194년). 이때 준왕은 배를 타고 남쪽으로 이주하여 진국(辰國)의 한왕(韓王)이 되었다고 한다.

③ 철기 문화의 수용 : 위만조선(기원전 194~108년)은 철기 문화를 본격적으로 수용하였다. 철기의 사용은 농업과 무기 생산을 중심으로 한 수공업을 더욱 융성하게 하였고, 그에 따라 상업과 무역도 발달하였다.

④ 정복 사업의 전개 : 고조선은 사회와 경제 발전을 기반으로 중앙 정치 조직을 갖춘 국가로 성장하였다. 그리고 우세한 무력을 바탕으로 활발한 정복 사업을 전개하여 진번(황해도 일대), 임둔(함경남도 일대) 등 주변나라를 복속시켜 나갔다.

⑤ **중계 무역의 실시** : 또한 지리적인 이점을 이용하여 동방의 예나 남방의 진(辰)이 직접 중국의 한과 교역하는 것을 막고, 중계 무역의 이득을 독점하려 하였다. 이러한 경제적, 군사적 발전을 기반으로 위만조선은 중국의 한과 대립관계▼를 형성하였다.

(3) 위만조선의 멸망

① **한 무제의 침략** : 영토를 확장하여 대제국을 건설하고자 했던 한 무제는 위만조선과 흉노족의 연합을 우려하여 기원전 109년, 누선장군 양복과 좌장군 순체를 앞세워 5만 명의 육군과 7천 명의 수군을 보내 대규모 침략을 감행하였다.

② **위만조선의 저항** : 한 수군이 왕검성을 포위했으나 패배한 뒤 육군은 패수 서쪽에서 고조선을 공격했으나 실패하였다. 이후 약 1년에 걸쳐 한의 군대에 맞서 완강하게 대항하였다.

③ **위만조선의 멸망** : 장기간의 전쟁으로 지배층의 내분이 일어났고 토착세력인 조선의 상들 중에 니계상 삼이 사람을 시켜 우거왕을 암살하였다.

(4) 한 군현(한사군)의 설치▼

① **한 군현의 설치** : 위만조선이 멸망하자 한은 고조선의 영토에 네 개의 군현을 세웠는데, 낙랑군·임둔군·진번군은 기원전 108년, 현도군은 그 이듬해에 설치되었다.

② **한 군현의 위치** : 한 군현의 위치는 학자에 따라 견해 차이가 있으나, 한강 이북의 한반도 땅과 요동 지방에 걸쳐 있었던 것으로 보인다.

③ **한 군현의 소멸**▼ : 한 군현 중에서 위만조선의 수도였던 평양에 설치한 낙랑이 가장 오래 지속되었고, 그 주변에 있던 임둔·진번·현도의 3군은 토착민의 반항에 부딪쳐 곧 폐지되거나 약화되었다. 313년 고구려 미천왕의 공격을 받아 낙랑군이 소멸될 때까지 약 400년간 지속되었다.

▼ **창해군과 섭하사건**
압록강 중류인 동가강 유역을 중심으로 형성된 예국은 기원전 128년 고조선에 복속되자 왕 남려(南閭)가 28만 명의 주민을 이끌고 한(漢)에 투항하였다. 한나라는 이곳에 창해군(滄海郡)을 설치하여 이를 통해 고조선을 압박하고자 했으나 토착인의 저항으로 실패였다. 그러자 요동도위로 있던 섭하(涉何)를 사자로 보내 천자의 명을 따를 것을 우거왕(右渠王: 위만의 손자)에게 요구했으나 실패했다. 섭하는 고조선의 장수를 살해하고 돌아갔는데, 이에 분개한 고조선이 군대를 보내 섭하를 살해하여 보복하자 이후 한과 고조선의 관계는 극도로 악화되었다.

▼ **한 군현(한사군)**
한은 고조선을 멸망시키고 그 영토의 일부를 지배하기 위해 한사군을 설치하였다. 그러나 한의 지배는 그 지역의 토착세력을 포섭하여 간접적으로 지배하는 데 그쳤다. 그중 임둔군과 진번군은 곧 폐지되었다. 현도군은 고구려의 성장에 따라 자리를 옮기며 축출되었고, 낙랑군은 고구려의 미천왕 때(313) 완전히 고구려에 흡수되었다.

▼ **진번과 대방**
한사군이 설치된 지 20여 년 후인 기원전 82년 진번과 임둔은 토착민의 저항을 받아 폐지되었다. 그 후 후한 말인 204년경 요동 지방의 독립 세력인 공손씨(公孫氏)가 옛 진번군이 있던 황해도와 그 이남지방에 대방군(帶方郡)을 설치하였는데, 이것은 곧 백제에 의해 멸망당했다.

6. 고조선의 사회와 문화

(1) 고조선의 8조법▼

8조법은 고조선의 사회상을 엿볼 수 있는 법률로, 「한서」 지리지에 8조의 법 중 3개 조목과 부칙이 전해진다.

▼ 고조선의 8조법
첫째, 사람을 죽인 자는 즉시 사형에 처한다. (살인죄 규정)
둘째, 사람을 상해한 자는 곡물로써 배상한다. (상해죄 규정)
셋째, 남의 물건을 훔친 자는 노비로 삼되, 스스로 속죄하려는 자는 돈 50만 전을 내야한다. (절도죄 규정)

> **더 알아보기⊕**
>
> **고조선의 8조 금법**
>
> …… (고조선에서는) 백성들에게 금하는 법 8조가 있었다. 그것은 대개 사람을 죽인 자는 즉시
> _{생명 · 노동력 중시}
>
> 죽이고, 남에게 상처를 입힌 자는 곡식으로 갚는다. 도둑질을 한 자는 노비로 삼는다.
> _{농경 사회}   _{사유 재산 제도}   _{계급 사회 · 노예 제도}
>
> 용서받고자 하는 자는 한 사람마다 50만 전을 내야 한다. 비록 용서를 받아 보통 백성이
> _{화폐 사용}
>
> 되어도 풍속에 역시 그들은 부끄러움을 씻지 못하여 혼인을 하고자 해도 짝을 구할 수 없다.
> 이러해서 백성은 도둑질을 하지 않아 대문을 닫고 사는 일이 없었다. 여자는 모두가 정조를
> _{가부장적 사회}
>
> 지키고 신용이 있어 음란하고 편벽된 짓을 하지 않았다. 농민은 대나무 그릇에 음식을 담아 먹고,
> 도시에서는 관리나 장사꾼을 본받아 술잔 같은 그릇에 음식을 담아 먹는다.
>
> ― 「한서」 지리지(반고) ―

(2) 고조선 사회의 특징

8조법을 통해서 고조선 사회가 사람의 생명과 사유 재산을 보호하고, 귀족과 노비가 분화되어 있는 계급 사회였음을 알 수 있다. 또한 기원전 8세기의 강상무덤에 100여 명이 함께 순장된 사실에서 노비를 거느린 귀족층이 존재했음을 알 수 있다.

(3) 고조선의 국가 체제

① **고조선의 국가 체제** : 고조선은 중국 주나라의 정치 제도의 영향을 받아 상당한 수준의 국가 체제를 갖추고 있었는데, 귀족들은 관료조직에 흡수되어 왕 밑에 상, 대부, 장군, 박사 등의 관직을 갖고 있었다.
② **귀족들의 독자적 세력** : 그러나 귀족들은 자신의 관할 구역에서 독자적 세력을 유지하고 있었다.

(4) 한 군현 설치 이후의 변화

① **식민지적 도시 문화의 발전** : 한의 군현이 설치된 이후 사회모습이 크게 달라졌는데, 중국에 의한 고도의 철기 문화와 식민지적 도시 문화가 발전하였다.

② **한 군현 설치 이후의 상황** : 한사군 시대에 향락문화와 부유층의 발전으로 계급 분화가 촉진되어 사회가 복잡해졌는데, 이러한 사회변화를 반영하여 8조목밖에 없던 법금이 60여 조로 늘어났다고 한다. 이러한 사실은 한족의 수탈과 억압에 대해 토착민의 저항과 항쟁이 계속되었음을 반영하는 것이다.

여러 나라의 성장

1. 부여

(1) 부여의 건국과 멸망

① 기원전 2세기 송화강 유역에서 건국 : 부여는 「산해경」과 사마천의 「사기」의 기록을 보면 기원전 2세기경에 건국된 것으로 보인다. 부여는 예맥족▼이 건국했다는 건국설화를 가지고 있다. 만주 길림시 일대를 중심으로 송화(쑹허)강 유역의 평야 지대를 중심으로 성장하였다.

② 부여의 멸망 : 북쪽으로는 선비족, 남쪽으로는 고구려와 접하고 있다가 3세기 말 선비족의 침략을 받아 크게 쇠퇴하였고, 494년 고구려(문자명왕)에 병합되었다.

초기 국가의 위치

(2) 부여의 통치 체제

① 5부족 연맹체 형성 : 부여는 부족 연맹 사회로 중앙에 왕이 있고, 그 아래 가축의 이름을 딴 부족장인 마가, 우가, 저가, 구가와 대사자, 사자 등의 관리가 있었다.

② 사출도와 제가 회의 : 중앙은 왕이 직접 다스리고 지방은 가▼들이 다스리는 행정구획인 사출도가 있었다. 중앙과 합쳐 5부제를 이루었다. 이들을 통칭하여 제가라고 하는데, 제가 회의를 통해 국가 중대사를 정하고 합의하에 왕을 추대하였다.

③ 왕의 지위 : 부여 초기 왕의 세력은 미약하여 가뭄이나 수해 등으로 곡식이 익지 않을 때에는 왕에게 책임을 묻기도 하고 왕을 죽이기도 하였으나 뒤에는 왕위가 세습되어 왕권이 강화되었다.

▼ 예맥

우리 민족은 형질상 북방계와 남방계 두 유형으로 이루어져 있는데 북방계열은 예(濊)맥(貊)사회, 남방계열은 한(韓)사회로 보고 있다. 부여와 고구려, 동예, 옥저 등이 예맥 사회에서 건설된 국가들이었다.

▼ 사출도(四出道)

부여국의 행정구역으로 부족 연맹의 의미이며, 행정이나 지배 체제의 분화를 의미한다.

▼ 가(加)

대부족의 군장과 왕을 뜻하는 '간'·'한'에서 나온 말이다. 초기 부족 국가가 성장하는 과정에서 부족장을 가·간 등으로 불렀다. 부여의 제가, 신라의 거서간·마립간, 고구려의 고추가 등의 가와 간은 수장 또는 부족장 및 고위관직자의 호칭으로 쓰였던 경우이다.

(3) 부여의 사회모습

① **목축 중시** : 부여는 송화강 유역의 넓은 평야에 위치하여 목축을 중시하였다. 특산물로 말, 주옥, 모피 등이 유명하여 이를 중국에 수출했다.

② **부여의 신분** : 부여의 사회계급은 귀족인 가가 있고 그 밑에 호민으로 불리는 지배층이 있으며 그 아래에 민과 하호가 있다. 전쟁이 일어나면 제가들이 호민과 민을 이끌고 무장하여 싸웠으며, 이때 하호는 전투에 참여하지 못하고 식량 보급품을 나르는 일을 맡았다. 최하계층으로 전쟁포로, 채무자 등의 노비가 있었는데 이들은 매매가 가능하고 호민층 이상이 소유했다.

③ **순장** : 주인이 죽으면 노비를 산 채로 함께 매장하는 순장 제도가 있었는데, 많을 경우에는 100여 명에 이르렀다.

(4) 부여의 풍속

① **제천 행사** : 수렵 사회의 전통을 보여주는 영고(맞이굿)라는 제천 행사가 있어 매년 12월에 온 국민이 하늘에 제사지내고 술과 음식을 나누어 먹으면서 노래와 춤을 즐겼다.

② **생활 풍습** : 전쟁이 일어났을 때에는 소를 죽여 그 굽으로 길흉을 점치는 점복신앙(우제점법)이 있었으며, 한나라의 은력을 사용하였다.

③ **형사취수제**▼, **흰 옷 중시** : 혼인풍습으로는 형사취수제가 있어, 재산의 축소를 방지하고 노동력을 확보하고자 하였다. 부여 사회는 영혼불멸을 믿어 금기가 많았으며 백의를 숭상하였다.

더 알아보기➕

「삼국지」 위지 동이전▼**기록 – 부여**

• 사람들의 체격은 매우 크고 성품이 강직, 용맹하며 근검, 후덕해서 다른 나라를 노략질하지 않았다.

• 벼슬은 6축의 이름을 따라 마가, 우가, 구가, 저가, 견사, 대사자, 사자라 칭했으며 부락에는 호민이 있고 하호라 불리는 백성은 다 노예와 같은 생활을 했다.

• 제가들은 별도로 4출도를 주관하는데, 큰 곳은 수천 가이며 작은 곳은 수백 가였다. 옷은 흰 옷을 중히 여긴다.

• 죄인을 다스림이 매우 엄해 살인자는 죽이고 그 가족은 노비로 삼았다. 도둑질한 자는 물건값의 12배를 배상케 했으며 남녀 간에 음란한 짓을 하거나 부인이 투기를 하면 모두 죽였다. 투기하는 것을 더욱 미워하여 죽이고 나서 그 시체를 나라의 남산 위에 버려서 썩게 하였다. 만일 여자의 친가에서 그것을 가져가려 하면 소와 말을 바쳐야 돌려주었다. 형이 죽으면 형수를 아내로 삼았다.

▼ **형사취수제**

형제역연혼(兄弟逆緣婚)이라고도 한다. 후한서 동이열전과 삼국지 위지 동이전에 의하면 "부여에는 형이 죽으면 형수를 아내로 삼는 풍습이 있었는데 이 풍습은 흉노와 같다."라고 했다. 또 양서 동이열전에 보면, "고구려는 언어·생활 습관이 부여와 같은 점이 많은데……, 형이 죽으면 형수를 아내로 삼는 풍속이 있었다."라고 한다. 또 위의 기록 가운데 부여와 고구려에서는 남녀관계의 음란이나 질투하는 아내에 대해 엄한 처벌규정이 있었는데, 이것으로 당시 다처제를 포함한 일부일처의 형태를 짐작할 수 있다.

▼ **삼국지 위지 동이전**

3세기 말 중국 진(晉)나라의 진수가 저술한 책으로 위, 촉, 오 삼국의 역사서로서 당시 중국 주변의 고조선과 여러 나라의 역사와 풍속이 기록되어 있다. 우리나라가 기록된 가장 오래된 역사서는 사마천의 사기이지만 사기는 한 무제의 고조선 정벌에 대해 주로 기록한 반면에 진수의 삼국지 위지 동이전은 고대부터 삼국시대까지 우리나라의 정치·제도·문물과 중국과의 교류에 대한 광범위한 기록을 포함하고 있어서 우리나라 고대사 연구에 중요한 사료로 볼 수 있다.

2. 고구려

(1) 고구려의 건국

① 건국 : 「삼국사기」▼의 기록에 따르면 부여에서 남쪽으로 내려온 주몽이 기원전 37년에 졸본(현재의 요령성 환인) 지방에서 나라를 건국하였다.

② 초기 상황 : 이 지역은 대부분 큰 산과 깊은 계곡으로 된 산악 지대였기 때문에 농토가 부족하여 농업이나 목축을 통한 자급자족이 불가능하였다. 그래서 뛰어난 말타기와 활쏘기 재주를 바탕으로 한 군사적 기동력으로 주변의 여러 성읍국가들과 전투를 통해 전리품을 획득하며 성장하였다.

③ 국내성으로의 천도 : 고구려는 수도 졸본성에 성곽, 궁실, 신묘 등을 축조했으며 기원후 1세기경에는 한족 · 선비족과 투쟁하며 한층 강력한 고대왕국을 건설하고 수도를 압록강 연안의 국내성(길림성 집안)으로 옮겼다.

④ 고구려 건국의 의의 : 고구려는 중국 문화를 수용하여 한반도와 일본에 전달해 준 문화 중개자이자 중국의 침략으로부터 한반도를 보호한 방파제 역할을 하였다.

(2) 고구려의 통치 체제

① 5부족 연맹체▼ : 고구려는 5부족 연맹체로서 처음에 소노부에서 왕이 나오다 태조왕 때에 계루부에서 왕이 나와 주도권이 넘어갔다.

② 대가들의 존재 : 수상은 대대로라 칭하였고, 왕 밑에 대가(상가, 대로, 패자)가 있었고 관리격인 주부, 우태, 승을 두었는데 대가들도 가신 격으로 사자, 조의, 선인을 두고 있었다.

(3) 고구려의 사회 모습

① 고구려의 환경▼ : 「삼국지」 위지 동이전에는 고구려에 대해 큰 산과 골짜기가 많고 평원과 연못이 없어서, 좋은 밭이 없고 힘들여 일구어도 배를 채우기는 부족하여, 사람들의 성품이 흉악하고 급해서 노략질하기 좋아했다고 한다.

② 고구려인의 생활 : 지배층은 부경▼이라는 창고를 마련하여 피정복민들로부터 획득한 공물이나 하호에 의해 생산된 곡식, 소금 등을 저장하였다.

▼ 삼국사기에 따른 삼국의 건국 순서
· 신라 건국 : 기원전 57년
· 고구려 건국 : 기원전 37년
· 백제 건국 : 기원전 18년

▼ 삼국지 위지 동이전 기록 – 5부족 연맹체
"고구려는 본시 5족으로 소노부, 절노부, 순노부, 관노부, 계루부가 있다. 처음에는 소노부에서 왕이 나왔으나 미약해져 계루부에서 대신하게 되었다. 절노부는 대대로 왕과 혼인하였으므로 고추가라 불리웠고 모든 대가들은 자체로 사자, 조의, 선인을 거느리고 있었다."

▼ 삼국지 위지 동이전 기록 – 고구려의 환경
"고구려에는 큰 산과 깊은 골짜기가 많고 평원과 연못이 없어서 계곡을 따라 살며 골짜기 물을 식수로 마셨다. 좋은 밭이 없어서 힘들여 일구어도 배를 채우기는 부족하였다. 사람들의 성품은 흉악하고 급해서 노략질하기를 좋아하였다."

▼ 부경
땅의 습기를 피하려고 바닥을 땅에서 띄워 높게 만든 식량창고로서 공물을 저장하는 창고이다.

(4) 고구려의 풍속

① **제천 행사** : 고구려의 제천 행사는 건국 시조인 주몽과 그 어머니 유화 부인을 조
상신으로 섬겨 제사를 지냈고, 10월에는 추수 감사제인 동맹이라는 제천 행사를
성대하게 치렀다. 이때 왕과 신하들이 국동대혈▼에 모여 함께 제사를 지냈다.

② **풍속** : 결혼풍습으로는 혼인을 정한 뒤 신부 집의 뒤꼍에 조그만 집(서옥)을 짓고
거기서 자식을 낳고 장성하면 아내를 데리고 신랑 집으로 돌아가는 제도로, 노동
력을 중시하는 신석기 모계 사회 유풍을 계승한 서옥제(데릴사위제)가 있다. 또
한 부여의 법과 비슷한 1책 12법과 형사취수의 풍습이 행해지기도 하였다.

더 알아보기➕

「삼국지」 위지 동이전 기록 – 고구려▼

• 동이의 옛말에 의하면 '고구려'는 부여의 별종이라 하는데, 말이나 풍속 따위는 부여와 같은 점이
많았으나, 그들의 기질이나 의복은 다름이 있다.

• 그 나라 사람들은 깨끗한 것을 좋아하며, 술을 잘 빚는다. 무릎을 꿇고 절할 때에는 한쪽 다리를
펴니 부여와 같지 않으며, 길을 걸을 적에는 모두 달음박질하듯 빨리 간다.

---

3. 옥저와 동예

함경도 및 강원도 북부의 동해안에 위치한 옥저와 동예는 변방에 치우친 지리적 한
계로 선진 문화의 수용이 늦었으며, 일찍부터 고구려의 압력을 받아 크게 성장하지
못하였다. 그리고 각 읍락에는 읍군이나 삼로라는 군장이 있어서 자기 부족을 다스
렸으나, 이들은 큰 정치 세력을 형성하지 못하였다.

(1) 옥저

① **정치**▼ : 옥저는 부여족의 한 갈래로 함경남도에 위치한 부족 사회에서 발전한
국가이다. 옥저는 총 5천 호를 거느리고 있었으나, 군장국가 단계에 머물러 있
으면서 고조선에 복속해 있다가 한사군 설치 이후, 임둔군과 낙랑군 산하로 들
어갔다. 왕이 없고 읍락마다 각 족장이 다스렸고 족장들은 읍군, 삼로 등으로 불
렸다.

② **경제** : 옥저는 어물과 소금 등 해산물이 풍부하였고, 토지가 비옥하여 농사가 잘
되었다. 옥저는 고구려에 오곡, 소금, 어물, 맥포 등을 공납으로 바쳤다.

▼ 국동대혈(중국 길림성 집안)
국동대혈이란 나라 동쪽의 큰 동굴
이란 뜻으로 고구려의 도읍 동쪽에
있었다. 후한서(後漢書)·삼국지(三
國志) 등의 중국 기록에 따르면, 고
구려 사람들은 하늘에 제사지낼 때
이곳에서 신(神)을 맞았다고 한다.

**▼ 삼국지 위지 동이전에서 부
여와 고구려의 기록이 상반된
이유**
역사서에는 기록자의 주관적 견해
가 반영되기도 하는데 고구려가 초
기부터 활발한 정복 활동을 전개해
한 군현을 공격하고 요동 지방으로
진출하는 등 중국 세력과 계속 충
돌하였기 때문에 고구려의 기록은
부정적으로, 상대적으로 부여의 기
록은 우호적으로 기록한 것으로 보
인다.

**▼ 삼국지 위지 동이전 기록
– 옥저의 정치**
옥저는 대군장이 없고 대대로 읍락
에 장수가 있었다. 옥저의 모든 장
수는 자칭 삼로라 하였다. 고구려
가 옥저를 복속한 후 그곳에 그들
가운데 대인을 사자로 삼았고 상으
로 하여금 다스리게 하고 대가에게
조와 부를 맡아 관할하게 하였다.

▼ 민며느리제(여부제)
장래에 혼인할 것을 약속하면, 여자가 어렸을 때에 남자 집에 가서 성장한 후에 남자가 예물을 치르고 혼인을 하는 제도이다. 일종의 매매혼으로 고려 시대와 조선 시대에도 일부 계승되었다. 민며느리제는 신석기 사회의 유습은 아니다.

③ **민며느리제**▼ : 고구려와 같이 부여족의 한 갈래였으나 풍속이 달랐으며, 장차 며느리로 삼기 위해 어린 소녀를 데려다 키워서 성장하면 아들과 혼인시켜 며느리로 삼는 풍속인 민며느리제가 있었다.

④ **가족공동묘(골장제)** : 가족이 죽으면 시체를 가매장하였다가 나중에 그 뼈를 추려서 가족공동무덤인 커다란 목곽에 안치하는 가족공동묘제가 있었는데 이를 골장제(세골장; 두벌묻기)라고 한다.

더 알아보기 ➕

「삼국지」 위지 동이전 기록 – 옥저

- 옥저는 그 토지가 비옥하고 산을 등지고 바다를 향해 있어서 오곡을 기르기에 알맞으며 밭작물도 잘 자랐다.
- 혼인 풍속은 여자 나이가 10살이 되기 전에 혼인을 약속하고, 신랑집에서는 (그 여자를) 맞이하여 장성하도록 길러 아내로 삼는다. → 민며느리제
- 장사를 지낼 적에는 큰 나무 곽을 만드는데, 길이가 10여 장(丈)이나 되며, 한쪽머리를 열어 놓아 문을 만든다. 사람이 죽으면 시체는 모두 가매장을 하되 겨우 형체가 덮힐 만큼 묻었다가 가죽과 살이 다 썩은 다음에 뼈만 추려서 관 속에 안치한다. 온 집식구를 모두 하나의 곽 속에 넣어 둔다. 또 질솥에 쌀을 담아서 곽의 문 곁에다가 엮어 매단다. → 가족공동묘

(2) 동예

① **정치** : 강원도 북부에 자리 잡은 동예는 총 2만 여 호를 거느리는 큰 나라로 옥저와 비슷하게 고조선에 복속해 있다가 후에 한사군 치하에 들어갔으나 왕국의 단계에는 이르지 못하였다. 왕이 없고 읍군, 삼로 등의 군장이 하호를 다스렸다.

② **경제** : 지리적으로 격리되어 외부의 간섭과 영향을 크게 받지 않아 씨족 사회의 유풍을 오래 유지하였다. 토지가 비옥하고 해산물이 풍부하여 농경, 어로 등 자급자족이 가능하여 경제생활이 윤택하였다. 특산물로는 단궁이라는 활과 **과하마**▼(조랑말), 반어피(바다표범의 가죽) 등이 유명하였다.

③ **제천 행사** : 매년 10월에 무천이라는 제천 행사를 열었다.

④ **풍습** : 씨족 사회의 유습인 족외혼을 엄격하게 지켰다. 산천을 중요시하여 산과 내마다 구분이 있어 각 부족의 영역을 함부로 침범하지 못하게 하였다. 다른 부족의 생활권을 침범하면 **책화**▼라 하여 노비와 소, 말로 변상하였다.

▼ 과하마(果下馬)
말을 타고 과일 나무 아래를 지날 수 있다는 데에서 유래한 것으로, 키가 작은 말을 뜻한다.

▼ 책화(責禍)
동예에 있었던 일종의 사유 재산보호를 위한 벌칙이었다. 동예에는 지방 정치 구획의 읍락이 있었는데, 그 사이에 경계를 정하여 이를 엄중하게 여기고, 서로 침범하는 경우 침범자 측에서 노예와 소·말로 배상하게 하였다. 이는 타 지역 주민의 생활의 안전과 재산보호를 위해 있었던 엄한 벌칙이었다.

더 알아보기 ➕

「삼국지」위지 동이전 기록 – 동예

- 동예는 대군장은 없었으며, 한나라 이래로 관직은 후, 읍군, 삼로가 있어서 하호를 통괄하여 다스렸다. 동예는 예로부터 노인들이 '고구려와 같은 종족'이라 하였다. 언어와 법속이 고구려와 거의 같았으며 의복은 달랐다. 예의, 풍속은 산천을 중요시하여 산과 내마다 각기 구분이 있어 함부로 들어가지 않는다.
- 동성(同姓)끼리는 결혼하지 않는다. 꺼리는 것이 많아서 병을 앓거나 사람이 죽으면 옛 집을 버리고 곧 새집을 지어 산다. 삼베가 산출되며 누에를 쳐서 옷감을 만든다. 새벽에 별자리의 움직임을 관찰하여 그 해의 풍흉을 안다.
- 주옥(珠玉)은 보물로 여기지 않는다. 해마다 10월이면 하늘에 제사를 지내는데 주야로 술 마시며 노래 부르고 춤추니 이를 무천이라 한다.
- 또 호랑이를 신으로 여겨 제사를 지낸다. 부락을 함부로 침범하면 벌로 생구(生口)와 소, 말을 부과하는데, 이를 책화라 한다. 사람을 죽인 사람은 죽음으로서 그 죄를 갚게 한다. 도둑질하는 사람이 적다.

4. 삼한(마한·진한·변한)

(1) 성립

① **진**의 성장 : 기원전 4세기경 고조선 남쪽에는 경기도, 충청도, 전라도 등 서해안 지역을 중심으로 남한지역에 세워진 최초의 국가인 진이 성장하고 있었다. 진은 기원전 2세기경에 고조선의 방해로 중국과의 교통이 저지되기도 하였다.

② **삼한의 성립** : 기원전 2세기경 고조선이 한나라에 망하자 대거 남하해 오는 유이민에 의하여 새로운 철기 문화가 보급되어 토착 문화와 융합되면서 사회가 더욱 발전하였다.

▼ 진국과 삼한의 차이
- 진국 : 청동기 문화를 지닌 고조선 유이민과 한강 유역의 토착 세력과의 연합 세력
- 삼한 : 철기 문화의 보급으로 성립된 연맹 왕국

더 알아보기 ➕

고조선 유이민의 남하

- 조선 후(候) 준(준왕)이 분수를 모르고 왕을 칭하다가 연나라에서 망명한 위만의 공격을 받아 나라를 빼앗기자, 그 측근 신하와 궁인들을 거느리고 달아나 한 땅에 들어가 스스로 한 왕이라 불렀다.
- 일찍이 우거(고조선의 마지막 왕)가 아직 격파되기 전에, 조선상(朝鮮相) 역계경이 우거에게 간언하였으나 받아들여지지 않자 진국으로 갔다. 그때 백성들 중 그를 따라가 산 사람들이 2천 여 호나 되었다.

— 「삼국지」위지 동이전 —

▼ 마한 목지국

마한 목지국은 처음에 성환·직산 등의 천안 지역을 중심으로 발달하였으나, 백제의 성장과 지배 영역의 확대에 따라 남쪽으로 옮겨 익산 지역을 거쳐 마지막에 나주 부근(오늘날의 대안리, 덕산리, 신촌리, 복암리)에 자리 잡았을 것으로 추정된다. 왕을 칭하던 국가 단계의 목지국이 언제 망했는지는 알 수 없으나, 근초고왕이 마한을 병합하는 4세기 후반까지는 존속하였고, 그 이후에는 백제의 정치 세력 하에 있는 토착 세력으로 자리 잡았을 것으로 보인다.

▼ 삼국지 위지 동이전 기록
– 삼한의 풍속

• "삼한은 각기 장수가 있어서 우두머리를 신지라 하고 그 다음을 읍차라 하였다. 그 관직에는 위솔선, 읍군, 귀의후, 중랑장, 도위, 백장이 있었다. 5월이 되어 씨를 다 뿌리고 나면 귀신에게 제사를 올린다. 이때는 모든 사람들이 모여서 밤낮으로 노래하고 춤을 추며 술을 마시고 논다. 춤을 출 때는 10여 명이 한꺼번에 일어나서 서로 뒤를 따르며 땅을 밟고 높이 뛴다. 이 춤추는 모습은 꼭 탁무와 같다. 10월에 농사가 끝나면 또 한 번 이렇게 논다."

• "귀신을 몹시 믿기 때문에 고을마다 한 사람을 뽑아 세워서 천신 제사 지내는 것을 주관하게 하는데 이 사람을 천군이라 부른다. 또 이들 여러 나라에는 각각 별읍이 있는데 이를 '소도'라 하고 큰 나무를 세우고 방울과 북을 달아 귀신을 섬겼다. 도망 온 자가 소도에 이르면 그를 붙잡지 않았다."

(2) 마한

① **구성** : 천안, 익산, 나주 지역을 중심으로 경기·충청·전라도 지방에서 발전한 마한은 삼한 중 세력이 가장 컸다. 마한은 54개의 소국으로 이루어졌으며, 그중에서 큰 나라는 1만여 호, 작은 나라는 수천 호였다. 모두 10만여 호였다. 그 중심 국가는 목지국이었다.

② **정치** : 마한 54국 중 세력이 가장 큰 <mark>목지국</mark>▼의 지배자가 마한왕 또는 진왕으로 추대되어 삼한 전체를 통할하고 있다. 진왕 밑에 각각 지역의 거수가 있고 대족장인 신지, 읍차 등의 군장이 지배했다.

(3) 진한

① **진한의 위치와 구성** : 진한은 대구·경주 지역을 중심으로 발전하였다. 진한은 12개국으로 이루어졌고, 모두 4만~5만 호였으며 중심 국가는 사로국으로 이후 신라로 발전하였다.

② **규모** : 큰 나라는 4,000~5,000호, 작은 나라는 600~700호였다.

③ **지형과 특징** : 이 지역은 침식분지 지대로 폐쇄적 지형 때문에 외래 문화의 전래가 늦었고 토착 문화의 전통이 강하였다.

(4) 변한

① **변한의 위치와 구성** : 변한은 김해·마산 지역을 중심으로 발전하였다. 변한은 12개국으로 이루어졌고, 모두 4만~5만 호였으며 중심 국가는 구야국으로 후에 6가야의 중심 세력이 되었다.

② **규모** : 큰 나라는 4,000~5,000호, 작은 나라는 600~700호를 이루었다.

③ **지형과 특징** : 변한에서는 철이 많이 생산되어 낙랑, 왜 등에 수출하였다. 그리고 철은 교역에서 화폐처럼 사용되기도 하였다. 변한의 지역은 충적평야 지대로 농경이 발달하고, 대외 교역에 유리하였다.

(5) 삼한의 사회 모습과 풍속▼

① **삼한의 군장**

㉠ 국읍과 별읍의 존재 : 삼한 여러 나라는 왕이 사는 국읍과 각급 수장들이 사는 별읍들로 이루어져 있다.

㉡ 군장의 존재 : 정치적 군장 중에서 세력이 강한 이를 신지·견지라 하였고, 중소 군장들은 읍차·부례 등으로 불렸다. 이들은 별읍에 사는 사람들과 토지를 지배하며 국읍의 왕 밑에서 국정에 참여하고 관료처럼 움직였으나, 별읍에는 왕의 통제력이 잘 미치지 못하였다.

② **삼한의 일반 평민** : 삼한 소국의 일반 사람들은 읍락에 살면서 농업과 수공업을 담당하였으며, 초가지붕의 반움집이나 귀틀집(큰 통나무로 정(井)자 모양으로 귀를 맞추어 층층이 얹고 틈을 흙으로 발라 지은 집)에서 살았다.

③ **천군과 소도의 존재**

    ㉠ **소도** : 삼한에는 소도(蘇塗)라 하여 천군이라는 종교지배자(무당)가 지배하는 신성지역이 있었는데, 긴 나무를 세우고 청동방울을 달아 표시하였다.

    ㉡ **천군의 영향력** : 천군은 농경과 종교에 대한 의례를 주관하는 제사장으로 이 지역으로 범죄자가 들어가도 정치적 군장들은 영향력을 행사하지 못하였다.

    ㉢ **소도의 역할과 제정분리 사회** : 소도는 신·구 문화의 완충 역할을 수행하였다. 소도는 정치적 군장의 세력이 커지고 천군의 지배력이 약화되어 분리된 제정분리 사회였음을 알려 준다.

④ **경제** : 삼한에서는 벼농사가 발달하여 밀양 수산제, 김제 벽골제, 의성 대제지, 상주 공검지, 제천 의림지 등의 저수지가 축조되었으며, 경남 창원 다호리 유적에서 철제 농기구가 출토되었다.

⑤ **두레** : 공동체적인 전통을 보여주는 두레 조직을 통하여 여러 가지 공동 작업을 하였다.

⑥ **제천 행사** : 제천 행사로는 해마다 씨를 뿌리고 난 뒤인 5월의 수릿날과 가을 곡식을 거두어들이는 10월에 하늘에 제사를 지내는 계절제가 있었다.

더 알아보기➕

「삼국지」 위지 동이전 기록 – 삼한

- 그 백성은 토저(土著) 생활을 하였으며, 곡식을 심으며 누에치기와 뽕나무를 가꿀 줄을 알고 면포를 만들었다.
- 철(鐵)이 생산되는데 한(韓), 예(濊), 왜인(倭人)들이 모두 와서 사간다. 시장에서의 매매는 철로 이루어져서 마치 중국에서 돈을 쓰는 것과 같으며, 또 낙랑과 대방의 두 군(郡)에도 공급하였다.
- 진한(변진=변한)의 왕은 자기 스스로 서서 왕 노릇을 하지 못한다. 이곳은 토지가 기름지고 아름다워 오곡과 벼를 가꾸기에 알맞다. 또 누에치는 법을 알아서 비단을 짜서 입는다. 말과 소를 타고 다닐 줄 알며, 시집가고 장가가는 데 있어 모든 예속이 남자와 여자가 구별이 있다. 큰 새의 깃털을 사용하여 장례를 지내는데 그것은 죽은 사람이 새처럼 날아다니라는 뜻이다.

PART 01

적중예상문제 CHAPTER 01~04

01 다음 글을 근거로 할 때, 사료를 탐구하는 자세로 옳지 <u>않은</u> 것은?

> 역사라는 말은 사람에 따라 다양한 뜻으로 사용되고 있지만, 일반적으로 '과거에 있었던 사실'과 '조사되어 기록된 과거'라는 두 가지 뜻을 지니고 있다. 즉, 역사는 '사실로서의 역사'와 '기록으로서의 역사'라는 두 측면이 있다. 전자가 객관적 의미의 역사라면, 후자는 주관적 의미의 역사라 할 수 있다. 우리가 역사를 배운다고 할 때, 이것은 역사가들이 선정하여 연구한 '기록으로서의 역사'를 배우는 것이다.

① 사료는 '과거에 있었던 사실'이므로 그대로 '사실로서의 역사'라고 판단한다.
② 사료를 이해하기 위해 그 사료가 기록된 당시의 전반적인 시대 상황을 살펴본다.
③ 사료 또한 사람에 의해 '기록된 과거'이므로, 기록한 역사가의 가치관을 분석한다.
④ 동일한 사건 또는 같은 시대를 다루고 있는 여러 다른 사료와 비교 검토해 본다.

> **해설** 제시문은 사료는 주관적인 의견이 들어간 '조사되어 기록된 과거'에 해당한다고 본다. 따라서 '과거에 있었던 사실'이라는 객관적 의미의 '사실로서의 역사'라고 판단할 수 없다.
>
> 정답 ①

02 역사(歷史)에 대한 설명으로 옳지 <u>않은</u> 것은?

① '기록으로서의 역사'에는 역사가의 주관이 개입되면 안 된다.
② 역사를 통하여 현재를 살아가는 데 필요한 삶의 지혜와 교훈을 얻을 수 있다.
③ 사료와 역사적 진실이 반드시 일치하는 것은 아니므로 사료 비판이 필요하다.
④ '사실로서의 역사'란 과거에 존재했던 모든 사실과 사건을 의미한다.

> **해설** ① '기록으로서의 역사'는 과거의 사실을 토대로 역사가가 주관적으로 역사를 재구성한 것으로서 역사가의 주관이 필요적으로 개입된 역사이다. 역사가의 주관을 배제하고 객관적으로 역사를 설명하려고 하는 것은 '사실로서의 역사'이다.
>
> 정답 ①

03 밑줄 친 '이 토기'가 주로 사용되었던 시대에 대한 설명으로 옳은 것은?

> <u>이 토기</u>는 팽이처럼 밑이 뾰족하거나 둥글고, 표면에 빗살처럼 생긴 무늬가 새겨져 있다. 곡식을 담는 데 많이 이용된 <u>이 토기</u>는 전국 각지에서 출토되고 있는데, 대표적 유적지는 서울 암사동, 봉산 지탑리 등 이다.

① 농경과 정착 생활이 이루어졌다.
② 고인돌이나 돌널무덤을 만들었다.
③ 빈부의 격차가 나타나고 계급이 발생하였다.
④ 군장이 등장하고 부족의 풍요와 안녕을 기원하는 제사를 지냈다.

> **해설** 제시문의 토기는 '팽이처럼 밑이 뾰족하거나 둥글고, 표면에 빗살처럼 생긴 무늬가 새겨져 있다.'라는 내용으로 보아 빗
> 살무늬 토기임을 알 수 있다.
> ① 빗살무늬 토기는 신석기 시대의 대표적인 토기로서 신석기 시대는 농경과 목축이 시작되는 신석기 혁명이 발생하였
> 기 때문에 정착 생활이 시작되었다.
> ② 고인돌과 돌널무덤은 청동기 시대의 대표적인 무덤이다.
> ③ 빈부의 격차가 나타나고 계급이 발생한 것은 청동기 시대의 특징이다.
> ④ 군장이 등장하고 제사를 지낸다는 내용은 청동기 시대부터 철기 시대의 대표적인 특징이다.
>
> 답 ①

04 다음은 선사 시대의 사회 변화를 설명한 것이다. 이 시기에 대한 설명으로 옳지 <u>않은</u> 것은?

> • 농경 기구의 발달 등으로 잉여 농산물이 증가하여 계급이 발생하였다.
> • 농업생산물 등은 개인이나 가족의 소유로 만들 수 있었다.

① 남부 지역의 강가나 해안가에서는 벼농사도 지었다.
② 직사각형의 지상형 움집을 지어 생활하였다.
③ 배산임수의 취락 여건을 갖추고, 피수 지역인 구릉지에 모여 살았다.
④ 세형 동검이 비파형 동검으로 발전하였다.

> **해설** 문제의 지문은 청동기 시대의 특징을 나타내고 있다. 청동기 시대는 사유 재산이 인정되고 계급이 발생하였던 시기이다.
> ④ 청동기 시대는 비파형 동검이 유행하였고, 철기 시대에는 비파형 동검이 세형 동검으로 발전하게 된다. 또한 철기 시
> 대에는 거푸집이 발견되어 한반도에서 독자적으로 철기 문화가 발달하였음을 알 수 있다.
> ① · ② · ③ 청동기 시대에는 남부 지역의 강가나 해안가에서 벼농사를 지었고, 직사각형의 움집을 짓고, 지
> 상에 움집을 짓기 시작했으며, 배산임수의 구릉지에 주로 거주하였다.
>
> 답 ④

05 밑줄 친 'A', 'B', 'C'층에 대한 설명으로 옳지 <u>않은</u> 것은?

> <u>A층</u>에서는 돌보습, 돌괭이 등 석기류와 빗살무늬 토기가 여러 점 출토되었다. <u>B층</u>에서는 기둥 구멍이 있는 장방형의 주거지에서 반달 돌칼, 민무늬 토기 등이 다수 발굴되었다. <u>C층</u>에서는 철기로 만든 농기구가 다수 출토되었다.

① A층보다는 B층이, B층보다는 C층이 지표면에 가깝다.
② A층과 같은 시기의 유적은 주로 내륙의 산지에 분포하고 있다.
③ B층의 유적을 남긴 사람들은 농경 정착 생활을 하며 취락을 이루었다.
④ C층과 같은 시기의 유적에서는 세형동검과 잔무늬거울이 출토되었다.

> **해설** A층은 신석기 시대, B층은 청동기 시대, C층은 철기 시대이다.
> ② 신석기 시대 유적은 전국 각지에 널리 분포하고 있으며, 특히 강가나 해안가에서 집중적으로 출토되는 것을 보면, 어로와 채집생활을 주로 하였음을 알 수 있다. 그러나 후기에는 농경과 목축이 시작되었다는 점도 함께 알아두어야 한다. 청동기 시대 유적이 주로 내륙의 산지에 분포하고 있다.
>
> 답 ②

06 우리나라 청동기 시대의 유적과 유물에 대한 설명으로 옳은 것은?

① 청동기 시대에는 수공업 생산과 관련된 가락바퀴가 처음으로 사용되었다.
② 탄화미가 여주 흔암리, 부여 송국리 유적에서 발견되었다.
③ 청동기 시대 유적은 한반도 지역에 국한하여 주로 분포되어 있다.
④ 청동기 시대에는 조개 껍데기 가면 등의 예술품도 많이 제작되었다.

> **해설** ② 청동기 시대의 특징은 벼농사가 시작되었다는 것이며 여주 흔암리와, 부여 송국리 등지에서 탄화된 볍씨가 출토되었다.
> ① 원시적인 수공업이 실시된 것은 신석기로서 수공업 생산과 관련된 가락바퀴는 신석기 시대의 유물이다.
> ③ 청동기 시대의 유적은 한반도와 만주 지역에 폭넓게 존재하고 있다.
> ④ 조개 껍데기 가면은 신석기 시대의 유물이다.
>
> 답 ②

07 (가)와 (나) 시기 고조선에 대한 설명으로 옳은 것만을 고른 것은?

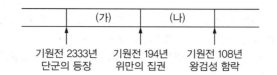

	(가)	(나)	
기원전 2333년 단군의 등장	기원전 194년 위만의 집권		기원전 108년 왕검성 함락

ㄱ. (가) – 왕 아래 대부, 박사 등의 직책이 있었다.
ㄴ. (가) – 고조선 지역에 한(漢)의 창해군이 설치되었다.
ㄷ. (나) – 철기 문화를 본격적으로 수용하며, 중계 무역의 이득을 취하였다.
ㄹ. (나) – 비파평 동검과 고인돌의 분포를 통하여 통치 지역을 알 수 있다.

① ㄱ, ㄷ ② ㄱ, ㄹ
③ ㄴ, ㄷ ④ ㄴ, ㄹ

해설 고조선은 위만집권 이전의 단군조선과 위만집권 이후의 위만조선으로 시기를 구분할 수 있다. 따라서 (가)는 단군조선, (나)는 위만조선이다.
ㄱ. 단군조선 시기부터 왕 아래에 대부, 박사 등의 직책이 있었으며, 특히 부왕이 아들인 준왕에게 왕위를 세습한 사례로 볼 때 단군조선 시기에 이미 왕위 부자 상속을 하였음을 알 수 있다.
ㄷ. 위만조선 시기에는 발달된 철기 문화가 본격적으로 수용되었으며 남방의 진과 한 사이에서 중계 무역의 이득을 취하였다.
ㄴ. 한(漢)의 창해군 설치는 기원전 126년인 (나) 시기에 예맥의 군장 남려 등이 투항해 왔을 때 한이 고조선의 영토에 최초로 설치한 것이다.
ㄹ. 비파형 동검과 고인돌의 분포를 통하여 고조선의 영역을 알 수 있는 것은 (가) 시기의 상황이다.

답 ①

08 다음 자료와 관련된 나라에 대한 설명으로 가장 옳지 <u>않은</u> 것은?

> • 풍속에 장마와 가뭄이 연이어 오곡이 익지 않을 때 그때마다 왕에게 허물을 돌려 '왕을 마땅히 바꾸어야 한다.'라거나 혹은 '왕은 마땅히 죽어야 한다.'라고 하였다.
> • 정월에 지내는 제천 행사는 국중 대회로 날마다 마시고 먹고 노래하고 춤추는데 그 이름을 영고라고 한다.

① 쑹화강 유역의 평야지대에서 성장하였다.
② 왕 아래 가축의 이름을 띈 여러 가(加)들이 있었다.
③ 왕이 죽으면 노비 등을 함께 묻는 순장의 풍습이 있었다.
④ 국력이 쇠퇴하여 광개토 대왕 때 고구려에 완전 병합되었다.

제시문에서 설명하고 있는 국가는 부여이다. 부여는 쑹화강 유역의 평야지대에서 성장하여 왕 아래 여러 가(加)들이 국왕을 임명하는 연맹 왕국의 형태를 이루고 있었으며, 왕이 죽으면 노비 등을 함께 묻는 순장의 풍습이 있었다.
④ 부여는 광개토 대왕 때에는 동부여가 복속되었고 5세기 말 문자명왕 때 완전히 고구려에 복속되었다.

정답 ④

09 다음 풍습을 가진 나라에 관한 설명으로 옳은 것은?

> 5월에 씨를 뿌리고 나면 귀신에게 제사를 올린다. 이때는 모든 사람이 모여서 밤낮을 쉬지 않고 노래하고 춤추며 술 마시고 논다. 10월에 농사일이 끝나면 또 한번 이렇게 논다. 국읍(國邑)마다 사람을 뽑아 천신에게 제사를 주관하게 하는데, 이 사람을 천군(天君)이라 부른다. 또 이들 여러 나라에는 각각 별읍(別邑)이 있는데, 이것을 소도(蘇塗)라고 한다. 소도에는 큰 나무를 세워 방울과 북을 매달아 놓고 귀신을 섬기며, 이곳으로 도망해온 사람들을 돌려보내지 않는다.
>
> – 「삼국지」 위서 동이전 –

① 5부족 연맹을 토대로 발전하였다.
② 민며느리제라는 혼인 풍속이 있었다.
③ 신지 · 읍차로 불리는 군장이 있었다.
④ 남의 물건을 훔치면 12배로 배상하였다.

출제 비중 체크!

※ 계리직 전 8회 시험(2008~2021) 기출문제를 기준으로 정리하였습니다.

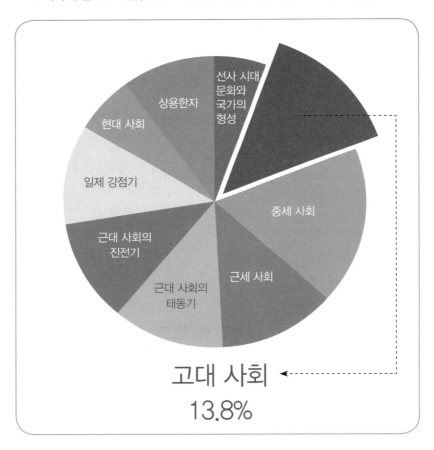

고대 사회 13.8%

선사 시대 문화와 국가의 형성

상용한자

현대 사회

일제 강점기

근대 사회의 진전기

근대 사회의 태동기

근세 사회

중세 사회

PART

02 | 고대 사회

I wish you the best of luck!

우정사업본부 지방우정청 9급 계리직

한국사

(주)시대고시기획
(주)시대교육

www. **sidaegosi**.com

시험정보 · 자료실 · 이벤트
합격을 위한 최고의 선택

시대에듀
www. **sdedu**.co.kr

자격증 · 공무원 · 취업까지
BEST 온라인 강의 제공

01 고대 국가의 성립과 발전

1. 고대 국가의 성격

(1) 고대 국가의 성립 배경

① **연맹 왕국의 등장**▼ : 철기 문화의 보급과 이에 따른 생산력의 증대를 토대로 성장한 여러 소국은 그중에서 우세한 집단의 족장을 왕으로 하는 연맹 왕국을 이루었다. 연맹 왕국은 종래의 군장 세력이 자기 부족에 대한 독자적 지배권을 행사했으므로 집권 국가로서는 한계가 있었다(지방 분권적).

② **중앙 집권 체제의 성립**▼ : 왕은 자기 집단 내부의 지배력을 강화하는 동시에, 다른 집단에 대한 지배력을 키워 나가는 과정에서 주변 지역을 활발하게 정복하여 영역을 확대하였고, 정복 과정에서 성장한 경제력과 군사력을 바탕으로 왕권을 더욱 강화할 수 있었다. 왕위 세습을 통해 왕권이 강화되면서 율령을 반포하여 통치 체제를 정비하였고, 집단의 통합을 강화하기 위하여 불교를 받아들여 중앙 집권적인 고대 국가가 형성되는 기반을 마련할 수 있었다.

(2) 각 국의 발전의 차이

각 고대 국가들은 선진 문화의 수용이나 지리적 위치에 따라 발전의 차이를 보였다. 고구려, 백제, 신라의 순서로 고대 국가 체제가 정비되고 가야는 삼국의 각축 속에서 중앙 집권화를 이루지 못한 채 연맹이 해체되어 신라와 백제에 흡수되었다.

2. 고구려의 성립과 발전

중국 문화와 북방 유목 문화에 접한 경험이 비슷한 이유로 부여 유이민과 압록강 유역의 토착민 집단이 결속력이 강화되어 서로 결합하였다. 이로써 고구려는 정복 국가 체제로 전환하여 삼국 중에서 가장 먼저 국가 체제를 정비하였다.

▼ **국가 발전 3단계설(군장 국가 – 연맹 왕국 – 고대 국가)**
우리나라의 국가 발전 단계에 관한 이론에 있어 중요한 계기는 군장 사회설의 수용이었다. 이 이론에 따르면 고대 국가의 출현에 이르는 인류 사회의 발전 과정은 군집(bands) → 부족(tribes) → 군장 사회(chiefdom) → 초기 국가(primitive state)의 단계를 거친 것으로 파악되었다. 이러한 군장 사회설은 군장 사회 → 연맹 왕국 → 고대 국가의 발전 단계론으로 다시 정리되어 한국사의 서술에 적용되기도 하였다.

▼ **중앙 집권 국가(고대 국가)의 특징**
• 왕위 세습, 율령 반포, 관제 정비, 부족장 세력의 중앙 관리화, 외관을 파견하여 지방 지배
• 영토 확장을 위한 정복 사업(한강 중심)
• 불교 수용(주체 : 왕실)
• 엄격한 신분제 사회, 친족 공동체 사회
• 귀족 · 국가 중심의 경제 구조, 조세 제도의 정비

(1) 태조왕(6대, 53~146)

① **영토 확장** : 옥저 · 동예를 복속하여 영토를 함경도 지방으로 확장하고 만주로 세력을 확대하였다. 낙랑에도 압력을 가하였고 현도군 · 요동군을 공격하였다.

② **중앙 집권 체제의 기틀 마련** : 정복 활동 과정에서 커진 군사력과 경제력을 토대로 왕권이 안정되어 계루부 고씨에 의해 독점적으로 왕위가 세습(형제 상속)되었고, 각 부족의 족장들은 5부 체제로 형성되어 연맹 왕국 단계에서 중앙 집권 국가로 발전하였다.

(2) 고국천왕(9대, 179~197)

▼ 5부족의 행정적 5부 전환
- 계루부 → 남부
- 소노부 → 내부
- 절노부 → 서부
- 순노부 → 북부
- 관노부 → 동부

① **부족적 5부 → 행정적 5부**▼ : 2세기 후반 고국천왕 때 부족적인 전통을 지닌 5부(순노부, 소노부, 관노부, 절노부, 계루부)를 행정적 성격의 5부(동, 서, 남, 북, 중)로 개편하고, 5부의 족장들은 중앙귀족으로 편입되면서 왕권 강화와 중앙 집권화가 이루어졌다.

② **왕위의 부자 상속** : 왕위 계승도 형제 상속에서 부자 상속으로 바뀌었으며, 절노부의 명림씨가 왕비족으로 정해졌다.

▼ 진대법
귀족들의 고리대업으로 인해 평민이 노비로 전락하는 것을 방지하기 위해 실시된 제도로 고려의 의창 제도, 조선의 환곡 제도, 사창 제도와 유사한 제도이다.

③ **진대법**▼ **실시** : 농민 생활 안정을 위해 국가재상인 을파소의 건의로 춘대추납 형식의 빈민책인 진대법을 실시하였고, 소농 보호정책을 추진하여 노예화를 막았다.

(3) 동천왕(11대, 227~248)

위 · 촉 · 오 삼국의 대립을 적절히 이용하여 (국가)국경을 접한 위를 견제하기 위해 오와 교류하면서, 서안평을 공략하다가 위장 관구검의 역습으로 한 때 위기를 맞기도 했다.

(4) 미천왕(15대, 300~331)

① **활발한 대외 팽창** : 4세기에 이르러 5호 16국 시대의 혼란을 틈타 고구려는 활발하게 대외 팽창을 꾀하였다.

▼ 서안평
압록강 입구에 위치하며, 중국과 낙랑군을 연결하는 통로였다.

② **낙랑 정복** : 미천왕 때에 서안평▼을 점령하고 대동강 유역의 낙랑군을 한반도에서 완전히 몰아내면서 이후 고구려는 압록강 중류 지역을 벗어나 남쪽으로 진출할 수 있는 발판을 마련하였다.

(5) 고국원왕(16대, 331~371)

① **국가적 위기** : 중국과 공방전을 계속하던 고구려는 아직까지 부족별로 흩어져 있던 힘을 조직적으로 통합하지 못하였다. 요동 지방을 놓고 치열한 공방전을 전개하다가 북방족인 전연 모용황의 침입(342)으로 궁궐이 함락되고 미천왕의 무덤이 탈취당하였으며 왕의 생모와 남녀 5만 명이 포로로 잡혀가는 수난을 겪었다.

② **근초고왕에게 전사** : 이로 인해 서방진출이 위축되어 남진을 추진하여 백제를 공격하였으나, 백제 근초고왕의 공격으로 평양성이 함락되고 고국원왕이 전사(371)하였다.

(6) 소수림왕(17대, 371~384)

① **고대 귀족 국가로의 성장** : 소수림왕은 국가적 위기 상황을 극복하고 전진과의 수교를 통해서 중국의 선진 문물을 수용하여 국가 체제를 개혁하여 수준 높은 고대 귀족 국가로 성장하고자 하였다.

② **불교 · 태학 · 율령** : 전진에서 순도가 전한 불교를 우리나라에서 처음으로 수용(372)하였고, 유교 교육 기관으로 태학▼을 설립(372; 전진의 제도를 본뜬 국립학교로 중앙에 설치됨)하여 상류층 자제를 교육하였으며, 국가 체제 정비를 위해 율령을 반포(373)하였다.

(7) 광개토 대왕(19대, 391~412)

① **대규모 정복 사업** : 중국의 5호 16국 혼란기에 18세의 젊은 나이로 왕이 된 광개토 대왕은 대규모 정복 사업을 통해 영토를 확장하여 대국을 건설하였는데, 그의 위업은 광개토 대왕릉비에 잘 나타나 있다.

② **영토 확장** : 소수림왕 때의 내정 개혁을 바탕으로 광개토 대왕은 선비족인 후연을 공격하여 요동을 차지하고, 말갈족인 숙신과 거란족이 세운 비려를 정벌하여 서북부 지방으로 진출하였다. 남쪽으로 백제를 공격하여 한강 이북 지역까지 영토를 확장하여 한반도 남부까지 영향력을 미치고 있었다.

③ **신라를 침입한 왜 격퇴** : 왜국의 침략을 받은 신라 내물 마립간의 요청으로 군사 5만을 보내 왜구를 낙동강 유역에서 섬멸하였는데 경주 호우총에서 발견된 호우명 그릇을 통해 신라와 고구려의 관계를 확인할 수 있다.

④ **독자적 연호 사용(영락)**▼ : 대국을 건설한 자신감을 바탕으로 우리나라 최초로 '영락'이라는 독자적 연호▼를 사용하였고 죽은 뒤 '國岡上廣開土境平安好太王(국강상광개토경평안호태왕)'이라는 시호를 받았다.

▼ **태학**
고구려 소수림왕 2년에 설치한 최초의 교육 기관으로 중앙 귀족의 자제들에게 유교 경전과 역사서를 가르쳤다. 장수왕 때에는 지방에 경당이라는 교육 기관을 설치하였고, 한학과 무술을 가르쳤다.

▼ **독자적 연호 사용의 의의**
• 왕권 강화
• 중국과 대등

▼ **연호**
연호는 특정 황제가 집정한 시기를 표시한 것으로 중국 한나라 때부터 사용되기 시작하였다. 연호는 원칙적으로 황제만이 사용하고 제후는 사용할 수 없는 것이었으므로 자신들이 독립적인 정권이라고 생각하는 경우에만 독자적 연호를 사용하였다.
• 백제 칠지도에 새겨진 태화(중국의 연호라는 학설 있음)
• 고구려 광개토 대왕의 영락
• 신라 법흥왕의 건원
• 신라 진흥왕의 개국, 대창, 홍제
• 발해 고왕의 천통, 무왕의 인안, 문왕의 대흥, 성왕의 중흥, 선왕의 건흥
• 고려 광종의 광덕, 준풍
• 조선 갑오개혁의 개국, 을미개혁의 건양
• 대한 제국의 광무

(8) 장수왕(20대, 412~491)

① **고구려 전성기** : 부왕의 정복 사업을 계승한 장수왕은 79년간 재위하며 고구려 최고의 전성기를 맞이하였다.

② **남북조와의 외교** : 흥안령 일대(지두우)▼의 초원 지대를 장악하는 한편, 중국 남북조와 각각 교류하면서, 대립하고 있던 두 세력을 조종하는 외교 정책을 써서 중국을 견제하고자 하였다.

③ **평양 천도**

ㄱ **평양 천도의 배경** : 장수왕은 옛 고구려 5부족 세력을 약화시키고 대동강 유역의 넓은 평야지대를 통해 식량을 확보하는 한편, 고조선 후기의 발전된 문화를 계승하고자 평양으로 수도를 옮겼다.

ㄴ **평양 천도의 영향** : 평양 천도(427)는 안으로는 왕권을 강화하는 계기가 되었고, 밖으로는 백제와 신라를 압박하는 요인이 되었을 뿐만 아니라 서쪽 해안으로 적극 진출하는 계기가 되었다. 백제와 신라는 나·제 동맹(433)을 결성하고 대응하였다.

④ **한강 유역 장악** : 장수왕은 평양 천도 이후 남하 정책을 본격적으로 추진하여 백제의 수도 한성을 함락(475)하고 아차성 전투에서 개로왕을 패사시켰다. 이후 한강 전 지역을 포함하여 죽령 일대에서 남양만을 연결하는 선까지 그 영토를 넓혔는데, 이 시기 한강 유역 진출은 충북 충주의 충주 고구려비를 통해서도 확인할 수 있다.

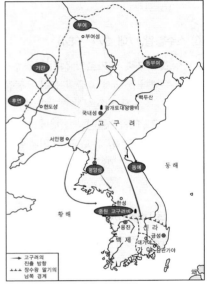

5세기 삼국 시대

▼ **지두우**
지두우는 5세기경 대흥안령 산맥에서 내몽골 지방에 위치했던 유목 국가로서 479년 장수왕이 유연과 지두우의 분할 점령을 시도하였다.

더 알아보기 +

충주 고구려비

충주 고구려비는 광개토 대왕비 발견 이후 가장 큰 고구려비 발견이라는 점과 당시 고구려와 신라의 관계를 연구하는 데 중요한 비석이라는 점에 의의가 있다. 비가 만들어진 연대는 423년 장수왕대로 추정하고 있다. 더구나 고구려의 금석문(金石文)이 남아 있는 것은 광개토 대왕비 등 그 수가 적기 때문에 이 곳 중원 지방에 완전한 돌비가 남아 있어 글씨나 글을 통하여 고구려인의 독자성을 알 수 있다.

충주 고구려비

이 비문에는 고구려 스스로를 천하의 중심으로 자부하는 고구려인의 천하관이 반영되어 있다. 그리고 고구려가 신라에 압박하여 그 영향권 내에 두려고 했던 사실을 전해준다.

"5월에 고려 대왕 상왕공은 신라 매금과 세세토록 형제처럼 지내기를 원하였다. … 매금의 의복을 내리고 … 상하(上下)에게 의복을 내리라는 교를 내리셨다 … 12월 23일 갑인에 동이매금의 신하가 우벌성에 이르렀다."

⑤ **경당의 설치** : 이때 지방 청소년을 대상으로 무예와 한학을 교육시키기 위한 우리나라 최초의 지방 사립학교인 경당을 설치하였다.

(9) 문자왕(21대, 491~519)

① **북부여 복속** : 명맥만 유지하던 북부여를 복속하였고(494), 고구려 최대의 영토를 확보(서 : 요하, 남 : 남양만과 죽령, 북 : 송화강 유역)하였다.

② **문자왕 사후의 고구려** : 문자왕 사후 지배층의 분열로 국력이 쇠퇴하게 되고, 이때 백제·신라는 중흥의 계기를 마련하였다.

(10) 영양왕(26대, 590~618)

① **한강 공격 실패** : 영양왕은 신라에 빼앗긴 한강 유역을 되찾기 위해 온달장군을 보내 한강 유역을 공격하였으나 온달은 아차산성에서 전사(590)하여 한강 공략에 실패하였다.

② **을지문덕의 살수 대첩** : 고구려가 돌궐과 연결하여 말갈군과 함께 요서 지방을 공격하자, 수 문제가 반격하여 30만 대군을 이끌고 침공하면서 제 4차에 걸친 여·수 전쟁이 일어났다. 특히 수 양제의 113만

살수 대첩

대군의 제2차 침입(612) 때 을지문덕 장군이 우중문의 30만 대군을 청천강으로 유도하여 몰살시켰는데, 이를 살수 대첩이라 한다.

③ 「신집」 5권 저술 : 한편 태학박사 이문진에게 명하여 「유기」 100권을 재편수하여 「신집」 5권을 만들도록 하였다(600).

(11) 영류왕(27대, 618~642)

▼ 천리장성
고구려가 당의 침략에 대비하여 영류왕 때 축조를 시작하여 약 20여 년의 공사 끝에 647년(보장왕 6) 완성한 성으로 북쪽의 부여성(농안)에서 남쪽의 비사성(대련)에 이른다. 연개소문은 이 성곽 축조를 감독하면서 요동 지방의 군사력을 장악하여 정권을 잡을 수 있었다.

① 천리장성▼의 축조 : 중국에서 수를 이어 당이 들어서면서 당 태종은 고구려에 화친을 청하였으나 수상 연개소문은 온건파인 왕실·귀족세력과 대립하면서 부여성과 비사성을 연결하는 천리장성을 축조하는 등 전쟁준비를 하였다.

② 연개소문의 권력 장악 : 연개소문의 세력이 커지면서 대신들과 영류왕이 그를 제거하려 하자, 연개소문은 642년 정변을 일으켜 영류왕을 죽이고 왕의 조카인 보장왕을 옹립하여 스스로 최고관직인 대막리지에 올라 무단 독재 정치를 행하였으며, 불교를 탄압하고 도교를 권장하였다.

(12) 보장왕(28대, 642~668)

① 대신라 강경책 : 연개소문이 집권하고 있던 보장왕 때에는 백제와 힘을 합쳐 신라가 차지하고 있던 당항성(남양만)을 빼앗고 한강 유역 반환을 요청 하는 등 신라에 압박을 가했다.

② 대당 강경책 : 이에 신라가 당에 구원을 요청하자 당이 고구려에 사신을 보냈으나 연개소문은 사신을 감금하는 등 당의 중재를 일축했다.

▼ 안시성
당시 인구가 10만 명 정도였던 고구려 영지로, 고구려가 요하 유역에 설치하였던 방어성들 가운데 전략적으로 요동성 다음으로 중요한 곳이었다.

③ 당과의 전쟁 : 이에 당 태종은 보장왕 4년(645)에 수십만 대군을 이끌고 요동의 개모성, 요동성, 비사성 등을 함락하고 전략적 요충지인 안시성▼을 공격했다. 그러나 3개월간 안시성 성주 양만춘의 완강한 저항으로 패하여 돌아갔고 이후 647년, 648년 두 차례 다시 침입했으나 역시 패하였다.

④ 고구려의 멸망 : 그러나 계속된 전쟁으로 고구려는 쇠약해졌으며, 연개소문 사후 남생·남건·남산 등 아들들의 내분으로 남생이 당으로 도망쳐 구원을 요청하기까지 하였다. 이후 고구려는 당이 보낸 이적과 신라 연합군에 패하여 668년에 멸망하였다.

(13) 고구려 부흥 운동(670~684)

① 고구려 부흥 운동의 전개 : 고구려 멸망 이후 보장왕의 서자 안승을 받든 검모잠과 고연무 등은 고구려의 유민을 모아 한성(황해도 재령)과 오골성(만주 봉황성)을 근거지로 부흥 운동을 전개하였다.

② **발해의 건국** : 그러나 7세기 말에 고구려 유민들에 의하여 발해가 건국됨으로써 고구려의 전통은 계승될 수 있었다.

3. 백제의 성립과 발전

백제는 한강 유역의 토착 세력과 고구려 계통▼ 의 유이민 세력의 결합으로 기원전 18년 성립되었는데, 우수한 철기 문화를 보유한 유이민 집단이 지배층을 형성하였다. 백제는 한강 유역으로 세력을 확장하려던 한의 군현을 막아내면서 성장하였다.

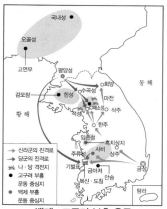

백제 · 고구려 부흥 운동

▼ **백제 지배층이 부여 · 고구려 계통이라는 증거**
- 온조 신화
- '부여씨'라는 백제의 왕족
- 성왕 때 남부여로 개칭
- 초기 무덤은 고구려와 같은 형태의 돌무지무덤

더 알아보기➕

백제의 건국 설화

주몽은 비류와 온조라는 두 아들이 있었다. 그런데 부여에서 주몽이 낳은 아들(유리)이 와서 태자가 되매 비류와 온조는 태자에게 용납되지 못할까 염려하여 열 명의 신하를 데리고 남쪽 지방으로 떠나니 백성들 중에서 따르는 자가 많았다. 이리하여 형제는 북한산에 올라 지세를 살펴보고 비류는 미추홀(지금의 인천)에 가서 살게 되었고, 온조는 한강 남쪽의 위례성(지금의 서울)에 도읍을 정하고 나라 이름을 십제(十濟)라 하였다. 그러나 비류가 …… 죽으니 그의 신하와 백성들은 모두 위례로 귀속하였다. 그 후에 처음 위례로 올 때의 백성들이 즐겁게 따랐다 하여 국호를 백제(百濟)로 고쳤다. 온조는 그 출신지가 부여라 하여 성을 부여씨로 불렀다.

─「삼국사기」─

(1) 고이왕(8대, 234~286)

① **영토 확장** : 낙랑 · 대방군을 축출하여 한강 유역을 완전히 장악하면서 영토를 확장하고 대방 태수 궁준을 살해하였다.

② **중앙 집권 국가의 기틀 마련** : 형제 왕위 상속제가 확립되었고, 삼국 중 가장 먼저 율령을 반포하였다. 중앙에 6좌평을 두어 업무를 분담하고 16관등제를 확립하였으며, 관복제를 도입하는 한편 지방 족장들을 중앙 관료로 흡수하였다.

(2) 근초고왕(13대, 346~375)

① **백제의 전성기** : 4세기 중반 대대적 정복 사업과 중앙 집권적 귀족 국가 체제를 확립하여 최대의 전성기를 맞이하였다.

② **영토 확장** : 백제는 익산에서 나주로 옮긴 마한의 나머지 세력을 정복하여 전라도 남해안까지 영토를 확장(369)하는 한편 백제장군 목라근자는 가야 7국을 병합하여 가야에 대한 지배권을 행사하였다. 북으로는 황해도 지역을 놓고 고구려와 대결을 펼쳐 평양성을 공격하여 고국원왕을 전사(371)시켰다. 이로써 백제는 오늘날 경기 · 충청 · 전라도와 낙동강 중류 지역, 강원 · 황해도의 일부 지역을 포함하는 영토를 확보하였다.

더 알아보기 ➕

백제의 영토 확장

• 근초고왕 24년(369)에 왕이 강진, 보성, 나주(전남 남부 지방) 등 여러 지역을 공격하였다. 이로써 마한이 완전히 멸망하였다.

– 「일본서기」 –

• 근초고왕 26년(371) 고구려가 군사를 일으켜 오자 왕이 패하(예성강)에 군사를 매복시켜 공격하니 고구려군이 패하였다. 그 해 겨울 왕이 태자와 함께 정병 3만을 거느리고 고구려에 침입하여 평양성을 공격하였다. 고구려왕(고국원왕)이 이를 막으려다가 활에 맞아 죽었다.

– 「삼국사기」 –

• 근초고왕 27년(372) 9월에 백제에서 사신을 왜국에 보내 칠지도 등 여러 귀한 보물을 보냈다.

– 「일본서기」 –

③ **해외 진출** : 정복 활동을 통하여 축적한 군사력과 경제력을 바탕으로 백제는 수군을 정비하여 중국의 요서 지방으로 진출하여 요서군을 설치하고 대중국 무역기지로 활용했다. 중국 동진과 교류하는 한편, 산둥 지방과 일본의 규슈 지방에까지 진출하는 등 활발한 대외 활동을 벌여 국제적 상업 국가로 성장했다.

④ **왕권의 전제화** : 이때에 백제의 왕권은 점차 전제화되어 부자 상속에 의한 왕위 계승이 시작되었다.

⑤ **역사 편찬** : 박사 고흥이 「서기」를 편찬하였는데, 이 책은 이후 「일본서기」의 모체가 되었다.

더 알아보기 ➕

칠지도

일본 나라 현 이소노가미 신궁[石上神宮]에 봉안되어 있는 칠지도는 「일본서기(日本書紀)」에 백제가 왜에 하사했다는 기록이 있다. 칼의 몸 좌우로 각각 가지칼이 3개씩 뻗어 모두 7개의 칼날을 이루고 있기 때문에 '칠지도'라고 한다.

제작연대는 근초고왕 대로 추정되며 백제왕의 칠지도 하사 동기는 왜왕에 대한 일본열도 내에서의 일종의 대표권을 승인하는, 양국 간의 종속 관계를 설정하는 것이 된다. 백제는 이와 같은 관계를 바탕으로 왜군을 끌어들여 삼국 간 경쟁에 이용하기도 하였다. 칠지도는 일본에 의해 광개토 대왕릉비와 함께 임나일본부설의 증거물로 제시되고 있으나, 백제왕의 신하로 간주되는 왜왕에게 하사했다는 '백제 하사설'이 유력한 견해이다.

(3) 침류왕(15대, 384~385)

동진과 동맹을 유지하며 고구려를 견제하였고, 동진의 마라난타가 전한 불교를 공인(384)하여 중앙 집권 체제를 사상적으로 뒷받침하였다.

(4) 비유왕(20대, 427~455)

장수왕의 남하 정책에 대항하여 신라의 눌지 마립간과 **나·제 동맹**▼을 체결하였고, 송(宋)과도 통교하였다.

(5) 개로왕(21대, 455~475)

① **한성의 함락** : 중국 북조의 북위에 국서를 보내어 고구려 침공을 요청하였으나 장수왕의 다면적 외교에 막혀 실패하고, 결국 장수왕의 공격을 받아 한성이 함락(475)되었다.

② **개로왕의 전사** : 개로왕은 장수왕의 남진 정책에 의해 백제의 전략적 요충지였던 아차산성에서 전사하였고 백제는 고구려에게 한강 유역을 빼앗기게 된다.

(6) 문주왕(22대, 475~477)

① **웅진**▼ **천도** : 고구려 장수왕의 적극적인 남하 정책에 밀려 웅진(공주)으로 도읍을 옮겼다(475).

② **백제의 침체기** : 중국 남조와 왜국과의 교통은 이어졌으나 한강 유역 상실로 대외 팽창이 위축되면서 무역 활동도 침체되어 경제적으로도 어려움을 겪었다. 이 과정에서 왕권이 약화되고 귀족 세력이 국정을 주도하면서 국력은 쇠퇴하였다.

(7) 동성왕(24대, 479~501)

① **왕권 강화 노력** : 동성왕은 외척 세력을 배척하는 한편, 웅진 지방 토착 세력(연씨·백씨·사씨 등)을 등용하여 왕권을 강화였다. 이 시기 백제 사회가 다시 안정되고 국력을 회복하기 시작하였다.

② **나·제 동맹의 강화** : 수도에 나성, 주변에 산성을 축조하는 한편, 신라 소지 마립간과 결혼 동맹을 통해 나·제 동맹을 강화하면서 고구려의 남하 정책에 대항하였다.

▼ **신라와 백제의 동맹(나·제 동맹)**

- 1차 나·제 동맹(433) : 신라 눌지 마립간과 백제 비유왕
- 2차 나·제 동맹(493) : 신라 소지 마립간과 백제 동성왕
- 3차 나·제 동맹 : 신라 진흥왕과 백제 성왕
  - 결과 : 백제는 한강 하류 지배, 신라는 한강 상류 지배
  - 영향 : 이후 진흥왕의 배신으로 한강 유역을 신라에 빼앗긴 성왕은 관산성(옥천) 전투에서 전사, 나·제 동맹 결렬(554), 백제의 중흥 실패, 백제의 고대 상업 세력 붕괴

▼ **웅진 시기의 백제**

- 문주왕 : 웅진 천도
- 삼근왕 : 좌평 해씨가 국정 주도
- 동성왕 : 신라와의 결혼 동맹, 왕권 안정
- 무령왕 : 22담로 설치, 중국 양과 교류
- 성왕 : 사비 천도

(8) 무령왕(25대, 501∼523)

① **백제 중흥의 기틀 마련(22담로 설치)** : 한강 유역에 쌍현성을 쌓고 지방의 거점지역에는 중국 군현제와 비슷한 22담로라는 특별 행정 구역을 설치하여 왕자나 왕족을 파견함으로써 지방 통제와 중앙 집권을 강화하였다.

② **대외 정책(중국 남조(양)과 교류)** : 중국 남조(양)와 화친하여 양으로부터 '영동대장군사마왕'의 관직을 받는 한편, 왜국에 단양이와 고안무를 파견하여 왜와 교류하였다.

③ **무령왕릉**▼ : 공주 송산리 고분에서 발견된 무령왕릉은 양나라 및 왜국과 밀접한 관계를 맺고 있었음을 보여준다.

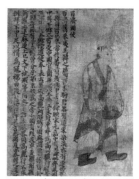

양직공도(梁職貢圖)의 백제 사신도(중국 난징 박물관 소장)
6세기 양나라에 파견된 백제 사신을 그리고 해설하였다.

(9) 성왕(26대, 523∼554)

① **사비 천도** : 성왕은 대외 진출이 쉬운 사비(부여)로 도읍을 옮기고(538), 국호를 남부여로 고치면서 중흥을 꾀하였다.

② **문물 · 제도의 정비** : 중앙 관청을 22부로 확대 정비하고 수도를 5부로, 지방 제도를 5방으로 정비하였다. 중국의 남조와 활발하게 교류함과 아울러 일본에 노리사치계를 보내 불교를 전하기도 하였다(552).

③ **성왕의 전사** : 고구려의 내정이 불안한 틈을 타서 신라와 연합하여 일시적으로 한강 하류 유역을 부분적으로 수복(551)하였지만 곧 신라 진흥왕의 배신으로 빼앗기고(553), 성왕은 일본과 연합군을 결성하여 신라를 공격하다 신라 군주 김무력 장군에게 관산성(옥천)에서 전사하고 말았다(554). 이로써 나 · 제 동맹은 결렬되었고 백제 중흥은 실패하여 쇠퇴의 길을 걷게 되었다.

(10) 의자왕(31대, 641∼660)

① **의자왕 초기의 치세** : 의자왕은 효성과 우애가 지극하여 '해동증자'로 칭송되었는데, 왕에 즉위한 후 당항성(남양)을 빼앗고 대야성(합천)을 비롯한 40여 성을 차지하여 한때 한강 유역을 되찾기도 하였다.

② **백제의 멸망** : 말년에 사치와 향락에 빠져 성충, 흥수 등의 충신의 간언을 무시하다가 나 · 당 연합군의 공세를 받게 된다. 당나라 수군은 금강 하구로 진입하여 사비성을 함락하였고, 계백은 **황산벌 전투**▼에서 김유신과 혈투를 벌였으나 결국 패퇴하여 사비성이 포위당했고 결국 사비성이 함락되며 백제는 멸망하게 된다 (660).

▼ **무령왕릉**

1971년 공주 송산리 고분에서 무령왕과 그 왕비의 능이 발견되어 많은 부장품이 함께 출토되었다 (금관식 · 지석(誌石) · 석수(石獸) · 토지매지권(土地買地券) · 청동제품 · 양(梁)나라 동전 등). 이 고분은 연화문의 벽돌로 만들어진 벽돌무덤으로 당시 양을 비롯한 중국 남조와의 문화 교류를 나타내며, 왜국에서 가져온 소나무(金松)로 관을 만들었다. 백제 금관의 모습과 현존 최고의 지석이 발견되어 백제사 연구에 중요한 자료가 되고 있다(지석은 무덤의 주인공을 밝혀 주는 것이다).

▼ **황산벌 전투**

660년(의자왕)에 나 · 당 연합군이 쳐들어 올 때 황산벌에서 백제군과 신라군 사이에 벌어진 전투이다.

(11) 백제 부흥 운동(660~663)

① **백제 부흥 운동의 시작** : 백제 멸망 이후 각 지방의 저항 세력은 백제 부흥 운동을 일으켰다. 복신(백제 무왕의 조카)과 도침 등은 일본의 도움을 받으며 왕자 풍을 왕으로 추대하고 <mark>주류성(한산)</mark>▼에서, 흑치상지는 <mark>임존성</mark>▼을 거점으로 군사를 일으켰다.

② **백제 유민의 저항** : 이들은 200여 성을 회복하고 사비성과 웅진성의 당군을 공격하면서 4년간 저항하였으나, 지배층의 분열과, 나·당 연합군에 의하여 부흥 운동은 좌절되었다.

③ **왜의 지원** : 왜의 수군이 백제 부흥군을 지원하기 위하여 백강 입구까지 왔으나 패하여 쫓겨나고 말았다.

▼ **주류성과 임존성**
- 주류성 : 복신과 도침의 백제 부흥 운동 근거지로서, 현재 서천 또는 홍성으로 추정된다.
- 임존성 : 주류성과 함께 백제 부흥 운동군의 거점이었던 성으로, 현재 충남 예산군 대흥면에 있다.

4. 신라의 성립과 발전

신라는 진한 소국의 하나인 사로국에서 출발하였는데, 경주 지역의 토착민 집단과 유이민 집단이 결합해 건국되었다(기원전 57년). 그러나 세습 왕권이 확립되지 못하고 결속력이 약했는데, 이후 동해안으로 들어온 석탈해 집단이 등장하면서 박, 석, 김의 3성이 교대로 왕위를 차지하였다. 유력 집단의 우두머리는 이사금(왕)으로 추대되었고, 주요 집단은 독자적인 세력 기반을 유지하고 있었다.

더 알아보기➕

신라의 왕호 변천
- 거서간(1대 박혁거세) : 신령한 대인 〈군장〉
- 차차웅(2대 남해) : 제주(祭主) 〈제사장〉
- 이사금(3대 유리~16대 흘해) : 연장자, 계승자 〈연맹 왕국〉
- 마립간 : 우두머리, 대수장, 대군왕 왕위의 김씨 세습 〈고대 국가〉
  - 내물 마립간(17대)
  - 실성 마립간(18대 5세기 초)
  - 눌지 마립간(19대) : 왕위의 부자 상속
  - 자비 마립간(20대)
  - 소지 마립간(21대)
- 왕(22대 지증왕)
- 불교식 왕명(23대 법흥왕~28대 진덕여왕) : 법, 선, 진
- 중국식 시호제(29대 무열왕 이후)

(1) 내물 마립간(17대, 356~402)

① **마립간 칭호의 사용** : 4세기 후반 내물 마립간 때 박씨, 석씨, 김씨의 3성 교립제가 끝나고 김씨가 왕위를 독점하고 세습 왕권이 확립되면서 왕의 칭호도 이사금(니사금)에서 대군장을 뜻하는 마립간▼으로 바뀌었다. 이것은 왕권이 안정되고 중앙 정부의 통제력이 강화되었음을 의미한다.

② **중앙 집권 국가로의 발전** : 신라는 활발한 정복 활동으로 낙동강 동쪽의 진한 지역을 거의 차지하고 중앙 집권 국가로 발전하기 시작했다.

③ **신라의 외교 활동(호우명 그릇)** : 이때 신라는 전진과 통교(377)하고 사신 위두를 파견(382)하기도 하였다. 그러나 해안에 출몰한 왜를 물리치는 과정에서 고구려의 도움(400)을 받았는데, 이는 호우명 그릇을 통해서도 확인할 수 있다. 이때부터 고구려 광개토 대왕의 군대가 신라 영토 내에 주둔하기도 하면서 사실상 고구려의 간접적인 지배하에 놓이게 되었고 내물왕은 고구려 군대를 왕권 강화에 이용하였다.

더 알아보기⊕

호우명 그릇

1946년 경주의 호우총에서 청동제 그릇이 하나 출토되었는데 그 그릇 밑면에는 광개토대왕릉비문과 같은 글씨체로 "을묘년 국강상광개토지 호태왕 호우십(乙卯年國岡上廣開土地好太王壺杅十)"이라는 명문이 새겨져 있다. 자료의 명문을 해석하면 '고구려 19대 광개토왕이 돌아가신(412) 3년 후인 을묘년(415) 만주 집안 국강상에 영원히 잠드신 광개토왕을 기념하는 항아리'로 당시 고구려와 신라의 관계를 추측해 볼 수 있다.

(2) 눌지 마립간(19대, 417~458)

① **부자 상속** : 5세기 초 눌지 마립간은 왕권 강화를 위해 왕위 계승을 부자 상속으로 바꾸었다.

② **나 · 제 동맹 체결** : 고구려 세력을 견제하기 위해 433년 백제 비유왕과 나 · 제 동맹을 맺어 고구려의 간섭에서 벗어나려 하였다.

③ **불교의 도입(승인은 법흥왕)** : 이때 고구려에서 묵호자(아도)가 처음으로 민간에 불교를 전래하였는데, 중국 양나라의 원표가 경주에 오면서 왕실에도 불교가 퍼졌으나 전통 신앙과 대립을 우려한 귀족의 반발로 공인되지는 못하였다.

▼ **신라의 발전과 왕호 변천**
신라에서는 왕의 칭호가 거서간, 차차웅, 이사금, 마립간, 왕 등으로 여러 차례 바뀌었는데, 이런 변화는 신라의 발전 과정을 나타낸 것으로 보인다. 즉, 정치적 군장과 제사장의 기능이 분리되면서 거서간과 차차웅으로 그 칭호가 나누어지게 되었고, 박 · 석 · 김의 3부족이 연맹하여 그 연맹장을 3부족에서 교대로 선출하게 될 때에 연맹장이란 의미에서 이사금을 칭하였다. 이후 김씨가 왕위 세습권을 독점하게 되면서 그 왕권의 강화를 표시하기 위해 대군장이란 의미의 마립간으로 바꾸었다. 그 뒤 왕위의 부자 상속제를 확립하고, 이어 6부를 개편하여 중앙 집권화를 추진하면서 마립간 대신 왕이란 칭호를 사용하게 되었다.

(3) 소지 마립간(21대, 479~500)

① **나 · 제 동맹의 체결(혼인 동맹)** : 백제 동성왕과 결혼 동맹을 통해 2차 나 · 제 동맹을 맺어 고구려에 대항하려 하였다.

② **시장의 개설** : 지방순행과 함께 우역 제도(우편 제도)가 실시되었고 경주에 시전(시장)을 개설하였다(490).

(4) 지증왕(22대, 500~514)

① **'신라' 국호의 사용** : 6세기 초 정치 제도가 더욱 정비되면서 국호를 사로에서 신라로 바꾸었는데, 국호 신라의 의미는 왕의 업적이 날로 새로워져서 사방을 망라한다는 의미이다.

② **정치** : 중국화 정책을 택하여 왕의 칭호도 마립간에서 왕(503)으로 고쳤다. 그리고 중국식 군현제를 따라 수도와 지방 행정 구역을 주 · 군 · 현으로 정리하면서 지방 제도를 개편하였고 군주라는 관리를 보냈다.

③ **우경의 실시** : 우경이 본격적으로 실시되고, 동시전(東市典)이 설치(509)되기도 하였다. 순장을 법으로 금지하고 상복을 입도록 하였다.

④ **우산국 정복** : 대외적으로 실직주 군주 이사부 장군이 우산국(울릉도)을 정벌하여 복속(512)시켰고 북위에 사신을 보냈다.

(5) 법흥왕(23대, 514~540)

① **정치** : 병부를 설치하고 상대등을 설치하여 재상과 같은 지위를 부여하였다.

② **율령 반포** : 율령을 반포하고 상대등 설치, 공복 제정, 골품제 정비를 통해 귀족의 관료화를 꾀하여 통치 질서를 확립하였다.

③ **불교의 공인과 진흥** : 이차돈의 순교를 계기로 불교를 공인(527)하여 새롭게 성장하는 세력들을 포섭하고자 하였다. 이때 불교식 왕명을 사용하였는데, '법흥'은 불교를 일으켰다는 뜻이다.

④ **중앙 집권 국가의 체제 완비** : 건원(建元)이라는 독자적 연호를 사용함으로써 자주 국가로서의 위상을 높이고, 김해 지역의 금관가야를 정복(532)하여 영토를 확장하였다. 이로써 신라는 중앙 집권 국가 체제를 완비하였다.

(6) 진흥왕(24대, 540~576)

① **삼국의 항쟁 주도** : 진흥왕은 내부의 결속을 더욱 강화하고 활발한 정복 활동을 전개하면서 삼국 간의 항쟁을 주도하기 시작하였다.

② **화랑도 공인과 역사 편찬** : 국가 발전을 위한 인재를 양성하기 위하여 화랑도를 국가적인 조직으로 공인하고, 거칠부로 하여금 「국사」를 편찬케 하였다.

③ **연호의 사용** : 개국(開國), 대창(大昌), 홍제(鴻濟)라는 연호를 사용하였고 품주(稟主)라는 신라 시대 최고 행정기관을 설치하여 국가 기밀 사무를 담당하게 하였다.

④ **불교 진흥** : 불교 교단을 정비하여 황룡사를 건립하고 사상적 통합을 도모하였다.

⑤ **영토 확장** : 이를 토대로 진흥왕은 백제 성왕과 연맹하여 고구려로부터 한강 유역을 빼앗고 함경도 지역으로까지 진출하였다. 이는 단양 적성비와 4개의 순수비(북한산비·창녕비·황초령비·마운령비)를 통하여 잘 알 수 있다. 남쪽으로는 고령의 대가야를 정복(562)하여 낙동강 서쪽을 장악하였고 함경도 함흥평야를 점령하고 비열홀주를 설치하였다.

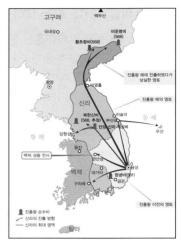

신라 진흥왕 때의 영토 확장

⑥ **나·제 동맹의 결렬** : 특히, 남한강 상류의 단양의 적성을 점령(551)한 이후 동맹 관계에 있던 백제를 공격해 한강 하류의 당항성을 점령하였다. 이에 백제 성왕이 신라를 공격하다가 관산성(옥천)에서 전사하여(554) 120여 년간 지속된 나·제 동맹이 결렬되었다(관산성 전투).

⑦ **한강 유역의 장악** : 신라는 한강 유역을 장악하여 신주를 설치함으로써 경제 기반을 강화하고, 전략 거점을 확보할 수 있었으며, 황해를 통하여 중국과 직접 교역할 수 있는 유리한 발판을 마련하였다. 이는 이후 삼국 경쟁의 주도권을 신라가 장악하는 계기가 되었다.

| 마운령비 | 단양적성비 | 북한산비 | 창녕비 | 황초령비 |

(7) 선덕 여왕(27대, 632~647)

① **친당 정책의 실시** : 고구려와 백제의 신라에 대한 공격이 빈번해짐에 따라 당나라와 연합함으로써 국가를 보존하려는 자구책의 일환으로 친당 정책을 펼쳤다.

② **문화적 발전** : 연호를 인평(仁平, 634)으로 고치고 분황사(모전) 석탑을 건립하였으며, 자장의 건의로 호국의 염원으로 황룡사 9층 목탑을 설립하였다. 또한 동양 최고의 천문대인 첨성대를 건립하였다.

③ **신라의 위기** : 신라는 642년부터 고구려와 백제의 침공을 본격적으로 받았는데, 이때 백제 의자왕의 공격을 받아 40여 성이 함락되었다. 또한 고구려·백제의 침공으로 한강 유역 거점인 당항성, 백제장군 윤충의 침공으로 낙동강 방면의 거점인 대야성(지금의 경남 합천)이 함락당했다.

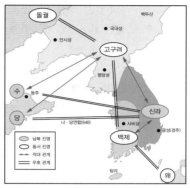

7세기 십자 외교

(8) 진덕 여왕(28대, 647~654)

① **친당 정책** : 성골의 마지막 왕으로 연호를 태화(太和)라 하였고, 당에 태평송(太平頌 : 송덕시)을 지어올려 외교 관계를 튼튼히 하였다.

② **중앙 관제 정비** : 품주를 개편하여 창부와 국왕 직속의 최고 관부인 집사부(군사 기밀, 왕명하달)로 분리하였고, 좌이방부(형벌)를 두어 중앙 관제를 정비하였다.

③ **집사부 설치와 왕권 강화** : 파진찬 죽지(竹旨)를 승진시켜 집사부의 중시(中侍, 이후 시중)로 삼아 행정을 총괄하게 하면서 상대등의 세력을 약화시키고, 왕과 관료의 권한을 신장시켰다.

5. 신라의 삼국 통일

(1) 백제와 고구려의 멸망

① **나·당 연합군의 결성** : 신라는 백제와 고구려를 멸망시켜 한반도를 통일하려는 목적으로, 당은 신라를 이용하여 한반도를 장악하려는 목적으로 나·당 연합군이 결성되었다.

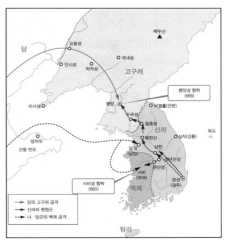

나·당 연합군의 백제와 고구려 공격

② **백제의 멸망** : 김유신이 이끈 신라군은 황산벌에서 백제 계백의 결사대를 격파하고 사비성을 함락함으로써 백제를 멸망(660)시켰고 이후 복신, 흑치상지, 도침 등의 백제 부흥 운동도 나·당 연합군에 의해 진압되어 실패하였다.

③ **고구려의 멸망** : 나·당 연합군은 연개소문 사후 지배층의 권력 쟁탈전으로 국론 이 분열된 고구려를 공격하여 평양성을 함락시키고 고구려를 멸망(668)시켰다.

(2) 나·당 전쟁의 발발

① **당의 한반도 지배 야욕** : 당이 신라와 연합하여 백제와 고구려를 멸망시킨 것은 결국 신라를 이용하여 한반도 전체를 장악하려는 야심 때문이었다. 당은 백제의 옛 땅에 웅진 도독부(도독; 부여융)를 두고, 고구려의 옛 땅에는 안동 도호부(도호; 설인귀)를 두어 지배하려 하였고, 경주에도 계림 도독부(도독; 문무왕)를 두고 신라 귀족의 분열을 획책하여 한반도 전체에 대한 지배권을 확보하고자 하였다.

② **나·당 전쟁의 시작** : 이에 신라는 고구려와 백제의 유민과 연합하여 당과 정면으로 대결하였다(670).

③ **고구려 부흥 세력 후원** : 신라는 고구려 부흥 운동 세력을 후원하는 한편, 보덕국▼ 을 기반으로 백제 땅에 대한 지배권을 장악하였다.

④ **웅진 도독부 축출** : 신라 문무왕은 671년 당이 점령한 백제 사비성을 공격하여 백제의 대부분을 점령하고, 이후 죽지의 신라군이 승리하여 소부리부를 설치 (671)한 것을 계기로 나·당 전쟁의 포문을 열었다.

⑤ **신라의 나·당 전쟁 승리** : 우선 마전·적성 전투(675)에서 적을 섬멸하고, 당의 이근행이 이끄는 20만의 대군을 매소성(연천, 675) 전투에서 격퇴하였으니, 이 때 노획한 군마(軍馬)만도 3만 필을 헤아렸다고 한다. 676년 금강 하구의 기벌포 전투에서 당나라의 설인귀가 이끄는 수군을 격파하고 신라는 비로소 당군을 한 반도에서 축출하는 데 성공하였다. 그리고 평양에 있던 안동 도호부도 요동성으 로 밀어내고 대동강에서 원산만 이남지역을 회복함으로써 신라는 삼국 통일을 이룩하였다(문무왕 16, 676).

(3) 삼국 통일의 한계와 의의

① **한계** : 신라의 삼국 통일은 외세의 이용과 대동강에서 원산만까지를 경계로 한 이남의 땅을 차지하는 데 그쳤다는 한계성을 지닌다.

② **의의** : 당의 세력을 무력으로 몰아낸 사실에서 자주적 성격을 인정할 수 있다. 또 고구려·백제 문화의 전통을 수용하고 경제력을 확충함으로써 민족 문화 발전의 토대를 마련하였다.

▼ **보덕국**
신라는 고구려 유민의 힘을 이용해 당군을 축출하고자 금마저(전라도 익산)에 보덕국을 세우고 안승을 왕으로 책봉하여 후원했으나 통일 후 이를 폐지하고 안승을 신라 귀족으로 흡수하였다.

6. 가야 연맹

낙동강 하류의 변한 지역에서는 철기 문화를 토대로 농업 생산력이 증대되면서 점진적인 사회 통합을 거쳐 2세기 이후 여러 정치 집단이 나타나기 시작하여, 가야 연맹이 성립하였다. 그러나 가야는 지리적 조건과 통합의 의지가 약하여 중앙 집권적 국가로 성장하지 못하였다.

(1) 전기 가야 연맹

① **연맹 왕국으로의 발전** : 3세기경에 소국의 통합이 한 단계 더 발전하여 김해의 금관가야가 중심이 되어 연맹 왕국으로 발전하였다. 이를 전기 가야 연맹이라고 부른다.

② **금관가야**▼**의 발전** : 1~6세기 초 낙동강 하류 일대를 차지한 금관가야는 가야의 맹주인 김수로에 의하여 건국되었으며(42), 이웃 소국을 병합하고 통치 조직을 정비하였다.

③ **전기 가야 연맹의 약화** : 전기 가야 연맹의 세력 범위는 낙동강 유역 일대에 걸친 지역에 있었는데, 4세기 백제와 신라의 팽창에 밀려 약화되기 시작하였다. 4세기 말에서 5세기 초에 신라를 후원하는 고구려 광개토 대왕의 낙동강 진출로 가야 중심 세력은 해체되고, 가야 지역은 낙동강 서쪽 연안으로 축소되었다.

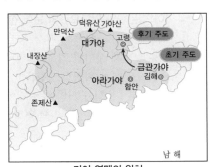
가야 연맹의 위치

④ **후기 가야 연맹의 등장** : 5세기 후반에는 고령 지방의 대가야를 새로운 맹주로 하여 후기 가야 연맹을 이룩하였다.

▼ 금관가야

김해의 금관가야는 본(本)가야 또는 가락국(駕洛國)이라 불린다.

(2) 후기 가야 연맹

① **후기 가야 연맹의 형성** : 5세기 초에 전기 가야 연맹이 해체되면서 김해, 창원을 중심으로 하는 남동부 지역의 세력이 약화되었다. 이들은 5세기 후반에 고령 지방의 대가야를 새로운 맹주로 하여 후기 가야 연맹을 이룩하였다.

함안의 수레바퀴모양의 토기

② **후기 가야 연맹의 외교** : 6세기 초에 대가야는 백제, 신라와 대등하게 세력을 다투게 되었고, 중국 남조에 사신을 보내기도 하고 신라와 결혼 동맹을 맺어 국제적 고립에서 벗어나려 하였다.

(3) 가야 연맹의 해체▼

① **금관가야의 멸망** : 중앙 집권 국가로 정치적 발전을 이루지 못하고 신라와 백제의 다툼 속에서 후기 가야 연맹은 분열하여 김해의 금관가야가 법흥왕 때 신라에 정복당하였다(532).

② **가야 연맹의 해체** : 가야의 남부 지역은 신라와 백제에 의하여 분할 점령되었다. 결국, 대가야가 진흥왕 때 신라에 의해 멸망하면서(562) 가야 연맹은 완전히 해체되었다.

(4) 가야의 경제와 문화

① **가야의 경제** : 가야의 소국들은 일찍부터 벼농사를 짓는 등 농경 문화가 발달하였다. 또 풍부한 철의 생산과 해상 교통을 이용하여 낙랑과 왜의 규슈 지방을 연결하는 중계 무역이 발달▼하였다.

② **가야의 문화와 일본으로의 문화 전파** : 유적지로는 1980년대부터 본격적으로 발굴된 고령 지산동 고분, 부산 복천동 고분이 유명하며, 가야 문화의 높은 수준은 금동관, 철제 무기와 갑옷, 토기 등을 통해 알 수 있다. 특히 가야 토기는 일본 스에키 토기▼에 직접적 영향을 미쳤다.

③ **가야 고분** : 벽화가 거의 없는 것이 특징이다. 고령 고아리 벽화 고분이 6세기 초에 축조된 가야 지역 유일의 벽화 고분이다.

▼ 가야 연맹의 해체
• 금관가야의 멸망
  → 법흥왕(532)
• 대가야의 멸망
  → 진흥왕(562)

▼ 가야의 중계 무역
정치적 발전의 미숙에도 불구하고 가야 연맹 왕국은 주변의 여러 나라 외에 한 군현이나 동해안의 예, 남으로는 왜와 교역함으로써 해상의 중계 무역을 장악하여 경제적으로 번영하였다.

▼ 스에키 토기
삼국 시대 토기의 영향을 받아 만들어진 일본의 회색 경질 토기로, 특히 가야 토기의 영향을 많이 받았다. 이 토기는 주로 5세기경의 고분에서 발견되어, 신라 · 백제 · 가야 문화의 일본 전파 사실은 물론, 신라 · 백제 · 가야인들의 일본 이주를 보여준다.

남북국 시대의 정치 변화

1. 신라의 국력 증대

(1) 중앙 집권적 관료제의 강화

통일 이후 신라는 영역의 확대와 함께 인구가 크게 늘어나 생산력도 크게 증대되었다. 한편 강화된 경제력과 군사력을 토대로 왕권을 전제화하였는데, 귀족 세력의 약화와 중앙 집권적 관료제의 강화가 나타났다.

(2) 정치 제도 정비

왕명을 받들고 기밀 사무를 관장하는 집사부의 장관인 시중▼의 기능을 강화하고, 귀족 세력의 이익을 대변하던 상대등의 세력을 억제하였다.

(3) 전제 왕권의 확립

신라 중대 최초의 진골▼ 출신으로 왕위에 오른 태종 무열왕은 통일 전쟁을 치르는 과정에서 왕권을 강화하였다. 아울러 이때부터 무열왕의 직계 자손이 왕위를 세습하였다. 무열왕 직계 자손이 8세기 후반까지 왕위를 계승할 수 있었던 것은 이 시기 전제 왕권 확립과 관계된다.

(4) 6두품 세력의 성장

진골 귀족 세력에 눌려 정치적으로 성장할 수 없었던 6두품 세력이 왕권과 결탁하면서 상대적으로 부각되었다. 이들은 적극적으로 정계에 진출하여 진골 귀족과 대립하고 국왕의 정치적 조언자로서 활발한 활동을 전개하였다. 6두품들은 국학에서 교육을 받고 유교 지식을 쌓아 학문적 식견을 바탕으로 행정 실무에서 큰 역할을 담당하였다.

▼ 시중

시중은 왕족 가운데 임명되어 왕권을 옹호하는 행정적 대변인이며 정치적 책임자 역할을 하였다. 경덕왕 때까지는 중시라고 하였으나 그 뒤에 시중으로 바꾸었다.

▼ 진골

왕족으로서 성골과 함께 최고 계급, 부계와 모계 중 한쪽은 왕족이고 한쪽은 귀족일 때 성립된다.

더 알아보기➕

신라의 시대 구분

구분	박혁거세(1대)~ 지증왕(22대)	법흥왕(23대)~ 진덕(여)왕(28대)	무열왕(29대)~ 혜공왕(36대)	선덕왕(37대)~ 경순왕(56대)
삼국사기 왕통 기준	상대(上代)		중대(中代)	하대(下代)
삼국유사 왕명 기준	상고(上古) 고유 왕명	중고(中古) 불교식 왕명	하고(下古) 유교식 왕명	
골품	성골(내물계)		진골(무열계)	진골(내물방계)
왕권	• 왕권은 약함 • 내물계(성골) < 진골귀족 ↓ 화백 회의 : 상대등(수상) + 녹읍		• 전제 왕권 강화 • 시중 세력 강화 • 6두품＋화엄종	• 왕권은 약함 • 상대등 세력의 강화
특징	• 6두품(득난) : 대족장, 골품 편입 6관등(아찬), 골품의 한계 인식(도당, 학문, 종교) • 대표 인물 : 설계두		• 진골 귀족의 분열 : 김흠돌 모반 사건 • 6두품 : 적극적 정계 진출로 왕권과 결탁 하면서 국왕의 정치적 조언자 역할, 진골과는 대립 구조 • 대표 인물 : 설총·강수	• 왕위 쟁탈전으로 지방 통치불능, 지배층의 수탈로 민란 발생, 지방 호족 성장 • 6두품 : 도당유학생 중심으로 유교적 개혁 도모 후 실패하자 반신라화(호족과 결탁) • 대표 인물 : 최치원, 최승우

2. 통일 신라(중대)의 성립과 발전

(1) 무열왕(29대, 654~661)

① **최초 진골 출신 왕** : 무열왕 김춘추는 최초의 진골 출신 왕으로 가야 출신 김유신의 누이를 왕비로 맞이하는 한편 직계자손의 세습제를 확립하여 왕권을 안정시키고자 하였다.

② **사정부 설치, 중국식 시호 사용** : 그는 우리나라 최초의 감찰·탄핵기구인 사정부를 설치하였고, 불교식 왕명을 버리고 태종 무열왕이라는 중국식 시호를 사용하기도 하였다.

(2) 문무왕(30대, 661~681)

① **삼국 통일의 완성** : 삼국 통일을 완성한 문무왕은 부드러운 문치를 지향하여 시호에 문(文)이 들어가게 하였다.

② **해중릉 안치** : 그는 사후 우리나라 왕 중 유일하게 화장하여 해중릉(대왕암)에 안치되었다.

(3) 신문왕(31대, 681~692)

① **왕권 강화**▼ : 신문왕은 장인 김흠돌의 반란 사건을 진압하면서 귀족 세력을 숙청하고 정치 세력을 재편성하면서 왕권을 강화하였다.

② **중앙 정치 제도 정비** : 화백 회의 기능을 약화시키고 통일 전의 5부(위화부, 창부, 예부, 병부, 이방부)를 중국의 6전 제도와 비슷하게 개편하면서 예작부와 공장부를 설치하여 14부, 17관등 체제의 중앙 정치 기구를 완비하고 중앙군 9서당, 지방군 10정의 군사 조직을 정비하였다.

③ **지방 행정 제도 정비** : 전국 9주 5소경 체제의 지방 행정 조직을 완비하였는데, 신라, 옛 고구려와 백제 땅에 각각 3주를 설치하고, 행정상·군사상 요충지에 5소경을 설치하여 수도의 편재성을 완화하고자 하였다.

④ **지방 세력의 견제** : 문무왕 때 처음 설치된 외사정이라는 감독관을 파견하여 감찰임무를 수행하게 하는 한편 상수리 제도를 실시하여 지방 세력을 중앙으로 모았다.

⑤ **관료전 지급 → 녹읍 폐지** : 귀족 세력을 억누르기 위해 관리에게 수조권만을 인정하는 관료전을 지급(687)하여 노동력의 수취도 가능한 녹읍을 폐지할 수 있는 토대를 마련한 후 녹읍을 폐지하였다(689). 따라서 관료전에서는 귀족들이 수조권만 행사할 수 있었다.

⑥ **유교 정치 이념의 확립** : 유교 정치 이념의 확립을 위하여 유학 사상을 강조하고, 유학 교육을 위하여 국학을 설립하였다. 이때 설총은 화왕계를 통해 군주의 도리를 설파했다.

⑦ **만파식적**▼의 제조 : 용이 되어 동해의 왜구를 막고자 하는 부왕의 뜻에 따라 시신을 화장하여 문무왕릉(대왕암)에 안치하면서, 대왕암이 보이는 북쪽에 이견대, 동해변에 감은사를 창건하였다. 감은사 금당 밑을 뚫어 조수를 통해 용이 된 문무왕이 드나들도록 했고, 감은사 앞바다에 떠다니는 섬의 대나무로 만파식적이라는 피리를 만들었다.

▼ **전제 왕권의 확립과 안정**
문무왕 때의 통일 왕국 형성, 신문왕 때의 귀족 세력 숙청은 전제 왕권의 확립에 중요한 토대가 되었고, 성덕왕 때 신라의 전제 왕권이 안정되었다.

▼ **만파식적 설화**
• 신문왕 때 제작된 만파식적은 전설상의 피리로 왕실의 번영과 평화를 상징하는 것이었다.
• "신문왕 때에 동해에 작은 산이 떠서 감은사(感恩寺)를 향해 오니 왕이 납시어 살펴보았다. 산 위에 대나무가 있는데 낮에는 둘이 되고 밤에는 하나가 되었다. 이튿날 합하여 하나가 되니 풍우가 일었다. 왕이 그 산에 들어가니 용이 나와 검은 옥대를 바치면서 '이 대로 적(笛)을 만들어 불면 천하가 화평할 것이다. 바다용이 된 선왕(先王)과 천신(天神)이 된 김유신이 합심하여 이 보물을 나에게 갖다 바치게 하는 것이다.'라고 하였다. 피리를 만들어 천존고(天尊庫)에 두었는데 이것을 불면 적병이 물러가고 병이 나으며 가뭄에 비가 오고 비올 때 개이며 바람이 가라앉고 물결도 평정해졌다. 만파식적이라 하고 국보로 삼았다고 한다."
　　　　　　　　　　－ 「삼국유사」 －

| 이견대 | 감은사지 3층 석탑 | 문무대왕릉 |

(4) 성덕왕(33대, 702~737)

① 정전▼ 지급 : 농민에게 정전을 지급하여 농민의 토지 지배력을 확보하고자 하였다.

② 상원사 동종의 주조 : 강원도 상원사 동종을 주조하였는데 이 종은 우리나라 현존 동종 중에 가장 오래되었다.

(5) 경덕왕(35대, 742~765)

① 국학 → 태학감 : 국학을 태학감으로 변경하여 교육과목을 3과로 나누었다. 논어와 효경을 필수과목으로 선택하여 유교 교육을 강화하고 전문화하였다.

② 불국사와 석굴암 건립 : 국가의 후원으로 불국사가 창건되고 석굴암이 건립되었다.

③ 한화 정책의 추진과 녹읍 부활 : 중앙 관료의 칭호와 지방 군현의 이름을 중국식 한자로 고쳤고, 귀족층의 반발로 관료전이 폐지되고 녹읍▼이 부활하였다.

(6) 혜공왕(36대, 765~780)

① 왕권 약화(96각간의 난) : 귀족의 반란으로 대공의 난(768)이 일어나 3년간 전국의 96각간이 서로 싸우고 상대등인 김양상의 권력 장악(774)과 김지정의 난(780)이 일어나는 등 왕권이 약화되었다.

② 신라 하대의 시작 : 혜공왕이 죽은 이후 김양상이 김지정을 죽이고 신라 하대의 첫 왕인 선덕왕(내물 마립간의 10대손)이 되면서 신라 하대가 시작되었는데, 이후 내물왕계가 왕위를 장악하여 태종 무열왕계는 끊어졌다.

▼ 토지 제도의 변화
- 관료전 지급(신문왕 7)
- 녹읍 혁파(신문왕 9)
- 정전 지급(성덕왕 21)
- 녹읍 부활(경덕왕 16)

▼ 녹읍 · 식읍과 관료전

녹읍, 식읍, 관료전은 모두 수조권을 지급하였다. 단, 녹읍과 식읍의 수조권은 귀족 개인에게 있었고 관료전의 경우 국가에서 거두어 해당 관료에게 지급하는 관수 관급제 체제를 유지하였다.

3. 신라 하대의 시작

(1) 신라 하대의 정치적 변화

① **왕권의 약화** : 경덕왕이 죽고 혜공왕이 8세의 어린 나이로 왕위에 오르면서 그동안 누적되어 온 모순이 폭발하였다. 특히 혜공왕 4년(768)에 일어난 대공의 난 (96각간의 난)과 혜공왕 16년(780)에 일어난 김지정의 난 등의 반란이 잇달아 일어나며 왕권은 크게 약화되었다.

② **무열왕계의 단절** : 김지정의 난을 진압하는 과정에서 혜공왕이 피살되고, 상대등 김양상이 선덕왕으로 즉위되면서 진골 귀족들 사이에는 '힘만 있으면 누구나 왕이 될 수 있다'는 생각이 널리 퍼졌다. 국가 기강이 해이해지면서 중앙 귀족들 간의 권력 싸움이 치열해졌고 150년간 20여 명의 왕이 교체되었다.

③ **신라 하대 정치의 특징** : 왕권이 약화되고 귀족 연합적인 정치가 운영되었으며, 집사성 시중보다 상대등의 권력이 더 커졌다. 이때 중앙 정부의 지방에 대한 통제력이 약화되면서 지방에서 군사력·경제력과 새로운 사상을 갖춘 호족 세력이 성장하였다.

(2) 신라 하대의 경제적 변화

① **녹읍의 확대** : 중앙 귀족들의 권력 쟁탈 과정에서 녹읍을 토대로 한 귀족들의 지배가 유지되는 한편 대토지 소유가 확대되었고, 농민의 부담은 더욱 무거워졌다.

② **농민의 불만 증가** : 살기가 어려워진 농민은 토지를 잃고 노비가 되거나 초적이 되기도 하였다. 그리하여 중앙 정부에 대한 불평과 불만이 높아지고, 지방에서 반란이 일어나기도 하였다.

4. 신라 하대의 혼란과 동요

(1) 원성왕(38대, 785~798)

① **독서삼품과**▾ 실시 : 최초의 관리 선발 제도로 독서삼품과를 실시하여 왕권을 강화하려 하였으나 진골 귀족의 반발과 골품제의 모순으로 실패하였다. 그러나 학문의 보급에 크게 기여하였다.

② **원성왕계의 시작** : 원성왕 때 와서 신라 하대 권력 구조의 특징인 왕실친족집단에 의한 권력 장악의 틀이 확립되기 시작했으며 원성왕계가 시작되었다.

▼ 독서삼품과
원성왕 4년(788) 종래의 골품제를 기초로 한 벌족(閥族) 본위의 인재 등용을 지양하고 학벌 본위의 관리 채용을 지향하기 위해 독서삼품과 제도를 실시하였다. 독서성적을 3등급으로 나누어 관료를 채용했는데, 5경, 3사(三史; 사기·한서·후한서), 제자백가에 능통한 자는 순서를 뛰어 등용했다.

▼ 김헌창의 난
웅천주(충청도 공주) 도독 김헌창
은 신라 중대 이후 왕권을 잃어버
린 무열왕계의 후손이다. 822년
(헌덕왕 14)에 자신의 아버지 김주
원이 원성왕에게 밀려 왕위에 오르
지 못한 것에 원한을 품고 반란을
일으켜 나라를 세우고 국호를 '장
안'이라 하고 연호를 '경운'이라 하
였다. 장안국은 한때 무진주(광주),
완산주(전주) 등 전라도 지역과 상
주, 진주 등 경상도 지역, 원주 등
강원도 지역까지 장악했으나 정부
군에 진압되었다. 그 후 아들 김범
문이 다시 한산(서울)에 도읍을 두
고 저항을 했으나 실패했다.

▼ 웅주(현재의 공주)
신라 9주의 하나로 옛 백제의 수도
이다. 백제 멸망 후 당나라가 웅진
도독부를 설치했고, 신문왕 6년
(686)에 웅주를 설치하였다.

▼ 장보고의 반란
흥덕왕을 이어 사촌동생 균정이 왕
위에 올랐으나, 균정의 조카가 이
를 찬탈하여 희강왕(836~838)이
되었다. 그러나 희강왕도 살해되고
그의 6촌 형제인 민애왕(838~
839)이 그 뒤를 이었다. 이때 균정
의 아들 김우징이 아버지의 복수를
위해 청해진대사 장보고의 군대를
빌어 경주로 쳐들어가 민애왕을 축
출하고 왕위에 올라 신무왕(839~
839)이 되었다. 신무왕은 즉위 직
후 죽어 그의 아들 문성왕(839~
857)이 즉위하자 장보고는 자기
딸을 왕비로 들이길 원했으나 거절
당했다. 이에 불만을 품고 반란을
일으켰으나 문성왕이 보낸 자객에
게 살해되었다.

(2) 헌덕왕(41대, 809~826)

① 김헌창의 난▼ 발발 : 귀족 연합적 정치운영이 계속되던 중에 김헌창의 난이 발생하였다. 김헌창은 무열왕계의 후손으로 웅주(공주)▼를 근거로 반란을 일으켜 국호를 '장안', 연호를 '경운'이라 하였는데 실패하고 그의 아들 김범문도 난(825)을 일으켰으나 실패하였다.

② 친당 정책 강화 : 당나라에 사신을 파견하는 등 친당 정책에 힘을 기울였다.

(3) 흥덕왕(42대, 826~836)

① 집사부 → 집사성으로 격상 : 집사부가 집사성으로 격상되었다.

② 장보고의 청해진 설치 : 장보고가 완도에 청해진을 설치(828)하였으나, 장보고의 난▼(846, 문성왕 때)으로 폐지되었다. 흥덕왕 사후 왕위는 실력 쟁탈전으로 변모하였다.

③ 사치 금지령 : 장기간의 평화 시대와 대외 무역의 활성화로 사치 풍토가 확산되자 흥덕왕은 사치 금지령을 내리기도 하였다.

(4) 진성여왕(51대, 887~897)

① 전국적인 농민 반란의 시작 : 전국적인 농민반란이 일어났는데 사벌주(상주)에서 원종과 애노의 반란(889)을 시작으로 죽주에서 기훤, 원주에서 양길, 전주에서 견훤이 반란을 주도했다. 896년에는 붉은바지를 입어 적고적이라 불리는 반란군이 서남 해안에서 폭동을 일으켜 경주 외곽까지 진격하는 사태가 발생했다.

② 진성여왕 이후 신라의 혼란 : 진성여왕 이후 효공왕(897~912) 때 후백제(900)와 후고구려(901)가 건국되었고 신라 말기의 혼란기를 이용하여 박씨 3왕(신덕왕, 경명왕, 경애왕)이 탄생했는데, 이들 중 경애왕이 후백제 견훤에게 포석정에서 피살(927)당하였다.

③ 6두품의 반신라적 경향 : 진성여왕 때 사회적 폐단을 시정하고 새로운 정치 질서를 수립하고자 왕거인, 최치원(시무 10조 건의) 등 6두품들이 유교 정치 사상에 입각하여 중앙 귀족 정치의 문란을 규탄하거나 그 개혁을 주장하였으나 진골 귀족들에 의해 탄압당하거나 배척되었다. 그러나 이들은 능력 중심의 과거제와 유교 정치 이념을 제시하여 새 시대를 열어 갈 수 있는 이념적 기반을 마련하였다.

(5) 경순왕(56대, 927~935)

군신 회의 끝에 신라를 고려에 귀부(935)하고 경주를 식읍으로 받아 최초의 사심관▼
이 되었다.

5. 발해 건국의 배경과 성격

(1) 고구려 멸망 이후 만주의 상황

① **당의 안동 도호부 설치** : 고구려 멸망(668) 이후 고구려인들의 일부는 신라에 편
입되었다. 그러나 대동강 이북과 요동 지방의 고구려 땅은 당이 안동 도호부를
설치하여 직접 지배하였다.

② **고구려 유민의 저항** : 고구려 멸망 후 압록강 이북 지역의 32성 가운데 당에 항
복한 성은 11개 성에 지나지 않고 안동 도호부를 중심으로 하는 당의 지배에
고구려 유민들의 저항이 계속되었다.

(2) 발해의 건국

① **진국의 성립** : 7세기 말, 당의 지방 통제력 약화로 요서의 영주 지방으로 강제 이
주된 고구려인과 거란족, 말갈족의 반란이 일어났다. 이때 고구려 장군 출신인
대조영을 중심으로 한 고구려 유민과 말갈 집단들은 전쟁의 피해를 거의 받지 않
았던 만주 동부 지역으로 이동하여 길림성의 돈화시 동모산 기슭에 진국(698)을
세우고 연호를 천통이라 하였다.

② **발해의 성장** : 당으로부터 발해군왕에 봉해진 이후 국호를 발해(713)로 고치고,
대조영 때 사방 2천 리의 고구려의 옛 영토 대부분 차지하며 영역을 확대하면서,
대외적으로 중국과 대등한 국제적 지위를 강조하고자 했다.

▼ **사심관**
고려 시대 중앙의 고위 관료들에게
자기 출신 지방에 대해 일정한 권
한을 행사하도록 설치한 특수 관직
으로, 처음에는 사심(事審)이라고
했다. 935년(태조 18) 신라의 마지
막 왕이었던 경순왕 김부가 항복해
오자 경주의 사심으로 삼고, 아울
러 여러 공신들도 각각 출신 지방
의 사심으로 임명한 것에서 비롯되
었다.

▼ 남북국 시대의 시작

백제(부여씨)와 고구려(고씨)가 망하게 되니, 김씨가 그 남쪽 땅을 차지하고 대씨가 그 북쪽 땅을 차지하여 발해라 하였다. 이것을 남북국이라 한다. 대체 대씨는 어떤 사람인가? 바로 고구려 사람들이다. 그들이 차지하였던 땅은 어떤 땅인가? 바로 고구려 땅이다. 동쪽, 서쪽, 북쪽을 개척하여 나라를 넓혔을 뿐이다. 김씨가 망하고 대씨가 망하게 되니 왕씨가 그 땅을 거느리고 고려라 하였다. 그 남쪽에 있는 김씨의 땅은 완전한 채로 있었으나, 그 북쪽에 있는 대씨의 땅은 완전하지 못하고 혹은 여진으로 들어가고 혹은 거란으로 들어갔다.

– 유득공, 「발해고」 –

▼ 발해가 우리 민족이 세운 나라인 증거

• 영토적 계승 : 고구려의 옛 영토 회복 + 연해주(처음이자 마지막 지배)
• 건국자 : 대조영 = 고구려 유장(이주민 집단 중 걸걸중상의 아들)
• 주민 구성 : 지배층 = 고구려인
• 문화 : 고구려 문화 기반, 굴식돌방 무덤(모줄임천장), 연화무늬 기와, 온돌장치, 조우관 + 당나라 문화 수용
• 외교 : 일본에 보낸 문서에서 고려국왕 – 고려 사신 자칭
• 고려 태조(왕건) : 발해 유민을 민족 융합 차원에서 포용

(3) 발해 건국의 의의

① 남북국 시대의 시작▼ : 당은 대조영을 발해군왕으로 책봉하여, 남쪽의 신라와 북쪽의 발해가 공존하는 남북국의 형세를 이루었다.

② 발해의 고구려 계승▼ : 「구당서」와 「신당서」에는 발해를 모두 말갈국가로 보고 있으나, 전자는 대조영을 고구려 계통, 후자는 대조영을 말갈 계로 보고 있다. 비록 그 영역에 말갈족이 다수 거주하고 있었지만, 발해는 일본에 보낸 국서에 '고려' 또는 '고려국왕'이라는 명칭을 사용하는 한편 고구려 문화와의 유사성으로 보아 고구려를 계승한 국가였다.

발해의 영역

더 알아보기⊕

발해의 고구려 계승 의식

• 발해 말갈의 대조영은 본래 고구려의 별종이다. 고구려가 망하자 대조영은 그 무리를 이끌고 영주로 이사하였다. …… 대조영은 드디어 그 무리를 이끌고 동쪽 계루의 옛 땅으로 들어가 동모산을 거점으로 하여 성을 쌓고 거주하였다. 대조영은 용맹하고 병사 다루기를 잘 하였으므로 말갈의 무리와 고구려의 남은 무리가 점차 그에게 들어갔다.

– 「구당서」 –

• 대조영과 그 후손들의 고구려 지향성은 일본과의 외교 과정에서 매우 뚜렷하게 드러난다. 「속일본기」의 기록에 따르면 759년 발해의 문왕이 일본에 사신을 보내면서 스스로를 '고려국왕 대흠무'라고 불렀으며, 일본에서도 발해의 왕을 '고려국왕'으로 불렀다. 뿐만 아니라 발해를 가리켜 자주 '고려'라고 불렀으며, '발해의 사신'을 '고려의 사신'으로 표현한 사례가 일본 측의 기록에 많이 나타나 있다.

6. 발해의 발전

(1) 무왕(대무예, 인안, 719~737)

① 무왕의 외교 정책 : 고왕(대조영 : 698~719)의 뒤를 이은 무왕 때 영토 확장에 힘을 기울여 동북방의 여러 세력을 복속하고 북만주 일대를 장악하였다. 발해의 세력 확대에 따라 신라는 북방 경계를 강화하였고, 흑수부 말갈도 당과 연결하려 하자 발해는 돌궐, 일본 등과 연결하면서 당과 신라를 견제하고자 하였다.

② **당의 산둥 지방 공격** : 먼저 장문휴의 수군으로 당의 산둥 지방 등주를 공격(732)하는 한편, 요서 지역에서 당군과 격돌하는 등 영토 확장을 통해 동북아 세력 균형을 유지하고자 하였다.

③ **발해관의 설치▼와 연호 사용** : 당의 덩저우에 무역편의를 위해 발해관을 설치하는 한편, 연호는 인안으로 정했다.

(2) 문왕(대흠무, 대흥, 737~793)

① **당과 친선 관계 유지** : 당나라가 안록산과 사사명의 난으로 국력이 약화되자 요하 지역으로 영토를 확대하였는데, 이때 남으로는 신라, 북으로는 흑수말갈에까지 이르렀다. 당과 친선 관계를 맺으면서 당으로부터 독립국가로 인정받아 고려국왕으로 승격받는 한편, 일본에도 황상(皇上)이라는 칭호를 쓰며 황제국가의 면모를 과시하였다.

② **신라도의 개설** : 신라와는 상설 교통로인 신라도▼를 개설하여 대립 관계를 해소하려 하였다.

③ **수도 천도** : 당의 문물을 받아들여 지배 체제를 정비하고 수도를 천도(755)하여 중경(현덕부)에서 상경(용천부)으로 옮겼다.

④ **연호 사용과 주자감 설치** : 연호는 대흥으로 정하는 한편, 국립대학인 주자감을 설치하였고 불교 발전을 위해 노력하였으며, 문왕은 스스로 불교적 전륜성왕을 자처하였다.

(3) 선왕(대인수, 건흥, 818~830)

① **영토 확장과 제도 정비** : 9세기 전반은 발해의 중흥기로서 대부분의 말갈족을 복속시키고 요동 지역으로 진출하였고, 남쪽으로는 신라와 국경을 접할 정도로 넓은 영토를 차지하였으며, 지방 제도(5경 15부 62주)도 정비하였다.

② **해동성국** : 이 시기의 발해는 중국인들이 '해동성국'이라 부를 정도로 전성시대였으며, 최대 판도(북으로는 흑룡강 송화강, 남으로는 대동강 원산만)를 형성하였다.

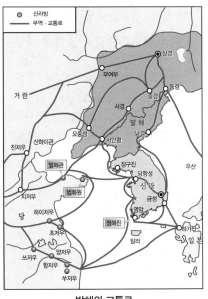

발해의 교통로

▼ **발해관 설치**

발해관은 중국 당나라에 있던 발해 사신들이 묵던 곳으로 무왕 때 당나라에 설치된 것으로 보이며 문왕 때 당과의 친선 정책의 영향으로 활발히 운영된 것으로 보인다.

▼ **신라도(발해와 신라의 교통로)**

발해의 상경을 출발하여 동경과 남경을 거쳐 동해안을 따라 신라에 이르던 교통로를 신라도라 한다. 8세기 전반에 개설된 것으로 추정되나 자주 이용된 것은 8세기 후반 이후 9세기 전반까지이다.

③ **당 · 신라와 친선 관계 유지** : 당에 유학생을 보내어 당의 제도와 문화를 받아들이는 한편, 신라와 몇 차례 교섭하며 친선 관계를 유지하였다.

④ **연호 사용** : 연호는 건흥을 사용하였다.

(4) 발해의 멸망과 부흥 운동

① **발해의 멸망** : 10세기 초 야율아보기가 거란족을 통일(916)하여 황제가 된 후 발해를 공격하였다. 이때 귀족 간의 권력 투쟁이 극심하여 거란의 침입을 방어할 수 없던 발해는 15대 애왕(대인선)을 끝으로 멸망(926)하면서 230년간의 역사가 끝이 났다.

② **발해의 부흥 운동** : 거란은 발해 지역에 동란국▼을 세웠으나 발해 유민들은 압록강 일대를 중심으로 부흥 운동을 일으켰다.

③ **발해 유민의 고려 망명** : 한편, 왕족인 대씨와 귀족을 포함한 5만 여명이 고려로 망명하여 고려 지배층의 일부를 구성하게 되었다.

▼ 동란국

동쪽의 거란국이라는 뜻으로 거란이 발해를 멸망시키고 옛 발해의 영토를 다스리도록 세운 나라이다.

7. 후삼국의 성립

10세기에 이르러 지방에서 성장하던 농민 출신의 신라 장군인 견훤과 신라의 몰락 왕족 출신인 궁예는 신라 말의 혼란을 이용하여 독자적 정권을 수립하였다. 이에 따라 신라는 지배권이 경주 일대로 축소되어 다시 삼국이 정립하는 후삼국 시대가 전개되었다.

(1) 후백제

① **견훤▼의 성장** : 상주 호족 아자개와 무진주 호족의 딸 사이에서 태어나 신라 서남 지역 방위군의 장군을 지내며 세력을 키운 견훤은 전라도 지방의 군사력과 호족 세력을 토대로 무진주를 점령(892)하고 스스로 왕으로 칭했다.

② **후백제의 건국** : 백제 유민들의 반신라 감정을 이용해 의자왕의 원수를 갚는다는 명목 아래 북으로 전진하여 완산주(전주)에 도읍을 정하고 후백제를 세웠다(900). 이 무렵 6두품 출신 유학자 최승우가 후백제의 책사가 되었다.

③ **후백제의 성장** : 이후 차령산맥 이남의 충청도와 전라도 지역을 차지하여, 그 지역의 우세한 경제력을 토대로 군사적 우위를 확보할 수 있었다. 대야성을 함락(920)한 후, 927년 경주를 습격하여 포석정에 있던 경애왕을 죽이고 많은 포로와 진귀한 보물을 탈취하였다.

▼ 견훤

견훤은 상주 가은현(경북 문경 가은) 사람으로 본래의 성은 이씨였는데 후에 견으로 성씨를 삼았다. 아버지는 아자개이니 농사로 자활하다가 후에 가업을 일으켜 장군이 되었다. …… 신라 진성왕 6년(892) 아첨하는 소인들이 왕의 곁에 있어 정권을 농간하매 기강은 문란하여 해이해지고, 기근이 겹들어 백성들이 떠돌아다니고 도적들이 벌떼처럼 일어났다. 이에 견훤이 은근히 반심을 품고 무리를 모아 서울 서남족 주현들로 진격하니, 가는 곳마다 호응하여 무리가 달포 사이에 5,000여 인에 이르자. 드디어 무진주를 습격하여 스스로 왕이 되었다. …… 지금 내가 도읍을 완산(전주)에 정하고, 어찌 감히 의자왕의 쌓인 원통함을 씻지 아니하랴 하고, 드디어 후백제 왕이라 스스로 칭하고 관부를 설치하여 직책을 나누었다.

– 「삼국사기」 –

④ **고려와의 세력 다툼** : 왕건이 고려를 건국한 이후에는 19년간 일진일퇴의 격전을 벌였는데, 신라 외곽지역인 고창(안동)과 강주(진주) 등 낙동강 서부지역에서 치열한 전투를 벌였다.

⑤ **후백제의 몰락** : 이 무렵 후백제의 내분으로 견훤은 장남 신검과 그의 추종 신하들에 의해 김제 금산사에 유폐되는 사건(935)이 일어났다. 이때 견훤은 금산사를 탈출하여 송악의 왕건에게 의탁하였고, 이후 고려는 후백제를 공격하여 936년 후백제를 멸망시켰다.

(2) 후고구려

① **궁예▼의 성장** : 궁예는 권력 투쟁에서 밀려난 신라 왕족의 후예로서 처음에는 기훤의 초적무리로 들어갔으나 얼마 후 이탈하였다. 이후 다시 북원(원주) 지방의 도적 집단인 양길에게 들어가 강원도 · 경기도 일대 중부 지방을 점령하고, 예성강 유역의 황해도 지역까지 세력을 넓혔다.

② **후고구려의 건국** : 궁예는 세력이 커지자, 양길을 몰아낸 다음 송악(개성)에 도읍을 정하고 독립하여 후고구려를 세웠다(901).

③ **새로운 정치의 추구** : 궁예는 영토를 확장하고 국가 기반을 다져 국호를 '대동방국'이라는 뜻으로 마진(904)으로 바꾸고 도읍도 철원으로 옮겼다(905). 국호를 다시 태봉(911)으로 바꾸고, 새로운 관제를 마련하고 골품 제도를 대신할 신분 제도를 모색하면서 새로운 정치를 추구하였다.

④ **후고구려의 멸망과 고려 건국** : 그러나 궁예는 전쟁을 치르기 위해 백성들로부터 지나치게 조세를 징수하고, 미륵신앙과 독심술을 이용해서 전제 정치를 행하였다. 죄 없는 관리와 장군을 살해하고, 심지어는 왕비와 아들마저도 살해하였다. 궁예는 백성과 신하들의 신망을 잃어 신하들에 의하여 축출되고 왕건이 추대를 받아 고려를 건국하였다(918).

▼ **궁예**

궁예는 신라 사람으로 성은 김씨이고, 아버지는 제47대 헌안왕 의정이며, 어머니는 헌안왕의 후궁이었다. …… 머리를 깎고 승려가 되어 스스로 선종(善宗)이라 이름하였다. 북원(원주)의 도적 집단 괴수 양길(梁吉)에게 투탁(投託)하니 (양)길이 그를 잘 대우하고 일을 맡겼으며, 군사를 나누어 주어 동쪽으로 신라 영토를 공략하게 하였다. …… 패서(浿西)에 있는 도적 집단들이 선종에게 와서 항복하는 자가 많았다. 선종이 스스로 무리들이 많아서 나라를 창건하고 임금이라고 일컬을 만하다고 생각하여 중앙과 지방의 관직을 설치하기 시작하였다. …… 신종이 왕이라 자칭하고 사람들에게 이르기를 "이전에 신라가 당나라에 군사를 청하여 고구려를 격파하였기 때문에 옛 서울 평양은 오래되어서 풀만 무성하게 되었으니 내가 반드시 그 원수를 갚겠다."라고 하였다. ……

– 「삼국사기」 –

고대의 통치 체제

1. 삼국의 통치 체제

(1) 삼국 초기의 체제

① **초기의 정치 체제** : 삼국 초기에는 고구려와 백제의 5부나 신라의 6부가 중앙의 지배 집단이 되었다. 각 부의 귀족들은 중앙 왕실에 예속되지 않은 상태에서 각자 관리를 거느리고 자신의 영역을 지배하였다.

② **귀족 회의체** : 고구려는 제가 회의, 백제는 정사암 회의▼, 신라는 화백 회의▼라는 합좌 제도가 있었다. 이것은 당시 삼국의 정치가 국왕 중심의 귀족 합의 정치였음을 의미하는 것이다.

③ **미약한 왕권** : 이 시기의 왕은 군사권과 대외교섭권만 가졌다.

(2) 관등 제도와 정치 조직

① **중앙 집권 체제의 형성** : 사회가 발전함에 따라 관등제가 정비되어 각 부의 귀족과 그 아래에 있던 관리들은 왕의 신하가 되었다. 이로써 왕의 권한이 강화되고, 각 부의 부족적 성격이 행정적 성격으로 바뀌어 중앙 집권 체제가 형성되었다.

② **관등 제도의 완비** : 고구려는 4세기경에 각 부의 관료 조직을 흡수하여 10여 관등을 두었으며, 백제는 고이왕 때에 이미 6좌평제와 16관등제의 기본 틀을 마련하였고, 신라는 법흥왕 때 각 부의 하급 관료 조직을 흡수하여 17관등제를 완비하였다.

③ **관등제의 운영**▼ : 삼국의 관등제와 관직 체계의 운영은 신분제에 의하여 제약을 받았다. 특히 신라는 관등제를 골품 제도와 결합하여 운영하였는데, 개인이 승진할 수 있는 관등의 상한을 골품에 따라 정하고, 일정한 관직을 맡을 수 있는 관등의 범위를 한정한 것이다. 고구려와 백제에서도 신라와 비슷하게 운영되었다.

▼ **백제의 정사암 회의**

• 정사암은 백제 때의 정치를 논의하고 재상을 뽑던 곳이다. 재상을 뽑는 제도가 오늘날의 선거 방식과 비슷하며, 여기에서 재상만을 뽑았던 것이 아니라. 특별 회의의 장소인 것으로도 추측된다.

• 호암사에는 정사암이란 바위가 있다. 나라에서 장차 재상을 뽑을 때에 후보 3~4명의 이름을 써서 상자에 넣고 봉해서 바위위에 두었다가 얼마 후에 가지고 와서 열어 보고 그 이름 위에 도장이 찍혀 있는 사람을 재상으로 삼았다. 이런 이유로 정사암(政事巖)이라 하였다.

— 「삼국유사」 —

▼ **신라의 화백 회의**

화백 회의는 상대등이 주재자가 되어 진골 출신의 고관인 대등들이 합좌하여 국가의 중대한 일을 회의 · 결정하는 제도이다. 여기서는 만장 일치의 원칙이 적용되었는데, 만장 일치제란 정치적 대립을 극복하려는 합법성의 강조나 외형적인 통일의 여과 과정이라고 생각할 수 있다. 이러한 화백 제도와 상대등의 존재는 왕권의 전제화가 진행되면서도 꾸준히 귀족 연합적인 정치가 이루어지고 있었음을 나타내는 것이다.

▼ **삼국의 정치 조직과 관등 조직**

삼국의 정치 조직에 있어서 기본이 된 것은 지위의 높낮이를 나타내는 관등 조직이었는데, 이 관등 조직의 성립은 종래 부족 출신을 대표하는 족장적 성격을 띤 다양한 세력 집단이 왕을 정점으로 그 상하 관계가 하나의 체계로 질서 있게 조직되는 모습을 보여 주는 것이다. 이는 초기부터 국가 권력을 독점하던 각 집단의 최고 귀족들이 중앙 집권 체제가 정비되는 과정에서 자신들의 특권을 항구적으로 보장하려는 데서 나온 것이다.

2. 삼국의 관등 제도

(1) 고구려

① **고구려 관등의 특징** : 초기에 10여 관등으로 성립된 관등 조직은 기록된 사서에 따라 관등 수·명칭·순서가 다르게 나타나는데, 이후 대체로 14등급으로 완성되었다. 14등급 가운데 수상에 해당하는 1등계 대대로, 2등계 태대형, 3등계 울절, 4등계 태대사자, 5등계 조의두대형까지 최고 귀족들이 차지하여, 이들 5관등이 귀족 회의를 구성하고 중요 국사를 처리하였다.

② **대대로의 임명** : 수상인 대대로는 왕이 스스로 임명하지 못하고, 5부에서 대표자를 선거하여 3년에 한 번씩 교대하는 것을 원칙으로 하고 있었다. 이것은 옛날 연맹장 선거의 유풍이 잔존한 것으로 볼 수 있다.

(2) 백제

① **백제 관등의 특징** : 16관등 중 1등계인 좌평 6인을 두는 6좌평제를 실시하였는데, 좌평은 중국의 육조와 비슷한 행정 분담을 맡는 주요 관부의 장관이기도 하였다.

② **중국 제도의 영향** : 6좌평제는 중국의 6전제를 모방한 것으로 보이며, 22부의 명칭에도 주례를 본뜬 6관의 이름이 사용된 것으로 보아 백제의 중앙 관제가 중국 제도의 영향을 받았다고 볼 수 있다.

(3) 신라

① **신라 관등의 성격** : 신라의 관등 제도는 6세기 초 법흥왕 때 17관등으로 완성되었는데 관등에 따라 복색을 달리하기도 하였다.

② **신라 관등의 특징**

  ㉠ 골품제와의 관련성 : 신라의 17관등은 일원적인 관등 조직이지만 그것은 평면적 구성이 아니라, 그 안에 몇 개의 획선이 그어져 있었다. 즉, 신라의 관등 조직은 신분제인 골품 제도와 관련을 맺고 편성되어 진골은 제1관등인 이벌찬까지 승진할 수 있었지만, 6두품은 제6관등 아찬, 5두품은 제10관등 대나마, 4두품은 제12관등 대사까지만 올라갈 수 있도록 제한이 있었다.

  ㉡ 중위제를 통한 보완 : 6두품은 아찬에서 더 이상 승진할 수 없기 때문에 아찬에 4등급, 대나마에 9등급의 중위를 설치하여 신분에 따라 제한된 관등을 넘지 않고도 승진을 계속할 수 있는 방로가 마련되어 있었다. 즉, 신라 사회는 골품에 따른 관등의 제한을 중위제로서 보완하고자 했던 것이다.

3. 삼국의 지방 통치

더 알아보기➕

삼국 시대 행정 체제 비교

국가	중앙 (부족적 전통)	지방 (방위개념)	상부 지방관	하부 지방관	특별 행정 구역
고구려	5부 (고국천왕)	5부	욕살	부 아래 주·현·성을 두고 처려근지, 도사를 임명	3경제 – 국내성, 평양성, 한성(재령)
백제	5부 (성왕)	5방	방령	군장, 도사	웅진 시대부터 지방 중심지인 대읍을 담로라 하여 22담로 설치
신라	6부 (자비왕)	5주	군주	주 아래 군에는 태수(현령), 촌락은 촌주가 통치, 도사	중원경(충주), 동원경(강릉)의 2소경(소경의 장관은 사신)

4. 삼국의 군사 조직

(1) 군사 제도와 지방 조직의 밀접한 연관

삼국 시대의 군사 제도는 지방 조직과 매우 밀접한 연관을 가지며, 국왕이 군사 지휘권을 가지고 직접 군대를 이끌었다. 특히, 지방 장관은 해당 지역의 행정·군사를 동시에 관할하였으므로 삼국의 주민 통치는 본질적으로 군사적 지배의 성격을 띠고 있었다.

(2) 중앙 집권적 지방 통치의 중요한 기반

중앙 집권 국가의 정비된 군사 조직은 전제 왕권의 확립과 중앙 집권적 지방 통치를 위한 중요한 기반이 되었다.

5. 통일 신라의 통치 체제

(1) 통일 신라의 중앙 통치 체제

① **중앙 집권 체제의 확립** : 통일 신라는 중앙 집권 체제로 제도를 재정비하였다. 중앙의 정치 체제는 집사부(執事部)▼를 중심으로 하여 관료 기구의 기능을 강화하였으며 집사부 시중의 지위를 높였다. 그 아래에는 위화부를 비롯한 13부를 두고 행정 업무를 분담하게 하였다.

② **사정부와 국학의 설치** : 또한 관리의 비리와 부정을 방지하기 위하여 무열왕 때 감찰 기구인 사정부를 두었고, 신문왕 때 국립대학인 국학▼도 설치하였다.

(2) 통일 신라의 지방 행정 조직(9주 5소경 제도)

신라는 통일 이후 지방 제도를 전면적으로 재조정하였는데, 통일 후 신문왕 때 9주 5소경제를 실시해 지방 통치제도가 마련되었다.

① **9주의 정비** : 신라의 지방 통치 조직의 기본이 된 것은 주·군·현으로 통일 후의 신문왕 5년(685)에 9주로 정비되었다.

② **중앙 집권적 통치 조직의 강화** : 주 밑에 군·현은 태수와 현령이 다스렸고, 주·군·현에 감찰 임무를 가진 외사정을 둠으로써 중앙 집권적 통치 조직을 강화하였다.

③ **촌주의 존재** : 현 밑에는 촌, 향·부곡▼이 있었다. 말단 행정 조직인 촌은 토착인 촌주가 지방관의 통제를 받으며 다스렸다.

④ **5소경** : 통일 이전의 제도를 발전시킨 것으로써 수도의 편재성을 극복하고 정복민을 회유하여 지방 통제를 강화하고자 하였다.

⑤ **상수리 제도** : 지방의 세력가를 일정 기간 수도에 머물게 한 제도로 지방 세력 견제가 목적이었다.

신라 9주 5소경

▼ **집사부**

집사부는 신라 시대의 최고 행정기관으로 국가의 기밀 사무를 맡아보았는데 651년(진덕여왕 5) 품주를 개칭하여 설치하였다. 집사부는 국가의 기밀 사무를 맡았던 만큼 왕의 지배를 받았고, 화백 회의와 귀족세력의 대표자격인 상대등과 대립적 성격을 띠고 있었다. 통일 이후 신라 왕권의 전제화로 집사부의 권한이 강했고, 그 반대로 상대등의 권한이 약화되었다. 이때 중시의 역할은 왕권을 옹호하는 행정적인 대변인인 동시에 정치적 책임자의 역할을 담당하였다. 747년(경덕왕 6)에 중시는 시중으로 격상. 829년(흥덕왕 4)에는 집사부가 집사성으로 승격(집사성이 점차 여러 관부를 총괄하는 기능 확대)되었다.

▼ **국학**

신라 신문왕 때 설치한 교육 기관(국립대학). 경덕왕이 태학감으로 고쳤다가 혜공왕이 다시 국학으로 고쳤다. 고려 시대 충렬왕 때 국자감을 국학으로 고쳤다가 후에 성균감·성균관으로 고쳤다. 이후 조선 시대에 성균관으로 통일되었다.

▼ **신라의 말단 행정 구역 (촌, 향, 부곡)**

신라의 주·군·현과 5소경 밑에는 일반적으로 촌(村)이라 불리는 작은 행정 구역이 있었다. 촌과 같은 행정 구역으로 향·부곡 등이 존재했는데, 그것은 신분상 천한 집단을 촌과 구별하기 위한 것이었다.

(3) 군사 조직(9서당 10정)

① **중앙 9서당** : 통일 신라가 오랜기간의 분열기를 통일하며 민족 융합을 위하여 신라인을 비롯해 고구려인 · 백제인 · 말갈인까지 포함하여 구성한 부대이다.

② **지방 10정(停)**▼ : 중앙군의 핵심이 9서당이면, 지방군의 중심인 10정은 9주에 각각 하나씩 설치되었는데, 국방상 요지인 한주(한산주)에만 2정을 두어 분산 · 주둔하였다.

▼ **10정**
- 음라화정(경북 상주)
- 삼량화정(경북 달성)
- 고량부리정(충남 청양)
- 거사물정(전북 임실)
- 소삼정(경남 함안)
- 미다부리정(전남 나주)
- 남천정(경기 이천)
- 골내근정(경기 여주)
- 벌력천정(강원 홍천)
- 이화혜정(경북 청송)

6. 발해의 통치 체제

(1) 중앙 통치 체제

① **발해의 중앙 집권 체제** : 발해는 중앙 집권적 지배체제를 갖추었는데, 왕을 가독부라 불렀으며 높여 부를 때는 황상, 혹은 대왕이라고 하였다.

② **발해의 통치 조직** : 통치 조직으로 당의 3성 6부 체제를 모방하였으나, 그 운영에서는 발해만의 독자성을 보여준다. 발해의 독자성으로 최고의 관청(부)인 정당성의 장관인 대내상이 수상이 되어 국정을 총괄하였고, 그 아래에 있는 좌사정이 충 · 인 · 의 3부를, 우사정이 지 · 예 · 신 3부로 각각 나누어 관할하는 이원적 통치 체제를 구성하고 있다.

③ **발해 관제의 독자성** : 6부의 명칭을 유교적 명칭으로 한 것과 정당성이 최고 관부임과 동시에 국가 중대사를 결정하는 귀족회의의 성격을 겸한 것도 발해 관제의 독자성이다.

(2) 지방 행정 조직

① **이원적 지방 행정 체제** : 발해는 전국을 5경 15부 62주로 나누고 현의 주현제와 촌의 부족제인 이원적 체제로 지방을 통치하였다.

② **5경의 설치** : 전략적 요충지에는 5경(상경 · 중경 · 남경 · 서경 · 동경)을 두었는데, 그중 수도인 상경(上京)은 정치 문화의 중심지였다.

③ **15부 62주의 설치** : 지방 행정의 중심인 15부에는 도독을 두어 지방 행정을 총괄하게 하였다. 부 아래에 62주를 설치하여 자사를 파견하고, 그 아래 다시 현을 두고 현승을 파견하였다.

④ **말갈 사회의 인정** : 지방 행정의 말단인 현에 속한 촌락 구성원은 주로 말갈족으로, 촌장격인 수령(首領)을 매개로 지배하여 말갈 사회의 내부 전통을 존중하였다.

(3) 군사 조직

중앙군으로 10위를 두어 왕궁·수도의 경비를 맡겼고, 지방관이 지방군을 편성하여 지휘하게 하였으며, 국경의 요충지에는 독립된 부대를 두어 방어하기도 하였다.

더 알아보기 ⊕

발해의 중앙 관제

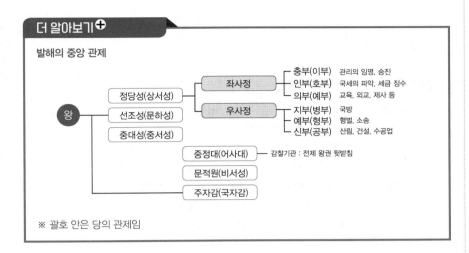

		좌사정	충부(이부)	관리의 임명, 승진
	정당성(상서성)		인부(호부)	국세의 파악, 세금 징수
왕			의부(예부)	교육, 외교, 제사 등
	선조성(문하성)	우사정	지부(병부)	국방
	중대성(중서성)		예부(형부)	형벌, 소송
			신부(공부)	산림, 건설, 수공업

중정대(어사대) —— 감찰기관 : 전제 왕권 뒷받침

문적원(비서성)

주자감(국자감)

※ 괄호 안은 당의 관제임

04

고대의 경제

1. 삼국의 경제 정책

(1) 정복 활동과 지배 정책의 변화

① **주변 소국의 정복** : 삼국은 고대 국가로 성장하는 과정에서 주변의 소국과 전쟁을 벌이며 활발한 정복 활동을 펼쳤는데, 정복한 지역의 토산물을 공물로 수취하였다. 삼국은 전쟁 포로를 귀족이나 병사에게 노비로 나누어 주기도 하고, 군공을 세운 사람에게 일정 지역의 토지와 농민을 식읍▼으로 주었다.

② **피정복민의 지배 방식 개선** : 삼국 사이의 경쟁이 치열해지면서 각 국은 피정복민을 노비처럼 지배하던 방식을 개선하려 하였다. 이들을 무리하게 전쟁에 동원하거나 가혹하게 물자를 수취하면 다른 나라로 도망하는 일이 자주 발생하였기 때문이다.

(2) 농민에 대한 수취

① **과도한 수취의 부작용** : 삼국은 전쟁에 필요한 물자를 농민에게 거두고 그들을 군사로 동원하였다. 농민에 대한 과도한 수취는 농민 경제의 발전을 억누르고 농민을 토지로부터 이탈시켜 사회 체제가 동요되는 계기가 되었다.

② **합리적 세금 부과** : 삼국은 중앙 집권 체제를 정비하면서 조세 제도▼를 마련하였다. 조세는 대체로 재산의 정도에 따라 호를 나누어 곡물과 포를 거두었으며, 그 지역의 특산물도 거두었다. 왕궁, 성, 저수지 등을 만드는 데에 노동력이 필요하면 국가에서 15세 이상의 남자를 동원하였다.

(3) 농민 경제 안정 정책의 추진

삼국은 농업 중심의 경제이며, 국가는 농민 경제를 안정시키기 위하여 농업 생산력을 높일 수 있는 시책과 구휼 정책을 시행하였다.

① **우경의 장려** : 철제 농기구를 일반 농민에게 보급하여 소를 이용한 우경을 장려하고, 황무지 개간을 권장하여 경작지를 확대하였다.

② **저수지 축조와 곡식 대여** : 저수지를 만들거나 수리하여 가뭄에 대비하였고, 흉년이 들면 백성에게 곡식을 나누어 주거나 빌려 주었다. 고구려 고국천왕 때 시행한 진대법이 그 대표적 예이다.

▼ **식읍을 지급받은 사례**

신대왕 8년(172), 명림답부는 수천의 사병을 거느리고 뒤쫓아 가서 좌원에서 싸웠는데, 한나라 군대가 크게 패하여 한 필의 말도 돌아가지 못하였다. 왕은 크게 기뻐하고 명림답부에게 좌원과 질산을 식읍으로 주었다.

– 「삼국사기」 –

▼ **조세의 기준**

토지에 매기는 전세와 호에 매기는 인두세가 있었다. 호는 인정의 다과를 기준으로 3등급으로 나누어 조세를 수취하였다. 전세는 그 면적을 결부법으로 나타내 일정한 전세를 수취하였으나 농업 생산력이 미약하여 공동 경작을 하기도 하였고, 비중도 크지 않았다.

2. 삼국의 경제 생활

(1) 귀족의 경제 생활▼

① **귀족의 경제기반** : 삼국 시대의 귀족은 본래 스스로 소유하였던 토지와 노비 외에도 국가에서 지급한 녹읍, 식읍, 노비를 가지고 있었다. 귀족은 전쟁에 참여하면서 토지와 노비 등을 더 많이 가질 수 있었으며, 이를 통하여 곡물이나 베 등 필요한 물품을 얻었다.

② **귀족의 생활** : 귀족은 노비와 그들의 지배하에 있는 농민을 동원하여 자기 소유의 토지를 경작시키고, 그 수확물의 대부분을 가져갔다. 그리고 고리대를 이용하여 농민의 토지를 빼앗거나 농민을 노비로 만들어 재산을 늘려갔다.

(2) 농민의 경제 생활

① **농민의 토지 경작**

  ㉠ 토지 경작 : 농민은 자기 소유의 토지를 경작하거나 부유한 자의 토지를 빌려 경작하였다.

  ㉡ 실태 : 농민들에게는 대체로 척박한 토지가 많았고, 퇴비 제작 기술이 발전하지 못하여 계속 농사짓지 못하고 1년 또는 수년 동안 묵혀 두어야 했다.

② **농민에 대한 과도한 수취 · 동원**

  ㉠ 조세 · 부역 동원 : 국가는 농업을 장려하여 농민 생활의 안정을 꾀하였지만, 농민은 국가와 귀족에게 곡물, 삼베, 과실 등을 내야 했고, 성이나 저수지를 쌓는 일, 삼밭을 경작하고 뽕나무를 기르는 일 등에 동원되었다.

  ㉡ 삼국 대립 이전 : 삼국 간 전쟁이 치열해지기 전에는 귀족을 비롯한 중앙 지배층이 군사력의 중심이었기 때문에 지방 농민은 전쟁 물자를 조달하거나 잡역부로 동원되었으며, 전쟁에 군사로 참여하기도 하였다.

  ㉢ 삼국 대립 이후 : 삼국의 대립이 치열해지면서 지방 농민도 전쟁에 군사로 동원되었고, 전쟁 물자의 조달 부담도 더욱 증가하였다.

③ **농민 생활 개선 노력**

  ㉠ 농민의 개선 의지 : 농민은 스스로 농사 기술을 개발하고, 계곡 옆이나 산비탈 등을 경작지로 바꾸어 갔다.

  ㉡ 농민의 처지 : 이러한 노력으로 점차 농업 생산력은 향상되었지만 자연 재해를 당하거나 고리대를 갚지 못하는 경우에는 몰락하여 노비, 유랑민, 도적이 되기도 하였다.

▼ **귀족의 경제 생활**
- 그 나라는 3만 호인데 …… 그 중에 대가들은 경작하지 않고 먹는 자가 1만 명이나 되며, 하호는 먼 곳에서 쌀, 낟알, 물고기, 소금 등을 저서 날라다 대가에 공급하였다.

  － 「삼국지」 －
- 대가(大家)들은 경작을 하지 않고 하호들은 부세를 바치며 노비와 같다.

  － 「위략」 －

3. 통일 신라의 경제 활동

(1) 경제력의 성장

① **각종 제도의 정비** : 통일 후 신라의 경제력은 비약적으로 성장하였다. 이전보다 넓은 토지와 많은 농민을 지배할 수 있게 되면서 이전과 다른 경제적 조치를 취하였다. 토지 및 노동력 등에 대해 직접 파악하면서 수취 체제를 정비하였고, 토지 제도도 새롭게 정비하였다.

② **농업과 목축업의 발달** : 이를 통해 농업과 목축업이 발달하였으며, 또한 견직물·마직물의 방직 기술과 금·은 세공 등 공예품 제조 기술이 발달하였다. 국가는 왕실과 귀족들이 사용할 금·은 세공품, 비단류, 그릇, 가구, 철물 등을 만들기 위한 관청을 정비하여 이에 속한 장인과 노비에게 물품을 만들어 공급하게 하였다.

③ **인구의 증가와 3시의 설치** : 농업 생산력의 성장을 토대로 경주의 인구가 증가하고, 상품 생산이 늘어나 이전에 설치된 동시만으로는 상품 수요를 감당할 수 없어, 통일 이후 서시와 남시를 설치하여 3시를 이루게 되었다.

(2) 귀족의 경제 생활

① **식읍·녹읍▼** : 귀족은 통일 이전 식읍(食邑)과 녹읍(祿邑)을 통하여 그 지역의 농민을 지배하여 조세와 공물을 거두었고, 노동력을 동원하였다.

② **관료에게 토지 지급** : 통일 이후, 문무 관료에게 토지를 지급하면서 종래 귀족들이 세습했던 녹읍을 폐지하는 대신 해마다 곡식을 주기도 하였다.

③ **재산(유산)의 소유** : 귀족은 경제적 특권을 제약받았지만, 국가에서 준 토지·곡물 이외에도 물려받은 토지, 노비, 목장, 섬도 가지고 있었다.

④ **귀족들의 사치 생활** : 풍족한 경제적 기반으로 귀족들이 득세하면서 왕경인 경주는 크기 55리, 1360방, 18만 호(약 90만 명)로 확대되어 인구가 밀집하였다. 귀족들은 경주 근처에 호화스러운 주택(금입택)▼과 별장(사절 유택)▼을 짓고, 사치스러운 생활을 하였다.

(3) 농민의 경제 생활

① **농민의 궁핍한 생활** : 통일 이후 사회 안정으로 농업 생산력이 늘어났으나 농민들의 생활은 궁핍하였다. 당시에는 시비법▼이 발달하지 못하여 1년 또는 몇 년을 묵혀 두었다가 경작해야 했는데, 대체로 비옥한 토지는 왕실, 귀족, 사원 등 세력가가 가졌고, 농민의 토지는 대부분이 척박하여 생산량이 귀족의 것보다 적었다.

▼ 녹읍과 식읍

• 녹읍(祿邑) : 국가에서 관료 귀족에게 지급한 일정 지역의 토지로서 수조권을 지급한 것이었으나 그 권한을 이용하여 노동력과 특산물을 수취하였다. 이로 인해 귀족 관료들이 군사적 기반을 마련하고 정치적 세력을 강화하자 신문왕 때 이를 폐지하였으나 경덕왕 때 부활되었다. 이후 녹읍은 하대에 더욱 확대되었다.

• 식읍(食邑) : 국가에서 왕족, 공신 등에게 준 토지와 가호로서 이 역시 수조권을 지급하였다. 신문왕 때 제한적으로 지급되었다.

▼ 금입택

금으로 기둥을 장식한 호화주택

▼ 사절 유택

사계절마다 옮겨 다니는 진골 귀족들의 별장주택

▼ 시비법

비료를 주어 농사짓는 농법

② **세력가의 농민 수탈** : 조세 부담은 통일 이전보다 줄었으나 귀족이나 촌주 등 세력가에 의한 수탈은 줄지 않았고, 그 밖에 삼베, 명주실, 과실류 등 여러 가지 물품을 공물로 내고 부역도 많아 농사에 지장을 초래할 정도였다.

③ **토지 수탈과 농민층의 와해** : 8세기 후반에는 귀족이나 지방 유력자(호족)들이 토지 소유를 늘려가면서 토지를 빼앗긴 농민들이 점차 많아졌다. 이렇게 토지를 상실한 농민은 남의 토지를 빌려 경작하거나, 노비로 자신을 팔거나 유랑민 또는 도적이 되었는데, 고리대가 성행하면서 더욱 심해졌다.

4. 발해의 경제 생활

(1) 발해의 수취 제도

① **조세 · 공물 · 부역** : 발해는 조세 · 공물 · 부역에서 신라와 마찬가지로 조 · 콩 · 보리 등 곡물을 거두는 조세, 베 · 명주 · 가죽 등의 특산물을 거두는 공물 그리고 궁궐 · 관청 등의 건축에 농민들을 동원하는 부역이 있었다.

② **귀족들의 화려한 생활** : 발해의 귀족들은 대토지를 소유하고 무역을 통해 당의 비단, 서적 등을 수입하여 화려한 생활을 하였다.

(2) 발해의 경제 발전

① **농업과 목축 · 수렵** : 발해 경제의 중심은 농업이었으나, 기후 조건의 한계로 콩, 조, 보리, 기장 등을 재배하는 밭농사가 중심이었다. 철제 농기구가 널리 사용되고 수리 시설이 확충되면서 일부 지역에서는 벼농사도 지었다. 목축이 발달하여 돼지, 말, 소, 양 등을 길렀는데, 솔빈부의 말은 중요한 수출품이었고, 수렵도 발달하여 모피, 녹용, 사향 등도 많이 생산되어 수출되었다.

② **상업** : 수도인 상경 용천부 등 도시와 교통 요충지에서는 상업이 발달하였다. 상품 매매에는 현물 화폐를 주로 썼으나 외국의 화폐도 함께 사용하였다. 이를 통해 발해의 귀족은 무역을 통하여 당의 비단, 서적 등을 수입하여 화려한 생활을 할 수 있었다.

③ **수공업** : 수공업은 철 · 구리 · 금 · 은 등 금속 가공업과 삼베 · 명주 · 비단 등의 직물업, 도자기업 등 다양한 분야에서 발달하였다. 철의 생산량이 상당히 많았고, 구리의 제련술도 뛰어나 좋은 품질의 구리를 생산하였다.

5. 고대의 농업 기술

(1) 철제 농기구 보급과 영향

① **쟁기의 보급** : 철기 문화의 보급으로 나무나 돌로 만든 농기구가 점차 철제 농기구로 바뀌게 되었다. 당시에는 지배층만 주로 철제 농기구를 소유하였다. 특히 철제 농기구 중 쟁기가 보급되어 농경에서 소와 같은 가축의 힘을 이용할 수 있게 되었고 농업 생산력이 크게 증가되었다.

② **농업 생산력의 증가** : 철제 농기구의 보급으로 농업 생산력이 크게 증가하였으며, 이는 중앙 집권적 귀족 국가로 발전하는 중요한 경제적 기반이 되었다.

(2) 고대의 농업 기술

고대의 농업은 휴경지가 존재하는 휴한농법으로 1년 1작이었으며, 보리, 콩 등의 밭농사와 함께 저수지의 축조, 철제 농기구의 사용 등으로 벼농사의 비중이 증가하였다.

(3) 삼국의 농업 기술

① **고구려** : 고구려에서는 일찍부터 쟁기갈이가 시작되었고, 늦어도 4세기경부터 고구려의 지형·풍토에 맞는 보습을 사용한 것으로 보인다.

② **백제** : 백제의 농업 기술은 4~5세기경에 크게 발전하여 수리 시설을 만들고 철제 농기구를 개량하여 논농사를 발전시켰다.

③ **신라** : 신라에서는 5~6세기경에 소를 경작에 이용하는 우경의 보급이 확대되었다. 「삼국사기」에는 지증왕 때 우경을 실시하였다는 기록이 있는데, 신라 정부가 이 시기부터 우경을 본격적으로 보급하는 정책을 실시한 것으로 여겨진다.

(4) 남북국 시대

① **통일 신라** : 백성들의 삶이 가장 안정된 시기로서 성덕왕 때에는 정전을 백성에게 지급하는 등 농민들의 경작 의욕을 높이는 정책이 실시되었다. 신라 하대 흥덕왕 때에는 김대렴이 당(중국)에서 차를 들여와 재배를 시작하였는데, 기온 특성상 남부 해안 지역에서만 재배 가능하였다.

② **발해** : 밭농사가 중심이었으나, 일부 지역 저습지에서는 논농사도 행해졌다.

6. 고대의 토지 제도

(1) 고대 토지 제도의 발전 양상

고대는 왕토 사상을 원칙으로 하며 농민은 조상 대대로 물려받은 땅을 경작하였다. 신라에서는 귀족에게 관직 복무의 반대급부로 수조권 및 노동력 징발권을 부여할 수 있는 녹읍·식읍을 주었다. 그러나 삼국을 통일하면서 이전보다 넓은 토지와 많은 농민을 지배할 수 있게 된 신라는 삼국의 경쟁 시기와는 다른 경제적 조치를 취함으로써 토지 제도를 변화시켰다.

(2) 녹읍▼·식읍

① **녹읍 제도의 존재** : 녹읍제는 관직 복무의 대가인 녹(祿)을 지급함에 있어 일정한 지역, 즉 읍(邑)을 내리는 제도이다. 관료들에 대한 경제적 처우방식으로서 삼국 시대의 신라에서 통일 신라를 거쳐 고려 초기의 통일 전까지 존재했다.

② **녹읍제 등장의 배경** : 녹읍제는 신라가 주변 지역을 복속시키고 귀족층으로 편입된 각 세력들을 관료로 편제하는 과정에서, 그들을 귀족 관료로서 보수·대우하려는 제도에서 마련되었던 것으로 보인다.

③ **녹읍과 식읍의 특징** : 녹읍과 식읍은 그 지역의 수조권과 함께 민에 대한 인신지배를 가능하게 하면서 귀족의 경제적 기반이 되었다.

④ **녹읍의 폐지와 부활** : 녹읍은 689년(신문왕 9)에 폐지된 적이 있고, 757년(경덕왕 16)에 부활된 바가 있었다. 또 799년(소성왕 1)에 국학의 학생들에게도 녹읍을 지급하게 하였다는 기사가 나와 있다.

(3) 토지 제도의 변화(관료전 지급 → 녹읍 폐지 → 정전 지급 → 녹읍의 부활)▼

① **관료전의 지급** : 전제 왕권이 강화되면서 토지 제도를 바꾸어 식읍(食邑)을 제한하였고, 신문왕 7년(687)에 관료전을 지급하였다. 관료전은 관리들에게 봉급 대신 지급된 토지로 관등에 따라 차등 지급했는데, 조의 수취(수조권)만을 행사할 수 있었기 때문에 관료전의 지급은 귀족 세력 약화와 왕권 강화를 의미한다.

② **정전의 지급** : 성덕왕 21년(722), 일반 백성에게 왕토 사상에 의거하여 정전(丁田)을 지급하여 경작하게 하고, 대신 국가에 조를 바치게 하였다. 정전은 통일 신라 시대의 정남에게 지급된 토지로 전국의 정남에게 지급하였다.

▼ **녹읍 - 귀족의 경제기반**
재상가에는 녹(祿)이 끊이지 않았다. 노동(奴僮)이 3,000명이고, 비슷한 수의 갑옷과 무기, 소, 말, 돼지가 있었다. 바다 가운데 섬에서 길러 필요한 때 활로 쏘아서 잡아먹었다. 곡식을 꾸어서 갚지 못하면 노비로 삼았다.
– 「신당서」 –

▼ **토지 제도의 변화**
• 신문왕 7년(687) : 5월에 문무 관료전을 지급하되 차등을 두었다.
• 신문왕 9년(689) : 1월에 내외관의 녹읍을 혁파하고 매년 조(租)를 내리되 차등이 있게 하여 이로써 영원한 법식을 삼았다.
• 성덕왕 21년(722) : 8월에 처음으로 백성에게 정전을 지급하였다.
• 경덕왕 16년(757) : 3월에 여러 내외관의 월봉을 없애고 다시 녹읍을 나누어 주었다.
• 소성왕 원년(799) : 3월에 청주 거노현으로 국학생의 녹읍을 삼았다.
– 「삼국사기」 –

③ **녹읍의 부활** : 그러나 경덕왕 16년(757)에 귀족들의 반발로 녹읍제가 부활되고 관료전이 폐지되었는데, 이것은 토지와 농민을 둘러싼 국왕과 귀족 간의 갈등으로 이해할 수 있다. 또한 사원의 면세지가 증가하여 국가 경제가 위태롭게 되었다.

7. 고대의 수취 체제

(1) 삼국의 수취 체제▼

삼국은 중앙 집권 체제를 정비하면서 조세 제도를 마련하였다. 삼국은 모두 합리적으로 세금을 부과하였는데 대체로 재산의 정도에 따라 호를 나누어 곡물과 포를 거두어들였다.
① **조세(전세)** : 일반적으로 토지에 대한 세금을 의미한다.
② **공납(공물)** : 납부의 편의성을 위해 그 지역의 토산물인 특산물도 거두었다.
③ **역**▼ : 왕궁, 성, 저수지 등을 만드는 데에 노동력이 필요하면 국가에서 15세 이상의 남자를 동원하였다.

(2) 통일 신라의 수취 체제

삼국을 통일하면서 이전보다 넓은 토지와 많은 농민을 지배할 수 있게 된 신라는 삼국의 경쟁 시기와는 다른 경제적 조치를 취하였다.
① **조세(전세)** : 생산량의 10분의 1 정도를 수취하여 통일 이전보다 완화하였다.
② **공납(공물)** : 촌락 단위로 그 지역의 특산물을 거두었다.
③ **역** : 군역과 요역으로 이루어졌으며, 16세에서 60세까지의 남자를 대상으로 하였다.

▼ **삼국의 수취 제도**
• 세는 포목, 비단 실과 삼, 쌀을 내었는데, 풍흉에 따라 차등을 두어 받았다(백제).
－「주서」－
• 2월 한수 북부 사람 가운데 15세 이상된 자를 징발하여 위례성을 수리하였다(백제).
－「삼국사기」－
• 세(인두세)는 포목 5필에 곡식 5섬이다. 조(租)는 상호가 1섬이고, 그 다음이 7말이며 하호는 5말을 낸다(고구려).
－「수서」－

▼ **신라 시대 농민의 부역 동원 자료**
• 영천 청제비(법흥왕, 536)
• 남산 신성비(진평왕, 591)

8. 신라 민정문서(신라 장적)

(1) 민정문서의 작성 시기와 목적

① **민정문서의 개념** : 1933년 일 본 동대사(도다이사) 정창원에 서 발견된 통일 신라 때의 문서 로, 신라 장적, 촌락 문서라고 도 한다.

신라 민정문서

② **작성 지역과 시기** : 서원경(청 주) 부근의 촌락에 대한 사료이며, 제작 시기는 8세기 중엽 경덕왕 때로 추정한다.

③ **작성 목적** : 민정문서는 조세를 징수하고 노동력을 동원할 목적으로 만든 문서 로, 당시 촌락의 경제 상황과 국가의 세무 행정을 알 수 있는 자료이다. 즉, 국가 가 각종 조세·역·특산물을 수취하는 기준을 마련하기 위해 조사한 기초 자료 였다.

(2) 민정문서의 작성 방법과 내용

① **작성 방법** : 노동력(각 가호를 남녀별, 연령별 파악)과 생산자원(토지의 크기, 소 와 말의 수, 유실수 − 뽕나무, 잣나무, 호두나무 등의 수 등)을 보다 철저하게 편제, 관리하기 위하여 촌주가 매년 증감을 조사하여 3년마다 개편 작성함으로 써 세금(조세와 공납, 역)을 거두는 자료로 활용한 것이다.

② **작성 단위** : 촌은 몇 개의 촌을 관할하는 촌주를 통하여 집단적으로 국가의 지배 를 받았고, 이에 따라 촌 단위로 장적이 작성되었다.

③ **민정문서의 가치** : 이 장적은 신라 사회의 실상을 구체적으로 보여주는 귀중한 자료이다.

④ **기록 내용** : 그 구성내용을 구체적으로 살펴보면, 토지는 연수유전답, 관모전답, 마전, 촌주위답, 내시령답 등 토지의 종류와 면적을 기록하고, 사람들은 인구· 가호·노비의 수와 3년 동안의 사망·이동 등 변동 내용을 기록하였다. 그밖에 소와 말의 수, 뽕나무·잣나무·호두나무의 수까지 기록하였다.

⑤ **조사 내용** : 호구는 정(丁; 16∼60세)의 숫자에 따라 9등급으로 구분하였고, 인 구는 남녀 연령별로 6등급으로 구분하였다. 기록된 4개 촌은 호구 43개에, 총 인 구는 노비 25명을 포함하여 442명(남 194, 여 248)이며, 소 53마리, 말 61마리, 뽕나무 4,249그루 등의 재산을 소유하고 있었다.

민정문서(신라 장적)

발견 장소	1933년 일본 동대사 정창원에서 발견
조사 지역	서원경(청주) 중심의 4개 촌락으로 몇 개의 자연촌을 묶은 행정촌
작성 시기	8세기 중엽 경덕왕
작성자	매년 변동 사항을 조사하여 3년마다 촌주가 작성
작성 목적	조세 · 공물 징수, 역 징발
조사 내용	• 노동력의 편재(遍在) : 인구는 남녀 연령별에 따라 6등급, 가호는 인정(人丁) 수의 다과에 따라 9등급 • 생산자원의 편재(遍在) : 토지류, 우마류, 수목류 • 토지 종류 : 촌주위답, 내시령답, 관모전답, 마전(麻田), 연수유답(정전)

9. 고대의 상업

(1) 삼국 시대

① **동시전의 설치** : 삼국 시대에는 농업 생산력의 수준이 낮아 수도 같은 도시에서만 시장이 형성되었으며, 신라는 5세기 말 경주에 시장을 열어 물품을 매매하게 하였고, 6세기 초 시장을 감독하는 관청인 동시전▼을 설치하였다.

② **행상의 존재** : 고구려 미천왕이 어렸을 때 자기를 죽이려는 사람을 피해 남의 집 머슴을 하거나 소금 행상을 하였다는 기록으로 보아 삼국 시대에도 행상이 존재했다는 것을 알 수 있다.

(2) 통일 신라

① **인구의 증가와 3시의 설치** : 농업 생산력의 성장을 토대로 경주의 인구가 증가하고, 상품 생산이 늘어나 이전에 설치된 동시만으로는 상품 수요를 감당할 수 없어 효소왕 때 서시와 남시를 설치하여 3시를 이루게 되었다.

② **시장의 형성** : 주나 소경과 같은 지방의 중심지 혹은 교통의 요지에도 시장이 생겨 물물 교환의 형태로 좀 더 편리하게 물건을 구입할 수 있었다.

▼ **동시전(東市典)**

509년(신라 지증왕 10) 경주 동시(東市)의 업무를 관장하기 위하여 설치한 관청이다. 그 업무는 시장을 열고 닫는 시간, 도량형의 사용, 상인들 사이의 분쟁 해결, 왕궁에서 사용하는 물품의 조달, 잉여 생산물의 판매 등의 일을 한 것으로 보인다. 관원으로는 감(監) 2명, 대사(大舍) 2명, 서생(書生) 2명, 사(史) 4명을 두었다. 통일 후, 695년(효소왕 4)년에 서시(西市)와 남시(南市)가 개설되면서 경주는 상업도시로서의 면모를 갖추게 되었다.

(3) 발해

9세기 이후 사회가 발달하면서 상품 매매가 활발히 이루어졌는데, 수도인 상경 용천부 등 도시와 교통 요충지에서 상업이 발달하였으며, 상품 매매에는 현물 화폐를 주로 썼으나 외국의 화폐도 함께 사용하였다.

10. 고대의 대외 무역

(1) 고대 무역의 특징

① **공무역** : 삼국의 무역은 대개 왕실과 귀족의 필요에 의하여 공무역의 형태로 이루어졌으며, 이를 통해 문물이 교류되었다.

② **무역의 발달** : 삼국의 국제 무역은 중계 무역을 독점했던 낙랑군이 멸망한 4세기 이후에 크게 발달하였다.

③ **교역품** : 교역품은 주로 금·은 세공품, 마직물, 삼, 모피류 등을 수출하고 비단, 장식품, 서적, 약재 등을 수입하였다.

(2) 삼국의 국제 무역

① **고구려** : 남북조 및 유목민인 북방 민족과 무역을 하였고, 서역국가와도 교역이 이루어졌다. 고구려는 상업을 장려함으로써 국익을 증진시켰다.

② **백제** : 남중국 및 왜와 무역을 활발하게 전개하였다. 일본에 말·누에·직조법·양조법 등의 생산품과 기술을 전파하였고, 무역항으로는 영암, 당항성이 번성하였다.

③ **신라** : 한강 유역을 획득하기 이전인 4세기 때에는 고구려, 5세기 때에는 백제를 통하여 중국과 무역을 하였으나, 한강 유역으로 진출한 6세기 이후에는 당항성을 통하여 중국과 직접 교역하였다.

(3) 통일 신라의 대외 무역(울산항과 당항성 중심)

통일 이후 신라는 8세기 전반 국제 무역이 활성화되었다. 경주에서 가까운 국제 무역항인 울산항에는 이슬람 상인까지 내왕, 당의 산물과 서역의 상품들도 수입하였고, 전라도 영암과 남양만(당항성)도 무역항으로 번성하였다.

① 대당 무역

　㉠ 대당 무역품 : 나·당 전쟁으로 단절되었던 양국의 관계는 8세기 초 성덕왕 이후 재개되면서 무역이 번성하였다. 통일 전 수출품은 주로 토산품이었으나 통일 후에는 금·은 세공품, 고운 베, 해표피, 인삼 등으로 바뀌었으며, 수입품은 비단과 서적 등 귀족의 사치품이 주류를 이루었다.

ⓛ 대당 무역로 : 당으로 가는 해로는 지금의 전남 영암에서 상하이 방면으로 가는 길과 경기도 남양만(당항성)에서 산둥 반도로 가는 길이 있었다.

ⓒ 신라인의 대당 활동 : 통일 이후 대당 관계는 문화·경제적 입장에서 활발하게 전개되어 산둥 반도와 양쯔강 하류 일대에 신라인들의 거주지인 신라방과 신라촌, 신라소, 신라관, 신라원 등이 설치되었다.

남북국 시대의 무역 교통로

더 알아보기➕

신라의 대당 활동

신라방(촌)	중국 산둥성에서 강소성 연안에 이르는 신라인의 집단 거주지
신라소	신라 거류민들을 다스리기 위한 자치적 행정 기관
신라관	신라의 사신, 유학생, 귀법승 등을 위한 유숙소
신라원	신라방 내에 설치된 절로서 신라인의 종교 생활 장소
법화원	장보고가 사비를 들여 중국에 세운 절

② **일본과의 무역** : 신라의 삼국 통일로 일본은 신라를 경계하게 되었고, 신라도 일본에 있는 고구려, 백제계인의 동향을 우려하여 경계를 엄히 하게 됨에 따라 경제적 교류는 그 전처럼 자유롭지 못하였다. 그러나 8세기에 정치가 안정되면서 두 나라의 교류는 다시금 활발해졌다. 특히 신라의 수출품 중에서 '신라칼'은 일본에서 큰 인기를 끌었다.

③ **이슬람 상인과의 무역** : 국제 무역이 발달하면서 이슬람 상인이 울산항까지 와서 무역하였다. 보석, 모직물, 향료 등의 남방 물산을 들여와 귀족들의 사치심을 조장하자, 흥덕왕은 사치금지령을 내리기도 하였다.

(4) 장보고의 활약

① **장보고의 등장**▼ : 8세기 이후 동아시아의 무역 활동이 활발해지는 가운데, 9세기 초에 장보고는 당에서 귀국하여 흥덕왕 3년(828)에 해로의 요충지인 완도에 1만의 군사로 청해진을 설치하고 해적을 완전히 소탕하였다.

장보고

② **남해와 황해의 무역 장악** : 남해와 황해의 해상교통을 지배하여 당나라 및 일본과의 무역을 독점하였는데, 특히 그가 파견한 상인을 견당매물사 또는 회역사라 하고, 그가 파견한 무역선을 교관선이라 불렀다.

③ **중계 무역** : 그의 해외 무역은 완도를 중심으로 한 중계 무역이었는데, 당시 중국의 국제무역도시였던 양주와 명주 등지에서 도자기, 향료 등의 각종 진귀한 물건들을 사들여 신라와 일본에 판매함으로써 동아시아 무역의 발전에 기여하였다.

④ **장보고의 중앙 진출** : 장보고는 이러한 경제력과 군사력을 바탕으로 지방의 커다란 세력으로 등장하였으며, 왕위다툼이 진행되고 있던 중앙 정치 무대까지 진출하였다.

⑤ **신무왕 옹립** : 청해진은 왕위 쟁탈전에서 실패한 중앙 정객들의 피난처가 되기도 하였는데, 837년 왕위 계승 분쟁에서 패배한 김우징(후에 신무왕)이 청해진으로 와 도움을 청하자 장보고는 반란을 일으켜 민애왕을 죽이고 김우징을 신무왕으로 즉위하게 하였다.

⑥ **청해진의 폐지**▼ : 장보고는 신무왕을 옹립한 뒤 문성왕 때 딸을 왕비로 바치려다가 실패하자 반란을 일으켜 염장에게 제거되었고, 청해진도 문성왕 13년(851)에 폐지되고 말았다.

(5) 발해의 대외 무역

① **대당 무역** : 당과는 해로와 육로를 이용하여 무역을 하였는데, 당은 산동 반도의 덩저우에 **발해관**▼을 설치하고 발해 사람들이 이용하게 하였다. 수출품은 주로 모피, 인삼 등 토산물과 금, 은, 불상, 자기 등 수공업품이었다. 수입품은 귀족의 수요품인 비단, 책 등이었다.

② **대일본 무역** : 발해는 일본과 외교 관계를 중시하여 무역을 활발히 전개하였는데 무역 규모도 커서 한 번에 수백 명이 오가기도 하였으며, 이는 신라를 견제하는 정치적인 면과 밀접한 관련이 있었다.

③ **대신라 무역** : 신라와의 관계는 원만하지 못하였으나 필요에 따라 신라도를 통해 사신이 교환되어 양국 간에 교역과 함께 문화적 교류도 행해졌다.

▼ **장보고의 등장**
장보고는 당에서 신라로 돌아와 흥덕왕을 찾아와 만나서 말하기를 "중국에서는 널리 우리나라 사람들을 노비로 삼으니 청해진을 만들어 적으로 하여금 사람들을 약탈하지 못하도록 하기를 원하나이다."라고 하였다. 청해는 신라의 요충으로 지금의 완도를 말하는데, 대왕은 그 말을 따라 장보고에게 군사 만 명을 거느리고 해상을 방비하게 하니 그 후로는 해상으로 나간 사람들이 잡혀가는 일이 없었다.
– 「삼국사기」 –

▼ **청해진의 폐지**
청해진 대사 궁복(장보고)이 자기 딸을 왕비로 맞지 않는 것을 원망하고 청해진을 근거로 반란을 일으켰다. 13년(851) 2월에 청해진을 파하고 그곳 백성들을 벽골군으로 옮겼다.
– 「삼국사기」 –

▼ **발해관**
중국 당나라에 있었던 발해 사신들이 머물던 숙소이다. 838년 당나라로 건너갔던 승려 엔닌이 쓴 입당구법순례행기를 보면 발해관은 등주부의 성 남쪽에 있는 길의 동편에 신라 사신의 숙소인 신라관과 나란히 있었다고 한다.

11. 고대의 수공업

(1) 삼국 시대

① **노비 생산력에의 의존** : 삼국은 노비 중에서 기술이 뛰어난 자에게 국가가 필요로 하는 무기, 장신구 등을 생산하게 하였다.

② **국가 주도의 생산** : 그러나 점차 국가 체제가 정비되면서 무기, 비단 등 수공업 제품을 생산하는 관청을 두고 여기에 수공업자를 배정하여 필요한 물품을 생산하였다.

(2) 통일 신라

농업 생산량의 성장과 그에 따른 인구증가로 상품 생산이 발달하였다. 견직물 · 마직물의 방직 기술과 금 · 은 세공 등 공예품 제조 기술이 발달하였다.

(3) 발해

발해는 9세기에 이르러 사회가 안정되면서 농업, 수공업, 상업이 발달하였다. 수공업은 철 · 구리 · 금 · 은 등 금속 가공업과 삼베 · 명주 · 비단 등의 직물업, 도자기업 등 다양한 분야에서 발달하였으며, 철의 생산량이 상당히 많았고, 구리의 제련술도 뛰어나 좋은 품질의 구리를 생산하였다.

고대의 사회

1. 신분제적 질서의 형성

(1) 초기 신분제의 형성

① **농업 생산력의 발달** : 농업 생산력의 발달은 왕권의 강화를 뒷받침하였다. 증가된 잉여 생산물은 지배층의 힘을 신장시키고 국력을 강화하여 대외전쟁의 여건을 마련하게 되었다.

② **활발한 정복 전쟁** : 청동기 사용과 함께 시작된 정복 전쟁은 철제 무기를 사용하면서 더욱 활발해졌다.

③ **서열이 신분제로 발전** : 정복과 복속으로 여러 부족들이 통합되는 과정에서 지배층 사이에 위계 서열이 생겨났고, 그 서열은 신분 제도로 발전해 갔다. 왕은 지방의 부족장 세력들을 통합시키고 이 과정에서 그들의 불만을 완화시키기 위하여 귀족이라는 신분과 관직을 반대급부로 제공하였다.

④ **중앙 집권화 과정에서의 신분제 확립** : 중앙 집권화의 과정은 지방 부족장 세력을 중앙 귀족으로 흡수하는 과정이며 정치 제도와 신분 제도는 다양한 크기를 가진 지방 부족장 세력을 중앙 귀족으로 통합 · 편제하는 과정에서 생겨난 것이다.

(2) 연맹 왕국과 고대 국가의 신분 구조

① **귀족 · 평민 · 천민의 신분 구조** : 부여와 초기 고구려의 중앙에는 가 · 대가로 불린 권력자들이 있었는데, 이들은 호민을 통하여 읍락을 지배하였다. 이들은 자신의 관리와 군사력을 지니고 정치에 참가하고 중앙 집권 국가가 성립하는 과정에서 차츰 귀족으로 편제되어서, 삼국 시대에 이르러 귀족 · 평민 · 천민의 신분 구조를 갖추게 되었다.

② **호민 · 하호 · 노비의 신분 구조** : 부여, 초기 고구려, 삼한의 읍락에는 호민과 그 아래에 하호가 있었다. 호민은 경제적으로 부유한 계층으로, 중앙 정부의 하급 관료로 성장 가능하였고, 하호는 농업에 종사하는 평민이었다. 그리고 읍락의 최하층에는 노비가 있었고, 이들은 주인에게 예속되어 생활하고 있는 천민층이었다.

2. 삼국의 신분제적 질서

(1) 삼국의 신분제 운영

① **엄격한 신분제** : 삼국은 이러한 계층 구조를 바탕으로 다시 그 지배층 내부에서 엄격한 신분 제도를 운영하였다.

② **능력보다 혈통 우선시** : 고대 사회는 계층상 차이가 분명하고 친족의 유대 관계가 강하여, 개인 능력보다는 친족의 사회적 위치에 따라 신분 구조가 결정되었다.

③ **귀족의 특권** : 삼국 시대 귀족들은 출신 가문의 등급에 따라 관등 승진에 특권을 누리거나 제한을 받았고, 국가에서 받는 경제적 혜택에도 차등이 있었다. 이러한 신분 제도 중 대표적인 것이 신라의 골품 제도였다.

(2) 삼국의 신분제적 질서의 특징

① **신분제적 질서 유지** : 고조선 시대 이래로 존재하였던 신분적 차별은 삼국 시대에 와서 법적으로 더욱 강한 구속력을 지니게 되었다. 이 시기에는 왕을 정점으로 최하위인 노비에 이르기까지 신분제적 질서가 유지되었다.

② **신분 구성** : 신분 구성은 크게 왕족을 비롯한 귀족, 평민, 천민으로 구분된다. 기능상으로는 더욱 세분화된 계층으로 나누어진다.

(3) 귀족 · 평민 · 천민의 특징

① **귀족층** : 지배층은 특권을 유지하기 위하여 율령을 만들어 엄격한 신분제를 마련하였다. 왕족을 비롯한 옛 부족장 세력이 중앙 귀족으로 재편성되어 정치 권력과 사회 경제적 특권을 누렸다. 삼국 시대 신분제의 특징 중 하나는 골품제와 같이 지배층만을 대상으로 한 별도의 신분제를 운영한 데 있다.

② **평민층** : 대부분 농민으로서 신분적으로는 자유민이었으나 귀족층에 비해 정치적 · 사회적으로 많은 제약을 받았으며, 조세를 납부하고 노동력을 징발당하여 생활이 어려웠다.

③ **천민층** : 천민의 대부분인 노비는 왕실과 귀족 및 관청에 예속되어 신분이 자유롭지 못하였다. 이들은 주인의 집에서 시중을 들며 생활하거나 주인과 떨어져 살며 주인의 땅을 경작하였다. 대개, 전쟁 포로로 노비가 되거나 죄를 짓거나 귀족에게 진 빚을 갚지 못하여 노비가 되는 경우가 많았다. 전쟁이 빈번하였던 삼국 시대에는 전쟁 노비▼가 많았으나, 통일 신라 이후로 정복 전쟁이 사라짐에 따라 전쟁 노비는 점차 소멸되어 갔다.

▼ **전쟁 노비**

• 정복민을 노비로 만든 사례
고구려왕 사유(고국원왕)가 보병과 기병 2만을 거느리고 와서 치양(황해도 백주)에 주둔하고 군사를 나누어 민가를 약탈하였다. 왕(근초고왕)이 태자에게 군사를 주니 곧장 치양으로 가서 고구려군을 급히 깨뜨리고 5,000명을 사로잡았다. 그 포로를 장사에게 나누어 주었다.
－「삼국사기」－

• 정복민을 노비에서 해방한 사례
가야가 배반하니 왕(진흥왕)이 이사부에게 토벌하도록 명령하고, 사다함에게 이를 돕게 하였다. 사다함이 기병 5,000명을 거느리고 들이닥치니 일시에 모두 항복하였다. 공을 논하였는데 사다함이 으뜸이었다. 왕이 좋은 농토와 포로 200명을 상으로 주었다. 사다함은 세 번 사양했으나 …… 왕이 굳이 주자, 받은 사람은 놓아 주어 양민을 만들고, 농토는 병사에게 나누어 주었다. 이를 보고 나라 사람들이 아름답다고 하였다.
－「삼국사기」－

3. 고구려의 사회 모습

(1) 사회 기풍의 특징

① **지리적 영향** : 고구려는 압록강 중류 유역에서 국가의 기틀을 마련하였다. 이곳은 산간 지역으로 식량 생산이 충분하지 못하였다. 따라서 일찍부터 대외 정복 활동에 눈을 돌렸고, 사회 기풍도 씩씩하였다.

② **생활 모습**▼ : 고구려인은 절할 때에도 한쪽 다리를 꿇고 다른 쪽은 펴서 몸을 일으키기 쉬운 자세를 취하였고, 걸음을 걸을 때도 뛰는 듯이 행동을 빨리 하였다.

(2) 엄격한 형벌 적용▼

① **통치 질서 · 사회 기강 유지** : 고구려에서 통치 질서와 사회 기강을 유지하기 위하여 시행한 형법은 매우 엄격하였다.

② **반역 · 반란 죄** : 반역을 꾀하거나 반란을 일으킨 자는 화형에 처한 뒤에 다시 목을 베었고, 그 가족을 노비로 삼았다.

③ **패전 · 절도 죄** : 적에게 항복한 자나 전쟁에서 패한 자 역시 사형에 처하였고, 도둑질한 자는 12배를 물게 하였으며, 남의 소 · 말을 죽인 자는 노비로 삼았다. 그 결과 엄격한 형법을 적용하여 법률을 어기거나 사회 질서를 해치는 자가 드물었다.

(3) 혼인 풍습

① **혼인 제도** : 고구려 지배층의 혼인 풍습으로는 형사취수제▼와 함께 서옥제(婿屋制)▼가 있었다. 이러한 혼인 풍습은 노동력을 중시▼했던 당시 사회 모습을 보여준다.

② **교제와 예물** : 평민은 남녀 간의 자유로운 교제를 통해 혼인했는데, 남자 집에서 돼지고기와 술을 보낼 뿐 다른 예물은 주지 않았다. 신부 집에서 재물을 받았을 때에는 딸을 팔았다고 여겨 부끄럽게 생각하였다.

▼ **고구려인의 생활 · 풍속**
여러 고분 벽화들을 통해 본 결과 고구려 귀족들은 기본적으로 무사들로, 평시에도 사냥과 씨름을 통해 심신을 연마하였고, 남녀 모두 북방 유목 민족의 기본 의상인 저고리와 바지를 갖추어 입었으며, 내세를 믿었고 신앙심이 깊었다.

▼ **고구려의 율령**
반역, 패전, 살인, 강도에 대해서는 참수형에 처한다. 특히 반역자는 군중들로 하여금 횃불로 지지게 한 후 온몸이 진무른 뒤에 비로소 그의 목을 베게 한다. 남의 재산을 훔친 자는 12배로 갚도록 하였고, 남의 소와 말을 죽인 자는 그 소유의 노예가 되도록 하였다. … 대체로 법을 엄격하게 적용하므로 범하는 자가 적다.
— 「구당서」 —

▼ **형사취수제**
형이 죽은 뒤에 동생이 형수와 결혼하여 같이 사는 혼인 제도

▼ **서옥제**
남자가 혼인한 뒤 일정 기간 처가에 살다가 남자 집으로 돌아와 사는 제도

▼ **고대 사회의 노동력 중시 근거**
• 고구려의 서옥제, 형사취수제
• 옥저의 민며느리제

(4) 신분

① **지배층의 생활**

㉠ 상위 계층 : 정치를 주도하며 사회적으로도 높은 지위를 누린 계층은 왕족인 고씨를 비롯하여 5부 출신의 귀족이었다. 왕족인 고씨와 5부▼ 출신 귀족들이 지배 계층으로서 연합하여 정치를 주도하였다.

㉡ 귀족 연합 정치 : 고구려 제가 회의, 백제 정사암 회의, 신라 화백 회의 같은 합좌 제도나 최고 계층 귀족이 정치·군사의 실권을 장악하고 있었던 것은 귀족 연합 정치의 모습을 반영한 것이다.

㉢ 지위 세습과 국정 운영 : 이들은 그 지위를 세습하면서 높은 관직을 맡아 국정 운영에 참여하였으며, 전쟁이 나면 스스로 무장하여 앞장서서 적과 싸웠다.

② **백성들의 생활**

㉠ 백성의 처지 : 백성은 대부분 자영 농민으로서, 국가에 조세를 바치고 병역 의무를 지며 토목 공사에도 동원되었다. 이들의 생활은 불안정하여 흉년이 들거나 빚을 갚지 못하면 노비로 전락하기도 하였다.

㉡ 진대법▼ 시행 : 고국천왕 때 먹을거리가 모자란 봄에 곡식을 빌려 주었다가 가을에 추수한 것으로 갚게 하는 진대법을 실시하였다. 이는 가난한 농민을 구제하여 국가 재정과 국방력을 유지하고, 귀족 세력이 커지는 것을 막기 위한 정책이었다.

③ **천민과 노비의 생활**

㉠ 신분·처지 : 고구려의 천민과 노비는 피정복민이거나 몰락한 평민이었다.

㉡ 노비가 되는 경우 : 남의 소나 말을 죽인 자를 노비로 삼거나, 빚을 갚지 못한 자가 그 자식들을 노비로 만들어 변상하는 경우도 있었다.

4. 백제의 사회 모습

(1) 사회 모습

① **사회의 특징**

㉠ 고구려와 유사 : 백제의 언어, 풍속, 의복은 고구려와 큰 차이가 없었다. 백제 사람은 상무적인 기풍이 있어서 말타기와 활쏘기를 좋아하였다.

㉡ 중국과 교류 : 백제는 일찍부터 중국과 교류하며 선진 문화를 수용하였다. '백제 사람은 키가 크고 의복이 깔끔하다.'는 중국의 기록은 그 세련된 모습을 알려준다.

▼ **5부**
소노부, 절노부, 순노부, 관노부, 계루부

▼ **진대법**
고구려 고국천왕 때 을파소의 건의에 의해 실시된 사회 시책으로 춘대 추납 제도이다. 이와 유사한 정책으로 고려의 흑창·의창, 조선의 환곡·사창, 현재 영농 자금 제도 등을 들 수 있다.

② **엄격한 형벌 적용**
　　㉠ **고구려와 유사** : 형법의 적용이 엄격한 점은 고구려와 비슷하였다.
　　㉡ **패전·절도 죄** : 반역한 자나 전쟁터에서 퇴각한 군사 및 살인자는 목을 베었고, 일반 백성들이 도둑질을 할 때에는 귀양을 보냄(유형)과 동시에 2배를 물게 하였다.
　　㉢ **뇌물·횡령 죄** : 관리가 뇌물을 받거나 국가의 재물을 횡령했을 때에는 3배를 배상하고, 죽을 때까지 금고형▼에 처하였다.

(2) 신분

① **지배층의 생활** : 백제의 지배층은 왕족인 부여씨와 8성▼의 귀족으로 이루어져 이들이 연합하여 정치를 주도하였는데, 상대적으로 왕권은 약하여 5세기 웅진 천도 이후에는 국왕이 피살될 정도였다. 이들은 중국의 고전과 역사책을 즐겨 읽고 한문을 능숙하게 구사하였으며, 관청의 실무에도 밝았다. 투호▼와 바둑 및 장기는 고구려와 마찬가지로 백제 지배층이 즐기던 오락이었다.
② **피지배층의 생활** : 일반 백성은 대부분이 농민이었으며, 천민과 노비도 다수 존재하였다.

5. 신라의 사회 모습(골품 제도와 화랑도)▼

(1) 신라 사회의 특징

신라는 고구려, 백제에 비하여 중앙 집권 국가로 발전한 시기가 늦은 편이었다. 그런 만큼 여러 부족의 대표들이 모여 정치를 운영하고, 사회를 이끌어 가던 신라 초기의 전통을 오랫동안 유지하였다. 부족적 전통이 계승된 것으로 화백 회의, 화랑도가 있다.

(2) 화백 회의▼

① **성립** : 화백 회의는 사로 6촌의 부족 회의인 남당 제도에서 유래한 것으로, 진덕여왕 때 화백과 품주로 분리되었다.
② **내용** : 진골 출신으로서 회의의 주재자인 상대등과 다른 고관의 대등들이 모여 국가의 중대사를 결정하고 진골 귀족의 이익을 대변하는 회의였다.

▼ **금고형**
죄가 있거나 신분에 허물이 있어 벼슬자리에 쓰지 않음

▼ **백제의 8성**
진·해·사·연·협·국·백·목씨

▼ **투호**
화살같이 만든 청·홍의 긴 막대기를 일정 거리에 놓은 병 속에 던져 넣어 승부를 겨루던 놀이

▼ **신라의 3대 제도**
• 화백 회의 : 귀족과 왕권 사이의 권력 조절 – 신석기 사회의 유습
• 화랑도 : 귀족과 평민 사이의 계급적 갈등 조절 – 신석기 사회의 유습
• 골품 제도 : 신석기 사회의 유습 X

▼ **화백 회의의 특징**
• 왕권 견제 : 왕의 후계자가 없을 때에는 화백 회의에서 추대하였으며, 진지왕(576~579)은 '정치가 어지럽고 음란하다.' 하여 화백 회의에 의해 폐위되기도 하였다. 화백 제도와 상대등의 존재는 귀족 연합적 정치가 이루어지고 있었음을 보여 준다.
• 만장일치 제도 : 씨족 사회의 전통을 계승·발전시킨 화백 회의 제도는 집단 안에서 회의할 때 한 사람의 반대자도 없이 모든 사람이 찬성해야 결정하는 만장일치 제도였다. 이 제도는 각 집단의 부정을 막고 집단의 단결을 강화하는 역할을 하였으며, 귀족 세력과 왕권 간 권력을 조절하는 기능을 하였다.

▼ 화랑도의 기원

원화인 남모와 준정 두 미녀를 뽑아 300명의 무리를 모았으나 서로 질투하여 준정이 남모를 자기 집에 유인해 취하게 술을 강권하고 강물에 던져 죽였다. 대왕이 명을 내려 원화를 폐지하기 여러 해 되더니, 다시 우리나라를 중흥하자면 반드시 풍월의 도가 있어야 한다고 생각되었다. 그래서 다시 영을 내려 양가의 남자 중 덕행이 있는 자를 뽑아 화랑이라 하였다. 설원랑을 국선으로 받들었다.

– 「삼국유사」 –

▼ 임신서기석

진평왕 때 신라의 두 화랑이 3년 안에 시경, 서경, 예기, 춘추 등을 습득한 것과 국가가 위기에 처했을 때 충성할 것을 맹세한 내용이 적힌 금석문으로 신라에서 유학이 발전했음을 보여 준다.

▼ 원광의 세속 5계

• 사군이충
• 사친이효
• 교우이신
• 임전무퇴
• 살생유택

(3) 화랑도

① **기능** : 화랑도는 옛 씨족 사회의 청소년 집단에서 비롯되었으며, 사회 중견 인물을 양성하는 교육적 기능의 역할을 하였다.

② **구성과 기능** : 총책임자를 국선이라 하고 그 아래 화랑(3~8명)이 있었으며 많은 낭도를 다스렸다. 대개 화랑은 진골 귀족 자제들이며, 낭도는 6두품 이하 평민층도 참여하여 여러 계층이 같은 조직 속에서 일체감을 갖고 활동함으로써 계층 간 대립과 갈등을 조절·완화하는 구실도 하였다.

③ **교육 내용** : 신라 청소년은 화랑도 활동을 통하여 전통적 사회 규범을 배웠다. 명산대천을 찾아다니며 제천 의식을 행하고, 사냥과 전쟁에 관하여 교육을 받음으로써 협동과 단결 정신을 기르고 심신을 연마하였다.

④ **화랑도를 통한 인재 양성** : 여기서 훈련받은 청소년들은 스스로 나라의 일꾼으로 자처하였고, 화랑도 활동을 통하여 국가가 필요로 하는 인재가 양성되었다(임신서기석).

⑤ **화랑도의 근본 정신** : 화랑정신은 유교·불교·도교(선교) 및 고유 사상이 융합된 것이다. 진평왕 때 원광은 세속 5계를 가르쳐 마음가짐과 행동 규범을 제시하였다.

(4) 골품 제도

① **성립**▼ : 신라는 중앙 집권 국가로 발전하는 과정에서 김씨 왕족이 왕위를 세습하였다. 김씨 왕족은 각 지방의 대·소족장 세력을 통합·편제하여 왕권을 강화하는 중앙집권화 과정에서 폐쇄적 신분 제도인 골품 제도(골제+품제)를 마련하여 통치 기반을 구축하였다.

② **골품 제도의 구성** : 처음에는 성골·진골·6두품 이하 8등급이었으나, 3두품 이하는 통일 전후 소멸되고, 무열왕 이후에는 4등급만 남았다.

③ **성격**

　㉠ <u>일상 생활까지의 규제</u>▼ : 혈연에 따라 사회적 제약이 가해지는 골품은 신라 사회에서 개인의 사회 활동과 정치 활동의 범위까지 엄격히 제한하였다.

　㉡ **골품에 따른 관등 승진**▼ : 신라의 중앙 관제는 17관등으로 관등에 따라 관복색이 결정되며, 골품에 의한 관등의 한계가 있어 골품은 관복색에 영향을 미친다고 볼 수 있다. 관등 승진의 상한선이 골품에 따라 정해져 있었으므로 일찍부터 불만을 가진 사람도 있었다.

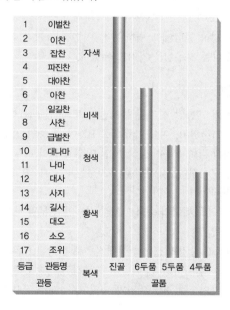

등급	관등명	복색	진골	6두품	5두품	4두품
1	이벌찬	자색				
2	이찬	자색				
3	잡찬	자색				
4	파진찬	자색				
5	대아찬	자색				
6	아찬	비색				
7	일길찬	비색				
8	사찬	비색				
9	급벌찬	비색				
10	대나마	청색				
11	나마	청색				
12	대사	황색				
13	사지	황색				
14	길사	황색				
15	대오	황색				
16	소오	황색				
17	조위	황색				
	관등			골품		

▼ **골품제의 성립 배경**

골품제는 처음에는 왕족을 대상으로 한 골제와 왕경 내의 일반 귀족들을 대상으로 한 두품제가 별개의 체제로 성립하였다. 진평왕 때에 이르러 왕족 내부에서 다시 성골이 분리되어 성골과 진골이라는 2개의 골과, 6두품에서 1두품에 이르는 6개의 두품 등 모두 8등급의 신분으로 구성되었다. 7세기 중반에 성골이 사라졌고, 통일 이후에는 1두품에서 3두품에 이르는 신분의 구별도 차츰 사라져 일반 백성과 비슷하게 되었다.

－「삼국사기」－

▼ **골품제의 생활 규제**

4두품에서 백성에 이르기까지는 방의 길이와 너비가 15척을 넘지 못한다. 느릅나무를 쓰지 못하고, 우물천장을 만들지 못하여, 당기와를 덮지 못하고, 짐승 머리 모양의 지붕 장식이나 높은 처마 …… 등을 두지 못하여, 금·은이나 구리 …… 등으로 장식하지 못한다. 섬돌로는 산의 돌을 쓰지 못한다. 담장은 6척을 넘지 못하고, 또 보를 가설하지 않으며 석회를 칠하지 못한다. 대문과 사방문을 만들지 못하고 마구간에는 말 2마리를 둘 수 있다.

－「삼국사기」－

▼ **관등과 골품제**

유리왕 9년에 17관등을 설치하였다. 제1등은 이벌찬(각간)이며, 제2등은 이찬, 제3등은 잡찬, 제4등은 파진찬, 제5등은 대아찬이었다. 대아찬부터 이벌찬까지는 오직 진골만이 받을 수 있었다. 제6등은 아찬으로, 중아찬부터 4중아찬까지 있었다. 제7등은 일길찬, 제8등은 사찬, 제9등은 급벌찬이다. 제10등은 대나마인데 9중 대나마까지 있으며, 제11등은 나마로 7중 나마까지 있다. 제12등은 대사, 제13등은 사지 ……

－「삼국사기」 지(志), 직관(職官) －

6. 통일 후 신라 사회의 변화

(1) 삼국의 동질성

① **언어 풍습의 유사** : 삼국은 상호 간에 오랜 전쟁을 치르면서도 동질성을 많이 간직하고 있었다. 법흥왕 때 백제 사신을 따라 중국 양나라에 간 신라 사신이 백제인 통역을 이용할 정도로 두 나라의 언어가 비슷하였다.

② **민족 문화의 발전** : 삼국 통일은 삼국이 지니고 있던 혈연적 동질성과 문화적 공통성을 바탕으로 하여 우리 민족 문화가 하나의 국가 아래 발전하는 계기가 되었다. 언어와 풍습은 비슷하였지만, 복장을 비롯하여 절하는 모습에서 약간의 차이가 있었다.

(2) 민족의 통합과 왕권의 전제화

① **옛 지배층 포용** : 신라는 통일 전쟁 과정에서 백제와 고구려의 옛 지배층에게 신라 관등을 주어 포용하였다.

② **민족 통합 노력** : 통일 직후에는 백제와 고구려의 유민을 9서당(九誓幢)에 편성함으로써 민족 통합에 노력하였다. 이렇게 하여 신라 지배층은 삼한(삼국)이 하나가 되었다는 자부심을 가지게 되었다.

(3) 왕권의 전제화

① **안정된 사회** : 통일 신라는 늘어난 영토와 인구를 다스리게 됨으로써 경제력도 그만큼 증가하였고, 이를 바탕으로 100여 년 동안 안정된 사회가 유지되었다.

② **국왕의 역할 강화** : 특히 삼국 통일 이후 왕권이 매우 강화되었는데, 오랜 전쟁을 거치면서 군사적 긴장 상태를 유지하는 가운데 최고 군사령관으로서 국왕의 역할이 강화되었기 때문이었다.

③ **일부 진골 귀족 세력의 숙청** : 통일 직후인 신문왕 때는 왕권 강화에 장애가 되는 진골 귀족 일부를 숙청하기도 하였다.

④ **6두품 세력과 왕권의 결합** : 상대적으로 부각된 6두품 세력은 진골 귀족에 대항하여 왕권과 결합하였다. 이들은 신분적 제약에도 불구하고, 학문적·종교적 식견으로 국왕의 정치적 조언자가 되었고, 실제로 집사부 시랑 등의 관직을 맡으면서 정계에 진출하였다.

(4) 골품 제도의 변화

① **골품 구분의 의미 약화** : 삼국 통일 이후 골품 제도에 조금씩 변화가 나타나고 있었다. 골품의 구분이 하급 신분층에서부터 점차 희미해지면서, 3두품에서 1두품 사이의 구분은 실질적인 의미를 잃고 평민과 동등하게 간주되었다.

② **진골 귀족** : 최고 신분층인 진골 귀족의 정치 사회적 비중은 여전히 컸다. 그들은 중앙 관청의 장관직을 독점하였고, 합의를 통하여 국가의 중대사를 결정하는 전통도 여전히 유지하였다.

③ **6두품 세력** : 6두품 출신은 학문적 식견과 실무 능력을 바탕으로 국왕을 보좌하면서 정치적 진출을 활발히 하였다. 하지만 신분의 제약으로 인하여 중앙 관청의 우두머리나 지방의 장관 자리에는 오를 수 없었다.

7. 신라 말기의 사회 변화

(1) 신라 말기의 사회 혼란

① **신라 말의 정세** : 신라 말기가 되면서 귀족들의 정권 다툼과 대토지 소유 확대로 백성의 생활은 더욱 어려워졌고, 지방의 토착 세력과 사원들은 대토지를 소유하면서 유력한 신흥 세력으로 성장해 갔으며, 지방의 자영농들은 귀족들의 농장이 확대되면서 몰락해 갔다.

② **농민의 처지 악화**▼ : 중앙 정부의 통치력 약화로 대토지 소유자들은 세금을 부담하지 않는 대신, 농민이 더 많은 조세를 감당하게 되었다. 9세기 이후 자주 발생한 자연 재해는 농민의 처지를 더욱 어렵게 하였다.

(2) 중앙 정부의 대책 실패

① **조세 면제** : 중앙 정부는 지배 체제를 다시 확고히 하기 위해 수리 시설을 정비하였고, 자연 재해가 심한 지역에는 조세를 면제해 주었다.

② **생활 안정책의 실패** : 굶주리는 농민들을 구휼하고, 연해에 출몰하는 해적으로부터 농민을 보호하여 백성의 생활을 안정시키고자 하였으나 큰 효과를 거두지 못하였다.

③ **농민층의 와해** : 토지를 상실한 농민들은 소작농이 되거나 떠돌게 되었고, 걸식을 하거나 산간에서 화전(火田)을 일구기도 하였으며, 노비로 전락하기도 하였다.

▼ 농민의 처지 악화

• 봄. 곡식이 귀하여 백성이 굶주리고 유행병마저 돌았다. 웅천주 사람 향덕이 가난하여 부모를 공양하지 못하므로 자기 다리 살을 베어 그 부친을 먹였다. -「삼국사기」-
• 백성이 굶주려 자기 자손을 팔아 생활하였다.
　　　　　-「삼국사기」-

(3) 사회 모순의 심화와 농민 항쟁의 확산

① **사회 모순의 심화** : 9세기 말 진성여왕 때에는 사회 전반에 걸쳐 모순이 증폭되었다.

② **기강의 문란** : 중앙 정부의 기강이 극도로 문란해졌으며, 지방의 조세 납부 거부로 국가 재정도 악화되었다.

③ **농민 항쟁** : 한층 더 강압적으로 조세를 징수하자 마침내 각지에서 농민들이 봉기하였다. 상주에서 일어난 원종·애노의 난▼과 적고적의 난▼을 시작으로 농민의 항쟁이 전국적으로 확산되자, 중앙 정부의 지방에 대한 통제력은 거의 사라져 갔다.

(4) 6두품 세력의 변화

① **6두품 세력의 골품제 비판** : 당에 유학하였다가 돌아온 6두품 출신의 일부 유학생과 선종 승려 등은 신라 골품제 사회를 비판하면서 새로운 정치 이념을 제시하기도 하였다.

② **최치원의 시무 10조** : 도당 유학생 중 대표적으로 최치원은 당의 빈공과▼에 급제하였으며「토황소격문」,「계원필경」등을 남겼다. 진성여왕 때 유교 이념의 개혁 도모로 시무 10조를 올렸지만 받아들여지지는 않았다.

③ **호족과 6두품의 연결** : 그들은 합리적인 유교 이념을 내세우면서 국가 체제 내의 개혁을 시도하였지만 거부되자 점차 반신라적 태도를 취하게 되었다. 이들은 결국 진골 귀족에 의하여 자신들의 뜻을 펼 수 없게 되자, 중앙 권력에서 점차 배제되어 호족과 연결되었다.

(5) 지방 호족 세력의 성장

① **호족의 대두** : 사회가 혼란해지면서 지방에서는 호족이라 불리는 새로운 세력이 성장하였다. 호족들은 중앙 정부의 통제에서 벗어나면서 반독립적인 세력으로 성장하였다.

② **호족의 구분** : 호족은 권력 투쟁에서 밀려나 지방에서 세력을 키운 몰락한 중앙 귀족, 무역에 종사하면서 재력과 무력을 축적한 세력, 군진 세력, 지방 토착 세력인 촌주 출신 등으로 구분된다.

③ **호족의 특징** : 호족들은 자기 근거지에 성을 쌓고 군대를 보유하여 스스로 성주 또는 장군이라고 칭하면서 그 지방의 행정권과 군사권을 장악하였다. 또 호족은 교종의 권위에 도전한 선종의 등장에 주된 역할을 하였는가 하면 풍수지리설의 수용에도 적극적이었고, 광대한 토지와 백성을 지배하고 지방의 징세권·군사권을 장악하였다.

▼ **원종과 애노의 난**

• 진성여왕 때 사벌주에서 봉기한 농민 항쟁으로, 이를 시작으로 농민 항쟁이 확산되었다.

• 진성왕 3년(889) 나라 안의 여러 주·군에서 공부(貢賦)를 바치지 않으니 창고가 비어 버리고 나라의 쓰임이 궁핍해졌다. 왕이 사신을 보내어 독촉하였지만, 이로 말미암아 곳곳에서 도적이 벌 떼같이 일어났다. 이에 원종·애노 등이 사벌주(상주)에 의거하여 반란을 일으키니 왕이 나마 벼슬의 영기에게 명하여 잡게 하였다. 영기가 적진을 쳐다보고는 두려워하여 나아가지 못하였다.

ㅡ「삼국사기」ㅡ

▼ **적고적의 난**

도적이 서·남쪽에서 일어나 붉은 바지를 입고 특이하게 굴어 사람들이 붉은 바지 도적이라 불렀다. 그들이 주·현을 무찌르고 서울 서부 모량리까지 와서 민가를 약탈하여 갔다.

ㅡ「삼국사기」ㅡ

▼ **빈공과**

당에서 외국인 상대로 실시한 과거 시험으로 김운경이 최초로 합격했다. 발해인과 신라인이 수석을 다툰 등재서열 사건이 나타나기도 하였다.

④ **호족의 역할** : 특히, 호족은 새로운 관료제를 만들어 백성들을 통치하기 위한 제도적 기반을 공고히 하였다. 지방에 학교를 설치하여 학문을 지방에 확산시켰으며, 신라 말 혼란한 사회를 극복하고 고려 왕조 건설에 주동적 역할을 하였다.

8. 발해의 사회 모습

(1) 발해의 사회 · 문화

① **발해 상 · 하층의 사회 모습** : 발해는 당의 제도와 문화를 받아들이고 있었지만, 고구려나 말갈 사회의 전통적인 생활 모습을 오랫동안 유지하고 있었다.

② **지식인의 활동** : 발해의 지식인은 당에 유학하여 당에서 외국인을 대상으로 실시한 과거 시험인 빈공과에 응시하였으며, 때로는 신라인과 수석을 다투기도 하였다.

(2) 발해 주민의 구성

① **지배층▼** : 왕족인 대씨(大氏)와 귀족인 고씨(高氏) 등 고구려계 사람들이 대부분이었다. 이들은 중앙과 지방의 중요한 관직을 차지하고 수도를 비롯한 큰 고을에 살면서 노비와 예속민을 거느렸다.

▼ **발해의 지배층**
발해가 고구려를 계승한 국가로 보는 유력한 근거 중 하나는 발해의 지배층이 고구려 유민들로 이루어져 있다는 사실이다.

(피라미드 도표: 위에서부터 고구려 유민 — 지배층, 말갈인 — 피지배층)

② **피지배층**
　㉠ **말갈인** : 발해의 주민 중 다수는 말갈인이며, 이들은 고구려 전성기 때부터 고구려에 편입된 종족이었다.
　㉡ **농민** : 발해 건국 후에 이들 중의 일부는 지배층이 되거나 자신이 거주하는 촌락의 우두머리가 되어 국가 행정을 보조하였다. 한편, 이들 중 일부는 노비로 전락하여 귀족에게 예속되기도 하였다.

고대의 문화

1. 삼국 시대 불교의 수용

(1) 원시 종교

① **민간 신앙** : 삼국 시대에 민간에서는 천신 · 일월신 · 산신 · 해신(海神) 등을 비롯한 여러 신들을 모시는 샤머니즘 · 점술이 널리 퍼져 있었다.

② **시조 신앙** : 왕실이나 지배 부족들은 조상의 영혼이 후손들과 항상 밀접한 관계를 가지고 있는 것으로 믿어 시조에 대한 제사를 담당하면서 후계자의 지위를 누렸다.

③ **고등 종교의 필요성 대두** : 사회가 발전하여 초부족적 상태로 변하자 부족 사회 당시 성립하였던 원시 종교로는 확대된 사회를 이끌어 갈 수 없게 되어, 이를 지도할 고등 종교가 필요하게 되었고, 새로운 종교인 불교가 큰 세력을 얻게 되었다.

(2) 삼국 불교의 성격

① **귀족 불교** : 삼국에 있어서 불교 수용에 선도적 역할을 한 것은 왕실이었다. 삼국의 왕실이 적극적으로 불교를 공인한 이후에 귀족 불교로 발전하였다. 삼국의 왕실이 적극적으로 불교를 수용한 이유는 불교가 고대 국가 통치의 일원적인 사상적 지주로서의 역할을 하였기 때문이다.

이차돈 돌기둥
(경주박물관 소장)

② **호국 불교** : 불교의 수용은 사상적 통일을 가져와 고대 국가 완성에 공헌하였으며, 왕권 신장과 사회 지도 원리가 되었다.

③ **현세 구복 불교** : 불교는 토착 신앙을 토대로 민간 신앙과 결합되어 샤머니즘적 · 구복적 성격을 띠었으며, 불교 사상의 통일이 결여되었다.

④ **불교의 중심 교리**▼ : 신라에서 널리 받아들인 불교의 중심 교리는 업설과 미륵 신앙이었으며, 왕이 곧 부처라는 왕즉불 사상을 통해 왕의 권위를 높여 주고, 귀족들의 특권을 인정해 주는 일면이 있었다. 미륵불이 이상적 불국토를 건설한다는 미륵불 신앙은 진흥왕 때 조직화된 화랑 제도와 밀접한 관련을 가지면서 신라 사회에 정착되었다.

▼ **불교의 수용과 사상의 정립**
우리나라에는 대승 불교(大乘佛敎)와 소승 불교(小乘佛敎)가 뒤섞여 들어왔지만 대승 불교가 그 주류를 이루었고, 여러 종파로 나뉘어 사상적 통일을 보기가 어려웠다. 삼국 시대의 불교는 토착 신앙을 포섭하면서 보급되었으므로 뒷날까지 토착 신앙과 융합되어 샤머니즘적인 성격을 띠게 되었다. 통일기에 들어와 불교에 대한 이해가 깊어지면서 종파적인 사상의 이해로부터 벗어나 불교 사상 전반에 대한 종합적 이해 체계를 세웠으며, 대중 불교의 성격이 나타나 종교 기반이 확대되어 갔다.

(3) 불교의 역할

① **중앙 집권화** : 삼국이 중앙 집권 체제의 확립과 지방 세력의 통합에 힘쓰던 이 시기에 불교는 사상 통일을 통해서 중앙 집권화에 기여하였고, 새로운 국가 정신의 확립에도 기여하여 강화된 왕권을 이념적으로 뒷받침해 주는 역할을 하였다.

② **고대 민족 문화 발달** : 불교의 전래와 함께 사상·음악·미술·건축·공예·의학 등 선진 문화도 폭넓게 수용되어 새로운 문화 창조에도 중요한 역할을 하였다.

(4) 불교의 수용과 발전

국가		수용 시기	전해 준 나라	전해 준 인물
고구려		소수림왕 2년(372)	전진(前秦)	순도
백제		침류왕 원년(384)	동진(東晉)	마라난타
신라	전교	눌지 마립간 41년(457)	고구려	묵호자
	공인	법흥왕 14년(527)	–	이차돈의 순교(527)로 공인

2. 통일 신라 불교 사상의 발달

(1) 통일 신라의 불교

① **불교 사상의 정립** : 불교 사상은 민족 문화의 토대가 마련된 7세기 후반 통일 신라에 와서 비로소 체계적이며 종합적인 이해가 정립되었다.

② **중국과의 교류** : 고구려·백제·신라의 불교 유산을 토대로, 중국과의 교류를 통해 통일 신라의 불교는 좀 더 다양하고 폭넓은 불교 사상을 전개하였다. 이때에 불교의 대중화가 이루어졌고, 내세관이 확립되었다.

③ **통일 신라의 대표적 승려** : 대표적으로 활약한 승려로는 원효·의상·원측·혜초 등이 있다. 교종 중심으로 유행하다 신라 하대가 되면서 선종이 유행하였다.

(2) 원효(617~686)

① **성격** : 여러 종파의 대립 의식을 배격한 승려로, 당대 고
승 중 예외적으로 당에서 유학하지 않았으나 당에서도
존경을 받았다.

② **아미타 신앙의 주장** : 불교의 '아미타 신앙(정토 신앙)'을
주장하며 대중화에 기여하였다. '아미타 신앙(정토 신
앙)'은 불교의 깊은 교리를 터득하지 못해도, '나무아미
타불'을 외는 염불만으로 서방의 정토세계(극락)에서 왕
생할 수 있다는 것으로, 가난하고 억압받는 민중에게 환
영받았다.

원효대사

③ **화쟁 사상 주장** : 원효는 「십문화쟁론」에서 화쟁 사상을 주장하여 서로 대립하는
여러 종파의 모순을 높은 차원에서 하나의 원리로 융화 · 통일하려고 하였다.

④ **일심 사상** : '모든 것이 한마음에서 나온다.'는 일심 사상을 바탕으로, 다른 종파
들과 사상적 대립을 조화시키고 분파 의식을 극복하려 하였다.

⑤ **불교의 대중화** : 민중 불교인 정토종을 보급하고 무애가를 유포하여 불교의 대중
화 · 생활화에 노력하였다.

⑥ **불교 서적**

㉠ 원효의 저서 : 원효는 당시의 거의 모든 불교
서적의 폭넓은 이해를 통해 「금강삼매경론」,
「대승기신론소」 등을 저술하여 불교를 이해하
는 기준을 확립하였다.

㉡ 영향 : 특히 「대승기신론소」는 중국 불교계에도
영향을 주었으며, 「금강삼매경론」은 일본에 영
향을 주었다.

대승기신론소

(3) 의상(625~702)

① **성격** : 화엄 종단에서 내세 신앙인 '아미타 신앙'과 현세에
서 질병 · 재해 등 인간 생활의 현실적 고난을 구제받고자
하는 신앙인 '관(세)음 신앙'을 통하여 불교의 대중화와 왕
권의 전제화에 기여하였다.

의상대사

② **화엄 사상**

　⊙ **화엄 사상의 정립** : 중국 화엄의 대종사인 지엄의 제자로, 당에서 유학하고 돌아와 신라 화엄종을 창설하고, 「화엄일승법계도」를 저술하여 '모든 존재는 상호 의존적 관계에 있어서 서로 조화를 이루고 있다.'라는 화엄 사상을 정립하였다.

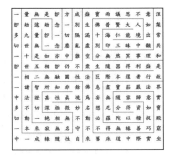
화엄일승법계도

　ⓛ **왕권 강화에 공헌** : 또한 하나 속에서 우주 만물을 아우르려는 화엄 사상을 정립하였는데, 이는 중앙 집권적 전제 정치를 뒷받침하는 것으로 이해되기도 하여 의상의 화엄 사상은 귀족들에게 환영을 받았으며, 왕권의 전제화에 공헌하였다.

③ **교단 형성과 불교 문화의 폭 확대** : 의상은 화엄 사상을 바탕으로 교단을 형성하여 많은 제자를 양성하고, 영주 **부석사**▼를 비롯한 여러 사원을 건립하여 불교 문화의 폭을 확대하였다.

④ **일즉다다즉일**

　⊙ **화엄종의 세계관** : 화엄종은 본질적인 측면에서 보면 현상세계의 모든 대립물은 차별이 없다는 원융무애라고 주장하였는데 일즉다다즉일, 즉 '하나가 그대로 전부이며 전부가 그대로 하나'라는 표어는 그러한 세계를 집약한 것이다.

　ⓛ **통일 신라의 이념적 기반** : 이러한 세계관에서 보면 모든 인간은 평등하기에 화엄 사상은 신라인과 고구려, 백제유민 또는 지배계급과 피지배계급이라는 현실적 차원을 뛰어넘어 모든 주민이 통일 사회의 일원으로서 동등하게 참여할 수 있는 이념적 기반이 되었다.

▼ **부석사**
의상이 창건하여 화엄종을 널리 펼친 사원

영주 부석사 무량수전

(4) 혜초(704~787)

당에서 해로로 인도에 들어가 순례하고 기행문인 「왕오천축국전」▼을 저술하였는데, 그 일부가 남아 인도와 서역 지방의 역사 연구에 중요한 자료가 되고 있다.

혜초, 왕오천축국전

▼ **왕오천축국전**
• 성덕왕 때 고승 혜초는 당으로 건너갔다가 해로로 인도에 들어가 5천축국을 중심으로 주위의 여러 나라를 둘러본 후 육로로 돌아와 견문기를 썼다.
• 20세기 초 중국 둔황석굴 천불동에서 프랑스의 학자 펠리오(pelliot)에 의해 발견되어 현재 프랑스 파리 국립도서관에 보존 중이며 1권의 필사본이 전해지고 있다.
• 고대 인도의 교통로뿐만 아니라, 당시 인도 및 서역의 정세를 파악하는 데 중요한 자료이다.

3. 교종과 선종

(1) 교종(신라 중대)

① **교종의 성격** : 교종은 경전과 석론 등을 중시하는 종파로서 진리 탐구의 방법으로 형식적·의례적인 성향을 띠어 귀족에게 신봉되었으나 곧 5교로 분파하였다.

② **교종의 성립** : 통일 전에 계율종(자장)과 열반종(보덕)이 개창되었고, 통일 후에는 법성종(원효), 화엄종(의상), 법상종(진파)이 개창되어 5교가 성립되었다. 이 중 화엄종이 귀족과 왕실에서 성행하였다.

(2) 선종▼(신라 하대)

① **선종의 기반 확대** : 선종은 통일 전후에 전래되었으나 교종의 위세에 눌려 있다가 신라 말기에 귀족 사회의 분열이 심화되고 지방 세력이 흥기하는 변화에 부응하여 크게 기반을 넓혔다.

② **실천적 경향** : 경전의 이해를 통하여 깨달음을 추구하는 교종과 달리, 선종은 문자를 뛰어넘어 구체적 실천 수행을 통해 각자의 마음속에 내재된 깨달음을 얻는다는 실천적 경향이 강하였다.

(3) 선종의 영향

① **중국 문화의 이해의 폭 확대** : 중국에서 문화 운동의 일환으로 주창된 선종이 신라에 전래된 것은 신라인들로 하여금 중국 문화에 대한 이해의 폭을 확대하는 데 기여하였다.

② **지방 문화 역량의 증대** : 특히 선종은 중앙 귀족 사회의 모순에 대한 혁신을 내세우며 등장한 호족, 6두품 지식인들과 뜻을 같이하였기 때문에 지방 문화 역량의 증대를 가져왔다.

③ **9산 선문의 등장** : 화엄 사상을 공부하던 승려들은 점차 중국에 유학하여 새로운 선종을 공부하고 이를 신라에 들여왔는데, 그들은 지방 호족과 결합하여 각 지방에 근거지를 두었고, 그중에서 대표적인 9개의 선종 사원이 9산 선문이다.

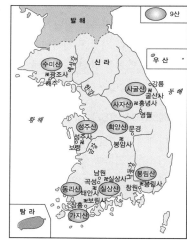

통일 신라의 9산 선문

▼ 선종의 등장

820년대 초에 승려 도의가 서쪽으로 바다를 건너가 당나라 서당 대사의 깊은 뜻을 보고 지혜의 빛이 스승과 비슷해져서 돌아왔으니, 그가 그윽한 이치를 처음 전한 사람이다. … 그러나 메추라기의 작은 날개를 자랑하는 무리들이 큰 봉새가 남쪽으로 가려는 높은 뜻을 헐뜯고, 기왕에 공부했던 경전 외우는 데만 마음이 쏠려 선종을 마귀 같다고 다투어 비웃었다. 그래서 도의는 빛을 숨기고 자취를 감추어 서울에 갈 생각을 버리고 마침내 북산에 은둔하였다.

– 「봉암사 지증대사적조탑비 비문」 –

④ **고려 왕조 개창의 사상적 기반** : 지방에서 독자적인 세력을 구축하려는 지방 호족의 이념적 지주가 되어 고려 왕조 개창의 사상적 기반이 되었다.

더 알아보기 ➕

교종과 선종의 비교

구분	교종	선종
종파	5교	9산
성격	• 경전, 교리, 율법의 중시 • 전통, 형식, 권위의 중시 • 이론 불교, 보수적 • 통합적 · 통일적	• 종교적 각성, 개인 수양, 좌선 · 참선 중시 • 형식, 권위의 부정 • 실천 불교, 개혁적 • 개인별 · 개별적
발달 시기	신라 중대	신라 하대
지지 세력	왕실 · 중앙 귀족	6두품 · 지방 호족
영향	• 왕권 강화 • 조형 미술 발달	• 조형 미술 쇠퇴, 승탑(부도) · 탑비의 건립 • 지방 문화의 역량 증대 • 고려 건국의 사상적 기반 마련

4. 고대의 도교와 풍수지리

(1) 삼국 도교의 전래와 영향

① **귀족 사회 중심** : 삼국 시대에 전래된 도교는 산천 숭배나 신선 사상과 결합하여 귀족 사회를 중심으로 환영을 받았다.

② **신선 사상** : 중국에서 노자와 장자의 사상을 토대로 완성된 도교는 신선 사상을 근본으로 음양오행과 참위▼가 가미되고 무위자연설에 불교 사상까지 종합한 것이다.

③ **산수무늬 벽돌과 금동 대향로** : 백제의 산수무늬 벽돌은 자연과 더불어 살고자 하는 사람들의 생각을 담고 있으며, 부여 능산리에서 출토된 백제 금동 대향로는 신선들이 사는 이상 세계를 형상으로 표현하였다.

④ **사신도**▼ : 고구려 강서대묘 고분에 그려진 사신도는 고분 내부 벽면에 도교의 방위신인 청룡(좌) · 백호(우) · 주작(남) · 현무(북)를 그린 것으로, 죽은 자의 사후 세계를 지켜 주리라는 믿음을 표현하고 있다.

백제 금동 대향로 부여 능산리 고분 근처 민가에서 출토된 향로

▼ **음양오행설과 참위설**
• 음양오행설 : 중국의 전국 시대에 각각 별도로 성립한 음양설과 오행설이 한대(漢代)에 와서 하나로 합쳐진 이론이다. 특히 역법과 결합하여 중국 · 한국 · 일본의 일상 생활에 큰 영향을 끼쳤다.
• 참위설 : 음양오행설에 의하여 인간 사회의 길흉화복을 예언하던 학설이다.

▼ **사신도**
고구려 고분 벽화에서 보이기 시작하다가 백제에도 영향을 미쳐 송산리 고분과 능산리 고분에서도 보이고 있다.

| 사신도 청룡(동) | 사신도 백호(서) | 사신도 현무(북) | 사신도 주작(남) |

(2) 고대의 풍수지리

① **전래** : 신라 말기 도선▼과 같은 선종 승려들은 중국에서 유행한 풍수지리설을 들여왔다.

② **내용** : 풍수지리는 산세와 수세를 살펴 도읍, 주택, 묘지 등을 선정하는 인문 지리적 학설로서 국토의 효율적인 이용과 관련되어 있었다.

③ **영향** : 이후 풍수지리설 사상은 도참 신앙과 결부되어 산수의 생김새로 미래를 예측하는 경향이 나타났다. 이 사상은 경주 중심의 지리 개념에서 벗어나 다른 지방의 중요성을 자각하는 계기가 되어 신라 하대에 지방 중심으로 국토를 재편성하려는 주장으로 발전하여 호족의 입지를 강화하였고, 신라 중앙 정부의 권위를 약화시키는 구실을 하였다.

5. 일본으로 건너간 우리 문화

(1) 개설

① **일본 고대 문화 성립에 영향** : 삼국의 문화는 일본에 전파되어 일본 고대 문화 성립과 발전에 큰 영향을 끼쳤다. 새로운 문물을 가지고 일본에 건너간 우리나라 사람들은 토착 사회 일본인을 교화시켰다.

② **삼국의 독자적 문화 전파** : 삼국과 통일 신라는 중국 문화를 흡수·수용하여 스스로의 문화로 만들어 일본에 전수하였는데, 이는 단순한 대륙 문화의 전달이 아니라 삼국의 독자적 문화를 전해 준 것이고, 삼국인의 직접 진출에 따른 것으로, 일본 고대 국가 성립과 문화 발전에 큰 공헌을 하였다.

▼ **도선의 풍수지리 사상**

신라 말기 풍수지리설의 대가로는 도선이 있다. 그는 선종 계통의 승려로서 전 국토의 자연환경을 유기적으로 파악하는 인문 지리적 지식에 경주 중앙 귀족들의 부패와 무능, 지방 호족들의 대두, 오랜 전란에 지쳐서 안정된 사회를 염원하는 일반 백성들의 인식을 종합하여 체계적인 풍수 도참설을 만들었다. 이 풍수 도참설은 민심을 경주에서 지방으로 바꿈으로써 각 지방에 대두하고 있던 호족 세력들의 분열을 합리화하여 주었다. 더 나아가 우리나라 역사의 중심지가 한반도 동남부 지방인 경주에서 중부 지방인 개성으로 옮겨 가고, 역사의 주인공도 경주 진골 귀족에서 지방 호족으로 바뀌는 데 기여하여 개성 지방에서 성장한 호족 출신 왕건이 후삼국을 통일할 수 있는 사상적 배경을 제공하였다.

더 알아보기 +

고대 문화의 일본 전파

고구려	혜자(영양왕)	쇼토쿠 태자의 스승이 됨
	담징(영양왕)	• 유교 경전, 종이, 먹, 맷돌을 전함 • 호류사 벽화 그림
	혜관(영류왕)	일본에 삼론종을 전파
	도현(보장왕)	「일본세기」 저술
백제	아직기(근초고왕)	일본 태자에게 한자를 가르침
	왕인(근구수왕)	「천자문」, 「논어」를 전함
	단양이, 고안무, 유귀(무령왕)	5경 박사로 유학을 전함
	노리사치계(성왕)	불교, 불상, 불경을 전함
	혜총(위덕왕)	계율종을 전함
	관록(무왕)	천문, 지리, 역법 등에 대한 서적을 전함
통일 신라	심상(성덕왕)	화엄종을 전함

- 고구려 수산리 고분 벽화 → 나라의 다카마쓰 고분 벽화
- 백제의 금동 미륵 반가 사유상 → 고류사 미륵 반가 사유상, 호류사 백제 관음상
- 신라의 축제술(築堤術; 제방 쌓는 기술) → '한인의 연못'
- 삼국 문화 → 아스카 문화(아스카 문화는 7세기 전반 현재 아스카 강 부근 마을인 아스카 지방을 중심으로 한 쇼토쿠 태자 시대의 문화로서 백제를 비롯하여 삼국 문화의 영향을 많이 받았다.)
- 가야 토기 → 스에키 토기
- 통일 신라 문화 → 하쿠호 문화(7세기 후반에 발달한 일본의 고대 문화로 당과 통일 신라의 영향을 많이 받았다. 또한 불상, 가람 배치, 탑, 율령과 정치 제도에서 신라의 불교와 유교의 영향이 컸다.)

백제 금동 미륵 반가 사유상(좌)
고류사 목조 미륵 반가 사유상(우)

(2) 삼국 문화의 전파(일본 아스카 문화의 형성)

① **고구려의 영향** : 일본 나라 시에서 발견된 다카마쓰 고분 벽화가 고구려 수산리 고분 벽화와 흡사한 점에서 고구려의 영향력을 살펴볼 수 있다.

② **백제의 영향**

㉠ 삼국 중에서 일본과 가까웠던 백제가 삼국 문화의 일본 전수에 가장 크게 기여하였다.

㉡ 5경 박사, 의박사, 역박사와 천문박사, 채약사(採藥士)▼, 그리고 화가와 공예 기술자들도 건너갔는데, 이들에 의하여 목탑이 세워졌고, 나아가 백제 가람 양식이 생겨나기도 하였다.

▼ **채약사**

약재를 채취·감별·조달하는 전문직

③ **신라의 영향** : 신라는 일본과 문화 교류는 적었지만, 배 만드는 기술(조선술)과 제방 쌓는 기술(축제술)을 전해 주어 '한인의 연못'이라는 이름까지 생기게 되었다.

(3) 통일 신라 문화의 전파와 영향

① **정치 제도의 전파** : 일본에 전해진 신라의 정치 제도가 다이카 개신▼ 이후 강력한 전제 왕권의 확립에 기여하였다.

② **하쿠호 문화의 이룩** : 일본은 견신라사 및 유학생을 보내어 신라 문화를 수입해 갔고, 원효 · 강수 · 설총 등의 불교 · 유교 문화를 모방하여 나라 시대의 일본 하쿠호 문화를 이룩하였다.

6. 고대의 교육 기관과 유학의 발달

(1) 삼국의 학문과 교육 기관

① **한자 문화권의 형성** : 삼국 시대 지배층은 한자를 널리 쓰게 되면서 중국의 유교 · 불교 · 도교의 한문 서적들을 이해할 수 있게 되었다.

② **이두와 향찰 사용** : 삼국 시대 사람들은 처음에는 한자를 그대로 사용하여 우리말을 썼으나 뒤에는 이두와 향찰▼을 만들어 사용하였다. 이로써 한문의 토착화가 이루어져 갔으며, 한문학이 널리 보급되어 갔다.

(2) 삼국 시대의 교육 기관과 유학 교육

① **고구려** : 중앙에는 귀족 자제에게 경서 · 역사서를 가르치는 태학▼(소수림왕 2, 372, 국립)이 있었고, 지방에는 평민자제에게 한학 · 무술을 가르치는 경당▼(장수왕 15, 427, 사립)이 있었다.

② **백제** : 교육 기관은 전하지 않으나, 5경▼박사 · 의박사 · 역박사 제도를 두어 교육을 발달시켰다. 한학 수준을 입증하는 유물로, 백제귀족인 사택지적이 불당을 세운 내력을 기록한 사택지적 비문▼, 개로왕이 북위에 보낸 국서, 무령왕릉 지석 등이 있다.

③ **신라** : 화랑도를 통해 경학과 무술을 교육했다. 한학의 수준을 입증하는 것으로 유교 학습에 관한 기록인 임신서기석▼과 단양 적성비, 순수비, 세속 5계 등을 통해 확인할 수 있다.

▼ **다이카 개신**

일본은 7세기 이후 중국에 사신과 유학생을 보내 중국 문화를 흡수하여 당 제도를 모방하였다. 그리고 중앙 집권 국가를 건설하려는 조정 안의 혁신파가 대규모 정치 개혁인 다이카 개신(645)을 일으켰다. 일본은 국가 체제를 정비하여 고대 국가의 기초를 이루고, '일본'이라는 국호를 사용하기 시작하였다.

▼ **향찰**

한자의 뜻과 소리를 빌려 우리말을 적는 방식을 말하며 삼국유사와 균여전에 실린 향가는 모두 향찰로 쓰여진 것이다.

▼ **태학과 경당**
- 태학 : 소수림왕 2년(372) 중앙에 설치된 국립 대학으로 경전과 한학을 교수하였고, 귀족 자제만 입학하였다.
- 경당 : 장수왕 때 평양 천도 (427) 후 지방에 둔 사립학교로 미혼 청소년을 모아 한학과 무술을 교수하였다.

▼ **5경**

유교의 5가지 기본 경전으로 시경 · 서경 · 역경 · 예기 · 춘추를 가리킴

▼ **사택지적 비문**

7세기 의자왕 때 백제 상좌평을 지낸 사택지적이 절을 짓고 세운 비

▼ **임신서기석**

진평왕 34년 두 화랑 간에 맺어진 약속이 새겨져 있음

(3) 통일 신라의 교육 기관과 유학 교육

① **국학** : 신문왕 때 국학이라는 유교 기관을 설립(682)하였다. 그 후 경덕왕 때는 국학을 태학감이라 고치고 박사와 조교를 두어 논어 · 효경 등의 유교 경전을 가르쳤는데, 이는 충효 일치의 윤리를 강조한 것이었다.

② **독서삼품과(독서출신과, 원성왕 4, 788)**

    ㉠ 의의 : 우리나라 최초의 관리 채용 시험 제도이다. 신라 하대에 학문 성적에 따라 관리를 임명하자는 새로운 원칙을 세워, 원성왕 때 성적을 3품으로 구별하여 관리를 채용하는 독서삼품과를 태학감 안에 마련하였다.

    ㉡ 결과 : 이 제도는 학문을 널리 보급시키는 데 기여하였고 관리 등용 기준을 골품보다 학문에 두어 유교적 정치 이념을 확립하려는 데 목적이 있었으나, 관품의 고하보다 족당적 구분(골품제도)이 더 중시된 사회였으므로 성공적으로 수행될 수 없었다.

(4) 통일 신라 시대 유학의 발달

① **김대문** : 성덕왕 때의 한학자 · 역사학자이자 통일 신라 시대의 대표적 문장가인 김대문은 화랑의 전기를 모은 「화랑세기」▼, 유명한 승려의 전기를 모은 「고승전」▼, 한산주 지방의 지리지인 「한산기」, 신라 · 백제 · 고구려의 설화를 모은 설화집인 「계림잡전」 등을 지었다.

② **6두품 출신 유학자**▼

    ㉠ 강수 : 통일 신라 초에 활약한 강수는 외교 문서(답설인귀서)▼를 잘 지은 문장가로 유명하였다.

    ㉡ 설총 : 원효의 아들인 설총은 유교 경전에 조예가 깊었고, 이두를 정리하여 한문 교육의 보급에 공헌하였으며, 신문왕에게 '화왕계'라는 글을 바쳐 임금도 향락을 멀리하고 도덕을 엄격하게 지킬 것을 강조하였다.

더 알아보기 ➕

화왕계

…… 어떤 이가 화왕(花王; 모란)에게 말하였다. "두 명(장미와 할미꽃)이 왔는데 어느 쪽을 취하고 어느 쪽을 버리시겠습니까." 화왕이 말하였다. "장부(할미꽃)의 말도 일리가 있지만 어여쁜 여자(장미)는 얻기가 어려운 것이니 이 일을 어떻게 할까." 장부가 다가서서 말하였다. "저는 대왕이 총명하여 사리를 잘 알 줄 알고 왔더니 지금 보니 그렇지 않군요. 무릇 임금된 사람치고 간사한 자를 가까이하지 않고 정직한 자를 멀리하지 않는 이가 적습니다. 이 때문에 맹가(맹자)는 불우하게 일생을 마쳤으며, 풍당(중국 한나라 사람)은 머리가 희도록 하급 관직을 면치 못하였습니다. 옛날부터 도리가 이러하였거늘 저인들 어찌하겠습니까." 화왕이 대답하였다. "내가 잘못했노라. 내가 잘못했노라." 이에 왕(신문왕)이 얼굴빛을 바로 하며 말하였다. "그대(설총)의 우화는 진실로 깊은 뜻이 담겨 있도다. 기록해 두어 왕자(王者)의 경계로 삼게 하기 바란다."라고 하고는 설총을 높은 관직에 발탁하였다.

– 「삼국사기」 –

▼ **화랑세기**

계속 기록으로만 전해지다가 1980년대 후반 김해에서 조선 순조 때 필사본이 발견되어 화랑 제도 연구에 대단히 중요한 자료가 되고 있다. 그러나 원본이 발견되지 않아 이 필사본의 진위 여부를 둘러싸고 학계에서 논쟁이 제기되고 있다.

▼ **고승전**

신라 성덕왕 때 학자 김대문이 쓴 고승들의 전기로, 김부식의 삼국사기에 사료로 이용되었다고 한다.

▼ **6두품 출신 유학자**

신라의 유학자는 6두품 출신이 많았는데 6두품 출신 유학자들은 도덕적 합리주의를 내세웠다.

▼ **답설인귀서**

당의 총관 설인귀가 문무왕에게 나 · 당 전쟁을 일으킨 책임을 물은 글에 대한 회답서

③ 도당 유학생
  ㉠ 신라 6두품 출신 : 당에 건너가 공부한 유학생으로 숙위 학생이라고도 하며, 이들은 6두품 출신의 유학자들이 대부분이었다.
  ㉡ 빈공과에 합격 : 이들은 빈공과에 합격하여 당나라 관리가 되기도 하였으나, 신라에 돌아와서는 골품제 때문에 대우를 받지 못하여 신라에 등을 돌리는 경우가 많았다.
  ㉢ 성격 : 이들은 유학뿐 아니라 불교(특히 선종), 도교, 도참 사상, 그리고 지방 호족과 연결되었으며 반신라적·반골품적 성격을 띠었다.
④ **최치원** : 당의 빈공과에 급제하고 문장가로 이름을 떨친 후(토황소격문) 귀국하여 개혁안 10여 조를 건의(시무 10조)하였으나, 받아들여지지 않았다. 그 후 그는 은둔생활을 하면서 뛰어난 문장과 저술을 남겼는데, 「계원필경」, 「4산 비명」▼, 「제왕연대력」, 「난랑비서」, 「사륙집」 등의 저서가 있다.

(5) 발해의 학문과 교육 기관

① **주자감**▼**의 설치** : 당과 교역하면서 많은 서적을 수입하고, 유학생도 보내어 학문이 일찍부터 발달하였으며, 주자감(胄子監)을 설치하여 귀족 자제들에게 유교 경전을 교육하였다.
② **발해의 금석문** : 근래에 발견된 정혜·정효공주 묘지(문왕의 둘째·넷째 딸)가 세련된 4·6 변려체(騈儷文)▼로 쓰여 있는 점으로 보아, 발해에서 능숙한 한문을 구사하고 있었음을 알 수 있다.

▼ **최치원의 4산 비명**
숭복사비, 쌍계사 진감선사비, 성주사 낭혜화상비, 봉암사 지증대사비로 신라 하대 선종과 관련된 많은 탑비 중 대표적인 것이다. 불교 관계뿐만 아니라 유교·노장 사상과 풍수·도참 사상까지 포함되어 있고, 당시 사상계의 면모를 파악하는 데 귀중한 자료가 된다.

▼ **주자감**
문왕 때 설립된 국립대학

▼ **4·6 변려체(騈儷文)**
형식을 중시하여 4자 내지 6자 대구를 사용하는 문장을 구성하는 한문 문체

7. 고대의 불상, 석탑, 범종

(1) 삼국 시대의 불상

고구려	고구려의 연가 7년명 금동여래 입상은 두꺼운 의상과 긴 얼굴 모습에서 북조 양식을 따르고 있으나 강인한 인상과 은은한 미소에는 고구려의 독창성이 보인다.
백제	백제의 서산 마애 삼존불은 부드러운 자태와 온화한 미소로 자비와 포용의 태도를 보이고 있다.
신라	신라의 경주 배리석불 입상은 푸근한 자태와 부드럽고 은은한 미소를 띠고 있으며 신라 조각의 정수를 보여 주고 있다.

연가 7년명 금동여래 입상

(2) 통일 신라 시대의 불상과 공예

① **석굴암 본존불과 보살상**

㉠ **균형미** : 통일 신라 시대에 들어와 균형미가 뛰어난 불상들이 만들어졌는데, 이 시기 조각의 최고 경지를 보여 주고 있는 것은 석굴암의 본존불과 보살상들이다.

㉡ **사실성** : 석굴암 주실의 중앙에 있는 본존불은 균형잡힌 모습과 사실적인 조각으로 살아 움직이는 느낌을 갖게 하며, 본존불 주위의 보살상을 비롯한 부조들도 매우 사실적이다.

㉢ **불교적 이상 세계** : 입구 쪽의 소박한 자연스러움이 안쪽으로 들어가면서 점점 정제되어, 불교의 이상 세계를 구체적으로 실현하고자 하였다.

② **석조물** : 고대에는 불교와 관련된 석조물들을 많이 만들었다. 그리고 통일 신라 시대의 무열왕릉비 받침돌은 거북이가 전진하는 생동감 있는 모습으로 유명하다.

(3) 발해의 불상

① **불교 장려의 영향** : 불교가 장려됨에 따라 많은 불상이 제작되었다.

② **고구려 양식 계승** : 상경과 동경의 절터에서 발굴된 흙을 구워 만든 불상과 부처 둘이 나란히 앉아 있는 불상이 유명한데, 고구려 양식을 계승하고 있는 것으로 여겨지고 있다.

(4) 고대의 석탑

불교의 전파와 함께 부처의 사리를 봉안하여 예배의 주 대상으로 삼던 사리탑도 많이 건립되었다.

더 알아보기⊕

삼국의 탑

고구려	주로 목탑을 건립했고 현존하는 것은 없다.
백제	• 익산 미륵사지 석탑 : 7세기 무왕 때 제작된 현재 남아 있는 가장 오래된 탑으로, 석탑만 일부가 남아 있는데 목탑의 모습을 많이 지니고 있다. 이를 계승한 충남 부여 정림사지 5층 석탑은 백제의 대표적 석탑으로 안정되면서도 경쾌한 모습으로 유명하다. • 부여 정림사지 5층 석탑 : 이 탑에는 신라와 연합하여 백제를 멸망시킨 당나라 장수 소정방이 '백제를 정벌한 기념탑'이라는 뜻의 글귀를 새겨 놓아 한때 '평제탑'이라 불리는 수모를 겪기도 하였다.
신라	• 황룡사 9층 목탑 : 선덕 여왕 때 자장의 건의로 건립되었으며, 고려 시대 몽골의 침입 때 화재로 소실되었다(1238). • 분황사 모전 석탑 : 선덕 여왕 때 건립된 경주 분황사 탑(백제 아비지가 설계)은 석재를 벽돌 모양으로 만들어 쌓은 탑(돌을 깎아서 벽돌처럼 만들어 쌓아 올린 탑)으로 지금은 3층까지만 남아 있다.

익산 미륵사지 석탑
(백제)

부여 정림사지 5층 석탑
(백제)

황룡사 9층 목탑 조감도
(신라)

분황사 모전 석탑
(신라)

(5) 통일 신라의 석탑

① 통일 신라 초기 : 통일 신라 석탑은 삼국 시대의 목탑과 검은 회색 또는 회색 벽돌로 쌓은 전탑 양식을 계승·발전시켜 이중 기단 위에 3층으로 쌓고, 대담하게 각 층의 폭과 높이를 줄이면서 쌓아 올려 독특한 입체미를 나타내는 전형적인 통일 신라의 석탑 양식을 완성하였다.

㉠ 대표적 석탑 : 통일 신라 초기의 석탑으로 대표적인 것은 감은사지 3층 석탑이다. 장중하고 웅대한 이 석탑은 삼국 통일을 달성한 기상을 반영하고 있다. 불국사 3층 석탑(석가탑), 화엄사 4사자 3층 석탑 등도 이 시기의 걸작이다.

㉡ 불국사 3층 석탑(석가탑) : 석가탑이라고도 불리는 불국사 3층 석탑은 통일 신라 석탑의 전형이라 할 수 있다. 이 탑의 날씬한 상승감 및 넓이·높이의 아름다운 비례는 부처가 항상 가까이 있음을 이상적으로 나타내 보이고 있다.

ⓒ 다보탑 : 석가탑의 맞은편에 전례가 없는 특이한 모습의 다보탑을 세울 수 있
었다는 사실은 당시 높은 예술성과 건축술을 단적으로 반영하고 있다.

② 신라 말기 석탑의 변화

㉠ 양양 진전사지 3층 석탑 : 신라 말기에는 석탑에서 다양한 변화가 나타났는
데, 양양 진전사지 3층 석탑은 기단▼과 탑신에 부조▼로 불상이 새겨져 있다.

㉡ 승탑과 탑비의 유행 : 신라 말기에 선종이 널리 퍼지면서 승려의 사리를 봉안
하는 승탑▼과 탑비가 유행하였다. 특히 승탑은 고려 시대 무신 집권기에도 많
이 만들어졌다. 팔각 원당형을 기본형으로 삼고 있는 승탑과 승려의 일대기
를 비에 새겨 세운 탑비는 세련되고 균형감이 뛰어나 이 시기의 조형 미술을
대표한다. 이런 승탑과 탑비는 지방 호족의 정치적 역량이 성장하였음을 반
영하고 있다.

불국사 3층 석탑
(석가탑)

불국사 다보탑

쌍봉사 철감선사
승탑(전남 화순)

양양 진전사지
3층 석탑

감은사지 3층 석탑

(6) 통일 신라의 범종

① 통일 신라의 범종 주조 : 통일 후에는 오대산에 있는 현존 최고의 범종인 상원사
동종(성덕왕 24, 725)과 성덕대왕 신종(봉덕사 종 또는 에밀레종, 혜공왕 1,
771) 등 범종▼이 많이 주조되었다.

② 성덕대왕 신종 : 현존 최대의 종인 성덕대왕 신종은 맑고 장중한 소리, 천상의
세계를 나타내 보이는 듯한 경쾌하고 아름다운 비천상으로 유명하다. 경덕왕이
아버지 성덕왕의 공덕을 널리 알리기 위해 만들기 시작했고, 그 뒤를 이은 혜공
왕 1년 완성되었다.

▼ 기단
건물을 건립하기 위해 지면에 흙이
나 돌을 쌓고 다져 단단하게 해 놓
은 곳

▼ 부조
평면상에 형상이 떠오르게 하는 조
형 기법

▼ 승탑
승려 사리를 보관하는 묘탑(부도)

▼ 범종(梵鐘)
절에서 사람을 모이게 하거나 시각
을 알리기 위하여 치는 큰 종

8. 고대의 건축과 고분

(1) 삼국 시대의 건축

① **고대 건축의 특징** : 고대의 건축은 궁궐, 사원, 무덤, 가옥에 그 특색이 잘 나타나 있다. 현존 고분과 건축터를 통하여 이 시대의 건축을 짐작할 수 있다.

② **궁궐** : 가장 규모가 큰 것은 장수왕이 평양에 세운 안학궁이다. 이 궁궐터는 사각형 한 면의 길이가 620m나 되며 고구려 남진 정책의 기상이 엿보인다.

③ **사원** : 사원 중에는 신라의 황룡사와 백제의 미륵사가 가장 웅장하고 규모가 크다.

④ **성곽▼** : 삼국 시대에는 방어를 위하여 성곽을 많이 축조하였다. 돌로 쌓은 산성이 대부분이고 지형에 따라 흙으로 쌓기도 했는데, 산의 능선을 자연스럽게 이용하여 쌓은 것이 특징이다.

(2) 통일 신라의 건축

① **통일 신라 건축의 특징** : 삼국 미술이 하나로 통일되면서 보다 화려하고 세련된 면을 보여 준 통일 신라 미술은 무르익은 기교의 산물이었다. 이 시대의 미술은 사실적으로 표현하면서도 실물 그대로 표현한 것이라기보다 이상적 미의 세계와 통일된 조화의 세계를 창조하려 하였다.

② **궁궐과 가옥** : 통일 신라의 궁궐과 가옥은 남아 있는 것이 거의 없다.

③ **사원** : 불교가 융성함에 따라 사원을 많이 축조했는데, 그중에서 8세기 중엽에 세운 불국사와 석굴암▼이 통일 신라의 사원 건축을 대표한다.

④ **동궁과 월지(안압지)**

ㄱ 조경술과 자연미 : 동궁과 월지에서 호 안의 굴곡이나 섬의 위치, 정자와 누각의 배치 등은 통일 신라의 뛰어난 조경술을 잘 나타내고 있다. 동궁과 월지의 연못, 인공 섬, 구릉과 건물은 매우 자연스럽게 어울리도록 꾸며졌다.

ㄴ 유물 발굴 : 귀족들의 화려한 생활을 짐작할 수 있는 많은 유물이 발굴되었다.

경주 동궁과 월지

▼ **삼국 시대의 주요 성곽**

압록강변 집안현 국내성 주변의 환도성, 평양의 대성산성(안악궁이 위치), 평양성(북한 국보), 송파구의 풍납토성(몽촌토성과 함께 초기 백제 위례성 터로 추정), 아차산성, 경주의 반월성, 옥천의 삼년산성, 고구려 수도인 집안현의 산성자성, 백제 수도 위례성의 남한산성 등

▼ **불국사와 석굴암**

일연의 삼국유사에 의하면, 석굴암은 8세기 중엽인 통일 신라 751년(경덕왕 10)에 대상(大相) 김대성이 불국사(佛國寺)를 중창할 때, 왕명에 의하여 착공한 것으로 되어 있다. 그는 현세의 부모를 위하여 불국사를 세우는 한편, 전세의 부모를 위해서는 석굴암(석불사)을 세워, 신림과 표훈 두 성사(聖師)를 청하여 각각 거처하게 하였다.

(3) 발해의 건축

① 발해 건축의 특징 : 발해 미술은 패기 넘치던 고구려 미술이 계승되어 다소 부드러우면서도 웅장하고 건실한 기풍을 나타내고 있다.

② 당의 장안성을 모방 : 발해의 지상 건물은 궁궐터나 절터를 통하여 당시 모습을 살펴볼 수 있다. 상경은 당시 당의 수도인 장안을 본떠 건설하였다.

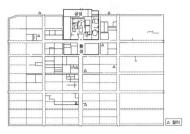

발해 상경 용천부 평면도 상경 용천부는 평탄한 분지의 한가운데에 위치하고 있는데, 궁궐과 사원이 정연하게 배치되어 있다.

(4) 고구려의 고분과 벽화

① 고구려 고분의 특징 : 고구려는 초기에 주로 돌무지무덤을 만들었으나, 점차 굴식 돌방무덤으로 바꾸어 갔다.

② 돌무지무덤
   ㉠ 분포 : 돌을 정밀하게 쌓아올린 돌무지무덤은 만주의 집안(지안) 일대에 1만 2,000여 개가 무리를 이루고 있다.

돌무지무덤의 장군총(길림성 집안) 옆의 큰 돌은 무덤을 지지하기 위한 것이다.

   ㉡ 장군총 : 다듬은 돌을 계단식으로 7층까지 쌓아올린 고분으로 위로 올라가면서 각 층의 넓이와 높이를 줄여 안정된 모습을 보여 준다. 무덤 안쪽에 벽화가 없는 것과 땅을 파지 않고 시체를 지상에 안치한 것이 특징이다.

③ 굴식 돌방무덤
   ㉠ 구조 : 우리나라 고대 고분 중 가장 전형적인 굴식 돌방무덤은 돌로 1개 이상의 방을 만들고 그것을 통로로 연결한 무덤으로 앞방과 널방으로 구분한 후, 그 위에 흙으로 덮어 봉분을 만든 것이다.
   ㉡ 벽화의 존재 : 널방의 벽과 천장에는 벽화를 그리기도 하였다.
   ㉢ 분포 : 만주 집안, 평안도 용강, 황해도 안악 등지에 널려 있는데 장천 1호분, 무용총, 각저총, 안악 3호분, 덕흥리 고분, 쌍영총 등이 대표적이다.

④ 고분 벽화

　㉠ 무용총과 사신도 : 초기에는 주로 무덤 주인의 생활을 표현한 그림이 많이 있고, 후기로 갈수록 점차 추상화되어 사신도 같은 상징적 그림으로 변하였다. 특히, 무용총의 사냥 그림과 강서 대묘의 사신도에서 고구려인들의 패기와 진취성을 엿볼 수 있고, 일본 나라현 다카마쓰 고분에도 영향을 미쳤다.

안악 3호분 벽화

　㉡ 쌍영총 : 용강 소재의 굴식 돌방무덤(토총)으로 돌로 현실▼을 만든 위에 흙으로 덮어 봉분하였다. 쌍영총 내부에 그려진 인물풍속도와 사신도 등의 벽화는 그림의 솜씨를 잘 보여주는 것으로 유명하다.

▼ 현실
굴식(횡혈식)에서 유체를 넣은 관을 안치한 네모형의 방(널방)

(5) 백제의 고분과 벽화

① 초기 한성 시기

　㉠ 계단식 돌무지무덤 : 백제는 한강 유역에 있던 초기 한성 시기에 계단식 돌무지무덤을 만들었는데, 서울 석촌동에 일부가 남아 있다.

　㉡ 고구려의 영향 : 이는 고구려의 영향을 받은 것으로, 백제 건국의 주도 세력이 고구려와 같은 계통이라는 건국 이야기의 내용을 뒷받침하고 있다.

② 웅진 시기

　㉠ 고분의 변화 : 웅진 시기의 고분은 소박하고 고졸한 맛이 남아 있으며, 굴식 돌방무덤 또는 널방을 벽돌로 쌓은 벽돌무덤으로 바뀌었다.

　㉡ 굴식 돌방무덤 : 벽화가 발견된 송산리 고분이 대표적이다. 규모는 크지만 소박·고졸하다.

　㉢ 벽돌무덤 : 중국 남조의 영향을 받은 것으로, 벽돌로 널방을 만들고 거기에 주검을 안치한 무덤으로 공주 무령왕릉과 송산리 6호분이 남아있다. 무령왕릉에서는 벽화가 발견되지 않았으나 송산리 6호분에서는 벽화가 발견되었다.

③ **사비 시기** : 고분 규모가 작지만 세련된 굴식 돌방무덤을 만들었다. 특히, 부여 능산리의 굴식 돌방무덤이 이 시기의 대표적 분묘인데, 그 규모는 작으나 건축 기술과 벽화가 매우 세련되었음을 볼 수 있다.

④ **고분 벽화** : 백제 돌방무덤과 벽돌무덤에도 벽과 천장에 사신도와 같은 그림을 그려 넣기도 하였다. 이런 그림은 고구려의 영향을 받기는 하였으나 보다 부드럽고 온화한 기풍을 나타내고 있다.

(6) 신라의 고분과 벽화

① 통일 이전

ㄱ) 신라 고분의 특징 : 신라는 거대한 돌무지덧널무덤을 많이 만들었으며, 삼국 통일 직전에는 굴식 돌방무덤▼도 만들었다.

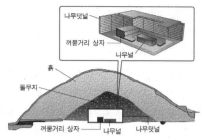

돌무지덧널무덤의 구조도

ㄴ) 천마총 : 천마총에서 나온 천마도▼는 말안장 좌우에 달았던 장니(障泥) 표면에 그려진 그림으로 벽화가 아니다. 또한 경주 호우총에서는 광개토왕의 묘호가 새겨진 청동 제기가 발견되었다.

② 통일 신라 시대

ㄱ) 화장법 유행▼ : 불교의 영향으로 화장이 유행하였고, 고분 양식도 거대한 돌무지덧널무덤에서 점차 규모가 작은 굴식 돌방무덤으로 바뀌었다.

ㄴ) 12지 신상 조각▼ : 무덤의 봉토 주위를 둘레돌로 두르고, 12지 신상을 조각하는 신라만의 독특한 양식이 새롭게 나타나 고려 · 조선 시대 왕릉으로 계승되었다.

(7) 발해의 고분과 벽화

① 정혜공주 묘 : 정혜공주 묘는 굴식 돌방무덤으로 모줄임천장 구조가 고구려 고분과 닮았다. 이곳에서 나온 돌사자상은 고구려의 영향을 받은 것으로 매우 힘차고 생동감이 있다.

② 정효공주 묘▼ : 벽돌무덤인 정효공주 묘에서는 묘지▼와 벽화가 발굴되었다. 이런 무덤에서 나온 유물은 발해의 높은 문화 수준을 생생하게 나타내 보이고 있다.

모줄임 양식의 굴식 돌방무덤과 벽화 (정혜공주 묘)

돌사자상 (정혜공주 묘)

정효공주 묘 구조도

▼ 신라의 굴식 돌방무덤

이 무덤 양식은 고구려 · 백제 고분 양식의 영향을 받은 것으로, 경북 영풍군 순흥면의 어숙묘에서는 고구려 벽화의 영향을 받은 벽화도 발견되었다.

▼ 신라 천마도(국립 중앙 박물관 소장)

자작나무 껍데기를 겹쳐 만든 말의 배 가리개에 하늘을 나는 천마를 그림

▼ 화장법의 유행

화장의 대표적 무덤으로는 호국적 성격이 보이는 문무왕릉(대왕암. 해중릉)이 있다.

▼ 12지 신상

12지를 상징하는 얼굴은 동물이고 몸은 사람인 상이다. 여기서 12지는 쥐, 소, 범, 토끼, 용, 뱀, 말, 양. 원숭이, 닭, 개, 돼지이다. 중국의 12지를 받아들인 것이지만, 중국 분묘에서는 볼 수 없는 신라의 독특하고 능란한 솜씨가 보여진다. 12지 신상의 대표적인 것은 김유신 묘와 괘릉의 12지 신상이다.

▼ 정효공주 묘

정혜공주 묘가 고구려에서 유행하던 굴식 돌방무덤인 것과 달리 정효공주 묘는 먼저 벽돌로 쌓고 그 위에 벽석탑을 세운, 발해 무덤 양식에서는 보기 드문 특이한 형식이다.

▼ 묘지(墓誌)

죽은 자의 생애와 가족 관계 등을 기록하여 무덤에 함께 묻은 유물을 말한다. 돌에 기록하기도 하고 석관에 기록한 것도 있으며, 조선 시대에는 백자로 만들기도 하였다.

9. 고대의 공예 기술의 발달

(1) 고구려의 금속 기술

① **철의 생산** : 고구려에서는 철의 생산이 중요한 국가적 산업이었으며, 철광석 생산이 풍부하여 일찍부터 철을 다루는 기술이 발달하였다.

② **주조 기술 발달** : 고구려 지역에서 출토된 철제 무기와 도구 등은 그 품질이 우수하며, 고분 벽화에는 철을 단련하고 수레바퀴를 제작하는 기술자의 모습이 사실적으로 그려져 있다.

(2) 백제의 금속 기술

① **칠지도**▼ : 백제에서 만들어 일본에 보낸 칠지도는 강철로 만든 우수한 제품이며, 금으로 상감한 글씨가 새겨져 있다. 이것은 백제 제철 기술의 우수함을 잘 보여 주고 있다.

② **금동대향로(금동용봉봉래산향로)**▼ : 이 향로는 부여 능산리 고분 근처에 위치한 절터에서 발견되었다. 전체 높이가 64cm로, 동북 아시아에서 출토된 향로 중에서 가장 아름다운 것이다. 이는 도교적 성격을 보이는 백제 문화의 우수성과 독창성이 한층 돋보이는 작품이다.

칠지도
(전쟁기념관
보유)

(3) 신라의 금속 기술

① **금세공 기술 발달** : 신라에서는 금세공 기술이 발달하였다. 신라 고분에서 출토된 금관들은 순금으로 만든 것과 금으로 도금한 것이 있는데, 제작 기법이 뛰어나며 독특한 모양이 돋보인다.

② **성덕 대왕 신종** : 통일 신라 때 12만 근의 구리로 만든 성덕 대왕 신종은 아연이 함유된 청동으로 만들었는데, 신비한 종소리는 당시 신라의 금속 주조 기술이 매우 뛰어났음을 보여 준다.

신라 황남대총 금관
(경북 경주)

▼ **칠지도**

근초고왕의 아들 근구수왕이 왕자로 있을 때인 369년에 일본 사신을 통해 왜왕에게 보낸 것으로, 백제와 왜의 교류 관계를 보여 주는 유물로서 현재 일본의 이소노카미 신궁에 보관되어 있다. 칠지도는 우리나라가 왜왕(당시 백제왕의 신하로 간주)에게 하사했다는 "백제 하사설"이 유력한 견해이다. 그러나 왜곡된 일본서기에 의하면 백제 사신이 일본의 신공왕 후에게 칠지도를 바쳤다고 하여 백제가 왜의 속국이었다고 하는 '임나 일본부설'의 증거로 삼고 있다.

▼ **금동대향로**

향로는 4개 부분으로 되어 있는데, 뚜껑 부분은 봉황이 여의주를 목에 끼고 날개를 활짝 펴서 날아가려는 모습을 하고 있다. 그 아래에는 5명이 음악을 연주하는 연주상, 크고 작은 산, 인물상, 동물상, 기마상, 불꽃무늬 등 화려한 무늬가 조각되어 있다. 몸통에는 연꽃, 물고기, 동물상 등 여러 가지 무늬가 새겨져 있다. 밑에는 용이 살아 움직이는 듯한 모습으로 몸통을 입으로 받들고 있고, 또 구름과 인동무늬가 소용돌이치는 모습으로 꾸며져 있다.

(4) 발해의 조각과 공예

① **발해 조각의 특징** : 발해의 조각은 그 솜씨가 뛰어나다. 얼굴이나 광배, 의상 등에 이르기까지 조각 수법이 웅장하면서도 전체적으로 균형이 잘 잡혀 있다. 불상은 전불이나 철불, 금동불이 있다.

② **돌사자 조각** : 정혜공주 무덤에서 나온 두 개의 돌사자 조각도 매우 생동감 있고 힘찬 모습을 하고 있다.

③ **발해의 기와·벽돌** : 궁전터나 사원터에서 발견된 기와, 벽돌 등의 문양도 소박하고 직선적이다. 특히, 기와는 일반적으로 그 형태와 크기가 아주 다양하며, 질이 좋고 단단하여 실용적이었다. 또 연화 무늬 기와는 강건한 기풍을 지닌 고구려 와당에서 영향을 받았다.

발해 석등
(흑룡강성 영안)

10. 고대의 문학·역사서의 편찬과 천문학의 발달

(1) 삼국 시대의 문학

① **삼국 시대 문학의 발달** : 3세기 말에 진수가 저술한 「삼국지」 위서 동이전에는 '우리 민족은 노래를 즐겨 부르고, 춤을 좋아했다.'고 기록되어 있다. 이러한 예술적 재질은 중국 음악과 불교 음악의 영향을 받아 삼국 시대에 더욱 발달하였다.

② **한시** : 삼국 시대에는 한자가 쓰이면서 한시를 짓기도 하였다. 고구려 유리왕이 이별의 슬픔을 노래한 '황조가', 을지문덕이 수나라 장수에게 보낸 '오언시'가 전해진다.

③ **민중 노래** : 일반 민중 사이에는 '구지가' 같은 무속 신앙 관련 노래나 '회소곡'▼ 같은 노동 관련 노래가 유행하였다. 특히 민중의 소망을 표현한 백제의 '정읍사'가 손꼽힌다.

④ **향가** : 불교 수용 이후 승려·화랑들이 '혜성가' 같은 향가를 지어 부르기도 하였다.

▼ 회소곡
신라 유리왕 때 지은 작자 미상의 노래이다. 왕녀 두 사람을 우두머리로, 여자들을 두 패로 나누어 길쌈 대회를 열었는데, 진 편에서 한 여자가 탄식하여 노래하기를 '회소, 회소'라 한 데서 유래하였다고 한다.

(2) 통일 신라 시대의 문학

① 향가

㉠ 내용 : 통일 신라 시대 화랑과 승려들이 향가를 지어 불렀는데, 「삼국유사」에 14수가 전하고 있다. 그 내용은 화랑에 대한 사모의 심정, 형제간의 우애, 공덕이나 불교에 대한 신앙심을 담고 있다. 삼국 통일의 이상이 무너지고 지배층이 저지르는 횡포를 비판하는 향가가 등장하기도 하였다.

㉡ 「삼대목」▼ : 대표적 향가집으로 9세기 후반 진성여왕 때 만들어진 「삼대목」이 있다.

② 설화 문학 : 서민들 사이에서 설화 문학이 구전되었는데 '에밀레종 설화', '설씨녀 이야기', '효녀 지은' 등의 설화 문학에서는 이 시대 종교와 백성들의 어려운 삶을 나타내고 있다.

(3) 발해의 문학

① 한문학과 한시의 유행 : 발해에서는 높은 수준의 한문학과 한시가 유행하였다.

② 한문학 : 발해의 한문학은 4 · 6 변려체▼로 쓰여진 정혜 · 정효공주의 묘지를 통해 그 높은 수준을 알 수 있다.

③ 한시 : 한시로는 양태사가 유명한데, 일본에 사신으로 갔을 때 고국을 그리며 지은 '다듬이 소리'라는 작품이 대표적이다.

(4) 고대의 역사서 편찬

① 역사 편찬의 시기 : 삼국의 국사 편찬은 한문 보급과 왕권의 신장 과정에서 나타났으며, 국력이 크게 번성하던 때에 행하여졌다.

② 역사 편찬의 목적 : 국사 편찬은 자기 나라의 전통을 이해하고 백성의 충성심을 모으고, 국가의 위엄과 왕권의 존엄성을 강조하려는 목적에서 이루어졌다.

▼ 삼대목
9세기 후반 진성여왕 때 대구화상과 각간 김위홍이 향가를 모아 삼대목이라는 향가집을 편찬하기도 하였으나 현전하지 않고 있다.

▼ 4 · 6 변려체
형식을 소중히 여겨 주로 4자 내지 6자의 대구를 사용하여 문장을 구성하는 한문의 문체로, 중국의 남북조 시대와 수 · 당대에 유행하였다.

더 알아보기 ✛

삼국의 국사 편찬

국가	편찬 시기	책명(편찬자)	현존 여부
고구려	소수림왕 때로 추측	유기(留記) 100권	전하지 않음
	영양왕(600)	신집(新集) 5권(이문진)	
백제	근초고왕(346~375)	서기(書記)(고흥)	
신라	진흥왕(545)	국사(國史)(거칠부)	

(5) 고대의 천문학의 발달

① **과학 기술의 발달 배경** : 우리 민족은 청동기 시대부터 과학 기술 분야에서 우수한 재능을 발휘하였다. 당시 사용된 청동검과 수많은 평행선과 동심원, 사각형, 삼각형 등의 기하적 무늬가 정교하게 표현된 청동제의 잔무늬 거울 등은 뛰어난 기술로 만들어진 것이다. 이러한 기술의 발달은 삼국·남북국 시대에도 이어져 많은 업적을 남겼다.

② **천문학의 발달**

　㉠ 천체 기록 : 고대의 천문학은 천체 관측을 중심으로 발달하였다. 「삼국사기」에는 일·월식, 혜성의 출현, 기상 이변 등에 관한 관측 기록이 많이 수록되어 있는데, 매우 정확한 기록임이 밝혀지고 있다.

　㉡ 천문 현상과 농경·왕의 권위와의 관련 : 고대 사회에서 천체와 천문 현상에 대한 관측을 중시하였던 것은, 천문 현상이 농경과 밀접한 관련이 있음을 인식하였고, 왕의 권위를 하늘과 연결시키고자 하였기 때문이었다.

③ **고구려와 신라의 천문학 발달**

　㉠ 고구려의 천문도 : 고구려에서는 별자리를 그린 '천문도'가 만들어졌고, 고분 벽화에도 별자리 그림이 남아 있는데, 매우 사실적이고 정확한 관측을 토대로 그려졌음을 알 수 있다.

　㉡ 신라의 첨성대 : 신라에서도 7세기 선덕여왕 때에 동양에서 현존하는 것 가운데 가장 오래된 천문대로, 물리학적 지식까지 응용하여 축조된 첨성대를 세워 천체를 관측하였다.

PART
02
적중예상문제 CHAPTER 01~06

01 다음 자료의 ⑤~②과 관련된 국가에 대한 설명으로 옳은 것은?

> ⑤ 부여씨와 ⑥ 고씨가 망한 이후 ⑥ 김씨의 나라가 남에 있고, ② 대씨의 나라가 북에 있으니 이것이 남북국이다. 여기에 마땅히 남북사가 있어야 할 터인데, 고려가 편찬하지 않은 것은 잘못이다.

① ⑤ - 최고기관으로 집사부가 있었다.
② ⑥ - 거란족을 격퇴한 후 압록강 어귀에서 도련포까지 천리장성을 쌓았다.
③ ⑥ - 지방에 담로와 같은 특수행정구획이 설치되기도 하였다.
④ ② - 당의 3성 6부제를 수용하였으며, 인안 · 대흥 등의 독자적인 연호를 사용하였다.

해설

⑤ 백제, ⑥ 고구려, ⑥ 신라, ② 발해이다.
① 왕명 출납과 기밀 사무를 담당한 집사부(집사성)는 신라의 행정 기관이다. 신라 중대 왕명을 받들고 기밀 사무를 다루던 기구인 집사부와 그 장관인 시중의 권한이 강화된다. 또한 집사부 아래에 13부를 두어 행정 업무를 분담하게 하였고, 그 외에 사정부를 두어 관리들의 비리 · 부정을 감찰하도록 하여 귀족 세력을 대표하는 상대등의 권한은 약화되었다.
② 압록강 어귀에서 동해안의 도련포에 이르는 천리장성은 고려 시대에 세워졌다. 거란의 3번에 걸친 침략을 막아낸 후에 강감찬이 주도하여 거란과 여진의 침입에 대비해 개경에는 나성(羅城), 국경 지대에는 천리장성을 쌓았다.
③ 담로는 백제에서 방, 군, 성의 지방 제도가 갖추어지기 전에 설치한 행정 구역으로, 무령왕 시기에 지방에 대한 통제를 강화하고 실추된 왕권을 회복하기 위해 왕자나 왕족을 지방의 요지에 보내 다스리게 한 제도이다.

답 ④

02 다음 각 국왕 대의 공통점에 대한 설명으로 옳은 것은?

> • 고구려 태조왕   • 백제 고이왕   • 신라 내물 마립간

① 왕위의 부자 세습제를 확립하였다.
② 율령을 반포하여 통치 체제를 정비하였다.
③ 불교를 공인하여 사상을 통합하였다.
④ 중앙 집권적 고대 국가의 토대를 마련하였다.

 ④ 태조왕, 고이왕, 내물왕의 공통점은 중앙 집권 국가의 기틀을 마련하였다는 것이다.

삼국의 중앙 집권화 과정

구분	고구려	백제	신라
부자 세습제 확립	고국천왕	근초고왕	눌지 마립간
율령 반포	소수림왕	고이왕	법흥왕
불교 공인	소수림왕	침류왕	법흥왕

답 ④

03 다음 인물에 대한 설명으로 옳은 것은?

> • 15년(서기 314) 봄 정월, 왕자 사유(斯由)를 세워 태자로 삼았다.
> • 가을 9월, 남쪽으로 대방군(帶方郡)을 침공하였다.

① 한사군을 축출하고 서안평을 점령하였다.
② 계루부 출신 고씨가 왕위 계승권을 독점하였다.
③ 을파소의 건의를 받아들여 진대법을 처음으로 실시하였다.
④ 졸본 부여로 남하하여 고구려를 세웠다.

 제시문에서 사유(斯由)를 태자로 삼은 부분이나 대방군(帶方郡)을 침공하였다는 점에서 고구려 미천왕임을 알 수 있다.
① 미천왕은 고국원왕의 아버지로서 중국 5호 16국의 혼란기를 틈타 대방군을 침공하고 낙랑군을 축출하여 서안평과 평양 지역을 점령하였다.
② 계루부 출신 고씨가 왕위 계승권을 독점한 것은 태조왕이다.
③ 진대법을 처음으로 실시한 것은 고국천왕이다.
④ 고구려를 건국한 것은 동명성왕이다.

답 ①

04 ㉮와 ㉯의 사건 사이에 발생한 일로 옳은 것은?

> ㉮ (왕) 41년 10월에 백제왕이 군사 3만 명을 거느리고 평양성을 공격해 왔다. 왕은 군대를 내어 막다가 화살에 맞아 죽었다. 고국의 들에 장사지냈다.
>
> ㉯ 즉위년 7월에 남쪽으로 백제를 정벌하여 10성을 함락시켰다. 10월에는 백제의 관미성을 쳐서 함락시켰다.
>
> — 「삼국사기」 —

① 국내성에서 평양으로 수도를 옮겼다.
② 낙랑군과 대방군을 한반도 밖으로 쫓아냈다.
③ 불교를 공인하고, 율령을 반포하였다.
④ 빈민 구제를 위해 진대법을 처음 시행하였다.

해설 ㉮는 371년 고국원왕의 전사를 기록한 것이며 ㉯는 그로부터 대략 20년 후인 광개토대왕의 업적을 보여주고 있다. 이 사이는 소수림왕과 고국양왕 때로 이 중 소수림왕 때 불교를 공인하고 율령을 반포하였다.
① 평양 천도는 장수왕 때이다.
② 낙랑군과 대방군을 한반도 밖으로 쫓아낸 것은 313년 미천왕 시기이다.
④ 진대법을 처음 시행한 것은 194년 고국천왕 때이다.

답 ③

05 다음 가상 신문이 나타내는 시기를 연표에서 옳게 찾은 것은?

> 신라와 백제 왕실은 신라 소지왕의 친척인 이찬 비지의 딸과 백제 동성왕이 결혼할 것임을 발표하였다. 이는 양국 간의 우호 증진과 협력 강화를 위한 방편으로, 신라의 한 관리는 "고구려의 간섭에서 벗어나 신라가 우뚝 설 수 있는 계기가 될 것"이라고 말해, 양국이 서로의 발전을 위해 결혼 동맹을 선택한 것으로 분석된다.

```
      427        433        475        554        663
       ┌─────────┬─────────┬─────────┬─────────┐
       │  (가)   │  (나)   │  (다)   │  (라)   │
       └─────────┴─────────┴─────────┴─────────┘
   평양 천도   나·제동맹   웅진 천도  관산성전투  백강전투
```

① (가)
② (나)
③ (다)
④ (라)

해설 ③ 장수왕의 남하 정책에 맞서기 위해 나·제동맹이 체결된 것은 433년 신라 눌지왕과 백제 비유왕 당시이다. 이후 두 나라는 결속력을 강화하기 위해 493년 신라 소지왕과 백제 동성왕 사이에 결혼 동맹을 체결하였다.

답 ③

06 다음 밑줄 친 '왕'에 관한 설명 중 가장 옳은 것은?

> 왕은 놀라고 기뻐하며 오색 비단과 금과 옥으로 보답하고 사자를 시켜 대나무를 베어서 바다에서 나오자, 산과 용은 갑자기 사라져 나타나지 않았다. 왕이 행차에서 돌아와 그 대나무로 피리를 만들었는데, 이 피리를 불면, 적병이 물러가고 병이 나으며, 가뭄에는 비가 오고 장마는 개며, 바람이 잦아지고 물결이 평온해졌다.

① 백성들에게 정전을 지급하였다.
② 김흠돌의 반란을 진압하고 왕권을 강화하였다.
③ 당의 세력을 몰아내고 삼국 통일을 완수하였다.
④ 독서삼품과를 실시하여 유교 교육을 진흥시켰다.

> 해설
> 제시문은 만파식적 설화에 관한 것이다. 만파식적 설화와 관련된 밑줄 친 왕은 신문왕이다.
> ② 신문왕은 자신의 장인어른이었던 김흠돌의 반란을 진압하며 왕권을 강화하였다.
> ① 성덕왕은 백성들에게 정전을 지급하여 국가의 토지 지배권을 강화시켰다.
> ③ 삼국 통일을 완수한 시기는 문무왕 때이다.
> ④ 독서삼품과는 원성왕 때의 일로 원성왕은 유교 경전의 이해 수준을 시험하여 관리를 채용하고자 독서삼품과를 시행하였다.
>
> 답 ②

07 다음 중 발해에 대한 설명으로 옳지 <u>않은</u> 것은?

① 당의 통치체제를 받아들여 3성 6부를 기본으로 하는 행정조직을 갖추었다.
② 주요한 사상으로 불교가 유행하였고, 유교도 중요시되었다.
③ 수도인 상경을 비롯하여 5경을 두었고, 중요한 지역에는 15부를 설치하였다.
④ 건국 초기에는 당과 우호적이었으나, 점차 대립하는 관계가 되었다.

> 해설
> ④ 발해는 건국 초기인 무왕 당시에는 당과 신라에 대해 대립 관계였으나, 문왕 이후 친선 관계를 유지하였다.
>
> 답 ④

08 다음 중 발해에 대한 설명으로 옳지 <u>않은</u> 것은?

① 주자감은 국립 교육 기관의 성격으로 귀족 자제들의 교육을 담당하였다.

② 지방 행정 조직으로 5경 15부 62주를 두었다.

③ 중대성 아래 실제 정부를 나누어 담당하는 6부를 두고 정책을 집행하였다.

④ 중앙군으로 10위를 두어 왕궁과 수도의 경비를 맡겼다.

③ 발해는 정당성의 장인 대내상이 국정을 총괄하였고 정당성 아래 좌사정과 우사정을 두고 그 예하에 6부를 두어 정
   책을 집행하게 하였다.
① 주자감은 발해의 국립 교육 기관이다.
② 발해의 지방 행정 조직은 5경 15부 62주이다.
④ 발해의 중앙군은 10위로 왕궁과 수도의 경비를 수행하였다.

답 ③

09 (가)와 (나) 사이의 시기에 있었던 사실에 대한 설명으로 옳은 것은?

> (가) 관리의 녹읍을 혁파하고 매년 조(租)를 내리되 차등이 있게 하였다.
> (나) 여러 관리의 월봉을 없애고, 다시 녹읍을 나누어 주었다.

① 처음으로 병부를 설치하였다.

② 화백회의에서 국왕을 폐위시킨 일이 있었다.

③ 호족이 지방의 행정권과 군사권을 장악하였다.

④ 6두품이 학문적 식견을 바탕으로 국왕의 조언자로 활동하였다.

(가)는 신문왕이 실시한 관료전 지급, (나)는 경덕왕 때의 녹읍 부활에 대한 내용이다. (가)와 (나) 사이의 시기는 신라 중
대로서 왕권이 강하고 6두품이 학문적 식견을 바탕으로 국왕의 조언자로 활동하던 시기이다.
① 병부의 설치는 법흥왕 때로 신라 상대이다.
② 화백회의에서 신라 상대 진지왕을 폐위시킨 일이 있었다.
③ 호족이 지방의 행정권과 군사권을 장악한 것은 신라 하대의 일이다.

답 ④

10 후삼국 시대의 정치 상황에 대한 설명으로 옳지 <u>않은</u> 것은?

① 견훤은 900년에 무진주에서 후백제를 건국하였다.
② 궁예는 901년에 송악에서 후고구려를 건국하였다.
③ 궁예는 국호를 마진으로 바꾸고, 도읍을 철원으로 옮겼다.
④ 견훤은 후당, 오월과도 통교하는 등 대중국 외교에 적극적이었다.

> **해설**
> ① 견훤은 900년에 완산주(지금의 전주)지역에 도읍을 정하고 후백제를 건국하였다.
> ② 궁예는 북원 지방의 양길의 부하로 있던 중 901년에 송악에서 후고구려를 건국하였다.
> ④ 견훤은 중국과의 외교를 통해 국제적으로 세력을 강화하려고 노력하였다.
>
> 답 ①

11 ㄱ~ㄷ에 들어갈 내용으로 옳은 것은?

> • 신문왕 7년 5월에 문무 (ㄱ)을 지급하되, 차등을 두었다.
> • 신문왕 9년 1월에 내 · 외관의 (ㄴ)을 혁파하고 매년 조(租)를 내리되, 차등이 있게 하였다.
> • 성덕왕 21년 8월에 처음으로 백성에게 (ㄷ)을 지급하였다.

	ㄱ	ㄴ	ㄷ
①	관료전	식읍	민전
②	관료전	녹읍	정전
③	공음전	식읍	정전
④	공음전	녹읍	민전

> **해설**
> ② 신문왕은 수조권과 노동력 수취권을 모두 지급한 토지제도인 녹읍을 혁파하고 관료전을 지급하였으며, 성덕왕은 백성에게 정전을 지급하여 국왕의 토지 지배력을 강화시켰다.
>
> 답 ②

12 다음과 같은 문서가 작성되었던 시대에 대한 설명으로 옳지 <u>않은</u> 것은?

> 토지는 논, 밭, 촌주위답, 내시령답 등 토지의 종류와 면적을 기록하고, 사람들은 인구, 가호, 노비의 수와 3년 동안의 사망, 이동 등 변동 내용을 기록하였다. 그 밖에 소와 말의 수, 뽕나무, 잣나무, 호두나무의 수까지 기록하였다.

① 관료에게는 관료전을 백성에게는 정전을 지급하였다.
② 인구는 남녀 모두 연령에 따라 6등급으로 나누어 파악하였다.
③ 전국을 9주로 나누고, 주 아래에는 군이나 현을 두어 지방관을 파견하였다.
④ 국가에 봉사하는 대가로 관료에게 토지를 나누어 주는 전시과 제도를 운영하였다.

> **해설** 제시된 자료는 통일 신라 시대에 작성된 민정문서이다. 민정문서는 조세, 공물, 역 등을 징수하기 위한 자료로서 촌락의 촌주가 매년 변동 사항을 조사하고 3년마다 다시 작성하였다.
> ④ 전시과 제도를 운영한 것은 고려 시대이다.
>
> 답 ④

13 다음의 출신에 대한 설명으로 가장 적절하지 <u>않은</u> 것은?

> • 관등 승진의 상한선은 아찬까지였다.
> • 이 골품에 해당하는 자는 비색 공복(公服)은 입을 수 있었으나, 자색 공복(公服)은 입을 수 없었다.

① 주로 중앙 관청의 우두머리나 지방 장관직을 담당하였다.
② 신라 말기에 이 출신이었던 일부 당(唐) 유학생은 신라 골품제 사회를 비판하면서 새로운 정치 이념을 제시하였다.
③ 신라 중대에는 왕의 정치적 조언자로 활동하였다.
④ 강수, 설총, 최치원이 이 골품에 해당하는 자들이었다.

> **해설** ① 제시문은 신라 6두품에 대한 내용이다. 중앙 관청의 우두머리나 지방 장관직은 진골만이 담당할 수 있었다. 6두품의 경우 6관등인 아찬까지 승진이 가능했지만 지방 장관직을 맡을 수 없었다.
> ② · ③ 6두품은 신라 중대에는 왕의 정치적 조언자로 활동하였지만 신라 하대에는 당에 유학을 하며 신라 골품제 사회를 비판하며 새로운 정치 이념을 제시하고, 지방의 호족과 연계되어 반 신라세력을 형성하기도 하였다.
> ④ 대표적인 6두품에 해당하는 인물이 강수, 설총, 최치원 등이다.
>
> 답 ①

14 다음은 신라에서 최초로 우역이 설치된 기록이다. 그 시대적 상황과 가장 거리가 <u>먼</u> 것은?

> 비로소 사방에 우역(郵驛)을 두고 맡은 관청에 명하여 관도(官道)를 수리하게 하였다.
>
> － 「삼국사기」 －

① 왕위의 부자상속제 확립
② 활발한 정복사업의 전개
③ 수도의 방리(坊里) 명칭 제정
④ 수도에 시장 설치

해설 우역은 공문서의 전달. 관물(官物)의 운송. 공무를 띤 출장관리의 숙박 편의 등을 위해 설치한 국가의 육상 통신ㆍ교통 기관으로, 기록상 487년(소지 마립간 9)에 우역이 확립된 것으로 본다.
② 진흥왕 때에 해당된다.
① 눌지 마립간 때에 해당된다.
③ 자비 마립간 때 수도의 방리 명칭을 정했다.
④ 소지 마립간 때 수도에 시장을 열어 사방의 화물을 통하게 하였다.

답 ②

15 다음 주제어 모두와 연관되는 글의 제목으로 적절한 것은?

> 설계두, 장보고, 6두품, 호족, 중위제

① 신라 관등제의 정비 과정
② 신라 하대 도당유학생의 활약
③ 신라 골품제의 모순과 한계
④ 후삼국의 성립과 신라의 몰락

해설 ③ 설계두는 신라 6두품 가문의 출신으로 진골 출신만 고위직을 점할 수 있는 신분구조 속에서 당나라에서 무인으로 활동하였다. 장보고는 해적을 소탕하고 활발한 해상 무역을 펼친 인물로 왕위쟁탈전에 개입하여 이권을 도모하려다 846년 살해되었다. 호족은 신라 말 왕위쟁탈전과 왕권 약화에 따라 지방에서 성주나 장군을 자칭하며 성장한 세력이다. 중위제는 진골 중심의 골품제를 유지하면서도 6두품 관료들의 반발을 무마하기 위해 시행한 관등제도이다. 따라서 제시된 주제어는 모두 '신라 골품제의 모순과 한계'와 연관지을 수 있다.

답 ③

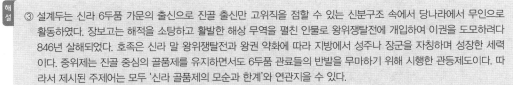

16 다음 중 역사 편찬에 관한 설명으로 가장 적절하지 <u>않은</u> 것은?

① 고구려에서는 일찍부터 「유기」가 편찬되었으며, 영양왕 때 이문진이 이를 간추려 「신집」 5권을 편찬하였다.

② 백제에서는 근초고왕 때 고흥이 「서기」를 편찬하였다.

③ 신라에서는 진흥왕 때 거칠부가 「국사」를 편찬하였다.

④ 삼국통일 이후, 김대문은 「화랑세기」, 「고승전」, 「제왕연대력」을 편찬하였다.

> **해설**
>
> 「화랑세기」와 「고승전」은 김대문이 저술하였고, 「제왕연대력」은 최치원이 저술하였다.
>
> ① · ② · ③ 삼국은 중앙 집권적 체제를 정비하는 과정에서 역사책을 편찬하였는데 고구려는 영양왕 때의 「신집」 5권, 백제는 근초고왕 때의 고흥이 저술한 「서기」, 신라는 진흥왕 때의 거칠부가 저술한 「국사」가 대표적이다.
>
> 답 ④

17 다음 제시어와 관련 있는 신라 승려에 대한 설명으로 옳은 것은?

> • 진골 귀족 　　　　　　　 • 중국 유학
> • 양산 통도사 　　　　　　 • 황룡사 9층 목탑

① 해동화엄종을 창설하고 대중들에게 관음신앙을 전파하였다.

② 대국통이 되어 승정 기구를 정비하고 불교 교단을 총관하였다.

③ 당나라 승려 현장의 제자가 되어 유식학 발전에 기여하였다.

④ 많은 저술을 통해 불교계의 사상적 대립을 극복하고자 하였다.

> **해설**
>
> ① 의상, ③ 원측, ④ 원효
>
> 신라의 승려 자장(慈藏, 590~658)
> • 이름은 김선종랑(金善宗郎)이고 진골 출신인 소판(蘇判) 김무림(金茂林)의 아들이다.
> • 636년 왕명으로 제자 10여 명과 당(唐)나라에 가서 청량산의 문수보살에게 기도하였으며 가사(袈裟)와 부처의 발우, 그리고 불두골(佛頭骨) 한 조각과 함께, 사구게(四句偈)를 받았다.
> • 통도사(通度寺)를 창건하고 금강계단(金剛戒壇)을 쌓았다.
> • 선덕여왕에게 황룡사 9층탑 창건을 건의하고 645년에 완성한 후 황룡사의 2대 주지승이 되었다.
> • 분황사 주지로 있으면서 궁중과 황룡사에서 대승론과 보살계본 등을 설하였다.
>
> 답 ②

출제 비중 체크!

※ 계리직 전 8회 시험(2008~2021) 기출문제를 기준으로 정리하였습니다.

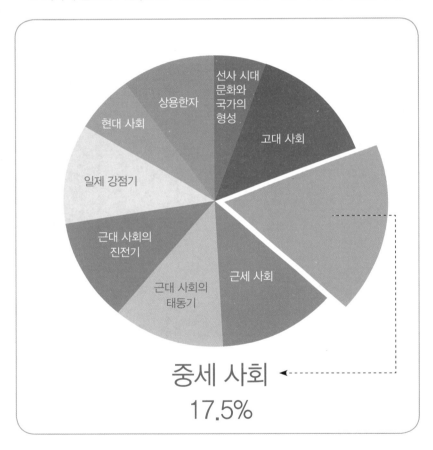

선사 시대 문화와 국가의 형성

고대 사회

상용한자

현대 사회

일제 강점기

근대 사회의 진전기

근대 사회의 태동기

근세 사회

중세 사회
17.5%

PART

03 | 중세 사회

I wish you the best of luck!

우정사업본부 지방우정청 9급 계리직

한국사

(주)시대고시기획
(주)시대교육
www.**sidaegosi**.com
시험정보 · 자료실 · 이벤트
합격을 위한 최고의 선택

시대에듀
www.**sdedu**.co.kr
자격증 · 공무원 · 취업까지
BEST 온라인 강의 제공

고려 사회의 성립과 통치 체제의 정비

1. 고려의 성립과 민족의 재통일

(1) 후삼국 시대의 정세

① **중국의 정세** : 한반도가 후삼국 분열기일 때 중국도 5대 10국의 분열기였고, 만주 서부에서는 거란이 일어나 발해를 멸망시키고 흥기하였다(926).

② **후삼국의 대외 관계** : 고려는 주로 산동 반도를 거쳐 북중국(5대)과 정안국 그리고 신라와 교통하였다. 또한 후백제는 주로 남중국, 특히 오와 긴밀한 관계를 맺는 한 편 고려에 대한 압력을 견제하기 위해 거란과 무역하였으며 왜와도 수교하였다.

(2) 태조 왕건의 등장과 기반 확대

① **호족 세력과 연합** : 왕건은 본래 송악 지방 호족 출신으로 예성강 하구를 중심으로 중국과의 해상 무역을 통해 성장한 호족들과 연합하여 세력을 강화하였으며, 궁예 의 신하가 되어 한강 유역을 점령하는 등 영토 확장에 공을 세웠다.

② **기반 확대** : 특히, 수군을 이끌고 금성(나주)을 점령하여 후백제를 배후에서 견제하 는 데 큰 공을 세워 광평성▼ 시중의 지위에까지 올랐다. 왕건은 궁예나 견훤과는 달리 호족적 기반을 가지고 있었고, 새로운 사회 건설의 경륜과 철학을 가지고 있 었다.

(3) 고려의 성립

왕위에 오른 왕건은 근거지였던 송악으로 도읍을 옮기고 고구려 계승을 내세워 고려 (궁예의 실정을 계기로 홍유, 신숭겸, 배현경 등이 궁예를 축출한 뒤 신하들의 추대 형 식을 빌려)를 건국하였다.

▼ 광평성
904년 궁예가 국호를 마진이라 고 치고 연호를 무태라 하였을 때 설치 하여 내정을 통괄하게 한 기관이다.

(4) 태조 왕건의 통일 정책

① **대내적 정책** : 왕건은 통일 역량을 기르기 위하여 안으로는 지방 세력을 흡수 · 통합하였다.

② **대외적 정책** : 밖으로는 중국과 외교 관계를 맺어 대외 관계의 안정을 꾀하였다. 태조는 궁예와 달리 신라에 대하여 적극적인 우호 정책을 내세우고, 후백제와는 대립하는 정책을 취했다. 신라에 대한 우호 정책은 신라인들을 회유하는 데 유용하였다.

(5) 후삼국의 재통일

① **후백제의 공격** : 신라 · 고려의 우호 관계에 불만을 품은 후백제는 신라를 공격하여 포석정에서 경애왕을 죽였다. 이에 왕건은 신라를 돕기 위해 공산(대구 동쪽)에서 견훤의 군대와 대결하다가 패배하였다(공산 전투).

② **후백제의 후퇴** : 고려와 후백제는 낙동강 서부 일대에서 균형을 이루다가 고창(안동) 전투(930)에서 고려가 승리하자 후백제는 신라의 외곽에서 후퇴하였고, 그 후 운주(홍성) 전투(934)에서 고려가 승리하며 전선은 고려에게 유리하게 전개되었다.

③ **신라의 투항** : 경애왕 피살 후 즉위한 경순왕은 왕건의 도움이 있었으나 더 이상 나라를 지탱할 수 없어 마의태자 등의 반대에도 불구하고 고려에 투항하였다(태조 18, 935).

④ **후백제의 멸망** : 후백제는 신검 · 금강 간의 정권 다툼으로 견훤이 신검(견훤의 큰아들) 등에 의해 김제 금산사에 유폐되는 내분이 일어났다. 이후 견훤의 투항을 받은 왕건은 신검군을 선산 일리천 전투에서 대파해 후삼국을 통일했다(936).

(6) 민족 재통일▼

① **발해 유민의 망명** : 발해가 거란에 멸망당했을 때(926) 고구려계 유민을 비롯하여 많은 사람이 고려로 망명해 왔다.

▼ 고려의 민족 재통일

② **발해 유민의 포용**▼ : 태조는 이들을 우대하여 민족의 완전한 통합을 꾀하였다. 이로써 고려는 후삼국뿐만 아니라 발해의 고구려계 유민까지 포함한 민족의 재통일을 이룩하였다.

(7) 중세 사회의 성립

① **중세 사회로의 전환** : 고려의 건국과 후삼국의 통일은 단순한 왕조 교체에 그치는 것이 아니라 고대 사회에서 중세 사회로의 전환을 의미하는 것이었다. 고려는 정치적·문화적·사상적으로 신라 사회에 비하여 질적으로 변화·발전된 사회이기 때문이다.

② **중세 문화의 성립** : 고려는 사회를 이끌어 가는 지배 세력이 교체되어 폐쇄적인 사회가 보다 개방적으로 변화하였다. 이로 인하여 정치와 사회를 이끌어 가는 이념도 변화하게 되었으며, 문화의 폭과 질이 크게 높아져 중세 문화를 성립시켰다.

③ **민족 의식의 성장** : 고려에서는 강렬한 민족 의식이 국가 사회를 이끌어 나갔다. 이러한 민족 의식은 외세의 간섭 없이 민족의 통일을 이룩하였다는 자신감과 고구려의 옛 땅을 회복하기 위한 북진 정책을 추진하는 과정에서 북방 유목 민족들과 항쟁하면서 더욱 성장하였다.

(8) 중세 사회의 특징

① **지배층의 교체** : 지배층이 교체되면서 진골 중심의 폐쇄적 사회에서 문벌 귀족 사회가 성립되었다.

② **유교 정치 이념의 정립** : 유교 정치 이념이 정립되었는데, 유교는 행정적 기능을 중시하여 교육·과거제를 정비하고 농민의 생활 안정책을 제시하였다.

③ **중세 문화의 발달** : 고대 문화의 모순을 극복하여 종래의 혈족적 관념과 종교적 제약에서 다소 탈피하였다. 이를 통해 유교 사상의 발달, 교·선종의 융합, 문화 수준의 향상, 지방 문화가 대두하는 등 중세 문화가 발달하였다.

▼ **발해 유민의 포용**
당시 고려에 온 발해 유민 가운데는 관리, 장군, 학자, 승려 등 상류층 지식 계급이 상당수 있었는데, 태조는 이들을 적재적소에 임명하여 후삼국 통일에 활용하였다. 특히, 발해의 왕자 대광현을 우대하여 동족 의식을 분명히 하였다.

더 알아보기 ➕

고려 시대의 시기 구분

전기							후기					
초기			중기				무신 집권기			원 간섭기	말기	
태조	광종	성종	문종	숙종	예종	인종	무신기	최씨 독재	몰락기	충○왕 (충렬, 충선, 충숙, 충혜)	공민왕	공양왕
호족			문벌 귀족				무신			권문세족	신진 사대부	
거란			여진				몽골			일본 원정	홍건적 · 왜구 · 명	
강동 6주			동북 9성				강동의 역			–	쌍성총관부 → '명'철령위 → 요동정벌 → 위화도 회군	
〈성종〉 서희 · 양규 → 강동 6주 〈현종〉 강감찬 → 귀주대첩			〈인종〉 이자겸의 난 묘청의 서경 천도 운동				박서 · 김윤후			–	–	
광군			별무반				삼별초			–	–	
초조대장경			속장경(교장) 상정고금예문				재조대장경			–	직지심경 (직지심체요절)	
황주량, 「7대실록」			김부식, 「삼국사기」 박인량, 「고금록」				각훈, 「해동고승전」 이규보, 「동명왕편」			일연, 「삼국유사」 이승휴, 「제왕운기」	이제현, 「사략」	
		1019, 거란 격퇴				1170, 무신 정변			1270, 개경 환도		1351, 공민왕 즉위	

2. 태조의 정책

(1) 태조의 정책 방향

① **태조의 과제** : 후삼국을 통일한 고려 태조는 지방에 할거한 호족들을 포섭하여 집권적 지배 체제를 확립하였고, 황폐해진 농지를 개간하여 생산력을 발전시키며 조세 제도를 재조정하여 농민 생활을 안정시켜야 하는 과제를 안고 있었다.

② **새로운 제도의 마련** : 골품제가 해체된 뒤 지배층을 새롭게 편성하기 위한 제도도 마련해야 했다.

(2) 호족 통합 정책

① **지방 호족층의 기득권 약화 필요성** : 태조는 후삼국의 분열된 사회를 통합하고 지방 호족층을 국가 권력으로 끌어들이는 한편 기득권을 약화시키는 이중 과제를 떠안고 있었다.

② **혼인 정책과 사성 정책의 실시** : 유력한 호족과는 혼인을 통해 관계를 다져 갔는데, 이때 태조는 29명의 부인(왕후 6명, 부인 23명)을 두었다. 대호족들과는 통혼하고 귀순 세력·신흥 세력들에게 왕씨 성을 하사(사성 정책, 의제 가족제)하여 왕족으로 포섭함으로써 반독립적 호족 세력과 연합하여 왕권 안정을 도모하였다.

③ **구세력의 흡수**

　㉠ **능력 본위의 개방적 사회 건설** : 태조는 신라의 골품제를 대신하여 각 지역·계층의 정치 세력을 포용하는 정책을 취함으로써 폐쇄적 질서를 배제하고 능력 본위의 개방적 사회 건설에 힘썼다.

　㉡ **경순왕과 견훤의 우대** : 구세력을 흡수하여 고려 왕조의 안정을 도모하고자 김부(경순왕)에게 정승 벼슬을 내리고 경주 사심관으로 임명하였으며, 견훤에게 양주(楊洲)를 식읍으로 주고 상부(尙父)라 하여 우대하였다.

　㉢ **발해 유민의 포용** : 발해가 거란에게 멸망한 후 고구려 계통 유민들은 고려에 투항했으며, 고려는 동족 의식으로 이들을 포섭하여 민족의 통합 의지를 확고하게 보여주었다.

④ **지방 호족의 통합** : 지방의 중소 호족들에게는 향촌 사회의 지배권을 부분적으로 인정해 주었고(자치 허용), 후삼국 통일의 공신에게 **역분전(役分田)**▼을 지급하여 새 지배층의 경제적 기반을 마련해 주었다.

⑤ **사심관·기인 제도의 실시(호족 견제)** : 지방 호족을 견제하고 지방 통치를 보완하는 정책도 펼쳤는데, **사심관 제도**▼와 **기인 제도**▼를 활용하였다.

▼ **역분전**
통일 후 개국공신과 중앙관리의 인품·공로·충성도를 기준으로 지급한 토지 제도로, 지배층의 경제기반 제공과 함께 토지를 매개로 고려의 위계 체제 안으로 포섭하였다.

▼ **사심관제**
• 중앙의 공신이나 고관들을 자기 출신지의 사심관으로 임명하고 부호장 이하의 향리직을 임명할 수 있도록 하였다. 그 지방의 향리 감독, 풍속 교정, 부역 조달과 치안 통제·행정을 책임지게 하여 중앙 집권화를 도모하고 지방 세력의 동태를 파악·견제하게 하였다. 신라 경순왕(김부)을 최초로 사심관에 임명하였고, 충숙왕 때 폐지되었다.

• 김부(경순왕)가 항복해 오니 신라국을 없애고 경주라 하였다. (김)부로 하여금 경주의 사심이 되어 부호장 이하의 (임명을) 맡게 하였다. 이에 여러 공신이 이를 본받아 각기 자기 출신 지역의 사심이 되었다. 사심관은 여기에서 비롯되었다.
– 「고려사」 –

▼ **기인제**
• 지방호족에게 호장·부호장이라는 관직을 주어 지방자치를 책임지게 하는 한편, 지방 호족의 자제를 인질로 뽑아 서울에 머물게 한 제도로, 지방 세력의 견제와 중앙 정계의 진출이라는 성격을 띠고 있다.

• 건국 초에 향리의 자제를 뽑아 서울에 볼모로 삼고, 또한 출신지의 일에 대하여 자문에 대비하게 하였는데, 이를 기인이라 한다.
– 「고려사」 –

▼ 정계와 계백료서
태조 왕건이 직접 지은 신하의 도
리와 예의를 밝힌 책

⑥ **관리 규범 제시** : 태조는 「정계」와 「계백료서」▼를 지어 관리가 지켜야 할 규범을 제시하여 중앙 관료와 지방 호족 세력에게 군주에 대한 신하의 도리를 규정했는데, 이 두 책은 현재 전해지지 않는다.

(3) 애민 정책

① **고대적 조세 제도의 모순** : 후삼국 분열은 신라 사회의 모순과 지방 호족 세력의 대두로 인한 것으로, 사회 혼란의 근본 원인이 가혹한 고대적 조세 제도에서 비롯된 경제적 모순에 있다고 태조는 판단하였다.

▼ 취민유도
백성에게 조세를 거둘 때 일정한
법도가 있어야 한다고 하여 취한
태조 왕건의 조세 정책

② **조세의 조정** : 태조는 왕위에 오른 뒤 취민유도▼를 내세웠다. 호족이 지나치게 세금을 거두지 못하도록 하고, 조세 제도를 합리적으로 조정하여 세율을 10분의 1로 낮추어 농민의 생활을 안정시키려 하였다.

③ **흑창**▼**의 설치** : 호족 및 공신들의 횡포를 금지하는 조서를 반포하고 물자 징발·강제 동원·전쟁을 가급적 자제시켰다. 억울하게 노비가 된 자를 해방시켜 주기도 하고 빈민 구제 기구로 흑창을 설치하기도 하였다.

▼ 흑창
흑창은 고구려의 진대법을 계승하
여 춘궁기에 곡식을 나눠 주고, 추
수 후에 갚게 했던 빈민 구제 기구
이다. 986년(성종 5)에 의창으로
바뀌었다.

(4) 불교·재래 관습 중시

① **불교 행사의 실시** : 태조는 백성들이 믿는 불교와 풍수지리설을 존중하여 숭불 정책을 펼쳤다. 불교의 전통적 관습을 중시하여 연등회, 팔관회 등 불교행사를 실시했는데, 이를 통해 민심을 수습하고 왕실의 안정을 도모하고자 하였다.

② **사찰의 건립과 팔관회 실시** : 개태사 등 사찰을 건립하고 승록사를 설치하여 승적을 관리하였다. 도선의 비보설▼을 이용하여 전국 각지의 사찰을 관제하였다.

▼ 비보설
도선의 풍수설에 의한 주장으로 지
기(地氣)의 성쇠를 막기 위해 사탑
의 건립으로 지기를 보완하려는 것
이다.

> **더 알아보기 ➕**
>
> **팔관회**
> - 행사 위치 : 개경 만월대, 의보루 앞마당
> - 행사 시기 : 11월 보름 전후 사흘 동안
> - 행사 진행 순서
>   - 13일 준비일
>   - 14일 소회일 : 대관전과 의봉루 사이에 3천여 명의 화려한 복장의 호위군사를 진열하고 태조 영정에 술을 올리며 연희와 조하 의식을 행하였다.
>   - 15일 대회일 : 의봉루로 행차하여 문무백관들과 봉표원들로부터 축하 표문과 축하주를 헌수받는 형식으로 행사가 진행되었는데, 이때 송나라 상인과 여진, 탐라, 왜에서 파견된 사신들이 축하 표문과 특산물들을 바쳤다.

(5) 북진 정책

① **'고려' 국호의 사용과 연호 사용** : 태조는 '고구려의 계승자'라는 뜻에서 국호를 '고려'라 하였고, 국가의 자주성을 강조하기 위해 '천수'라는 연호를 사용하였다.

② **서경의 중시** : 건국 직후부터 고구려의 옛 땅을 되찾고자 하는 의욕으로 강력한 북진 정책을 추진하여 평양을 서경으로 승격시키고, 북진 정책의 전진 기지로 삼아 관청을 설치하는 등 분사 제도를 실시하였다.

③ **영토의 확장** : 태조의 북진 정책의 결과로 통일 신라 때 대동강에서 원산만에 이르렀던 국경을 청천강에서 영흥만까지 확보할 수 있었다.

④ **거란과의 충돌(만부교 사건)** : 고려의 북진 정책은 거란과 충돌을 일으켰는데, 거란은 고려에 낙타 50마리를 보내 친선 관계를 맺고자 하였으나, 태조는 발해를 멸망시킨 거란에 강경책을 펴 사신 30명을 섬으로 쫓아 보내고 낙타는 만부교 다리밑에 두어 굶어 죽도록 했는데, 이를 만부교 사건(942)이라고 한다.

(6) 훈요 10조

① **훈요 10조 제시** : 태조는 후왕들이 지켜야 할 10가지 정책 방향을 제시하기 위해 훈요 10조(訓要十條)를 남겼다.

② **훈요 10조의 내용** : 고려의 건국 정신이 담긴 훈요 10조는 도덕적 유교 정치 진흥, 농민 생활 안정, 불교 및 사찰 보호, 풍수지리 사상 존중, 전통 문화 존중, 서경 중시, 인사 정책 방향 등이 제시되어 있다.

③ **훈요 10조의 성격** : 훈요 10조에 나타난 정치 이념은 태조의 휘하에 신라말 6두품 출신의 진보적 지식인들이 많이 참여하고 있음을 보여준다.

더 알아보기➕

훈요 10조

1. 대업은 제불호위(諸佛護衛)에 의하여야 하므로 사원을 보호 감독할 것　　　　▶ 숭불 정책
2. 사원의 창설은 도선(道詵)의 설에 따라 함부로 짓지 말 것　　　　▶ 풍수지리설 중시
3. 왕위 계승은 적자(嫡子)·적손(嫡孫)을 원칙으로 하되 마땅하지 아니할 때는 형제 상속도 가함
　　　　　　　　　　　　　　　　　　　　　　　　　　　　　　▶ 왕위 계승 원칙
4. 거란과 같은 야만국의 풍속을 본받지 말 것　　　　▶ 북진 정책
5. 서경(西京)은 길지(吉地)이니 중시할 것　　　　▶ 풍수지리설 중시, 북진 정책
6. 연등(燃燈)과 팔관(八關)은 주신(主神)을 함부로 가감치 말 것　　▶ 숭불 정책(연등회와 팔관회 중시)
7. 간언(諫言)을 받아들이고 참언(讒言)을 물리칠 것이며, 부역을 고르게 하며 민심을 얻을 것
　　　　　　　　　　　　　　　　　　　　　　　　　　　　▶ 유교(백성 안정 중시)
8. 차현(車峴, 차령) 이남의 인물은 조정에 등용치 말 것　　　　▶ 풍수지리설 중시
9. 관리의 녹(祿)은 그 직무에 따라 제정하되 함부로 증감치 말 것　　　　▶ 유교
10. 경사(經史)를 널리 읽어 옛 일을 거울로 삼을 것　　　　▶ 유교

---

3. 고려 전기 정치의 흐름

(1) 광종 즉위 전 왕권의 불안정

① **왕위 계승 다툼** : 태조의 뒤를 이어 즉위한 혜종과 정종 때에는 왕권이 불안정하여 왕자들과 외척들 사이에 왕위 계승 다툼이 일어났다.

② **혼인 정책의 부작용** : 왕권의 불안정은 태조가 후삼국 통일 과정에서 호족 세력 통합을 위해 취한 혼인 정책 때문에 나타난 부작용이었다.

(2) 혜종(943~945)

태조의 둘째 왕후인 장화왕후 소생으로 재위 당시 외척들의 왕위 계승 다툼인 왕규의 난▼이 발생하였다. 그러나 재위 3년 만에 병사하였다.

▼ 왕규의 난
혜종 때 광주 호족인 왕규가 외손인 광주원군으로 왕위를 계승하기 위하여 난을 일으켰다.

(3) 정종(945~949)

① **서경 천도 실패** : 태조의 셋째 왕후인 신명왕후의 아들로 혜종과 이복형제간이다. 왕권이 불안정하여 훈신세력에서 벗어나고자 서경 천도를 시도했지만 실패했다.

② **광군 조직** : 거란 침입 대비를 위해 지방 농민으로 광군을 조직(947)하여 개경에 설치했다.

(4) 광종(949~975)

① **왕권 강화책의 추진** : 광종은 왕권 안정과 중앙 집권 체제를 확립하기 위하여 당태종의 유교정치를 기록한 「정관정요」를 참고하여, 왕권 강화책을 추진하였다.

② **칭제 건원** : 국왕의 권위를 높이기 위하여 자신을 황제로 칭하고, 수도 개경을 황도(皇都)로 개칭했다. 서경(西京 ; 평양)을 서도(西都)로 부르며 격상하였고, '광덕 · 준풍' 등 독자적인 연호를 사용하기도 하였다.

③ **노비안검법의 실시** : 956년(광종 7)에 노비안검법을 실시하여 후삼국 시대의 혼란기에 불법으로 노비가 된 자를 조사하여 양인으로 해방시켜 주었다. 이를 통해 공신이나 호족의 경제적 · 군사적 기반은 약화시키는 한편 노비들을 양인으로 만들어 조세 · 부역의 의무를 지게 하여 국가 재정 기반 확보와 왕권 안정화를 도모했다.

④ **제위보의 설치** : 제위보라는 빈민 구제 기금을 만들어 빈민 · 행려자의 구호와 질병을 담당하게 했다(963).

⑤ **과거 제도 시행** : 후주에서 귀화한 거란 출신 쌍기의 건의로 문예와 유교 경전을 시험하여 문반 관리를 선발하는 과거 제도를 최초로 시행하였다(958). 이는 공신 자제를 우선 등용하던 종래의 관리 등용 제도를 억제하고, 새로운 관리 선발기준을 마련한 것으로, 광종은 유학을 익힌 신진 인사를 등용하여 신·구 세력의 교체를 도모하였다.

⑥ **공복 제정** : 지배층의 위계질서를 확립하기 위하여 자색·단색·비색·녹색의 4색을 백관의 공복을 제정(960)하였다. 일련의 개혁을 통하여 자신감을 가지게 된 광종은 본격적으로 공신과 호족 세력을 제거하여 왕권을 강화해 나갔다.

⑦ **숭불정책** : 승과 실시, 왕사·국사 제도, 불교교단 통합운동을 전개하였다.

(5) 경종(975~981)

① **전시과 제정** : 경종은 과거에 진출한 관리들의 경제적 기반을 마련하고자 고려 토지 제도의 토대를 이루는 전시과(시정 전시과)를 제정함으로써, 태조~광종 때까지 계속되어 온 중앙 집권 체제 완비의 기틀을 마련하였다.

② **시정 전시과의 특징** : 전시과는 관품과 인품까지도 고려하여 전 정치 세력을 중앙 집권 체제에 편입시키려 하였다.

(6) 성종(981~997)

① 최승로의 시무 28조▼ 수용

ⓐ **시무 28조** : 경종 사후 정치적 혼란기에 즉위한 성종은 새로운 정치 질서의 필요성을 느꼈다. 성종은 국가의 오랜 폐단을 없애고 국정 쇄신을 위하여 중앙의 5품 이상의 관리들로 하여금 그동안의 정치에 대한 비판과 정책을 건의하는 글을 올리게 했는데, 이때 최승로가 시무 28조를 올렸다.

ⓑ **5조정적평** : 5조정적평(5조치적평)은 태조에서 경종에 이르는 5대 왕의 치적에 대한 잘잘못을 평가하여 교훈으로 삼도록 했는데, 성종은 이를 수용하여 통치 체제를 정비하였다.

ⓒ **시무책의 내용** : 시무 28조는 불교의 폐단 비판, 중앙 집권화를 주장, 12목의 설치와 외관의 파견, 유교적 정치 이념을 채택한 대간 제도의 실행, 자주적·주체적 입장의 외래 문화를 수용, 귀족 우대 정치 등의 유교적 정치 이념에 입각한 중앙 집권적 귀족 정치를 주요 내용으로 한다.

▼ **최승로와 시무 28조**
최승로(927~989)는 경주 출신으로 신라가 항복할 때 아버지와 함께 경순왕을 따라 고려에 귀순하여 일찍부터 고려에서 벼슬을 한 학자 출신의 중앙 관료(문하시중)였다. 성종 때 건의된 최승로의 시무책은 유교적 정치 이념의 구현을 목표로 했기에 많은 조목에서 불교의 폐단을 비판하고 있으며, 유교의 '민본 정치 구현'과 관련된 민생의 안정을 강조하고 있다. 또한, 호족 세력의 억제와 외관 파견의 주장 등으로 전국적 규모의 중앙 집권적 정치 형태를 구상하면서도 시위 군졸의 축소 등으로 왕권의 전제화를 견제하고 있다. 이것은 그가 중앙 집권적 관료 사회에 애착을 가졌고, 귀족 관료들을 중심으로 하는 정치·사회적 재편성을 원했기 때문이다.

② **중앙 통치 기구 개편** : 당과 송의 3성 6부 제도와 태봉과 신라의 제도를 참작하여 고려 실정에 맞게 중앙 관제를 정비하였다. 2성 6부제를 기반으로 중추원과 삼사를 설치하고, 식목도감 · 도병마사를 설치하였다.

③ **지방 행정 제도 마련** : 지방 세력을 견제하기 위해서 12목을 설치하여 지방관(수령)을 파견(983)하였다. 이때 향직을 개편하여 지방의 중소 호족을 향리로 격하하고, 이들의 무기를 회수하여 농기구로 만들었다.

④ **노비환천법**▼**의 실시** : 노비환천법을 실시하여 해방된 노비 중 원주인을 모독하거나 불손하게 대하는 자를 다시 노비로 만들어 사회 기강을 확립하였다.

⑤ **압록강 유역 진출** : 거란의 침입(1차 거란 침입) 때 서희가 외교담판을 벌여 강동 6주를 획득하고 압록강 유역까지 국경선이 확대되었다.

⑥ **교육 제도 마련** : 개경에 최고 유학 교육 기관인 국자감을 설치했으며, 도서관으로 비서성(개경)과 수서원(서경)을 두었다. 이 무렵 12목에 경학박사와 의학박사를 파견하여 유학 교육과 진흥에 노력하였다.

⑦ **의창 · 상평창의 설치** : 흑창의 진대곡을 1만 석 보충하여 춘대 · 추납 제도로써 전국의 군 · 현과 각 주에 의창(義倉)을 두었으며, 물가 조절 기관인 상평창을 개경 · 서경 · 12목에 설치하여 물가의 안정을 꾀하였다.

⑧ **건원중보의 발행** : 우리나라에서 주조된 최초의 철전인 건원중보를 발행했으나, 자급자족의 농업 경제로 인하여 실용화되지는 못하였다.

⑨ **연등회와 팔관회의 중지** : 유교 정치사상에 입각한 개혁 정치를 단행하면서 연등회 · 팔관회 행사는 일시 중지되었다.

▼ **최승로의 노비안검법을 비판한 글**

"천예(賤隷)들이 때나 만난 듯이 윗사람을 능욕하고 저마다 거짓말을 꾸며 본주인을 모함하는 자가 이루 헤아릴 수 없었습니다. 바라건대, 전하께서는 옛일을 심각한 교훈으로 삼아 천인이 윗사람을 능멸하지 못하게 하고, 종과 주인 사이의 명분을 공정하게 처리하십시오. 전대에 판결한 것을 캐고 따져서 분쟁이 열리지 않도록 해야 하겠습니다."

더 알아보기⊕

시무 28조의 주요 내용

	유교 정치 이념의 확립	
제20조	불교를 행하는 것은 몸을 닦는 근본이며, 유교를 행하는 것은 나라를 다스리는 근원이니, 몸을 닦는 것은 내생(來生)을 위한 것이며, 나라를 다스리는 것은 곧 오늘의 일입니다. 오늘은 지극히 가깝고 내생은 지극히 먼 것이니, 가까운 것을 버리고 먼 것을 구하는 일이 또한 그릇된 일이 아니겠습니까.	제왕의 불법 승신 억제와 유교 정치의 실현
	불교의 폐단 비판	
제2조	불사(佛事)를 많이 베풀어 백성의 고혈(膏血)을 짜내는 일이 많고, 죄를 지은 자가 중을 가장하고, 구걸하는 무리들이 중들과 서로 섞여 지내는 일이 많습니다. 원컨대 군왕의 체통을 지켜 이로울 것이 없는 일은 하지 마소서.	공덕재 등 불사의 제한
제4조	왕께서 미음과 술과 두부국으로 길가는 사람에게 보시(布施; 법이나 재물을 베풂)하나, 작은 은혜는 두루 베풀어지지 못합니다. 상벌을 밝혀 악을 징계하고 선을 권장한다면 복을 오게 할 수 있을 것입니다. 작은 일은 임금의 체통이 아니오니 폐지하소서.	행려에의 시여(施輿) 폐지와 권선징악
제6조	불보(佛寶)의 돈과 곡식은 여러 절의 중이 각기 주군(州郡)에서 사람을 시켜 관장하며, 해마다 장리(長利; 비싼 이자)를 주어 백성을 괴롭게 하니 이를 모두 금지하소서.	불보 전곡(錢穀)의 장리(長利) 금지
제8조	굴산의 승려 여철에 대한 환대를 비판하며 승려의 궁중 출입 금지 주장	승려의 궁중 출입 금지
제10조	승려들이 객관(客館)·역사에서 유숙하는 것을 금지하여 그 폐단을 제거하소서.	승려의 객관, 역사 유숙 금지
제13조	우리나라에서는 봄에는 연등(煙燈)을 설치하고, 겨울에는 팔관(八關)을 베풀어 사람을 많이 동원하고 노역이 심히 번다하오니 원컨대 이를 감하여 백성이 힘을 펴게 하소서.	연등회·팔관회 축소와 노역의 축소
제16조	중들이 다투어 절을 짓는데, 수령들이 백성을 동원하여 일을 시키니 백성이 매우 고통스럽게 여기고 있습니다. 엄히 금하소서.	무분별한 사찰 건립 금지
제18조	신라 말기에 불경과 불상을 만드는 데 모두 금·은을 사용하여 사치가 지나쳤으므로 마침내 멸망하게 되었습니다. 근래에도 그 풍습이 없어지지 않았으니 엄중히 금하여 그 폐단을 고치게 하소서.	불상에 금·은 사용 금지

중앙 집권 체제의 지향		
제7조	태조께서 나라를 통일한 후에 군현에 수령을 두고자 하였으나 대개 초창기에 일이 번다하여 미처 이 일을 시행할 겨를이 없었습니다. 청컨대 외관(外官; 지방관)을 두소서.	지방관의 파견
제17조	근래에 사람들이 지위의 높고 낮음을 가리지 않고 재력만 있으면 다투어 큰 집을 지으니 그 폐단이 많습니다. 제도에 맞지 않는 것은 모두 헐어 버리도록 명하여 뒷날에 경계가 되게 하소서.	지방 호족 세력의 억제
왕권의 전제화 규제(왕도 정치)와 귀족 중심의 정치 지향		
제3조	우리 왕조의 시위하는 군졸은 태조 때에는 그 수효가 많지 않았으나, 뒤에 광종이 풍채 좋은 자를 뽑아 시위케 하여 그 수가 많아졌습니다. 태조 때의 법을 따라 날쌔고 용맹스런 자만 남겨 두고 그 나머지는 모두 돌려보내어 원망이 없도록 하소서.	왕실 시위군졸의 축소
제14조	임금께서는 스스로 교만하지 말고 아랫사람을 공손히 대하고, 죄지은 자는 모두 법에 따라 벌의 경중을 결정하소서.	신하에 대한 예우와 법치의 실현
제19조	공신의 등급에 따라 그 자손을 등용하여 업신여김을 받고 원망하는 일이 없도록 하소서.	삼한공신과 자손 등용
민생의 안정		
제12조	공물과 요역을 공평하게 하소서.	섬 사람들의 공물과 요역 경감
제15조	궁중의 노비와 기마의 수를 줄이소서.	왕실 내(內) 노비와 기마의 수 감소
제21조	우리 왕조는 종묘사직의 제사는 아직 법대로 하지 않으면서 산악(山嶽)과 성수(星宿)에 대한 초제는 번거롭게 합니다. 그 제사의 비용은 모두 백성으로부터 나오는 것입니다. 민심을 얻으면 그 복이 기원하는 복보다 많을 것이니, 제사를 지내서는 안 됩니다.	산악성수에 대한 초제의 금지
유교적 신분 질서의 확립		
제9조	관료들로 하여금 조회할 때에는 모두 중국 및 신라의 제도에 의하여 공복을 입도록 하여 지위의 높고 낮음을 분별하도록 하소서.	복식 제도의 정비
제22조	광종이 노비를 안검하니 … 천한 노예들이 주인을 모함하는 일이 이루 헤아릴 수 없이 많았습니다. 그런즉, 선대의 일에 구애되지 말고, 노비와 주인의 송사를 판결할 때는 분명하게 하여 후회가 없도록 힘써야 합니다.	노비의 신분 규제

중국 문물의 주체적 수용		
제5조	태조께서는 수년에 한 번씩 사신을 보내어 사대의 예를 닦았을 뿐인데, 지금은 사신뿐 아니라, 무역으로 인하여 사신의 왕래가 빈번하니, 지금부터는 사신 편에 무역을 겸하게 하되, 그 밖의 때에 어긋나는 매매는 일체 금지하도록 하소서.	중국에 대한 사신 감축과 사무역 금지
제11조	중국의 제도를 따르지 않을 수 없지만 사방의 풍습이 각기 그 토성에 따르게 되니 다 고치기는 어려울 것 같습니다. 그 예악, 시서의 가르침과 군신, 부자의 도리는 마땅히 중국을 본받아 비루함을 고쳐야 되겠지만 그 밖의 거마, 의복의 제도는 우리의 풍속대로 하여 사치함과 검소함을 알맞게 할 것이며 구태여 중국과 같이 할 필요는 없습니다.	무분별한 중국 문물의 수용 제한
국방력 강화 강조		
제1조	요지(要地)를 가려 국경을 정하고, 그 지방에서 활 잘 쏘고 말 잘 타는 사람을 뽑아 국방을 맡도록 하소서.	국경의 확정과 방어책

(7) 현종(1009~1031)

① **지방 제도 정비** : 현종 때에 5도·양계·4도호부·8목으로 지방 제도를 정비하였다.

② **거란의 2차 침입** : 현종은 거란 2차 침입으로 나주까지 몽진하였고, 이 과정에서 지방세력가들의 도움을 받았으며, 백성들의 고초를 직접 느끼게 되었다. 거란은 현종 입조를 조건으로 철병하게 된다.

③ **거란 침입 후의 대책** : 군사상 방위를 목적으로 개경 부근에 나성을 축조하였고, 국경에는 천리장성을 축조하였다. 거란 침입 후 불력으로 물리치기 위하여 초조대장경 제작에 착수하여 6천여 권 대부분을 완성하였다.

(8) 문종(1046~1083)

① **토지제의 정비** : 전시과를 개정하여 현직 관료에게만 경기 지방의 수조지를 주는 경정 전시과를 실시하고, 국가 유공자와 5품 이상 관리에게 공음전을 지급하였다.

② **사학 진흥** : 유교를 장려하여 최충의 9재를 비롯한 12도의 사학을 진흥시켰다.

③ **불교 신봉** : 불교를 신봉하여 흥왕사를 준공(1067)하고 왕자 후를 출가시켜 승려가 되게 했는데, 그가 대각국사 의천이다.

(9) 숙종(1095~1105)

① **서적포의 설치** : 사학의 번성으로 상대적으로 위축된 관학을 진작시키기 위해 출판을 담당하는 서적포를 국자감에 설치하였다.

② **화폐 발행** : 의천이 주전도감을 설치하여 화폐를 발행했다(은병, 해동통보, 해동중보, 삼한통보, 삼한중보, 동국통보, 동국중보).

③ **별무반 조직** : 윤관의 건의로 여진을 정벌하기 위한 군대로서 신기군(주력부대; 기병) · 신보군(보병) · 항마군(승병)으로 구성된 별무반을 조직하였다.

(10) 예종(1105~1122)

① **7재▼의 설치** : 관학을 부흥시키기 위해 최충의 9재학당을 모방하여 학과별 전문강좌인 7재를 설치(1109)했으며, 특히 7재 중 강예재에서 무인들을 등용하였다.

② **학문의 진흥** : 학문 진흥을 위해 학교를 세우고 국학(國學)에 장학재단인 양현고를 설치(1119)하는 한편, 궁중학술 연구소로 보문각 · 청연각을 설치(1116)하였다.

③ **동북 9성 축조** : 윤관이 여진을 정벌하여 동북 9성을 축조했다.

▼ **7재(七齋)**

관학을 진흥하기 위한 목적으로 예종 때 설치되었다. 7개의 재로 되어 있었는데, 크게 유학과 무학으로 구분하기도 하였다. 당시 관료들은 7재의 설치에 반대하는 의견이 많아서 실제 교육이 시작된 것은 예종 14년(1119)에 유학 60명, 무학 17명을 배치하면서부터였다. 이 중에서 무학은 문신들의 반대로 인종 11년(1133)에 폐지되었다. 국자감에 설치된 7재의 전문강좌는 다음과 같다.

- 여택재(麗澤齋) – 주역 전공
- 대빙재(待聘齋) – 상서 전공
- 경덕재(經德齋) – 모시 전공
- 구인재(求仁齋) – 주례 전공
- 복응재(服膺齋) – 대례 전공
- 양정재(養正齋) – 춘추 전공
- 강예재(講藝齋) – 무학(병학) 전공

고려 통치 제도의 정비

1. 중앙 정치 조직

(1) 개설

① **고려 통치 조직의 정비**▼ : 고려의 통치 조직은 태봉의 관제를 주축으로 신라의 관제와 병행되다가 성종 때 당·송의 제도를 참고로 정비하기 시작하여 문종 때 완성되었다.

② **당제와 송제의 모방** : 당의 3성 6부 체제와 송의 중추원·삼사를 모방하였다.

③ **고려의 독자적 기구** : 고려만의 독자적 기구인 도병마사와 식목도감을 설치하였고, 관리들의 기능은 이전 신라 시대보다 세분화되고 전문화되었다.

고려의 중앙 관제

▼ 고려 중앙 정치 조직의 특성
• 고려 제도의 독자적 운용
• 여러 정치 기구 간 운용의 조화
• 재추 중심의 정치 체제
• 왕과 귀족 권력의 조화

(2) 2성 6부

① **2성 6부 체제의 확립** : 당의 제도인 3성 6부를 참고하여 중서문하성과 상서성의 2성 6부 체제가 중앙 관제의 핵심이었다. 최고 관서인 중서문하성은 재부라고도 하는데, 그 장관인 문하시중을 수상으로 삼아 국정을 총괄했다. 2성 6부 체제는 원 간섭기에 1부 4사체로 격하되었다가 공민왕 때 다시 원상회복 되었다.

② **중서문하성의 특징** : 중서문하성은 재신과 낭사로 구성되었는데, 재신은 2품 이상 고관으로 백관을 통솔하고 국가 중요 정책을 심의·결정하였으며, 재신들 중 일부가 6부 상서를 겸임하였다. 낭사는 3품 이하 관리로 정책을 건의하고 간쟁, 봉박, 서경을 담당하였다.

③ **상서성의 특징** : 상서성은 백관을 거느리고 정책을 집행하는 기능을 담당했는데, 그 아래 실무관청인 6부(이·호·예·병·형·공)가 있었다.

(3) 중추원

① **중추원의 업무** : 중서문하성과 동등한 위치에 있던 중추원은 추부라고도 하는데, 군사기밀과 왕명의 출납을 담당하였다.

② **중추원의 구성** : 중추원은 추밀과 승선으로 구성되었는데, 추밀은 2품 이상의 고관으로 재신과 함께 국정을 총괄하고 군사 기밀 업무를 담당하였다. 승선은 3품 관리로 왕명 출납 업무를 담당하였다.

(4) 어사대

① **어사대의 업무** : 어사대는 정치의 잘잘못을 논하고 관리의 비리를 감찰하는 임무를 맡았는데, 중서문하성의 낭사와 함께 대간(대성)으로 불리면서 간쟁, 봉박, 서경을 담당하였다.

② **어사대의 특징** : 이들은 비록 직위는 낮았지만 왕이나 고위 관리의 활동을 지원하거나 제약하여 정치 운영에 견제와 균형을 이루었다.

③ **서경 제도** : 왕권의 전제적 행사를 견제하기 위한 제도로서 문무관 임명에 대한 왕의 명이 있으면, 이부에서 관리 후보자의 문벌, 이력, 후보자의 4조 및 처의 4조를 기록하여 중서문하성과 어사대에 제출하였다. 이때 중서문하성의 낭사와 어사대의 대간들이 동의하는 절차를 거쳐서 관리를 임명하게 한 제도이다.

(5) 삼사▼

삼사는 송과는 달리, 단순히 화폐와 곡식의 출납에 대한 회계만 맡았다. 조선의 삼사(사헌부, 사간원, 홍문관)와는 기능이 다르다.

(6) 도병마사(도평의사사)와 식목도감▼

① **도병마사**

　㉠ **임시 회의 기구** : 성종 때 양계의 병마사를 중앙에서 통솔하기 위해 설치한 것으로, 변경의 국방 문제를 의논하는 임시 회의 기구였다. 충렬왕 5년에 도평의사사(도당)로 바뀌면서 그 기능과 참석 대상이 확대되어, 재추뿐만 아니라 권문세족들이 참여하는 전·현직 고관들의 합의 기구로 변화하였다.

　㉡ **합좌 회의 기관** : 중서문하성의 고관인 재신 5명과 중추원의 고관인 추밀 7명으로 구성되는 합좌 회의 기관(재추 회의)으로, 고려 말에는 도당(都堂)이라 불리었다.

② **식목도감** : 임시 기구로서 국내 정치에 관한 법의 제정이나 각종 시행 규정을 다루던 입법 기관의 회의 기구였다.

▼ 간쟁(諫諍), 봉박(封駁), 서경(署經)

어사대(대관)와 중서문하성의 낭사(간관)로 구성된 대간(대성)의 주요 기능으로, 간쟁은 군주의 옳지 못한 처사나 과오에 대해 힘써 간언하는 것이다. 봉박이란 부당한 조칙을 되돌리는 것이며, 서경이란 문무 관리의 임명이나 법률의 개정·폐지 등에 심사·동의하여 서명하는 것을 말한다. 이들 제도들은 모두 전제 왕권의 견제에 그 주안점이 있었다.

▼ 고려와 조선의 삼사의 차이점

고려의 삼사는 전곡의 출납과 회계를 담당하는 기관이었으나, 조선의 삼사는 사간원·사헌부·홍문관으로 언론과 감찰·간쟁을 담당하는 기관이었다는 점에서 성격이 아주 다르다.

▼ 도병마사와 식목도감

고려의 독자성을 보여주는 관청인 도병마사와 식목도감은 재신과 추밀이 함께 모여 회의를 통해 국가의 중요한 일을 결정하는 곳이다. 이 두 회의 기구는 고려 귀족 정치의 특징을 잘 나타내 주고 있다.

2. 지방 행정 조직

(1) 개설

태조 때에는 호족에게 일부 자치를 허용하였고, 성종 무렵 지방의 행정 조직 정비를 시작하여 현종 때에는 전국을 5도·양계·경기로 크게 나누고, 그 안에 3경·4도호부·8목을 비롯하여 군·현·진 등을 설치하였다.

(2) 5도·양계

① **5도** : 5도는 상설 행정 기관이 없는 일반 행정 단위로서, 안찰사▾가 파견되어 도내의 지방을 순찰하였다. 도에는 주와 군·현이 설치되고 지방관이 파견되었다.

② **양계** : 양계는 북방의 국경 지대인 군사적 특수 지역으로 동계·북계 두 곳을 설치하여 병마사를 파견하고, 국방상의 요충지에는 진을 설치하고, 교통 요충지에는 역을 설치했다.

(3) 3경

① **고려 초기의 3경** : 부수도인 3경(京)은 처음에 개경(개성)·서경(평양)·동경(경주)을 지칭했는데, 국토의 균형 발전과 풍수지리설과 밀접한 관계가 있다.

② **3경의 변화(동경 → 남경)** : 고려 중기 이후 남경 길지설이 대두되어 문종 때 동경(경주) 대신 남경(한양) 중기로 되었다. 서경에 분소를 설치하는 분사 제도를 두었는데 장관은 경직인 유수이며, 묘청의 서경 천도 운동을 계기로 폐지되었다.

(4) 4도호부·8목

① **4도호부** : 도호부는 군사적 방비의 중심적 역할을 맡은 전략 요충지로 현종 초(1018)에 4도호부가 설치되었는데, 이는 뒤에 8목과 함께 고려의 실질적 지방 최고 행정 기관이 되었다.

고려의 5도 양계

▼ **안찰사**

중앙관직(경직)으로 지방을 순시·감찰하는 6개월 임시직으로, 큰 도(경상·양광·전라)에는 안찰사·안찰부사가, 작은 도(서해·교주)에는 안찰사만 파견되었다. 수령보다 낮은 5·6품이 임명되었는데 안찰사는 군사를 통솔하는 군사적 기능도 있었고, 출신지역에 임명될 수도 있었다. 반면 조선의 관찰사는 임기 360일이고, 종2품 외직으로 지방 감영에 상주하며 수령을 지휘·감독하였고, 민정·군정을 장악하였으며, 출신지역에는 임명될 수 없었다.

② 8목 : 1018년(현종 9)에 전국을 4도호부 8목으로 개편하였다. 목은 지방에서 일반 행정의 중심과 같은 역할을 담당하였으며, 이를 중심으로 도가 형성되었다.

(5) 주 · 군 · 현(속현)

① **지방관 파견** : 하부 행정단위로 중앙에서 지방관이 직접 파견되는 것은 군 · 현과 진까지였다. 지방관이 파견되는 주현보다 파견되지 않는 속현(속군)이 더 많았던 것으로 보아 향리▼의 권한이 더 강한 것을 알 수 있다.

② **주현의 통제** : 군 · 현에는 말단 행정단위인 촌과 향 · 부곡 · 소 등 특수 행정 구역이 속해 있었는데, 속현의 경우 주현을 통하여 간접적으로 중앙 정부의 통제를 받고 있었다. 지방 유력자인 촌장 · 촌정 등이 자치하는 자연촌이 합해져 하나의 행정촌을 구성하였는데, 촌주는 신라 시대보다 그 힘이 한층 약화된 존재였다.

▼ **향리**

향리(鄕吏)는 원래 신라 말기의 중소 호족 출신이며, 집권적 지배 체제의 정비 과정을 통하여 주민과 직접 접촉하는 행정 주체인 실무자가 되었다. 따라서 향리는 토착 세력으로서 향촌 사회의 지배층이었기 때문에 중앙에서 일시적으로 파견되는 지방관보다 영향력이 컸으며 조세나 공물의 징수와 노역 징발 등 실제적인 행정 사무는 향리가 담당하다. 이들은 외역전(外役田)을 지급받았고 향역은 세습되었으며, 과거를 통해 중앙 관리로 진출하였다. 또한 향촌의 결속을 강화하는 향도를 주도하였다.

더 알아보기 ➕

고려와 조선 시대의 향리 비교

고려의 향리	조선의 향리
• 조세 · 공물 · 노동력 수취 (읍사에서 행정실무 수행) • 보수로 외역전 지급 받음 • 문과를 통한 중앙 진출 가능 (향공진사, 주현공거법) • 신분상 중류층 • 군사 지휘권 가짐(일품군 지휘) • 농민을 사적으로 지배	• 수령에 대한 보조적 기능 • 무보수, 토지 지급 없음 • 문과 응시 제한 • 신분상 중인 • 군사 지휘권 없음 • 농민을 사적으로 지배 금지

(6) 특수 행정 구역(향 · 부곡 · 소)

① **성격** : 원래는 일반 군 · 현이었으나 전쟁 시 적군에게 투항하거나 반역 등의 중대 범죄자의 출신지로 지정된 곳을 행정상으로 강등시킨 것으로, 향 · 소 · 부곡 중에는 일반 군현보다 인구가 더 많고 면적이 더 넓은 곳도 있었다.

② **향 · 부곡과 소의 차이** : 향 · 부곡에서는 농사를 주로 한 것에 비하여, 소에서는 국가가 필요로 하는 금, 은, 구리, 철 등의 원료와 종이, 먹, 도자기 등의 공납품을 만들어 바쳤다.

③ **차별 대우** : 이들 지역은 일반 군현에 비하여 천대받았기 때문에 이곳에 사는 사람들 역시 천시되었다. 양인(백정)에 비하여 더 많은 세금을 내거나, 과거 응시나 국학 입학이 제한되었고 승려도 될 수 없었다.

④ **설치와 폐지** : 호장 이하의 향리가 다스린 향·부곡은 신라 시대부터 설치되었고, 소는 고려 시대 때에 설치되었다. 고려 무신 시대 공주 명학소의 난 이후, 폐지 현상이 활발히 나타나다가 조선 시대(태종)에 들어와서 일반 군현으로 편입되어 소멸되었다.

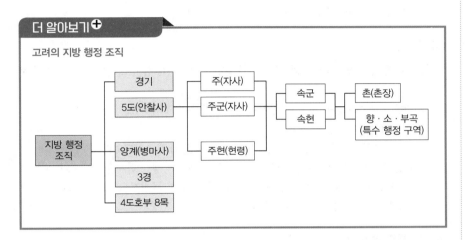

더 알아보기➕

고려의 지방 행정 조직

3. 군사 조직

(1) 중앙군

① **2군 6위** : 국왕의 친위 부대인 2군과 수도 경비와 국경 방어를 담당하는 6위로 구성되었다.

② **중앙군의 편성**

㉠ 중앙군의 구성과 신분 : 중앙군은 직업 군인으로 편성되었는데, 이들은 군적에 올라 군인전을 지급받고 그 역은 자손에게 세습되었으며, 군공을 세워 무신으로 신분을 상승시킬 수도 있는 중류층이었다.

㉡ 중앙군의 이후 상황 : 중앙군은 각종 토목 공사에 동원되거나 군인전도 지급받지 못하게 되자, 몰락하거나 도망하는 사람들이 많아져서 나중에는 일반 농민 군인으로 채워지기도 하였다.

(2) 지방군

① **주진군과 주현군** : 지방군은 국경 지방인 양계에 주둔하는 주진군과 5도의 일반 군현에 주둔하는 주현군으로 이루어졌다.
　　㉠ 주진군 : 상비군으로 좌군 · 우군 · 초군으로 구성되어 국경 수비를 전담하였다.
　　㉡ 주현군 : 지방관의 지휘를 받아 외적을 방비하고 치안을 유지하였으며, 각종 노역에도 동원되었다(보승군 · 정용군 – 치안 · 전투, 일품군 – 노역).

② **지방군의 편성** : 군적▼에 오르지 못한 일반 농민으로서 16세 이상 되는 장정들은 지방군으로 조직되었다.

(3) 특수군

① **특수군의 종류** : 중앙군과 지방군 외에 광군, 별무반, 삼별초, 연호군 등의 특수군도 있었다.

② **광군** : 광군은 정종 때 거란 침입에 방어하기 위해 조직되었고, 성종 때 주현군으로 편성되었다.

③ **별무반** : 별무반은 윤관의 건의로 여진족 정벌을 위해 조직되었다.

④ **삼별초** : 좌 · 우별초와 신의군으로 구성되어 대몽 항쟁을 전개한 군대이다. 마별초는 최우가 의장대로 편성한 것이고, 삼별초는 최씨 무신정권의 사병부대로 볼 수 있는데 대몽 항쟁의 중추적 역할을 담당하였다.

(4) 무신들의 합좌 기구

중앙군과 지방군은 영을 기본단위로 운영되어 그 지휘관을 장군이라 칭하였는데, 2군 6위의 지휘관은 상장군, 대장군이라고 불렸다. 무신들의 합좌 기구로 장군들의 장군방과 2군 6위의 상장군, 대장군 16명으로 구성된 무관들의 최고 합좌 기구인 중방이 있었다.

▼ 군적
군인의 적(신분)을 공적으로 등록한 근거

4. 관리 등용 제도와 교육 기관

(1) 개설

고려 시대의 관리가 되는 가장 일반적인 방법은 과거였으며, 과거 시험의 응시 자격은 원칙상으로 양인 이상이면 누구나 3년마다 식년시에 응시할 수 있었다. 5품 이상의 고관 자제들 중에서는 과거를 치르지 않고 음서(고려 관료 조직의 귀족적 성격)를 통하여 관직에 진출할 수 있었는데 그들은 진급에 제한이 없어 재상의 자리까지 오른 이들도 많았다.

(2) 과거 제도

① **과거의 종류** : 광종 9년(958)에 쌍기의 건의로 실시된 과거는 문과인 제술과, 명경과와 잡과, 승과로 나뉜다.

② **과거 응시 자격**

  ㉠ 법제적 : 법제적으로 양인 이상은 과거에 응시할 수 있었다.

  ㉡ 실제적 : 실제로는 제술과나 명경과에는 주로 귀족과 향리 자제들이 응시하였고, 백정 농민은 주로 잡과에 응시하였다.

③ **제술과 우대와 무과 · 잡과의 천시** : 과거에서 제술과(제술업)가 가장 우대 되었고, 무과는 예종 때 실시되었으나 문반들의 반대로 폐지되었다가 공양왕 때 실시되었다. 고려 시대에는 전반적으로 무관과 잡학을 경시하는 풍조를 나타내었다.

④ **좌주와 문생의 관계 성립** : 지공거와 과거 합격자는 좌주(座主)와 문생(門生)의 관계가 성립되었는데, 이는 스승과 제자와 같은 관계였다. 과거에 합격한 사람은 시험관인 좌주의 도움으로 쉽게 관직에 진출할 수 있었다.

⑤ **문벌 중시** : 과거 합격자 수에 비해 관직이 적었기 때문에 과거에 급제하였다고 모두 관리로 임명된 것은 아니었으며, 과거 성적과 출신 문벌이 관직 임명에 작용하는 중요한 요인이 되었다.

⑥ **능력 중시** : 과거를 통한 관리 등용은 신분을 중시하던 고대 사회와 달리 유교적 소양을 갖춘 인재를 등용하였다는 점에서 능력이 중시되었음을 뜻한다.

(3) 음서 제도

① **의의** : 음서는 조상의 음덕에 의해 그 자손이 관리가 될 수 있게 하는 제도로 문벌을 위주로 한 것이다.

② **특징** : 공신과 종실의 자손, 5품 이상의 고위 관료의 자손 등은 과거를 거치지 않고도 관료가 될 수 있는 음서의 혜택을 받아 관료로서의 지위를 세습하였고, 진급에 제한이 없었다.

③ **고려 귀족 사회의 특성** : 이는 고려의 관료 체제가 귀족적 특성을 지녔음을 보여 주는 것이다.

(4) 교육 기관

① **국자감의 설치** : 태조 때 개경과 서경에 학교를 세워 학문을 장려하였고, 성종(992) 때 개경에 국립대학격인 국자감과 도서관으로 비서성과 수서원을 설치하였다.

② **교육 지원 정책** : 숙종 때에는 국자감에 서적포를 두어 책을 간행하고, 예종 때는 7재를 두어 학문을 전문화하였다. 또한 양현고라는 장학재단을 설치하여 관학교육을 후원하였으며, 왕궁 안에 보문각과 청연각이라는 도서관 겸 학문연구소를 설치하여 유학을 연구하였다.

③ **국자감의 분화**

㉠ 전문분야 구분 : 그 후 인종 때 경사 6학이라 하여 국자감이 국자학·태학·사문학·율학·서학·산학의 여섯 개의 전문분야로 나뉘어졌다.

㉡ 입학자격 : 국자학·태학·사문학에는 5경과 효경·논어 등을 가르쳤다. 입학자격에 차등이 있어 국자학은 문·무관 3품 이상 자제, 태학은 5품 이상 자제, 사문학은 7품 이상의 자제가 입학할 수 있었다. 율학(법률), 서학(글씨), 산학(산수)의 잡학(기술학)은 8품 이하의 자제와 서민의 자제가 입학했는데, 이를 통해 고려 사회가 문치를 중시하고 기술학을 천시하는 경향을 보임을 알 수 있다.

④ **지방 교육** : 지방에도 성종 때 12목에 경학박사와 의학박사 1명씩을 내려 보내 지방 자제를 가르쳤고, 인종 때는 각 주에 향교라는 교육 기관을 설치했다.

문벌 귀족 사회의 성립과 무신 정권

1. 문벌 귀족 사회의 성립

(1) 새로운 지배층의 형성

① **정치 주도 세력의 성장** : 성종 이후 중앙 집권적인 국가 체제가 확립됨에 따라 중앙에서 새로운 지배층이 형성되어 갔다. 이들은 지방 호족 출신으로 중앙 관료가 된 계열과 신라 6두품 계통의 유학자이다.

② **호족의 관료화** : 지방 호족 출신들도 과거를 통해 중앙 집권 체제 속의 관료가 되어 갔으며, 문신 관료들은 지배 세력을 형성하면서 점차 문벌 귀족화하였다.

③ **개방적 존재** : 고려 귀족은 신라 귀족과는 구별되었으며, 신라 귀족이 골품제에 입각한 것으로서 혈연 본위의 폐쇄적 존재였다면, 이들은 보다 능력 본위의 개방적 존재였다고 할 수 있다.

(2) 문벌 귀족의 특권▼

① **관직의 독점** : 문벌 귀족은 과거와 음서를 통하여 관직을 독점하고, 중서문하성과 중추원의 재상이 되어 정국을 주도해 나갔다.

② **토지 혜택** : 문벌 귀족은 관직에 따라 과전을 받고, 자손에게 세습이 허용되는 공음전의 혜택을 받았으며, 권력을 이용하여 불법적으로 개인이나 국가 토지를 차지하여 정치 권력과 경제력까지 거의 독점하였다.

③ **혼인 관계의 형성** : 문벌 귀족은 비슷한 부류끼리 혼인 관계를 맺어 권력을 더욱 단단하게 장악하였으며, 특히 왕실과 혼인 관계를 맺어 외척으로서의 지위를 이용하여 정권을 장악하기도 하였다.

(3) 문벌 귀족 사회의 모순 대두

① **지방 출신 관리와 문벌 귀족의 대립** : 과거를 통해 중앙에 진출한 지방 출신 관리들 중 일부는 왕에게 밀착하여 왕권을 강화·보좌하는 측근 세력이 되어 문벌 귀족과 대립하였다.

> ▼ **고려 전기 관료들의 모습**
>
> • 비록 높은 벼슬의 사람들이라 하여도 반드시 과거의 과목 이외에 또 숨어 지내는 사람들의 추천과 문음을 통한 서용, ……벼슬길에 나아가는 길은 하나뿐이 아니었다.
> ―「고려사」―
>
> • 고려는 땅은 넓지 않으나, 사람들이 많다. 사·농·공·상의 직업 중에서 선비를 귀하게 여긴다. 그런 까닭에 이 나라 사람들은 글을 알지 못하는 것을 부끄럽게 여긴다.
> ― 서긍, 「고려도경」―

② **갈등의 표면화** : 대표적으로 정치 세력 간 대립과 갈등이 표면으로 드러난 사건으로 이자겸의 난과 묘청의 서경 천도 운동이 있었고, 이후 무신 정변으로 문벌 귀족이 몰락하는 계기가 되었다.

2. 이자겸의 난과 묘청의 서경 천도 운동

(1) 이자겸의 난(1126)

① **경원 이씨 가문의 정권 장악**

　㉠ 대표적 문벌 귀족 : 11세기 이래 대표적인 문벌 귀족인 경원 이씨 가문은 왕실의 외척이 되어 80여 년간 정권을 잡았다.

　㉡ 외척 세력의 형성 : 경원 이씨는 이자연의 딸이 문종의 왕비가 되면서 정치 권력을 장악하기 시작하였고, 이자연의 손자인 이자겸도 예종과 인종의 외척이 되어 집권하였다.

② **이자겸의 세력 확대와 측근 세력의 반대**

　㉠ 이자겸의 세력 확대 : 이자겸은 예종의 측근 세력을 몰아내고 인종이 왕위에 오를 수 있게 하면서, 그 세력이 막강해졌다.

　㉡ 측근 세력의 이자겸의 권력 독점 반대 : 이자겸의 세력은 대내적으로 문벌 중심의 질서를 유지하고 대외적으로 금과 타협하는 정치적 성향을 보인 반면, 왕의 측근 세력들은 왕을 중심으로 결집하면서 이자겸의 권력 독점에 반대하고 나섰다.

③ **이자겸의 권력 장악** : 이자겸은 반대파를 제거하고 척준경▼과 함께 난을 일으켜 권력을 장악(인종 4, 1126)하였다.

④ **이자겸 세력의 몰락** : 이자겸은 척준경 등에 의하여 물러나고 척준경 또한 탄핵을 받아 축출됨으로써 이자겸 세력은 몰락하였다.

⑤ **이자겸 난의 의의** : 이자겸의 난은 중앙 지배층 사이의 분열을 드러냄으로써 문벌 귀족 사회의 붕괴를 촉진하는 계기가 되었다.

(2) 묘청의 서경 천도 운동(1135)

① **배경** : 이자겸의 난 이후, 인종은 실추된 왕권을 회복하고 민생을 안정시키며 국방력을 강화하기 위한 정치 개혁을 추진하였다. 이 과정에서 김부식을 중심으로 한 보수적 관리들과 묘청, 정지상을 중심으로 한 지방 출신의 개혁적 관리들 사이에 대립이 나타났다(묘청 세력과 개경 귀족 세력의 대립).

▼ **척준경(? ~ 1144년)**
고려 중기의 무신이며, 곡주(谷州 ; 황해북도 곡산군) 출신이다. 뛰어난 용맹으로 여진족 정벌에 종군하여 많은 공을 세웠으나, 이자겸(李資謙)의 부하로 전횡을 일삼아 나라를 어지럽게 만들었고, 이후 인종의 권유로 이자겸 제거에 앞장을 섰다.

② **묘청 세력과 개경 귀족 세력의 대립**

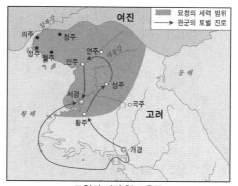

묘청의 서경 천도 운동

㉠ **묘청과 풍수지리설** : 묘청 세력은 풍수지리설을 내세워 서경(평양)으로 도읍을 옮겨, 보수적인 개경의 문벌 귀족 세력을 누르고 왕권을 강화하면서 자주적인 혁신 정치를 시행하려 하였다. 이들은 서경에 대화궁(팔성당 · 36국 조공설)이라는 궁궐을 짓고, 황제로 칭할 것(칭제 건원)과 금을 정벌할 것을 주장하였다.

㉡ **김부식과 유교 이념** : 김부식이 중심이 된 개경 귀족 세력은 유교 이념에 충실함으로써 사회 질서를 확립하자고 하였다. 이들은 민생 안정을 내세워 금과 사대 관계를 맺었다.

▼ 칭제 건원

왕을 황제라 칭하고 독자적 연호로 사용한다는 것으로써 이 주장은 묘청파의 서경 천도 운동 중 금국 정벌 문제와 더불어 제기되었다. 고려 광종 같은 경우, 황제로 칭하고 광덕, 준풍 등의 연호를 사용하였다.

더 알아보기 ➕

서경파와 개경파의 비교

구분	서경파	개경파
중심인물	묘청, 정지상 등 신진 관료	김부식, 김인존 등 기성 문벌 귀족
사상	불교, 풍수지리설, 자주적 전통 사상(국풍파)	사대 유교 사상(한학파)
대외 정책 주장 내용	• 자주 국가 확립, 진취적 북진주의 • 칭제 건원, 금국 정벌, 서경 천도 주장 • 자주적 혁신 정치	• 사대 요구의 수용 • 보수적, 금과의 타협, 서경 천도 반대
역사의식	고구려 계승 의식	신라 계승 의식
특징	• 묘청의 서경 천도 운동 • 신채호 「조선사연구초」 : 자주적 사건	• 현실적 · 실리적 외교 • 김부식의 상소문

③ **묘청의 서경 천도 운동 추진과 결과** : 묘청 세력은 이자겸 세력의 반발로 서경 천도를 통한 정권 장악이 어렵게 되자 서경에서 나라 이름을 대위국, 연호를 천개라 하고 그 군대를 천견충의군이라 하면서 난을 일으켰다. 그러나 김부식이 이끈 관군의 공격으로 약 1년 만에 진압되고 말았다.

▼ 신채호의 서경 천도 운동 평가

(고려 인종 13년) …… 묘청의 천도 운동에 대하여 역사가들은 단지 왕사(王師)가 반란한 적을 친 것으로 알았을 뿐인데, 이는 근시안적인 관찰이다. 그 실상은 낭가(郎家)와 불교, 양가 대 유교의 싸움이며, 국풍파(國風派) 대 한학파(漢學派)의 싸움이며, 독립당 대 사대당의 싸움이며, 진취 사상 대 보수 사상의 싸움이니, 묘청은 전자의 대표요, 김부식은 후자의 대표였던 것이다. 묘청의 서경 천도 운동에서 묘청 등이 패하고 김부식이 이겼으므로 조선사가 사대적, 보수적, 속박적 사상인 유교 사상에 정복되고 말았다. 만약 김부식이 패하고 묘청이 이겼더라면, 조선사가 독립적, 진취적으로 진전하였을 것이니 이것이 어찌 '일천년래 제일대 사건'이라 하지 아니하랴.

– 신채호, 「조선사연구초」 –

④ **묘청의 서경 천도 운동의 의의**[▼] : 묘청의 서경 천도 운동은 문벌 귀족 사회 내부의 분열과 지역 세력 간의 대립, 풍수지리설이 결부된 자주적 전통 사상과 사대적 유교 정치 사상의 충돌, 고구려 계승 이념에 대한 이견과 갈등 등이 얽혀 일어난 것으로, 귀족 사회 내부의 모순을 드러낸 것이었다.

3. 무신 정권의 성립과 변화

(1) 무신 정변의 배경

① **정치 기강의 문란** : 묘청의 서경 천도 운동 이후 문벌 귀족 지배 체제의 모순은 더욱 깊어졌고, 지배층은 이와 같은 상황에 효과적으로 대응하지 못한 채 정치적 분열을 거듭하였다.

② **국왕의 실정** : 의종은 측근 세력을 키우면서 이들에 의존하고 향락에 빠지는 등 실정을 거듭하였고, 문신 우대와 무신 차별에 따른 무신들의 불만이 커졌다.

③ **무신 차별의 사례**

㉠ 도병마사 > 중방 : 당시 숭문천무가 팽배하였는데, 문신 최고 기관인 도병마사의 권세가 무신 최고 기관인 중방을 훨씬 능가하였다.

㉡ 무학재(강예재) 폐지 : 인종 때 경사 6학이 정비되면서 관학 7재 중 무신 교육 기관인 무학재(강예재)가 폐지되었으며, 과거 제도에서 무과 실시가 거의 없었다.

㉢ 무신 차별 대우 : 무신은 군의 최고 지휘관에 오르지 못하고 그 직에 문신이 등용되었으며, 군인전을 제대로 지급받지 못한 하급 군인들의 불만이 고조되어 갔다.

(2) 무신 정변의 발발

▼ 보현원 사건과 무신 정변 (경인의 난)

의종의 보현원 행차 때 대장군 이소응이 젊은 문신 한뢰에게 뺨을 맞는 모욕적인 일이 일어났다. 이에 분노한 정중부는 이의방·이고 등과 함께 문신들을 살해하고 왕을 폐위하여 의종을 거제도, 태자를 진도로 귀양 보냈다. 이후 왕의 동생 익양공 호를 명종으로 추대하였다. 이것을 무신 정변이라 부르며 무신 정변은 1170년부터 강화도에서 개경으로 환도하기 전까지 계속되었다.

① **무신의 정권 장악** : 이러한 지배 체제의 모순이 폭발한 것이 무신 정변이었다(1170, 보현원 사건, 경인의 난[▼]). 정중부, 이의방 등 무신들은 정변을 일으켜 다수의 문신을 죽이고 의종을 폐하고 명종을 세워 정권을 장악하였다.

② **무신의 권력 행사** : 무신들은 중방을 중심으로 권력을 행사하면서 주요 관직을 독차지하고 토지와 노비를 늘려 나갔으며, 저마다 사병을 길러 권력 쟁탈전을 벌였다.

③ **지방 통제 약화** : 이 시기에 지배층에 의한 대토지 소유는 더욱 늘어났고, 정치 싸움으로 중앙 정부의 지방 통제력이 약화되면서 농민과 천민의 대규모 봉기가 일어났다.

(3) 무신 간의 권력 쟁탈전

① **정중부의 중방 정치**▼ : 경인의 난 이후 이의방을 제거한 정중부·정균 부자는 기존의 중방을 중심으로 정권을 독점하였으나, 명종 9년(1179)에 경대승에게 제거되었다.

② **경대승의 도방 정치** : 정중부를 제거한 경대승은 신변 보호를 위해 사병 집단인 도방을 설치하고 통치하였으나, 명종 13년에 30살의 나이로 병사하였다.

③ **이의민의 집권** : 김보당의 난 때 의종을 제거한 공으로 정계에 진출한 천민 출신 이의민은 경대승이 죽자 정권을 장악하여 발호하다가 명종 26년(1196)에 최충헌에 의해 피살되었다.

(4) 최씨 정권의 성립

① **최충헌의 집권** : 이의민을 제거하고 권력을 차지한 최충헌은 최씨 무단 정치의 기반을 확립했는데, 무신 간 정권 쟁탈전을 수습하고, 노비의 반란을 극복하면서 강력한 독재 정치를 이룩하였다. 최씨 정권은 명종 26년(1196)부터 고종 45년(1258)까지 4대 60여 년간 무단 독재를 지속할 수 있었다.

② **사회 개혁책 제시** : 최충헌은 정권을 잡자, 무신 정권 초기의 혼란을 극복하기 위하여 봉사(시무) 10조▼와 같은 사회 개혁책을 제시하였으나 실질적 개혁은 이루어지지 않았다.

③ **권력 유지에 치중**▼ : 최충헌은 오히려 많은 토지와 노비를 차지하고 사병을 양성하여 권력 유지에 치중하였다.

④ **교정도감**▼ **설치** : 집정부의 구실을 하는 교정도감(敎定都監)을 설치하여 권력을 행사하였다.

⑤ **도방의 부활(확대)** : 경대승이 만들었던 사병 기관인 도방을 부활하여 신변을 경호하였다. 도방(都房)은 삼별초와 함께 최씨 정권을 유지하는 군사적 기반이 되었다.

▼ **무신 정권 지배 기구**

• 중방 : 2군 6위의 상장군, 대장군 16명으로 구성된 최고 군사 합의 기관이다. 무신 정변 이후 무신 정치의 핵심 기관으로 기능이 확대되었다가, 최충헌의 교정도감으로 인해 권한이 축소되었다.

• 도방 : 경대승·최충헌이 신변 보호 위하여 구성한 사병 집단

• 교정도감 : 국정을 총괄하는 최고 정치 기구

• 정방 : 인사 행정 기구

• 서방 : 무신 정권기 문인들의 숙위기구(宿衛機構)

▼ **최충헌의 봉사(시무) 10조**

1. 새 궁궐로 옮길 것
2. 관원의 수를 줄일 것
3. 빼앗은 농민의 토지를 돌려줄 것
4. 선량한 관리를 임명할 것
5. 지방관의 공물 진상을 금할 것
6. 승려의 고리대업을 금할 것
7. 탐관오리를 징벌할 것
8. 관리의 사치를 금할 것
9. 함부로 사찰을 건립하는 것을 금할 것
10. 신하의 간언을 용납할 것

▼ **진강후와 진강부**

희종은 진강후(晉康候)라는 관직을 최충헌에게 수여하고 진양(진주)을 식읍으로 지급한 뒤 진강부(晉康府)라는 관청을 두었는데, 이때 진주 지방은 최충헌의 경제적 기반이 되었다.

▼ **교정도감**

역리들의 최충헌 암살 음모 사건을 계기로 교정도감을 설치했다. 관리 감찰, 인사 행정 및 세정, 정적 감시·숙청을 담당하며 교정별감이 국정을 장악하여 최고 권력기구가 되었다.

▼ 최충헌이 폐한 왕과 옹립한 왕
• 폐한 왕 : 명종, 희종
• 옹립한 왕 : 신종, 희종, 강종, 고종

▼ 정색승선(政色承宣)
최우 집권기 때 정방에는 무신뿐
아니라 문신도 '정색승선'이라 하
여 함께 정무를 보았는데, 이는 이
후 문신 등장의 토대가 되었으며
무신 정권 붕괴 후에도 정방이 유
지되어 간 이유가 되기도 하였다.

▼ 최우 집권기 문인과 저서
• 이인로, 파한집 : 역대 시화와 문
학에 얽힌 일화, 기사 등으로 구
성되었다.
• 이규보, 동명왕편 : 해모수를 주
인공으로 삼아 동명왕 탄생 이전
에 있었던 일을 노래했다.
• 최자, 보한집 : 파한집을 보충하
여 엮은 책이다.

⑥ 왕권의 무력화▼ : 최충헌 집권기에 2왕을 폐하고, 4왕을 세워 왕권을 무력화시키고 독재권을 확립하였다.

(5) 최우의 집권

① 정방▼ 정치 : 최충헌의 아들 최우는 자기 집에 독자적 인사 행정 기구인 정방을 두어 스스로 관리를 임명하였는데, 이 정방에서는 무신과 문신이 함께 정무를 보았다.

② 서방 정치 : 정국이 안정되면서 최우는 문인들의 숙위 기관으로 서방을 두어 문인의 전문적 지식으로 보좌 · 고문 역할을 담당케 했다. 이때, 이인로, 이규보, 최자▼ 등이 모두 최우 집권하에 활동한 문인들이었으며, 이들을 사대부라고 한다.

③ 삼별초의 조직 : 최우가 집권하면서 설치한 야별초에서 분리된 좌별초 · 우별초와 몽골에 포로로 잡혀 갔던 병사들로 조직된 신의군으로 구성된 삼별초는 본래 공적 임무를 띤 최씨 정권의 개인 사병이었다.

④ 몽골에의 항쟁 : 몽골이 침입하자 강화도로 천도(1232)하고 팔만대장경을 조판하였다. 이때 삼별초는 끝까지 몽골군과 항쟁하여 고려 무신의 전통적 자주성을 뚜렷하게 보여 주었다.

더 알아보기➕

최씨 독재 정권 비교

구분	최충헌	최우
정치 기반	교정도감	정방(인사), 서방(문신 : 사대부)
군사 기반	도방	삼별초
후원 세력	(선종) 조계종	문신 우대 : 문 · 무 연합 정권
특징	시무 10조	강화 천도 : 항몽 정권

(6) 최씨 정권의 몰락과 개경 환도

① **최씨 집권의 결과** : 최씨 집권기 때 무신 정권이 정치적으로는 안정되었지만, 국가 통치 질서는 오히려 약화되었다.

② **사회 혼란의 야기** : 최씨 정권은 초기에는 봉사 10조 등 사회개혁안을 제시하였지만, 권력 유지와 이를 위한 체제의 정비에 집착했을 뿐, 국가의 발전이나 백성의 안정을 위한 노력에는 소홀하였다. 이에 따라 사회경제적 모순과 하극상의 풍조가 만연하여 전국적으로 반무신 운동이 발생하고 사회혼란이 야기되었다.

③ **강화 천도와 팔만대장경 조판** : 13세기 초 몽골이 침입하여 고종 19년, 강화도로 천도하였다. 항몽 정책을 이끌던 최우는 피난처에서 팔만대장경을 조판하였다.

④ **무신 정권의 붕괴** : 최씨 정권을 무너뜨린 김준 일파는 무신 정치를 계속하면서 몽골과의 강화를 반대하였으나, 원종 9년(1268)에 임연 · 임유무에게 피살되었다. 이후 고려의 새 정부는 몽골과 강화하고 원종 11년(1270) 개경으로 환도하면서 39년 간의 강화도 시대는 끝이 났고, 마침내 무신 정권은 종식되었다.

⑤ **무신 정권하의 사회적 동요**

지배층의 동요 (반무신 난)	하층민의 동요 (신분 상승 운동 · 삼국 부흥 운동)
• 김보당의 난(1173) : 동북면 병마사였던 김보당의 의종 복위운동 → 계사의 난 • 조위총의 난(1174) : 서경유수. 서북지방 민의 불만 이용 • 교종 승려의 반발(1174) : 귀법사 · 중광사 승려 2,000여 명의 반발	• 망이 · 망소이의 난(1176) : 공주 명학소에서 발생 → 향 · 부곡 · 소의 해방 계기 • 전주 관노 죽동의 난(1182, 전주) : 노비 출신, 관군과 합세 • 김사미 · 효심의 난(1193) : 신라 부흥 표방 • 만적의 난(1198, 개경) : 최충헌의 노비 출신 • 이비의 난(1202, 동경) : 동경의 난, 신라 부흥 • 최광수의 난(1217, 서경) : 고구려 부흥 • 이연년의 난(1237, 담양) : 백제 부흥

고려 대외 관계의 변화

1. 북진 정책과 친송 정책

(1) 고려의 외교 정책

고려 전기의 대외 관계의 기본방향은 북진 정책과 친송 정책으로 북진 정책을 표방한 고려는 광종 때(962) 송과 정식으로 국교를 맺고, 경제적 · 문화적 목적에서 친밀한 관계를 유지하였다.

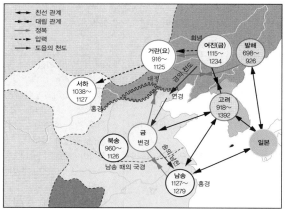

고려 시대 대외 관계

(2) 송과 거란과의 관계

① **광종의 외교 정책** : 송이 중국을 통일하고 거란(요)과 대치하자 광종은 송과 국교를 맺어 요를 견제하는 정책을 폈다.

② **거란의 고려 경계** : 거란은 송과 친교를 맺고 북진 정책을 추진하고 있던 고려를 항상 경계하였다.

2. 거란의 침입과 격퇴

(1) 10세기 초 거란과 고려의 관계

① **거란의 고려에 대한 화친 정책** : 10세기 초에 통일 국가를 세운 거란(요)은 송을 공격하기에 앞서, 송과 연결되어 있던 정안국 및 고려와의 관계를 개선하려 화친정책을 펼쳤다.

② **고려의 북진 정책과 거란의 고려 침입** : 고려는 만부교 사건▼으로 이를 받아들이지 않고 오히려 친송ㆍ북진 정책을 강력히 추진하자 거란은 먼저 정안국을 정복하고 고려를 여러 차례 침입해 왔다.

(2) 거란의 제1차 침입(성종 12, 993) → 서희의 외교 담판(강동 6주)

① **원인** : 고려의 거란에 대한 강경책과 광종 이후 송과의 수교(962)가 거란을 자극하였고 또한 정안국의 존재도 거란을 자극하였다.

② **경과**

ㄱ. 송과의 단교 요구 : 거란은 국호를 요라 고치고 정안국을 정벌한(986) 다음, 고려 성종 12년(993)에 소손녕이 80만 대군을 이끌고 침략하였다. 요가 침략해 온 구실은 고려가 차지한 고구려의 옛 땅을 내놓으라는 것과, 송과 단교한 뒤 요와 통교하자는 것이었다.

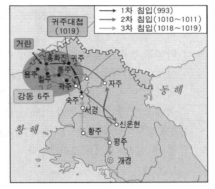

강동 6주와 거란의 침입 흥화진(의주)ㆍ용주(용천)ㆍ통주(선주)ㆍ철주(철산)ㆍ귀주(구성)ㆍ곽주(곽산)

ㄴ. 강동 6주 확보 : 고려는 청천강에서 거란의 침략을 저지하는 한편, 서희▼가 거란과의 협상에 나섰다. 그 결과 거란과 화의를 맺어 송과의 관계를 끊고 거란을 적대하지 않는다는 조건으로 강화하였으며, 압록강 이남의 땅을 차지하고 강동 6주를 설치하여 최초로 압록강 하류까지 진출하게 되었다.

(3) 거란의 제2차 침입(현종 1, 1010) → 양규의 활약

① **원인** : 고려가 요(거란)와 적극적인 외교 관계를 수립하지 않고 친송 정책을 계속하자, 요의 성종은 약조 위반과 강조의 정변▼을 계기로 강동 6주를 넘겨줄 것을 요구하며 40만 대군을 이끌고 침입(현종 1, 1010)하였다.

▼ 만부교 사건

태조 25년 10월에 거란이 사신을 파견하고 낙타 50필을 보냈다. 임금이 거란은 이전에 발해와 화친하였다가 갑자기 의심을 품어 맹약을 배반하고 발해를 멸망시켰으니, 심히 무도한 나라라 서로 친선을 맺어 이웃으로 삼을 나라가 못된다 하여 교류를 단절하였다. 그 사신 30명은 섬으로 유배시키고 낙타는 만부교 아래 묶어 두어 모두 굶겨 죽였다.

▼ 서희와 소손녕의 외교 담판

소손녕이 서희에게 말하기를, "그대 나라가 신라 땅에서 일어났고 고구려 땅은 우리의 소유인데 고려가 침식하였고, 또 우리가 국경을 접하였는데도 바다를 넘어 송나라를 섬기므로 오늘의 출병이 있게 된 것이다. ……"라고 하자 서희가 말하기를 "아니다. 우리나라는 고구려의 옛 땅이다. 그러므로 국호를 고려라 하고 평양에 도읍하였으니, 만일 국경으로 논한다면 그대 나라 동경은 다 우리 경내에 있거늘 어찌 침식이라 하리요? 그리고 압록강 안팎 역시 우리 영토 내에 있는데, 여진이 도적질하여 차지하고 있다. …… 만일 여진을 내쫓고 우리의 옛 영토로 만들어 성을 쌓고 도로를 통하게 하면, 어찌 관계를 맺지 않겠는가?"

– 「고려사」 –

▼ 강조의 정변

목종의 모후인 천추 태후와 김치양이 불륜 관계를 맺고 왕위를 빼앗으려 하자 강조가 군사를 일으켜 김치양 일파를 제거한 후 목종을 폐위하고 현종을 옹립한 사건이다.

② **경과** : 강조는 통주에서 분전하다 포로가 되었으며, 개경이 함락되자 왕은 나주로 피난하였다. 양규는 퇴각하는 거란군을 귀주에서 퇴로를 차단하여 격퇴하였다(양규의 귀주전투).

③ **결과** : 이후 현종의 입조▼를 조건으로 화의를 맺어 거란군이 철수하였다.

▼ 입조(入朝)
벼슬아치가 조회에 들어가던 일로, 현종의 입조라 하면 현종이 직접 요의 수도에 가서 황제를 배알하라는 의미이다.

(4) 거란의 제3차 침입(현종 9, 1018) → 강감찬의 귀주 대첩

① **원인** : 고려는 거란의 현종 입조 요구와 강동 6주의 반환 요구를 거부하였다.

② **경과** : 현종 9년(1018)에 소배압이 이끈 10만 대군이 침입하여 개경까지 이르렀으나, 고려군의 협공을 받아 후퇴하였다. 이때 거란군은 귀주에서 강감찬이 지휘하는 고려군에게 거의 섬멸되었다(귀주 대첩, 1019).

③ **결과** : 양국은 강화를 맺었으며, 강동 6주의 반환 요구는 철회되었다.

(5) 거란 침입 격퇴의 결과

① **세력의 균형** : 고려가 거란의 침략을 막아 내자, 거란은 더 이상 고려를 공격할 수 없었고 송을 침입할 수도 없었다. 결국 고려 · 송 · 거란 사이에는 세력의 균형이 유지될 수 있었다.

② **나성과 천리장성 축조** : 전쟁이 끝난 뒤 고려는 국방을 강화하기 위해 노력했는데, 강감찬의 주장으로 개경에 나성을 쌓아 도성 수비를 강화하였고, 북쪽 국경 일대에 장성을 쌓아 거란과 여진의 침략에 대비하였다. 이것이 압록강 어귀에서 동해안 도련포에 이르는 천리장성(1033~1044)이다.

③ **초조대장경의 조판과 「7대 실록」의 편찬** : 불력으로 거란의 침입을 막기 위해서 현종 때 초조대장경을 조판하였다.

3. 여진 정벌과 동북 9성의 개척

(1) 여진▼과 고려의 관계

▼ 여진족의 명칭 변화
· 숙신(군장 국가)
· 읍루(연맹 국가)
· 물길(삼국)
· 말갈(통일 신라)
· 여진(고려)
· 만주(조선)

① **반독립적 상태의 여진 세력** : 여진족은 한때 말갈이라 불리면서 고구려에 복속되어 있었고, 발해가 멸망한 뒤에는 여진으로 불리면서 발해의 옛 땅에서 반독립적 상태로 세력을 유지하고 있었다.

② **고려의 대여진 정책** : 고려는 두만강 연안의 여진을 경제적으로 도와주면서 회유 · 동화 정책으로 포섭하고자 하였다.

③ **여진족의 통합** : 12세기 초 만주 하얼빈 지방에서 일어난 완옌부의 추장이 여진족을 통합하면서 정주까지 남하하여 고려와 충돌(1104)하게 되었다.

(2) 여진 정벌과 동북 9성

① **별무반의 편성(숙종)** : 여진과의 1차 접촉에서 패한 고려는 기병 중심의 여진족을 보병만으로 상대하기 어렵다는 것을 깨닫고, 윤관의 건의에 따라 기병을 보강한 특수 부대인 <mark>별무반</mark>▼을 편성하여 여진 정벌을 준비하였다. 별무반은 기병 중심의 신기군, 보병 중심의 신보군, 승병 중심의 항마군으로 구성되어 있는 부대이다.

② **여진 정벌(예종)** : 윤관은 별무반을 이끌고 여진족을 토벌(1107)하여 북방으로 쫓아버리고, 동북 지방 일대에 <mark>동북 9성</mark>▼을 쌓아 방어하였다.

③ **9성의 반환** : 생활 터전을 잃은 여진은 다시 침략하지 않고 해마다 조공을 바치겠다고 환원을 요청하였다. 9성 수비에 어려움을 겪던 고려는 9성을 쌓은 지 1년 7개월 만에 9성을 돌려주었다.

척경입비도 여진족을 정벌한 뒤 길주·공험진 등 9성을 쌓고 선춘령에 "고려지경"이라고 새긴 비를 세워 경계를 삼은 일을 그린 것이다.

▼ **별무반**
기병인 신기군, 보병인 신보군, 승병인 항마군

▼ **동북 9성**
윤관은 여진족을 내쫓고 그 지역에 함주, 영주, 웅주, 길주, 복주, 공험진, 숭녕진, 통태진, 진양진에 9개의 성을 쌓고, 적극적인 영토 확장책의 일환으로 사민을 실시하기도 하였다. 9성의 위치에 대해서는 길주 지방설과 두만강 유역설 등이 있다.

(3) 금의 건국

① **금의 성장** : 여진족은 그 후에 더욱 세력을 키워 만주 일대를 장악하고 금을 건국(예종 10, 1115)하였으며, 거란을 멸망(1125)시킨 뒤, 고려에 군신 관계를 요구해 왔다.

② **금(金)의 사대 요구와 체결** : 금의 사대 요구를 둘러싸고 조정에서는 논란이 치열하게 일어났는데, 당시 집권자인 이자겸은 정권 유지를 위하여 금과 평화 관계를 유지하는 것이 유리하다고 판단하여, 그의 주장으로 인종 4년(1126) 금과 사대 관계를 맺었고, 이로써 약 1백 년간 금과 평화 관계가 유지되었다.

③ **북진 정책의 좌절** : 이로써 금과의 군사적 충돌은 피했으나, 고려의 강렬한 문화 의식을 기반으로 한 북진 정책은 사실상 좌절되었다. 이는 국내적으로 귀족 사회의 모순을 더욱 격화시켜 이자겸의 난과 묘청의 난을 야기시키는 계기가 되었다.

4. 몽골의 침입과 대몽 항쟁

(1) 13세기 초 중국의 정세

① **몽골족의 성장** : 13세기 초, 오랫동안 부족 단위로 유목 생활을 하던 몽골족이 통일된 국가를 형성(1206)하면서 동북아 정세가 급격히 변하였다. 몽골이 북중국을 점령하고자 금을 공격하자, 거란족의 일부가 몽골에 쫓겨 고려로 침입해 왔다.

② **강동의 역 체결** : 고려는 이들을 반격하여 강동성에서 포위하였고, 거란족을 추격해 온 몽골과 두만강 유역에 있던 동진국의 군대와 연합하여 거란족을 몰아냈고 여몽 협약이 체결(강동의 역, 1218)되었다.

③ **몽골의 공물 요구** : 몽골은 거란족을 토벌한 대가로 과중한 공물을 요구하였고 몽골 사신들은 고압적 자세를 취하여 양국 사이에 긴장관계가 형성되었다.

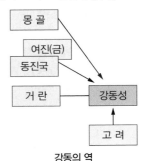

강동의 역

(2) 몽골의 침입과 고려의 저항

① **국교의 단절** : 몽골이 거란족 토벌의 대가로 공물을 강요하자 고려 정부(최우 정권)는 이에 응하였으나, 고려로부터 공물을 받아 가던 사신 저고여가 접경지대에서 피살되자(저고여 피살 사건) 국교가 단절되었다.

② **제1차 침입(1231)▼** : 이를 구실로 몽골은 살리타이를 선봉으로 침입하였고, 의주를 힘겹게 점령한 몽골군은 귀주를 공격하였으나, 박서의 저항▼으로 실패하자 우회하여 개경을 포위하였다. 당시 고려의 집권자였던 최우는 몽골의 요구대로 강화를 맺고, 몽골은 서경 주변에 다루가치를 설치하고 회군하였다.

③ **제2차 침입(1232)** : 몽골은 강화를 맺은 후, 무리한 조공을 강요했다. 이때 집권한 최우가 강경파의 주장으로 강화 천도(1232)를 단행하고 항몽 태도를 취하자, 몽골 장수 살리타가 재침입하였다. 그러나 처인성 전투에서 김윤후가 이끄는 민병과 승병에 의해 사살되자 몽골군은 퇴각하였다.

④ **제3차 침입(1235)**

　㉠ 대장경의 조판 : 3차 침입은 살리타이의 패퇴에 대한 보복적인 성격을 강하게 띠었는데, 당구를 주축으로 한 몽골군은 경상, 전라도까지 침입하여 전 국토를 유린하였다. 이때 불력으로 몽골군을 격퇴하기 위하여 대장경(팔만대장경)을 조판하였다.

▼ **몽골 1차 침입**
충주 지방에 몽골군이 침입하자 성주와 관리는 도망쳤으나 관노비들은 끝까지 싸워 성을 지켰고, 정부에 반기를 들었던 초적들도 맞서 싸웠다.

▼ **박서의 귀주성 전투**
고종 18년(1231) 서북면 병마사 재임 시 몽골이 침입하여 온갖 무기로 귀주성을 공격해 오자 1개월에 걸친 격전 끝에 이를 물리쳤다. 이때 몽골군은 귀주성을 우회하여 개경을 포위하였고, 최우는 몽골과 강화를 맺었다.

ㄴ 몽골군의 철수 : 몽골군에 의한 피해가 늘어가자, 고려는 1238년에 사신 김보
정과 어사 송언기를 몽골에 보내어 강화를 제의하고 철군을 요구하였다. 이에
몽골은 고려 국왕의 친조를 조건으로 다음 해에 모두 철수하였다.

⑤ 제4 · 5차 침입(1247 · 1253)

ㄱ 몽골의 재침입 : 몽골에서 약 5년간의 분규 끝에 구유크 칸이 즉위하고 안정을
이루게 되자, 이듬해인 1247년에 고려의 항몽 태도와 국왕친조가 이루어지지
않고 있음을 이유로 침입해 왔다.

ㄴ 충주성 전투▼의 승리 : 1253년 몽골은 고려 국왕의 친조를 요구하며 재침입했
고, 이때 김윤후와 관노비들이 활약하여 충주성 전투에서 승리했다.

⑥ 제6차 침입(1254)

ㄱ 전쟁의 장기화 : 1254년 몽골은 또다시 사신을 보내 고려 정부의 개경 환도를
요구하며 침입하였다. 전쟁이 장기화되면서 국토는 황폐화되고 20여 만의 포로
가 발생하는 등, 내륙 주민의 피해는 커져 갔다.

ㄴ 최씨 정권의 붕괴 : 몽골은 1257년 6월에 다시 침공하였다. 이때 강화도에서
무신 집정 최의가 유경, 김준(金俊) 등에게 살해당함으로써 항전을 고집했던 최
씨 정권이 붕괴되었다(고종 45, 1258).

ㄷ 전쟁의 종결 : 1259년 고종이 강화에서 나와 승천부에서 몽골의 사신을 맞이하
면서 두 나라 사이에 화의가 성립되고 28년 동안 계속된 전쟁은 끝나게 되었다.

⑦ **몽골 침입의 결과**

ㄱ 문화재의 소실 : 강화도의 고려 정부는 수로를 통해 조세를 걷어 명맥을 유지할
수 있었으나, 장기간의 전쟁으로 국토는 황폐해지고 백성들은 도탄에 빠졌으
며, 초조대장경과 황룡사 9층 목탑을 비롯한 수많은 문화재가 소실되었다.

ㄴ 민심 이반 : 이때 집권한 최씨 정권이 농민에 대한 적극적 보호 대책을 서두르
지 않고 가혹한 수탈로 농촌 경제는 파탄 지경에 빠지자, 민심은 흉흉해지고 정
부에 대한 반항심이 조장되었다.

(3) 삼별초의 항쟁

① 경과

ㄱ 반몽 무인 정권 : 고려 정부의 개경 환도는 몽골에 굴복을 의미하는 것으로 삼
별초를 중심으로 한 군대의 일부는 이에 불만을 품고, 배중손의 지휘하에 왕족
인 승화후 온을 왕으로 추대하고 반몽 무인 정권을 세워 반란을 일으켰다.

▼ 김윤후의 충주성 전투

1253년(고종 40) 몽골군의 5차 침
입 시 관노비들의 항전으로 충주성
전투에서 큰 승리를 거뒀다. 이때
에 적을 맞아 싸운 장수는 김윤후
였다. 몽골군의 포위로 성 내의 식
량 사정이 위급하게 되자, 김윤후
는 "만일 힘을 다하여 잘 싸우면
귀천을 가리지 않고 관직을 줄 것
이다."라고 약속하고 병사들을 독
려하였다. 이어 그는 관노의 문서
를 가져다가 태워버리고, 몽골군으
로부터 빼앗은 소와 말을 관노들에
게 나누어 주었다. 관노들은 감격
하여 용전분투한 결과 침략군을 격
퇴하고 끝까지 성을 지켰다. 김윤
후는 이 싸움의 공으로 상장군으로
승진하였고, 나머지 군공이 있는
관노와 백성들에게도 관직이 주어
졌다.

▼ 용장성(전남 진도)
삼별초의 대몽 항전지로 1270년 이후 축성되었다.

▼ 탐라총관부
고려 시대에 원나라가 탐라에 설치한 관청으로, 원나라는 1273년 탐라에 들어간 삼별초 잔여 세력을 진압하고 탐라국 초토사를 두었는데 이를 1275년(충렬왕 1)경에 개칭한 것으로 보인다.

ⓛ 여·몽 연합군에 의한 평정 : 김방경의 여·몽 연합군의 공격으로 강화도에서 진도로 옮겨 저항을 계속 했다. 배중손은 용장성▼을 쌓고 해상왕국을 이룩했으나 곧 함락되고 왕온은 홍다구에게 살해되었다. 잔여세력은 제주도로 가서 김통정의 지휘하에 저항을 계속했으나 4년 여 만에 평정되었다(1273).

② **의의** : 삼별초의 항쟁은 고려 무신의 반몽 사상과 국민의 자주성의 일면이었으나, 이의 진압으로 고려는 몽골에 예속되었다. 이후 원은 제주도에 탐라총관부▼를 두고 목마장을 두었다.

원 간섭기 정치 변동

1. 원의 내정 간섭

(1) 일본 원정에의 동원

① **몽골의 일본 원정 단행(정동행중서성)** : 대제국 건설을 위해 영토를 확장하던 몽골은 국호를 원(元)으로 바꾸고 일본 원정에 고려를 동원하고자 하였다. 이때 원은 고려로부터 선박 · 식량 · 무기 등 전쟁 물자와 군대 · 선원 등 인적 자원도 징발하였다.

② **정동행성 이문소의 간섭** : 일본의 강력한 저항과 태풍으로 인하여 정벌이 실패하자, 일본 원정을 준비하기 위해 설치했던 정동행성을 연락기구로 삼았는데, 정동행성의 장관인 좌승상은 고려왕이 겸임하였다. 부속 기관인 이문소는 몽골인들로 구성된 초법적인 기구로 공민왕 5년(1356)까지 존속했다.

③ **만호부의 설치** : 고려의 군사 조직 통제를 위해 몽골에서 만호를 파견하여 만호부를 설치하였는데, 군령 기관인 진무소와 행정 실무를 담당하는 녹사를 두어 국방 · 치안을 담당하게 하였다.

④ **다루가치 파견과 순마소의 설치** : 다루가치라는 감찰관을 파견하여 공물 징수와 내정을 간섭하는 한편, 개경 지역의 치안을 담당하기 위해 순마소를 설치하였다.

(2) 원의 영토 확보

① **쌍성총관부** : 원은 고종 말년에 화주(영흥)에 쌍성총관부를 설치하여 철령 이북의 땅을 직속령으로 편입하였지만, 이후 공민왕 15년(1356)에 유인우가 공략하여 회복하였다.

② **동녕부** : 원종 때 자비령 이북 땅을 차지하여 서경에 동녕부를 두었지만, 이후 충렬왕 16년(1290)에 고려의 간청으로 돌려받았다.

③ **탐라총관부** : 삼별초의 항쟁을 진압한 후 원종 14년(1273)에 일본 정벌 준비를 위해 제주도에 탐라총관부를 설치하고, 일본 정벌에 동원할 군마 양성을 위하여 목마장을 두어 경영하였으나 충렬왕 27년(1301)에 고려에 반환하였다.

(3) 원 간섭하의 변화

① **부마국으로의 전락** : 고려는 원에 정복당했거나 속국이 되었던 다른 나라들과는 달리, 연경(북경)에서 체류하면서 몽골에서 자란 고려의 태자·왕자가 장성하여 왕위에 오를 때 원 황실의 공주를 왕비로 맞이하였다. 고려는 원나라의 부마국이 되어 왕실의 호칭과 격도 부마국에 맞게 바뀌었고, 관제도 개편되어 격도 낮아졌다.

② **왕실 용어의 격하**

원 간섭 이전	원 간섭 이후
폐하(陛下)	전하(殿下, 조선 이후 계속 사용)
짐(朕)	고(孤)
태자(太子)	세자(世子, 조선 이후에도 계속 사용)
선지(宣旨, 왕명의 교지)	왕지(王旨)
조(祖)·종(宗)	충○왕

③ **관제의 변경** : 원의 압력으로 고려는 관제의 격을 낮추어 2성 6부가 1부 4사로 개편되었다.

원 간섭 이전	원 간섭 이후
2성(중서문하성, 상서성)	첨의부
• 6부 – 이부, 예부 – 호부 – 병부 – 형부 – 공부	• 4사 – 전리사 – 판도사 – 군부사 – 전법사 – 폐지
도병마사	도평의사사
중추원	밀직사

(4) 고려 사회에 미친 영향

① **자주성의 손상** : 원의 내정 간섭으로 고려는 자주성에 심각한 손상을 입었고, 원의 압력과 친원파의 책동으로 인해 정치는 비정상적으로 운영되어, 왕권이 원에 의지해 유지되고 통치 질서가 무너져 제 기능을 수행하지 못하였다.

② **조혼의 성행** : 결혼도감을 통하여 원은 고려의 처녀들을 공녀로 차출하여 고려에서 조혼이 성행하기도 하였다.

③ **반전도감과 응방의 등장** : 반전도감에서는 금·은·베를 비롯하여 인삼·약재·매 등의 특산물을 징발하여 농민들의 고통을 가중시켰다. 또한 매(해동청)를 징발하기 위해서 '응방'이라는 특수 기관을 두었는데, 응방 출신들이 권문세족으로 성장하기 도 하였다.

④ **몽골풍과 고려양의 유행** : 원과 교류가 확대되면서 문화·풍속 교류도 활발해졌는 데, 고려에서는 몽골어 사용, 몽골식 의복·머리 등 몽골풍이 유행하고 몽골식 이 름을 쓰기도 하였는데 이를 몽골풍이라고 하며, 몽골에서도 고려의 풍습이 유행하 였는데 이를 고려양이라고 한다.

2. 고려 후기 정치의 변동

(1) 충렬왕(1274~1308)

① **충렬왕의 개혁 정치** : 양전 사업과 국역을 공평히 하기 위해 전민변정도감을 설치 하고, 관료 홍자번이 백성을 편하게 하기 위하여 올린 '편민 18사'를 채택하였다.

② **동녕부와 탐라총관부 반환** : 이 시기 원의 직속으로 있던 동녕부와 탐라총관부를 돌려받았다.

③ **관학진흥책** : 성균관을 설치하고, 경사교수도감을 설치하였으며 장학기금 마련을 위해 섬학전을 두었다.

(2) 충선왕(1298, 1308~1313)

① **사림원 설치와 관제 복구** : 유교 이념에 따른 관료 정치를 회복하고자 했던 충선왕 은 왕명 출납을 담당하는 사림원을 설치하면서 최우 정권 때 설치한 정방을 폐지하 고 관제를 복구하였다.

② **만권당의 설치** : 즉위 7개월 만에 부왕인 충렬왕에게 왕위를 물려주고 원나라에 머 물던 충선왕은 무종을 원나라의 황제에 오르게 하는데 공을 세워 심양왕▼의 공작 을 받았다. 이때 북경에 만권당▼을 설치하여 유학을 연구·토론하게 했는데, 대표 적인 학자로 몽골 최고 학자인 조맹부와 고려의 학자인 안향·이제현 등이 있었다.

③ **전농사와 의염창 설치** : 소금과 철에 대한 전매 제도로 국가 재정 수입을 확대하였다.

▼ **심양왕(瀋陽王)**
원(元)은 개경에 있는 고려왕을 견 제하기 위해 1308년에 심양왕 제 도를 두었는데, 최초의 심양왕은 세자 시절의 충선왕이었다.

▼ **만권당**
왕위에서 물러난 충선왕은 1314년 원나라에서 만권당을 설치하여, 이 제현 등 고려 유학자와 조맹부 등 한족 출신 유학자들을 불러 모아 서로 교류하게 하였다. 이를 통해 고려의 학문과 사상이 발전하는 기 틀이 마련되었다.

(3) 충숙왕▼(1313~1330, 1332~1339)

찰리변위도감을 설치하여 권문세족이 점유한 민전을 본주인에게 돌려주도록 하는 등 개혁을 시도하였다.

(4) 충목왕(1344~1348)

정치도감을 통해 권문세족 세력을 척결하고자 하였다.

3. 공민왕의 개혁 정치

공민왕의 영토 수복

(1) 원 간섭기 고려의 상황

① 권문세족과 개혁 추진의 움직임

　㉠ 왕권의 안정 : 원 간섭기 고려의 왕권은 이전 시기에 비하여 상대적으로 안정되었고 중앙 지배층도 개편되었다.

　㉡ 권문세족의 등장 : 이전 시기부터 존속했던 문벌 귀족 가문, 무신 정권기에 새로 등장한 가문, 원과의 관계를 통해 성장한 가문 등이 이른바 권문세족을 형성하며 왕의 측근 세력과 함께 권력을 누렸다.

　㉢ 권문세족의 횡포 : 이들은 농장을 확대하고 양민을 억압하여 노비로 삼는 등 사회 모순을 격화시켰다.

② 시정 개혁의 노력 : 이에 대하여 신진 관리들을 중심으로 개혁을 추진하려는 움직임이 일어났다. 관료의 인사, 농장 문제와 같은 여러 가지 폐단을 시정하기 위한 개혁의 노력은 충선왕과 충목왕 때부터 시도되었으나, 원의 간섭으로 제대로 추진되지 못하고 있었다.

(2) 공민왕의 개혁 정치

① 개혁 추진 방향 : 14세기 중반 공민왕은 원·명 교체기를 이용하여 개혁을 추진하였다. 공민왕 때의 개혁은 대외적으로 반원 자주를 실현하고, 대내적으로 왕권을 강화하려는 목적이었다.

② 반원 자주 정책
　○ 친원 세력의 숙청 : 공민왕의 반원 자주 정책은 기철▼로 대표되던 친원 세력을 숙청하면서 시작하였다.
　○ 자주 정책 추진 : 고려의 내정을 간섭하던 정동행성 이문소를 폐지하고, 몽골 풍속을 금지하였다. 그리고 원의 간섭으로 바뀌었던 관제를 문종 대의 제도에 맞춰 복구하였다.
　○ 쌍성총관부와 요동 지방 공략 : 무력으로 쌍성총관부를 공격하여 철령 이북의 땅을 수복하였으며, 더 나아가 고구려의 옛 땅을 되찾기 위하여 요동 지방을 공략▼하였다.

③ 왕권 강화 정책
　○ 정방 폐지 : 공민왕은 왕권을 제약하고 신진 사대부의 등장을 억제하고 있던 정방을 폐지하고, 이부의 인사권을 회복하였다.
　○ 전민변정도감의 설치 : 국가 기반 강화를 위해 전민변정도감을 설치하고, 승려 신돈을 판사로 등용하여 권문세족이 부당하게 빼앗은 토지와 노비를 본래의 소유주에게 돌려주거나 양민으로 해방시켰다. 이를 통하여 권문세족의 경제 기반을 약화시키고 국가 재정 수입의 기반을 확대하였다.
　○ 권문세족 억압 : 친원파 권세가들의 반발로 개혁이 중단될 위기에 놓였으나 공민왕은 대내적으로 왕권을 강화하고 권문세족을 억압하며 꾸준히 개혁을 추진해 나갔다.

④ 개혁의 실패와 원인
　○ 개혁 세력의 미약 : 당시 국내에서는 권문세족들이 정치를 좌우하고, 원의 세력과 결탁하여 많은 토지를 차지하고 수탈을 함부로 하여 백성을 도탄에 빠뜨리고 있었다. 그러나 개혁을 추진하던 신진 사대부 세력은 아직 미약하였다.
　○ 원의 압력과 권문세족의 견제 : 공민왕이 반원 개혁 정치를 수행하기 위해서는 원의 세력과 싸우며 권문세족도 눌러야 했으나, 원의 압력으로 왕권이 강화될 수 없었고, 원을 배경으로 한 권문세족들이 왕권을 견제하여 개혁은 성공하지 못했다.
　○ 공민왕의 시해에 따른 개혁의 중단과 신진 사대부의 대두 : 권문세족의 반격으로 신돈이 제거되고 공민왕까지 시해▼되어 개혁 정치는 중단되었다. 그러나 공민왕 때 크게 진출한 신진 사대부 세력은 신흥 무인 세력과 손을 잡고 개혁을 계속 추진하였으며, 이 과정에서 고려가 멸망하고 조선 왕조가 건국되었다(1392).

▼ 기철
누이동생이 원 순제의 황후가 되어 태자를 낳자, 기 황후와 원을 등에 업고 친원파 세력을 결집하여 권세를 부린 대표적인 친원 세력

▼ 공민왕의 요동 공략
원·명 교체기에 공민왕은 요동 땅을 수복하기 위하여 지용수, 이성계로 하여금 양면으로 진격하게 하였다(1370). 그리하여 이성계는 압록강을 건너 요양을 점령하고, 이 땅이 원래 우리나라의 땅임을 선포하였으나, 뒤에 명의 군대가 이 지역을 점령함에 따라 그들의 지배하에 들어가고 말았다.

▼ 자제위
공민왕 때 국왕의 신변을 위하여 호위 겸 지도자를 양성 목적으로 설치한 관청이다. 공민왕은 국내외의 불안한 정정으로 혼미가 거듭되던 가운데 결국 자신이 설치한 자제위 소속의 홍륜 등에 의해 죽임을 당하였다.

더 알아보기⊕

공민왕의 주요 개혁 내용

반원 자주 정책	왕권 강화 정책(권문세족 억압 정책)
• 원이 설치했던 내정 간섭 기관인 정동행성 이문소 폐지 • 몽골풍의 폐지 • 유인우로 하여금 쌍성총관부를 철폐하고 철령 이북의 땅 수복 • 2성 6부제 복구 • 기철 등 친원 세력의 숙청 • 지용수, 이성계로 하여금 요동 지방 공략	• 신돈을 국사로 임명하여 전민변정도감 (1366)의 판사로 삼아 토지·노비제를 개혁 • 무신 정권 이후 이부와 병부의 인사권을 장악하여 왕권을 견제하고, 신진 사대부의 등장을 억제하던 정방을 폐지하고 문관의 인사권을 이부로 환원 • 유학 교육 강화로 성균관과 과거제를 정비함으로써 신진 사대부 인재 배출 • 내재추제▼ 신설

▼ **내재추제**

정방을 혁파하고 왕권을 강화할 목적으로 설치한 정치기구

4. 신진 사대부의 성장과 고려의 멸망

(1) 신진 사대부의 성장

① **시대적 배경** : 무인 정권에 의해 문벌 귀족 정치가 붕괴된 이후 고려 후기 집권 세력인 권문세족에 대항하여 공민왕 때 개혁 정치에 힘입어 신진 사대부라는 새로운 관료층이 성장하였다. 그러나 권문세족이 인사권을 장악하여 관직 진출이 제한되었고, 과전과 녹봉도 제대로 받지 못하였다.

② **출신 배경**

　㉠ 학자적 관료군 : 신진 사대부는 경제적으로 지방 중소 지주층, 신분적으로 향리 출신으로, 학문적 교양을 갖추고 정치적 실무에도 능한 학자적 관료들을 말한다.

　㉡ 과거 출신 : 문벌에 힘입어 음서를 통해 진출하기보다는, 학문적 실력을 바탕으로 과거를 통해 중앙 관리로 진출하는 것이 보통이었다.

　㉢ 중소 지주층 : 이들은 향촌을 배경으로 연고지에 소규모 농장을 가지고 있는 중소 지주이거나 자영 농민으로서, 스스로의 노력에 의해 토지를 개간·구매하여 농장을 가지게 된 사람들이었다. 이 농장은 전호나 노비를 이용하여 경영하거나 직접 경작하는 경우도 있었다.

(2) 신진 사대부▼의 성격

① **권문세족 비판** : 고려 말 새로이 중앙에 진출한 신진 사대부들은 구질서와 권문세족의 횡포를 정면으로 비판하는 진취적 성향을 강하게 지녔다. 자신의 기반을 침해하면서 농장을 확대하는 권문세족과 충돌하게 되자, 국가의 공적인 힘을 강화하여 비리ㆍ불법을 견제하고 자신의 기반을 유지하려 하였다.

② **성리학의 수용**

  ㉠ 친원적ㆍ친불교적 성향 반대 : 신진 사대부들은 새로운 사회 세력을 이끌어 가기 위한 이념적 기반으로 성리학을 수용하여 경륜을 더 넓힐 수 있었고, 권문세족의 친원적ㆍ친불교적 성향에 대해 반대 입장을 취하였다.

  ㉡ 과거 통해 진출 : 공민왕 때는 교육ㆍ과거 제도가 재정비된 후로 과거를 거쳐 중앙에 진출하여, 정치 이념을 더욱 심화시키면서 세력을 확대시켜 나갔다.

③ **신흥 무인 세력과 제휴** : 고려 말 신진 사대부들은 이성계를 중심으로 한 신흥 무인 세력(新武人勢力)과 제휴하여 사회 불안과 국가적 시련을 해결하고자 하였다.

더 알아보기 ➕

권문세족과 신진 사대부 비교

권문세족	신진 사대부
• 친원 세력, 보수 세력	• 친명 세력, 혁신 세력
• 대농장 소유(부재 지주)	• 중소 지주(재향 지주)
• 불교와 결탁	• 불교 비판, 성리학 수용
• 음서로 진출, 도평의사사 장악	• 과거로 진출, 행정 실무 종사

---

(3) 고려 말 홍건적ㆍ왜구의 침입과 격퇴

① **홍건적의 침입** : 홍건적은 몽골에 의해서 나라를 빼앗긴 한족들의 무장독립군 중에 도교의 한 분파인 백련교를 믿는 파로서, 머리에 붉은 띠를 둘렀다.

② **왜구의 침입과 무인 세력의 대두**

  ㉠ 왜구의 창궐과 토벌 준비 : 공민왕~창왕 때 왜구의 침입이 극에 달하면서 전국 해안 지방이 황폐해졌다. 고려는 외교적 교섭으로 왜구의 창궐을 막으려다 실패하자, 국방력을 강화하여 왜구의 토벌에 적극 나서게 되었다.

▼ **사대부**
문학에 재능과 실무 능력을 지닌 학자적 관료를 의미한다. 원 간섭기에 성리학을 수용한 대표적인 사대부는 안향ㆍ이제현ㆍ백이정 등이 있었으며, 권문세족에 비하여 한층 낮은 가문의 출신자로서 과거를 통해 입사한 부류인 사대부 계열로 성균관을 통하여 성장한 이색ㆍ정몽주 등이 있었다. 고려 말기에 혁명파와 온건 개혁파로 양분되었던 사대부 계층은 조선이 개국한 뒤 훈구파와 사림파로 나누어진 양반 관료 체제를 구성했다.

ⓛ 최영 · 이성계의 활약 : 최영과 이성계는 남과 북으로부터 침입해 온 왜적에 대한 토벌 작전으로 전국에서 큰 전과를 거두어 백성의 신망을 얻었다.

더 알아보기⊕

왜구의 격퇴

전투	시기	주요인물	특징
홍산 전투	우왕 2, 1376	최영	홍산(부여)
진포 해전▼	우왕 6, 1380	최무선 나세	• 진포(충남 서천) • 화포 – 화약무기 • 최무선의 아들인 최해산은 조선 초기 무기 · 화기의 개발에 많은 기여를 하였으며, 장영실의 스승이기도 하다.
황산 대첩▼	우왕 6, 1380	이성계	황산(남원의 운봉) – 남해안 일대의 왜구를 전멸시켜 이성계의 전국적 부상
쓰시마 정벌	창왕 1, 1389	박위	정지의 건의

(4) 고려의 멸망

① **철령위 문제** : 공민왕 뒤에 즉위한 우왕은 친원 정책을 표방하여 명의 감정을 자극하였다. 이에 명은 우왕 14년에 쌍성총관부가 있던 철령 이북(함경북도 일대)에 철령위를 두고 자기 영토에 편입시키려 하여 고려와 명이 대립하게 되었다.

② **요동 정벌 계획** : 명의 주장에 분개한 고려는 최영 중심의 무장들이 이 기회에 명이 차지한 요동 지방을 회복하여 민족의 활동 무대를 되찾기 위해 요동 정벌을 계획하였다.

③ **위화도 회군**

ⓐ 이성계의 위화도 회군 : 최영을 중심으로 하는 세력은 즉각적 출병을 주장하였고, 이성계를 중심으로 하는 측은 4불가론▼을 내세워 출병을 반대하였다. 이때 최영의 주장에 따라 조민수 등과 함께 정벌군이 파견되었으나 이성계는 위화도에서 회군(1388)하여 최영 등의 세력을 제거한 뒤, 군사적 실권을 장악하여 본격적 개혁의 계기를 마련하였다.

▼ **진포 해전**

우왕 6년(1380) 8월 추수가 거의 끝나 갈 무렵, 왜구는 500여 척의 함선을 이끌고 진포로 쳐들어와 충청 · 전라 · 경상도의 3도 연해의 주군(州郡)을 돌며 약탈과 살육을 일삼았다. 고려 조정에서는 나세, 최무선, 심덕부 등이 나서서 최무선이 만든 화포로 왜선을 모두 불태워 버렸다.

– 「고려사」 –

▼ **황산 대첩**

운봉을 넘어온 이성계는 적장 가운데 나이가 어리고 용맹한 아지발도를 사살하는 등 선두에 나서서 전투를 독려하여 아군보다 10배나 많은 적군을 섬멸했다. 이 싸움에서 아군은 1,600여 필의 군마와 여러 병기를 노획하였고, 살아 도망간 왜구는 70여 명밖에 없었다고 한다.

– 「고려사」 –

▼ **이성계의 4불가론**

• 以小逆大其不可(소국이 대국을 거역함은 불가하다.)

• 夏月發兵其不可(여름에 군사를 일으킴은 불가하다.)

• 擧國遠征倭乘其虛其不可(거국적으로 원정할 경우 왜구의 침입 우려가 있다.)

• 時方暑雨弓弩膠解大軍疾疫其疫不可(지금은 장마철이라 활이 녹고 대군이 병에 걸릴 가능성이 있어 불가하다.)

ⓛ 결과 : 위화도 회군으로 이성계 일파는 정치적 실권을 장악하고 새 왕조를 개창할 수 있는 기반을 마련하였으며, 명과의 관계를 호전시켜 나갔다. 결국 친명파가 승리하였고, 이성계가 모든 실권을 장악하여 조선 왕조 건설의 정치적·군사적 터전이 마련되었다.

④ **폐가입진**▼ : 이성계를 중심으로 모인 급진 개혁파의 사대부 세력은 폐가입진을 내세워 우왕과 창왕을 잇달아 폐하였다.

⑤ **전제개혁(과전법)의 실시** : 이들은 공양왕을 세운 후 조준의 주도 아래 급전도감을 설치 후 전제 개혁을 단행하여, 권문세족의 경제권을 박탈하였다. 이후 과전법(1391)을 실시하여 신세력에게는 토지의 수조권을 주었고, 농민들에게는 경작권을 보장해 줌으로써 자영농을 육성하여 국가 경제 기반을 마련하였다.

⑥ **조선의 건국** : 이를 바탕으로 신흥 무인 세력인 이성계와 급진 개혁파 사대부 세력(정도전)은 온건파를 제거하여 정치적 실권을 장악하고 새 왕조를 개창할 수 있는 기반을 마련하여 이성계는 고려를 멸망시키고 개경에서 조선을 건국(1392)하여 한양으로 도읍을 천도(1394)하였다.

▼ 폐가입진
가왕을 몰아내고 진왕을 세운다는 뜻으로 이성계 등이 창왕을 폐위하고 공양왕을 옹립한 사건

고려의 경제

1. 고려의 경제 정책

(1) 중농 정책과 농민 안정책

① **권농 정책의 강화** : 고려는 건국 초부터 농민의 생활 안정과 국가 재정을 확보하기 위해 농업을 중시하는 정책을 추진하였다.

② **개간 장려**▼ : 개간한 땅에 대해서는 일정 기간 면세▼하여 줌으로써 개간을 장려하고, 농번기에는 잡역 동원을 금지하여 농사에 지장을 주지 않게 하였다.

③ **의창 실시** : 재해를 당했을 때에는 세금을 감면해 주고, 고리대의 이자를 제한하였으며, 의창제▼를 실시하는 등 농민 안정책을 더욱 강화하였다.

(2) 조세 수취와 재정 운영

① **양안과 호적의 작성** : 고려는 신라 말의 문란한 수취 체제를 다시 정비하고 재정 운영에 필요한 관청도 설치하였다. 고려는 재정을 안정적으로 운영하기 위하여 토지와 호구를 조사하여 토지 대장인 양안과 호구 장부인 호적을 작성하였다. 이것을 근거로 조세, 공물, 부역 등을 부과하였다.

② **재정 운영의 원칙 수립** : 이런 수취 제도를 기반으로 재정 운영의 원칙을 세우고 왕실, 중앙 및 지방 관리, 향리, 군인 등 국가와 관청에 종사하는 사람에게 토지로부터 조세를 수취할 수 있는 권리를 나누어 주었다.

③ **재정 운영 관청(호부와 삼사)**▼ : 호부는 호적과 양안을 만들어 인구 · 토지를 파악 관리하였고, 삼사는 재정 수입과 관련된 사무만 맡고 실제 조세 수취와 집행은 각 관청이 하였다.

▼ **개간 장려**

진전을 개간하여 경작하는 자는 사전의 경우 첫 해에는 수확의 전부를 가지고, 2년째부터 경작지의 주인과 수확량을 반씩 나눈다. 공전의 경우는 3년까지 수확의 전부를 가지고, 4년째부터 법에 따라 조(租)를 바친다.

– 「고려사」 –

▼ **고려 초 조세의 면제**

임금이 명령을 내리기를 "…… 몰락한 사람들에게 조세를 면제해 주고 농업을 권장하지 않으면 어찌 집집마다 넉넉하고 사람마다 풍족하게 될 수 있으랴. 백성에게 3년 동안의 조세와 부역을 면제해 주고, 사방으로 떠돌아다니는 자는 농토로 돌아가게 하며, 곧 대사면을 행하여 함께 휴식하게 하라."라고 하였다.

– 「고려사절요」 –

▼ **의창제**

고려 태조 때는 흑창이 있었으며, 고려 성종 이후 의창 제도가 만들어지게 된다.

▼ **각 시대의 재정 운영 관청**
• 백제 : 내두좌평
• 신라 : 창부
• 발해 : 인부
• 고려 : 호부
• 조선 : 호조

(3) 고려의 **수취 체제**▼

① 조세(전세)

㉠ 조세의 부과와 양 : 조세는 토지를 논과 밭으로 나누고, 1결당 생산량을 최고 18석, 최하 5석을 기준으로 토지의 비옥한 정도에 따라 상·중·하의 3등급으로 나누어 부과하는데 거두는 양은 생산량의 1/10이었다.

㉡ **조세의 운반과 보관**▼ : 거둔 조세는 각 군현의 농민을 동원하여 **조창**▼까지 옮긴 다음, 조운을 통해 개경의 좌·우창으로 운반하여 보관하였다.

② 공납(공물)

㉠ 공물의 부과 : 공물은 집집마다 토산물을 거두는 제도이다. 중앙 관청에서 필요한 공물의 종류와 액수를 나누어 주현에 부과하면, 주현은 속현과 향, 부곡, 소에 이를 할당하고, 각 고을에서는 향리들이 집집(호구)마다 공물을 거두었다.

㉡ 공물의 종류 : 공물의 종류로는 매년 내어야 하는 상공과 필요에 따라 수시로 거두는 별공이 있었다. 공물은 조세보다 농민들의 부담이 컸다.

㉢ 공물 부과 시기 : 공물은 거두는 시기가 정해져 있어 그 시기에 각 관청에 납부하여 개경으로 운반하였다.

③ 역

㉠ 역의 대상 : 역은 국가에서 백성의 노동력을 무상으로 동원하는 제도로, 16세에서 59세까지의 남자를 정남이라 하여 의무를 지게 하였다.

㉡ 군역과 요역 : 역은 군역과 요역으로 이루어져 있는데, 요역은 성곽·관아·제방의 축조, 도로 보수 등의 토목 공사, 광물 채취, 그 밖의 일에 노동력을 동원하는 것이다.

2. 각 신분별 경제 생활

(1) 귀족의 경제 기반

① **귀족의 경제 기반** : 귀족은 대대로 상속받은 토지와 노비, 관료가 되어 받은 과전과 녹봉 등의 경제 기반이 있었다.

② **과전과 세습 토지에서의 수취**

㉠ 원칙 : 과전은 관료가 사망하거나 관직에서 물러나면 반납하는 것이 원칙이지만 유족의 생계유지라는 명목으로 토지의 일부분이라도 물려받을 수 있었다.

▼ **고려의 수취 제도**

• 내사헌 조준 등이 상소를 올리기를 "(고려) 태조가 즉위한 지 34일 만에 여러 신하들을 맞이하면서 '최근 백성들에 대한 수탈이 가혹해지면서 1결의 조세가 6석에 이르러 백성의 삶이 너무 어려우니 나는 이를 매우 가련하게 여긴다. 지금부터 마땅히 10분의 1세로 하여 밭 1부의 조를 3되로 하여라.'라고 한탄하여 말하였는데 ……."라고 하였다.

• 편성된 호는 인구와 장정이 많고 적음에 따라 9등급으로 나누어 부역을 시킨다.

– 「고려사」 –

▼ **조운 제도**

백성으로부터 받은 조세를 서울에 있는 경창까지 선박으로 운반하는 제도이다.

▼ **조창**

조운할 곡식을 모아 보관하는 창고이다.

▼ 조세와 지대
• 자영농과 지주(민전 소유자) : 조세 → 생산량의 1/10을 국가나 과전 수급자에게 납부
• 소작농 : 지대 → 토지 주인에게 수확량의 1/2 납부, 토지 소유자가 국가일 경우에는 1/4 납부

▼ 녹봉
관료를 47등급으로 나누어 1등급은 100석을 받고, 최하 47등급은 10석을 받음

▼ 녹패
녹봉을 받는 사람에게 증거로 주는 종이로 만든 표

▼ 신공
노비가 주인에게 제공하는 노동력이나 물품

ⓒ 세습 토지 : 공음전이나 공신전도 세습할 수 있었으나 후손들이 계속 관직에 나갈 수 없다면 경제 기반을 유지하기 어려웠다.

ⓒ 1/10 조세▼ : 관리가 된 귀족은 과전에서 생산량의 10분의 1을 거두었다.

③ 녹봉의 지급

㉠ 녹봉제 : 문종 때 완비된 전시과 제도에 따라 현직에 근무하는 관리들은 쌀, 보리 등 곡식을 주로 받았으나 때로는 베나 비단을 받기도 하였다.

ⓒ 지급 절차 : 녹봉▼은 1년에 두 번씩 녹패▼라는 문서를 창고에 제시하고 받았다.

④ 소유지와 노비로부터의 수입 : 귀족은 자신의 소유지를 노비에게 경작시키거나 소작을 시켜 생산량의 반을 거두었으며, 외거 노비에게 신공▼으로 매년 베나 곡식을 받았다.

⑤ 농장으로부터의 수입 : 귀족은 권력이나 고리대를 이용하여 농민의 토지를 빼앗기도 하고, 헐값에 사들이거나 개간을 하여 토지를 늘렸다. 이렇게 늘어난 토지를 농장이라 하였고, 대리인을 보내 소작인을 관리하고 지대(소작료)를 거두어 갔다.

(2) 농민의 경제 생활

① 농민의 생계 : 농민은 조상이 물려준 토지인 민전을 경작하거나, 국·공유지나 다른 사람의 소유지를 경작하였다. 또 품팔이를 하거나 부녀자들이 삼베, 모시, 비단 등을 짜는 일을 하여 생계를 유지하였다.

② 농민의 적극적 개간

㉠ 황무지 개간 : 대개 농민은 소득을 늘리려고 황무지를 개간하고 새로운 농업 기술을 배웠다. 농민이 진전이나 황무지를 개간하면 국가에서 일정 기간 소작료나 조세를 감면해 주었다.

ⓒ 진전 개간 : 경작하던 주인이 방치해서 황폐해진 토지인 진전을 개간할 때, 주인이 있으면 소작료를 감면해 주고, 주인이 없으면 개간한 사람의 토지로 인정해 주었다.

ⓒ 경작지의 확대 : 12세기 이후에는 연해안의 저습지와 간척지도 개간되어 경작지가 확대되어 갔다. 특히 강화도 피난 시기 이후에는 강화도 지방을 중심으로 한 간척 사업이 추진되었다.

㉣ 권문세족의 착취와 농민의 몰락 : 고려 후기에 농업 생산력은 상당한 수준에 이르렀으나 권문세족들이 농민의 토지를 빼앗아 거대한 규모의 농장을 만들고 지나치게 세금을 거두면서 농민들은 몰락하였다. 몰락한 농민은 권문세족의 토지를 경작하거나 노비로 전락하였다.

3. 고려의 농업 기술

(1) 권농 정책과 개간 · 간척 사업

① **권농 정책의 추진** : 건국 초기부터 농민 생활의 안정과 국가 재정의 확보를 위해 적극적 권농 정책을 추진하였다.

② **활발한 토지 개간과 간척** : 권농 정책에 힘입어 농업 기술이 발달하였다. 토지 개간과 간척 등이 이루어지고, 수리 시설이 개선되었으며, 시비법이 발달하면서 해마다 계속해서 농사를 지을 수 있는 땅이 늘어났다.

강화도

기반암
간척지
방조제

고려 시대 간척지

③ **토지 개간의 장려와 농기구 보급** : 광종 때에는 황무지 개간의 규정을 마련하여 토지 개간을 장려하였고, 성종 때에는 각 지방의 무기를 수거해서 농기구로 만들어 보급하기도 하였다.

④ **고려 중기와 후기의 간척 사업** : 이를 바탕으로 개간과 간척 사업이 활발히 이루어져 고려 중기까지는 묵은 땅 · 황무지 · 산지 등의 개간이 주로 이루어졌고, 후기에는 해안 지방의 저습지가 간척되기 시작하였다.

(2) 농업 기술의 발달▼

① **휴한 농법** : 고려 시대에는 논농사나 밭농사에서 1년 1작이 기본이었다. 고려 초기에는 논이나 밭의 지력을 유지하기 위해 1년(일역전) 혹은 2년(재역전)을 토지를 묵혀두는 휴한 농법이 일반적이었다.

② **시비법과 농기구의 발달** : 이후 가축의 배설물을 거름으로 사용하였고, 콩과 작물을 심은 뒤 갈아엎어 비료로 사용하는 녹비법 등이 시행되었으며, 풀이나 나무를 불태워 그 재를 거름으로 이용하였다.

③ **심경법과 윤작법의 보급**

ⓐ **심경법의 보급** : 소를 이용한 깊이갈이(우경에 의한 심경법)가 널리 보급되어 휴경 기간의 단축과 생산력의 증대 등을 가져왔다.

ⓑ **윤작법의 보급** : 밭농사에서는 2년 동안 보리, 콩, 조 등을 돌려짓기하는 2년 3작의 윤작법도 보급되었다.

▼ 고려의 농업
· 큰 산과 깊은 계곡이 많아 험하고 평지가 적다. 그러므로 경작지가 산간에 많은데, 오르내리면서 경작하는 데 힘이 많이 들고 멀리서 보면 계단과 같다.
－「고려도경」－
· 때에 맞추어 농사를 권장하고 힘써 제언(堤堰)을 수축하여 저수(貯水)하고 물을 대게 하여 황무지가 없도록 하여 백성들의 먹을거리를 풍족하게 하라.
－「고려사」명종 18년(1182) 3월 －

④ 수리시설 발달과 이앙법의 보급
  ㉠ 수리시설의 확충 : 김제 벽골제와 밀양 수산제가 개축되었으며, 소규모의 제언이 확충되고 해안의 방조제 등이 만들어져 수리 시설과 관련된 농업 기술이 점차 발전하였다. 결과적으로, 해마다 농사를 지을 수 있는 토지가 늘어났으며 농업 생산력도 더욱 증가하였다.
  ㉡ 이앙법의 보급 : 논농사에서는 직파법이 주로 행해졌으나 고려 말에는 남부 지방 일부에서 이앙법이 보급되기 시작하였다.
⑤ 「농상집요」의 도입 : 고려 후기에는 중국 농서를 도입하여 이용하기도 하였다. 이암은 중국 최초의 관찬 농서로 1273년 집성하여 1286년 간행된 원의 농서인 「농상집요」를 소개 · 보급하였는데, 이는 농업 기술에 대한 학문적 연구에 영향을 주었다.
⑥ **고려 말 목화 재배의 시작** : 공민왕 때는 문익점이 원에서 목화씨를 들여와 목화 재배가 고려 말에 시작되면서 의생활에 큰 변화를 예고하였다. 이밖에 피마자, 생지황 등의 약용작물이 재배되었고, 과일재배에 있어서 접목기술이 발달하였다.

4. 고려의 토지 제도(전시과 체제)

(1) 개설

고려의 토지 제도는 국유제를 원칙으로 하였고, 당의 균전제를 모방한 전시과를 기본으로 국가가 토지의 관리 · 처분권을 가졌다. 관리들은 수조권만 가질 수 있었고, 농민은 토지 경작권만 가지고 있었으나, 실제로는 개인 소유 토지가 광범위하게 존재하였다.

(2) 역분전

① **역분전의 지급** : 고려 태조 23년(940)에 설정한 토지 분급 제도로 태조가 후삼국의 통일 전쟁 때에 공로를 세운 신하를 대상으로 새 왕조에 대한 충성도와 공로의 대소에 따라 관등을 논하지 아니하고 지급하였다.
② **논공행상의 성격** : 따라서 역분전은 토지 제도 전반에 걸친 법제적 개편이었다기보다는 오히려 논공행상적인 성격을 지니는 토지 분급제로 전시과의 선구가 되었다.

(3) 전시과 체제

① **전시과 제도**▼의 운영 : 고려는 국가에 봉사하는 대가로 관료에게 토지를 나누어 주는 전시과 제도를 운영하였다. 전시과 제도에 따라 국가는 경작지인 전지와 연료 채취지인 시지를 주었는데, 문무관에서부터 군인, 한인에 이르기까지 18등급으로 나누어 곡물을 수취할 수 있는 과전이었다.

② **수조권**▼의 지급 : 수조권의 귀속 여부에 따라 공전과 사전으로 구분된다.

③ **국가에 반납 원칙** : 전시과는 토지를 받은 자가 죽거나 관직에서 물러날 때에는 토지를 국가에 반납하도록 하였다. 고려 후기로 갈수록 전시과의 지급 액수가 전체적으로 줄어드는 이유는 토지의 부족과 관리의 수 증가 때문이다.

(4) 전시과 제도의 정비

① **시정 전시과(경종 1, 976)**
　㉠ 인품 반영 : 공복 제도와 역분전 제도를 토대로 정비한 최초의 전국적 토지 제도로서, 관직의 고하와 인품을 반영하였다.
　㉡ 전·현직의 차등 지급 : 전·현직 관리에게 전지·시지를 차등 지급하였다.
　㉢ 한계 : 역분전의 성격을 벗어나지 못하였다.

② **개정 전시과(목종 1, 998)**
　㉠ 관직만 고려(인품 반영 ×) : 목종 때 직·산관 관리를 18등급으로 나누어 전지와 시지를 지급하였는데, 관직만을 기준으로 지급하였다. 개정 전시과에서는 인품을 반영하지 않았고 퇴직 관리에게도 토지를 지급하였지만 현직 관리보다는 낮추어 지급하였다.
　㉡ 문관 및 직관 우대 : 여기에서 무관보다 문관을 우대하였으며, **산관**▼보다는 직관을 우대하였다.

③ **경정 전시과(문종 30, 1076)**
　㉠ 퇴직자 제외 : 문종 때 현직 관리에 한하여 토지를 지급하여 전시과 체제를 완성하였다. 최고 150결에서 최하 17결까지 지급하였는데, 전시과의 부족으로 퇴직자는 지급 대상에서 제외되고 지급 액수가 감소하였다.
　㉡ 차별 대우 시정 : 무관의 지위가 상승됨으로써 무신에 대한 차별 대우가 시정되었다.

▼ **전시과 제도의 특징**
전시과는 관직 복무와 직역에 대한 급부로서 지급된 토지이기 때문에, 토지 그 자체를 준 것이 아니라 토지에 대한 수조권을 지급한 것으로 고대의 인신지배적 토지 제도에서 발전한 것으로 볼 수 있다.

▼ **수조권**
토지에서 조세를 거둘 수 있는 권리

▼ **산관과 직관**
• 산관 : 관등은 있지만 직책이 없는 관리
• 직관 : 관등과 직책이 모두 있는 관리

더 알아보기 ➕

전시과 체제

구분	역분전	시정 전시과	개정 전시과	경정 전시과
지급 대상	후삼국 통일의 공신	전·현직 관리	전·현직 관리	현직 관리
지급 기준	공로와 인품	관직(4색공복) + 인품	관리의 등급 (18등급)	관리의 등급 (18등급)
특징	–	광종의 개혁 정치 이후 (4색의 공복 제정)	성종의 체제 정비 이후 • 전·현직 차별 • 문무 차별	• 현직 관리 중심 • 문무 차별 완화

전시과의 토지 지급 액수

시기		등급	1	2	3	4	5	6	7	8	9	10	11	12	13	14	15	16	17	18
경종 (976)	시정 전시과	전지	110	105	100	95	90	85	80	75	70	65	60	55	50	45	42	39	36	33
		시지	110	105	100	95	90	85	80	75	70	65	60	55	50	45	40	35	30	25
목종 (998)	개정 전시과	전지	100	95	90	85	80	75	70	65	60	55	50	45	40	35	30	27	23	20
		시지	70	65	60	55	50	45	40	35	33	30	25	22	20	15	10			
문종 (1076)	경정 전시과	전지	100	90	85	80	75	70	65	60	55	50	45	40	35	30	25	22	20	17
		시지	50	45	40	35	30	27	24	21	18	15	12	10	8	5				

▼ 녹과전
고려 중기 이후 관리에게 주는 녹봉을 보충하기 위해 대신 나누어 준 토지로 경기 8현에 한정되었다.

▼ 고려 말 토지 제도의 붕괴
"근래에 욕심이 많고 더러운 무리들이 권세를 마음대로 하여 국가의 토지가 모두 다 그들의 수중에 들어갔습니다. 이에 종묘 사직에 쓸 재물과 왕과 왕실에 제공할 물자도 때때로 떨어질 때가 있으며, 사대부로서 직책을 맡아 국사에 수고하는 사람이 그 생활을 꾸리고 염치를 기를 수 없으며, 주·현·진·역에서 국역을 부담하는 사람들이 그의 집과 토지를 잃게 되었습니다. 그리고 한 토지에 5, 6명의 주인과 1년에 5, 6번의 수세에 시달리게 되니, 부모가 얼고 굶주려도 봉양할 수 없으며 처자와 헤어져 흩어져도 보전할 수 없습니다."
– 「고려사」 식화지, 조인옥의 상소 –

(5) 전시과 체제의 폐단과 붕괴

① **귀족의 독점 세습** : 점차 귀족들이 토지를 독점하여 세습하는 경향이 커지면서 전시과 제도가 원칙대로 운영되지 못하였다. 다시 분배해야 할 토지를 세습하는 것이 용인되면서 조세를 거둘 수 있는 토지가 점차 줄어들었다.

② **전시과의 붕괴와 녹과전▼ 지급(원종)** : 이런 폐단은 무신 정변을 거치면서 극도로 악화되었고, 이 때문에 전시과 제도가 완전히 붕괴되어 관리에게 토지를 지급할 수 없게 되자 일시적으로 관리의 생계를 위하여 녹과전을 지급하기도 하였다.

③ **농장의 확대와 국가 재정의 파탄▼** : 고려 후기로 갈수록 권문세족이 권력을 이용하여 대규모의 토지와 몰락한 농민을 모아 농장을 형성하는 경향이 심해져 국가 재정은 고려 말에 파탄 지경에 이르렀다.

(6) 과전법의 실시

① **과전법의 실시** : 고려 말기 조준, 정도전 등 혁명파 사대부들의 주장으로 고려의 문란한 토지 제도를 바로잡기 위한 사전 개혁을 통해 실시되었다.

② **조선 시대 토지 제도의 근간** : 이로 인해 국가 재정이 확충되고 신진 관료들의 경제 기반이 마련되었으며 농민 생활을 개선시켜 주고 국방 재원이 확보되었다. 이후 조선 시대 토지 제도의 근간이 되었다.

(7) 민전의 존재

① **민전의 성격** : 일반 농민들의 토지로서 조상 대대로 세습된 토지이다. 매매, 상속, 양도, 증여 등이 가능한 사유지로서, 귀족이나 일반 농민(보통 백정)의 상속, 매매, 개간을 통하여 형성되었다.

② **소유권의 인정** : 민전은 소유권이 보장되었으며, 민전의 소유자는 국가에 일정한 세금을 내야 했다. 대부분의 경작지는 개인 소유지인 민전이었지만, 왕실이나 관청의 소유지도 있었다.

③ **농민의 토지 소유 인정** : 고려 시대에는 원칙상으로 국유제에 입각했지만 실제로는 농민의 토지 소유를 인정하였고, 농민에게 수확의 1/10을 거두어 들였다.

더 알아보기 ➕

고려 시대 토지의 종류

과전	전시과의 규정에 따른 문무 관리의 등급에 따라 분급되는 토지로서 퇴직이나 사망 시 반납
공음전	• 5품 이상의 고급 관리에게 지급된 토지로서 퇴직이나 사망 시에도 세습(영업전) • 음서제와 더불어 고려 문벌 귀족 사회의 기반(관인 신분 유지)
한인전	6품 이하의 하급 관리의 자제로서 관직에 오르지 못한 자에게 지급(관인 신분 유지)
군인전	2군 6위의 중앙군에게 군역의 대가로 지급, 군역이 세습됨에 따라 토지도 세습
구분전	하급 관리 및 군인의 유가족에게 지급
내장전	왕실 경비를 충당하기 위하여 지급, 세습 인정
공해전	중앙 및 지방 관청의 경비 충당을 위해 지급
사원전	사원에 지급된 토지 면세, 면역
외역전	향리에게 분급되는 토지로 향리직이 계승되면 토지도 세습
공신전	개국 공신 이래의 여러 공신에게 분급되는 토지, 세습 인정
기타	국가 소유의 땅 : 내장전(왕실), 관둔전(관청), 군둔전(군대)

5. 고려의 상업과 무역

(1) 고려의 상업▼

① 개설 : 고려는 개경에 시전을 만들어 국영 점포를 열었다. 이들은 국가로부터 판매 물건에 대한 독점권을 부여받았다. 아울러 화폐처럼 유통되는 곡물이나 삼베를 대신하여 쇠, 구리, 은 등을 금속 화폐로 만들어 유통하는 등 상업 발전에 관심을 기울였으나 자급자족적인 농업 경제를 기본으로 하였기 때문에 상업과 수공업의 발달은 부진하였다.

② 도시
  ㉠ 시전의 설치 : 고려의 상업은 도시를 중심으로 발달하였다. 개경에 시전을 설치하여 관청과 귀족이 주로 이용하게 하였다.
  ㉡ 경시서 설치 : 경시서를 두어 매점매석과 같은 상행위를 감독하였다.
  ㉢ 관영 상점의 설치 : 개경 · 서경(평양) · 동경(경주) 등 대도시에는 관청의 수공업장에서 생산한 물품을 판매하는 관영 상점이 있었는데 서적점, 약점, 술 · 차 등을 파는 주점 · 다점 등이 대표적인 관영 상점이다.

③ 지방
  ㉠ 시장의 개설 : 지방에서는 농민, 수공업자, 관리 등이 관아 근처에 모여들어 쌀, 베 등 일용품을 서로 바꿀 수 있는 비정기 시장이 개설되었다.
  ㉡ 행상들의 활동 : 행상들은 이런 지방 시장에서 물품을 팔거나 마을을 돌아다니며 베나 곡식을 받고 소금, 일용품 등을 판매하였다.

④ 사원▼ : 사원에서도 소유하고 있는 토지에서 생산한 곡물과 승려나 사원 노비가 만든 수공업품을 민간에 팔았다.

(2) 고려 후기의 상업 활동

① 개경의 상업 활동
  ㉠ 상품 수요 증가 : 고려 후기에는 개경도 인구가 증가하여 민간의 상품 수요가 증가하였고, 관청의 물품 구입량이 증가하여 시전 규모도 확대되고 업종별 전문화가 나타났다.
  ㉡ 항구 발달 : 개경의 상업 활동은 점차 도성 밖으로 확대되었으며, 예성강 하구의 벽란도를 비롯한 항구들이 교통과 상업의 중심지로 발달하였다.

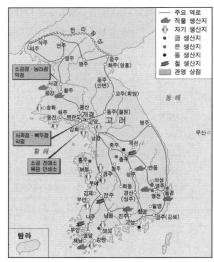

고려의 교통로 및 산업 중심지

▼ **고려 시대의 상업**
• 서울 : 시전(상설 점포)은 경시서가 관리
• 지방 : 장시(정기시), 행상(육상, 선상)의 활동

▼ **승려의 상공업 활동**
• 고려는 도선비기에 의거하여 국가의 비보사찰을 정하여 국가와 왕실의 안녕을 기원하도록 하고, 그 절에는 사원전과 노비를 지급하였다. 그리고 귀족들도 자기 가문의 절을 짓고 토지와 노비를 기증하는 것이 일반화되었다. 국가적으로 연등회와 팔관회를 개최하고, 국립 여관의 구실을 하던 원을 절에서 관리하게 하였다.
 — 「고려사절요」 —
• 승려들이 심부름꾼을 시켜 절의 돈과 곡식을 각 주군에 장리를 놓아 백성을 괴롭히고 있다.
 — 「고려사절요」 —
• 지금 부역을 피하려는 무리들이 부처의 이름을 걸고 돈놀이를 하거나 농사, 축산을 업으로 삼고 장사를 하는 것이 보통이 되었다. …… 어깨를 걸치는 가사는 술 항아리 덮개가 되고, 범패를 부르는 장소는 파, 마늘의 밭이 되었다. 장사꾼과 통하여 팔고 사기도 하며, 손님과 어울려 술 먹고 노래를 불러 절간이 떠들썩하다.
 — 「고려사」 —

② **지방의 상업 활동**

   ⊙ 행상 활동 : 지방 상업에서는 행상의 활동이 두드러졌다.

   ⓒ 조운로 교역 : 조운로를 따라 미곡, 생선, 소금, 도자기 등이 교역되었다.

③ **상업 활동의 변화와 농민의 피해**

   ⊙ 소금 전매 : 고려 후기에는 국가가 재정 수입을 늘리기 위하여 소금의 전매제 (충선왕)를 시행하였다.

   ⓒ 농민의 강제 참여 : 관청, 관리, 사원 등은 강제로 농민에게 물건을 판매하거나 구입하도록 하고 조세를 대납하는 등 농민을 강제적으로 유통경제에 참여시켰다. 이 과정에서 상업 발달에 힘입어 부를 축적하여 관리가 되는 상인이나 수공업자도 생겨났다.

(3) 고려의 대외 무역

① **사무역의 쇠퇴** : 통일 신라 시대부터 서해안의 호족 중심으로 발달했던 사무역이 고려에서는 국가의 통제를 받았다.

② **대외 무역의 발전** : 국내 상업이 안정적으로 발전하면서 송, 요 등 외국과의 무역도 활발해졌다. 예성강 어귀 벽란도는 대외 무역의 발전과 함께 국제 무역항으로 번성하였다.

③ **대송 무역**

   ⊙ 활발한 문물 교류 : 대송 무역은 고려의 대외 무역에서 가장 큰 비중을 차지했다.

고려 시대 대외 무역

   ⓒ 친선 관계 유지 : 고려는 송과의 교류를 통해 문화적 · 경제적 이득을 얻기 위해, 송은 정치적 · 군사적 목적으로 친선 관계를 유지했는데, 고려의 학생이 송의 국자감에 유학하여 빈공과(외국인 과거제)에 합격하기도 했다.

   ⓒ 수출품 : 수출품은 금 · 은 · 나전 칠기 · 수공업품이나 토산물이 대표적이다. 특히 고려의 종이나 먹은 질이 뛰어나 송의 문인들이 귀히 여겨 고가에 수출되었다.

ⓔ 수입품 : 수입품은 주로 왕실·귀족의 수요품인 서적·비단·자기·약재·문
방구·악기·활자 등이 대표적이다.

ⓜ 교역로
- 북송 – 덩저우 ⇄ 벽란도
- 남송 – 밍저우 ⇄ 흑산도 ⇄ 군산도 ⇄ 벽란도

④ **거란·여진과의 무역** : 거란은 은을 가지고 와서 농기구·식량·문방구·구리·철
을 수입해 갔다. 여진족은 은·모피류·말 등을 가지고 와서 철제 농기구와 식량
등을 사 갔다(유목민과는 육로만 이용).

⑤ **일본과의 무역** : 11세기 후반부터 내왕하면서 수은, 황, 진주 등을 가지고 와 식량,
인삼, 서적 등과 바꾸어 갔으나 송·거란에 비해 무역이 그리 활발하지 않았다.

⑥ **아라비아 상인과의 교역** : 아라비아 상인들은 송을 거쳐서 수은, 향료, 산호 등을
가지고 왔다. 이들의 고려 왕래로 고려(Corea)라는 이름이 서양에 알려졌다. 고려
는 이들을 대식국 상인이라 하였다. 주로 팔관회 때 와서 공무역 성격의 물품 거래
를 하였다.

⑦ **원 간섭기의 무역**
ⓐ 사무역의 활발 : 원 간섭기에 공무역이 행해지는 한편, 사무역이 다시 활발해졌다.
ⓑ 충혜왕 때의 무역의 왕실 독점 : 충혜왕 때에는 원과의 무역과 국내 상업을 왕
실에서 독점하기도 하였다.

6. 고려의 수공업

(1) 고려 시대의 수공업

① **고려 시대 수공업의 발달** : 고려 전기에는 관청 수공업과 소 수공업이 중심이었으
나, 후기에는 민간 수공업과 사원 수공업이 발달하였다. 특히 고려 후기에는 유통
경제가 발전하면서 민간에서 수공업품의 수요가 증가하였다.

② **민간 수공업의 성장** : 관청 수공업에서 주로 생산하던 놋그릇, 도자기 등을 민간 수
공업에서 거의 생산하였을 뿐만 아니라 대나무 제품, 명주, 삼베, 모시, 종이 등 다
양한 물품을 민간에서 만들었다.

(2) 수공업의 종류

① 관청 수공업

  ㉠ 관청 수공업의 실시 : 중앙과 지방에 있던 관청에서는 그곳에서 일할 기술자를 공장안에 올려 물품을 생산하게 하였으며, 농민을 부역으로 동원해 보조하게 하였다.

  ㉡ 제조 물품 : 기술자는 주로 국가에서 필요로 하는 무기류, 가구류, 금은 세공품, 견직물, 마구류 등을 제조하였다.

② 소 수공업 : 소에서는 공납을 위한 물품을 생산하고 제작했는데, 금, 은, 철, 구리, 실, 각종 옷감, 종이, 먹, 차, 생강 등을 생산하여 공물로 납부하였다.

③ 민간 수공업

  ㉠ 가내 수공업 중심 : 민간 수공업은 농촌의 가내 수공업이 중심이었다.

  ㉡ 국가의 비단 생산 장려 : 국가에서 삼베를 짜게 하거나 뽕나무를 심어 비단을 생산하도록 장려하였다. 이런 이유로 농민은 삼베, 모시, 명주 등을 생산해 직접 사용하거나 공물로 바쳤다.

④ 사원 수공업 : 사원에서는 기술이 좋은 승려와 노비가 있어 베, 모시, 기와, 술, 소금 등 품질 좋은 제품을 생산하였다.

7. 고려의 화폐

(1) 화폐의 주조

① 정부 재정에의 이익 : 상업 활동이 활발해지면서 화폐 발행과 사용이 논의되었다. 화폐를 발행하면 이익금을 재정에 보탤 수 있고, 정부가 경제 활동을 장악할 수 있어서 정부는 화폐 사용을 장려하였다.

② 화폐의 발행

  ㉠ 건원중보 발행 : 성종 때에 최초로 철전인 건원중보를 만들었으나 유통에는 실패하였다.

  ㉡ 주전도감 설치 : 대각국사 의천은 송에서 귀국한 뒤 화폐 주조의 필요성을 건의하였으며, 숙종은 이를 받아들여 주전도감을 설치하고 화폐를 주조하였다.

  ㉢ 은전과 저화 발행 : 숙종 때 삼한통보, 해동통보, 해동중보 등 동전과 활구(은병)▼라는 은전을 만들었으나, 널리 유통되지 못하였다. 이후 충렬왕 때 쇄은(은, 고액화폐), 공양왕 때는 최초의 지폐인 저화가 처음 만들어졌고, 조선 태종 때 사섬서▼를 설치하고 저화를 발행하기도 하였다.

▼ 활구(은병)

우리나라의 지형을 본떠서 은 1근으로 만든 고가의 화폐로서 은병 하나의 값은 포 100여 필이나 되었다.

▼ 사섬서

조선 시대에 저화의 발행과 노비가 공납하는 면포를 관장하던 관청으로서 1401년에 설치되었고, 1460년에 이를 사섬시로 고쳤다.

▼ 고려의 화폐 정책
네(목종) 선대의 조정에서는 이전의 법도와 양식을 따라서 조서를 반포하고 화폐를 주조하니 수년 만에 돈꿰미가 창고에 가득차서 화폐를 통용할 수 있게 되었다. …… 이에 선대의 조정을 이어서 전폐(錢幣 ; 돈)는 사용하고 추포(麤布; 발이 굵고 바탕이 거친 베)를 쓰는 것을 금하게 함으로써 세상을 놀라게 하는 일은. 국가의 이익을 이루는 것이 아니라 한갓 백성들의 원성을 일으키는 것이라 하였다. …… 문득 근본을 힘쓰는 마음을 지니고서 돈을 사용하는 길을 다시 정하니, 차와 술과 음식 등을 파는 점포들에서는 교역에 전과 같이 전폐를 사용하도록 하고, 그 밖의 백성들이 사사로이 서로 교역하는 데에는 임의로 토산물을 쓰도록 하라.

– 「고려사」 –

③ 자급자족사회에서의 화폐 유통 한계▼

ⓐ 국가의 화폐 발행 독점 : 자급자족 경제 활동을 하던 농민들은 화폐의 필요성을 거의 느끼지 않았으며, 귀족들도 국가가 화폐 발행을 독점하고 강제 사용하게 하는 것에 불만이 많았다.

ⓑ 부분적 사용 : 이 때문에 동전 등은 도시에서도 주로 다점이나 주점 등에서만 사용되었으며, 일반적 거래는 여전히 곡식이나 삼베를 사용하였다.

건원중보(성종)

활구(숙종)

삼한중보(숙종)

삼한통보(숙종)

해동통보(숙종)

(2) 고리대의 성행과 보의 출현

① **고리대의 성행** : 왕실, 귀족, 사원은 고리대로 재산을 늘렸다. 반면 생활이 빈곤했던 농민들은 부족한 식량을 구하거나 혼인, 상례 등에 쓰려고 높은 이자로 돈을 빌렸다가 갚지 못하면 토지를 빼앗기거나 노비가 되기도 하였다.

② **보의 출현** : 고리대가 성행하자 일정한 기금을 만들어 그 이자를 공적인 사업 경비로 충당하는 보가 출현하였다. 보는 이자 취득에만 급급하여 농민 생활에 막대한 폐해를 끼쳤다.

고려의 사회

1. 개설

(1) 고려 신분제의 변화▼

① **고려의 신분 구성** : 고려의 신분 구성은 지배층과 피지배층의 양천제를 기본으로 하나, 중인의 등장으로 점차 4계급으로 분화되어갔다. 시대에 따라 약간의 차이는 있지만, 대략 고대의 신분제적 특성을 계승하여 귀족과 중류층, 그리고 양민과 천민으로 구성되었다.

② **개방적 사회로의 발전** : 지방 호족이나 유교적 지식인들이 새로운 지배층으로 등장하게 되어 종래의 진골 중심 체제에서 벗어난 보다 개방적 사회로 발전하게 되었다.

③ **고려 후기의 사회 계층 변동** : 고려 후기에는 엄격하게 조상의 신분이 그대로 자손에게 세습되었지만, 사회 계층의 변동이 부단하게 일어나고 있었다. 대표적 예로 향리가 과거(문과)를 통해 문반직에 오르는 경우와, 군인이 군공을 쌓아 무반으로 출세하는 경우를 들 수 있다.

2. 고려의 신분 제도

(1) 문벌 귀족▼의 특징

① **지배층의 핵심** : 고려의 신분 구성은 시대에 따라 차이는 있지만 대략 귀족과 중류층, 양민과 천민으로 구성되었다. 이 중에서 고려 지배층의 핵심은 귀족이었다.

② **개경 거주와 낙향** : 이들은 음서나 공음전의 혜택▼을 받는 특권층으로 주로 개경에 거주하였는데, 죄를 지은 자가 있으면 형벌로 귀향을 시키기도 하였다.

③ **문벌 귀족의 유형** : 귀족 사회를 이끈 중심 세력인 문벌 귀족에는 세 가지 유형이 있었다.

      ⊙ 호족 세력 : 호족 세력이 중앙 집권화 정책에 의해 중앙 관리로 진출하는 경우

▼ **고대 귀족과 고려 귀족의 차이점**

고대의 귀족은 혈연적이며 세습적인 특권 신분이었으나 고려의 귀족은 자신의 능력과 노력으로 획득한 후천적 신분이었다.

▼ **귀족**

• 중앙 집권적 체제인 고려 사회에서 귀족은 대대로 고위 관직을 차지하여 문벌 귀족을 형성하였는데, 이들이 고려 전기 사회를 이끌어 갔다.

• 귀족 세력은 문무 양반으로 구성되는데, 모든 문무 관리를 의미하는 것이 아니고 그들 중 5품 이상 고위관직에 오른 일부 특권층만 가리킨다. 이들은 교육·과거를 독점한 지식·관료 계급으로, 문반이 우대되고 무반이 천시되었다.

▼ **귀족의 특권**

• 음서 : 아들, 손자는 물론 외손자, 사위, 생질, 아우까지 혜택을 볼 수 있었는데, 관직에 나가는 길뿐 아니라 관직에 조기 진출시키는 제도로서의 의미도 컸다.

• 공음전 : 자손이 모반 대역죄가 아니면 비록 아들이 죄가 있어도 손자가 무죄면 1/3을 지급하는 등 귀족 중심으로 운영되었으며, 세습을 인정하였기에 귀족 관료의 특권적 생활을 세습적으로 누릴 수 있게 했던 것이다.

ⓛ 개국 공신 계열 : 개국 공신 계열이 정치를 주도하면서 주요 세력을 이룬 경우

ⓒ 6두품 계열 : 신라 6두품 계열의 지식인들이 과거를 통해 정치 세력에 편입된 경우

④ **귀족 가문의 유지 경향과 중첩된 혼인 관계**

ⓐ 귀족 가문의 성향 : 중앙 관직에 진출한 집안은 귀족 가문으로 자리 잡기 위하여 관직을 바탕으로 토지 소유를 확대하는 등 재산을 모았고, 유력한 귀족 가문과 서로 중첩된 혼인 관계를 맺었다.

ⓑ 권력 장악 방법 : 귀족이 사돈 맺기를 가장 원하는 집안은 왕실이었다. 왕실의 외척이 된다는 것은 가문의 영광일 뿐만 아니라, 권력을 장악할 수 있는 지름길로 여겼으므로, 여러 딸을 왕비로 들이는 경우도 있었다.

⑤ **신분 변동 형태** : 지방 향리의 자제도 과거를 통해 벼슬에 나아가 신진 관료가 됨으로써 귀족의 대열에 들 수 있었다. 반대로 중앙 귀족에서 낙향하여 향리로 전락하는 경우도 있었다.

(2) 귀족층의 변화 과정

① **무신의 집권** : 무신 정변을 계기로 종래의 문벌 귀족이 약화되면서 무신이 권력을 잡았다.

② **권문세족**▼**의 등장**

ⓐ 무신 정권 붕괴 이후의 등장 : 무신 정권이 붕괴되면서 등장한 지배 귀족은 권문세족이었다. 이들은 고려 후기에 정계의 요직을 장악하고 농장을 소유한 최고 권력층이었다.

ⓑ 권문세족의 등장 배경 : 권문세족들 중에는 고려 전기부터 세력을 이어 내려오거나, 무신 정권 시대에 대두한 가문도 있었으나, 주로 원의 세력을 배경으로 등장한 경우가 많았다.

ⓒ 신분 세습과 대토지 소유 : 이들은 가문의 힘을 이용하여 음서로써 신분을 세습시켜 갔다. 양부인 첨의부의 재신이나 밀직사의 추밀이 되어 고위 관직을 차지하였고, 도평의사사(도당)에서 중요 정무를 회의 · 결정하는 권한을 가졌다.

ⓓ 권문세족의 부의 축적 : 권문세족은 강과 하천을 경계로 삼을 만큼 대규모의 농장을 소유하고도 국가에 세금을 내지 않았으며, 또한 몰락한 농민을 농장으로 끌어들여 노비처럼 부리며 부를 축적하였다.

▼ **재상지종**
충선왕때 지정된 15개의 가문인 재상지종은 왕실과 혼인할 수 있는 가문으로서 권문세족 중에서도 더 유력한 가문이다. 철원 최씨, 해주 최씨, 공암 허씨, 평강 채씨, 청주 이씨, 당성 홍씨, 황려 민씨, 횡천 조씨, 파평 윤씨, 평양 조씨이다.

③ 신진 사대부의 등장

  ㉠ 권문세족과의 대립 : 고려 말기 경제력을 토대로 과거에 합격하여 관계에 들어
    온 사람들이 세력을 확장하였는데 이들을 신진 사대부라 부른다. 이들은 국가
    재정이 어려워지고 전시과의 붕괴로 과전을 못 받자 사전의 폐단을 지적하며
    권문세족과 대립하게 되었다.

  ㉡ 사회 개혁 요구 : 고려 말 신진 사대부들은 권문세족으로 대표되는 구질서와 여
    러 모순을 비판하고 전반적 사회 개혁과 문화 혁신을 추구하였다.

더 알아보기➕

지배층의 변천

• 문벌 귀족
  김부식은 경주 김씨로 형과 동생 등 모두가 높은 관직에 올랐던 대표적인 권문세족이다. 돈중, 돈
  시는 김부식의 아들이다. 김돈시는 벼슬을 상서 우승(종3품)까지 지냈으며, 정중부의 난에 죽었
  다. 김돈중은 인종 때 과거에 장원급제하였다. 지공거 한유충 등이 처음에 김돈중을 제2등으로
  정하였다. 왕이 아버지를 위로하려고 장원으로 급제시켰다.

• 무신
  최충헌의 아버지는 상장군이었다. 음서를 통해 무관으로 벼슬살이를 시작한 다음, 무신 정변 이
  후 빠른 속도로 승진했다. 이후 곳곳에서 반란이 일어나고 있었기 때문에 군인으로서 공을 세울
  기회가 많았기 때문이다. 1196년 이의민을 제거할 기회를 노리고 있던 최충헌은 그의 동생과 함
  께 일거에 이의민 일당을 몰아내는 데 성공하였다.

• 권문세족
  기철은 고급 관직에 올랐던 기자오의 아들로, 자신의 막내 동생이 원나라의 황후가 되어 태자를
  낳자, 원에서 재상의 벼슬을 받았고 고려에서도 정1품 덕성부원군으로 임명되었다. 누이동생의
  세력을 믿고 함부로 권세를 부려 민폐가 많았는데, 딸을 원나라 황제의 총애를 받는 후궁으로 바
  쳤던 권겸이라는 자와 함께 세력을 다투기도 하였다.

• 신진 사대부
  정몽주는 공민왕 9년에 과거에 응시하여 연달아 세 번 수석하였고, 드디어 제1인으로 뽑혔다. 16
  년에 예조정랑으로 성균박사를 겸하다가 그 때에 경서가 동방에 온 것이 오직 주자집주(朱子集
  註)뿐이었는데 정몽주가 강설함이 빨라 사람들의 생각보다 뛰어났다.

---

(3) 중류층

① 중류층의 성립과 유형

  ㉠ 성립 : 고려의 지배층과 피지배층 사이에는 중류층이 자리 잡고 있었다. 이들은
    고려 지배 체제 정비 과정에서 통치 체제의 하부 구조를 맡아 중간 역할을 담당
    했는데, 주로 지배 기구의 말단 행정직으로 존재하였다.

▼ **직역(職役)**
군역과 같은 신역 또는 어떠한 직업이나 담당 업무 영역

▼ **호장(戶長)**
향리직의 우두머리로 부호장과 함께 호장층을 형성하고, 해당 고을의 모든 향리들이 수행하던 말단 실무 행정을 총괄하였다. 성종 때 중앙 집권화를 위해 지방 중소 호족을 향리로 편제하였다. 고려 시대에는 향직의 우두머리였으나 조선 시대에는 수령 밑에 있는 아전으로 세력이 격하되었다.

▼ **신량역천**
신분은 양민이나, 직업이 천한 것을 말한다. 어간(어부), 염간(제염업), 목자간(목축업), 철간(광부), 봉화간(봉화 올리는 일) 등이 있었는데, 모두 상대적으로 천한 일로, 이것에 종사하는 주민 중에는 간(干) 혹은 척(尺)으로 불리는 경우가 많았다.

▼ **백정(白丁)**
고려 때 특정한 직역을 부담하지 않고 주로 농업에 종사하던 농민층이다. 백정이라는 명칭은 중국의 남북조와 수나라에서는 무관자인 평민, 즉 백성을 일컫던 말이다. 백정의 '백'은 '없다' 또는 '아니다'라는 의미를 지닌 말이고, '정'은 '정호' 또는 '정인'이라는 뜻이므로, 백정은 정호가 아닌 사람을 가리킨다. 고려 때의 정호는 민정 중에서 국가에 직역을 지고 있던 사람을 뜻한다.

ⓒ 유형 : 이들은 중앙 관청의 말단 서리인 잡류, 궁중 실무 관리인 남반, 지방 행정의 실무를 담당한 향리, 직업 군인으로 하급 장교인 군반, 지방의 역을 관리하는 역리 등이 있었다. 이들은 **직역**▼을 세습적으로 물려받았고, 그에 상응하는 토지(과전, 군인전, 외역전 등)를 국가에서 받았다.

② **호족 출신의 향리 편제** : 삼국의 혼란기 이후 각 지방의 호족 출신은 향리로 편제되어 갔다. 호족 출신들은 **호장**▼, 부호장을 대로 배출한 지방의 실질적 지배층으로 과거 응시 자격이 있었고, 통혼 관계에서도 하위의 일반 향리와는 구별되었다.

(4) 양민

① **일반적인 양민**▼**의 성격** : 양민은 일반 주·부·군·현에 거주하면서 농업이나 상공업에 종사하는 사람을 말하는데 농사에 종사하는 농민층이 주류를 이루었다. 법제적으로 양인 이상은 과거에 응시할 수 있었으나, 주로 잡과에 응시하였다. 양인 중에 수공업자나 상인은 농민에 비해 위상이 낮았다.

② **백정**

ⓐ 의미 : 양민의 대다수는 농민들로 **백정(白丁)**▼이라고도 하는데, 백정은 직역이 없는 일반민들로 국가에서 토지를 지급받지 못한 농민을 뜻한다.

ⓑ 토지 소유 : 이들은 자기 조상으로부터 물려받거나 개간 등을 통해 토지를 소유할 수 있었다. 토지를 소유하지 못한 백정 농민층은 전호로서 사유지나 국·공유지 등의 각종 토지를 빌려 경작하였고, 일정량의 소작료를 주인에게 납부하였다.

더 알아보기 ➕

고려 시대와 조선 시대 백정(白丁)의 차이점

고려 시대에는 국가로부터 토지를 분급받지 못한 일반 농민(직역이 없는 일반 농민)을 백정이라 하였다. 이들은 소규모의 땅을 경작하여 생계를 유지하였는데, 이 토지를 민전(民田)이라 하여, 이 민전의 조세 수입(수확의 1/10을 국가에 바침)은 국가 재정의 큰 원천이 되었다. 그러나 조선 시대에는 도살업 등에 종사한 천민을 백정이라 하였다.

ⓒ 조세·공납·역 담당 : 이들은 조세·공납뿐 아니라 국가의 각종 잡역에도 동원되었으며, 유사시에는 한인·학생 등과 함께 군역에 동원되기도 하였다.

③ 특수 집단(향 · 소 · 부곡민)

    ㉠ 특수 집단의 지위 : 양민보다는 하급 신분으로 양민이면서도 일반 양민에 비해 규제가 심한 특수 집단이 있었다. 양민인 군 · 현민과 구별되는 특수 행정 구역인 향 · 소 · 부곡에 거주한 주민은 더 많은 세금 부담을 지고 있었다.

    ㉡ 거주의 제한 : 거주하는 곳도 소속 집단 내로 제한되어 다른 지역으로 이주하는 것이 원칙적으로 금지되었다.

    ㉢ 군 · 현민이 강등되는 경우 : 일반 군 · 현민이 반란을 일으킨 경우에는 집단적으로 처벌하여 군현을 부곡 등으로 강등하기도 하였다.

    ㉣ 향 · 소 · 부곡민의 생업 : 향 · 부곡에 거주하는 사람은 농업을, 소(所)에 거주하는 사람은 수공업이나 광업품의 생산을 주된 생업으로 하였다.

(5) 천민

① 노비의 구성 : 화척, 진척, 재인 등은 법적으로 양인에 속하나 사회적으로 천민에 속하였으며, 천민의 대다수는 노비였다. 노비는 공공 기관에 속하는 공노비와 개인이나 사원에 예속된 사노비가 있었다.

② 노비의 관리▼

    ㉠ 재산으로 간주 : 노비는 재산으로 간주되어 국가에서 엄격히 관리하였다. 매매▼, 증여, 상속의 방법을 통하여 주인에게 예속되어 인격적 대우를 받지 못하였다.

    ㉡ 노비 신분의 세습 : 귀족은 재산으로 간주된 노비를 늘리기 위하여 부모 중에 한쪽이 노비이면 그 자식도 노비가 되게 하였으며(일천즉천), 노비 사이의 자식은 어머니 소유주에게 귀속되었다(천자수모법).

③ 공노비의 구분

    ㉠ 입역 노비 : 궁중과 중앙 관청이나 지방 관아에서 잡역에 종사하면서 급료를 받고 생활(입역 노비)하였다.

    ㉡ 외거 노비 : 지방에 거주하면서 농업에 종사하는 외거 노비는 농경을 하여 얻은 수입 중에서 규정된 액수를 관청에 납부(납공 노비)하였다.

④ 사노비의 구분

    ㉠ 솔거 노비 : 솔거 노비는 귀족이나 사원에서 직접 부리는 노비로서 주인의 집에 살면서 잡일을 돌보았다.

    ㉡ 외거 노비▼ : 외거 노비는 주인과 따로 살면서 농업에 종사하고 일정량의 신공을 바치는 노비로서 비록 신분적으로는 주인에게 예속되어 있었으나, 경제적으로는 양민 백정과 비슷하게 독립된 경제 생활을 영위할 수 있었다.

▼ 노비관련법의 변천

- 천자수모법(賤子隨母法) : 고려 정종(1039). 노비 간 소생은 어머니 소유주에 귀속된다는 법
- 일천즉천(一賤則賤) : 고려 충렬왕(13세기 말). 부모 중 어느 한쪽이 노비이면 그 소생은 무조건 노비가 되게 함
- 노비종부법(奴婢從父法) : 조선 태종(15세기 초). 노비의 양인화 확대를 위해 실시
- 일천즉천(一賤則賤) : 조선 세조(15세기 후반). 경국대전 형전에 등재됨
- 노비종모법(奴婢從母法) : 영조 1746년 속대전에 등재되어 실시
- 공노비 해방 : 순조 1801년 내수사 공노비 해방
- 노비 세습제 철폐 : 1886년 고종
- 공 · 사 노비 제도 혁파 : 1894년 갑오개혁 때 신분제 폐지

▼ 노비의 가격

남자 노비의 몸값은 나이가 15세에서 60세까지는 베 100필, 15세 이하 및 60세 이상이면 50필이고, 여자 노비는 나이가 15세에서 50세까지는 120필, 15세 이하 50세 이상이면 60필이다.

– 「고려사」 –

▼ 외거 노비의 특징

외거 노비는 주인의 토지뿐만 아니라 타인의 토지도 소작할 수 있어서 노력에 따라 경제적으로 여유를 얻을 수 있었고 자신의 가옥, 토지, 노비도 소유할 수 있었다. 그리하여 외거 노비 중에는 신분의 제약을 딛고 지위를 높인 사람이나 농업에 종사하면서 재산을 늘린 사람도 있었다.

더 알아보기 ➕

노비의 신분 상승

• 평량은 평장사 김영관의 집안 노비로 경기도 양주에 살면서 농사에 힘써 부유하게 되었다. 그는 권세가 있는 중요한 길목에 뇌물을 바쳐 천인에서 벗어나 산원동정의 벼슬을 얻었다. 그의 처는 소감 왕원지의 집안 노비인데, 왕원지는 집안이 가난하여 가족을 데리고 가서 위탁하고 있었다. 평량이 후하게 위로하여 서울로 돌아가기를 권하고는 길에서 몰래 처남과 함께 원지의 부처와 아들을 죽이고 스스로 그 주인이 없어졌으므로 계속해서 양민으로 행세할 수 있음을 다행으로 여겼다.

– 「고려사」 –

• 고종 45년 2월에 최의가 집안 노비인 이공주를 낭장으로 삼았다. 옛 법제에 노비는 비록 대공이 있다 하더라도 돈과 비단으로 상을 주었을 뿐 관작을 제수하지는 않게 되어 있다. 그런데 최항이 집정해서는 인심을 얻고자 처음으로 집안 노비인 이공주와 최양백ᆞ김인준을 별장으로 삼고, 섭장수는 교위로 삼았다. ⋯⋯

– 「고려사절요」 –

3. 고려의 사회 모습

(1) 법률과 풍속

① **법률**

ㄱ 관습법 중심 : 고려 사회는 대가족 제도를 운영했기 때문에 민법에 관한 사항은 관습법에 따랐고, 형법은 당률을 모방한 71개조의 법률과 보조 법률을 적용하였다.

ㄴ 지방관의 재량권 : 지방관의 사법적 자치가 인정되었고, 재판관의 재량권이 커서 중요 사건 이외에는 직접 판결하였다.

ㄷ 형벌의 종류▼ : 형벌에는 태, 장, 도, 유, 사 다섯 종류가 있었다.

② **향도**▼

ㄱ 향도의 조직 : 농민은 일상 의례와 공동 노동 등을 통하여 공동체 의식을 다졌다. 공동체 조직의 대표적인 것이 불교의 신앙 조직이었던 향도이다.

ㄴ 향도의 역할 : 향도는 매향▼ 활동을 하면서 대규모 인력이 동원되는 불상, 석탑을 만들거나 절을 지을 때에도 주도적인 역할을 하였다.

▼ **고려 형벌의 종류**
• 태 : 볼기를 치는 매질
• 장 : 곤장형
• 도 : 징역형
• 유 : 멀리 유배보내는 형
• 사 : 사형으로 교수형과 참수형이 있음

▼ **향도의 유래**
기록상 최초의 향도는 신라에서 진평왕 31년(609)경에 결성된 김유신의 화랑도 조직인 용화향도(龍華香徒)이다.

▼ **매향**
불교 신앙의 하나로 위기 시에 대비하여 향나무를 바닷가에 묻었다가, 이를 통해 미륵을 만나 구원받고자 하는 염원에서 향나무를 땅에 묻는 활동을 매향이라고 한다.

사천 매향비(경남 사천) 1387년에 향나무를 묻고 세운 것으로, 내세의 행운과 국태민안을 기원하는 내용을 담고 있다.

ⓒ 향도의 변화 : 후기에 이르러 점차 신앙적인 향도에서 자신들의 이익을 위하여 조직되는 향도로 변모되어 마을 노역, 혼례와 상장례, 민속 신앙과 관련된 마을 제사 등 공동체 생활을 주도하는 농민 조직으로 발전해 갔다.

(2) 사회 정책과 사회 제도

① **사회 시책의 실시 배경** : 농민 생활을 안정시키는 것은 국가 안정에 필수적이었으므로, 고려에서는 이를 위하여 여러 사회 시책을 펼쳤다.

② **농민 보호책과 권농 정책 실시**

ㄱ **조세 · 부역의 감면**▼ : 우선 농번기에 잡역을 면제하여 농업에 전념할 수 있도록 배려하였다. 자연 재해를 입은 농민에게는 그 피해 정도에 따라 조세와 부역을 감면해 주었다.

ㄴ **고리대 방지** : 고리대 때문에 농민이 몰락하는 것을 방지하기 위하여 법으로 이자율을 정하여 이자가 빌린 곡식과 같은 액수가 되면 그 이상의 이자를 받지 못하도록 하였다.

ㄷ **권농 정책의 적극적 시행** : 권농 정책으로 사직▼을 세워 토지신과 5곡의 신에게 제사를 지내고, 왕이 적전을 친히 갈아 모범을 보였으며, 농토를 늘리고 곡물을 증산하기 위해 황무지를 개간하거나 갈지 않고 버려둔 진전을 새로 경작하는 경우에는 일정 기간 조세를 면제해 주었다.

▼ **면재법(免災法)**
수재, 한재 등 재해 정도에 따라 조세 · 부역을 면제해 주도록 하는 것으로 전답 피해가 4할(40%) 이상이면 조(租)를, 6할 이상이면 조(租)와 공부(布)를, 7할 이상이면 조 · 공부 · 역역을 면제해 주었다.

▼ **사직(社稷)**
단을 쌓아 제사 지내던 토신과 곡신

(3) 사회 제도와 의료 기관

① **흑창** : 태조 때 빈민 구제를 위해 양곡을 대여하였다.

② **의창** : 성종 5년(986)에 흑창을 개칭한 것으로 각 주에 설치하였다. 평시에 곡물을 비축하였다가 흉년에 구제하였는데, 즉 춘궁기에 관곡을 빌려 주고 추수 후 받는 대표적 사회 구제 기관으로 조선의 사창 · 환곡에 해당되며 오늘날 영농 자금 방출과 유사하다.

③ **상평창** : 성종 12년(993)에 개경 · 서경 · 12목에 설치한 물가 조절 기관으로, 곡식과 베의 값이 내렸을 때 사들였다가 값이 오르면 싸게 팔아 물가 안정을 도모한 것으로 현재 추곡 수매(이중 곡가 제도)와 같은 성격의 것이다.

④ **혜민국** : 예종 때 백성들이 약을 구할 수 있게 편의를 도모하였고, 빈민 환자에게는 무료로 약을 제공하였다.

⑤ **기타 시설** : 각종 재해가 발생하였을 때, 구제도감이나 구급도감을 임시 기관으로 설치하여 백성의 구제에 힘썼다. 그리고 기금을 마련한 뒤 이자로 빈민을 구제하는 제위보▼를 설치하였는데, 이는 고려 전 시대에 걸쳐 활용되었다.

▼ **제위보(濟危寶)**
963년(광종) 빈민 구제 · 치료 담당 기관으로 설치되었다.

(4) 여성의 지위

① **평등성의 중시** : 고려 시대에는 가족 내에서 차별성보다 평등성을 중시하였다. 고려 시대에는 비교적 여성의 지위가 높아 여자도 호주가 될 수 있었고, 호적에서 자녀 간에 차별을 두지 않고 연령순으로 기록하였다. 부모의 유산은 자녀에게 고루 분배되었다.

② **딸도 제사 봉사** : 제사와 봉양은 아들 · 딸이 윤행하는 형식으로 행해졌는데, 아들이 없을 때에는 양자를 들이지 않고 딸이 제사를 지냈으며, 상복 제도에서는 친가와 외가의 차이가 크지 않았다.

③ **혼인 후 처가 생활** : 혼인하면, 남귀여가혼(솔서혼)으로 사위가 처가의 호적에 입적하여 처가에서 생활하였고, 사위와 외손자에게까지 음서의 혜택이 있었다.

④ **처가 존중** : 공을 세운 사람의 부모는 물론, 장인과 장모도 함께 상을 받았다.

⑤ **재가 가능** : 여성의 재가는 비교적 자유롭게 이루어졌고, 그 소생 자식의 사회적 진출에도 차별을 두지 않았다.

⑥ **재산권 소유** : 남편이 먼저 죽으면 재산의 분배권을 아내가 가지기도 하였다.

⑦ **평등한 대우** : 여성의 사회 진출에는 제한이 있었지만, 가정생활이나 경제 운영에 있어서는 여성의 지위가 남성과 거의 대등한 위치에 있었던 것을 알 수 있다.

더 알아보기 ⊕

고려 시대 여성의 지위

• 고려인들은 쉽게 결혼하고 쉽게 헤어져 그 예법을 알지 못하니 가소로울 뿐이다.

– 「고려도경」 –

• 어머니가 일찍이 재산을 나누어 줄 때 나익희에게는 따로 노비 40구(口)를 물려주었다. 나익희는 "제가 6남매 가운데 외아들이라 해서 어찌 사소한 것을 더 차지하여 여러 자녀들로 하여금 화목하게 살게 하려 한 어머니의 거룩한 뜻을 더럽히겠습니까?"라고 하면서 사양하자 어머니가 옳게 여기고 그 말을 따랐다.

– 「고려사」 –

• 박유가 왕에게 글을 올려 말하기를 "……우리나라는 남자는 적고 여자가 많은데 지금 신분의 높고 낮음을 막론하고 처를 하나 두는 데 그치고 있으며 아들이 없는 자들까지도 감히 첩을 두려고 생각하지 않고 있습니다. …… 그러므로 청컨대 여러 신하, 관료들로 하여금 여러 처를 두게 하되 품위에 따라 그 수를 점차 줄이도록 하여 보통 사람에 이르러서는 1인 1첩을 둘 수 있도록 하며 여러 처에서 낳은 아들들도 역시 본처가 낳은 아들처럼 벼슬을 할 수 있게 하기를 원합니다. 이렇게 한다면 나라 안에 원한을 품고 있는 남자와 여자들이 없어지고 인구도 늘게 될 것입니다."라고 하였다. 부녀자들이 이 소식을 듣고 원망하고 두려워하지 않는 자가 없었다. 때마침 연등회 날 저녁 박유가 왕의 행차를 호위하여 따라갔는데 어떤 노파가 그를 손가락질하면서 "첩을 두고자 요청한 자가 저 놈의 늙은이이다."라고 하니, 듣는 사람들이 서로 전하여 서로 가리키니 거리마다 여자들이 무더기로 손가락질하였다. 당시 재상들 가운데 그 부인을 무서워하는 자들이 있었기 때문에 그 건의를 정지하고 결국 실행되지 못하였다.

– 「고려사」 –

4. 고려 후기의 사회 변화

(1) 무신 정권기의 사회 동요

① 하층민 봉기의 배경
  - ㉠ 신분제 동요 : 무신 정변으로 고려 전기의 신분 제도가 동요되어 하층민에서 권력층이 된 자가 많았다.
  - ㉡ 중앙의 통제력 약화 : 무신들 간의 대립과 지배 체제의 붕괴로 백성에 대한 통제력이 약화되었으며, 무신들의 농장 확대로 인하여 수탈이 강화되었다.

② 봉기의 전개 과정
  - ㉠ 초기의 산발적 봉기 : 12세기에 가혹한 수탈을 견디지 못한 백성은 종래의 소극적 저항에서 벗어나 대규모의 봉기를 일으키기 시작하였다. 서경 유수 조위총이 무신 정권에 반발하여 서경에서 반란을 일으켰을 때에 많은 농민이 가세하였으며, 난이 진압된 뒤에도 농민 항쟁이 여러 해 동안 계속되었다.
  - ㉡ 다양한 성격의 봉기 : 신라 부흥 운동과 같이 왕조 질서를 부정하는 성격에서부터, 지방관의 탐학을 국가에 호소하는 타협적 성격에 이르기까지 다양한 성격의 봉기가 일어났다.
  - ㉢ 신분 해방 운동의 발생 : 최충헌이 정권을 장악한 뒤에는 회유와 탄압으로 약간 수그러들었다가 만적 등 천민의 신분 해방 운동이 다시 발생하였다. 만적은 사람이면 누구나 공경대부가 될 수 있다고 주장하며 신분 차별에 항거하였다.

③ 하층민 봉기의 의의 : 농민과 천민의 봉기는 신분제 사회에 큰 영향을 끼쳤고 귀족 출신의 엄격한 신분사회에서 탈피하여 새로운 사회 체제로 넘어가는 원동력이 되어 고려 사회 발전에 큰 역할을 하였다.

④ 무신 정권에 대한 반발
  - ㉠ 김보당의 난(1173, 계사의 난) : 명종 때 동북면 병마사였던 김보당이 의종 복위를 꾀하여, 의종을 거제도에서 경주로 탈출시켰으나 좌절되었고, 정중부는 이 난을 계기로 제2차 문신 학살을 단행하였다.

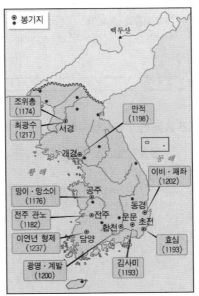

무신 집권기 하층민의 저항

ⓒ 조위총의 난(1174) : 서경 유수 조위총 등이 반란을 일으켜 중앙 무신들에게 3년간 항거했으나 실패하였다.

⑤ 농민 · 천민의 봉기

ⓐ 망이 · 망소이의 봉기(1176) : 특수 행정 구역인 공주 명학소에서 망이와 망소이가 주동이 되어 일으킨 난으로, 그 후 명학소는 충순현으로 승격(향 · 소 · 부곡이 일반 군현으로 승격되는 계기)되어 중앙 관리가 파견되었다.

ⓑ 전주 관노 죽동의 봉기(1182) : 경대승 집권 시 전주 관노 죽동 등의 봉기가 일어나 한때 전주를 점령하였다.

ⓒ 김사미와 효심의 봉기(1193) : 운문(청도)에서 김사미, 초전(울산)에서 효심 등이 유민을 모아 봉기하였는데, 이들은 신라 부흥을 표방하였다.

ⓓ 만적▼의 봉기(1198) : 개경에서 집권자 최충헌의 사노(私奴) 만적이 주동이 되어 신분 해방을 외치며 개경 노비들을 규합하여 봉기를 계획하였다. 비록 계획 단계에서 동료의 밀고로 실패했지만, 당시에 천민 신분 해방 운동의 성격을 잘 보여 준다.

> **더 알아보기⊕**
>
> **무신 정권기의 사회적 동요**
>
> | 지배층의 동요 | 하층민의 동요 | |
> | --- | --- | --- |
> | 반무신난 | 신분 해방 운동 | 민란 : 삼국 부흥 |
> | • 김보당의 난(계사의 난, 화주)
• 조위총의 난(서경)
• 귀법사 · 중광사 승려의 난 | • 망이 · 망소이의 난(공주 명학소)
• 관노 죽동의 난(전주)
• 사노 만적의 난(개경) | • 김사미 · 효심의 난 : 신라 부흥(운문 · 초전)
• 이연년의 난 : 백제 부흥(담양)
• 최광수의 난 : 고구려 부흥(서경) |

(2) 몽골 침입 이후의 사회 변화

① **몽골의 침입과 백성의 생활**▼(최씨 무신 정권의 강화 천도 시기)

ⓐ 강화 천도 : 몽골이 침입하자, 이에 대항하고자 최씨 무신 정권은 개경에서 강도(강화도)로 서울을 옮기고 장기 항전을 꾀하였다.

▼ **만적의 연설 내용**
만적은 개경 북산에 공 · 사노비를 소집하여 말하기를 "경계(庚癸)의 난(1170년 경인의 난(정중부의 난)과 1173년 계사의 난(김보당의 난) 이래 국가의 공경대부(公卿大夫)는 천민 계급에서 많이 일어났다. 왕후 장상(王侯將相)이 어찌 원래부터 씨가 있을까 보냐. 때가 오면 누구든지 가히 할 수 있는 것이다. 각기 상전을 죽이고 노예의 문적을 불 질러 삼한(三韓)으로 하여금 천인이 없게 하면 공경대부는 우리가 다 할 수 있다."고 하여 반란을 음모하였으나 실패하였다.

▼ **몽골 침입 시 백성의 생활**
3월 여러 도의 고을들이 난리를 겪어 황폐해지고 지쳐 조세 · 공부 · 요역 이외의 잡세를 면제하고, 산성과 섬에 들어갔던 자를 모두 나오게 하였다. 그때 산성에 들어갔던 백성들로서 굶주려 죽은 자가 매우 많았고, 늙은이와 어린이가 길가에서 죽었다. 심지어는 아이를 나무에 붙잡아 매고 가는 자가 있었다. …… 고종 42년 4월, 도로가 비로소 통하였다. 병란과 흉년이 든 이래로 해골이 들을 덮었고, 포로가 되었다가 도망하여 서울로 들어오는 백성이 줄을 이었다. 도병마사가 날마다 쌀 한 되씩을 주어 구제하였으나 죽는 자를 헤아릴 수가 없었다.   — 「고려사절요」 —

ⓒ 민중의 승전 : 어려운 형편 속에서도 일반 백성들이 각지에서 몽골군을 격퇴한 사례가 적지 않았다. 그중 처인부곡▼, 다인철소▼의 승리는 그 대표적 사례이다.

② 원과 강화 체결 이후 : 일반 백성은 전쟁이 끝난 뒤에도 원의 간섭과 원을 따르는 정치 세력에 의하여 큰 피해를 입었다. 특히 전쟁의 피해가 복구되지 않은 상태에서 두 차례의 일본 원정에 동원됨으로써 막대한 희생을 강요당하였다.

(3) 원 간섭기의 사회 변화

① 신분 상승 사례 증가

ⓖ 무신 집권기 이후 신분 상승 : 무신 집권기 이후로는 하층 신분에서 신분 상승을 하는 사람이 많았다.

ⓛ 원 간섭기 이후의 신분 상승 : 원 간섭기 이후에는 전공을 세우거나 몽골 귀족과의 혼인을 통해서 또는 몽골어에 능숙하여 출세하는 사람들이 많았다. 이에 원 간섭기에는 친원 세력이 권문세족으로 성장하는 경우가 적지 않았다.

② 원의 공녀 요구

ⓖ 원의 공녀 공출 : 공녀의 공출은 고려와 원 사이에 풀어야 할 가장 시급한 문제로 대두되었고, 고려에서는 끊임없이 이 문제 해결을 위하여 노력하였다.

ⓛ 결혼도감 : 원나라에서 요구하는 여자를 선발하기 위해 설치한 결혼도감을 통하여 원으로 끌려간 여인 중에는 특별한 지위에 오른 사람도 있었지만, 대부분은 고통스럽게 살았다.

ⓒ 조혼 풍습의 등장 : 고려 조정의 빈번한 공녀 징발로 민간에서는 조혼의 풍습이 생겼다.

③ 원과의 문물 교류

ⓖ 몽골풍▼의 유행 : 원과 강화를 맺은 이후 두 나라 사이에는 자연히 사람과 물자의 왕래가 많아졌고, 문물 교류가 활발하였다. 이에 따라 고려 사회에는 몽골풍이 유행하여 몽골식 복장, 몽골어 그리고 변발▼이 궁중과 지배층을 중심으로 널리 퍼졌다.

ⓛ 고려양 : 고려 사람이 몽골에 건너간 수도 적지 않았다. 이들은 대부분 전란 중에 포로 또는 유이민으로 들어갔거나 몽골의 강요에 따라 어쩔 수 없이 끌려간 사람이었다. 이들에 의하여 고려의 의복, 그릇, 음식 등의 풍습이 몽골에 전해져 13세기 중엽 그 곳에서 유행한 고려 풍습을 고려양이라 한다.

▼ 처인부곡
승려 김윤후의 지휘로 몽골 2차 침입을 격퇴시킨 곳으로 이후 처인현으로 승격되었다.

▼ 다인철소
몽골 5차 침입 시 승리한 곳으로 이후 강화도 정부는 익안현으로 승격되었다.

▼ 몽골풍
공민왕이 원의 제도를 따라 변발(辮髮)을 하고 호복(胡服; 몽골의 옷차림)을 입고 전상(殿上)에 앉아 있었다. 이연종이 간하려고 문 밖에서 기다리고 있었더니 왕이 사람을 시켜 물었다. (이연종이) 말하기를 "임금 앞에 나아가서 직접 대면해서 말씀드리기를 바라나이다."라고 하였다. 이미 들어와서는 좌우(左右 ; 왕의 측근)를 물리치고 말하기를, "변발과 호복은 선왕(先王)의 제도가 아니오니 원컨대 전하께서는 본받지 마소서."라고 하니, 왕이 기뻐하면서 즉시 변발을 풀어 버리고 그에게 옷과 요를 하사하였다.
ㅡ 「고려사」 ㅡ

▼ 변발(辮髮)
중국 북방 민족의 남자들이 앞부분만 깎고 뒷부분은 땋아 늘인 머리 모양

(4) 왜구의 침입과 격퇴

① **왜구의 침입** : 왜구는 이미 13세기부터 우리를 괴롭혀 왔으나, 14세기 중반부터는 본격적으로 침략해 왔는데 원 간섭하에서 국방력을 제대로 갖추기 어려웠던 고려는 초기에 효과적으로 왜구의 침입을 격퇴하지 못하였다.

② **고려 해안 침범** : 주로 쓰시마 섬 및 규슈 서북부 지역에 근거를 둔 왜구는 부족한 식량을 고려에서 약탈하고자 자주 고려 해안에 침입하였고, 식량뿐 아니라 사람까지도 약탈해 갔다.

③ **왜구에 의한 피해와 사회 불안▼** : 일본과 가까운 경상도 해안에 출몰하기 시작한 왜구는 점차 전라도 지역으로 활동 범위를 넓혔고, 심지어 개경 부근에도 나타났다. 많을 때에는 한해에 수십 번 침략해 왔기 때문에 해안에서 가까운 수십 리의 땅에는 사람이 살 수 없을 정도였다.

④ **신흥 무인 세력의 성장** : 잦은 왜구의 침입에 따른 사회의 불안정은 시급히 해결해야 할 국가적 과제였다. 왜구를 격퇴하고 이 문제를 해결하는 과정에서 신흥 무인 세력이 성장하였다.

▼ 왜구에 의한 피해

조령을 넘어 동남쪽으로 바닷가까지 수백리를 가면 흥해라는 고을이 있다. 땅이 가장 궁벽하고 험하나 어업, 염업이 발달하고 비옥한 토지가 있었다. 옛날에는 주민이 많았는데 왜란을 만난 이후 점점 줄다가 경신년(1380) 여름에 맹렬한 공격을 받아 고을은 함락되고 불탔으며 백성들이 살해되고 약탈당해 거의 없어졌다. 그중에 겨우 벗어난 사람들은 사방으로 흩어져 마을과 거리는 빈 터가 되고 가시덤불이 길을 덮으니, 수령으로 온 사람들이 먼 고을에 가서 움츠리고 있고 감히 들어오지 못한 지 여러 해가 되었다.

– 「양촌집」 –

고려의 문화

1. 고려의 불교 정책

(1) 불교의 성격

① **구복적 · 호국적 성격** : 삼국 시대 이래 불교는 현세 구복적 · 호국적 성격을 띠고 있었다. 즉, 국가를 비보(裨補)하고 국리민복을 가져다주는 신앙으로서 옹호되었다. 이리하여 불교는 고려 초기부터 국가의 보호를 받으며 크게 발전하였다.

② **고려 초기 · 중기의 불교**

　㉠ 초기 불교 : 고려 초기에는 화엄 사상을 정비하고 보살의 실천행을 폈던 균여의 화엄종이 성행하였고, 선종에 대한 관심도 높았다.

　㉡ 중기 불교 : 문벌 귀족 사회인 고려 중기 시기에는 개경에 흥왕사나 현화사 같은 왕실과 귀족의 지원을 받는 큰 사원이 세워져 불교가 번창하였다. 이들의 지원으로 화엄종과 법상종이 함께 융성하였다.

③ **불교와 사회상**

　㉠ 전 국민의 신봉 : 귀족들도 불교에 큰 관심을 보였으며, 이들은 정치 이념인 유교와 신앙인 불교를 서로 배치되는 것으로 생각하지 않았으며, 일반인들도 현세적 기복 신앙으로서 불교를 널리 신봉하였다.

　㉡ 타 신앙과 융합 : 지방의 신앙 공동체였던 향도(香徒)에는 불교와 함께 토속 신앙의 면모도 보이며, 불교와 풍수지리설의 융합된 모습도 보였다.

(2) 불교의 발전

① **태조**

　㉠ 불교 지원 : 고려 태조는 불교를 지원하는 한편 유교 이념과 전통 문화도 함께 존중하였다.

　㉡ 훈요 10조 : 개경에 여러 사원을 세웠고, 후손을 훈계하기 위한 유훈인 '훈요 10조'에서 사원을 세워 불교를 숭상할 것과 연등회와 팔관회의 개최를 당부하여 불교 국가로의 방향을 제시하였다.

② **광종**

　㉠ 승과 제도 : 승과 제도에 교종선과 선종선을 두고, 급제자에게는 승계를 주고 승려의 지위를 보장하였다. 이들이 승진하면 교종은 승통, 선종은 대선사라는 최고의 호를 주었다.

ⓒ 균여 : 불교를 대중화하였으며, 향가로 「보현십원가」 11수를 지었으며, 보살행을 실천하였다.

③ **문종** : 불교를 숭상하여 왕자 중 대각국사 의천과 승통 도생이 나왔다. 왕 21년(1067)에 고려 최대 사찰인 흥왕사를 완성하여 연등회 행사와 대장경 간행도 이 사찰에서 이루어졌다.

(3) 의천의 불교 통합 운동과 천태종

① 의천의 교단 통합 운동

ⓐ 배경 : 11세기에 이미 종파적 분열상을 보인 고려 불교계에 문종의 왕자로서 승려가 된 의천은 교단 통합 운동을 펼쳤다. 그리고 주전도감을 세워 은병(고액화폐)를 발행하였고, 교장도감을 만들어 교장(속장경)을 간행하였다.

ⓑ 천태종 창시 : 화엄종▼을 중심으로 법상종을 통합하여 흥왕사를 세웠으며, 교종을 중심으로 선종을 끌어들여 국청사에서 천태종을 주창하였다.

ⓒ 교관겸수 · 내외겸전 : 이를 뒷받침할 사상적 바탕으로 의천은 이론의 연마와 실천을 아울러 강조하는 교관겸수와 내외겸전▼을 겸하여 수양하라는 뜻을 주장하고, 원효를 화쟁국사로 추존하기도 하였다.

ⓓ 결과 : 교단 통합 운동은 천태종에 많은 승려가 모이는 등 새로운 교단 분위기를 형성하는 일정한 성과를 거두었으나, 사회 · 경제적으로 문제시되던 불교의 폐단을 적극적으로 시정하는 대책이 미비하여 의천이 죽은 뒤 교단은 다시 분열되어 귀족 중심의 불교가 지속되었다.

2. 무신 집권기 신앙 결사 운동과 조계종

(1) 신앙 결사 운동의 배경

무신 정권기의 사회적 혼란상을 목도한 불교계에서는 신앙 본연의 자세를 확립하자는 신앙 결사 운동이 일어났다.

(2) 요세의 백련사 결사(교종)

① 백련 결사 제창(강진 만덕사) : 요세는 백성의 신앙적 욕구를 고려하여 강진 만덕사(백련사)에서 백련 결사를 제창하였다.

▼ **화엄 사상**
일체의 우주 만물이 동일한 법성에 의해 생겼다고 하여 석가모니의 깨달음의 경지에서 전 우주를 절대적으로 긍정하는 통일적 입장이다.

▼ **내외겸전(內外兼全)**
안과 밖이 아울러 갖추어진 것, 즉 지덕(智德) 등 건전한 정신과 건강한 육신이 조화를 이루어 원만하게 갖추어진 인격, 지행일치 언행일치하는 행동, 정신문명과 물질문명 · 동양문명과 서양문명이 조화와 균형을 이룬 모습 등을 말한다.

---

② 백련 결사의 특징 : 자신의 행동을 진정으로 참회하는 법화 신앙에 중점을 둔 백련 결사는 정토 사상에 충실하고 기층 민중의 교화에 전념하여 지방민의 적극적인 호응을 얻었고, 수선사와 양립하며 고려 후기 불교계를 이끌었다.

(3) 지눌의 수선사 결사(선종)

① 수선사 결사 제창(순천 송광사) : 명종 때 지눌은 명리에 집착하는 당시 불교계의 타락상을 비판하였다. 그는 승려 본연의 자세로 돌아가 독경과 선 수행, 노동에 고루 힘쓰자는 개혁 운동인 수선사 결사를 제창하였다.

② 개혁 승려와 지방민의 호응 : 송광사(전남 순천)에 중심을 둔 수선사 결사 운동은 개혁적인 승려들과 지방민의 적극적인 호응을 얻어 활발하게 전개되었다. 이처럼 조계종은 지눌이 수선사를 열면서부터 매우 흥성하여 고려 후기에 이르러서는 불교계의 중심적인 종파가 되어 많은 승려를 배출하였다.

③ 지눌의 선·교 일치 사상 완성▼

ㄱ 정혜쌍수▼ : 지눌은 선과 교학이 근본에 있어 둘이 아니라는 사상 체계인 정혜쌍수를 사상적 바탕으로 철저한 수행을 선도하였다.

ㄴ 돈오점수 : 지눌은 내가 곧 부처라는 깨달음을 위한 노력과 함께, 꾸준한 수행으로 깨달음의 확인을 아울러 강조한 돈오점수를 주장하였다.

ㄷ 선·교 일치의 완성 : 돈오를 지향하는 사상인 선종을 중심으로 교종을 포용하여 교와 선의 대립을 극복하고자 한 지눌의 논리는 고려 불교가 지향하던 선교 일치 사상을 완성한 것이다.

ㄹ 참선·독경·노동 중시 : 승려 본연의 자세로 참선과 독경 그리고 노동을 중시하였다.

(4) 혜심의 유불 일치설

① 유불 일치설의 주장 : 지눌의 결사 운동은 지속적으로 발전하여 지눌의 제자로 수선사를 계승한 혜심은 유교와 불교의 근본이 다르지 않다는 유불 일치설을 주장하였다.

② 성리학 수용의 사상적 토대 : 심성의 도야를 강조하여 이후 성리학을 수용할 수 있는 사상적 토대를 마련하기도 하였다.

▼ **지눌의 사상**

지눌은 돈오(頓悟)를 지향처로 삼으면서도 사람들이 오래 익혀 온 잘못된 습관을 고치려면 깨달음의 꾸준한 실천이 필요하다는 뜻에서 점수를 아울러 강조하였다. 정혜쌍수는 선과 교학을 나란히 수행하되, 선을 중심으로 교학을 포용하자는 이론이며, 돈오점수는 단번에 깨닫고 꾸준히 실천하자는 주장을 말하였다.

▼ **지눌의 정혜결사문**

지금의 불교계를 보면 아침저녁으로 행하는 일들이 비록 부처의 법에 의지하였다고 하나 자신을 내세우고 이익을 구하는 데 열중하며 세속의 일에 골몰한다. 도덕을 닦지 않고 옷과 밥만 허비하니 비록 출가하였다고 하나 무슨 덕이 있겠는가.

하루는 같이 공부하는 사람 10여 인과 약속하였다. 마땅히 명예와 이익을 버리고 산림에 은둔하여 같은 모임을 맺자. 항상 선을 익히고 지혜를 고르는 데 힘쓰고, 예불하고 경전을 읽으며 힘들여 일하는 것에 이르기까지 각자 맡은 바 임무에 따라 경영한다. 인연에 따라 성품을 수양하고 평생을 호방하게 고귀한 이들의 드높은 행동을 좇아 따른다면 어찌 통쾌하지 않겠는가.

― 권수정혜결사문(勸修定慧結社文) ―

더 알아보기 ➕

의천과 지눌 비교

구분	대각국사 의천	보조국사 지눌
시기	고려 중기	고려 후기
종파	천태종	조계종
중심지	국청사	송광사
성격	교종 중심의 선종 통합	선종 중심의 교종 통합
후원 세력	문벌 귀족	무신 정권
교리	내외겸전(內外兼全) 교관겸수(敎觀兼修)	돈오점수(頓悟漸修) 정혜쌍수(定慧雙修)
활동	주전론 주장	신앙 결사 운동
저서	원종문류, 석원사림, 천태사교의주	정혜결사문, 진심직설
공통점	원효의 사상 계승	

3. 원 간섭기의 불교와 대장경

(1) 원 간섭기의 불교

① 개혁 의지의 퇴색 : 원 간섭기에 들어서자 개혁 운동의 의지가 퇴색하고 귀족 세력과 연결되어 사원은 막대한 대토지를 소유하였으며 상업에도 관여하여 부패가 심하여 불교계는 다시 폐단을 드러냈다.

② 대토지 소유 : 이 당시 법상종과 원의 라마교가 합쳐 유행하게 되어 불교의 세속화가 진행되었는데, 승려 보우▼가 임제종을 들여와 주창한 불교 정화 운동으로 교단을 정비하려 노력하였지만, 성과를 거두지 못하였다.

(2) 대장경의 간행

① 대장경의 편찬 : 불교 사상에 대한 이해 체계가 정비되면서 불교에 관련된 서적을 모두 모아 체계화하는 대장경이 편찬되었다.

② 경전의 집대성 : 경ㆍ율ㆍ론의 삼장으로 구성된 불교 경전을 집대성한 것으로서, 교리 체계에 대한 정리가 선행되어야만 이루어질 수 있는 문화적 의의가 높은 유산이다.

▼ 보우

공민왕의 왕사로 임제종을 개창하였다. 보우는 교단을 통합, 정리하는 것이 불교계의 폐단을 바로잡는 우선 과제라고 생각하였다. 그러나 교단과 정치적 상황이 얽혀 이런 개혁을 지속적으로 추진할 수 없었다.

(3) 대장경 간행 과정

① **초조대장경** : 현종 때 거란의 침입을 받았던 고려는 부처의 힘을 빌려 이를 물리치려고 대장경을 간행하였다. 오랜 기간에 걸쳐 목판에 새겨 간행한 이 초조대장경은 개경에 보관하였다가 대구 부인사로 옮겼는데, 몽골 침입 때에 불타버렸다. 인쇄본 일부가 남아 고려 인쇄술의 정수를 보여 주고 있다.

초조대장경 인쇄본(호림 박물관 소장) 고려 전기에 처음 간행하였으나 몽골 침입 때 불타 버린 초조대장경을 인쇄한 판본이다.

② **교장**▼ : 초조대장경이 만들어진 얼마 후, 의천은 고려·송·요의 대장경에 대한 주석서를 모아 교장을 편찬하였다. 이를 위하여 목록인 '신편제종교장총록'을 만들고, 교장도감을 설치하여 10여 년에 걸쳐 신라인의 저술을 포함한 4,700여 권의 전적을 간행하였다.

③ **팔만대장경(재조대장경)**

㉠ 제작 배경 : 몽골 침공으로 소실된 초조대장경을 대신하여 고종 때에는 대장경을 다시 만들었다.

㉡ 제작 과정과 보존 : 팔만대장경은 고종 23년(1236)에 강화도 선원사에 대장도감을 설치하여 제작하기 시작하여 16년 만인 고종 38년(1251)에 완성되었다.

합천 해인사 팔만대장경

일부는 진주분사에서 조판되어 조선 초 합천 해인사 장경판전에 합사되었다.

㉢ 역사적 가치 : 팔만대장경은 방대한 내용을 담았으면서도 잘못된 글자나 빠진 글자가 거의 없는 제작의 정밀성과 글씨의 아름다움 등으로 세계에서 가장 우수한 대장경으로 꼽힌다.

▼ **속장경과 교장(敎藏)**
대각국사 의천이 11세기 말~12세기 초에 송·요 등 동아시아 각국에서 수집한 불교 각 종파의 경전 연구서를 목판 인쇄해 간행한 것이 교장으로, 이것이 대장경의 속편이라는 의미의 속장경으로 알려진 것은 1910년대 일본인 학자가 잘못 사용한 이후부터였다. 이에 2005년 7차 교과서부터 '교장(敎藏)'으로 바르게 수정되었다. 교장(장소)은 대장경에 대한 해설을 의미한다.

초조대장경 (1011~1087)	• 거란 2차 침입 퇴치 염원(현종~선종) • 대구 부인사에 보관(6,000권) → 몽골 침입으로 소실 • 그 일부가 일본(경도 '남례사')에 현존

교장
(1073~1096)
	• 의천 : 송, 요, 일본 등지의 자료를 모아 간행
	  – 교장도감(→ 흥왕사)에서 조판(4,700권 인쇄)
	  – '신편제종교장총록'(불서 목록) 작성 → 현존
	  – 불경 + 불교 연구서(논 · 소 · 초)
	• 몽골 3차 침입 때 소실 → 송광사에 일부 전함
	• 특징
	  – 원효 사상을 중심으로 한 신라 불교의 전통 재확인
	  – 동아시아 각국의 불교학설 구체적 정리
	  – 선종과 관련된 내용 없음

재조대장경 (1236~1251)	• 재조대장경 = 팔만대장경 • 몽골 3차 침입 시 강화도에서 조판 • 합천 해인사에 보관 • 유네스코에서 세계문화유산으로 지정(1995)

4. 고려의 도교와 풍수지리설

(1) 고려의 도교

① **특징** : 고려 시대에 성행한 도교는 불로장생과 현세의 구복을 추구하는 것을 특징으로 하며, 여러 신을 모시면서 재앙을 물리치고 복을 빌며 나라의 안녕과 왕실의 번영을 기원하였다. 이를 위해 도교 행사가 자주 베풀어졌고, 궁중에서는 하늘에 제사 지내는 초제▼가 성행하였다. 예종 때 도교 사원(복원궁)이 처음 건립되었고, 이곳을 비롯한 여러 곳에서 하늘과 별들에 제사를 지내는 도교 행사가 개최되었다.

② **한계** : 도교에는 불교적인 요소와 도참 사상도 수용되어 일관된 체계를 보이지 못하였으며, 교단도 성립하지 못한 채 민간 신앙으로 전개되었는데, 종교로서 뿌리내리지는 못했다.

(2) 고려의 풍수지리(지리도참설)

① **특징** : 신라 말 큰 관심의 대상이 되었던 풍수지리설은 지형 · 지세에 따라 미래의 길흉화복을 예언하는 도참 사상이 더해져 고려 시대에 크게 유행하였다.

▼ 초제
성신(星辰)에게 지내는 제사로서 성신은 많은 별들을 의미한다.

② **태조의 신봉** : 태조의 '훈요 10조'에서 풍수지리설의 숭배를 강조하였으며, 사찰 건립 때 반드시 이 설에 따라야 한다고 주장하였다.

③ **서경 길지설** : 고려 초에는 개경과 서경이 명당이라는 설이 유포되어 서경으로 수도 천도를 시도하여 북진 정책 추진과 묘청의 서경 천도 운동의 이론적 근거가 되었으나, 유교 정치 이념의 보수화에 반발하면서 개경 · 서경 세력의 정치적 투쟁에 이용되었다.

④ **남경 길지설** : 문종을 전후한 고려 중기에는 북진 정책의 퇴조와 함께 새로이 한양 명당설이 대두하여 이곳을 남경으로 승격시키고 궁궐을 지어 왕이 머무르기도 하였다. 이 남경 길지설은 고려 말까지 정치적 영향을 끼쳤다.

5. 고려 시대 유학의 발달

(1) 고려 문화의 특징▼

고려 시대에는 유교와 불교가 함께 발전하였다. 유교는 정치와 관련한 치국의 도로서, 불교는 신앙 생활과 관련한 수신의 도로서 서로 보완하는 기능을 수행하면서 유교 문화와 불교 문화가 함께 발전할 수 있었다.

(2) 고려 초기 유학 발달의 과정

① **유교주의적 기틀 마련** : 초기에는 유교주의적 정치와 교육의 기틀이 마련되었는데, 태조 때에는 신라 6두품 계통의 최언위▼, 최응, 최지몽 등 유학자들이 태조를 보필하면서 유교주의에 입각한 국가 경영을 건의하였다.

② **과거제 실시** : 광종 때에는 문치주의에 입각한 관료제 확립을 위해 과거 제도를 실시하여 왕권 확립에 전력하였다.

③ **교육 기관 정비** : 성종 때에는 유교 정치 사상이 확고하게 정립되고, 유학 교육 기관이 정비되었다. 성종 때 대표적 유학자는 최승로였다. 자주적 · 주체적 유교 사상을 지닌 그는 시무 28조의 개혁안을 올리고, 유교 사상을 치국의 근본으로 삼아 사회 개혁과 새로운 문화의 창조를 추구하였다.

(3) 고려 중기 유학의 발달

① **보수적 성격** : 11세기에 북진파의 대표적 인물인 왕가도 등이 물러난 후, 경원 이씨 일파가 집권함에 따라 유학의 학풍은 자주적 유교 정신을 강조하기보다 귀족 사회의 안일함을 찬미하는 한문학이 성하였고, 새로운 정치 방향을 제시하기보다 중앙 집권 세력의 안정만을 도모하는 보수적 성격을 띠게 되었다. 이 시기의 대표적 유학자는 최충과 김부식이었다.

▼ **고려 문화의 성격**
- **호족 문화** : 신라의 귀족 대신 호족이 문화의 주인공으로 등장하였다. 따라서 신라와는 다른 성격을 지녔으며 지방 문화의 소박성이 나타나 있다.
- **유 · 불 융합 문화** : 유교주의 이념을 표방하게 되면서 유교 · 불교 문화가 융합되는 현상이 나타났다.
- **문화 폭의 확대와 출판 문화의 발달** : 통일 신라 시대의 혈족 관념과 종교의 테두리에서 어느 정도 벗어남으로써 문화의 폭이 넓어지고, 유학과 한문학이 발달함에 따라 대장경 간행, 실록 편찬 등 기록에 의한 문화 활동이 활발하였다.
- **불교 미술과 공예 발달** : 통일 신라 시대의 불교 미술이 계속 성행하고, 자기 · 칠기 등 귀족 생활을 중심으로 공예가 발달하였다.

▼ **최언위**
신라 말에서 고려 초의 문신이자 서예가이다. 최치원, 최승우와 함께 일대삼최(一代三崔)로 일컬어졌다.

② 최충의 유학 교육

   ⊙ 해동공자 최충 : 문종 때 활약한 최충은 고려의 유학을 한 차원 높였다. 당대 정계의 원로이며 학계의 태두로서 '해동공자'라고 칭송을 들었으며, 문헌공도 출신으로 급제하지 못한 자가 없을 정도였다고 한다.

   ⓒ 9재 학당의 설립 : 그는 관직에서 물러난 후에 9재 학당을 세워 유학 교육에 힘썼고, 고려의 훈고학(訓詁學)▼적 유학에 철학적 경향을 새로이 불어 넣기도 하였다.

③ 현실적 · 귀족적 경향 : 인종 때 활약한 김부식은 고려 중기의 보수적이면서 현실적인 성격의 유학을 대표하였다. 이 시기의 유학은 시문을 중시하는 귀족 취향의 경향이 강하였고, 유교 경전에 대한 전문적 이해가 깊어져 유교 문화는 한층 성숙해졌다.

(4) 성리학의 수용과 보급

① 성리학의 전래와 특징

   ⊙ 성리학의 전래 : 무신 정변 이후 문벌 귀족 세력이 몰락함에 따라 고려의 유학은 한동안 크게 위축되었다가 고려 후기 성리학이 전래되어 사상계뿐만 아니라 정치 · 경제 · 사회 · 문화의 각 부분에 걸쳐 큰 영향을 주었다.

   ⓒ 성리학의 특징 : 남송의 주희가 집대성한 성리학은 종래 자구의 해석에 힘을 썼던 한 · 당의 훈고학이나 사장 중심의 유학과는 달리, 인간의 심성과 우주의 원리 문제를 철학적으로 탐구하는 신유학이었다.

② 성리학의 수용과 확산▼

   ⊙ 안향의 성리학 소개 · 전수 : 고려에 성리학을 처음 소개한 사람은 충렬왕 때 안향이었다. 그 후 백이정이 직접 원에 가서 성리학을 배워와 이제현 등에게 전수하였다.

   ⓒ 성리학의 전파 : 충선왕 때, 이제현은 원의 만권당에서 원의 학자들과 교류하면서 성리학에 대한 이해를 심화하였고, 귀국 후 이색 등에게 영향을 주어 성리학 전파에 이바지하였다.

(5) 성리학 수용의 결과와 영향

① 실천적 기능의 강조 : 고려에 수용된 초기 성리학은 형이상학적 측면보다 일상생활과 관계되는 실천적 기능을 강조하였기 때문에 주희의 소학이 존중되었으며, 예속을 바로잡기 위해 「소학」과 함께 「주자가례」가 권장되었다.

▼ 훈고학(訓詁學)
한대에서 당대까지 성행했던 유학으로 경전의 자구를 바르게 해석하고자 하였다.

▼ 성리학의 수용과 발전
• 안향은 학교가 날로 쇠퇴함을 근심하여 양부(兩府)에 의논하기를 "재상의 직무는 인재를 교육하는 것보다 우선하는 것이 없습니다." 하고 …… 만년에는 항상 회암 선생(주자)의 초상화를 걸어놓고 경모하였으므로 드디어 호를 회헌이라 하였다.
• 성균관을 다시 짓고 이색을 판개성부사 겸 성균관 대사성으로 삼았다. …… 이색이 다시 학칙을 정하고 매일 명륜당에 앉아 경(經)을 나누어 수업하고 강의를 마치면 서로 더불어 논란하여 권태를 잊게 하였다. 이에 학자들이 많이 모여 함께 눈으로 보고 마음으로 느끼는 가운데 주자 성리학이 비로소 흥기하게 되었다.
              - 「고려사」 -

② 사상계의 전환 : 성리학이 수용되면서 종래 훈고학적 유학이 철학적 유학으로 바뀌었으며, 고려의 정신적 지주였던 불교가 쇠퇴하고 새로운 사상 체계인 유교가 성행하게 되는 등 사상계의 일대 전환이 이루어지게 되면서 성리학이 새로운 국가 사회 지도 이념으로 등장하게 되었다.

③ 유교 의식의 보급 : 신진 세력은 일상생활 전반에 영향을 주고 있는 불교 의식을 추방하기 위하여 「주자가례」를 수입하고, 가묘를 세워 유교 의식의 보급에 전력하였다.

④ 불교 비판

　ⓐ 문화 전반의 혁신 운동 전개 : 성리학의 발달과 더불어 사대부들은 문화 전반에 대한 혁신 운동을 제기하였다.

　ⓑ 불교의 모순 비판 : 승려의 세속화, 사원 경제의 모순, 불교 철학 자체의 모순에 대해 비판하였다. 정도전·조준 등을 비롯한 당시 성리학자들은 불교 사상 자체가 현실과는 유리된 허황된 것이라 여겼고, 불교가 인륜에 어긋난다 하여 불교 자체를 공박하기도 하였다.

6. 고려의 교육 기관

(1) 교육 기관 설립의 배경

유교 정치 사상에 입각한 중앙 집권 체제를 완성시키기 위한 관리 양성의 필요성에서 중앙과 지방에 학교를 세우고 교육을 장려하였다.

(2) 교육 기관의 정비

① 태조 : 건국 후 신라 계통의 학자들을 등용하고, 개경·서경에 학교를 설립하여 한학을 장려하였다.

② 성종

　ⓐ 초기 교육 정책 : 초기에는 지방 관리 자제들을 개경에 오게 하여 학문을 장려했으나, 나중에는 지방 12목에 경학·의학박사를 파견하였다. 중앙에는 국자감을 두고(992), 지방 각 주·현에 향교를 설치하여 지방 관리와 서민 자제의 교육을 담당하였다.

　ⓑ 국자감의 설치(992) : 성종은 중앙 집권 체제의 완성을 위해 유학 교육을 받은 관리들이 필요하다고 보고, 국립 종합 대학으로 국자감(국학)을 설치하였다. 개경에 위치한 국자감에는 학생 신분에 따라 국자학, 태학, 사문학을 두어 유학과 한학을 배우게 하였으며, 8품 이하 자제와 일반 서민은 따로 율학·서학·산학 등 기술 교육을 받게 하였다.

(3) 사학의 발달

① 9재 학당과 사학 12도 : 고려 중기인 문종 때 최충이 9재 학당을 세운 후 여러 학자들이 사학을 세웠다. 사학 12도 중에서 최초로 설립되어 가장 번성한 9재 학당인 최충의 문헌공도를 비롯한 사학 12도가 융성하면서 관학이 쇠퇴하였다.

② 관학의 위축 : 최충이 문하시중직에 있었던 것처럼 12도의 창설자도 대부분 전직 고관이었고, 당대의 대학자들이 임시직이었으나, 관직에 있는 자의 가장 명예로운 직책이었던 지공거인 경우가 많았다. 이렇게 하여 사학에서 교육을 받은 학생이 과거에서 좋은 성적을 거두자 국자감의 관학 교육은 위축되었다.

(4) 관학 진흥책

① 숙종(1096~1105) : 국자감을 강화하고자 서적포를 두어 서적 간행을 활성화하였다.

② 예종(1105~1122)

 ㉠ 7재(전문강좌) : 국자감을 재정비하여 국학(국자감)에 7재라는 전문 강좌를 두어 유학 교육을 강화하였다.

 ㉡ 양현고 설치 : 관학의 경제 기반을 강화하기 위해 일종의 장학 재단인 양현고를 설치하였다.

(5) 무신 정권기 이후

① 교육 활동의 위축 : 무신 정권기에는 교육 활동이 크게 위축되었으나, 충렬왕 때 다시 관학의 진흥에 힘썼다.

② 충렬왕 : 양현고의 부실을 보충하기 위하여 교육 재단으로 섬학전을 설치하였다. 또한 국학을 성균관으로 개칭하고, 공자 사당인 문묘를 새로 건립하여 유교 교육의 진흥에 나섰다.

③ 공민왕 : 최고 학부인 성균관을 부흥시켜 순수한 유교 교육 기관으로 개편하고 유교 교육을 강화하였다.

개성 성균관 고려 초기에 설치된 국자감은 국학으로 불리다가 1308년부터 성균관으로 개칭되어 조선 시대로 이어졌다.

7. 고려의 역사서 편찬

(1) 고려 건국 초기

① **역사서 편찬 배경** : 유교주의적 정치 · 교육의 기틀이 마련되면서 유학이 발달하고 유교적인 역사 서술 체계가 확립되어 많은 역사서가 편찬되었다.

② **건국 초기의 실록 편찬** : 건국 초기부터 왕조실록을 편찬하였으나, 거란의 침입으로 불타 버렸다. 이에 태조부터 목종에 이르는 「7대 실록」(황주량)을 현종 때 편찬하기 시작하여 덕종 때 완성하였으나 전하지 않고 있다.

(2) 고려 중기(「삼국사기」를 중심으로)

① **「삼국사기」의 편찬**▼ : 인종 때에는 김부식 등이 왕명을 받아 「삼국사기」를 편찬하였다.

② **유교 사관에 기초한 「삼국사기」** : 인종 때 김부식 등이 왕명을 받아 편찬한 「삼국사기」는 현존하는 우리나라 최고의 역사서로서, 고려 초에 쓰여진 자주적 · 주체적 성향의 「구삼국사」를 기본으로 유교적 합리주의 사관에 기초하여 기전체로 서술하였다.

「삼국사기」와 「삼국유사」

③ **신라 계승 의식의 표방** : 고려는 건국 초부터 고구려 계승 의식을 뚜렷하게 표방하였으나, 중기에 이르러 신라 계승 의식이 강화되었는데, 「삼국사기」에는 신라 계승 의식이 더 많이 반영되었다.

④ **신라사 중심** : 「삼국사기」는 본기 · 연표 · 지 · 열전으로 구성되었고, 본기는 삼국에 공평히 배분된 데 비해 지 · 열전은 신라사 중심이었으며, 고조선 · 삼한 관련 내용을 삭제하였다.

▼ 삼국사기 서문

성상 폐하께서 …… "또한 그에 관한 옛 기록은 표현이 거칠고 졸렬하며, 사건의 기록이 빠진 것이 있으므로, 이로써 군주의 착하고 악함, 신하의 충성됨과 사특함, 나랏일의 안전함과 위태로움, 백성의 다스려짐과 어지러움을 모두 펴서 드러내어 권하거나 징계할 수 없다. 그러므로 마땅히 재능과 학문과 식견을 겸비한 인재를 찾아 권위 있는 역사서를 완성하여 만대에 전하여 빛내기를 해와 별처럼 하고자 한다."라고 하였습니다.

－ 「삼국사기」 －

「삼국사기」와 「삼국유사」의 비교

구분	「삼국사기」	「삼국유사」
저자	김부식	일연
편찬시기	인종(1145)	충렬왕(1285)
역사 서술 방법	기전체 사서	기사본말체 사서
사관	합리적 유교 사관	불교 사관, 자주적 사관
특징	• 관찬의 정사 • 삼국 시대의 왕조, 정치사 중심 • 현존 최고(最古) 사서 • 신라 계승 의식	• 사찬의 야사 • 우리 고유 문화 · 전통 중시 • 설화 중심, 단군 신화 최초 수록 • 고조선 계승 의식

(3) 고려 후기

① **고려 후기 자주 의식의 대두** : 민족적 자주 의식을 바탕으로 전통 문화를 올바르게 이해하려는 경향이 대두하였다. 이는 무신 정변 이후의 사회적 혼란과 몽골 침략의 위기를 겪은 후에 나타난 변화였다.

② **자주적 의식의 역사서** : 이러한 경향을 반영한 역사서로는 「해동고승전」, 고구려 정통 사관인 「동명왕편」, 고조선 정통 사관인 「삼국유사」와 「제왕운기」 등을 꼽을 수 있다.

　㉠ 「동명왕편」 : 이규보의 동국이상국집에 수록된 「동명왕편」은 고구려 건국의 영웅인 동명왕의 업적을 칭송한 일종의 영웅 서사시로서, 고구려의 계승 의식을 반영하고 고구려의 전통을 노래하였다.

　㉡ 「해동고승전」 : 각훈이 쓴 「해동고승전」은 교종 관점의 사서로 삼국 시대의 승려 30여 명의 전기를 수록하고 우리의 불교사를 중국과 대등한 입장에서 서술하였다.

　㉢ 「삼국유사」 : 충렬왕 때에 일연이 쓴 「삼국유사」는 불교사를 중심으로 여러 자료의 수집과 증거 자료의 제시로 고대의 민간 설화나 전래 기록을 수록하여 우리의 고유 문화와 전통을 중시하였으며, 단군을 우리 민족의 시조로 여겨 단군의 건국 이야기를 수록하였다.

　㉣ 「제왕운기」 : 같은 시기에 이승휴가 쓴 「제왕운기」도 우리나라의 역사를 단군에 서부터 서술하고 있고, 유교 중심으로 불교 · 도교까지 포괄하고 있으며 우리 역사를 단일 민족사로 이해하였다.

(4) 고려 말기

① **고려 후기 유교 사관의 대두** : 고려 후기에는 몽골 침입 이후 대두한 신진 사대부의 성장 및 성리학의 수용과 더불어 정통 의식과 대의명분을 강조하는 성리학적 유교 사관이 대두하였다.

② **이제현의 「사략」** : 이제현은 「사략」을 비롯한 여러 권의 사서를 저술하였는데, 지금은 「사략」에 실렸던 사론만이 남아 있다. 그의 역사 서술에는 개혁을 단행하여 왕권을 중심으로 국가 질서를 회복하려는 의식이 반영되어 있다.

8. 고려 시대의 건축, 불교 예술

(1) 고려 건축의 발달

① **고려 건축의 특징**

㉠ **귀족적 · 불교적 색채** : 고려 귀족 사회의 특성이 반영되어 귀족적 · 불교적 색채가 강하였다. 고려 시대의 건축은 궁궐과 사원이 중심이었는데, 남아 있는 것이 거의 없다.

㉡ **궁궐** : 궁궐 건축은 개성 만월대 궁궐터를 통해서 웅대한 모습을 살필 수 있다. 도성 안의 궁궐은 경사진 면에 축대를 높이 쌓고 건물을 계단식으로 배치하였기 때문에 건물이 층층으로 나타나 웅장하게 보였다.

㉢ **사원** : 사원 건물로 유명한 것은 현화사와 흥왕사였다. 특히, 흥왕사는 12년에 걸쳐 막대한 인원과 경비를 들여 지은 장엄한 사원이었다고 한다. 많은 사찰을 건립하였으나 모두 불타 버렸고 현존 목조 건물은 고려 후기의 것들이다.

② **주심포식 건물** : 부석사 무량수전, 수덕사 대웅전, 봉정사 극락전

부석사 무량수전(경북 영주)

수덕사 대웅전(충남 예산)

③ **다포식 건물** : 석왕사 응진전, 성불사 응진전, 심원사 보광전

(2) 고려 석탑의 발달

① 특징

  ㉠ 독자적인 조형 감각을 가미 : 신라 양식을 일부 계승하면서도 그 위에 독자적인 조형 감각을 가미하여 다양한 형태로 제작되었다. 다각 다층탑이 많았고, 안정감은 부족하나 자연스러운 모습을 띠었으며, 석탑의 몸체를 받치는 받침이 보편화되었다.

  ㉡ 다양한 형식의 석탑 제작 : 고려의 석탑은 대체로 안정감이 없어 조형 감각 면에서는 신라 시대보다 뒤떨어지고 있으나, 오히려 형식에 구애받지 않고 자연스러운 면이 있다.

② 대표적 석탑 : 대표적인 석탑으로는 개성 불일사 5층 석탑과 오대산 월정사 8각 9층 석탑이 유명하며, 고려 후기의 경천사 10층 석탑은 원의 석탑을 본뜬 것으로 조선 시대로 이어졌다. 지역에 따라서 고려는 삼국의 전통을 계승한 석탑이 조성되기도 하였다.

| 불일사 5층 석탑 (경기 개성) | 무량사 5층 석탑 (충남 부여) | 월정사 8각 9층 석탑 (강원 평창) | 경천사지 10층 석탑 (국립중앙박물관) |

(3) 승탑의 발달

① 특징 : 승려의 승탑은 신라 말 선종의 유행과 관련하여 고려 시대에도 조형 예술의 중요한 부분을 차지하였다.

② 대표적인 부도

  ㉠ 팔각 원당형 부도 : 구례 연곡사의 북부도, 공주 갑사의 부도, 여주 고달사지의 원종대사 혜진탑 등이 팔각 원당형의 기본 양식을 지닌 우수한 걸작으로 알려져 있다.

  ㉡ 특수 형태의 부도 : 팔각 원당형을 유지하고 있으면서도 탑신이 구형으로 되어 있는 정토사 홍법국사 실상탑, 평면 사각형으로 된 법천사 지광국사 현묘탑 등은 특수한 형태의 걸작이다.

(4) 불상의 발달

① **특징** : 고려 시대의 불상은 시기·지역에 따라 독특한 모습을 보여 준다. 제작 수법에 있어서 신라 시대에 비해 다소 뒤떨어지는 경향이 있고, 인체 구성이 불균형을 이루고 있어 조형미가 퇴화된 감이 있으나, 형식에 구애받지 않는 자유분방한 면과 함께 토속적 특색을 보여 주고 있다.

② **전통 양식의 계승** : 신라 이래의 조형 전통을 계승하는 양식이 주류를 이루었는데 균형을 이루지 못하여 조형미가 다소 부족한 것이 많았다. 전통 양식으로는 통일 신라 양식을 계승한 고려 최고(最高) 걸작품으로서 부석사 소조 아미타여래 좌상과 같은 걸작이 있다.

③ **대형 철불 조성** : 고려 초기에는 광주 춘궁리 철불 같은 대형 철불이 많이 조성되어 시대적 특징을 이루었다.

④ **대형 불상 건립** : 논산 관촉사 석조 미륵보살 입상이나 개태사지 석불 입상, 안동 이천동 석불처럼 사람이 많이 다니는 길목에 지역 특색이 잘 드러난 거대한 불상들이 건립되기도 하였다. 이들 불상은 인체 비례가 맞지 않고 제작 수법이 거칠지만 지역의 특색을 잘 반영한 독창적인 예술품이다.

광주 춘궁리 철불
(국립중앙박물관)

관촉사 석조 미륵보살
입상(충남 논산)

고달사지 승탑
(경기 여주)

부석사 소조 아미타여래
좌상(경북 영풍)

9. 고려 시대의 공예

(1) 공예 발전의 배경

① **공예의 발전** : 고려 귀족은 자신들의 사치 생활을 충족하기 위하여 다양한 예술 작품을 만들어 즐겼으므로 예술 면에서도 큰 발전을 나타내었는데, 그중 가장 돋보이는 분야는 공예였다.

② **불교 중심의 발전** : 공예는 귀족의 생활 도구와 불교 의식에 사용되는 불구(절에 쓰이는 기구) 등을 중심으로 발전하였는데, 특히 자기 공예가 뛰어났다.

▼ **청자 만드는 과정**
청자는 물에는 묽어지고 불에는 굳어지는 자토로 모양을 만들고 무늬를 새긴 후 청색을 내는 유약을 발라 1,250도에서 1,300도 사이의 온도로 구워서 만든다. 유약은 규석과 산화알루미늄이 주성분으로 이들이 높은 온도에서 녹아 유리질화 되는데, 유약에 함유된 철분이 1~3%가 되면 녹청색을 띠어 청자가 된다.

▼ **상감법**
나전 칠기나 은입사 공예에서 응용된 것으로 그릇 표면을 파낸 자리에 백토 · 흑토를 메워 무늬를 내는 방법

(2) 자기 공예

① <u>발달 과정</u> : 고려 시대 자기는 신라와 발해의 전통과 기술을 토대로 송의 자기 기술을 받아들여 귀족 사회의 전성기인 11세기에 독자적인 경지를 개척하였다.

② **11세기 순수 <u>청자</u>▼** : 자기 중에서 가장 이름난 것은 비취색이 나는 청자인데, 중국인도 천하의 명품으로 손꼽았다. 청자의 그윽한 색과 다양한 형태, 그리고 고상한 무늬는 자연에 뿌리를 두고 있는 우리 민족의 정취를 풍기고 있다.

상감 청자 운학무늬 매병

③ **12세기 중엽 상감 청자** : 12세기 중엽에 고려의 독창적 기법인 <u>상감법</u>▼이 개발되어 자기에 활용되었다. 상감 청자는 무늬를 훨씬 다양하고 화려하게 넣을 수 있었기 때문에 청자의 새로운 경지를 열었다. 상감 청자는 강화도에 도읍한 13세기 중엽까지 주류를 이루었으나, 고려 말 원으로부터 북방 가마의 기술이 도입되면서 청자의 빛깔도 퇴조하여 점차 소박한 분청 사기로 바뀌어 갔다.

④ **고려 청자의 특징**

㉠ **귀족 문화의 대표 예술품** : 고려 청자는 연한 푸른 하늘색인 비색의 아름다움, 각종 모양과 장식이 조화를 이루는 우아한 형태, 음각과 양각 및 상감법에 의한 독특한 무늬가 어우러져 세련된 미를 창출해 낸 고려 시대 귀족 문화의 대표적 예술품이다.

㉡ **「고려도경」에서 우수성 소개** : 송의 사신 서긍(徐兢)이 쓴 고려 개경의 견문기인 「고려도경」에는 인종 무렵의 여러 문물 상황이 기록되어 있다. 현재 그림편은 유실되고 글만 남아 있는데, 특히 고려 청자의 우수성이 소개되어 있다.

⑤ **원의 영향** : 고려 말 원으로부터 북방 가마의 기술이 도입되면서 청자의 빛깔도 퇴조하여 점차 소박한 분청 사기로 바뀌어 갔다.

(3) 금속 공예

① **불교의 영향** : 고려의 금속 공예는 불교 도구를 중심으로 크게 발전하였다.

② **은입사 기술 발달** : 청동기 표면을 파내고 실처럼 만든 은을 채워 넣어 무늬를 장식하는 은입사 기술이 발달하였다.

(4) 고려의 그림

① **화가에 따른 그림 분류** : 고려 시대 그림은 도화원에 소속된 전문 화원의 그림과 문인이나 승려의 문인화로 나뉘었다.

② **고려 전기 회화** : 뛰어난 화가로는 인종 때 '예성강도'를 그린 이령과 그의 아들 이광필이 있었으나 그림은 전하지 않는다.

③ **고려 후기 회화** : 고려 후기에는 사군자 중심의 문인화가 유행하였으나, 역시 전하는 것은 없다. 다만, 공민왕이 그렸다는 '천산대렵도'가 있어 당시의 그림에 원대 북종화가 영향을 끼쳤음을 알려 주고 있다.

④ **불화의 유행** : 고려 후기에는 왕실과 권문세족의 구복적 요구에 따라 불화가 많이 그려졌다. 그 내용은 극락왕생을 기원하는 '아미타불도'와 '지장보살도' 및 '관음보살도'가 많았다. 일본에 전해 오고 있는 혜허가 그린 '관음보살도(양류관음도)'는 고려의 수월관음도 중 구도와 형태가 특이하며, 고려 불교 그림 중 가장 우수한 작품으로 꼽힌다.

청동제 은입사 포류
수금무늬 정병

10. 고려 시대 과학 기술의 발달

(1) 과학 기술 발전의 배경

① **전통 기술 계승과 외국 기술의 수용** : 고려 시대에는 고대 사회의 전통적 과학 기술을 계승하고, 중국·이슬람 등과의 과학 기술도 수용하여 이 분야에서 중요한 업적을 이룩하였다.

② **국자감에서 잡학 교육** : 최고 교육 기관인 국자감에서는 율학, 서학, 산학 등의 잡학을 교육하였다.

③ **과학 기술 발달 분야** : 고려 과학 기술의 발전을 대표하는 것은 천문학, 의학, 인쇄술, 상감 기술, 화약 무기 제조술 등이었다.

(2) 천문학

① **고려 천문학의 발달 분야** : 고려 시대에는 농사를 위해 천체 운행과 기후 관측이 필요함에 따라 천문 관측과 역법 계산을 중심으로 천문학이 발달하였다.

고려 첨성대(경기 개성)

② **천문 관측** : 천문과 역법을 맡은 관청으로서 사천대(서운관)가 설치되었고, 이곳의 관리는 첨성대에서 관측 업무를 수행하였다.

③ **역법 계산** : 고려 초기에는 신라 때부터 쓰기 시작하였던 당의 선명력을 그대로 사용하였으나, 후기의 충선왕 때에는 원의 수시력을 채용하고 공민왕 때는 명의 대통력을 사용하였으며, 그 이론과 계산법을 충분히 소화하였다.

(3) 의학 기술

① **의학 발전의 배경** : 고려 때 의료 업무를 맡은 태의감에서 의학 교육을 실시하고, 의원을 뽑는 의과를 시행하여 고려 의학이 상당한 수준으로 발전할 수 있는 바탕이 마련되었다.

② **자주적 의학의 발전**

　㉠ 향약방 : 고려 중기의 의학은 당 · 송 의학의 수준에서 한 걸음 나아가, 우리나라의 실정에 맞는 자주적인 의학으로 발달함으로써 향약방이라는 고려의 독자적 처방이 이루어지게 되었다.

　㉡ 「향약구급방」의 편찬 : 13세기에 편찬된 「향약구급방」(고종 23, 1236)은 현존하는 우리나라 최고(最古)의 의학 서적으로 각종 질병에 대한 처방과 국산 약재 180여 종이 소개되어 있다.

(4) 화약 무기 제조와 조선 기술 발달

① **고려 시대 화약 제조 기술의 발달**

　㉠ 최무선의 노력 : 고려 말에 최무선은 왜구의 침입을 격퇴하는 데에는 화약 무기의 사용이 꼭 필요하다고 생각하고 화약 제조 기술의 습득에 힘을 기울였다.

　㉡ 제조법 터득 : 당시 중국에서는 화약 제조 기술을 비밀에 부쳐서 고려에서는 이를 알 수 없었다. 그러나 최무선은 중국의 이원으로부터 화약의 중요한 원료인 염초(질산칼륨)를 만드는 기술을 배워와 화약 제조법을 터득하였다.

ⓒ 화약·화포의 제작과 이용 : 고려 정부는 화통도감을 설치하고 최무선을 중심으로 화약과 화포를 제작하였다. 화포와 같은 화약 무기의 제조는 급속도로 진전되어 얼마 후에는 20종에 가까운 화약 무기가 만들어졌다. 최무선은 이 화포를 이용하여 우왕 6년(1389) 진포(금강 하구) 싸움에서 왜구를 크게 격퇴하였다.

② **고려의 조선 기술**

ㄱ 대형 범선의 제조 : 고려 때 송과 해상 무역이 활발해지면서 96척이나 되는 대형 범선이 제조되었다.

ㄴ 대형 조운선의 등장 : 각 지방에서 징수한 조세미를 개경으로 운송하는 조운 체계가 확립되면서 1,000석의 곡물을 실을 수 있는 대형 조운선도 등장하였다.

ㄷ 전함의 건조 : 13세기 후반에는 원의 강요에 따라 일본 원정에 필요한 전함 수백 척을 짧은 기간에 건조하였는데, 이는 고려의 조선 기술이 상당히 발달하였음을 보여 주고 있다.

PART 03

적중예상문제 CHAPTER 01~08

01 밑줄 친 '그'의 정책으로 옳은 것은?

> 최근에 발견된 그의 동상은 황제를 상징하는 통천관을 쓰고 있어 그 위용을 느낄 수 있다. 「고려사」에 의하면, 그는 19년 동안 노심초사한 끝에 삼한을 통일하였고, 왕위에 26년간 있었으며, 후손들의 삼정과 욕심으로 왕조의 질서가 문란해질 것을 근심하여 훈요를 남겼다고 한다.

① 과거제를 통해 관리를 등용하였다.
② 전시과 제도를 마련하여 시행하였다.
③ 지방 통제를 위하여 사심관 제도를 실시하였다.
④ 12목에 상주하는 지방관을 파견하기 시작하였다.

해설 제시문과 관련된 왕은 삼한을 통일했다는 부분과 훈요를 남겼다는 부분에서 태조 왕건임을 유추할 수 있다.
③ 태조 왕건은 고려 초창기 지방 호족 세력을 통제하기 위하여 사심관 제도를 실시하였다.
① 과거제를 통해 관리를 등용한 왕은 광종이다.
② 전시과 제도를 처음 마련하여 시행한 왕은 경종이다.
④ 12목에 상주하는 지방관을 파견하기 시작한 왕은 최승로의 건의를 받아들여 12목에 지방관을 파견한 성종이다.

답 ③

02 다음 밑줄 친 '왕'과 관련된 설명으로 옳은 것은?

> "왕이 쌍기를 등용한 것을 옛 글대로 현인을 발탁함에 제한을 두지 않은 것이라 평가할 수 있을까. 쌍기가 인품이 있었다면 왕이 참소를 믿어 형벌을 남발하는 것을 왜 막지 못했는가. 과거를 설치하여 선비를 뽑은 일은 왕이 본래 문(文)을 써서 풍속을 변화시킬 뜻이 있는 것을 쌍기가 받들어 이루었으니 도움이 없다고는 할 수 없다."

① 2성 6부제를 중심으로 하는 중앙관제를 마련하였다.
② 국정을 총괄하는 정치기구인 교정도감을 설치하였다.
③ 「정계」, 「계백료서」 등을 지어 관리가 지켜야 할 규범을 제시하였다.
④ 광덕, 준풍 등의 독자적 연호를 사용하였다.

 제시문은 고려 말 지식인 이제현의 글로서 광종이 쌍기를 등용하여 추진한 개혁정치에 대한 비판 대목이다.
① 성종의 업적이다.
② 교정도감은 무신 정권기 최충헌이 설치하였다.
③ 태조 왕건이 관리들에게 경계해야 할 내용을 기록한 것이다.

답 ④

03 고려의 정치와 사회에 대한 설명으로 가장 옳지 <u>않은</u> 것은?

① 정치 제도는 당과 송의 제도를 참고하여 2성 6부제로 정비하였다.
② 지방 제도는 5도 양계 및 경기로 구성되었고 태조 때부터 12목을 설치하였다.
③ 관리 등용 제도로는 과거와 음서 등이 있었으며 무과는 거의 실시되지 않았다.
④ 성종 대에 최승로는 시무 28조를 건의하는 등 유교 정치 이념의 토대를 닦았다.

② 고려의 지방 제도는 5도 양계 및 경기로 구성된 것은 맞지만 12목을 설치한 것은 태조 때부터가 아니라 성종 때부터이다.
① 고려는 당의 3성 6부제를 바탕으로 하고 송의 제도를 참고하여 2성 6부제를 정비하고 어사대, 삼사, 중추원 등을 설치하였다.

답 ②

04 고려의 중앙 정치 조직에 대한 설명으로 바른 것은?

① 중추원은 화폐와 곡식의 출납에 대한 회계를 맡았다.
② 중추원은 재신과 낭사로 구성되었다.
③ 어사대의 관원은 중서문하성의 재신과 함께 대간으로 불리었다.
④ 임시회의 기구인 식목도감은 법의 제정과 각종 시행규정을 다루었다.

① 재정의 회계 업무를 담당한 기구는 삼사이다.
② 중서문하성은 재신과 낭사로 구성되었다.
③ 서경과 간쟁을 담당한 대간은 중서문하성의 낭사와 어사대가 담당하였다.

답 ④

05 밑줄 친 '그'에 대한 설명으로 옳은 것은?

> 묘청의 서경 천도 운동에서 <u>그</u>가 패하고 묘청이 이겼더라면 조선사는 독립적 · 진취적으로 진전하였을 것이니 이것이 어찌 일천년래 제일 사건이라 하지 아니하랴.

① 성리학적 유교 사관에 입각한 「사략」을 저술하였다.
② 현존하는 우리나라의 최고(最古)의 역사서를 편찬하였다.
③ 우리나라 역사를 단군에서부터 서술한 역사서를 저술하였다.
④ 동명왕의 업적을 칭송한 영웅 서사시인 「동명왕편」을 저술하였다.

 해설

제시된 자료는 신채호가 저술한 「조선사연구초」의 '조선 역사상 일천년래 제일대 사건'의 일부분이다. 여기서 언급하고 있는 '그'는 바로 김부식이다.
② 김부식은 현존하는 우리나라 최고의 역사서인 「삼국사기」를 편찬하였다.
① 고려 후기 성리학적 유교사관에 입각한 「사략」을 저술한 사람은 이제현이다.
③ 우리나라 역사를 단군에서부터 서술한 대표적인 역사서는 일연의 「삼국유사」와 이승휴의 「제왕운기」이다.
④ 「동명왕편」을 저술한 이는 무신 정권 때 활약한 이규보이다.

답 ②

06 고려 시대의 무신 정권에 대한 설명으로 가장 적절하지 <u>않은</u> 것은?

① 무신들은 중방을 중심으로 권력을 행사하면서 주요 관직을 독차지하였다.
② 최충헌은 최고 집정부 구실을 하는 교정도감을 설치하였고, 도방을 확대하여 군사적 기반을 확립하였다.
③ 최우는 문무백관의 인사 행정을 담당하는 서방과 능력 있는 문신을 등용하기 위한 정방을 설치하였다.
④ 삼별초는 좌별초와 우별초 및 몽골에 포로로 잡혀갔다가 돌아온 병사들로 조직된 신의군으로 구성되었다.

 해설

③ 최충헌의 무단통치를 교훈으로 삼았던 최우는 문신들을 기용하기 위해 서방(書房)을 세웠고, 인사권 집행을 위해 정방(政房)을 설치하였다.

답 ③

07 다음 고려의 대외관계 사건을 순서에 따라 올바르게 나열한 것은?

> ㉠ 발해의 멸망 ㉡ 강감찬의 귀주 대첩
> ㉢ 현종의 나주 피난 ㉣ 거란의 1차 침입

① ㉠ – ㉣ – ㉢ – ㉡
② ㉠ – ㉡ – ㉢ – ㉣
③ ㉡ – ㉠ – ㉢ – ㉣
④ ㉡ – ㉢ – ㉠ – ㉣

해설
㉠ 발해는 지배층이 내분에 휩싸인 가운데 거란의 침공을 받아 멸망하였다(926).
㉣ 거란의 1차 침입 때 서희의 외교 담판으로 강동 6주를 확보하였다(994).
㉢ 거란의 2차 침입 때는 개경이 함락되고 현종이 나주까지 피난하는 어려움을 겪었다(1010).
㉡ 거란의 3차 침입 때는 강감찬이 지휘하는 고려군이 거란군을 귀주에서 크게 격파하였다(1019, 귀주 대첩).

답 ①

08 고려 시기의 대외 무역을 설명한 것으로 옳지 <u>않은</u> 것은?

① 예성강 어귀의 벽란도는 국제 무역항으로 번성하였다.
② 송, 요, 거란, 일본 등과 교역이 이루어지고, 아라비아 상인들까지도 내왕하였다.
③ 대송 무역에서 고려의 주요한 수출품은 종이와 먹으로 주로 육로를 통해 이루어졌다.
④ 아라비아 상인들은 고려에 와서 수은, 향료, 산호 등을 팔았다.

해설
③ 고려는 예성강 하구의 벽란도를 중심으로 교역을 하였는데, 가장 활발히 교류한 것은 송이었다. 대송 무역의 특징은 금, 은, 나전칠기 등을 수출하고, 귀족이 주로 쓰는 비단, 약재, 서적 등을 수입하였다는 점이다.
① 육로는 거란, 여진에 의해 막혀 있으므로 벽란도를 통해 해상으로 교역을 하였다.
④ 고려를 오가던 아라비아 상인들에 의해 '코리아'라는 이름이 서방 세계에 알려지게 되었는데, 고려는 아라비아 상인들에게 향료, 수은, 산호 등을 수입하였다.

답 ③

09 다음은 고려 전기 대외 관계와 관련된 주요한 사건들이다. 사건의 진행 순서대로 바르게 나열된 것은?

> ㄱ. 금이 건국된 뒤, 고려가 금을 사대하기로 결정하였다.
> ㄴ. 거란의 3차 침입 때 강감찬이 이끄는 고려군이 귀주에서 크게 승리하였다.
> ㄷ. 송이 건국하자, 고려가 사신을 보내 외교 관계를 맺었다.
> ㄹ. 윤관이 여진을 정벌하고 9성을 설치하였다.

① ㄱ - ㄴ - ㄷ - ㄹ 　　　　　　　② ㄴ - ㄱ - ㄷ - ㄹ
③ ㄷ - ㄴ - ㄹ - ㄱ 　　　　　　　④ ㄹ - ㄱ - ㄷ - ㄴ

 해설

ㄷ. 송과의 외교 관계 수립은 광종 때이다.
ㄴ. 거란의 3차 침입(1019)은 현종 때이다.
ㄹ. 윤관이 1107년에 여진을 정벌하고 동북 9성을 설치하였으나 이듬해 여진의 간청으로 동북 9성을 돌려주었다.
ㄱ. 여진은 금을 건국하고 요와 송을 멸망시킨 후 고려에 군신 관계를 요구하고 이자겸은 이를 받아들여 금을 사대하기로 결정하게 된다.

달 ③

10 다음은 거란의 침입과 그에 대한 고려의 대응에 관한 내용이다. 시간 순서대로 옳게 배열한 것은?

> ㉠ 귀주 대첩으로 적군 10만 명을 격파
> ㉡ 현종이 친조한다는 조건으로 강화를 맺음
> ㉢ 서희의 외교교섭으로 거란군 회군
> ㉣ 강조의 정변을 구실로 거란 침입

① ㉠ - ㉡ - ㉢ - ㉣ 　　　　　　　② ㉠ - ㉣ - ㉢ - ㉡
③ ㉢ - ㉡ - ㉣ - ㉠ 　　　　　　　④ ㉢ - ㉣ - ㉡ - ㉠

 해설

㉢ 서희의 외교 담판으로 993년 거란의 1차 침입을 격퇴하고 강동 6주를 확보하였다.
㉣ 강조의 정변은 거란의 2차 침입의 원인이다.
㉡ 2차 침입 당시 고려는 국왕의 거란 입조(入朝)를 약속하며 거란군을 물리쳤다.
㉠ 귀주 대첩은 1019년 거란의 3차 침입 당시이다.

달 ④

11 〈보기〉는 고려 시대 북방세력과 관련된 사건들이다. 시기순으로 배열된 것은?

> 보기
> ㄱ. 윤관은 17만 대군을 이끌고서 여진을 정벌하고 9성을 쌓았다.
> ㄴ. 강감찬은 강동 6주를 점령한 것에 불만을 가진 거란군의 침입을 격퇴하였다.
> ㄷ. 금나라를 건국한 아구타는 남쪽의 송나라를 제압하고, 고려에 신하가 될 것을 요구하였다.

① ㄱ → ㄴ → ㄷ
② ㄴ → ㄱ → ㄷ
③ ㄷ → ㄱ → ㄴ
④ ㄷ → ㄴ → ㄱ

> 해설
> ㄴ. 거란의 3차 침입과 강감찬의 귀주 대첩은 1019년의 일이다.
> ㄱ. 윤관이 여진을 정벌하고 9성을 쌓은 것은 1107년의 일이다.
> ㄷ. 1125년에 거란을 멸망시킨 금나라는 고려에 신하가 될 것을 요구하였고 이자겸을 중심으로 한 보수 세력은 이를 수용하였다.
>
> 답 ②

12 밑줄 친 '그'에 대한 설명으로 옳은 것은?

> 그는 즉위하여 정방을 폐지하고 사림원을 설치하는 등의 관제 개혁을 추진하는 한편, 권세가들의 농장을 견제하고 소금 전매제를 실시하여 국가 재정을 확충하고자 하였다.

① 만권당을 통해 고려와 원나라 학자들의 문화 교류에 힘썼다.
② 도병마사를 도평의사사로 개편하여 국정을 총괄하게 하였다.
③ 철령 이북의 영토 귀속 문제를 계기로 요동 정벌을 단행하였다.
④ 기철을 비롯한 부원 세력을 숙청하고 자주적 반원 개혁을 추진하였다.

> 해설
> 밑줄 친 '그'는 충선왕이다. 사림원을 설치하고 소금 전매제를 실시하였다는 부분에서 충선왕임을 알 수 있다.
> ① 충선왕은 만권당을 통해 고려와 원나라 학자들의 문화 교류에 힘썼다.
> ② 도병마사를 도평의사사로 개편한 것은 충렬왕의 업적이다.
> ③ 요동 정벌은 우왕과 최영이 주도하였고, 그 결과 이성계의 위화도 회군으로 정권을 상실하게 된다.
> ④ 부원 세력을 숙청하고 자주적 반원 개혁을 추진한 왕은 공민왕이다.
>
> 답 ①

13 고려 말 원 간섭기에 대한 설명으로 맞는 것은?

① 해동청(매)을 징발하기 위해서 순마소를 설치하였다.

② 고려의 세자를 인질로 삼아 북경에서 지내게 하다가 돌려보내 왕위에 오르게 하였다.

③ 충선왕은 개경에 만권당을 설치하였다.

④ 응방은 내정간섭기구였다.

 고려 세자는 인질로 원나라에 있다가 국왕 사후 원나라 공주와 결혼한 뒤 고려로 돌아와 즉위를 해야 했다.

① 해동청(매)을 징발하기 위해 설립된 기관은 응방이다.

③ 만권당은 원나라 수도 연경에 설치되었다.

답 ②

14 (가), (나) 토지 제도에 대한 설명으로 옳은 것을 〈보기〉에서 고른 것은?

태조 23년에 처음으로 (가)을/를 설정하여 조정의 관리들과 군사들에게 지급하였다. 경종 원년 11월에 비로소 직관과 산관 각 품의 (나)을/를 제정하였다.

보기
ㄱ. (가) – 관리들을 18등급으로 나누어 토지를 지급하였다.
ㄴ. (가) – 인품과 공로에 따른 논공행상의 성격이 강하였다.
ㄷ. (나) – 현직 관리에게만 수조권을 지급하였다.
ㄹ. (나) – 곡물을 수취할 수 있는 전지와 땔감을 얻을 수 있는 시지를 지급하였다.

① ㄱ, ㄴ   ② ㄱ, ㄷ
③ ㄴ, ㄹ   ④ ㄷ, ㄹ

 태조가 실시한 토지 제도인 (가)는 역분전으로서 후삼국 통일 과정에서 태조 왕건이 공을 세운 신하에게 논공행상의 형식으로 토지를 나누어 준 것이고, 경종 때 실시한 토지 제도인 (나)는 시정 전시과로서 전시과에서는 곡물을 수취할 수 있는 전지와 땔감을 얻을 수 있는 시지를 지급하였다.

ㄱ. 관리들을 18등급으로 나누어 토지를 지급한 것은 전시과이다.

ㄷ. 현직 관리에게만 수조권을 지급한 것은 문종 때 실시한 경정 전시과이다.

답 ③

15 다음 자료와 같은 시대의 경제 활동에 대한 설명으로 옳은 것은?

> 왕이 옛 법제에 따라 조서를 내리어 삼한통보, 삼한중보, 해동중보를 주조하게 하였다. 수년 동안 만든 돈
> 꿰미가 창고에 가득찼고 쓰기에 편리하였다. 그리하여 대신들에게 축하연을 베풀 것을 명령하고 좋은 날
> 을 택하여 통용시키었다.

① 담배, 인삼, 채소 등의 상품작물을 널리 재배하였다.
② 물건을 사고파는 상업적 거래 수단으로 면포를 널리 사용하였다.
③ 벽란도가 국제 무역항으로 번성하였다.
④ 빈민을 구제하기 위해 진대법을 실시하였다.

> 자료에서 삼한통보, 삼한중보, 해동중보의 화폐는 모두 고려 숙종 때 만들어진 고려 시대의 화폐이므로 고려 시대의 상
> 황을 묻는 문제이다.
> ③ 고려 시대 국제 무역항으로 번성한 곳은 벽란도이다.
> ① 상품작물을 널리 재배한 것은 조선 후기의 상황이다.
> ② 상업적 거래 수단으로 면포를 널리 사용한 것은 조선 전기의 상황이다.
> ④ 빈민을 구제하기 위해 진대법을 실시한 것은 고구려의 고국천왕 때이다.
>
> 답 ③

16 고려 사회에 대한 설명으로 적절하지 <u>않은</u> 것은?

① 여성의 재가는 별 문제 없이 행하여졌다.
② 사위와 외손자에게까지 음서의 혜택이 있었다.
③ 출생 순서대로 호적에 기재하여 남녀의 차별을 하지 않았다.
④ 고려 초 왕실에서 성행하였던 친족 간의 혼인 풍습은 중기 이후에 사라졌다.

> ④ 고려 초에 왕실에서는 친족 간의 혼인이 성행하였고, 중기 이후 여러 번의 금지령이 내려졌으나, 이러한 친족 간의
> 혼인 풍습은 사라지지 않았다.
>
> 답 ④

17 다음에서 고려 시대의 농민생활과 사회제도에 대한 설명으로 옳은 것을 모두 고른 것은?

> ㉠ 불교의 신앙조직인 향도가 후기부터 향촌공동체의 성격이 강한 농민조직으로 발전해 갔다.
> ㉡ 양인의 대다수는 농민으로서 백정(白丁)이라고 불렸으며, 이들에게는 조세 · 공납 · 역이 부과되었다.
> ㉢ 평시에 곡물을 비치하였다가 흉년에 빈민을 구제하는 사창제도가 실시되었다.
> ㉣ 농민들은 토지에 대한 세금으로 1결당 최고 20두에서 최하 4두를 냈다.

① ㉠, ㉡
② ㉡, ㉢
③ ㉢, ㉣
④ ㉠, ㉣

 해설

㉠ 고려 후기에 이르러 점차 신앙적인 향도에서 자신들의 이익을 위하여 조직되는 향도로 변모되어 마을 노역, 혼례와 상장례, 민속 신앙과 관련된 마을 제사 등 공동체 생활을 주도하는 농민조직으로 발전되었다.

㉡ 자유로운 신분인 양민의 대다수는 농민들로서 이들은 백정이라고도 했는데, 백정 농민층은 법제적으로는 과거 응시에 제약이 없었고 전지를 받는 군인으로 선발될 수도 있었으며 조세, 공납, 역이 부과되었다.

㉢ 사창(社倉)은 조선 시대 각 지방의 사(현재의 면)에 두었던 곡물 대여기관으로, 춘궁기에 곡식을 대출하여 가을에 이식과 함께 받아들이는 민간자치적 성격을 띤 일종의 빈민 구호 제도이다.

㉣ 조선 세종 때 조세 제도를 좀 더 체계적으로 운영하기 위해 토지 비옥도와 풍흉의 정도에 따라 전분6등법, 연분9등법으로 바꾸고, 조세 액수를 1결당 최고 20두에서 최하 4두를 내도록 하였다.

답 ①

18 고려 시대의 교통, 통신 제도에 대한 설명으로 옳지 <u>않은</u> 것은?

① 조운을 담당하기 위해 조창이라는 기관을 설치하였다.
② 군사적인 위급사태를 알리기 위해 봉수제를 실시하였다.
③ 공문의 전달, 관물의 운송 등을 위해 역참제를 전국적인 규모로 실시하였다.
④ 봉수제가 그 기능을 다하지 못하게 되자 후기에 이르러 파발제를 시행하였다.

해설

④ 파발제는 기밀문서를 신속히 전달하기 위한 통신 제도는 맞으나 조선 시대의 제도이다. 봉수제는 불을 이용해 위급 상황을 알리기 때문에 구름과 안개 등이 시야를 흐릴 수 있었다. 이에 1597년(정유재란 당시) 유명무실화된 봉수제를 대신해 중국의 파발제 도입을 건의하였고 이후부터 보급되었다.

답 ④

19 고려 사회의 모습으로 옳지 <u>않은</u> 것은?

① 천민 출신인 이의민이 무신 정권의 최고 권력자가 되었다.

② 외거 노비가 재산을 늘려, 그 처지가 양인과 유사해질 수 있었다.

③ 지방 향리의 자제가 과거(科擧)를 통해 귀족의 대열에 진입할 수 있었다.

④ 향 · 부곡 · 소의 백성도 일반 군현민과 동일한 수준의 조세 · 공납 · 역을 부담하였다.

④ 고려 시대의 향 · 부곡 · 소의 백성은 일반 군현민보다 더 많은 수준의 조세 · 공납 · 역을 부담하였다.

① 고려 시대 천민 출신인 이의민은 무신 정권의 최고 권력자가 되었다.

② 외거 노비라 할지라도 재산을 늘려서 양인으로 신분이 상승하기도 하였다.

③ 지방 향리의 자제가 과거를 통해 중앙으로 진출하여 귀족이 되기도 하였다. 즉, 고려 시대에는 과거에 비해 능력이 중시된 개방적인 사회임을 알 수 있다.

답 ④

20 고려 시대 향리에 대한 설명으로 옳지 <u>않은</u> 것은?

① 향리의 세력을 억제하기 위해 그 지방 출신의 중앙 관리를 사심관으로 임명하였다.

② 향리의 자제들을 인질로 상경 숙위하게 하는 상수리 제도를 설정하였다.

③ 향리의 자손을 중앙 관인으로 뽑는 향공진사의 제도가 확립되었다.

④ 향리와 귀족과의 신분적 차이를 나타내기 위하여 향리의 공복을 제정하였다.

② 고려 시대 향리의 자제들을 인질로 상경 숙위케 하는 제도는 기인 제도이며, 상수리 제도는 통일 신라 시대에 있었던 제도로서 기인 제도는 상수리 제도의 영향을 받은 제도이다.

답 ②

21 다음 밑줄 친 '왕'의 시기에 대한 설명으로 옳은 것은?

> 왕이 변발(辮髮)을 하고 호복(胡服)을 입고 전상에 앉아 있었다. 이연종이 간하려고 문 밖에서 기다리고 있었더니, 왕이 사람을 시켜 물었다. 이연종이 말하기를 …… "변발과 호복은 선왕(先王)의 제도가 아니오니, 원컨대 전하는 본받지 마소서."

① 성균관을 순수 유교 교육 기관으로 개편하였다.
② 최충의 문헌공도를 비롯한 사학 12도가 융성하였다.
③ 독창적인 기법인 상감법이 개발되어 상감 청자가 유행하였다.
④ 우리나라 최초의 금속활자본인 상정고금예문이 인쇄되었다.

해설 제시문에서 원나라 복색과 변발을 폐지한 왕은 고려 말 공민왕이다.
① 공민왕은 유학 교육을 강화하기 위해 국자감을 성균관으로 이름을 바꾸고 기술학부를 분리하여 순수한 유학 교육 기관으로 개편하였다.
② 고려 중기에 사학이 발달하였다.
③ 상감 청자는 무신 정변 전후인 12세기 중엽~13세기 중엽까지 발달하였다.
④ 현존하지는 않지만 문헌상의 세계 최고의 금속활자인 상정고금예문은 최우 집권기인 1234년에 인쇄되었다.

정답 ①

22 다음은 고려 시기 어느 역사서에 대한 설명이다. 이 역사서가 쓰일 당시의 일로 옳은 것은?

> • 단군을 우리 민족의 시조로 여겨 단군 신화를 서술하였다.
> • 불교사를 중심으로 서술하였다.
> • '기이편'을 두어 우리 고유의 설화, 전래 기록 등을 서술하였다.

① 몽골의 침략을 받아 원나라의 간섭을 받고 있었다.
② 무신 정권이 수립되어 역사서 역시 무신들의 취향을 반영하였다.
③ 중국의 영향을 많이 받은 문벌귀족들이 역사서를 집필하였다.
④ 거란의 침입으로 소실된 왕조실록이 복원되었다.

해설 제시문에서 단군 신화를 서술했다는 내용과 불교사를 중심으로 서술했다는 내용을 볼 때 문제에서 의미하는 역사서는 일연의 「삼국유사」이다.
① 「삼국유사」는 원 간섭기인 충렬왕 때 승려 일연이 저술한 역사서이다.

정답 ①

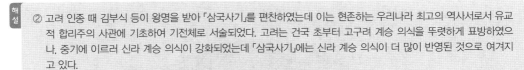

23 다음의 서술 내용과 저자에 대한 설명으로 옳지 **않은** 것은?

> 동명왕의 일은 변화가 신비스러운 것으로 여러 사람의 눈을 현혹한 것이 아니고 실로 나라를 창시한 신기한 사적이다. 이것을 기술하지 않으면 후인들이 장차 어떻게 볼 것인가? 그러므로 시를 지어 기록하여 우리나라가 본래 성인(聖人)의 나라라는 것을 천하에 알리고자 하는 것이다.

① 동명왕을 천제의 손자로 인식하고 영웅으로 드높였다.
② 신라의 계승 의식과 유교적 합리주의를 표방하였다.
③ 고려의 문화적 우위성을 드러내려는 의도가 있었다.
④ 저자는 최충과 더불어 해동의 공자라고 자부하였다.

해설

② 고려 인종 때 김부식 등이 왕명을 받아 「삼국사기」를 편찬하였는데 이는 현존하는 우리나라 최고의 역사서로서 유교적 합리주의 사관에 기초하여 기전체로 서술되었다. 고려는 건국 초부터 고구려 계승 의식을 뚜렷하게 표방하였으나, 중기에 이르러 신라 계승 의식이 강화되었는데 「삼국사기」에는 신라 계승 의식이 더 많이 반영된 것으로 여겨지고 있다.

「동명왕편(東明王篇)」
고구려 동명왕에 관한 전설을 오언시체로 쓴 장편 서사시로 본래의 작자나 지어진 연대는 알 수 없지만, 고려 무신 시대의 문인인 이규보가 지은 문집인 「동국이상국집(東國李相國集)」 제3권에 수록되어 전한다. 당시 중화 중심의 역사 의식에서 탈피해 「구삼국사(舊三國史)」에서 소재를 취하여 우리의 민족적 우월성, 고려가 위대한 고구려를 계승하고 있다는 고려인의 자부심을 천추만대에 전하겠다는 의도에서 쓰인 것으로 작자의 국가관과 민족에 대한 자부심, 외적에 대한 항거정신이 잘 나타나 있다.

답 ②

출제 비중 체크!

※ 계리직 전 8회 시험(2008~2021) 기출문제를 기준으로 정리하였습니다.

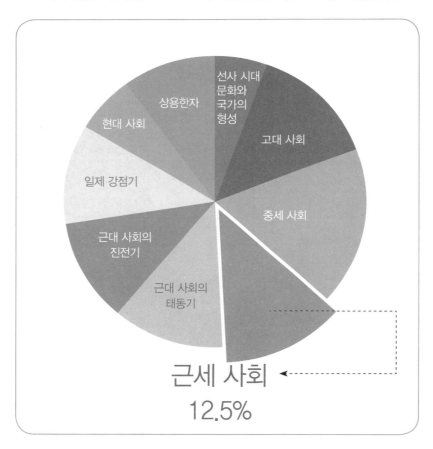

선사 시대
문화와
국가의
형성

고대 사회

상용한자

현대 사회

일제 강점기

중세 사회

근대 사회의
진전기

근대 사회의
태동기

근세 사회
12.5%

PART
04 | 근세 사회

I wish you the best of luck!

우정사업본부 지방우정청 9급 계리직

한국사

(주)시대고시기획
(주)시대교육
www.**sidaegosi**.com

시험정보 · 자료실 · 이벤트
합격을 위한 최고의 선택

시대에듀
www.**sdedu**.co.kr

자격증 · 공무원 · 취업까지
BEST 온라인 강의 제공

조선 전기의 정치

1. 조선의 건국▼

(1) 이성계의 위화도 회군

① 개혁의 계기 : 이성계는 위화도 회군으로 군사적 실권을 장악하고 본격적인 개혁의 계기를 마련하였다.

② 개혁 방향에 따른 대립 : 신진 사대부 사이에는 사원 경제의 폐단과 토지 소유 등 사회 모순에 대한 개혁의 방향을 둘러싸고 다른 의견이 존재하였다.

(2) 온건 개혁파와 급진 개혁파로 분열

① 온건 개혁파 : 온건 개혁파인 이색, 정몽주▼ 등은 고려 왕조의 틀 안에서 점진적인 개혁을 추진하려 하였다.

② 급진 개혁파 : 급진 개혁파인 정도전 등은 고려 왕조를 부정하는 역성혁명▼을 주장하였다.

더 알아보기➕

급진 개혁파와 온건 개혁파의 비교

구분	급진 개혁파	온건 개혁파
중심 인물	정도전 · 조준 등 (소수 · 경제적 열세)	이색 · 정몽주 · 이승인 등 (다수 · 경제적 우세)
방향	• 고려 왕조 부정 • 왕조 자체의 개혁(역성혁명)	• 고려 왕조 내 점진적 개혁 • 온건적
경제 개혁	• 사전 제도 자체의 개혁 주장 • 권세가의 토지 소유 축소 주장	• 사전의 문제점 개선 • 전면적 토지 개혁 반대
군사력	신흥 무인 세력, 농민 군사	군사력 미비
계승	관학파(훈구파)	사학파(사림파)

▼ 고려의 멸망과 조선의 건국 과정

홍건적 · 왜구의 침입 격퇴 → 요동 정벌 계획 → 위화도 회군(1388), 이성계의 군사적 실권 장악 → 폐가입진 → 이성계의 정치적 실권 장악 → 전제 개혁 단행(1391), 이성계의 경제적 실권 장악 → 급진 개혁파 사대부와 함께 조선 건국 (1392)

▼ 정몽주

공민왕 9년에 장원 급제 후 예조전랑으로 성균박사를 겸하였고, 동방 이학의 시조로 추앙받은 사람이다.

▼ 역성혁명

임금의 성이 바뀌는 것은 천명이 바뀌는 것이라는 뜻으로써 고대 중국의 정치 사상으로, 덕이 있는 사람이 덕이 없는 임금을 쓰러뜨리고 새로이 왕조를 세우는 일을 말한다.

(3) 실권의 장악과 조선 건국

① **정치적 실권 장악** : 급진 개혁파는 이성계 세력과 연결하여 혁명파를 이루었다. 혁명파는 창왕을 몰아내고 공양왕을 세우는 폐가입진▼으로 정치적 실권을 잡았다.

② **전제 개혁 단행** : 당시 최대 쟁점이었던 전제 개혁을 단행하여 과전법을 마련함으로써(1391), 권문세족의 경제 기반을 무너뜨리고 자신의 지지 기반을 확대하였다.

③ **도평의사사 장악** : 역성혁명을 반대하던 정몽주를 비롯한 온건 개혁파를 제거한 뒤 도평의사사를 장악하였다.

④ **조선 건국과 한양 천도** : 이성계는 공양왕의 왕위를 물려받아 개경에 조선을 건국(1392)하여 이후 한양(1394)으로 천도하였다.

▼ 폐가입진
가왕을 몰아내고 진왕을 새롭게 추대한다는 것이다.

2. 국가 체제의 정비와 완성

(1) 태조(1392~1398)

① **건국의 정당성 강조**

ㄱ 국호의 선포와 수도 이전 : 조선을 건국(1392)한 태조 이성계는 고려의 그늘에서 벗어나고 왕실의 권위를 높이기 위하여, 새 국가가 하늘의 명을 받고 백성의 지지를 받아 세워졌음을 강조하였다. 국호를 '조선'(1393)으로 선포하고, 교통과 국방의 중심지인 한양으로 도읍을 옮겼다(1394).

ㄴ 도읍의 기틀을 다짐 : 한양에 도성을 쌓고 경복궁을 비롯한 궁궐, 종묘, 사직, 관아, 학교, 시장, 도로 등을 설치하여 도읍의 기틀을 다졌다.

태조 이성계

② **신권 정치의 실시**

ㄱ 재상이 정치를 주도 : 정치는 태조와 그의 신임을 받은 정도전, 조준 등 재상 정치를 통하여 왕조의 기틀을 마련하고 성리학적 통치 이념을 확립시켰다.

ㄴ 신권 정치의 기반 마련 : 건국 초 정도전▼은 중국의 통치 규범인 주례의 6전 체제를 기반으로 조선 왕조 통치 규범을 마련하였다.

▼ 정도전의 저서(조선 시대)
• 조선경국전
• 경제문감
• 고려국사
• 심기리편
• 불씨잡변

③ **유교적 정치 이념**

　ⓐ 유교적 정치 이념 기반 : 유교적 정치 이념을 기반으로 농본민생, 억불숭유 정책을 펼쳤다.

　ⓑ 중앙 집권의 강화 : 지방 행정 제도를 개편하여 속현·향·소·부곡을 폐지하고 주·현에 통합시켜 토착 향리의 세력 기반을 약화시켰다.

④ **외교 정책**

　ⓐ 사대 교린 정책의 실시 : 외교적으로 사대 교린 정책을 펼쳐 중국 명에는 사대하고, 일본과 여진에 대해서는 우호적 관계를 유지하려 하였다.

　ⓑ 요동 정벌의 추진 : 여진 문제와 이성계가 이인임의 아들이라는 명나라의 기록 때문에 금인과 고명이 교부되지 않고, 표문사건과 요동 정벌을 추진해서 명과의 불편한 관계를 초래하기도 하였다.

⑤ **정국의 혼란** : 태조 이후 개국 공신 세력의 갈등과 왕위 계승의 분쟁으로 왕자의 난이 발생하면서 정도전이 숙청되는 등, 정국이 혼란해지기도 하였다.

(2) 정종(1398~1400)

① **즉위** : 태조의 둘째 아들로 1차 왕자의 난▾ 직후 즉위하였다.

② **의정부 설치** : 국정 혼란으로 한때 개경으로 천도하였고, 군제를 개혁하여 도평의사사를 완전히 폐지하고 의정부를 세웠다.

(3) 태종(1400~1418)

① **국왕 중심의 통치 체제의 정비**

　ⓐ 왕권의 강화 : 왕자의 난으로 개국 공신 세력을 몰아내고 왕위에 오른 태종은 왕권을 강화하고 국왕 중심의 통치 체제를 정비하고자 하였다. 외척과 종친의 정치적 영향력을 약화시키고, 의금부와 승정원을 두어 왕권을 강화하였다.

　ⓑ 신권의 견제 : 신권 견제를 위해 사간원을 독립시켰고, 언관·언론을 억압·봉쇄하였다.

　ⓒ 6조 직계제의 실시 : 정치 업무에 있어서, 6조에서 의정부를 거치지 않고 바로 국왕의 재가를 받도록 하는 6조 직계제를 채택하여 국왕 중심 체제를 마련하였다.

　ⓓ 사병 혁파 : 사병을 혁파하여 왕이 군사 지휘권을 장악하면서 친위 군사를 늘려 군사력을 강화하였다.

　ⓔ 신문고의 설치 : 의금부의 주관 아래 신문고를 설치하여 북이 울리는 소리를 임금이 직접 듣고 북을 친 자의 억울한 사연을 접수 처리하도록 했는데, 널리 활용되지는 못하였다.

▼ **왕자의 난**

• 1차 왕자의 난(1398) - 방원의 난, 무인정사
태조가 둘째 부인 강씨 소생인 방석을 세자로 책봉하고 정도전 등에게 보필하게 하자, 다섯째 아들인 방원이 난을 일으켰다. 이후 방석과 정도전을 제거(무인정사)하고 왕위를 첫째 부인의 둘째 아들인 방과(정종)에게 양위하였다.

• 2차 왕자의 난(1400) - 방간의 난, 박포의 난
1차 왕자의 난으로 실권을 장악한 방원에게 넷째 아들인 방간이 도전했는데, 방간은 박포와 연합하여 대항했으나 곧 진압되었다. 이후, 방원은 정종으로부터 왕위를 물려받아 태종으로 즉위하였다.

▼ 호패법

16세 이상 60세 이하의 양반에서 노비까지 모든 정남이 소지하였고, 신분에 따라 재료 및 기재 내용이 다르다. 3년마다 고쳐 작성(한성부 (서울), 관찰사 및 수령(지방))하고 본인이 사망하면 국가에 반납하였다. 실시 목적은 농민들의 토지 이탈을 방지하고 중앙 집권의 강화, 인적 자원의 확보, 유민방지와 국민동태 파악, 호구를 명확히 하여 인정의 수 파악 등이다.

② 경제 기반의 안정
  ㉠ 양전 사업과 호패법▼의 실시 : 경제·사회기반의 안정도 도모하여, 토지 대장인 양안을 작성하는 양전 사업과 일종의 신분증명서인 호패법을 실시하였다.
  ㉡ 지방 제도 정비 : 8도·부·목·군·현의 지방 제도를 정비하는 한편, 불교 종파를 정리하여 242개의 사원만을 남기며 억불책을 추진하였다.
③ 사회·문화의 발전
  ㉠ 법전의 편찬 : 법전으로 「속육전」, 「원육전」, 사서로 「동국사략」(권근)이 편찬되었다.
  ㉡ 지도 제작 : 이 시기 동양에서 가장 오래된 세계지도인 '혼일강리역대국지도'는 진취적 세계관을 보여주며, 이 지도의 필사본이 일본에 현존하고 있다.

(4) 세종(1418~1450)

① **유교 정치의 실현** : 세종은 안정된 왕권과 경제력을 바탕으로 유교 정치를 실현하였다.
  ㉠ 의정부 서사제의 실시 : 먼저 6조에서 올라오는 모든 일들을 영의정, 좌의정, 우의정이 중심이 되는 재상들이 의정부에서 정책을 심의하고, 합의된 사항을 왕에게 결재를 받는 형식의 의정부 서사제로 정치 체제를 바꿔 대부분의 왕의 권한을 의정부에 넘겨주고, 훌륭한 재상들을 등용하여 정치를 맡기고자 하였다.
  ㉡ 왕권과 신권의 조화 : 인사와 군사에 관한 일은 세종이 직접 처리함으로써 왕권과 신권의 조화를 이루었다.
② **유교적 민본 사상의 실현** : 세종은 왕도 정치를 내세워 유교적 민본 사상을 실현하려 하였다.
  ㉠ 청백리 재상 등용 : 유능한 인재를 널리 발굴하였으며, 청백리 재상을 등용하여 깨끗한 정치를 실현하려 하였다.
  ㉡ 여론의 존중 : 특히, 중요한 사안의 결정에는 여론을 존중하여 조정 신하는 물론 지방 촌민에게서도 의견을 들으려 하였다.
③ **집현전 설치**
  ㉠ 집현전 관리의 우대 : 궁중 안에는 정책 연구 기관으로 집현전을 두고 집현전 학사를 일반 관리보다 우대하였다.
  ㉡ 집현전의 변천 : 집현전 학사들은 학문 연구와 아울러 경연에 참여하여 국왕의 통치를 자문하는 역할을 담당했는데, 세조 때 폐지되었다가 성종 때 홍문관, 정조 때 규장각으로 변천되었다.

ⓒ 훈민정음 창제 주도 : 우리 민족의 고유한 문화인 훈민정음을 창제(1443)하
여 반포하였다(1446).

더 알아보기 ➕

세종의 행적

임금으로 즉위해서는 이른 새벽에 옷을 입고, 날이 밝으면 조회를 받고, 다음에 정사를 살피고, 그
다음에 윤대하고 경연에 나아갔는데, 한 번도 게으른 적이 없었다. 신하를 부림에는 예의로써 하고
간언을 따라 어기지 않았으며, 정성으로 사대하고 신의로 이웃 나라와 사귀었으며, 인륜을 밝히고
모든 사물에 자상하니, 남북이 복종하고 사방 국경이 평안하여 백성들이 살아가기를 즐긴 지 무릇
삼십여 년이 되었다. 성스런 덕이 높고 높아 무어라 이를 수 없어, 이때에 '해동의 요순'이라 칭송하
였다.

― 「세종실록」―

| 삼강행실도 | 측우기 | 해시계 | 자격루 |

④ **민생 안정책**
   ㉠ 의창제의 실시와 노비의 지위 개선 : 민생 안정책으로, 평시에 곡식을 저장
      하여 두었다가 흉년이 들면 그것으로 빈민을 구제하던 제도인 의창제를 실
      시하였고, 재인이나 화척 등을 신백정이라 하고 양민화하여 노비의 지위를
      개선하였다.
   ㉡ 공법의 실시 : 풍흉에 따라 연분 9등법, 토지의 비옥도에 따라 전분 6등법을
      실시하여 세금을 공평하게 부과하려 노력하였다.

⑤ **과학 기술의 발달**
   ㉠ 역법의 정리 : 칠정산을 만들어 최초로 한양을 기준으로 한 역법을 정리하였다.
   ㉡ 과학 기구의 발명 : 강우량을 측량하는 측우기와 천문 기구인 혼천의, 대 ·
      소간의 그리고 물시계인 자격루와 해시계인 앙부일구 등 과학 기구를 발명하
      였다.

⑥ **편찬사업** : 「농사직설」, 「향약집성방」, 「신찬팔도지리지」, 「삼강행실도」, 「총통등록」 등 다양한 분야의 저서가 저술되었다.

⑦ **음악 진흥** : 박연은 아악을 정리하고, 고유악보인 「정간보」를 만들었으며, 세종은 「여민락」을 직접 짓기도 하였다.

⑧ **대외 정책**

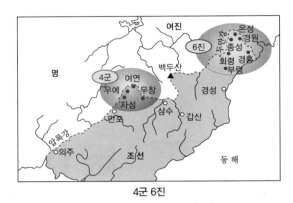

4군 6진

    ㉠ 4군 6진의 개척 : 대외 정책으로 명에 대한 금·은 및 공녀 진상을 폐지하고, 4군 6진의 북방을 개척하였다.

    ㉡ 쓰시마섬 정벌 : 이종무로 하여금 쓰시마섬을 정벌(1419)하게 하였고, 이후 3포를 개항하고 왜와 계해약조를 체결(1443)하였다.

북방 개척	4군(최윤덕, 이천) → 압록강 유역 확보
	6진(김종서) → 두만강 유역 확보
	사민 정책(태종~성종)
쓰시마 정벌	이종무, 3포 개항 → 계해약조(1443)
대명 정책	명에 대한 금, 은 및 공녀 진상 폐지

(5) 문종(1450~1452)

세종의 장남으로 재위 2년 4개월 만에 병사하였는데, 학문을 좋아하여 집현전 학사와 각별하였다. 이때 「고려사」, 「고려사절요」 등이 편찬되었다.

(6) 단종(1452~1455)

문종 이후 12세의 어린 나이로 단종이 즉위하면서 왕권이 크게 약화되었다. 곧, 김종서·황보인 등 재상에게 정치의 실권이 넘어가자, 숙부인 수양대군이 계유정난(1453)▼을 일으켜 왕위를 찬탈하였다.

▼ 계유정난

수양대군이 권람, 한명회 등과 쿠데타를 일으켜 김종서, 황보인, 안평대군을 제거하고 정권과 병권을 장악하여 정치적 실권을 장악하였다. 단종이 폐위된 이후 사육신(성삼문, 이개, 박팽년, 하위지, 유성원, 유응부), 생육신(김시습, 이맹전, 성담수, 조려, 원호, 권절(남효온)이 단종 복위 운동을 펼쳤다.

(7) 세조(1455~1468)

① **왕권의 강화와 국가 통치 체제의 확립**
- ㉠ 6조 직계제의 부활 : 계유정난을 통해 왕위에 오른 세조는 강력한 왕권을 행사하기 위하여 통치 체제를 의정부 서사제에서 6조 직계제로 다시 고쳤다.
- ㉡ 집현전과 경연의 폐지 : 공신이나 언관의 활동을 견제하기 위하여 집현전을 폐지하고, 경연도 열지 않았으며, 태종 이후 정치 참여를 제한하였던 종친들을 등용하기도 하였다.
- ㉢ 법전 편찬의 시작 : 세조는 국가 통치 체제를 확립하기 위하여 항구적으로 사용할 체계적 법전을 편찬하려 하였다. 이에 역대 법전과 각종 명령 등을 종합하여 「경국대전」을 편찬하기 시작하여, 먼저 호전과 형전부터 정비하였다.
- ㉣ 직전법의 실시 : 현직 관리들에게만 토지를 분급하는 직전법을 시행하였으며, 호패법 · 호적제를 강화하여 국가 재정을 증대하였다.

② **국방의 강화**
- ㉠ 진관 체제의 실시 : 국방 강화책으로 중앙군 5위제를 확립하고 지방에 진관 체제를 실시하여 요충지의 고을에 성을 쌓아 방어 체제를 강화하였다.
- ㉡ 보법의 실시 : 각종 군역을 지는 군인, 곧 정군에 대해 양인 장정 2명을 보인으로 정하여 이들이 정군을 경제적으로 지원하도록 한 보법을 실시하였다.

③ **사회 문화 정책**
- ㉠ 불교의 진흥 : 세조 때는 불교를 숭상하여 원각사를 건립하고 10층 석탑(고려의 경천사 10층 석탑을 계승)을 세웠으며, 간경도감을 설치하여 불경을 언해하여 간행하였다.
- ㉡ 기타 업적 : 토지의 고저를 측량하는 인지의(규형)를 발명하였고 강희맹으로 하여금 「금양잡록」을 간행토록 하였다(성종 때 완성). 상평창을 부활시켰으며, 유사시 화살촉으로 사용이 가능한 화폐인 팔방통보를 주조하였다.

(8) 예종(1468~1469)

9세의 나이로 1년 2개월의 짧은 기간 동안 왕위에 올랐으나 원상 제도와 수렴청정으로 제대로 권력을 행사하지 못했다.

(9) 성종(1469~1494)

① 통치 체제의 확립
- ㉠ 홍문관의 설치와 경연 재실시 : 성종은 건국 이후의 문물 제도의 정비를 완비하였다. 서적 관리를 위해 홍문관(옥당)을 두어 관원 모두에게 경연관을 겸하게 함으로써 집현전을 계승하였고, 정승을 비롯한 주요 관리도 다수 경연에 참여하도록 독려했다.
- ㉡ 사림의 등용 : 성종 초 김종직 등 영남 출신 사류를 등용하면서 사림파가 중앙 정계에 진출하기 시작하였다.
- ㉢ 「경국대전」의 완성 : 세조 때 편찬이 시작된 「경국대전」이 성종 때 마무리되어 반포되었는데, 「경국대전」은 조선 사회의 기본 통치 방향과 유교적 법치 국가의 이념을 제시하면서 조선 왕조의 통치 체제를 확립하였다.

② 경제 · 사회 정책
- ㉠ 관수 관급제의 실시 : 국가재정 강화를 위해 국가가 경작자에게서 직접 수조하여 관료나 공신에게 해당액을 지급하는 관수 관급제(1470)를 실시하였다. 이로써 관료의 직접적인 수조권한이 폐지되고 국가에서 토지 및 농민을 직접 지배하는 방식으로 개편되어 관리들의 경제력을 약화시켰다.
- ㉡ 도첩제 폐지와 독서당 설치 : 승려가 출가할 때 국가에서 그의 신분을 인증해 주던 제도인 도첩제를 폐지하고, 학문연구를 위한 독서당을 설치하였다.
- ㉢ 편찬 사업 : 「동국통감」, 「동문선」, 「동국여지승람」, 「악학궤범」, 「국조오례의」, 「삼국사절요」 등을 편찬하였다.

더 알아보기 ➕

조선 초기 왕권과 신권의 관계(6조 직계제 → 의정부 서사제 → 6조 직계제)

- 의정부의 서사를 나누어 6조에 귀속시켰다. …… 처음에 왕(태종)은 의정부의 권한이 막중함을 염려하여 이를 혁파할 생각이었지만, 신중하게 여겨 서두르지 않았는데 이때에 이르러 단행하였다. 의정부가 관장한 것은 사대문서와 중죄수의 심의뿐이었다.   – 「태종실록」 –
- 6조 직계제를 시행한 이후 일의 크고 작음이나 가볍고 무거움이 없이 모두 6조에 붙여져 의정부와 관련을 맺지 않고, 의정부의 관여 사항은 오직 사형수를 논결하는 일뿐이었다. 그러므로 옛날에 재상에게 위임하던 뜻과 어긋남이 있어 …… 6조는 각기 모든 직무를 먼저 의정부에 품의하고, 의정부는 가부를 헤아린 뒤에 왕에게 아뢰어 (왕의) 전지를 받아 6조에 내려 보내어 시행한다. 다만, 이조 · 병조의 제수, 병조의 군사 업무, 형조의 사형수를 제외한 판결 등은 종래와 같이 각 조에서 직접 아뢰어 시행하고 곧바로 의정부에 보고한다. 만약 타당하지 않으면 의정부가 맡아 심의 논박하고 다시 아뢰어 시행토록 한다.   – 「세종실록」 –
- 상왕(단종)이 어려서 무릇 조치하는 바는 모두 대신에게 맡겨 논의 시행하였다. 지금 내(세조)가 명을 받아 왕통을 계승하여 군국 서무를 아울러 모두 처리하며 조종의 옛 제도를 모두 복구한다. 지금부터 형조의 사형수를 제외한 모든 서무는 6조가 각각 그 직무를 담당하여 직계한다.   – 「세조실록」 –

통치 체제의 정비

1. 중앙 정치 체제

(1) 중앙 정치 체제의 정비▼

① 「경국대전」으로 법제화 : 조선의 중앙 정치 체제는 「경국대전(經國大典)」으로 법제화되었다.

② 관직의 편성 : 관리는 문반(동반)과 무반(서반)의 양반으로 구성되었고, 18등급(품계)으로 나뉘었다. 조선 시대의 관직은 중앙 관직인 경관직과 지방 관직인 외관직, 직관과 산관으로 이루어져 있었다.

(2) 의정부와 6조▼

① 조선 관직의 구분 : 조선 시대의 관직은 경관직과 외관직▼으로 이루어져 있었다.

② 경관직의 편성 : 경관직은 국정을 총괄하는 의정부와 그 아래 왕의 명령을 집행하는 행정 기관인 6조를 중심으로 편성되었다.

③ 행정의 전문성과 효율성 강조 : 6조 아래에는 여러 관청이 소속되어 업무를 나누어 맡음으로써 행정의 전문성과 효율성을 높일 수 있었다.

④ 통일적인 정책 추진의 가능▼ : 의정부와 6조의 고관들이 중요 정책 회의에 참여하거나 경연에서 정책을 협의함으로써 각 관서 사이의 업무를 조정하고 통일적인 정책을 추진할 수 있었다.

▼ 조선 중앙 정치 체제의 특징
- 왕권과 신권의 조화
- 행정의 전문성 · 효율성 추구
- 문무 양반 제도
- 업무 조정과 통일적 정책 추진
- 개인의 능력 중시
- 한품서용(限品敍用), 대가제(代加制)의 실시
- 재상 합의 기구
- 언론 · 학술 · 감찰 기구의 강화
- 유교적 법치 국가 운영

▼ 의정부와 6조
- 의정부 : 최고 관부로 재상들의 합의를 통해 국정을 총괄
- 6조 : 직능에 따라 업무 분담

▼ 경관직과 외관직
- 경관직 : 중앙 관직
- 외관직 : 지방 관직

▼ 재상권과 합의제
우리나라 정치 제도의 특색있는 전통으로 정책의 최고 결정권은 국왕에게 있었지만, 재상의 합의를 거치는 것을 원칙으로 하였다.

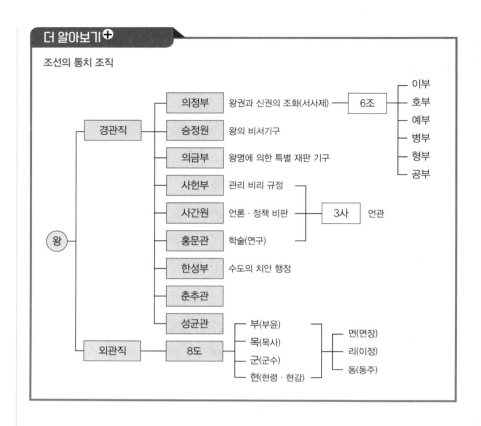

더 알아보기

조선의 통치 조직

(3) 3사

① **3사의 기능** : 3사에서 정사를 비판하고 관리의 비리를 감찰하는 언론 기능을 담당하였다.

② **왕권의 제약** : 3사의 언관 기능은 고관은 물론이고 왕이라도 함부로 막을 수 없었고, 이를 위한 여러 규정이 관행으로 받아들여졌다.

③ **권력 독점과 부정 방지** : 3사의 기능 강화는 권력의 독점과 부정을 방지하기 위한 것으로, 조선 시대 정치의 특징적인 모습이다.

④ **3사 관직의 특징** : 3사의 언관자리는 벼슬 등급은 높지 않았으나, 학문과 덕망이 높은 사람이 주로 임명되었다. 이들은 이후 판서나 정승 등 고위 관직에 오를 수 있었다.

⑤ **3사의 구성**
　㉠ 사헌부 : 감찰 탄핵 기관으로 시정의 득실을 논하고 백관을 규찰하여 풍속을 교정하고, 사간원과 함께 당하관 이하 임명에 동의하는 서경▼의 권한을 가졌다.

▼ **서경(署經)**
사간원과 사헌부를 양사 또는 대간이라 불렀는데, 대간(臺諫)은 서경이라 하여 임명된 관리의 신분 · 경력 등을 조사하여 그 가부를 승인하는 역할을 맡았다.

ⓛ 사간원 : 정책 결정과 정책 집행 과정의 착오와 부정을 막기 위해 언관으로서 왕에 대한 간쟁을 맡아 보았다.

ⓒ 홍문관 : 국왕에게 경서를 강의하는 경연을 관장하고, 유교의 학문적 연구를 토대로 정책 결정과 행정의 고문 역할을 담당하였다.

(4) 학술 기관▼

① 홍문관 : 조선의 행정 기관이자 연구 기관으로, 예조의 하위 기구이다. 홍문관은 이전 세종 시기 집현전에서 이후 규장각으로 계승되었다. 여기서는 왕궁 서고에 보관된 도서를 관리하고 문학 관계의 일을 전공하며 임금의 물음에 응하였다.

② 성균관 : 고려 말과 조선 시대의 최고 교육 기관으로서, 학문 연구와 교육을 통해 지배 이념을 보급하고 유교적 소양을 갖춘 관료를 양성함으로써 왕조 체제 유지에 기여하였다.

③ 춘추관 : 국사의 편찬과 보관을 맡은 곳으로서, 태조 때 예문춘추관을 설치했고, 태종 원년(1401)에 춘추관으로 독립하였다. 이후 고종 31년(1894)에 폐지되었다.

④ 예문관 : 왕의 교지와 사초를 작성하였다.

⑤ 교서관 : 경적의 간행 등 출판 · 인쇄 업무를 담당하였다.

(5) 사법 기관▼

① 형조 : 양반들이 죄를 범한 경우, 이곳에서 관련된 법률 · 사송 등에 관한 사무를 관장했다. 일명 추관 또는 추조라고도 한다.

② 사헌부 : 감찰 탄핵 기관으로 시정의 득실을 논하고 백관을 규찰하여 풍속을 교정하였다. 사간원과 함께 5품 이하 임명에 동의하는 서경의 권한을 가졌다.

③ 한성부 : 수도의 행정과 치안을 담당하였고 일반 범죄 사건을 다루었다.

④ 의금부 : 종1품 기구로 의정부 다음으로 막강한 권력을 행사하였다. 의금부는 왕명에 의한 특별 재판 기관으로 왕족의 범죄, 반역죄와 같은 대죄, 강상죄, 사헌부가 논핵한 사건, 조관▼의 죄 등을 다루었으며 왕권 강화 · 유지를 위한 핵심 기관이 되었다.

⑤ 승정원▼ : 고려의 중추원이 변한 것으로, 왕명 출납을 맡은 왕의 비서 기관이다. 승정원은 의금부와 함께 왕권 강화 · 유지를 위한 핵심 기관이었다.

▼ 학술 기관
홍문관, 예문관, 춘추관 등을 두었고, 국왕과 대신이 한 자리에 모여 학술과 정책을 토론하는 경연 제도를 두었다.

▼ 사법 기관
중앙에서 일반 범죄를 재판하는 기관으로는 삼법사(三法司)인 형조 · 사헌부 · 한성부와 의금부 · 장례원 등이 있다.

▼ 조관(朝官)
조정에서 일하는 모든 관리

▼ 승정원 일기
승정원에서 날마다 취급한 문서와 사건을 기록한 일기이다. 조선 초기부터 있었으나, 임진왜란 · 병자호란 때 소실되어 현재 전하는 것은 인조 원년(1623)부터 1910년까지 288년간 총 3,243책이 전해진다.

▼ 비변사 등록

비변사에서 논의, 결정한 사항을 기록한 책으로, 1617년(광해군 9)부터 1892년(고종 29)까지의 등록이 남아있다.

(6) 비변사▼

① 초기 비변사의 설치 : 비변사는 16세기 중종 초(1510)에 여진족과 왜구의 침략에 대비하기 위해 국방 문제에 정통한 재상 중심으로 운영되던 임시 회의 기구로 설치되었다.

② 상설 기구화 : 국방의 중요성이 강조되면서 16세기 중엽(명종, 1555) 을묘왜변을 계기로 상설 기구가 되었다.

③ 비변사의 구성원 확대와 기능 강화

　㉠ 구성원 확대 : 임진왜란 이후 대책 수립을 위해 고위 관원들이 합의하는 기구의 필요성이 증대되자 전·현직 정승을 비롯하여 공조를 제외한 5조의 판서, 참판, 각 군영 대장, 대제학, 강화 유수 등 국가의 중요 관원들로 확대되었다.

　㉡ 기능 강화 : 기능도 군사뿐만 아니라 외교·재정·사회·인사 문제 등 거의 모든 정무를 총괄하였다.

　㉢ 유지 : 전란 후 폐허 복구와 사회 경제적 변동에 효율적으로 대처하고, 붕당 간 이해관계를 조정하기 위해 비변사의 구성과 기능은 그대로 유지되었다.

④ 비변사 기능 강화의 영향 : 비변사의 기능이 강화되자, 왕권이 약화되고 의정부(議政府)와 6조 중심의 행정 체계는 유명무실해졌다. 19세기에 비변사는 세도 정치의 중심 기구 역할을 담당하면서 많은 폐단을 야기하였다.

▼ 비변사의 폐지

비변사는 흥선 대원군의 개혁으로 기능이 크게 약화되어, 일반 정무는 다시 의정부가 담당하고 국방 문제는 새로 설치된 삼군부가 담당하게 됨으로써 폐지(고종 2년, 1865)되었다.

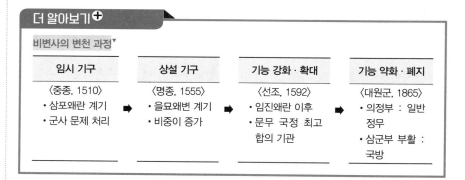

더 알아보기➕

비변사의 변천 과정▼

임시 기구		상설 기구		기능 강화·확대		기능 약화·폐지
〈중종, 1510〉 • 삼포왜란 계기 • 군사 문제 처리	➡	〈명종, 1555〉 • 을묘왜변 계기 • 비중이 증가	➡	〈선조, 1592〉 • 임진왜란 이후 • 문무 국정 최고 합의 기관	➡	〈대원군, 1865〉 • 의정부 : 일반 정무 • 삼군부 부활 : 국방

(7) 조선 후기 통치 체제의 변화

① 비변사의 기능 강화와 3사 언론 기능의 변질 : 붕당 정치가 전개되면서 정치 구조면에서 비변사의 기능이 강화되고, 3사의 기능이 바뀌는 등 여러 변화가 나타났다. 3사의 언론 기능이 변질되어 각 붕당의 이해관계를 대변하기도 하였으며, 공론을 반영하기보다는 상대 세력에 대한 비판을 통하여 자기 세력의 유지와 상대 세력의 견제에 앞장섰다.

② **전랑 권한의 남용과 혁파** : 이조와 병조의 전랑들도 중하급 관원들에 대한 인사 권과 자기 후임자를 스스로 추천할 수 있는 권한을 행사하면서, 자기 세력을 확 대하고 상대 세력을 몰아내는 데 앞장섰다.

2. 지방 행정 조직

(1) 지방 행정 제도의 특징

① **상피제와 임기제 실시** : 지방관의 임명에 있어서 그 세력을 견제하기 위해 지방 관을 출신지에 파견하지 않는 상피제와 임기제가 실시되었다. 또한 같은 관청에 부자 · 형제가 임명될 수 없었고, 과거 시험에 가족이 응시할 경우 그 가족은 고 시관이 될 수 없었다.

② **지방 제도 정비** : 인구 · 토지를 기준으로 지방 제도를 재정비하였다.

③ **수취 기준의 전환** : 공부나 역의 수취 기준이 인정의 수에서 점차 토지의 다소로 전환되었다.

④ **속군 · 속현의 소멸** : 모든 군현에 수령이 파견되어 고려 시대 이래 속군 · 속현이 소멸되었고 국가의 지방 통치가 강화되었다.

⑤ **향리의 권한 축소** : 향리의 권한이 축소되어 수령의 보조원인 6방이 관속으로 전 락하였다.

⑥ **향 · 부곡 · 소의 소멸** : 고려 시대에 광범위하게 존재했던 특수 행정 구역인 향 · 부곡 · 소가 점차 소멸되고, 인구의 증가와 자연 촌락의 성장에 따라 면 · 리 제 도가 정착되어 갔다.

⑦ **교통 제도의 정비** : 병조에서 관리하는 역원제와 봉수제, 왜란 이후 공조에서 관 리하는 파발제(보발 · 기발), 호조에서 관리하는 조운(조세 운반)제도의 정비로 중앙 집권이 강화되었다.

⑧ **향촌 자치의 허용과 지방 세력의 견제** : 유향소를 두어 향촌 자치를 허용하면서 경저리 · 영저리 제도를 통하여 지방 세력을 견제하였다.

(2) 지방 행정 조직의 정비

8도	→	부·목·군·현	→	면·리	→	통·가
관찰사		인구비례로 병렬적으로 구분		향촌 (인구·토지 비례구분)		오가작통법 조선 초기 – 유망 방지(토지이탈 방지) 조선 후기 – 천주교 탄압(기해박해)

① **관찰사** : 8도 관찰사(감사, 종2품)의 임기는 360일이며, 행정·군사·감찰·사법권을 행사하였다. 그리고 수령에게 모든 권한을 위임한 후 수령을 지휘·감독하였다. 고려에 비해 수령에 대한 행정 감찰권이 강화되었으며, 또한 민생을 순찰하는 역할도 하였다.

② **수령**(목민관, 정3품~종6품) : 왕에 의해 임명된 수령(守令)은 왕의 대리인으로 직접 관내의 주민을 다스리는 지방관으로서, 지방의 행정·사법·군사권을 가졌다. 가장 중요한 임무는 조세·공물의 징수이었으며, 이 수행을 위해 지방 행정 단위에는 중앙의 6조에 상응하는 6방 조직이 갖추어져, 토착 향리들이 향역으로 세습하게 되면서 이 일을 담당하였다. 수령의 임기는 5년(1800일)이었고, 관찰사와 같이 상피제가 적용되었다.

③ **향리** : 토착 세력이자 지방 관부의 행정 실무자였던 향리는 수령과 지방 양반과의 중간에서 교량적 역할을 담당하였으며, 고려 시대와 달리 신분 상승에 제약을 받았다. 조선 시대에는 수령의 권한을 강화한 반면, 향리는 수령의 행정 실무를 보좌하는 무보수 세습적 아전으로 격하시켰다.

④ **면·리·통** : 군·현 아래에는 면·리·통을 두었고, 다섯 집을 하나의 통으로 편성하는 오가작통법을 실시하고, 향촌 주민 중 그 책임자를 선임하여 수령의 명령을 받아 인구 파악과 부역 징발을 담당하게 하였다. 따라서 국가 통치권이 향촌의 말단에까지 미칠 수 있었다.

(3) 특수 지방 제도

① **유향소(향청)**

㉠ 성격과 기능 : 유향소는 지방 자치 기관으로 군현의 수령을 보좌하는 고문 기관이다. 그 지방의 연장자 또는 덕망자를 좌수·별감으로 선출하여 자율적으로 규약을 만들고, 수시로 향회를 소집하였다. 이를 통해 여론을 수렴하며 백성을 교화하였고, 풍속 교정·향리 규찰·정령 시달·민정 대표 등을 수행케 하였다.

㉡ 변천 과정 : 수령을 감시·보좌하면서 지방 행정에 참여하였는데, 오늘날 지방 의회와 비슷한 것이다. 세조 때 이시애의 난으로 폐지되었다가 성종 때 향청으로 부활되었다.

▼ 수령 7사
- 농업의 진흥(성농상)
- 부역의 균등(균부역)
- 호구의 확보(증호구)
- 향리의 부정 방지(식간활)
- 소송의 간결(간사송)
- 교육의 진흥(흥학교)
- 군대의 정비(수군정)
(흥학교·수군정은 조선 이후에 보충)

▼ 향리
6방을 이루어 지방 말단의 실제 행정을 담당하는 이들로서 세습직이었다. 과거와 군공을 통해 관인이나 사족층으로 성장하기도 하였다.

▼ 향회
조선 시대 지방에 거주하는 사족이 중심이 되어 운영한 지방 자치 회의

② 경재소

 ㉠ 지방 관청의 출장소 : 경재소는 고려의 기인 제도와 비슷한 것으로, 그 지방 출신의 중앙 고관을 책임자로 하여 자기 출신 지방을 위하여 제사를 주선하고, 정부와 향촌 간 연락을 꾀하는 기관이었다.

 ㉡ 유향소 통제 : 조선 초기부터 경재소를 수도에 두어 유향소와 정부 간 연락 기능을 맡게 하였다. 이를 통해 정부와 향촌을 직접 연결시키고, 유향소를 중앙에서 직접 통제할 수 있게 하였다. 이로써 향촌 자치를 허용하면서 중앙 집권을 효율적으로 강화할 수 있었다.

(4) 교통 · 통신 · 조운 체계

① **효율적 교통 · 통신 체계의 필요성** : 중앙 집권 체제를 강화하기 위해서 교통 · 통신 체계의 효율적 운영이 요구되었다. 이에 육로는 역원제▼, 수로는 강과 바다에서 선박을 이용하는 조운제, 국방상 위기에 신속히 대처하기 위한 봉수제가 운영되었다.

② **운송 수단** : 농업 위주 정책으로 상업이 부진하여 도시와 도로가 발달하지는 못하였다. 따라서 지방 관아를 중심으로 하는 지방 행정 도시의 경우 도로가 협소하였다. 현물로 징수한 세미의 수송은 수로를 이용하였는데, 하천과 해안 요지의 조창에서 모아 중앙의 경창으로 운송하였다.

③ **교통 · 통신 기관** : 교통 · 통신 기관으로 역과 원이 있었다. 전국 주요 도시에는 500여 개의 역이 있는데, 역에는 역마를 두어 관청의 공문 전달과 공납물 수송을 담당하게 하였다. 또 공무 여행자에게는 역마를 이용할 수 있도록 마패가 발급되었다.

▼ 역원제
역원제 · 봉수제는 병조 소관. 왜란 이후 설치된 파발은 공조 소관

3. 군역 제도와 군사 조직

(1) 양인 개병제 실시

① **사병 폐지와 양인 개병제 실시** : 조선은 건국 초부터 군역 제도를 정비하고 군사 조직을 강화하였다. 태종 이후 사병을 모두 폐지하고, 16세 이상 60세 이하의 모든 양인 남자는 군역을 지게 하는 양인 개병제를 실시하였다.

② **군역의 면제** : 실질적으로는 선비들은 직역으로 군역을 대신 하였으며, 예비관료인 학생들 또한 군역의 의무를 면제받았다. 그리고 상인과 공인들은 국역으로 군역을 대신하여 실질적으로 농민들이 군역을 지게 되었다. 정규군 외에 일종의 예비군인 잡색군(양천혼성군)이 있었다. 전직 관료, 서리, 잡학인, 신량역천인, 향리, 교생, 노비 등 각계각층의 장정들이 참여하여, 평상시에는 본업에 종사하면서 일정 기간 군사 훈련을 받고 유사시 향토방위를 담당하도록 하였다. 농민들은 실질적인 군역을 지는 의무로 인하여 잡색군에서 제외되었다.

③ **요역의 동원** : 요역은 토지 8결당 1명을 차출(팔결출 일부제)하여 연간 6일 이내에서 동원하였다. 주로 왕릉의 개 · 보수와 궁궐과 학교 등 공공근로 사업에 동원되었다.

④ **보법 실시(세조)**
  ㉠ 정군 : 정군은 서울에서 근무하거나 국경 요충지에 배속되었고, 이들은 일정 기간 교대로 복무하였으며, 복무 기간에 따라 품계를 받기도 하였다.
  ㉡ 보인 : 정군이 군역을 지는 동안 필요한 식량, 의복 등을 대주는 보조원으로 의복, 식량 등을 직접 제공하는 것이 아니라 그 비용으로 매년 포 2필을 내게 하였다.

⑤ **군역의 폐단**
  ㉠ 군역 기피 현상 : 농민생활이 점차 어려워지고 군역이 요역화되면서 요역 동원으로 농사에 지장을 초래하게 되자 농민들이 요역 동원을 기피하였다. 이에 농민 대신에 군인을 왕릉 축조, 성곽 보수 등 각종 토목 공사에 동원하게 되면서 군인들도 힘든 군역을 기피하게 되었다.
  ㉡ 군포 징수제의 확산 : 관청이나 군대에서 군역에 복무해야 할 사람에게 포를 받고 군역을 면제하는 방군 수포와 다른 사람을 사서 군역을 대신하게 하는 대립이 불법적으로 행해졌고, 군포 징수제가 점차 확산되어 갔다.

⑥ **군적** 수포제와 균역법의 실시
  ㉠ 군적 수포제로 정식화 : 조선 초기의 농병 일치 군역제가 16세기 이후 방군 수포제로 확산되어 가자, 중종 때 군적 수포제로 정식화되었다.

▼ 군적
호적을 근거로 만든 군역 동원 장부

ⓒ **군포 부담의 폐단** : 군포 부담의 과중과 군역 기피 현상으로 도망하는 자가 늘어나면서 군적도 부실해지자, 각 군현에서는 정해진 액수를 맞추기 위해서 남아 있는 사람에게 그 부족한 군포를 부담시켰고, 군포 수납 과정에서 실무를 담당한 수령, 아전들의 농간까지 겹쳐 백골징포, 황구첨정, 인징, 족징 등의 폐단이 발생하였다.

ⓒ **신분제의 동요와 농민의 유망 증가** : 장정 중 형편이 나은 사람은 임진왜란 이후 납속이나 공명첩으로 양반이 되어 면역하는 자가 늘어나면서 양역의 부담을 벗어났다. 이 때문에 양역의 부담은 가난한 농민층에게 한층 집중되어 그들의 파산과 유망을 촉진시켰다.

군적(육군 박물관 소장)

▼ 조선 후기 농민의 전정 부담
• 전세 : 4두
• 대동미 : 12두
• 결작 : 2두
• 삼수미세 : 2.2두
→ 총 20.2두(결당)

ⓔ **균역법의 시행** : 양역의 폐단을 시정하자는 양역 변통론이 대두되었고, 그 결과 균역법이 시행되었다.

(2) 군역 제도의 개편

① **균역법의 시행**

ⓐ **양역 변통론의 제기** : 양역 변통론은 공전제에 토대를 둔 농병 일치로 환원하자는 유형원 등의 주장과 군포 징수를 인정(개인) 단위로 하지 않고 가호 단위로 하여 양반층에게도 군포를 부담시키자는 호포론 등으로 제기되었다. 전자는 토지 개혁을 전제로 하는 것이어서 수용되기 어려웠고, 후자는 영조와 일부 관료들이 시도하였지만 대다수 양반들이 양반의 군포 부담을 강력히 반대하여 시행하지 못하였다.

ⓑ **균역법의 시행** : 결국 정부는 양역 변통론을 절충하여 영조 26년(1750)에 신만 등의 주장으로 균역법을 시행하게 되었다.

② **균역법의 내용**

ⓐ **농민 군포 경감** : 균역법은 농민들이 1년에 2필씩 내던 군포를 1년에 1필씩으로 감해 주었다.

ⓑ **선무군관포 부담** : 줄어든 군포 수입을 보충하기 위해 종래 군역이 면제되었던 조선 후기 지방의 부유한 평민 자제들에게도 선무군관이라는 칭호를 주고 군포 1필을 납부하게 하였다(선무군관포).

ⓒ **결작 부담과 잡세 수입으로 보충** : 지주에게서 토지 1결마다 미곡 2두를 결작이라는 명목으로 받아들였으며, 어장세·선박세 등 잡세 등의 수입으로 보충하게 하였다.

③ 시행 결과

　㉠ 농민 부담의 경감 : 균역법의 시행으로 군포 부담이 절반으로 줄어들자 한때 농민의 부담은 가벼워졌고, 농민의 피역 저항도 다소 진정되는 듯하였다.

　㉡ 폐단의 재발 : 토지에 부과되는 결작(結作)▼의 부담이 소작 농민에게 돌아가고 정부의 장정 수 책정이 급격히 많아져 농민 부담이 가중되자 족징, 인징 등의 폐단이 다시 나타났다.

④ 호포제의 실시

　㉠ 대원군의 호포제 실시 : 1871년 3월 25일 대원군은 전국에 교서를 내려 호포법의 시행을 알리고 양반 사대부에서 천민에 이르기까지 군포 징수를 인정 단위에서 가호 단위로 면포나 저포를 부담하게 했다.

　㉡ 호포제의 적용 방식 : 대원군이 시행한 호포제는 양반도 평민과 마찬가지로 군포를 부담한다는 점에서 획기적인 조치였지만, 양반층의 불만을 사게 되었다.

(3) 중앙 군사 제도

① 조선 전기의 군사 조직▼

　㉠ 중앙군(5위)

　　• 중앙군은 궁궐과 한양을 수비하는 5위와 왕실이나 고관들의 자제로 구성된 왕실 호위대인 내금위로 조직되었고, 5위의 지휘 책임은 문반 관료가 맡았다.

　　• 특수병(종신 · 외척, 공신과 고급 관료의 자제, 품계 · 녹봉 지급) + 갑사(정식 무반, 직업 군인, 5위의 중심, 품계와 녹봉 지급) + 정군(번상병, 정군, 가장 많은 수, 산계 지급, 군인전×)으로 편성되었다.

② 조선 후기 군사 제도의 개편(5위 → 5군영)

15세기	16세기	17세기
〈5위〉		〈5군영〉
• 농병 일치제(번상병제) • 직업군 + 의무병제 • 보법	대립제 · 방군 수포제 → (양성화) → 군적 수포제	• 급료병 • 지방군 • 번상병제

　㉠ 훈련도감(선조) : 유성룡의 건의로 설치. 포수 · 사수 · 살수의 삼수병 편제, 삼수미세 2.2두, 용병제 및 상비군제

　㉡ 총융청(인조) : 북한산성을 중심으로 수도 외곽 방어

　㉢ 수어청(인조) : 남한산성을 중심으로 수도 외곽 방어

　㉣ 어영청(인조 어영군 → 효종 어영청) : 북벌의 중심 기구

　㉤ 금위영(숙종) : 수도 방위, 왕권 강화, 5군영 체제 완성

▼ 결작(結作)

균역법 실시로 인한 재정의 부족을 보충하기 위한 토지 부가세

▼ 조선 초기의 군사력

조선 초기에는 개병제의 원칙이 비교적 잘 지켜져서 세종과 세조 때에는 정규군이 약 15만 명에서 30만 명 정도였으며, 보인과 잡색군을 합하면 모두 80만 명에서 100만 명 정도의 군사력이 있었다. 한편, 국방력을 강화하기 위해 군역 대상자를 조서 · 등록시키는 호적 제도와 호패 제도를 강화하였다. 쓰시마섬을 정벌하고 4군 6진을 개척할 수 있었던 것은 이러한 국방력의 증강에 힘입은 것이다.

더 알아보기⊕

5군영

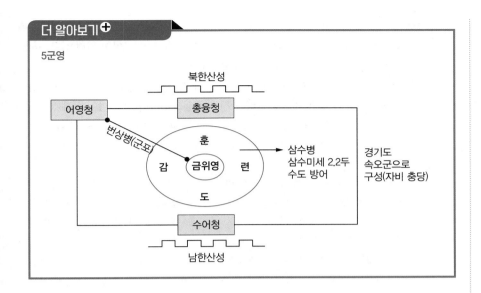

북한산성

어영청 — 총융청

번상병(군포)

훈
감 금위영 련
도

→ 삼수병
삼수미세 2.2두
수도 방어

경기도
속오군으로
구성(자비 충당)

수어청

남한산성

(4) 지방 군사 제도

① 영 · 진 체제

ㄱ 영 · 진 체제의 성격 : 조선 전기 각 도마다 감영에 관찰사와 그리고 병마도절제사가 있는 영(營)과 첨절제사가 있는 진으로 구성되어 있는 방어 체제이다. 지방군을 영진군이라 불렀는데, 일부는 교대로 수도에서 복무하였으며, 연해 각 도에도 수군(수영)을 설치하였다.

ㄴ 문제점 : 과도한 국방비와 군부 세력의 비대화의 문제점이 있었다.

② 진관 체제(세조)

ㄱ 진관 체제의 편성 : 세조 때 행정 단위인 군 · 현을 군사 조직인 진으로 편성하여 행정과 군사를 일원화시켰는데, 이에 따라 군 · 현 등 지역 단위의 독립적 방위 체제가 편제될 수 있었다.

ㄴ 진관 체제의 성격 : 각 도에 한두 개의 병영을 두어 병사가 관할 지역 군대를 장악하고, 병영 밑에 몇 개의 거진을 설치하여 거진의 수령이 그 지역 군대를 통제하는 체제로, 수군도 육군과 같은 방식으로 편제되었다.

③ 제승 방략 체제(명종)

 ㉠ 제승 방략 체제의 성격 : 유사시에 필요한 방어처에 각 지역의 병력을 동원하여 중앙에서 파견되는 장수가 지휘하게 하는 방어 체제이다.

 ㉡ 진관 체제 → 제승 방략 체제 : 조선 초기의 지방 군사 제도는 각 요지마다 진관을 설정하고 그 독자성을 살려서 진관 중심으로 이루어진 방어 체제였으나 (진관 체제), 적의 침입 규모가 클 때에는 방어하기 어려웠으므로 그 대신 각 지역의 군사를 한 곳에 집결시켜 한 사람의 지휘 하에 방어하게 한 것이다.

④ 속오군 체제(선조)

 ㉠ 속오군 체제의 편성 배경 : 1592년(선조 25) 임진왜란의 발생으로, 기존의 국방 체제인 중앙의 5위 제도와 지방의 제승 방략 체제가 아무런 역할을 하지 못하자, 선조 때 유성룡의 건의로 처음에는 황해도 지역부터 시작하여 진관 체제가 재정비되면서 전국적 편성이 이루어졌다.

 ㉡ 속오군의 편제 : 이 체제는 명나라 척계광의 「기효신서」의 속오법과 삼수기법에 따라 조직되었으며, 속오군은 위로는 양반에서부터 아래로는 노비에 이르기까지 편제되어, 속오법에 따른 훈련으로 국난 극복에 대처하게 하였다.

 ㉢ 속오군의 동원과 한계 : 농한기에 훈련에 참가하였고, 평상시에는 생업에 종사하면서 향촌 사회를 지키다가 적이 침입해 오면 전투에 동원되었다. 하지만, 양반들이 노비와 함께 속오군에 편제되는 것을 회피하여 결국 상민과 노비들만 남게 되었다.

4. 관리 등용 제도

(1) 관리 등용과 인사 관리 제도의 정비

① **조선 시대의 관리 등용 제도** : 조선 시대의 관리의 등용은 과거와 **취재, 음서, 천거**▼를 통하여 선발되었다. 과거에는 문관을 뽑는 문과와 무관을 뽑는 무과, 기술관을 뽑는 잡과가 있었다.

② **능력의 중시** : 조선의 과거는 개인의 능력(학력)을 존중하는 비중이 그만큼 커지고 음서 범위가 축소되었을 뿐 아니라, 고관이 되려면 음서보다 과거를 거쳐야만 했다.

③ **무과의 실시** : 고려와 달리 무과가 실시되어 문무 양반 제도가 확립되었으나, 문과보다는 경시되었다.

④ **상피제와 서경제의 존재** : 관리 등용 제도와 함께 인사 관리 제도도 새롭게 정비되었는데, 권력 집중과 부정을 막기 위해 상피제를 마련하였고, 인사의 공정성을 확보하기 위해 5품 이하 관리 등용에는 **서경(署經)**▼을 거치도록 하였다.

⑤ **근무 성적 평가** : 고관들이 하급 관리들의 근무 성적을 평가하여 승진·좌천의 자료로 삼았으며, 합리적 인사 행정을 위한 제도가 갖추어져 관료적 성격이 더욱 강해졌다.

(2) 과거 제도

① **과거제의 종류** : 조선 시대 대표적 관리 임용 제도인 과거제는 문과·무과·잡과 시험을 통해 관리를 선발하였다.

② **과거 응시 자격**▼ : 과거 응시 자격은 양인으로, 천인·서얼 등은 제한되었다. 그러므로 능력에 따라 양인 백성이 과거에 합격하여 양반으로 신분 상승할 수 있는 기회가 보장되었다. 그러나 경제적 여건이나 사회적 처지로 인해 일반 백성들이 과거에 합격하여 관리가 되기는 쉽지 않았다.

③ **문과의 종류와 성격** : 문과는 3년마다 실시하는 정기 시험인 식년시와 부정기 시험인 별시, 증광시, 알성시가 있었다.

▼ **취재, 음서, 천거**
• 취재 : 특별 채용 시험으로 하급 실무직에 임명
• 음서 : 고려에 비해 혜택 대상 축소
• 천거 : 추천 제도, 기존의 관리 대상

▼ **서경**
관리를 처음 임명할 때 사헌부와 사간원에서 심사하여 동의를 거치는 절차

▼ **과거 응시 자격의 제한**
죄를 범하여 영구히 임용할 수 없게 된 자, 탐관오리의 아들, 재가하거나 부정한 행위를 한 부녀의 아들과 손자, 서얼 자손은 문과나 생원·진사시에 응시하지 못한다.
– 「경국대전」 –

▼ 고려와 조선의 과거 종류
• 고려 : 문과(제술과, 명경과), 잡과, 승과
• 조선 : 문과(생원과, 진사과), 무과, 잡과

(3) 과거 제도의 종류▼

① **문과** : 문과 지망자는 원칙적으로 생원, 진사시험을 거쳐서 성균관에 입학한 다음 다시 대과인 문과에 합격해야 요직으로 나갈 수 있었다.

　㉠ 생원과(소과) : 서울·지방에서 4학과 향교의 양반 자제에게 2차에 걸쳐서 사서오경으로 시험을 보아 뽑는 생원과와, 문예로 시험을 보는 진사과가 있었다. 합격자를 각각 생원·진사라고 부르며 백패를 주었고, 이들은 성균관에 입학하거나 문과에 응시할 수 있었고 하급 관리가 되기도 하였다.

　㉡ 문과(대과) : 성균관 유생, 생원·진사 및 이미 관리로 임명된 자들이 응시할 수 있었다. 대과에서는 식년시의 경우 초시에서 각 도의 인구 비례로 뽑고, 서울 예조에서 복시를 실시하여 33인을 합격시켰다. 이들 33인은 국왕 앞에서 전시를 실시하여 갑·을·병의 등급과 홍패를 받았고, 최고 득점자인 장원은 종6품(참상관)으로 등용되며, 관직에 있는 자로서 합격하면 1~4등급을 승진시켰다.

② **무과**▼

▼ 무과 실시의 의의
무과의 실시로 인하여 고려 시대에 비해 문무 양반 제도가 확립되었음을 알 수 있다.

　㉠ 무과 선발 방법 : 초시·복시·전시를 거치는 것은 문과 시험과 동일하다. 초시에서 200명을 선발하고, 복시는 서울 병조에서 행하되 28명을 선발하여 선달이라 불렀으며 홍패를 수여하였고, 전시에서는 이들의 등급을 결정하였다.

　㉡ 등용 : 무과 지망자는 무예 시험을 거쳐 무과에 합격해야 높이 등용되었고, 응시자의 신분적 제한은 문과에 비해 관용적이었다.

③ 잡과

　㉠ 잡과 관장 관청 : 역과, 율과, 의과, 음양과의 네 부분이 있어서 사역원·형조·전의감·관상감 등 여러 관서의 특수 기술관을 선발하는 시험으로 초시는 해당 관청에서, 복시는 예조에서 담당하였다.

　㉡ 해당 관청의 교육 : 잡과는 3년마다 치러졌으며 분야별로 정원이 있었고, 이들 기술학 교육은 각기 해당 관청에서 맡고 있었다.

　㉢ 응시 신분 : 무과와 잡과 응시자는 서얼과 중간 계층이 많았다.

역과	한어·여진어·왜어 등의 통역관 시험으로 사역원에서 시험을 보았다.
율과	형조의 관리인 율관 시험으로 형조에서 시험을 보았다.
의과	의관의 시험으로 전의감에서 시험을 보았다.
음양과	천문·지리 등의 시험으로 관상감의 관리 시험이며, 관상감에서 시험을 보았다.

(4) 기타 관리 선발 방법

① **취재와 이과** : 과거와 달리 하급 관직에 임용·승진시키기 위한 특별 시험으로, 재주가 부족하거나 나이가 많아 과거 응시가 어려운 이들에게 취재와 서리 선발 시험인 이과가 있었다. 이들은 과거에 합격하지 않고 간단한 시험을 거쳐 서리나 하급 관리로 나갈 수 있었으나, 이런 경우 요직으로 나가기가 어려웠다.

② **천거** : 현직관리를 대상으로 과거를 거치지 않고 고관의 추천을 받아 간단한 시험을 치른 후 관직에 등용하는 천거 제도를 실시하였다.

③ **음서(문음)**

   ㉠ 음서 제도의 유지 : 음서(문음)에 의해 특별히 채용되는 경우도 있었는데, 음서제는 고려의 음서 제도와 성격이 같은 것으로 볼 수 있다.

   ㉡ 고려 음서제와의 차이 : 고려의 경우 5품 이상의 고관 자제에게 무시험 등용의 혜택이 있었으나, 조선 시대에 와서 음서(문음) 제도는 2품 이상의 고관 자제에게만 해당되어 혜택의 범위가 축소되었다.

▼ 조선 시대 과거 제도의 특징
개인의 능력(학력)을 존중하는 과거의 비중이 그만큼 커지고 음서 범위가 축소되었을 뿐 아니라, 고관이 되려면 음서보다 과거를 거쳐야만 했다. 그리고 고려와 달리 무과가 실시(문무 양반 제도의 확립)되었으나, 문과보다는 경시되었고 잡과는 천시되었다.

03 사림의 대두와 붕당 정치

1. 훈구와 사림

(1) 사림과 훈구 세력과의 대립

조선의 문물 제도가 정비되는 16세기를 전후하여 사림이라는 새로운 정치 세력이 성장하였다. 사림들은 중앙 정치 무대에 진출하면서 기존 훈구 세력과 대립하였다.

더 알아보기 ➕

훈구와 사림의 비교

구분	관학파 → 훈구파	사학파 → 사림파
연원	급진 개혁파, 혁명파 사대부 (정도전, 조준, 권근 등)	온건 개혁파, 온건파 사대부 (정몽주, 길재 등)
출신 배경	성균관 · 집현전을 통해 양성	지방 사학을 통해 양성
학문 성향	사장(詞章) 중심, 한문학 발달	경학(經學)에만 치중, 한문학 쇠퇴
정치적 주장	• 중앙 집권 추구 • 부국강병 · 민생 안정 추구 • 패도 정치 인정	• 향촌 자치 추구 • 유교적 이상 국가 추구 • 왕도 정치 추구(의리 · 도덕 중시)
사상 정책	• 성리학 이외의 타 학문 · 사상도 수용 • 격물치지(格物致知)의 경험적 학풍 중시하여 기술학 발달에 기여	• 주자 성리학 중시 • 성리학 이외 학문 · 사상을 이단으로 배격(고려 말 원나라의 성리학을 처음으로 수용)
경제 기반	농장을 소유한 대지주층	중소 지주층
민족적 성향	단군 숭배로 자주적 민족 의식	기자 숭배(존화 사상), 중국 중심의 세계관
특징	15세기 한문학 발달에 기여하여 수준 높은 근세 문화 창조	16세기 이후 성리학 본원의 연구에 집중하여 이기론 중심의 철학 발달에 기여

(2) 훈구 세력

① **성장** : 훈구 세력은 고려 말 조선 건국을 주도한 정도전, 조준 등의 급진 개혁파 출신으로, 세조 집권 이후 공신으로서 왕실과 혼인 등을 통해 정치적 실권을 세습적으로 장악하면서 성장한 세력이다.

② **학문적 특징** : 이들은 성균관 · 집현전 등의 관학에서 사장적 학풍을 계승하고 격물치지의 경험적 학풍을 중시하여 기술학 발달에 기여했으며, 성리학 이외의 타 학문 · 사상도 수용하였다.

③ **경제적 특징** : 훈구 세력은 막대한 토지를 소유한 대지주층으로 15세기 이래 늘어난 농업 생산력과 이를 배경으로 발달한 상공업의 이익을 독점하고자 하였다. 이들은 서해안의 간척 사업과 토지 매입 등을 통하여 농장을 확대해 나갔고, 대외 무역에도 관여하였으며, 공물의 방납을 통해서도 경제적 이득을 취하였다.

(3) 사림 세력

① **연원** : 사림의 연원은 고려 왕실에 절의를 지켰던 정몽주, 길재 등으로 거슬러 올라간다. 길재는 고향인 선산에 은거하면서 많은 제자를 길러냈으며, 김종직에 이르러 그 수가 늘어나 영남 일대에 점차 큰 지방 세력을 형성하여 그 세력이 기호 지방에까지 확대되었다.

② **성장** : 15세기 중반 이후 중소 지주적 배경을 가지고 성리학에 투철한 지방 사족들이 영남 · 기호 지방을 중심으로 성장하였다.

③ **특징**

　㉠ **경학 치중**▼ : 사림의 학풍은 경학에 치중하고, 인간의 심성을 연구하는 성리학을 학문의 주류로 삼았다.

　㉡ **성리학 이외 학문 · 사상 배격** : 사림은 성리학 이외의 학문과 사상을 이단으로 배격하고, 공리 사상에 바탕을 둔 지나친 국방력 강화를 반대하였다.

　㉢ **향촌 자치 주장** : 강력한 중앙 집권 체제보다 향촌 자치를 내세웠으며, 삼사에서 언론과 문필직을 담당하면서 정치적 영향력을 발휘하였다.

　㉣ **왕도정치 추구** : 군사학 · 기술학을 천시하고 도덕 · 의리를 숭상하며, 학술과 언론을 바탕으로 하는 왕도 정치를 추구하였다.

④ **훈구 세력에 대응** : 사림 세력은 중앙 권력을 바탕으로 향촌 사회를 장악하려는 훈구 세력에 대응하여 자치적 세력 기반을 쌓으면서 성리학적 향촌 질서를 세우려 하였다.

▼ 유교의 경학 4서 3경
- 4서 : 논어 · 맹자 · 중용 · 대학
- 3경 : 시경(시) · 서경(상서) · 역경(주역) + 춘추 · 예기(= 5경)

더 알아보기 ⊕

사림의 계보

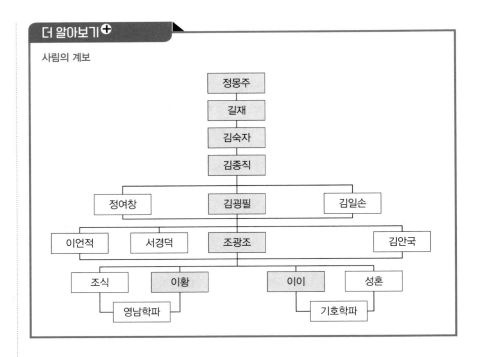

2. 사림 세력의 정치적 성장과 사화

(1) 사림의 성장 배경

① **훈구 세력 견제** : 향촌 사회에서 사회적 · 경제적 지위를 굳히던 사림은 중앙 정계에 진출하여 권력에 참여함으로써 훈구 세력을 견제하였다.

② **성종 때 중앙 진출** : 김종직과 그 문인들이 성종 때 중앙에 진출하면서 사림은 정치적으로 성장하기 시작하였다.

(2) 훈구 세력의 견제

① **전랑 및 언관직 독점** : 과거를 통해 중앙에 진출한 사림 세력은 주로 전랑과 3사 언관직을 차지하고 훈구 세력의 비리를 비판하여 그들의 일방적 독주를 견제하였다.

② **세력 균형** : 성종이 훈구 세력을 견제하기 위해 사림 세력을 중용하였기 때문에 훈구 · 사림 세력이 균형을 이룰 수 있었다.

(3) 사화의 발생과 사림 세력의 확대

① 무오사화 · 갑자사화▼

ⓐ 무오사화(연산군 4, 1498) : 김일손이 사관으로 있을 당시 그의 스승 김종직이 쓴 '조의제문'(세조 비판)을 사초에 기록한 것을 이유로 이극돈 · 유자광 등 훈구파가 연산군을 충동하여 김일손 등 사림파를 제거하였다.

ⓑ 갑자사화(연산군 10, 1504) : 훈구 세력인 왕당파 임사홍, 신수근 등은 연산군의 생모 윤비 폐출 사사 사건을 들추어 윤필상, 김굉필 등을 죽이고 한명회, 정여창, 남효온 등을 부관참시하였다.

② 중종 반정 : 갑자사화 후 연산군은 문신의 직간을 피하고 경연을 없앴으며, 한글을 탄압하는 등 정사를 문란케 했다. 이에 연산군 12년(1506)에 훈구 세력의 정부파인 성희안 · 박원종 · 유순정 등이 공모하여 연산군을 축출하고, 그 이복동생인 진성 대군을 추대하여 중종으로 삼았다.

③ 조광조의 개혁 정치

ⓐ 조광조의 등용과 현량과 실시 : 중종은 사림을 다시 등용하여 유교 정치를 일으키려 하였다. 당시 명망이 높았던 조광조가 중용되면서 현량과를 통하여 사림이 대거 등용되었다. 이들은 3사의 언관직을 차지하고 자신들을 의견을 공론이라 표방하면서 도덕 정치 구현을 내세워 개혁 정치를 추진해 나가고자 하였다.

ⓑ 조광조의 정책 : 대표적으로 경연의 강화, 언론 활동의 활성화, 위훈 삭제, 소격서의 폐지, 소학의 보급, 방납의 폐단 시정, 향약의 보급 등을 주요 정책으로 삼았다.

> **더 알아보기➕**
>
> **조광조의 혁신 정치**
> • 유교적 도덕 국가의 건설을 정치적 목표로 삼았다. 즉, 왕도 정치의 이상을 실현하기 위하여 국왕이 학문과 정치를 토론하는 경연과 현량과를 통하여 인물 중심으로 사림을 등용하려 하였고, 위훈 삭제를 내세워 훈구 세력을 제거하는 데 적극적이었다.
> • 유교적 미풍양속에 어긋나는 미신을 타파하고, 불교 · 도교(소격서)와 관련된 종교 행사를 폐지할 것을 주장하였다.
> • 공납제의 폐단을 시정하고자 대공 수미법과 농민을 위하여 균전론를 주장하였고, 향약의 전국적 시행을 추진하였으며, 소학 교육을 장려하고, 유교적 가치관을 생활화하여 향촌 자치의 성리학적 윤리를 강화하려 하였다.

▼ 무오사화 · 갑자사화
성종에 이어 즉위한 연산군은 훈구 대신과 사림을 모두 누르고 왕권을 강화하였다. 특히 사림 세력의 분방한 언론 활동을 억제하였다. 이에 따라 두 차례에 걸친 사화(士禍)를 겪으면서 영남 사림의 대부분이 몰락하였다.

④ 기묘사화 · 을사사화
  ㉠ 기묘사화(중종 14, 1519) : 남곤 · 심정 등 훈구 세력이 조광조의 삭훈 문제
    (위훈 삭제) 등으로 혁신 정치에 불만을 품고, 조광조 일파(김식, 김안국 등의
    사림파)를 역습하여 처형한 사건이다.
  ㉡ 을사사화(명종 1, 1545) : 중종이 훈구 대신들을 견제하기 위하여 다시 사림
    을 등용하기도 하였으나, 명종이 즉위하면서 외척끼리의 권력다툼에 휩쓸려
    사림 세력은 또다시 정계에서 밀려났다. 즉, 명종의 외척(소윤파)인 윤원형이
    선왕인 인종의 외척(대윤파) 윤임 일파를 제거하면서 일어났다.
⑤ 사림의 세력 기반 : 사림 세력은 사화를 통해 중앙에서의 세력이 위축되었지만,
  서원과 향약을 통해 향촌 사회에서 세력을 확대해 나갔다.

3. 붕당의 출현

(1) 시대적 배경

① 사림의 정권 장악과 붕당의 등장 : 서원 · 향약을 바탕으로 향촌에 깊이 뿌리내린
  사림들은 여러 사화에도 불구하고 세력을 확장하여 16세기 후반에는 중앙에서
  주도권을 장악하였다. 이 가운데 정치에 참여하려는 양반의 수는 더욱 증가하면
  서 붕당이 출현하였다.
② 붕당 등장의 배경 : 정치에 참여하려는 양반의 수는 더욱 많아지고 관직과 경제
  적 특권은 한정되어 그것을 획득하기 위한 양반 상호 간의 대립 · 반목이 불가피
  하게 되었다.

(2) 붕당의 성격과 형성

① 학파 · 정파적 성격 : 붕당은 정치적 이념과 학문적 경향에 따라 결집되어 정파적
  성격과 학파적 성격을 동시에 가지게 되었다.
② 사림과 붕당 : 16세기에 왕권이 약화되고 사림 정치가 전개되면서 그 부산물로
  붕당이 생기고 붕당 간의 다툼이 벌어졌다.

(3) 사림 세력 간 갈등 대두

① **사림의 정국 주도** : 선조가 즉위하면서 그동안 향촌에서 세력 기반을 다져 오던 사림 세력이 대거 중앙 정계로 진출하여 정국을 주도하게 되었다.

② **기성 사림과 신진 사림의 갈등**

봉당의 형성

   ㉠ **사림의 갈등** : 사림 세력은 척신 정치의 잔재를 어떻게 청산할 것인가를 둘러싸고 갈등을 겪게 되었다.

   ㉡ **기존 사림의 소극성** : 명종 때 이후 정권에 참여해 온 기성 사림은 척신 정치의 과감한 개혁에 소극적이었다.

   ㉢ **신진 사림의 적극성** : 명종 때의 정권에 참여하지 않았다가 새롭게 정계에 등장한 신진 사림은 원칙에 더욱 철저하여 척신 정치의 청산을 강력하게 주장하고 왕도 정치의 실현을 내세웠다.

(4) 동 · 서인의 분열

① **분열의 배경**

   ㉠ **이조 전랑 문제** : 두 세력의 갈등이 심해지면서 왕실 외척이면서 기성 사림의 신망을 받던 심의겸과 당시 명망이 높고 신진 사림의 지지를 받던 김효원 간에 이조 전랑 문제를 놓고 대립하면서 붕당이 이루어졌다.

   ㉡ **동인과 서인** : 세력 중에서 신진 사림을 중심으로 김효원을 지지하는 세력은 '동인'이라 불렸고, 기성 사림을 중심으로 심의겸을 지지하는 세력은 '서인'이라 불렸다.

② **동인** : 동인은 이황과 조식, 서경덕의 학문을 계승한 사람들을 중심으로 다수의 신진 세력이 참여하여 먼저 붕당의 형세를 이루었다.

③ **서인** : 서인은 이이와 성혼의 문인이 가담함으로써 비로소 붕당의 모습을 갖추었다.

더 알아보기 ⊕

동인과 서인의 비교

구분	출신 배경	척신 정치 청산	정치 성향	학파
동인 (김효원)	신진 사림	강경, 적극적	• 수기(修己), 자기 수양 강조 • 지배자의 도덕적 자기 절제를 통한 부패 방지	이황, 조식, 서경덕
서인 (심의겸)	기성 사림	온건, 소극적	• 지배자의 백성 통치에 중점 • 제도 개혁을 통한 부국안민 강조	이이, 성혼

더 알아보기 ⊕

붕당의 종류와 특징

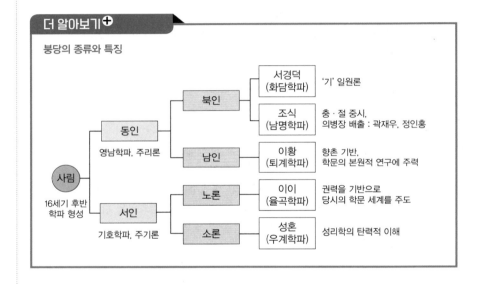

4. 선조대의 붕당 정치

(1) 남·북인의 분열

① 동인의 우세 : 동인과 서인으로 나뉜 후 처음에는 동인이 우세한 가운데 정국이 운영되었다.

② 남·북인의 분열 : 선조 22년(1589)에 정여립 모반 사건(기축옥사)을 계기로 서인이 집권하게 되고, 다시 선조 24년(1591)에 동인이 세자 책봉 문제(건저의 문제)▼를 둘러싸고 서인 정철을 논죄하면서 집권하는데, 이때 동인은 강경파인 북인과 온건파인 남인으로 나뉘었다.

③ 북인의 정국 주도 : 처음에는 남인이 정국을 주도하였으나, 왜란을 계기로 북인이 의병 항쟁을 주도하면서 광해군 때까지 정국을 주도하였다.

▼ 건저의 문제(建儲議問題)
세자 책봉에 있어서 선조는 후궁 인빈 김씨의 소생 신성군을 취하였고, 정철은 광해군을 추대하였다가 선조의 미움을 사게 되어 논죄의 대상이 되었다.

(2) 광해군의 중립 외교와 인조반정(1623)

① 광해군의 중립 외교 전개 : 광해군은 국제 정세 변화 속에서 명과 후금 사이에 중립 외교를 전개하면서 전후 복구 사업을 추진하였고, 지지 세력인 북인은 서인과 남인 등을 배제한 채 정권을 독점하려 하였다.

② 서인의 반발 : 광해군의 현실적이고 실리성 있는 외교 정책은 임진왜란 후의 복구 사업에 크게 기여하였으나, 명에 대한 의리와 명분을 중시하는 서인들에게는 후금에 대한 정책이 명나라에 대한 배신으로 인식되어 큰 반발을 일으켰다.

③ 북인의 몰락과 인조의 즉위 : 이에 불안을 느낀 광해군과 북인 정권은 광해군의 형인 임해군과 선조의 계비 인목 대비의 소생인 영창 대군▼을 죽이고, 인목 대비를 유폐하는 등 유교 윤리에 저촉되는 악정과 패륜을 드러내었다. 이괄 등의 서인 세력에 의해 광해군이 축출되고 능양군(인조)이 옹립되었다. 이를 인조반정(1623)이라 하는데, 이때 북인 정권은 몰락하고, 정국은 서인과 남인에 의해 운영되었다.

▼ 광해군과 영창 대군
영창 대군은 선조의 계비인 인목 대비의 아들인 까닭에 후궁의 아들로 적통이 아니었던 광해군에게 위협적인 존재였다.

(3) 인조반정 이후의 정국

① 서인과 남인의 공존 체제

㉠ 서인의 정국 운영 : 반정을 주도한 서인은 남인 일부와 연합하여 정국을 운영하였다. 서인과 남인은 학파적 결속을 확고히 한 정파들이었다. 이들은 기본적으로 서로의 학문적 입장을 인정하는 토대 위에서 상호 비판적 공존 체제를 이루어 나갔다.

ⓛ 국방력의 강화 : 서인 정권은 정치권력을 기반으로 병권을 중요시하여 후금과의 항쟁 과정에서 국방력 강화에 주력하였으며, 어영청·총융청·수어청 등 새로운 군영을 설치하고 통솔권을 장악하였다.

ⓒ 정국 안정 : 정치 세력이 붕당 중심으로 결집되어 상대방의 존재와 비판을 인정하는 정치가 운영되면서 정국이 비교적 안정되었다.

ⓔ 향촌 질서의 재확립 : 정치적 입지를 굳힌 지배층은 중앙 정계에서 양반 관료로서 성리학적 명분론을 통하여 정치를 주도하였고, 향촌 사림들은 경제적 토대인 지주제를 확대시켜 가면서 향안, 향약, 서원 등을 통해 동요하고 있던 향촌 질서를 재확립하고자 하였다.

더 알아보기

서인과 남인의 정책(성향) 비교

구분	서인	남인
정치	• 대신이 주도하는 정치 지향(신권정치) • 부국강병에 큰 관심	왕권 강화(제왕정치)
경제	• 상업과 기술 발전에 호의적 • 지주제의 긍정	• 상업과 기술 발전에 소극적 • 수취 체제 완화, 자영 농민 육성에 치중
사회	노비 속량, 서얼 허통에 비교적 적극적	봉건적 신분 체제 유지

▼ 허통
서얼들에게 과거에 응시하도록 허가한 제도

② 산림의 여론 주재 : 정치적 여론은 주로 서원을 중심으로 모아져 자기 학파의 관리들을 통해 중앙 정치에 반영되었으며, 각 학파에서 학식·덕망을 겸비한 인물이 산림(山林)이란 이름으로 재야에서 여론을 주재하였다.

(4) 예송 논쟁과 남인의 우세

① 서인의 우세 : 17세기 현종 때까지는 서인이 우세한 가운데 남인과 연합하여 공존하는 구도가 유지된 채 붕당 정치가 전개되었다.

② 예송 논쟁의 전개 : 현종 때 효종의 왕위 계승에 대한 정통성과 관련하여 두 차례 예송이 발생하면서 서인과 남인 간 대립이 격화되었다.

▼ 예송
예의 적용을 둘러싸고 서인과 남인 사이에 정치적 쟁점이 된 사건

ⓛ 1차 예송 : 당시 정치적 실권을 장악하고 있던 서인의 주장(1년설)이 받아들여졌다(기해예송).

ⓒ 2차 예송 : 꾸준히 세력을 키워 온 남인의 주장(1년설)이 받아들여져, 1차 예송 전후 집권 세력인 서인이 약화되고 남인 중심 정국이 운영되었다(갑인예송).

더 알아보기 ➕

예송 논쟁

구분	1차 기해예송(1659)	2차 갑인예송(1674)
발발 배경	효종의 사망 시 인조의 계비인 자의대비 복제 문제	효종비의 사망 시 자의대비 복제 문제
서인의 주장 (김장생)	효종이 적장자가 아님을 들어 왕과 사대부에게 동일한 예가 적용되어야 한다는 입장 – 주자가례 · 왕사동례(천하동례)	
	1년 주장(채택)	9개월 주장
남인의 주장 (정구)	왕에게는 일반 사대부와 다른 예가 적용되어야 한다는 입장 – 국조오례의 · 왕사 부동례	
	3년 주장	1년 주장(채택)

③ 남인의 우세

  ㉠ 남인 온건파의 우세 : 논쟁에서 처음에는 서인, 뒤에는 남인의 주장이 수용
    되어 결국 남인이 우세해졌다. 집권한 남인은 서인에 대한 처벌 과정에서 강
    경파와 온건파로 나뉘었다. 그런데 온건파가 우세하여 서인에 대한 극단적
    탄압은 행해지지 않았고, 서인의 일부는 정치에 참여할 수 있었다.

  ㉡ 서인과 공존 : 남인 우세 속에서 서인과 공존하는 정국은 숙종 초 경신환국이
    일어나기까지 유지되었다.

5. 붕당 정치의 성격

(1) 사림의 자체 분열

① **정권 다툼** : 사림들은 강력한 훈구 세력과 대결할 때에는 단결하였으나, 훈구 세력이 무너진 뒤에는 자체 분열하여 학연·지연을 바탕으로 붕당이 생기고 붕당 간에 치열한 정권 다툼이 일어났다.

② **소인당과 군자당** : 처음에는 상대 붕당을 소인당으로 보고 자기 붕당을 군자당이라 하였으나, 선배 사림이 물러간 뒤에는 붕당을 모두 군자당으로 보고 붕당 간 견제와 협력을 바탕으로 하는 붕당 정치가 전개되었다.

(2) 붕당 정치의 긍정적 성격과 한계

① 긍정적 성격

⊙ 비판과 견제 기능 : 붕당 정치는 처음에는 학문과 이념 차이에서 출발하여 그 폐단이 크지 않다. 붕당은 서로 의견을 모아 공론을 형성하고 토론을 통해 공론을 정치에 반영하는 것으로 여겨 오히려 정치 운영의 활성화와 정치 참여의 폭을 넓히고, 정치 세력 간 상호 비판과 견제 기능도 가졌다.

⊙ 공론 중시의 정국 형성 : 공론이 중시되는 정국이 되어 합좌 기구인 비변사를 통하여 의견을 수렴하는 방식을 택하였으며, 재야에서 공론을 주도하는 지도자로서 산림이 출현하였고, 서원이나 향교가 지방 사족의 의견을 모으는 수단으로 기능하였다.

⊙ 언관직의 비중 확대 : 상대 세력을 견제하고 자기 세력을 옹호하면서 세력을 확대하기 위하여 3사 언관과 이조 전랑의 정치적 비중도 높아졌다.

② 한계

⊙ 지배층의 의견만 수렴 : 붕당이 적극 내세운 공론은 백성들의 의견을 반영하는 것이 아니라 지배층의 의견을 수렴하는 데 그치는 한계를 지니고 있었다.

⊙ 학벌·문벌·지연이 중요 : 시간이 흐름에 따라 국리민복보다 자기 당파 이익을 앞세우고, 이념보다 학벌·문벌·지연과 연결되어 국가 사회 발전에 지장을 주기도 하였다.

조선 전기의 대외 관계

1. 명과의 관계

(1) 조선의 사대 교린 정책

조선은 건국 직후부터 명과 친선 관계를 유지하여 정권과 국가의 안정을 보장받고, 중국 이외의 주변 민족과는 교린 정책을 취하였다. 이러한 사대 교린 정책은 상대 국가가 달라지더라도 조선 전기의 시기에 일관되게 추진되었다.

(2) 조선 초기 명과의 관계

명과는 태조 때 정도전이 중심이 되어 추진한 요동 정벌의 준비와 여진과의 관계를 둘러싸고 불편한 관계가 유지된 적도 있었지만, 태종 이후 양국 간의 관계가 좋아지면서 교류가 활발하였다.

(3) 명과의 교류의 목적

① **사대 정책 유지** : 조선은 명에 대해서 기본적으로 사대 정책을 유지하였으나, 명의 구체적인 내정 간섭은 없었다.

② **중국 문화의 수입과 교류** : 매년 정기적, 부정기적으로 사절을 교환하였고, 그때 문화적, 경제적 교류가 활발하게 이루어졌다. 사절 교환▼의 목적은 기본적으로 정치적인 것이었지만, 이를 통하여 중국의 앞선 문화 수입과 물품 교역이 이루어졌다.

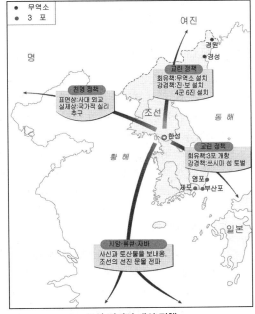

조선 전기의 대외 정책

▼ **사절단의 종류**
정기적으로 보내는 하정사(정월초 하루), 성절사(황제탄신일), 천추사(황태자의 생일), 동지사(동짓날) 외에도 주청사(부탁), 사은사(감사), 진위사(조문사절), 진하사(축하사절) 등 필요할 때 부정기적으로 보내는 사신이 있었다.

③ **자주적 실리 외교** : 명에 대한 사대 외교는 왕권의 안정과 국제적 지위를 확보하려는 자주적인 실리 외교였고, 선진 문물을 흡수하려는 문화 외교인 동시에 일종의 공무역 활동이었다.

2. 여진과의 관계

(1) 적극적 외교 정책 추진

① **여진과의 외교** : 조선은 영토의 확보와 국경 지방의 안정을 위하여 여진에 대하여 적극적인 외교 정책을 펴 나갔다.

② **4군 6진의 설치** : 우선 태조에 의하여 일찍부터 두만강 지역이 개척되었다. 이어 세종 때에는 4군과 6진을 설치하여 압록강과 두만강을 경계로 하는 오늘날과 같은 국경선을 확정하였다.

(2) 여진에 대한 양면 정책

① **회유책** : 조선은 강경책과 동시에 회유책의 양면정책을 펼쳤는데, 여진족의 귀순을 장려하고 관직, 토지, 주택 등을 주어 우리나라 주민으로 동화시키는 동시에, 무역소와 상경한 야인(여진족)을 위한 북평관 등을 두어 국경 무역과 조공무역을 허락하였다.

② **강경책** : 여진의 약탈 행위는 완전히 그치지 않아 국경 지방에는 많은 진, 보를 설치하여 각 고을을 전략촌으로 바꾸어 방비를 강화하고, 때로는 대규모 원정군을 파견하여 여진족의 본거지를 토벌하였다.

(3) 사민 정책의 추진

① **지역 방어와 국토 발전** : 여진족의 침략을 효과적으로 대응하고 주민의 자치적 지역 방어 체제를 확립함과 동시에 국토의 균형 있는 발전을 꾀하는 정책도 마련하였다.

② **압록강 · 두만강 이남 지역 개발** : 삼남 지방 일부 주민들을 대거 북방으로 이주시켜 압록강과 두만강 이남 지역을 개발하는 사민 정책을 실시하였고, 토착민을 토관▼으로 임명하여 민심을 수습하려 하였다.

▼ **토관 제도**
함경도, 평안도 지방의 토착민에게 주었던 특수한 관직 제도이다. 서북 지역은 지리적으로 이민족과 가깝고, 대륙적 기질을 띠고 있어서 반역할 우려가 있었기 때문에 그 회유 방법으로 토관 제도를 실시하였다.

3. 일본 및 동남아시아와의 관계

(1) 왜구의 침략과 대비

① **왜구의 침략에 대한 조선의 대응** : 고려 말부터 조선 초기까지 계속된 왜구의 침략으로 폐해가 심해지자 조선은 수군을 강화하고, 성능이 뛰어난 전함을 대량으로 건조하였다.

② **이종무의 쓰시마 섬 정벌** : 화약 무기를 개발하여 선박에 장착하는 등 왜구의 격퇴에 노력하였는데, 세종 때 이종무가 왜구의 소굴인 쓰시마 섬을 토벌하였다.

(2) 일본과의 교역과 토벌

① **제한된 무역 허용** : 침략과 약탈이 어려워진 왜구들이 평화적인 무역 관계를 계속 요구하여 남해안의 부산포, 제포(진해), 염포(울산) 등 3포를 개항하여 무역을 허용하고, 계해약조(1443)를 체결▼하여 세견선은 50척, 세사미두는 200석으로 제한된 범위 내에서 교역을 허락하였다.

② 쓰시마 섬 토벌▼ : 왜구의 약탈이 계속되자 이를 강력히 응징하기 위하여 왜구 소굴인 쓰시마섬을 토벌하였다.

(3) 동남아시아와의 교류

① **교류국** : 조선 초에는 류큐, 시암, 자바 등 동남아시아의 여러 나라와도 교류하였다.

② **교류 물품** : 조공 또는 진상의 형식으로, 기호품을 중심으로 한 각종 토산품을 진상하고, 옷, 옷감, 문방구 등을 하사품으로 가져갔다.

▼ **계해약조**
조선이 1443년(세종 25) 대마도와 지속적 교류를 위해 맺은 무역 조약으로 대마도의 세견선을 50척으로 할 것과 선박의 크기에 따라 인원을 제한하는 대신 이들에게 식량을 지급하기로 결정했다.

▼ **쓰시마 섬 토벌**
왜구의 소굴인 쓰시마 섬에 대한 토벌은 고려 말과 조선 초에 이루어졌다. 1419년(세종 1) 이종무는 병선 227척, 병사 1만 7,000명을 이끌고 쓰시마 섬을 토벌하여 왜구의 근절을 약속받고 돌아왔다.

4. 왜군의 침략(임진왜란의 발발)

(1) 16세기 일본과의 관계

① **관계 악화** : 15세기에 비교적 안정되었던 일본과의 관계는 16세기에 이르러 대립이 격화되었다.

② **무역 요구의 증가** : 일본인의 무역 요구가 더욱 늘어나 이에 대하여 조선 정부의 통제가 강화되자, 중종 때의 3포 왜란▼(1510)이나 명종 때의 을묘왜변(1555) 같은 소란이 자주 일어났다.

③ **비변사 설치** : 이에 조선은 비변사를 설치하여 군사 문제를 전담하게 하는 등 대책을 강구하였고, 일본에 사신을 보내 정세를 살펴보기도 하였다.

▼ **3포 왜란**
중종 때 부산포, 제포, 염포에서 일어난 일본 거류민들의 폭동 사건이다.

(2) 정부의 적극적 대책 미비

16세기 말 당시 조선은 국방력이 약화되었고, 일본 정세에 대한 인식에서도 붕당 간의 차이를 보이는 등 국론이 일치되지 않아 적극적 대책이 강구되지 못하였다.

(3) 임진왜란의 발발

① **부산진 점령** : 일본은 전국 시대▼의 혼란을 수습한 뒤 조선에 대하여 정명가도(征明假道)▼를 요구한 뒤 철저한 준비 끝에 20만 대군으로 조선을 침략해 왔다(선조 25, 1592). 부산진과 동래성에서는 부산 첨사 정발과 동래 부사 송상현이 분전하였으나 끝내 함락되었다.

② **신립의 패배와 왜군 북상** : 왜의 육군이 세 길로 나누어 한양을 향해 북상하자, 당황한 조정에서는 이일과 신립에게 왜적을 막게 하였다. 신립은 충주에서 배수의 진을 치고 결사적으로 싸웠으나 무기와 전력의 열세로 패하였다. 그리하여 조선 조정은 의주로 피난하였으며, 왜군은 한양을 점령하고 북상하여 평양과 함경도 지방에까지 이르렀다.

▼ **전국 시대**
일본의 아시카가 막부 말기부터 도요토미 히데요시가 국내를 통일할 때까지의 시대

▼ **정명가도(征明假道)**
선조 때, 일본의 도요토미 히데요시가 조선 정부에 대하여 중국 명나라를 치는 데 필요한 길을 빌려 달라고 요구하였다.

(4) 이순신의 활약

① **왜군의 작전** : 왜군은 육군의 북상에 따라 수군이 남해와 황해를 돌아 물자를 조달하면서 육군과 합세하여 진격하려 하였다. 일본 수군은 경상도 해안을 약탈하면서 전라도 해안을 향하여 접근해 왔다.

② **이순신의 활약**

    ⊙ 군사력 정비 : 이순신은 왜란 1년 전, 전라 좌수사로 부임한 이래 왜군의 침입에 대비하여 판옥선과 거북선을 만들고, 거기에 우수한 화포를 설치하고 전함과 무기를 정비하여 수군을 훈련시키고 군량을 저장해 두었다.

    ⓒ 해전의 승리▾ : 왜군이 부산에 상륙하자 80여 척의 배를 거느리고 옥포(거제도)에서 첫 승리를 거두고, 전라 우수영 및 경상 우수영의 함선과 합세하여 최초로 거북선을 이용한 사천(삼천포) · 학익진을 이용한 한산도 · 당포(충무) · 당항포(고성) 등 그리고 마지막으로 노량 해전에서 대승을 거두었다.

임진왜란 해전도

▼ **3대 대첩**

• 이순신의 3대 대첩
  – 한산도 대첩(1592)
  – 명량 대첩(1597)
  – 노량 대첩(1598)

• 임진왜란 3대 대첩
  – 한산도 대첩(1592.7)
  – 진주성 전투(1592.10)
  – 행주 대첩(1593.2)

③ 수군 승리의 의의 : 이순신과 조선 수군의 활약으로 남해의 제해권을 장악하고, 곡창 지대인 전라도 지방을 지키게 되어 왜군의 수륙 병진 작전을 좌절시키는 데 성공하였다.

(5) 의병의 항쟁

① **의병의 구성**

    ⊙ 의병의 봉기 : 왜란이 발발하자, 전국의 백성들이 자발적으로 부대를 조직하여 일어섰다.

    ⓒ 민중의 항거 : 의병들을 조직하고 지도한 것은 전직 관리와 유학자 · 승려들이었고, 주력을 이룬 것은 농민들이었다.

② **의병의 전술**

    ⊙ 향토 조건에 유리 : 의병들은 향토 지리에 익숙하고, 향토 조건에 알맞은 무기와 전술로 싸워, 적은 희생으로 큰 성과를 올릴 수 있었다.

    ⓒ 의병 부대의 조직 : 전란이 장기화되면서 왜군에 대한 반격 작전은 한층 강화되기 시작하였다. 즉, 산발적으로 일어난 의병 부대를 정비하여 관군에 편입시켜 관군의 전투 능력은 크게 강화되었고 작전이 조직성을 띠게 되었다.

▼ 각 지역의 의병장
• 경상도 지역 : 곽재우, 정인홍, 김면 등
• 전라도 지역 : 고경명, 김천일, 김덕령 등
• 충청도 지역 : 조헌, 영규 등
• 경기도 지역 : 홍언수 등
• 함경도 지역 : 정문부 등

③ 의병장의 활약상▼ : 의병 부대의 활약은 성과가 매우 컸고, 의병들의 전과와 수군의 승리는 자신감과 희망을 주는 계기가 되었다.

5. 전란의 극복과 영향

(1) 조·명 연합군의 활약

① 조선군의 진격 : 수군과 의병의 승전으로 조선은 전쟁 초기의 수세에서 벗어나 반격을 시작하였다. 아울러 명의 원군이 전쟁에 참여하면서 전쟁은 새로운 국면으로 접어들었다.

② 연합군의 평양성 탈환 : 조·명 연합군은 평양성을 탈환하였으며, 관군과 백성이 합심하여 행주산성(권율) 등에서 승리하자, 왜군은 명과 휴전한 후 서울에서 후퇴하여 경상도 해안 일대에서 장기전에 대비하였다.

(2) 조선의 전열 정비와 정유재란

① 왜군의 완전 축출 준비

㉠ 훈련도감의 설치와 속오법 실시 : 명과 경상도 해안으로 밀려난 왜군 사이에 휴전 협상이 이루어졌으며, 조선도 전열을 정비하여 왜군의 완전 축출을 준비하였다. 이때 훈련도감을 설치하여 군대의 편제와 훈련 방법을 바꾸었고, 속오법을 실시하여 지방군 편제도 개편하였으며, 화포를 개량하고 조총도 제작하여 무기의 약점을 보완하였다.

㉡ 이순신의 승리와 모함 : 이순신을 삼도 수군통제사에 임명하여 지휘 체제를 강화하고 군함, 무기, 식량 등을 증강시켰으나, 이순신은 곧 모함을 받아 파면되고 원균이 후임으로 임명되었다.

② 정유재란(1597.8) : 3년 여에 걸친 명과 일본 사이의 휴전 회담이 결렬되자, 왜군이 다시 침입해 왔다. 왜군은 이순신이 파면되어 수군의 지휘권이 변경된 틈을 타서 제해권을 뺏기 위해 총공격을 해 왔다. 이에 원균은 부산 쪽으로 진격하다가 칠천도에서 패하여 전사하였고(칠천량 해전), 그 후 9월에 왜군은 충청도 지방까지 다시 북상하였다.

③ 조선의 반격

㉠ 육군 : 조선군은 명의 원군과 직산에서 적의 북상을 막고 남쪽으로 내몰았다.

㉡ 수군 : 이순신이 다시 삼도 수군통제사에 복귀되어 왜군을 명량(울돌목)으로 유도한 후 위장 전술과 썰물을 이용하여 일대 반격을 가함으로써 큰 승리를 거두었다(명량 대첩, 1597.9).

④ **왜군의 패주** : 참패를 당한 왜군은 도요토미 히데요시가 죽자 점차 전의를 잃고 패주하기 시작하였고, 이에 조선 수군은 노량 앞바다에서 최후의 일격을 가하였다. 이순신은 이 전투에서 전사하였으며(노량 해전), 7년간의 전란은 끝나게 되었다(1598.11).

더 알아보기 ➕

충무공 이순신 장군의 어록

병법에 이르기를 "꼭 죽으리라 결심하고 싸우면 살 것이요, 꼭 살리라 마음먹고 싸우면 죽을 것이다."라고 하였다. 또 이르기를 "한 사람이 길목을 지켜 내면 넉넉히 천 사람도 두렵게 할 수 있다."라고 하였다. 이것은 바로 오늘의 우리를 두고 이른 말이다. 너희들 모든 장병들은 조금이라도 영(令)을 어기는 일이 있으면 군법으로 다스려 작은 일 일지라도 용서치 아니할 것이다.

– 명량 대첩을 앞두고 장병들에게 말한 훈시 내용 –

---

(3) 왜란의 영향

① **국내적 영향**

㉠ 인구 격감과 농촌 황폐 및 신분제의 동요 : 오랜 전쟁으로 인구가 격감되고 농촌은 황폐해졌다. 전국의 경작 면적이 종전의 1/3에도 못 미쳤으며, 가장 피해가 많았던 경상도는 더욱 심하였다. 또한 국가 재정의 궁핍과 식량 부족으로 인한 미봉책으로 공명첩이 대량 발급되어 신분제의 동요를 가져왔다.

더 알아보기 ➕

공명첩

이때(선조 25년 11월 무오) 적의 목을 벤 자, 납속을 한 자, 작은 공이 있는 자에게는 모두 관리 임명장 또는 천인 신분, 국역을 면하는 증서를 주었다. 병사를 모집하고 납속을 모집하는 담당관리가 이것을 가지고 지방에 내려갈 때 이름 쓰는 데만 비워 두었다가 응모자가 있으면 수시로 이름을 써서 주었다.

– 「선조실록」 –

㉡ 민란 발발 : 선조 29년(1596)에는 민심의 불안을 선동하여 충청도에서 왕실 서얼 출신인 이몽학의 난이 일어났으며, 또한 이와 비슷한 민란이 도처에서 일어났다.

㉢ 문화재 소실 : 불국사, 경복궁을 비롯한 건축물·서적·미술품 등을 소실·약탈당하였고, 4대 사고의 실록도 전주본을 제외하고 모두 소실되었다.

    ⓔ 기타 : 일본을 통해 조총 · 담배 · 고추 · 호박 등이 전래되었다. 허준은 선조의 지시로 임진왜란 중인 1596년부터 「동의보감」 집필을 시작하여 1610년(광해군 2)에 완성하였다.

    ⓜ 비변사 기능의 강화 : 비변사의 기능이 강화되어 왕권의 약화와 의정부 및 6조의 유명무실화를 가져왔고, 훈련도감의 설치와 속오군의 편성이 이루어졌다.

② 국외적 영향

    ㉠ 명 · 청의 교체 : 왜란 이후, 동아시아의 형세가 크게 바뀌어 갔다. 조선과 명이 전쟁에서 지친 틈을 계기로 북방 여진족이 급속히 성장하여 명의 지배 아래 있던 여진족이 후금(1616)을 건국하게 되었다.

    ㉡ 일본 문화의 발전▼ : 동아시아의 문화적 후진국이었던 일본은 우리나라에서 활자, 서적, 도자기, 그림 등의 문화재를 약탈하였다. 이때 학자, 활자 인쇄공과 도자기 기술자 등을 포로로 잡아 갔고, 조선의 성리학도 전해져서 일본 문화 발전에 큰 영향을 끼쳤다.

▼ 일본에 잡혀간 도자기 기술자
이삼평(아리타) · 심당길(사쓰마)을 비롯한 도자기 기술자들은 일본에 끌려가 일본 도자기의 발달에 결정적으로 기여하였다. 이에 임진왜란을 '도자기 전쟁'이라고도 한다.

6. 광해군의 중립 외교

(1) 광해군의 정책

① 내정 개혁

    ㉠ 북인 정권의 성립 : 선조의 뒤를 이어 광해군이 즉위하면서 주자학적인 사림 정치가 부국강병에는 무력하다고 보고 정통 주자학을 비판하면서 북인 정권이 성립하였는데, 이들은 내정과 외교에서 정치적 역량을 발휘하였다.

    ㉡ 전후 복구 사업 : 양안과 호적을 새로 작성하여 국가 수입을 늘리고, 전후 피폐된 산업을 일으켰으며, 성곽 · 무기를 수리하고 군사 훈련을 실시하는 등 국방에 힘을 기울였다.

    ㉢ 문화 사업 : 전란 중 질병으로 인명 피해가 많았던 경험에 비추어 허준에게 「동의보감」을 편찬하게 하였으며, 불타 버린 사고▼를 다시 갖추었다.

② **중립 외교 정책** : 명이 쇠약해지고 북방 여진족이 강성해지는 정세 변화를 간파하여 명과 후금에 대해 신중한 중립 외교 정책으로 대처하였다.

▼ 사고(史庫)
고려 · 조선 시대 나라의 역사 기록과 중요한 서적 · 문서를 보관한 국가의 서적고를 말한다. 특히 사고 안에 따로 역대 실록을 보관한 것을 사각(史閣)이라 하여 그 보관에 힘썼다.

(2) 대륙 정세의 변화

① **후금의 건국** : 여진족은 조선과 명 세력이 약화된 틈을 타서 압록강 북쪽 누르하치가 부족을 통일하고 세력을 키워 후금을 세우고(광해군 8, 1616) 명의 변경을 위협하였다.

② **조선의 중립 정책**

    ㉠ **명의 공동 출병 요구** : 명이 후금을 저지하기 위해 조선에 공동 출병을 제의해 오자, 광해군은 임진왜란 때 도와준 명의 요구를 거절하기가 어려웠다.

    ㉡ **중립 외교** : 신흥하는 후금과 적대 관계를 가지는 것도 현명하지 못하다고 판단하여, 강홍립을 도원수로 13,000명의 군대를 이끌고 명을 지원하게 하되, 적극적으로 나서지 말고 상황에 따라 대처하도록 명령하였다. 그 결과 광해군 때는 중립 정책을 유지하여 국내에 큰 전쟁이 발발하지 않았다.

    ㉢ **후금과의 친선 도모** : 결국 조 · 명 연합군은 후금군에게 패하였고, 강홍립 등은 후금에 항복하였다. 이후에도 명의 원군 요청은 계속되었지만, 광해군은 이를 적절히 거절하면서 후금과 친선을 꾀하는 중립적인 정책을 취하였다.

7. 호란과 북벌론

(1) 서인 정권의 친명 배금 정책

인조반정을 주도한 서인은 광해군의 정책을 비판하고 친명 배금 정책을 추진하여 후금을 자극하였다. 즉, 명에 대하여는 대의명분을 앞세워 친선을 도모하고 후금과는 관계를 끊어 버렸다.

(2) 정묘호란(인조 5, 1627)

① **발단** : 인조반정의 공신 책정에 문제를 품은 이괄이 난을 일으킨 것이 발단이 되었다.

② **경과** : 후금은 평안도 의주 · 정주 · 선천 · 곽산 등지를 거쳐 황해도 평산까지 침입하였는데, 이것이 정묘호란이다. 이 당시에 정봉수와 이립 등은 의병을 일으켜 항쟁하였으며 이외 지역에서도 많은 의병들이 일어났다.

③ **결과** : 후금 군대는 보급로가 끊어지자 강화를 제의하여 화의가 이루어졌다. 본래 후금은 조선 침략보다 중국 내륙을 장악하는 데 일차적 목적이 있었기 때문에, 양국 간에 쉽게 화의(정묘약조)▼가 이루어져 조선과 후금은 형제 관계를 맺게 되고 후금의 군대는 철수하였다.

▼ **정묘약조의 주요 내용**
- 조선은 후금과 형제 관계를 맺을 것
- 명과 후금에 대해 조선은 중립을 지킬 것
- 중강 개시 · 회령 개시를 열 것
- 맹약 후 후금의 군대는 철수할 것
- 후금에 조공을 바칠 것 등

(3) 병자호란(인조 14, 1636)

① **원인** : 중원을 장악하여 세력이 커진 후금은 1636년 국호를 청(淸)이라 고치고, 심양을 수도로 정한 후 황제라 칭하면서 우리나라에 대해 종래 형제 관계에서 군신 관계를 요구해 왔다. 그에 대한 대책을 둘러싸고 조정 논의는 주화파와 척화파로 나뉘게 되었고, 결국은 척화 주전론으로 기울게 되어 병자호란이 일어났다.

② **경과** : 이때 청 태종은 직접 대군을 이끌고 침입하여 한양을 점령하였다(1636). 인조와 신하들은 남한산성에 피신하여 45일간 대항하였으나, 사태의 심각성을 깨닫고 주화파인 최명길 등을 중심으로 청과 화의를 맺었다.

③ **결과** : 인조는 결국 항복하여 삼전도에서 치욕적인 조약을 맺게 되었다. 군신 관계 인정, 명과의 국교 단절, 봉림대군·소현세자 및 삼학도 압송, 청에 적대하려는 움직임을 보이지 말고 조공을 바칠 것, 청에 물자 및 군사를 지원할 것 등을 약속하였다.

(4) 호란의 영향

① **청에 대한 반감 고조** : 청군의 침입은 왜군의 침입에 비하여 기간도 짧고, 국토 일부가 한정되어 피해가 적은 편이었으나, 청군이 거쳐 간 서북 지방은 약탈과 살육에 의해 황폐해졌다. 이로 인한 적개심과 문화적 우월감이 겹쳐서 청에 대한 반감은 극심하였다.

② **북벌 준비** : 호란이 끝나고 청과 군신 관계를 맺은 조선은 겉으로는 청에 사대하는 형식의 외교를 추진하였으나 은밀하게 국방을 강화하고 북벌을 준비하였다.

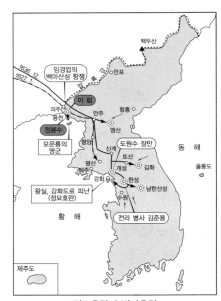

정묘호란과 병자호란

(5) 북벌론의 대두

① **청 정벌과 명 사대** : 북벌론은 청을 정벌하여 문화가 높은 우리나라가 문화가 낮은 오랑캐에게 당한 수치를 씻고, 오랜 우방 국가로서 임진왜란 때 도와준 명에 대하여 의리를 지키자는 주장이었다.

② **북벌론의 주도 세력** : 이 시기 서인에서 송시열·송준길·이완·임경업 등은 북벌 운동을 주도한 대표적 인물들로서, 효종이 즉위한 이후 군비를 확장하여 어영청에서 군사적 사무를 전담하게 하고 이완을 등용하여 군사를 훈련시켰다.

③ **북벌의 실패** : 그 후 숙종 때 청의 정세 변화를 이용하여 윤휴▼를 중심으로 북벌이 제기되기도 하였으나 실천에 옮기지는 못하였다.

(6) 나선 정벌

① **러시아에 대한 청의 원병 요청** : 조선에서 북벌 운동이 전개되고 있을 때, 시베리아 지방에는 러시아 세력이 밀려왔다. 러시아 세력의 침략으로 위협을 느낀 청은 정벌군을 파견하고 조선에 원병을 요청하였다.

② **북벌과 나선 정벌**

나선 정벌

  ㉠ 나선 정벌 : 조선 정부에서는 변급(1654), 신유(1658) 등이 두 차례에 걸쳐 조총 부대를 출동시켜 큰 성과를 거두고 돌아왔는데 이를 나선 정벌이라 한다.

  ㉡ 나선 정벌의 의의 : 나선 정벌에서의 승리는 조선 군대의 실력을 입증한 것이며, 만성적인 패배주의를 극복한 북벌 역량의 간접적 표현이었다.

  ㉢ 북학론 대두의 계기 : 나선 정벌은 조선 정부가 현실적으로 청의 실체를 인정한 것으로 18세기 이후 북학론 대두의 계기가 되었다.

▼ 윤휴(1617~1680)

예송 논쟁 시 남인으로 활동하며 송시열 등 서인계와 맞섰으며, 숙종 즉위 후부터 경신대출척 때까지 많은 개혁안을 제기하고 실행하려 한 인물이었다. 이후 남송의 주자학이 지배하던 17세기에 주자의 학설과 사상을 비판·반성하는 독자적 학문체계를 세웠지만, 유교의 도(성리학)에 도전하여 주자의 명예를 훼손하였다는 이유로 사문난적으로 몰려 끝내 65세의 나이에 처형당하였다.

조선 전기의 경제

1. 농본주의 경제 정책

(1) 재정 확충과 민생 안정 방안

조선은 고려 말 파탄난 국가 재정과 민생 문제를 해결하고 재정 확충과 민생 안정을 위한 방안으로 농본주의 경제 정책을 내세웠다. 특히 위민, 애민을 중시하는 왕도 정치 사상에서 민생 안정은 가장 먼저 해결해야 할 과제였다.

(2) 중농 정책

① **신진 사대부의 중농 정책 표방** : 조선 건국을 주도하였던 신진 사대부들은 중농 정책을 표방하면서 농경지를 확대하고 농업 생산력을 증가시키며, 농민의 조세 부담을 줄여 농민 생활을 안정시키려 하였다.

② **토지 개간과 양전 사업** : 정부는 개간을 장려하고, 각종 수리 시설을 보수, 확충하는 등 안정적으로 농사지을 수 있는 기반을 마련하였다.

③ **농업 생산력 증대 노력** : 농업 생산력을 높이기 위하여 「농사직설」, 「사시찬요」, 「금양잡록」 등 농서를 간행, 보급하였다. 특히 「농사직설」은 우리나라 풍토에 맞는 씨앗의 저장법, 토질의 개량법, 모내기법 등 농민의 실제 경험을 종합하여 편찬하였다.

(3) 억상 정책

① **상공업자의 영업 규제** : 정부는 상공업자가 허가 없이 마음대로 영업하는 것을 규제하였다. 이것은 당시 사대부들이 물화의 수량과 종류를 국가가 통제하지 않고 자유 활동에 맡겨 두면 사치와 낭비가 조장되며, 농업이 피폐해져 빈부의 격차가 커지게 된다고 생각하였기 때문이었다. 당시 사회에서는 사·농·공·상 간의 직업적인 차별이 있어 상공업자들이 제대로 대우받지 못하였다.

② **유교적 경제관** : 검약한 생활을 강조하는 유교적인 경제관으로 소비는 억제되었고, 도로와 교통수단도 미비하였다.

③ **자급자족적 농업 경제** : 자급자족적인 농업 중심의 경제로 인하여 화폐 유통, 상공업 활동, 무역 등이 부진하였다. 정부는 화폐를 만들어 보급, 유통시키려 하였으나, 약간의 저화와 동전, 삼베, 무명, 미곡과 함께 사용되었다.

④ **16세기 이후의 통제 약화** : 16세기에 이르러 국가의 농민에 대한 통제력이 약화 되고 상공업이 발전하면서 상공업에 대한 통제 정책은 해이해졌다. 이후, 상공업 에 대한 통제 체제가 무너져 가면서 국내 상공업과 무역이 활발하게 전개되었다.

2. 과전법의 시행과 변화

(1) 과전법의 시행(공양왕 3, 1391)

① **토지제 운영의 방향** : 조선은 고려와 마찬가지로 관리들의 경제 기반을 보장하고 국가 재정을 유지하는 방향으로 토지 제도를 운영하였다.

② **과전법 시행의 목적**

　㉠ **국가 재정 기반과 신진 사대부의 경제적 기반의 확보** : 고려 후기 이래 누적 된 토지 제도의 모순을 해결하기 위해 고려 말 만들어진 과전법은 국가 재정 기반과 조선 건국에 참여한 신진 사대부 세력의 경제적 기반을 확보하기 위 한 것이기도 하였다.

　㉡ **농민 생활 안정에 기여** : 과전법을 비롯한 조선의 일련의 토지 제도는 비록 경작 제도를 완전히 철폐하여 자영 농민 경제를 확립하는 데에는 미치지 못 했으나, 병작반수제 금지, 수조율의 경감, 경작권의 자의적 박탈 금지 등을 규정하여 농민 생활 안정에 기여하였다.

(2) 과전법의 내용과 한계

① **과전법의 내용** : 과전법은 고려 말 전제 개혁을 마무리한 토지 제도의 근간이다. 이 법에는 토지를 나누어 주는 규정, 조세의 규정, 땅 주인과 소작인에 대한 규 정, 토지 관리 규정 등이 포함되어 있다.

② **과전법의 특징** : 과전법에서 토지를 나누어 주는 주요 대상은 왕실을 비롯하여 국가 기관, 지방 관부, 공공 기관, 관료, 벼슬이 없는 관인, 이(吏) 등이었으나 사 전 재분배의 중심이 된 것은 관료에게 나누어 준 과전이었다. 과전법은 농민의 생활 안정을 위하여 농민의 토지 경작권을 보장하고, 10분의 1조를 공정하게 하 며 병작반수를 금하였다. 과전법에서는 과전의 지급을 경기도에 있는 토지로 한 정하였다.

③ **과전법의 세습** : 죽은 관료의 가족들이 생계를 유지할 수 있도록 하기 위하여 받 았던 토지 중 일부를 미망인에게 수신전을, 유자녀에게 20살까지 휼양전 등으 로 다시 지급하였다.

▼ **과전법**
고려의 문란한 토지 제도를 바로 잡기 위하여 1391년(공양왕 3) 사전 개혁을 단행하여 새로운 전 제(田制)의 기준으로 삼은 토지 제 도를 말한다.

▼ **휼양전**
과전을 지급받은 관리와 그 부인이 모두 사망할 경우, 어린 자식이 해 당 토지의 수조권을 상속하는 제도

④ **과전법의 한계** : 과전은 현직 관리뿐 아니라 전직 관리에게도 여전히 지급되었고, 수신전과 휼양전 등의 세습으로 새로 관직에 진출한 관리에게 줄 토지가 부족하게 되는 현상이 발생하였다.

3. 직전법과 관수 관급제 시행

(1) 직전법(세조 12, 1466)의 시행

① **과전법의 폐지** : 과전의 결수가 감소하여 신진 관료에게 줄 토지가 부족하게 되자 과전법은 유지가 어려워 폐지되고 15세기 후반에 직전법으로 바뀌었다.

② **현직 관리에게만 수조권 지급** : 과전법이 현직 관료와 퇴직 관료에게 토지를 지급하던 것과는 달리 직전법은 현직 관료에게만 토지를 나누어 주었다. 또 관료의 유가족에게 나누어 주던 수신전, 휼양전이 폐지되었다.

③ **관리의 토지 소유 욕구 자극** : 직전법 실시 결과 관리의 토지 소유 욕구를 자극하여 농민 수탈이 가중되고 농장이 확대되었다.

(2) 관수 관급제(성종 1, 1470)의 시행

① **실시 배경** : 수조권을 받은 자는 스스로 그 해 생산량을 조사하여 과전법의 경우 10분의 1을 농민에게 세금으로 거두었다. 이 과정에서 수조권을 가진 양반 관료가 이를 남용하여 과다하게 수취하는 일이 잦았다. 이를 시정하기 위해 성종 때 직전제는 다시 지방 관청에서 그 해 생산량을 조사해 거두고, 관리에게 나누어 주는 방식인 관수 관급제로 바뀌게 되었다.

② **결과** : 양반 관료들이 수조권을 빌미로 토지와 농민을 지배하는 방식은 사라지고, 국가의 토지 지배권이 강화되었으나 관리의 토지 소유 욕구를 더욱 자극하게 되었다.

(3) 직전법의 폐지(명종 11, 1556)

① **직전법 폐지** : 16세기 중엽 직전법이 폐지되어 수조권 지급 제도가 없어지고 관리들은 녹봉만 받게 되었다.

② **지주제의 확산**

　　㉠ 토지 사유 관념의 확대 : 토지의 생산성이 향상되고, 토지 사유 관념이 확산
　　　됨에 따라 토지 소유는 양반 지주 중심으로 보다 편중되어 갔다.

　　㉡ 병작반수제의 적용 : 원래 각각의 토지에는 실제 소유자가 있었으며, 수조율
　　　에 있어서도 사전의 대부분은 병작반수제가 적용되고 있었다.

　　㉢ 지주 전호제의 일반화와 농민 수탈 : 양반 지주들의 대토지 집적 현상은 토지
　　　소유관계에 있어서 지주 전호제를 강화시켰고, 사적 소유권과 병작반수제에
　　　입각한 지주제는 16세기 직전법의 소멸과 함께 더욱 확산되었다. 지주 전호
　　　제가 일반화되면서 대부분의 농민은 생산의 2분의 1을 지주에게 바쳐야 했
　　　기에 생활이 어려워졌다.

더 알아보기➕

토지제의 변화▼

구분	과전법	직전법	관수 관급제	직전법 폐지
시행 시기	공양왕(1391)	세조(1466)	성종(1470)	명종(16세기)
지급 대상	전·현직 관리	현직 관리	현직 관리	–
배경	권문세족의 농장 확대에 따른 재정 궁핍	경기의 과전 부족	과전에 대한 과도한 수취	직전법 체제 붕괴
목적	사대부 관료의 경제적 기반 확보	토지 부족 현상 해결	국가의 농민과 토지에 대한 지배력 강화	관리의 생계 수단 마련
원칙	경기에서만 지급, 병작반수 금지	현직에만 지급	수조권의 국가 귀속	녹봉만 지급
영향	농민의 경작권 보장	훈구파의 농장 확대	농장 확대 가속화	농장의 보편화

▼ **토지제 변천 결과**

과전법 → 직전법 → 관수 관급제의 실시는 결과적으로 전주 전객제의 약화, 지주 전호제의 확대로 국가의 토지에 대한 지배권은 오히려 약화되고, 양반 관료의 토지에 대한 사적 지배력이 강화되었다.

4. 수취 체제의 확립

(1) 수취 제도

조선의 수취 제도는 토지에 부과되는 조세, 집집마다 부과되는 공납, 호적에 등재된 정남에게 부과되는 군역과 요역 등이 있었는데, 이것은 국가 재정의 토대를 이루었다.

(2) 조세

① **원칙** : 조선 시대의 토지 소유자는 원칙적으로 국가에 조세를 납부할 의무가 있었다.

② **소작 농민의 대납** : 토지 소유자인 지주들은 소작 농민에게 그 세금을 대신 내도록 강요하는 경우가 많았다.

③ **수확량에 따라 세액 조정** : 조세는 과전법의 경우 수확량의 10분의 1을 내는데, 1결의 최대 생산량을 300두로 정하고, 매년 풍흉을 조사하여 그 수확량에 따라 납부액을 조정하였다.

④ **전분 6등법 · 연분 9등법** : 세종 때 조세 제도를 좀 더 체계적으로 운영하고자 토지 비옥도와 풍흉 정도에 따라 전분 6등법▼, 연분 9등법▼으로 바꾸고, 조세 액수를 1결당 최고 20두에서 최하 4두를 내도록 하였다.

▼ **전분 6등법**
토지를 비옥도에 따라 6등급으로 구분하여 차등 수세

▼ **연분 9등법**
농작 풍흉에 따라 9등급(20두~4두)으로 구분

> **더 알아보기 ➕**
>
> **전세의 실제 양**
> - 조세 : 수확량의 1/10(≒ 30두)
> - 꼴과 짚을 납부할 의무(소, 말의 사육) : 1결당 짚 10속(= 쌀 10말)을 부담
> - 전세를 수송할 의무 : 토지 1결당 약 8말 → 1결당 대략 48~50말 부담(1/6)

⑤ **양안의 작성** : 국민의 조세 부담을 고르게 하기 위해 20년마다 양안을 작성하였다. 이것으로 농민 부담이 가벼워진 것은 아니었으며, 대부분의 농민은 소작농이어서 농민 부담은 대체로 수확량의 2분의 1이었다.

⑥ **조세의 운반과 잉류 지역** : 군현에서 거
둔 조세는 강가나 바닷가의 조창으로
운반하였다가 전라도 · 충청도 · 황해도
는 바닷길로, 강원도는 한강, 경상도는
낙동강과 남한강을 통하여 경창으로 운
송하였다. 평안도와 함경도는 잉류 지
역으로 국경에 가깝고 특히 평안도는
사신의 내왕이 잦은 곳이라서, 그 지역
조세는 군사비와 사신 접대비로 썼다.
또한 제주도는 쌀이 많이 나지 않고, 바
닷길이 험한 데다 운송거리가 멀어 조
운에서 제외되었다.

조선 시대 조운로

(3) 공납

① **공물의 할당과 수납** : 공물은 고려 시대
처럼 각 지역 토산물을 조사하여 중앙
관청에서 군현에 물품과 액수를 할당하면, 각 군현은 각 가호에게 다시 할당(인
두세의 성격)하여 거두었다.
② **공물의 종류** : 공물에는 각종 수공업 제품과 광물, 수산물, 모피, 과실, 약재 등
이 있었다.
③ **공납의 어려움** : 공물의 생산량이 점차 감소하거나 생산지 변화로 인하여 납
부 기준에 맞는 품질과 수량을 맞추기 어려우면 그 물품을 다른 곳에서 구입
해 납부하였다. 이 때문에 공물은 전세보다 납부하는 데 어려움이 많았고 그
부담도 훨씬 컸다.

(4) 역

① **군역 · 요역의 대상** : 16세 이상의 정남▼에게는 군역과 요역의 의무가 있었다.
② **군역** : 군역에는 일정 기간 군사 복무를 위해 교대로 근무해야 하는 정군과, 정
군이 복무하는 데 드는 비용을 보조하는 보인이 있었다. 또한, 현직 관리 · 서
리 · 향리 등은 관청에서 일하기 때문에 군역에 복무하지 않았다.
③ **요역** : 가호를 기준으로 정남의 수를 고려하여 뽑아 성, 왕릉, 저수지 등 토목 공
사에 동원하였다.

▼ 정남
장정 남자라는 뜻으로, 보통
16~60세까지의 역에 동원되는 남
자를 의미한다.

(5) 기타 세금과 지출용도

국가 재정은 조세, 공물, 역 이외에 염전, 광산, 산림, 어장, 상인, 수공업자 등이 내는 세금으로 마련하였다. 국가는 재정을 군량미나 구휼미로 비축하고 나머지는 왕실 경비, 공공 행사비, 관리 녹봉, 군량미, 빈민 구제비, 의료비 등으로 지출하였다.

5. 수취 제도의 문란

(1) 수취 제도의 폐단 발생

16세기에 수취 제도의 운영 과정에서 폐단이 심해지면서 몰락 농민이 증가하였다.

(2) 공납의 폐단

① **방납**▼ : 공납에서는 중앙 관청의 서리들이 공물을 대신 내고, 그 대가를 많이 챙기는 방납이라는 폐단이 나타났다. 방납이 증가할수록 농민 부담도 증가했기 때문에, 공물의 부담을 감당하지 못한 농민이 도망을 하면 그 지역의 이웃(인징)이나 친척(족징)에게 대신 내게 하였다(연좌제).

② **폐단 개선의 노력** : 농촌 사회를 안정시키기 위하여 공납의 폐단을 개선하려는 시도가 있었다. 어떤 지역에서는 공물을 현물 대신 쌀로 걷는 수령도 나타났으며, 이이와 유성룡 등은 공물을 쌀로 걷는 수미법을 주장하여 잠시 실시되기도 하였다.

(3) 군역의 폐단

① **요역 동원 문제**

㉠ 군역의 요역화 : 농민 생활이 점차 어려워지고 군역이 요역화되면서 요역 동원으로 농사에 지장을 초래하게 되자 농민들이 요역 동원을 기피하였다.

㉡ 군역의 기피 : 이에 농민 대신에 군인들을 왕릉 축조, 성곽 보수 등 각종 토목 공사에 동원하게 하였는데, 군인들도 힘든 군역을 기피하였다.

② **방군수포와 대립의 불법 성행** : 장기간 평화가 지속되면서 관청이나 군대에서 군역에 복무해야 할 사람에게 포를 받고 군역을 면제하는 방군수포와 다른 사람을 사서 군역을 대신하게 하는 대립이 불법적으로 행해졌다.

▼ 방납의 폐단

공물의 종류와 수량은 국가에서 소요되는 것을 기준으로 책정하기 때문에 천재(天災)를 입었다 하더라도 감면되기 어렵다. 더욱이 그 지방에서 생산되지 않는 토산물까지 부과하여 백성은 현물을 외지(外地)에 가서 사와서 납부하기도 하였다. 이러한 어려움 속에 상인·관원이 끼어들어 백성 대신 공물을 대납해 주고 그 대가로 막대한 이득을 붙여 착취하였다. 또, 직접 공납하려 하여도 방납자와 악덕 관원이 결탁하여 관청에서 물품을 수납할 때 그 규격을 검사하면서 불합격품은 이를 되돌려 다시 바치게 하는 점퇴(點退)가 행해졌다. 백성은 이 점퇴의 위협 때문에 이후의 막대한 손실을 무릅쓰고 공물을 방납자들이 대납하도록 맡겼다.

③ **과중 부담으로 농민 생활 악화** : 군포 부담의 과중과 군역 기피 현상으로 도망하는 자가 늘어나 군적▼도 부실해졌다. 각 군현에서 정해진 액수를 맞추기 위해 남아있는 사람에게 그 부족한 군포를 부담시키자 농민들의 생활은 더욱 어려워졌다.

▼ 군적
호적을 근거로 만든 군역 동원 장부

(4) 환곡의 폐단

① **환곡제의 폐해** : 환곡제는 농민 생활을 안정시키기 위해 곤궁한 농민에게 곡물을 빌려 주고 10분의 1 정도의 이자를 거두는 것이었다. 그러나 지방 수령과 향리들은 정한 이자보다 많이 거두어 사적으로 사용하는 폐단이 나타났다.

② **농민 생활의 악화와 유민의 도적화** : 농민 생활이 악화되면서 유민이 증가하였는데, 유민들 중 일부는 도적이 되어 양반들과 중앙 정부에 바치던 물품을 빼앗기도 하였으며, 도성에까지 출몰하는 사건이 일어나기도 하였다. 그중 명종 때 황해도와 경기도 일대에서 활동한 임꺽정이 대표적이다.

6. 양반 지주의 생활

(1) 양반의 경제 기반

양반의 경제 기반은 과전, 녹봉, 그리고 자신 소유의 토지와 노비 등이 있었다. 그들은 대부분 지주였으며, 주 수입원은 토지와 노비였다.

(2) 양반 소유의 토지

① **비옥한 지역에 집중** : 양반 소유의 토지는 비옥한 토지가 많았던 경상도, 전라도, 충청도 지역에 집중되어 있었고, 규모가 커서 농장의 형태를 이루고 있었다.

② **토지의 경작과 관리**

㉠ **병작반수** : 양반은 자기 소유의 토지를 노비에게 직접 경작시켰다. 그러나 토지의 규모가 커서 노비의 노동력만으로 경작할 수 없으면 그 주변 농민에게 생산량을 절반씩 나누어 가지는 병작반수의 형태로 소작을 시켰다.

ⓛ 양반의 농장 경영 : 양반은 자기 토지가 있는 지역에 집과 창고를 지어 놓고 직접 노비를 감독하고 농장을 살피기도 하였지만, 대개 친족을 그 곳에 거주시키면서 대신 관리하게 하였다. 때로는 노비만 파견하여 농장을 관리하는 경우도 있었다.

ⓒ 농장의 확대 : 농장은 15세기 후반에 이르러 더욱 증가하였다. 농장주들은 유망민들을 모아 자신 소유의 노비처럼 만들어 자신의 토지를 경작하게 하였다.

(3) 노비의 보유

① **재산의 한 형태** : 양반들은 재산의 한 형태로 노비를 가지고 있었다. 조선 전기에 양반은 10여 명에서 많게는 300여 명이 넘는 노비를 소유하고 있었다.

② **소유 노비의 증가** : 이들은 노비를 사기도 하였지만, 주로 자신이 소유한 노비가 출산한 자녀는 노비가 되는 법에 따라 노비 수를 늘리기도 하고, 자신이 소유한 노비를 양인 남녀 혼인을 시켜 늘리기도 하였다.

③ **노비의 관리와 신공** : 양반은 노비에게 가사를 돌보게 하거나 농경에 종사시키고, 옷감을 짜게 하였다. 양반은 외거 노비에게 매년 신공으로 포와 돈을 거두었다.

7. 농민 생활의 변화

(1) 초기 농민 생활의 안정

조선 정부는 세력가들이 농민의 토지를 빼앗는 행위를 엄격히 규제하고 농업을 권장하였다. 농민들도 농업 생산력을 향상시키려고 노력하여 농민 생활은 이전보다 나아졌다.

(2) 정부의 안정적 기반 마련

① **농사 기반 마련과 농업 생산력 향상** : 정부는 개간을 장려하고, 각종 수리 시설을 보수 · 확충하는 등 안정적으로 농사지을 수 있는 기반을 마련하였으며, 농업 생산력을 높이기 위해 「농사직설」, 「금양잡록」 등을 간행 · 보급하였다.

② **수리 시설 축조와 중국 농업 기술 도입** : 양반들도 간이 수리 시설을 만들고, 중국의 농업 기술을 도입하는 등 농업에 관심이 높았다.

(3) 농업 기술의 발달

① **2년 3작과 모내기(이앙법) 보급** : 조선 초기 농본정책으로 농업 기술이 발달하여 농업 생산력이 크게 증가하였다. 밭농사에서는 조 · 보리 · 콩의 2년 3작이 널리 시행되었고, 논농사▼에서는 고려 말 이래 남부 지방 일부에서 벼와 보리의 이모작(그루갈이)과 모내기법(이앙법)이 실시되었으나, 정부는 가뭄에 따른 피해를 우려하여 모내기법을 억제하기도 하였다.

② **시비법의 발달** : 밑거름과 뒷거름을 주는 각종 시비법이 발달하여 해를 걸러서 휴경하지 않고 매년 농경지를 경작하게 되었다. 이로써 고려 후기부터 진전된 농경지의 상경화 현상이 확립되고 휴경 제도가 거의 사라지게 되었다.

③ **목화의 재배** : 고려 후기 문익점에 의해 전래된 목화는 조선 전기에 거의 전국적으로 재배가 확대되어 갔다. 이를 통해 무명이 많이 생산되어 백성들은 주로 무명옷을 입게 되었고, 무명은 화폐처럼 사용되었다. 삼, 모시 등의 재배도 성행하였으며, 누에치기도 전국적으로 확산되었다.

(4) 지주제의 확대와 소작농으로의 전락

지주제가 점차 확대되면서 농민들이 자연 재해, 고리대, 세금 부담 등으로 자기 소유의 토지를 팔고 소작농이 되는 경우가 증가하였다. 이들은 지주에게 소작료로 수확의 반 이상을 내야 하는 어려운 처지에 놓였다.

(5) 정부와 지방 양반의 노력

① **농민들의 유망** : 토지를 상실한 농민이 고향을 떠나 떠돌게 되자 정부에서도 대책▼을 마련하였다.

② **구황 대책** : 정부는 잡곡, 도토리, 나무 껍질 등을 가공해 먹을 수 있는 구황 방법을 제시(「구황촬요」)하는 동시에 호패법▼, 오가작통법 등을 강화하여 농민의 유망을 막고 통제를 강화하였다.

▼ 벼농사의 변화

벼농사는 주로 직파법으로, 봄철에 비가 적은 기후 조건 때문에 마른 땅에 종자를 뿌려 일정한 정도로 자란 다음에 물을 대주는 건사리(건경법)가 이용되었고, 무논에 종자를 직접 뿌리는 물사리(수경법)도 행해졌다. 가을에 농작물을 수확한 후 빈 농지를 갈아엎어 다음해의 농사를 준비하는 가을갈이의 농사법(추경)도 점차 보급되어 갔다.

▼ 농민 유망 방지책
- 구황촬요의 보급
- 호패법 실시
- 오가작통법의 강화

▼ 호패법의 실시(태종 2, 1402)

일종의 신분증 제도로, 16세 이상의 남자는 양반으로부터 노비에 이르기까지 성명 · 출생 · 신분 및 거주지를 기록한 호패를 지참케 함으로써 군역 · 요역의 인적 · 물적 자원을 확보케 하였다. 이 호패는 서울은 한성부, 지방은 관찰사가 관장하였고, 신분에 따라 호패의 재료를 달리하였다.

8. 상업 활동

(1) 정부의 상업 통제▼

① **상점가의 설치와 시전 상인** : 조선은 한양으로 천도하면서 종로 거리에 상점가를 만들었는데, 여기에 개경에 있던 시전 상인을 한양으로 이주시켜 장사하게 하는 대신에 점포세와 상세를 거두었다.

② **시전 상인의 의무와 특권** : 태종 때 서울의 중심가인 종로와 남대문 쪽에 시전을 조성하여 상인들에게 대여하였다. 시전의 한 상점에서 한 가지 물품을 전문적으로 팔게 하는 독점판매권(금난전권)▼을 부여하였다. 그 대신에 국가에 세금을 바치고 국역의 형태로 궁중과 관청에 물품을 조달하도록 하였다.

③ **경시서(평시서)** : 상인들의 불법적인 상행위를 통제하기 위해서 경시서를 두었는데, 여기에서는 도량형(度量衡)을 검사하고 물가를 조절하여 상업을 통제하였다.

④ **육의전** : 16세기 이후 시전 중에서 명주, 종이, 어물, 모시, 삼베, 무명을 파는 점포가 가장 번성하였는데, 이를 육의전이라고 불렀다.

(2) 장시의 등장과 확대

① **장시의 등장과 증가** : 15세기 후반부터 농업 생산력이 풍부한 전라도 지역에서 가장 먼저 등장하기 시작한 장시는 서울 근교와 지방에서 농업 생산력 발달에 힘입어 16세기 중엽에 전국적으로 확대되었다.

② **정부의 억제와 정기 시장으로의 정착** : 농민들이 농업을 버리고 상업에 몰릴 것을 염려한 정부는 장시의 발전을 억제하였으나 일부 장시는 정기 시장으로 정착해 나갔다.

③ **보부상의 활동** : 보부상들이 장시를 통해 농산물, 수공업 제품, 수산물, 약재 등을 판매하여 유통시켰다.

(3) 화폐 유통의 부진

조선 태종 때 사섬서▼를 설치하고 저화(조선 최초 지폐, 태종 1, 1401)를 발행하였고, 이후 조선통보(세종 5, 1423), 세조 때 팔방통보(유사시 화살촉으로 사용) 등을 만들어 화폐를 유통시키려 하였으나 부진하였다. 농민들은 화폐 대용으로 곡물과 직물 등 물품 화폐가 주로 유통되었다.

▼ **조선의 상업**

조선은 고려보다도 상업 활동에 대한 통제를 강화하였는데, 농민들이 농토를 버리고 상업에 종사함을 막기 위해 농업을 장려하고 상업을 말업으로 간주하는 무본 억말 정책을 썼다. 그러나 농업과 수공업이 발전하여 상품유통도 활발해지자 대도시를 중심으로 상업지가 형성되었다.

▼ **금난전권**

• 육의전으로 대표되는 시전이 소유
• 특정 상품에 대한 독점판매권
• 정조 때 육의전을 제외한 금난전권 철폐

▼ **사섬서**

조선 시대에 저화의 발행과 노비가 공납하는 면포를 관장한 관청이다. 1401년에 설치되었는데 1460년에 이를 사섬시로 고쳤다.

조선 전기의 사회

1. 양천(良賤) 제도와 반상(班常) 제도

(1) 양천 제도의 법제화▾

① 양인 : 양인은 과거에 응시하고 벼슬길에 오를 수 있는 자유민으로 조세, 국역 등의 의무를 지녔다. 양인은 직업·가문·거주지 등에 따라 양반·중간층·상민으로 구분되고, 이에 따른 사회적 역할 분담이 이루어지고 있었다. 이들 신분층 간에는 구분이 엄격하고 상호 교류가 억제되어 있었다.

② 천인 : 개인 및 국가 기관에 소속되어 천역을 담당하였던 비자유민으로 노비·백정·창기·무당·광대·진척 등이 해당되었다.

(2) 반상 제도

① 양반·중인·상민·천민 제도의 정착

㉠ 문·무과 과거 합격자(문무 현직 관리)를 지칭하는 직업적 의미의 양반은 세월이 흐를수록 하나의 신분으로 굳어져 갔고, 양반 관료를 보좌하던 중인도 신분층으로 정착되어 갔다.

㉡ 양반·중인·상민·천민의 신분 제도가 점차 정착되었다.

㉢ 중종 때 군적수포제의 실시 이후 반상의 구분은 더욱 뚜렷해졌다.

② 신분 이동

㉠ 엄격한 신분제 사회 : 조선 시대는 엄격한 신분제 사회였으나, 신분 이동이 가능하였다. 즉, 양반이 반역죄로 노비가 되거나, 몰락하여 중인이나 상민이 되기도 하였으며, 반대로 중인 또는 상민이나 노비가 과거나 군공 등을 통해 양반이 되기도 하였다. 또한 평민들은 납속이나 족보 위조, 학생 사칭 등의 방법으로 양반 행세를 하기도 하였다.

㉡ 양인의 과거 응시 : 법적으로 양인이면 누구나 과거에 응시하여 관직에 진출할 수 있었다.

③ 신분 제도의 특징 : 조선 사회는 고려 사회에 비해 개방적이었지만 지배층인 양반과 중인, 피지배층인 상민과 천민이 존재하는 점에서 아직 신분 사회의 틀을 벗어난 것은 아니었다.

▼ 신분제의 변화
- 고대 : 귀족, 평민, 천민
- 고려 : 귀족, 중류층, 양인, 천민
- 조선 초기(15세기) : 양인, 천인
- 조선 중기(16세기) : 양반, 중인, 상민, 천민

2. 양반

(1) 양반층의 분화

① **양반의 의미** : 조선 초기(15세기)의 양반은 현직 문·무 관리만을 지칭하며 성취 지위의 개념이다. 즉, 세습 신분이 아니다. 조선 중기(16세기)부터는 양반의 개념이 유학을 공부하는 선비를 상징하는 사족화가 된다. 즉, 과거를 공부하는 계층으로 하나의 세습 신분으로 자리를 잡는다.

② **양반의 기득권 유지 조치** : 일단 지배층이 된 양반 사대부들은 자신들의 기득권을 지키기 위하여 지배층이 더 이상 늘어나는 것을 막기 위한 조치를 취하였다.

　　㉠ 사족으로 인정하는 경우 : 이들은 문무 양반의 관직을 받은 자만 사족으로 인정하였다.

　　㉡ 서얼의 차별 대우 : 양반들은 첩에서 난 소생들을 서얼이라고 하여 차별하였고, 정부에서는 이들의 관직 진출을 제한하였다.

(2) 양반의 생활과 특권

① **관직 독점** : 양반은 토지와 노비를 많이 소유하고 과거, 음서, 천거 등을 통하여 국가의 고위 관직을 독점하였다. 양반은 경제적으로는 지주층이며, 정치적으로는 관료층이었다.

② **특권** : 이들은 생산에는 종사하지 않고 오직 현직 또는 예비 관료로 활동하거나 유학자로서의 소양과 자질을 닦는 데 힘썼다. 조선은 각종 법률과 제도로써 양반의 신분적 특권을 제도화하였다. 무엇보다도 양반은 각종 국역을 면제받을 수 있었다.

③ **사회적 신분** : 양반들은 사회적 신분을 자손 대대로 유지하기 위하여 관료 지향적 삶을 영위하였고, 청금록·향안 등으로 불리는 양반 명부에 이름을 올리고 행세하였다. 그렇다고 모든 양반이 항구적으로 신분이 세습되었던 것은 아니며, 평민이 양반으로 신분 상승하는 경우도 있었다.

④ **양인 신분의 분화** : 양반이 하나의 사회 신분으로 고정되어 가면서 양인은 점차 양반, 중인, 상민으로 분화되어 갔다.

3. 중인·상민·천민

(1) 중인

① 중인의 의미와 형성 시기

　㉠ 의미 : 중인은 넓은 의미로는 양반과 상민의 중간 신분 계층을 뜻하고, 좁은 의미로는 기술관만을 의미하며, 서리, 향리, 기술관, 군교, 역리, 서얼(중서)이 있다.

　㉡ 형성 시기 : 중인은 15세기부터 형성되어 조선 후기에 하나의 독립된 신분층을 이루었고, 17세기 이후 신분 상승 운동을 주도하였다.

② 중인의 종류와 사회적 대우▼

　㉠ 서리 · 향리 · 기술관 : 중앙과 지방에 있는 관청의 서리와 향리 및 기술관은 직역을 세습하고, 같은 신분 안에서 혼인하였으며, 관청에서 가까운 곳에 거주하였다.

　㉡ 서얼 : 서얼은 중인과 같은 신분적 처우를 받아 중서라고도 불리었다.

　㉢ 과거 응시의 제한 : 문과에 응시하는 것이 금지되었고, 간혹 무반직에 등용되기도 하였다.

　㉣ 전문 기술 · 행정 실무 담당 : 중인은 양반에게서 멸시와 하대를 받았으나, 대개 전문 기술이나 행정 실무를 담당하였으므로 나름대로 행세할 수 있었다. 예를 들어, 역관은 사신을 수행하면서 무역에 관여하여 이득을 보았으며, 향리는 토착 세력으로서 수령을 보좌하면서 위세를 부리기도 하였다.

(2) 상민(평민 · 양민)

① 농민 : 대부분의 농민은 조세, 공납, 부역 등의 의무를 지고 있었다. 이러한 조세는 때에 따라 농민들의 생계를 위협할 정도로 과중하였다.

② 수공업자 : 수공업자는 공장으로 불리며, 관영이나 민영 수공업에 종사하였는데, 이들에게는 장인세가 부과되었다.

③ 상인 : 상인은 시전 상인과 행상 등이 있었는데, 국가의 통제 아래에서 상거래에 종사하였다. 조선은 농본억상 정책을 취하였기 때문에 상인은 농민보다 아래에 위치하였다.

④ 신량역천 : 양인 중에도 천역을 담당하는 계층이 있었는데, 이들을 신량역천이라 하였다. 이는 노비로 몰락한 양인을 조사하여 다시 양인으로 환원시키는 과정에서 나타나게 되었다. 이들은 실제 양인 신분이지만 천역에 종사하고 있는 계층으로 조예(문관청의 사령), 일수(지방 관청의 하인), 나장(무관청의 사령), 역보(역졸), 조군(조운선의 사공), 수군(해군), 봉군(봉수대 수직자) 등의 일에 종사하는 자들을 지칭한다.

▼ 중인의 차별 대우

이들은 6조와 3사 등의 일반 관직에 나아갈 수 없었고, 한품서용제에 의해 관직 · 승진에도 제한이 있었다. 또한 지방 양반의 명단인 향안에 등록되지 못하였고, 향교에서도 양반 아래 앉아야 하는 등 양반에 의해 천시를 받았다. 양반들은 중인을 행정사역인으로 부리기 위하여 이들을 신분적으로 얽어매고 관념적 · 제도적으로 철저히 차별하였다.

(3) 천민

① **천민의 종류** : 천민은 노비, 백정, 광대, 창기, 무당, 승려 등으로 그중 대부분을 차지하는 것은 노비였다.

② **노비의 사회적 대우**

　㉠ 비자유민 : 노비는 비자유민으로 교육 기회나 관직 진출 경로가 막혀 있었다. 노비는 재산으로 취급되어 매매 · 상속 · 증여의 대상이었고, 혼인하여 가정을 이룰 수 있었으나 주인에게 예속되어 생활의 자율권이 없었다.

　㉡ 일천즉천 : 부모 중 한쪽이 노비일 때, 그 소생 자녀도 자연히 노비가 되는 제도가 일반적으로 시행되었다. 노비가 양인과 결혼하는 것은 원칙적으로 금지되어 있었으나, 양반들의 노비 증식책에 따라 공공연히 자행되었다.

③ **공노비와 사노비**

　㉠ 공 · 사노비 : 조선 시대의 노비는 공 · 사노비로 이 중 사노비가 많았다.

　㉡ 노비의 분류 : 공노비▼는 공역 노비와 외거 노비로 나뉘고, 사노비는 솔거(입역) 노비와 외거(납공) 노비로 나뉜다.

　㉢ 솔거 노비와 외거 노비 : 솔거 노비는 주인에게 완전히 예속되고 외거(납공) 노비는 양인과 별 차이 없이 자기 재산을 소유하고 독립적인 가옥을 형성하며 주인에게는 신공의 의무가 있었다. 외거 노비는 축척된 부로 신분 상승이 가능하였고 노비를 거느릴 수도 있었다.

▼ **유외잡직(流外雜職)**
공노비의 경우 좁은 기회였지만 유외잡직(流外雜織)이라는 하급 기술직에 임명될 수도 있었다. 또한 노비뿐 아니라 장인이나 상인도 나갈 수 있었다. 이들은 공조 · 교서관 · 사섬시 · 조지서 · 사옹원 · 상의원 · 사복시 · 군기시 · 장악원 · 소격서 · 도화서 등의 관청에 소속되었다.

4. 사회 정책과 사회 제도

(1) 사회 시설

① **의창**

　㉠ 빈민 구제 기관 : 고려 성종 5년(986)에 설치한 빈민 구제 기관으로 조선 시대에도 계속되다가 중종 20년(1525)에 진휼청의 설치로 폐지하였다.

　㉡ 곡식 대여와 원곡의 회수 : 춘궁기에 빈민들에게 양식과 종자를 빌려 주고, 가을에 원곡만을 회수하는 환곡 제도는 원래 의창이 맡은 것이었으나, 의창의 원곡이 부족하여 그 기능을 수행하지 못하게 되자 물가 조절을 맡은 상평창에서 이를 대신 맡게 하였다.

② **상평창** : 고려 성종 12년(993)에 설치한 물가 조절 기관으로 의창에서와 같이 춘궁기에 농민에게 곡식을 대여해 주었다. 조선 세조 때 다시 설치되었다가 17세기에 진휼청과 함께 선혜청으로 귀속되었다.

③ 사창

    ⊙ 지방 자치의 곡물 대여 기관 : 각 지방의 행정 단위에 설치한 곡물 대여 기관
이다. 의창, 상평창의 환곡 제도 등이 국가 기관에서 운영된 것과 달리 사창
의 진휼책은 주민 자치로 운영되었다.

    ⓛ 향촌 사회 안정책 : 사창은 원래 향약과 더불어 향촌 사회 안정을 위해 지방
양반 지주층에 의해 운영된 것으로 재난에 대비하였다.

(2) 의료 시설

① 혜민국(혜민서) : 수도권 내 서민 환자의 치료와 약재 판매를 담당하였다.

② 제생원 : 지방민 구호와 진료를 맡았다. 세조 때 혜민국에 합병되었다.

③ 동 · 서 활인서 : 고려의 동 · 서 대비원을 계승하여 여행자, 유랑자의 수용과 구
휼을 담당하였으며 세조 때 활인서로 개칭하였다.

(3) 사회 시책의 한계성

여러 사회 시책이 시행되었지만 농민 문제에 대한 근본적 대책일 수 없었고, 다만
최소한의 생활을 보장하여 농토에서 농민 유망을 방지하기 위한 미봉책에 불과하
였다. 오히려 정부는 오가작통법, 호패법▼ 등을 통해 강압적으로 농민 이탈을 통제
하고자 하였다.

▼ 호패

일종의 주민 등록증으로, 조선 시
대 16세 이상의 모든 남자가 지참
하여 유민을 막고 군역 · 요역의 인
적 자원을 확보하게 하였다. 신분
에 따라 호패 재료를 달리하였고 3
년마다 재작성하였다.

5. 법률 제도

(1) 형법

조선 시대에는 관습법으로 사회 질서를 유지한 고려 시대와 달리, 「경국대전」과
「대명률」로 대표되는 법전에 의해 형벌과 민사에 관한 사항을 규율하였다. 이 중에
서 형벌에 관한 사항은 「경국대전」의 '형전'에 있었으나 일반적으로는 대부분 중국
법전인 「대명률」을 적용하였다. 다만, 서로 중복되는 내용에 있어서는 「경국대전」이
우선 적용되었다.

① 범죄의 유형 : 범죄 중에서 가장 무겁게 취급된 것은 반역죄와 강상죄였다. 이
같은 범죄에는 범인은 물론이고 부모, 형제, 처자까지도 함께 처벌하는 연좌제
가 시행되었다. 심한 경우에는 범죄가 발생한 고을의 호칭이 강등되고, 고을의
수령은 낮은 근무 성적을 받거나 파면되기도 하였다.

▼ 대명률(大明律)

명의 기본 법전으로 태 · 장 · 도 ·
유 · 사의 5형 형벌 체제인 당률
(唐律)을 계승하면서 자자(刺字; 글
자로 문신을 새기는 형벌)와 능지
처사(凌遲處死) 같은 극형을 추가
하였다.

더 알아보기 ➕

강상죄

- 종묘사직과 관련된 문제나 불법적인 살인 사건을 제외하고는 아전이나 하인이 소속 관청의 관리를 고발하거나 품관, 아전, 백성이 관찰사나 고을 수령을 고발하는 경우는 모두 받아들이지 않고 장 100대에 징역 3년에 처한다.

  – 「경국대전」 –

- 가장 모반, 반역을 꾀했을 경우를 빼고 노비가 가장을 고소하면 모두 교수형에 처한다. 사내종의 처, 계집종의 지아비로서 가장을 고소하는 자는 장 1백 대에 귀양 3천리에 처한다.

  – 「경국대전」 –

② **형벌** : 태 · 장 · 도 · 유 · 사의 5형이 기본으로 시행되었다.

(2) 민법

① **지방관의 재판권** : 민사에 관한 사항은 제반 소송의 재판권을 가지고 있는 관찰사와 수령 등 지방관이 처리하였다. 소유권의 개념이 발달함으로써 민사를 취급하는 민법은 주로 관습에 의거하였다.

② **관습법에 의거** : 조선 시대에는 물건에 대한 소유권과 토지의 소유권 관념이 고려 시대에 비해 현저히 발달하였다. 재산 소유권의 분쟁은 문건에 의한 증거에 의존하였으며, 분쟁의 해결도 행정관의 재량으로 결정되는 수가 많았다.

③ **산송의 발생** : 초기에는 노비와 관련된 소송이 많았으나, 중기에는 남의 묘지에다 자기 조상의 묘를 쓰는 데에서 발생하는 산송이 주류를 이루었다.

④ **「주자가례」에 의거** : 성리학적 가족 윤리가 보급됨으로써 민법 중 가족 제도는 「주자가례」에 의거하였다.

(3) 사법 기관

① **특징** : 조선의 사법 기관은 행정 기관과 명확히 구분되지 않았다.

② **중앙** : 중앙에는 관리의 잘못이나 중대한 사건을 재판하는 사헌부, 의금부, 형조와 수도의 치안을 담당하는 한성부, 그리고 노비에 관련된 문제를 처리하는 장례원이 있었다.

▼ 형벌의 종류

- 태형(笞刑) : 작은 곤장으로 볼기를 치는 것으로 5형 중 가장 가벼운 형벌로 죄의 경중에 따라 10대 · 20대 · 30대 · 40대 · 50대로 나뉘었다.
- 장형(杖刑) : 큰 곤장으로 볼기를 치는 것으로, 60대 · 70대 · 80대 · 90대 · 100대로 나뉘었다.
- 도형(徒刑) : 강제 노동에 종사하게 하는 것으로 장형을 병행하기도 하였다.
- 유형(流刑) : 죄인을 지방 · 변경 · 섬 등에 유배시키는 형벌이었다.
- 사형(死刑) : 교수형이나 참수형으로 생명을 박탈하였다.

> **더 알아보기⊕**
>
> **중앙의 주요 사법 기관**
> - **사헌부** : 감찰 기관으로 시정(時政)을 논하고, 관리를 규찰하며, 풍속을 교정하는 일을 맡았다.
> - **의금부** : 왕명에 따라 왕족, 양반 등의 국사범이나 국가 반역죄 및 강상죄를 처벌하였다.
> - **형조** : 사법 행정의 감독 기관이며 복심 재판 기관이다.
> - **한성부** : 수도의 일반 행정과 함께 토지, 가옥에 관한 소송 등을 맡아 처리하였다.
> - **포도청** : 일반 평민의 범죄를 담당하였다.
> - **장례원** : 노비의 장부와 그 소송을 맡아 처리하였다.

③ **지방** : 각 지방에서는 관찰사와 수령이 각각 관할 구역 내의 사법권을 가졌다.

6. 향촌 사회의 모습

(1) 향촌과 군현제

① **향과 촌** : 향촌은 중앙과 대칭되는 개념으로, 향은 행정 구역상 군현의 단위를 말하며, 촌은 촌락이나 마을을 의미한다.

② **군현제 정비** : 조선 초기에 군현제가 정비되면서 전국을 8도로 나누어 그 아래 부·목·군·현을 두어 각각 중앙에서 지방관을 파견하였다. 군·현 아래 면·리 등이 설치되었는데, 리는 몇 개의 자연촌락으로 구성되어 있었고, 면·리에는 중앙에서 관리를 파견하지 않았기 때문에 향촌 자치 세력이 존재했다.

(2) 유향소와 경재소▼

① **유향소** : 유향소는 지방 양반들이 중심이 되어 조직한 향촌 자치 기구이다. 수령을 보좌하고 향리를 감찰하며 향촌 사회의 풍속을 바로잡기 위한 기구였다.

② **경재소** : 경재소는 중앙 정부가 현직 관료로 하여금 연고지의 유향소를 통제하게 하는 제도로서, 중앙과 지방의 연락 업무를 맡았다.

(3) 경재소 혁파 이후의 향촌

① **사족의 향촌 지배** : 경재소가 혁파되면서(1603) 유향소는 향소 또는 향청으로 명칭이 변경되고 향촌 질서도 변화하였다. 향촌 사회에서 지주로 농민을 지배하고 있던 계층은 사족들이었다. 사족들은 향안을 작성하고 향규를 제정하는 한편, 향약을 보급했다.

▼ **유향소와 경재소**
조선 시대 유향소·경재소는 고려 시대의 사심관 제도가 분화·발전한 것이다.

② **향안의 작성** : 향안은 향촌 사회 지배층인 지방 사족의 명단으로 임진왜란 전후 시기에 각 군·현마다 보편적으로 작성되었다.

③ **향회와 향규의 작성** : 향안에 이름이 오른 사족들은 그들의 총회인 향회▼를 통하여 결속을 다지고 지방민을 통제하였는데 이들 향회의 운영 규칙이 향규였다.

▼ 향회

사족 중심으로 운영한 지방 자치 회의

(4) 향약 조직의 형성

① **향약의 보급** : 지방 사족은 그들 중심의 향촌 사회 운영 질서를 강구하고 향약 등의 보급을 통하여 면·리제와 병행된 향약 조직을 형성해 나갔다. 향약은 중종 때 조광조▼에 의해 처음 시행된 이후 전국으로 확산되었다.

② **지방 사족의 지배력 유지 장치** : 향안, 향규, 향약 등은 군·현에서 지방 사족이 지배력을 계속적으로 확보하고 유지하기 위한 장치의 하나였다.

▼ 조광조

조선 중기의 인물로 현량과 실시, 소격서 폐지, 소학 교육을 통한 유교적 가치관의 생활화, 향약의 전국적 시행 등을 주장하였다.

7. 촌락의 구성과 운영

(1) 촌락의 구성

① **면·리제와 오가작통제의 운영**

㉠ **촌락 구성의 기본 단위** : 촌락은 농민 생활의 기본 단위일 뿐만 아니라 향촌을 구성하는 기본 단위로, 자연촌으로 존재하면서 면·리로 편제된 조직이다.

㉡ **향촌 지배 조직** : 정부는 조선 초기에 자연촌 단위의 몇 개의 리를 면으로 묶은 면·리제를 통해, 그리고 17세기 중엽 이후에는 오가작통제를 통하여 촌락 주민에 대한 지배를 원활히 하고자 하였다. 오가작통제는 서로 이웃하고 있는 다섯 집을 하나의 통으로 묶고, 여기에 통수를 두어 통 내를 관장하게 한 것이다.

② **반촌과 민촌의 구분**

㉠ **거주지의 구분** : 조선 시대에 신흥 사족이 향촌 지역으로 이주하면서 향촌 사회에는 주로 양반이 거주하는 반촌과 평민이 거주하는 민촌이 나타나기도 하였다.

㉡ **동성 촌락의 발전** : 양반이 거주하는 반촌은 동성의 특정 성씨만이 아니라 친족·처족·외족의 동족으로 구성되어, 다양한 성씨가 거주하다가 동성 촌락으로 발전하였다.

ⓒ 민촌의 구성 : 민촌은 대부분 평민과 천민으로 구성되었으며 다른 촌락에 거주하는 지주의 소작농으로 생활하였다.

ⓔ 농민의 이주 곤란 : 농민들의 이주는 원칙상 어려웠으나, 양반들은 자녀 균분 상속제에 따라 외가, 처가, 농장이 있는 곳으로 이주할 수 있었다.

8. 예학과 보학의 발달

(1) 예학의 발달

① 명분론 강조 : 성리학은 신분제 사회 질서를 유지하기 위해 상하 관계를 중시하는 명분론을 강조하였다.

② 예학과 삼강오륜▼ : 예학은 양반들이 성리학적 도덕 윤리를 강조하면서 신분 질서의 안정을 추구하고자 성립한 학문이며, 삼강오륜을 기본 덕목으로 강조하였다.

③ 예학 발달의 영향

    ㉠ 성리학적 사회 질서 유지 : 사림은 향약을 시행하고 도덕과 예학의 기본 서적인 「소학」▼을 보급하여 향촌 사회에 대한 지배력을 강화하였고, 가묘와 사당을 건립하여 성리학적 사회 질서를 유지하고자 하였다.

    ㉡ 신분적 우월성 강조 : 사림 간 정쟁의 구실로 이용되기도 했던 예학과 예론은 양반 사대부의 신분적 우월성을 강조하는 데 이용되었다.

(2) 보학의 발달

① 배경 : 양반 사림들은 가족과 친족 공동체의 유대를 통해 문벌을 형성하고 양반의 신분적 우위를 확보하고자, 가족의 내력을 기록하고 그것을 암기하는 보학이 발달하였다.

② 족보▼의 기능 : 족보를 통해서 안으로는 종족 내부의 결속을 다짐하였고, 밖으로는 다른 종족이나 하급 신분에 대하여 우월 의식을 가질 수 있었다. 따라서 족보는 결혼 상대자를 구하거나 붕당을 구별하는 중요한 자료로 활용되었다.

③ 족보 편찬과 보학 발달의 영향 : 족보의 편찬과 보학의 발달은 조선 후기에 더욱 활발해져 종족의 사회적 위상을 지키려는 양반 문벌 제도를 강화하는 데 기여하였다.

▼ **양반 유교 사회**
- 삼강오륜 중시 : 유교적 윤리 강조
- 가부장적 가족관 : 유교적 질서에 의해 엄격히 통제
- 대가족제 형성 : 가장의 권리 존중, 종족 관념 발달
- 남존여비 사상 : 여자의 외출 제한, 재가 금지
- 적서 차별 : 서얼차대법

▼ **소학**
송나라 때 주자가 소년을 학습·교화시킬 수 있는 내용을 모아 출간한 수양서

▼ **고려 시대와 조선 시대의 족보**
- 고려 시대 족보 : 문종 때 성씨와 혈족의 계통을 기록한 책을 관에 비치하여 과거에 응하는 자의 신분 관계를 밝히게 하였다.
- 성화보 : 최초로 완비된 족보 (안동 권씨, 1476)
- 선원록 : 조선 왕실 족보
- 양반 가문에서 편찬 : 조선 시대 족보는 국가가 아니라 양반 가문에서 편찬하였다.

9. 서원과 향약

(1) 서원

① 서원의 성격

ⓐ 서원의 지위 강화 : 서원은 성리학을 연구하고 선현에 대해 제사 지낸다는 설립 목적 이외에 지방 사족들의 지위를 강화해 주는 기능을 가지고 있었다. 사림은 지주 경영을 통해 경제 생활을 유지하였고, 서원을 토대로 학문적 기반을 구축하였다.

ⓑ 선현 제사와 교육 : 선현 제사와 교육을 주된 목적으로 하는 서원은 유교를 보급하고 향촌 사림을 결집시키는 역할도 하였다.

ⓒ 사림의 활동 기반 : 서원은 사화로 인해 향촌으로 은거하던 사림들의 활동 기반이었으며, 임진왜란 이후 급속히 발전하였다.

② **최초의 서원** : 단순 교육만 맡은 사학의 서재(서당)는 고려 말부터 있었으나, 선현을 봉사하는 사묘(사당)를 겸한 서원은 중종 38년(1543) 풍기 군수 주세붕이 안향(安珦)을 모시기 위해 세운 백운동 서원이 시작이다. 선현을 받들고 교육·연구를 하던 서원은 향교와 달리 각기 다른 사람을 제사 지냈고 운영에서도 독자성을 가지고 있었다.

③ **서원 보급의 영향**

ⓐ 학문과 교육의 지방적 확대 : 서원의 확산은 성리학을 깊이 발전시키고, 학문과 교육을 지방으로 확대시킨 데 의의가 있다. 또한 서원은 개성 있는 학문을 발달시켰고, 지방 유학자들의 사회적 위상을 높여주었다.

ⓑ 사림의 세력 기반 : 사화를 통해 탄압을 받았던 사림들은 서원을 중심으로 학파 또는 정치·사회적 결속을 강화하여 다시 뜻을 펼 기반으로 삼았다. 또 사림은 서원에 들어가 양반 지위를 보장받고 국가의 각종 부담에서 면제되었다.

ⓒ 당쟁의 근거지 : 중앙 정계에서 물러난 사림들은 서원과 향약을 바탕으로 세력을 성장시켜 당쟁의 근거지가 되었고, 서원을 통해 토지를 집적하고 족당이나 학파·당파 결속을 강화하여 당쟁에서의 정치적 기반을 다졌다.

ⓓ 국가의 지배력 약화 : 서원은 점차 향촌을 지배하는 중요한 지방 조직으로 발전하였고, 이를 거점으로 여러 자치 조직이 운영됨으로써 향촌에서의 사림의 지배권이 강화되고 국가의 지배력이 약화되었다.

(2) 향약

① **향약의 기원** : 송대 중국 여씨(呂氏) 형제들이 향민 교화를 위해 창안한 향촌 자치 규약을 이후 주자가 개정·확장시켰다.

② **향약의 성립** : 서원과 함께 지방에서 사림들의 지위를 강화하고 상민층에까지 유교 예속을 침투시켜 백성 교화에 기여한 것이 향약이었다. 조선 초기부터 군·현 단위로 유향소의 조직과 권한을 규정한 향규와 어려운 일을 당했을 때 상부상조하는 각종 계가 존재하고 있었다. 이러한 전통적 공동 조직과 미풍양속을 계승하고, 유교 질서에 입각한 삼강오륜 윤리를 가미하여 향촌 교화 규약으로 발전시킨 것이 향약이었다.

③ **향약**▼의 보급 : 중종 때 조광조 등이 처음 주자의 **여씨 향약**▼을 한때 보급하려 했으나, 성공하지 못하고 각지에서 개별 시행(1556년 이황의 예안 향약, 1571년 이이의 서원 향약과 1577년 해주 향약)되다가 사림 세력이 중앙 정계에 자리 잡던 16세기 후반부터 널리 보급되었다. 이들에 의해 시도된 향약은 우리나라 실정에 맞는 향약이었다는 데 의의가 있다.

조선 시대 서원과 향약

④ **향약의 조직** : 지방의 유력한 사림이 향약 간부인 약정 등에 임명되고, 그 밑에 도약정(회장), 부약정(부회장) 및 직월(간사)로 구성되었으며 일반 농민들은 자동적으로 포함되었다.

⑤ **향약의 역할**
　㉠ 풍속 교화 기능 : 향약은 조선 사회의 풍속 교화에 많은 역할을 하였다. 향촌 사회 질서 유지와 치안까지 담당하는 등 향촌의 자치적 기능을 충분히 발휘하였다.
　㉡ 농민 통제 기능 : 사림들이 향약을 통해 지방 자치를 구현하고자 한 데에는 농민에 대한 통제를 더욱 강화하여 자신들의 지위를 견고하게 구축하고자 하는 의도도 내포되어 있었다.

⑥ **향약 보급에 따른 영향과 부작용**
　㉠ 사림의 지위 강화 : 향촌 사회에 향약이 보급되고 면 단위의 강력한 조직이 구축됨에 따라 유교 윤리가 뿌리 내리게 되자 지방 사림의 지위는 강화되었으나 부작용도 적지 않았다.
　㉡ 주민 수탈과 풍속 저해 : 토호와 **향반**▼ 등 지방 유력자들이 주민들을 위협·수탈하는 배경을 제공하였고, 향약 간부들이 서로 다투고 모함하여 오히려 풍속과 질서를 해치는 경우가 발생하기도 하였다.

▼ **향약의 덕목**
향약은 지역에 따라 그 성격이 조금씩 달랐으나, 공통적으로 강조하고 있는 덕목은 좋은 일을 서로 권장하고(덕업상권; 德業相勸), 잘못한 일을 서로 꾸짖으며(과실상규; 過失相規), 올바른 예속을 서로 나누고(예속상교; 禮俗相交), 재난과 어려움을 서로 돕자는 것(환난상휼; 患難相恤) 등이었다. 사람들은 향약을 통해 향민에게 유교 도덕을 가르치고, 어려운 일을 도와주며 규약을 어기는 자에게는 일정한 제재를 가하여 향촌 질서를 유지하였다.

▼ **여씨 향약**
11세기 초 중국 북송 때 향촌을 교화·선도하기 위해 조직한 자치 규약

▼ **향반**
지방에 살면서 여러 대에 걸쳐 벼슬에 오르지 못한 양반

조선 전기의 문화·예술·과학 기술

1. 민족 문화의 발달 배경

(1) 15세기 문화의 발달 배경

① **민족적 · 실용적 성격** : 조선 초기에는 민족적 · 실용적 성격의 학문이 발달하여 다른 시기보다 민족 문화가 크게 발달하였다.

② **과학 기술 중시** : 당시 집권층은 민생 안정과 부국강병을 위하여 과학 기술과 실용적 학문을 중시하고 민족 문화의 발달에 노력하였다.

③ **한글 창제** : 한글을 창제하여 민족 문화 기반을 넓히고 더 발전할 수 있는 터전을 닦았다.

(2) 민족적 · 자주적 문화 발전

① **성리학 이외 학문도 수용** : 15세기 문화를 주도한 관학파 계열의 관료와 학자들은 성리학을 지도 이념으로 내세웠으나 성리학 이외 학문 · 사상이라도 중앙 집권 체제의 강화나 민생 안정 · 부국강병에 도움이 되는 것은 어느 정도 받아들였다.

② **유교 이념의 토대** : 세종 때부터 성종 때까지는 유교 이념에 토대를 두고 과학 기술과 실용적 학문을 발달시켜 민족적 · 자주적 성격의 민족 문화가 크게 발전할 수 있었다.

2. 한글의 창제

(1) 문자 창제의 필요성

① **이두 · 향찰 사용** : 일찍부터 한자를 써 오면서 이두나 향찰을 사용하였다.

② **우리 고유 문자 필요** : 고유 문자가 없어서 우리말을 자유롭게 표현할 수 없었기 때문에 일상적인 말에 맞으면서도 누구나 배우기 쉽고 쓰기 좋은 우리의 문자가 필요하였다.

③ **문자의 필요성** : 한자음의 혼란을 줄이고 피지배층을 도덕적으로 교화시켜 양반 중심 사회를 원활하게 유지하기 위해서도 우리 문자의 창제가 요청되었다.

(2) 한글의 창제와 반포

① **훈민정음 창제** : 세종은 집현전 학자인 신숙주, 성삼문, 최항, 정인지, 박팽년 등과 연구하여 세종 25년(1443)에 28자의 훈민정음을 창제하였다. 훈민정음은 세계 기록 유산으로 등록▼되어 있다.

② **양반의 반대** : 최만리, 하위지, 정창손 등 일부 유학자들과 양반 귀족들에게 환영을 받지 못하였는데, 이유는 그들이 어려운 한문을 사용하여 학문적 독점욕을 만족시키고자 했기 때문이다.

③ **훈민정음 반포** : 세종은 반대를 물리치고, 일반 백성들을 도덕적으로 교화시켜 양반 사회 체제에 순응할 수 있도록 '용비어천가' 등의 시험을 거쳐 세종 28년(1446)에 반포하여 민족 문화의 터전을 마련하였다.

(3) 한글의 보급

① **한글 작품 간행** : 조선 정부는 한글을 보급시키기 위하여 왕실 조상의 덕을 찬양하는 '용비어천가'▼, 부처님의 덕을 기리는 '월인천강지곡' 등을 지어 한글로 간행하였다.

② **한글로 번역 · 편찬** : 불경, 농서, 윤리서, 병서 등을 한글로 번역하여 편찬하였다.

③ **서리의 훈민정음 시험** : 서리들이 한글을 배워 행정 실무에 이용할 수 있도록 채용 시험을 훈민정음으로 치르게 하기도 하였다.

(4) 한글 창제의 의의

고유한 문자인 한글을 가지게 되어 일반 백성들도 문자 생활을 누리게 되었으며, 문화 민족으로서의 긍지와 자부심을 갖게 되었고, 민족 문화의 기반을 확고하게 다지고 더욱 발전할 수 있는 전기를 마련하였다.

▼ **훈민정음의 세계 기록 문화 유산 등록**
과학적이고 독창적으로 구성되어 수준 높은 문자 체계를 이루었다는 점을 인정받아 1997년 9월 세계 기록 문화 유산으로 지정되었다.

▼ **용비어천가**
조선 세종 때 지은 악장의 하나로 조선 왕조의 창업을 찬양하는 125장의 서사시이다. 이는 훈민정음으로 쓰여진 최초의 작품이다.

3. 역사서의 편찬

(1) 활발한 편찬 사업

조선 초기부터 각 방면의 학문이 크게 발달하였고, 민족적 자아를 발견하고 전통 문화를 비판적으로 계승하려는 의욕이 왕성하여 각종 편찬 사업이 활발해졌다. 각 종 서적은 대체로 유교의 입장에서 실제 사회에 유용하다고 생각되는 것들이었다.

(2) 건국 초기 사서

조선 왕조는 정통성에 대한 명분을 밝히고 성리학적 통치 규범을 정착시키기 위하 여 국가적 차원에서 역사서의 편찬에 힘썼다. 태조 때 정도전의 「고려국사」와 태종 때 권근의 「동국사략」은 그러한 성격을 지닌 대표적 역사서이다.

(3) 15세기 중엽 이후 사서

① **민족적 자각** : 15세기 중엽 이후 사회 안정과 국력 성장의 바탕 위에서 성리학적 대의명분보다는 민족적 자각을 일깨우고, 왕실과 국가 위신을 높이며 문화를 향 상시키는 방향에서 역사 편찬이 시도되었다.

② **자주적 사서와 통사 편찬** : 고려 시대 역사를 자주적 입장에서 재정리하고자 기 전체의 「고려사」와 편년체의 「고려사절요」를 편찬하였고, 우리나라 전체 역사를 편찬하려는 노력도 계속되어 성종 때 고조선부터 고려 말까지 통사로 「동국통 감」을 간행하였다.

(4) 조선 시대 통치 자료

① 「**조선왕조실록**」▼

○ 실록 편찬의 의의 : 한 왕대 역사를 후세에 남기기 위한 실록 편찬은 국가의 큰 관심사였다. 실록은 태종 때 「태조실록」이 편찬된 이래 역대 왕의 실록이 차례로 편찬되었는데, 날짜별로 그날의 주요 사건들을 자세히 기록하고 있어 조선 시대 연구의 기본 자료이며 조선 문화 수준을 한눈에 볼 수 있는 귀중한 기록 문화 유산이기도 하다.

○ 내용 : 「조선왕조실록」은 태조부터 철종까지 25대 역사적 사실을 연대순으로 서술하는 편년체로 쓴 책으로, 태종 13년(1413)에 하륜 등에게 명하여 「태조 실록」을 처음 편찬한 이래 역대왕의 실록이 차례로 편찬되었다. 각 왕의 실록 은 서울 춘추관 · 충주 · 성주 · 전주 등 4대 사고에 비치하였다.

▼ 세종실록

실록 가운데 세종실록은 유일하게 지리지가 들어 있는 실록이다.

ⓒ 편찬 방법 : 실록의 편찬 방법은 왕이 죽은 뒤에 춘추관을 중심으로 실록청을 두고 사관들이 국왕 앞에서 기록한 사초를 기준으로 「승정원일기」・「의정부 등록」・「비변사등록」・「일성록」・ 각 관청 문서를 모아 만든 시정기 등을 보조 자료로 하여 편찬하였다.

ⓔ 사고의 정비 : 세종 때 4대 사고(史庫, 춘추관・성주・충주・전주)를 정비하여 실록을 보관하였으나, 임진왜란 때 소실되어 전주 사고만 존속하여 광해군 때 5대 사고(정족산, 춘추관, 오대산, 태백산, 적상산)로 재편하였고, 현재 전하는 것은 태백산 사고본과 정족산 사고본, 적상산 사고본이다.

② **사초** : 왕과 신하의 대화를 사관이 작성하였다.

③ **「승정원일기」** : 왕의 일과와 왕과 신하 간의 오고간 문서를 취합하여 정리・작성하였다.

④ **「조선왕조의궤」**

ⓐ 성격 : 조선 왕실의 행사와 각종 사업에 대한 보고서의 성격을 가지고 있다.

ⓑ 작성 : 태조 때 최초로 편찬하기 시작하였지만, 임진왜란 때 대부분 소실되었으며 현재 남아있는 것은 임진왜란 이후에 작성된 것이다. 왕을 위한 어람용을 별도로 제작하였다.

ⓒ 수난 : 병인양요 때 강화도를 침공한 프랑스에 의해 외규장각에 있던 의궤가 약탈되었으나, 2011년 국내로 불완전하게 임대형식으로 반환되었다.

(5) 16세기의 역사서

① **사림의 존화주의▼적 역사 의식** : 16세기에는 사림의 존화주의적・왕도주의적 정치・문화 의식을 반영하는 새로운 사서가 편찬되었다. 이 시기 역사 인식 태도는 존화 사상을 바탕으로 우리나라 역사를 소중화의 역사로 파악하였다. 또한 유교 문화와 대립되는 고유 문화는 이단시되었다.

② **기자조선▼에 주목** : 16세기 역사서에서는 단군보다 기자를 더 높이 숭상하면서 기자조선에 대한 연구를 심화하였다. 박상의 「동국사략」, 이이의 「기자실기」는 그 대표적 저술이다.

③ **영향** : 사림의 역사 서술은 문화 민족이라는 자부심을 가지고, 중국을 제외한 주변 민족의 침략에 저항하는 애국심을 고양하였으나 국제 정세의 변동에 대처하는 면에서 뒤떨어지기도 하였다.

▼ 존화주의
중국을 세계의 중심으로 생각하는 중국 존중 의식

▼ 기자조선
중국 은나라 말기에 기자가 조선에 와서 단군조선에 이어 건국하였다고 전하는 나라

4. 윤리·의례서와 법전의 편찬

▼ 조선 시대 주요 윤리서
· 삼강행실도 : 조선 시대 도덕 교과서
· 효행록 : 효행 설화에 대한 최초의 집대성
· 국조오례의 : 유교적 예교 질서 확립

▼ 삼강(三綱)
유교 도덕에서 기본이 되는 세 가지 덕목으로 군위신강(君爲臣綱), 부위자강(父爲子綱), 부위부강(夫爲婦綱)을 말한다.

▼ 시기별 법전 편찬
· 14세기 : 조선경국전, 경제문감, 경제육전
· 15세기 : 속육전, 육전등록, 경국대전, 대전속록
· 16세기 : 대전후속록
· 18세기 : 속대전, 대전통편
· 19세기 : 대전회통, 육전조례

(1) 윤리 · 의례서의 편찬

① 배경 : 성리학이 조선 사회 지배 사상으로 등장하면서 유교적 질서를 확립하기 위해 윤리와 의례에 관한 서적 편찬 사업이 이루어졌다.

② 「삼강행실도」(세종) : 세종 때 모범이 될 만한 충신, 효자, 열녀 등의 행적을 그림으로 그리고 설명을 붙여 윤리서인 「삼강행실도」를 편찬하였다.

③ 「국조오례의」(성종) : 성종 때 국가 여러 행사에 필요한 의례를 정비하여 의례서인 「국조오례의」를 편찬하였다.

④ 「이륜행실도」·「동몽수지」 : 16세기에는 사림이 「소학」과 「주자가례」의 보급과 실천에 힘쓰면서 「이륜행실도」와 「동몽수지」 등을 간행하여 보급하였다.

(2) 법전의 편찬

① 통치 규범의 성문화 : 유교 정치 이념을 기반으로 하는 조선 왕조는 통치 규범을 성문화하기 위해 법제 정비 작업을 추진하였다.

② 「경국대전」의 편찬 : 「경국대전」은 조선 초의 여러 법전을 토대로 편찬한 조선의 기본 법전으로 세조 때 최항,

경국대전

노사신 등이 편찬에 착수하여 호전 · 형전이 편찬되었고, 세조 12년(1466)에 이전 · 예전 · 병전 · 공전이 완성되어 성종 16년(1485)에 교정 · 반포되었다.

③ 유교적 통치 질서의 완성 : 「경국대전」은 영조 때 「속대전」, 정조 때 「대전통편」, 고종 때 「대전회통」으로 수정 · 보완되었으나 기본적 골격은 바뀌지 않고 계속되었다. 「경국대전」의 편찬은 조선 초기에 정비된 유교적 통치 질서와 문물 제도가 완성되었음을 의미하는 것이다.

5. 문학의 발달

(1) 조선 전기 문학의 특징

① 내용과 형식 : 조선 전기의 문학은 작자에 따라 내용과 형식에 큰 차이를 보였다. 즉, 작가가 조선 왕조 건설에 참여한 관료 문인인지 고려에 충절을 지키려는 사대부였는지에 따라 달랐다.

② 경향의 변화 : 초기에는 격식을 존중하고 질서와 조화를 내세우는 경향의 문학이 중심이었으나, 점차 개인적 감정과 심성을 나타내려는 경향의 가사와 시조 등이 우세해져 갔다.

(2) 15세기 문학

① 악장▼ · 한문학

　㉠ 새 왕조의 찬양 : 조선 건국에 앞장섰던 세력은 주로 악장과 한문학을 통해 새 왕조의 탄생과 자신들의 업적을 찬양하는 한편, 우리 민족의 자주 의식을 드러냈다. 정인지 등이 지은 '용비어천가'와 세종이 지은 '월인천강지곡'이 대표적 작품이다.

　㉡ 「동문선」▼의 편찬 : 성종 때 서거정은 삼국 시대부터 조선 초기까지의 시와 산문 중에서 빼어난 것을 골라 「동문선」을 편찬하고 우리나라의 글에 대한 자주 의식을 나타내었다.

② 시조 : 고려 말부터 나타났던 시조는 조선 초기에 두 가지 경향을 보여 준다.

　㉠ 중앙 고급 관료들의 시조 : 새 왕조 건설을 찬양하거나 새 사회 건설의 희망과 정열을 토로한 것, 외적을 물리치면서 강토를 개척하는 진취적 기상을 나타낸 것, 농경 생활의 즐거움이나 괴로움을 묘사한 것들이 많다.

　㉡ 유교적 충절을 읊은 시조 : 길재, 원천석 등의 작품이 유명하였다.

③ 가사 : 시조의 한계를 극복하고 감정을 구체적으로 표현하려는 필요에서 가사도 나타났다.

④ 설화 문학

　㉠ 설화 문학의 내용 : 조선 초기 문학에서 빼놓을 수 없는 것이 일정한 격식 없이 보고 들은 이야기를 적은 설화 문학이다. 그 내용은 관리들의 기이한 행적과 서민의 풍속, 감정, 역사의식 등을 담고 있는 것이 많다.

　㉡ 서민적 풍자 : 대표적 작품으로는 서거정의 '필원잡기'와 '동인시화', 성현의 '용재총화', 이륙의 '청파극담', 남효온의 '추강냉화' 등이 있다.

　㉢ 「금오신화」 : 설화 문학은 세조 때 김시습이 지은 「금오신화」와 같이 구전 설화에 허구적 요소를 가미하여 소설로 발전되기도 하였다. 「금오신화」는 평양, 개성, 경주 등 옛 도읍지를 배경으로 남녀 간 사랑과 불의에 대한 비판, 우리나라 고유 신앙과 연결된 민중의 생활 감정과 역사의식을 담고 있다.

▼ 악장
궁중에서 나라의 공식 행사에 쓰이던 노래 가사를 총칭한다.

▼ 서거정의 자주 의식
동문선 서문에서 서거정은 "우리나라의 글은 송이나 원의 글이 아니고 한이나 당의 글도 아니다. 바로 우리나라의 글일 따름이다."라고 하였다.

(3) 16세기 사림 문학

① **배경** : 16세기에는 사림 문학이 주류였는데, 이 사림 문학은 표현 형식보다 흥취와 정신을 중시하여 가사와 시조, 한시 분야가 활기를 띠었다.

② **가사 문학** : 새롭게 발전한 가사 문학에서는 송순, 정철, 박인로의 작품이 뛰어났다. 정철은 '관동별곡', '사미인곡', '속미인곡' 같은 작품에서 풍부한 우리말의 어휘를 마음껏 구사하여 관동 지방의 아름다운 경치와 왕에 대한 충성심을 읊은 것으로 유명하다.

③ **시조** : 조선 초기 경향에서 벗어나 순수한 인간 본연의 감정을 나타내었다. 황진이는 남녀 간 애정과 이별의 정한을 읊었고, 윤선도는 '오우가'와 '어부사시사'에서 자연을 벗하여 살아가는 여유롭고 자족적인 삶을 표현하였다.

④ **여류 문인** : 문학의 저변이 확대됨에 따라 여류 문인들도 많이 나왔다. 신사임당은 시 · 글씨 · 그림에 두루 능하였고, 허난설헌은 한시로 유명하였다.

6. 조선 전기의 건축

▼ 15세기 조선의 건축
고려 시대에는 사원 건축이 중심이었는 데 비해, 15세기에는 궁궐과 관아, 성문, 학교 등의 건축이 중심이 되었다.

(1) **15세기 건축**▼

① **건물 규모의 법적 규제** : 건물 안에 거주하거나 건물을 이용하는 사람의 신분에 따라 크기와 장식에 일정한 차등을 두었는데, 이것은 국왕의 권위를 높이고 신분 질서를 지키려는 뜻도 있었지만, 사치를 막자는 이유도 있었다.

② **주위 환경과의 조화** : 규모가 작고 검소하면서도 위엄을 갖추었고, 건물 자체 균형뿐 아니라 주위 환경과 조화를 이루는 아름다움을 지니고 있었다.

③ **대표적 건축물**

ㄱ 궁궐 건축 : 건국 초기에 도성을 건설하고, 경복궁을 지었으며, 곧이어 창덕궁과 창경궁을 세웠다.

ㄴ 남대문과 보통문 : 개성의 남대문과 평양의 보통문은 고려 시대 건축의 단정하고 우아한 모습을 지니면서 조선 시대 건축으로 발전해 나가는 형태를 보이고 있다.

ㄷ 불교 건축 : 왕실의 비호를 받은 불교와 관련된 건축 중에서도 뛰어난 것이 적지 않다. 무위사 극락전은 검박하고 단정한 특징을 지니고 있으며, 팔만대장경을 보관하고 있는 해인사의 장경판전은 당시 과학과 기술을 집약한 것이다. 세조 때에 대리석으로 만든 원각사지 10층 석탑은 이 시기 석탑의 대표작이다.

(2) 16세기 건축

① 서원 건축 중심 : 16세기에는 사림의 진출과 함께 서원의 건축이 활발해졌다.

② 서원의 위치와 구조 : 서원은 산과 하천이 가까이 있어 자연의 이치를

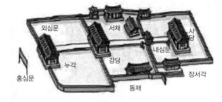

서원의 구조

탐구할 수 있는, 마을 부근의 한적한 곳에 위치하였는데, 교육 공간인 강당을 중심으로 사당과 기숙 시설인 동재와 서재를 갖추었다.

③ 서원 건축의 특징과 대표적 서원 : 서원 건축은 가람배치 양식과 주택 양식, 정자의 건축 양식이 실용적으로 결합된 독특한 아름다움을 지녔다. 대표적 서원으로는 경주의 옥산서원과 안동의 도산서원 등이 있다.

7. 분청사기, 백자와 공예

(1) 조선 전기의 자기 공예

① 조선 전기의 자기 공예

㉠ 자기의 발달 : 실용과 검소를 중요하게 여긴 기품을 반영한 조선의 공예는 고려 시대와 달리 사치품보다 생활필수품이나 문방구 등에서 그 특색을 나타내었는데, 대표적 공예 분야는 자기였다.

㉡ 소박미와 기품 : 공예는 상류 계층의 사치품이 아니라 의식주 필수품이나 사대부의 문방구 등과 관련하여 특색 있는 발달을 보였다. 주로 생활필수품으로 만들어진 도자기와 문방구 등은 견고하고, 형태나 색깔이 소박하면서도 기품이 있었다.

② 자기의 생산 · 보급 : 궁중이나 관청에서는 금 · 은으로 만든 그릇 대신 백자나 분청사기를 널리 사용하였다. 분청사기와 옹기그릇은 전국의 자기소와 도기소에서 만들어져 관수용이나 민간용으로 보급되었다.

▼ 고려와 조선의 자기
• 고려 : 순수 비색 청자, 양각 · 음각 청자, 상감 청자(12세기 말)
• 조선 : 분청사기(15세기), 순수 백자, 청화 백자, 진사 · 철사 백자

(2) 분청사기와 백자▼

15세기 분청사기 철화 어문병   **16세기 순백자병**

① 분청사기 : 청자에 백토의 분을 칠한 것으로, 백색의 분과 인료로써 무늬를 만들어 장식하였는데, 안정된 그릇 모양과 소박하고 천진스러운 무늬가 어우러져 정형화되지 않으면서 구김살 없는 우리의 멋을 잘 나타내고 있다.

② 백자 : 조선의 백자는 고려 백자의 전통을 잇고 명나라 백자의 영향을 받아 이전보다 질적 발전을 이루었다. 백자는 청자보다 깨끗하고 담백하며 순백의 고상함을 풍겨 선비의 취향과 어울렸기 때문에 널리 이용되었다.

8. 그림과 글씨

(1) 15세기의 그림

▼ 도화서
조선 시대 그림 그리는 일을 담당한 관청

① 화가에 따른 구분 : 15세기 그림은 도화서▼에 소속된 화원의 그림과 관료이자 문인인 선비의 그림으로 나눌 수 있다.

② 특징

    ㉠ 진취적 · 낭만적 묘사 : 이 시기 그림은 진취적이고 발랄한 시대 분위기를 반영하여, 인물과 산수를 씩씩하고 낭만적으로 묘사하고 있는 것이 특징이다.

    ㉡ 일본에 영향 : 조선의 이런 그림은 일본 무로마치 시대의 미술에 많은 영향을 주었다. 조선 사신들과 동행한 화원들도 일본을 여행하는 중에 그림을 많이 남기고 돌아와 직접적 영향을 주었다.

③ 대표적 화가

    ㉠ 안견 : 화원 출신인 안견은 중국과 우리나라의 역대 화풍을 깊이 연구하고 역대 화가들의 기법을 체득하여 독자적인 경지를 개척하였다.

    ㉡ 강희안(1417~1464) : 문인 화가인 강희안은 시적 정서가 흐르는 낭만적인 그림을 많이 그렸다. 그의 대표작인 '고사관수도'는 선비가 수면을 바라보며 무념무상에 빠진 모습을 담고 있는데, 세부 묘사는 대담하게 생략하고 간결하고 과감한 필치로 인물의 내면세계를 느낄 수 있게 표현하였다.

몽유도원도(안견) 안평대군이 꿈속에서 본 도원을 그리게 한 그림이다(일본 덴리 대학 소장).

고사관수도(강희안)

(2) 16세기의 그림▼

① 특징

㉠ 다양성 : 16세기에는 15세기의 전통을 토대로 다양한 화풍이 발달하였다.

㉡ 선비들의 다양한 정신세계 표현 : 강한 필치의 산수화를 이어 가기도 하고, 선비의 정신세계를 사군자로 표현하기도 하였다.

② 대표적 화가

㉠ 천민 출신의 이상좌 : 노비 출신으로 중종에서 명종 시기에 화원에 발탁된 천민 출신 화가 이상좌는 색다른 분위기의 그림으로 명성을 떨쳤다. 그의 대표작인 '송하보월도'는 바위틈에 뿌리박고 모진 비바람을 이겨 내고 있는 늙은 소나무를 통하여 강인한 정신과 굳센 기개를 표현하였다.

㉡ 이암과 신사임당 : 이암은 중종 때 왕족 출신의 화가로 꽃, 새, 벌레, 개, 고양이 등을 민화적 필치로 그린 '모견도'와 '화조묘구도' 등을 그렸으며, 신사임당은 '초충도'▼에서 풀과 벌레를 소박하고 섬세하게 그려 여성의 심정을 잘 나타내었다.

송하보월도
(이상좌)　　모견도(이암)　　화조묘구도(이암)　　초충도(신사임당)

▼ **조선 전기의 회화**
• 안견 : 몽유도원도
• 최경 : 산수인물도
• 이상좌 : 송하보월도
• 강희안 : 고사관수도
• 이암 : 모견도
• 이정 : 묵죽도
• 신사임당 : 초충도

▼ **초충도**
자연의 아주 작은 부분들을 여성적인 섬세한 눈으로 포착하여 밝고 간결하게 표현하였다.

(3) 서예

① **특징** : 서예는 모든 양반이 터득해야 할 필수 교양으로 뛰어난 서예가들이 많이 나타났고, 독자적 서체를 개발한 사람도 많았다.

② **대표적 서예가**

안평대군의 글씨 | **한호의 글씨**
(몽유도원도 서문) | (석봉 천자문)

ⓐ 안평대군 : 당대 예술계를 이끌었던 안평대군은 송설체를 따르면서 수려하고 활달한 기풍을 살린 독자적 글씨를 썼다.

ⓑ 한호(한석봉) : 한호(한석봉)는 명에 보내는 외교 문서를 써서 중국에도 이름이 알려졌고, 그가 쓴 '천자문'은 널리 보급되어 일반인들도 석봉체를 많이 쓰게 되어 서예의 교본 역할을 하게 되었다.

9. 음악

(1) 세종의 음악에 대한 관심

세종은 박연에게 악기를 개량하거나 만들게 하였고, 스스로 '여민락' 등 악곡을 지었다. 또한 고려 시대부터 사용된 것으로 보이는 악보가 음의 높낮이를 나타내지 못하자 이를 개선하여 장단과 높낮이를 표현할 수 있는 '정간보'를 창안하였다.

(2) 「악학궤범」

성종 24년(1493)에 성현 · 유자광 등이 아악 · 당악 · 향악으로 구분하여 편찬한 것으로 음악의 원리와 역사, 악기, 무용, 의상 및 소도구까지 망라하여 정리하고 있어 전통 음악을 유지 · 발전시키는 데 큰 도움이 되었다. 여기에는 '정읍사' · '동동' · '처용가' 등이 한글로 기록되어 있다.

(3) 민간 음악

16세기 중엽 이후 음악의 주체가 궁중으로부터 서민 사회로 옮겨져 민간에서도 당악과 향악을 속악으로 발달시켜 가사, 시조, 가곡 등 우리말로 된 노래를 연주하는 음악이나 민요에 활용하였다.

조선 전기의 사상과 학문의 동향

1. 성리학의 정착

(1) 성리학의 성격과 질서

① **성리학의 성격** : 성리학은 우주 만물의 존재와 생성을 밝히는 관념적 학문이며, 우주와 자연 질서를 인간의 도덕 규범과 관련시켜 그 실현을 요구하는 실천적 학문이다. 성리학에서의 모든 인간 관계는 충효 중심의 수직적 질서를 바탕으로 하고 있다.

② **성리학의 특징** : 성리학에서는 명분론을 내세워 직분·신분에 있어서 분에 넘치는 행위는 천리에 어긋나는 것으로 여겼으며, 지배 계층의 정통성과 봉건적 신분 질서가 당연시되었다.

(2) 15세기 훈구파

① **조선의 당면 문제** : 15세기 조선 사회의 당면 문제는 고려 시대부터 누적된 대내외적 모순을 극복하고 왕조 교체에 따른 새로운 문물 제도를 정비하고 부국강병을 추진하는 것이었다.

② **관학파의 특징** : 정도전, 권근 등 관학파로 불리는 이들은 성리학에만 국한하지 않고 한·당 유학, 불교, 도교, 풍수지리 사상, 민간 신앙 등을 포용하여 시대적 과제를 해결하려고 하였으며, 특히 주례를 국가의 통치 이념으로 중요하게 여겼다.

(3) 16세기 이후 사림파

① **기원** : 고려 말 온건 개혁파로 조선의 건국에 참여하지 않고 재야로 물러난 길재에서 비롯된 사학파의 학문적 전통은 성종 때에 본격적으로 중앙 정계에 진출한 사림이 계승하였다.

▼ 성리학적 명분론
의리와 명분을 중시한 성리학 이론

② **사림파의 특징** : 사림파는 형벌보다는 교화에 의한 통치를 강조하였으며, 공신 과 외척의 비리와 횡포를 성리학적 **명분론**▼에 입각하여 비판하고, 당시의 사회 모순을 성리학적 이념과 제도의 실천으로 극복해 보려 하였다. 사림파는 중앙 집권 체제보다 향촌 자치 조직을 확대한 국가 사회 질서의 유지를 주장하였고, 16세기 이후 사상계를 성리학 중심으로 이끌었다.

2. 성리학의 융성

(1) 성리학 융성의 배경

▼ 수신
마음과 행실을 바르게 하도록 심신 을 닦음

16세기 사림은 도덕성과 **수신**▼을 중시하였고, 이를 사회적으로 실천하는 가운데 인간 심성에 대하여 깊은 관심을 가졌다.

(2) **성리학의 선구**▼

▼ 성리학의 선구
조선 전기에 주기론을 주장한 학자 로 독자적인 기일원론(氣一元論)을 제창한 서경덕과 주자의 주리론을 정통으로 확립하고자 하여 이선기후 론(理先氣後論)을 강조한 이언적은 각각 조선 성리학의 이기론에서 선 구적인 위치를 차지하였다. 특히 이 언적의 이선기후론은 후에 이황에게 전해져 영남 학파를 형성하였다.

① 서경덕(1489~1546, 화담) : 이(理)보다는 기(氣)를 중심으 로 세계를 이해하고 불교와 노장 사상에 대해서 개방적인 태도를 지녔다.
② **이언적**▼(1491~1553, 자계옹) : 기(氣)보다는 이(理)를 중심 으로 자신의 이론을 전개하여 후대에 큰 영향을 미쳤다.

서경덕

▼ 이언적
주자의 주리론을 정통으로 확립하 고자 하여 이선기후론(理先氣後論) 을 강조하였다. 이는 이황에게 전 해져 영남 학파를 형성하였다.

주기론과 주리론의 비교

구분	주기론(이이)	주리론(이황)
특색	• 우주의 근원을 물질적 기(氣)에 둔 것으로, 원리의 세계보다는 경험적 세계를 중시 • 사물의 법칙성을 객관적으로 파악 • 정치 · 경제 · 국방의 개혁과 그 참여를 주장 • 뒤에 서인과 북인 계열의 학자들에게 영향을 줌	• 이(理)를 기(氣)의 근본이라 보고, 기(氣)를 주재하는 것을 이성(理性)으로 생각 • 사회 현실보다 도덕적 원리에 대한 인식과 그 실천을 중요시하여 신분 질서를 유지하는 도덕 규범 확립에 크게 기여
대표적 학자	• 김시습의 영향을 받아 서경덕이 선구자로 등장 • 이이가 주기 철학을 집대성 • 이이의 학풍은 조헌 · 성혼 · 송익필 · 김장생에게 계승되어 기호 학파를 형성	• 대체로 향촌에서 중소 지주적 기반을 가지고 비교적 안정된 생활을 하던 이들이 주장 • 이언적이 선구자이며, 이황이 주리 철학을 집대성 • 이황의 학풍은 조식 · 유성룡 · 김성일 · 정구 등에 계승되어 영남 학파를 형성
영향	• 중상적 실학 사상, 개화 사상에 영향 • 철학이나 동학 사상에 영향	위정척사 사상, 일본 성리학 발전에 영향

(3) 성리학의 정착

① 이황(1501~1570, 퇴계)

　㉠ 주리 철학의 발전 : 주리 철학은 대체로 향촌에서 중소 지주적 경제 기반을 가진, 생활이 비교적 안정된 사람들이 발전시켜 나갔다. 이들은 경험적 세계의 현실 문제보다 도덕적 원리에 대한 인식 · 실천을 중시하여 신분 질서를 유지하는 도덕 규범 확립에 크게 기여하였다.

퇴계 이황

ⓛ '동방의 주자' : 이황은 「주자서절요」, 「성학십도」 등을 지어 주자의 이론에 조선의 현실을 반영시켜 나름대로의 체계를 세우려고 하였다. 그의 사상은 우리나라뿐 아니라 임진왜란 이후 일본에 전해져 일본의 성리학 발전에도 영향을 끼쳤으며, '동방의 주자'라 불렸다.

「성학십도」

ⓒ 영남 학파 형성 : 이황의 학통은 김성일, 유성룡 등에 이어져 영남 학파를 형성하였다.

ⓔ 향약의 실시와 저술 : 이황은 예안 향약을 실시하였고, 백운동 서원을 소수 서원으로 공인케 하였으며, 도산 서원을 세워 후진을 양성하였다. 저서로는 「주자서절요」, 「성학십도」, 「전습록논변」 등이 있다.

② 이이(1536~1584, 율곡)

ⓛ 일원론적 이기이원론 주장 : 이이는 주기론의 입장에서 관념적 도덕 세계를 중요시하는 동시에 경험적 현실 세계를 존중하는 새로운 철학 체계를 수립하였다.

ⓒ 현실 개혁 방안 제시 : 이이는 현실 문제 개혁에 대한 과감한 주장을 하였다. 「동호문답」, 「성학집요」 등 저술에서 16세기 조선 사회의 모순을 극복하는 방안으로 통치

율곡 이이

체제의 정비와 수취 제도의 개혁 등 다양한 개혁 방안을 제시하였는데, 구체적으로 십만양병설과 수미법 실시를 주장하였다.

ⓒ 기호 학파 형성 : 이이의 학통은 조헌, 김장생 등으로 이어져 영남 학파에 대칭되는 기호 학파를 형성하였다.

ⓔ 향약의 실시와 저술 : 이이는 해주 향약과 서원 향약을 실시하였으며, 저서로는 「성학집요」, 「격몽요결」 등이 율곡전서에 수록되어 있다.

3. 학파의 형성과 대립

(1) 학파 · 정파의 형성

① 학파의 형성 : 서경덕 학파와 이황 학파, 조식 학파가 형성되고 그 뒤에 이이 학파와 성혼 학파가 형성되었다.

② 정파(정당)의 형성

ⓛ 배경 : 선조 때 사림들이 중앙 정계의 주도 세력으로 등장함에 따라 각 학파를 기반으로 정파가 형성되었다.

ⓛ 동·서인의 분화 : 서경덕 학파와 이황 학파, 조식 학파가 동인을 형성하였고, 이이 학파와 성혼 학파가 서인을 형성하였다.

ⓒ 남·북인의 분화 : 동인은 정여립 모반 사건▼ 이후 정권을 잡은 서인을 세자 책봉 문제를 빌미로 축출하는 과정에서 온건 입장이었던 이황 학파의 남인과, 강경 입장이었던 서경덕·조식 학파의 북인으로 분화되었다.

▼ 정여립 모반 사건
1589년 전주 사람 정여립이 역모를 일으킨 사건이다. 이 사건으로 서경덕·조식 학파가 피해를 많이 입었으며, 호남 지역은 반역의 향으로 낙인 찍혀 중앙 정계로 진출하는 일이 급격히 줄어들었다.

(2) 북인의 집권과 인조반정

① 북인과 서인·남인의 대립 : 광해군 때 북인은 임진왜란의 피해를 극복하기 위해 대동법의 시행과 은광 개발 등 적극적 사회 경제 정책을 추진해 나갔으며, 중립 외교를 취하는 등 성리학적 의리 명분론에 크게 구애받지 않아 남인의 반발을 불러 일으켰다.

② 인조반정으로 서인 집권 : 광해군 때 인조반정으로 서인이 정국을 주도하자, 서경덕과 조식의 사상, 양명학, 노장 사상 등은 배척당하고, 이황과 이이의 학문, 즉 주자 중심의 성리학만 조선 사상계에서 확고한 우위를 차지하게 되었다.

(3) 척화론과 의리 명분론의 강화

① 서인·남인의 의리 명분론 강화 : 서인과 남인은 명에 대한 의리 명분론을 강화하고 반청 정책을 추진한 결과 병자호란을 초래하였다.

② 주화·척화 논의 후 서인 주도 : 격렬한 주화·척화 논의를 거쳐 인조 말엽부터 송시열 등 서인 산림이 정국을 주도하면서 척화론과 의리 명분론이 대세를 이루었다.

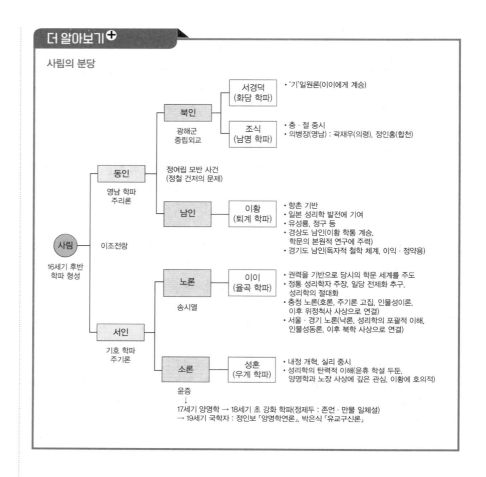

더 알아보기

사림의 분당

- 북인
  - 서경덕 (화담 학파) · '기'일원론(이이에게 계승)
  - 조식 (남명 학파) · 충 · 절 중시
    · 의병장(영남) : 곽재우(의령), 정인홍(합천)
  - 광해군 중립외교
- 동인
  - 영남 학파 주리론
  - 정여립 모반 사건 (정철 건저의 문제)
  - 남인
    - 이황 (퇴계 학파)
      · 향촌 기반
      · 일본 성리학 발전에 기여
      · 유성룡, 정구 등
      · 경상도 남인(이황 학통 계승, 학문의 본원적 연구에 주력)
      · 경기도 남인(독자적 철학 체계, 이익 · 정약용)
- 사림
  - 16세기 후반 학파 형성
  - 이조전랑
- 서인
  - 기호 학파 주기론
  - 노론
    - 이이 (율곡 학파)
      · 권력을 기반으로 당시의 학문 세계를 주도
      · 정통 성리학자 주장, 일당 전제화 추구, 성리학의 절대화
      · 충청 노론(호론, 주기론 고집, 인물성이론, 이후 위정척사 사상으로 연결)
      · 서울 · 경기 노론(낙론, 성리학의 포괄적 이해, 인물성동론, 이후 북학 사상으로 연결)
    - 송시열
  - 소론
    - 성혼 (우계 학파)
      · 내정 개혁, 실리 중시
      · 성리학의 탄력적 이해(윤휴 학설 두둔, 양명학과 노장 사상에 깊은 관심, 이황에 호의적)
    - 윤증
      17세기 양명학 → 18세기 초 강화 학파(정제두 : 존언 · 만물 일체설)
      → 19세기 국학자 : 정인보 「양명학연론」, 박은식 「유교구신론」

4. 도교와 민간 신앙

(1) 도교

① **초기의 도교** : 조선 초기의 도교는 불교와 함께 크게 위축되어 사원이 정리되고 행사도 줄어들었다. 그러나 조선 초기에는 고려 시대에 잦았던 도교의 제천 행사가 국가 권위를 높이는 점이 인정되어 도교 제사인 초제▼를 주관하는 관청인 소격서를 두고 제천 행사를 주관하게 하였다.

② **사림 진출 이후** : 도교 행사가 사라져 가고 성리학의 공리적 면모를 반성하는 심성 중시 경향과 함께 도교 · 불교 등 정신 수양에 도움을 주는 종교가 관심의 대상이 되었다.

▼ 초제
제후국 입장에서는 유교 의례로 하늘에 제사를 지낼 수 없어 도교 식으로 제천 행사를 거행하였다. 마니산 초제는 단군 신앙과 결합되어 민족 의식을 높이는 역할을 하였다.

(2) 풍수지리설 · 도참 신앙과 기타 민간 신앙

① 풍수지리설 · 도참 사상▼ : 조선 초기 이래로 중시되어 한양 천도에 반영되었으며, 양반 사대부의 묘지 선정에도 작용하였다.

② 기타 민간 신앙

  ㉠ 민간 신앙의 계승 : 무격 신앙, 산신▼ 신앙, 삼신 숭배, 촌락제 등은 백성들 사이에 깊이 자리 잡았다.

  ㉡ 유교 이념과의 융합 : 특히, 계절에 따른 세시 풍속은 유교 이념과 융합되면서 조상 숭배 의식과 촌락의 안정을 기원하는 의식이 되었다.

▼ 도참 사상
예언을 믿는 사상

▼ 산신(山神)
모든 자연물에는 정령이 있고 그 정령에 의하여 생성이 가능하다고 믿는 원시 신앙의 하나인 애니미즘에서 나온 것이다.

5. 천문·역법과 의학

(1) 조선 전기 과학 기술의 발전▼

① 시기 : 세종 때를 전후한 조선 전기의 과학 기술은 우리나라 역사상 특기할 정도로 뛰어난 것이었다.

② 목적 : 당시의 집권층은 부국강병과 민생 안정을 위하여 과학 기술이 중요하다고 인식하였고, 철학 사조도 격물치지▼의 경험적 학풍이 지배적이었다. 이러한 여건 속에서 과학 기술은 국가적 지원을 받아 크게 발전하였다.

③ 전통 계승과 외국 기술 수용 : 우리나라의 전통적 문화를 계승하면서 서역 · 중국의 과학 기술을 수용하여 훌륭한 업적을 남겼다.

▼ 조선 전기 과학 기술 발달의 배경
• 15세기 관학파의 정국 주도
• 민생 안정, 부국강병 중시
• 과학 기술과 실용 학문 발달

▼ 격물치지
실제 사물의 이치를 연구하여 지식을 완전하게 함을 이른다.

(2) 각종 기구의 발명 · 제작▼

① 천체 관측 · 시간 측정 기구 : 천체 관측 기구로 혼의와 간의를 제작하고, 시간 측정 기구로 물시계인 자격루와 해시계인 앙부일구▼ 등이 만들어졌다.

② 자격루▼ : 자격루는 노비 출신의 과학 기술자인 장영실이 제작한 것으로, 정밀 기계 장치와 자동시보 장치를 갖춘 뛰어난 물시계였다.

③ 측우기▼와 토지 측량 기구 : 세계 최초로 세종 23년(1441) 이천 · 장영실 등이 측우기를 만들어 서울의 관상감과 각 군현에 설치하여 전국 각지의 강우량을 측정하였으며, 세조 12년(1466)에 제작된 토지 측량 기구인 인지의▼(규형)를 제작하여 토지 측량과 지도 제작에 활용하였다.

▼ 각종 기구의 발명 · 제작
세종 때 농업 진흥에 대한 관심으로 농학과 농업에 관련된 천문학, 기상, 역법, 측량, 수학이 발달하였고 천체, 시간, 기상, 토지의 정확한 측정을 위한 각종 기구가 발명 · 제작되었다.

▼ 해시계(앙부일구)
세종 때 만들어 백성들이 편리하게 사용하도록 하였다.

▼ 물시계(자격루)
물이 흐르는 것을 이용하여 자동으로 시간을 알려 주었다.

▼ 측우기
서울의 관상감과 각 군 · 현에 설치하여 강수량을 측정하였다.

▼ 인지의
토지의 원근과 고저를 측량하는 데 쓰인 기구이다.

(3) 천문도의 제작

태조 때에는 고구려의 천문도를 바탕으로 '천상열차분야지도'를 돌에 새겼는데 이 는 현재 국립고궁박물관에 소장되어 있다. 세종 때에도 새로운 천문도를 만들었는 데, 이것은 현재 남아 있지 않다.

(4) 역법▼의 마련(「칠정산」 내외편)

① 「칠정산」 내외편 : 천문학의 발달과 함께 새로운 역법이 마련되었는데 세종 때 이순지 등이 당시까지 사용하던 당의 선명력의 결함을 시정하기 위해 원의 수시 력과 명의 대통력을 참고하여 「칠정산(七政算)」 내편을, 아라비아의 회회력을 빌 려 「칠정산」 외편을 만들었다. 이는 우리나라 역사상 최초로 서울을 기준으로 해, 달, 화성, 수성, 목성, 금성, 토성이 운동하는 천체의 위치를 계산하는 방법 을 서술한 역법서이다.

② 평가 : 이는 오늘날 달력과 그 계산법이 거의 비슷하여 15세기 세계 과학의 첨단 수준에 해당한 것으로 평가되고 있다.

(5) 의학의 발전

① 「향약집성방」과 「의방유취」의 간행 : 의학에서도 우리 풍토에 알맞은 약재와 치료 방법을 개발, 정리하여 「향약집성방」을 편찬하고 「의방유취」라는 의학 백과사전 을 간행하였다.

② 조선 의약▼의 발전 : 15세기에는 조선 의약학의 자주적 체계▼가 마련되면서 민 족 의학이 더욱 발전할 수 있게 되었다.

▼ **시대별 역법**

• 부여 : 은력
• 신라~고려 전기 : 선명력(당)
• 공민왕 이후 : 수시력(원), 회회 력(아라비아), 대통력(명)
• 조선 전기 : 칠정산과 대통력
• 조선 후기 : 시헌력(청)
• 을미 개혁 : 태양력

▼ **향약채취월령**

세종 때 유효통 등에 의해 편찬된 의서로 우리나라에서 생산되는 약 재들을 소개하였다.

▼ **자주적 성격의 의서**

• 고려 후기의 향약구급방
• 조선 전기의 향약집성방

PART 04

적중예상문제 CHAPTER 01~08

01 고려 말 조선 초에 있었던 요동 정벌 운동을 설명한 것으로 옳지 <u>않은</u> 것은?

① 우왕 때 최영은 명이 철령위 설치를 통고하자 요동을 공격할 계획을 세웠다.
② 태조 이성계는 요동 정벌을 추진하였고 정도전과 남은은 군사훈련을 강화하였다.
③ 명은 정도전을 '조선의 화근'이라며 명으로 압송할 것을 요구하였다.
④ 이방원은 태조의 요동 정벌 운동을 적극 지지하였다.

> **해설** ④ 정도전은 사병 혁파를 주장하며 그 일환으로 요동 정벌을 계획하였으며, 정도전의 재상 중심의 정치에 반대하던 이방원은 정도전의 영향을 받은 태조의 요동 정벌 운동에 반대하게 된다.
>
> 답 ④

02 밑줄 친 '왕'의 업적으로 옳은 것은?

> 왕의 명으로 예부터 지금까지의 우리나라 시문을 모아 책을 만들어 「동문선」이라 하고, 지리지를 편찬하여 「동국여지승람」이라 하였으며, 또 「삼국사절요」를 편찬하였다.

① 홍문관을 설치하였다.
② 훈련도감을 창설하였다.
③ 훈민정음을 반포하였다.
④ 초계문신제를 실시하였다.

> **해설** 제시문에서 설명하고 있는 왕은 「동문선」, 「동국여지승람」, 「삼국사절요」를 편찬하였다는 것을 볼 때 성종임을 알 수 있다. 성종은 집현전(세조 때 폐지)을 계승한 홍문관을 설치하여 정책 연구나 국왕에게의 자문, 경연 등을 맡게 하였다.
> ② 훈련도감의 창설은 임진왜란 시기인 선조 때이다.
> ③ 훈민정음의 반포는 세종대왕 때이다.
> ④ 초계문신제의 실시는 정조 때이다.
>
> 답 ①

03 다음 글에서 설명하는 정치 제도에 대해 옳게 설명한 것은?

> 6조는 각기 모든 직무를 먼저 의정부에 품의하고, 의정부는 가부를 헤아린 뒤에 왕에게 아뢰어 왕의 전지를 받아 6조에 내려 보내어 시행한다. 다만 이조 · 병조의 제수, 병조의 군사업무, 형조의 사형수를 제외한 판결 등은 종래와 같이 각 조에서 직접 아뢰어 시행하고 곧바로 의정부에 보고한다. 만약 타당하지 않으면 의정부가 맡아 심의 논박하고 다시 아뢰어 시행토록 한다.

① 세종 때 왕권과 신권의 조화를 목적으로 실시하였다.
② 세조 때 왕권강화를 목적으로 실시하였다.
③ 태종 때 왕권을 견제할 목적으로 시행하였다.
④ 성종 때 사림이 집권하면서 시행되었다.

> **해설** 제시문은 왕권과 신권의 조화를 추구한 의정부 서사제에 관한 자료이다. 의정부 서사제를 실시한 대표적인 왕은 세종이다.
>
> 圈 ①

04 다음과 관련이 있는 시험에 대한 설명으로 옳은 것은?

> 이 시험은 식년시, 증광시, 알성시로 나누어 실시하였으며, 소과를 거쳐 대과에서는 초시, 복시, 전시로 합격자를 선발하였다.

① 식년시는 해마다 실시되었다.
② 초시에서는 33명을 선발하였다.
③ 재가한 여자의 손자는 응시할 수 없었다.
④ 생원시 합격만으로는 관리가 될 수 없었다.

> **해설** 제시문은 조선의 대과인 문과에 대한 내용이다. 문과 시험 자격은 엄격하여 탐관오리의 자녀, 재가한 여성의 자손, 서얼은 문과 응시가 제한되었다.
> ① 식년시는 정기 시험으로 3년마다 실시되었다.
> ② 복시에서 33명을 선발하였다. 이후 전시(殿試)에서 순위결정전이 행해졌다.
> ④ 소과(생원과 · 진사과)를 합격하면 고위직은 불가능하지만 하급관료로 임명되어 관료의 길을 걸을 수도 있었다. 그 후 개인적인 노력으로 대과에 응시가 가능하였다.
>
> 圈 ③

05 다음은 지방 행정 조직의 변화 과정에 대한 서술이다. 시대순으로 가장 적절하게 나열한 것은?

> ㉠ 지방의 22담로에 왕족을 파견하였다.
> ㉡ 군사, 행정상의 요지에 5소경을 설치하였다.
> ㉢ 5도에 안찰사가 파견되었으며, 북방의 국경지대에는 병마사를 파견하였다.
> ㉣ 모든 군현에 수령을 파견하고 전국 8도에 관찰사를 파견하였다

① ㉠ – ㉡ – ㉢ – ㉣   ② ㉡ – ㉠ – ㉢ – ㉣
③ ㉢ – ㉡ – ㉠ – ㉣   ④ ㉣ – ㉠ – ㉡ – ㉢

 ① 제시문을 순서대로 나열하면, ㉠ 6세기 무령왕 – ㉡ 7세기 신문왕 – ㉢ 11세기 고려 현종 – ㉣ 조선 초기 태종 당시의 사실이다.

답 ①

06 다음 주장을 한 정치세력에 대한 옳은 설명을 〈보기〉에서 고른 것은?

> • 소격서는 본래 이단이며 예(禮)에도 어긋나는 것이니 비록 수명을 빌고자 해도 복을 얻을 수 없습니다. 소비가 많고 민폐도 커서 나라의 관본을 손상시키니 어찌 애석하지 않겠습니까.
> • 지방에서는 감사와 수령이, 서울에서는 홍문관과 육경(六卿), 대간이 등용할 만한 사람을 천거하여, 대궐에 모아 놓고 친히 대책으로 시험한다면 인물을 많이 얻을 수 있을 것입니다. 이는 이전에 우리나라에서 하지 않았던 일이요, 한(漢)나라 현량과의 뜻을 이은 것입니다.

> ㄱ. 3사에서 언론과 문한을 담당하였다.
> ㄴ. 왕도 정치와 향촌 자치를 주장하였다.
> ㄷ. 세조 이후 공신 세력으로서 정권을 장악하였다.
> ㄹ. 성리학 이외의 학문과 사상에 대해 관용적이었다.

① ㄱ, ㄴ   ② ㄱ, ㄹ
③ ㄴ, ㄷ   ④ ㄷ, ㄹ

 제시문에서 소격서 폐지와 추천제인 현량과 실시를 통해 조광조를 비롯한 사림 세력의 성향에 대한 내용임을 알 수 있다.
ㄱ · ㄴ. 사림 세력들은 삼사를 비롯한 청요직으로 진출을 하였고, 왕도 정치와 향촌 자치를 주장하였다.
ㄷ · ㄹ. 훈구파에 관한 설명이다.

답 ①

07 조선 시대에 발생한 다음 정치 사건에 대한 설명으로 옳은 것은?

> ㄱ. 김종직의 '조의제문'을 빌미로 다수의 신진관료들이 죽거나 처벌을 당하였다.
> ㄴ. 도덕 정치를 실현하려고 한 조광조의 개혁에 대해 훈신들이 반격을 가하였다.
> ㄷ. 인종과 명종의 왕위 계승 문제로 외척 간의 대립이 정쟁으로 표면화되었다.

① ㄱ은 왕권이 약화된 틈을 타서 훈구 세력이 산림(山林)을 견제할 목적으로 일으킨 사건이다.
② ㄴ에 서술된 개혁을 추진한 세력은 중앙 집권과 부국강병을 주장하였다.
③ ㄴ과 ㄷ에 따른 정치적 갈등의 결과 사림세력이 큰 피해를 입었다.
④ ㄷ의 대립이 심화된 결과 동인과 서인의 붕당이 출현하였다.

> **해설** 고려 말 신진 사대부는 조선의 개국공신인 훈구파와 고려에 대한 절개를 지킨 사림파로 구분할 수 있다. 16세기 성종 때를 전후하여 사림이 정계로 진출함에 따라 훈구파와 사림파가 대립하게 되는데 이를 사화라 한다. ㄱ. 무오사화 (1498), ㄴ. 기묘사화(1519), ㄷ. 을사사화(1545)에 해당한다.
> ① 사화는 훈구 세력이 사림을 탄압한 사건이다.
> ② 조광조는 사림 세력으로 사림파는 향촌 자치와 왕도 정치를 주장하였다. 중앙 집권과 부국강병을 주장한 것은 훈구 파이다.
> ④ 동인과 서인의 붕당이 출현한 것은 이조전랑의 임명 문제를 둘러싼 사림 간의 당파싸움 때문이다.
>
> 답 ③

08 조선 전기 사림(士林)에 대한 설명으로 옳지 <u>않은</u> 것은?

① 재야에서 공론을 주도하는 지도자로서 산림(山林)이 존중되었다.
② 향촌 자치를 내세우며, 도덕과 의리를 바탕으로 한 왕도 정치를 강조하였다.
③ 3사의 언관직을 차지하고, 자신들의 의견을 공론으로 표방하였다.
④ 중소 지주적인 배경을 가지고, 지방 사족이 영남과 기호 지방을 중심으로 성장하였다.

> **해설** ① 재야에서 공론을 주도하는 지도자로서 산림이 존중된 것은 조선 후기 사림의 특징이다.
> ② · ③ · ④ 조선 전기의 사림은 중소 지주적인 배경을 가지고 영남 · 기호 지방을 중심으로 성장하였다. 3사의 언관직 을 차지하고 자신들의 의견을 공론으로 표방하였으며, 향촌 자치를 내세우며, 도덕과 의리를 바탕으로 한 왕도 정치 를 강조하였다는 점에서 훈구와 대립관계를 이루고 있었다.
>
> 답 ①

09 다음 (가), (나)에 들어갈 정치 세력에 대한 설명으로 옳지 않은 것은?

> 김효원이 알성 과거에 장원으로 합격하여 (이조) 전랑의 물망에 올랐으나, 그가 윤원형의 문객이었다 하여 심의겸이 반대하였다. 그 후에 (심의겸의 동생) 심충겸이 장원 급제하여 전랑으로 천거되었으나, 외척이라 하여 효원이 반대하였다. 이때, 이들을 지지하는 세력이 서로 상대방을 배척하여 붕당이 형성되었다. 심의겸을 지지하는 기성 사림을 중심으로 (가)이/가 형성되고 김효원을 지지하는 신진 사림을 중심으로 (나)이/가 형성되었다.

① (가)는 명종 이후 정권에 참여한 기성 사림이 중심 세력이었다.
② (나)는 이황과 조식, 서경덕의 학문을 계승하였다.
③ (가)는 정여립 모반 사건을 계기로 남인과 북인으로 나뉘었다.
④ (나)는 척신 정치를 없애자고 주장하였다.

10 조선 시대 북방 정책과 관련된 인물에 대한 설명으로 옳은 것은?

① 최명길 – 청나라의 군신 관계 요구에 대해 무력 상쟁을 주장하였다.
② 남이 – 기병을 주축으로 하는 별무반을 조직하여 여진과의 싸움에 대비하였다.
③ 김종서 – 세종의 명으로 두만강 유역의 여진족을 몰아내고 6진을 개척하였다.
④ 임경업 – 효종을 도와 북벌을 계획하여 국방력 강화에 주력하였다.

11 과전법과 그 변화에 대한 설명으로 옳지 <u>않은</u> 것은?

① 수신전, 휼양전을 죽은 관료의 가족에게 지급하였다.

② 공음전을 5품 이상의 관료에게 주어 세습을 허용하였다.

③ 세조 때에 직전법으로 바꾸어 현직 관리에게만 수조권을 지급하였다.

④ 성종 때에 관수 관급제를 실시하여 전주의 직접 수조를 지양하였다.

해설

② 공음전은 전시과에 포함되었던 토지 제도로 고려 시대 고위 관료에게 지급하던 토지로 5품 이상의 관료에게 지급하였고 세습이 허용된 토지였다. 조선 시대의 과전법에는 공음전이 존재하지 않는다.

① 수신전은 사망한 관료의 아내에게, 휼양전은 사망한 관리의 자제에게 지급한 토지이다.

③ 세조는 수신전, 휼양전의 명목으로 세습 토지가 증가하며 관리에게 지급할 토지가 부족해지자 직전법을 실시하여 현직 관리에게만 수조권을 지급하였다.

④ 성종 때에는 직전법의 실시로 수조권을 지급받은 관리의 과도한 수취를 막기 위해 관에서 조세를 직접 거두어 직접 관리에게 지급하는 관수 관급제를 실시하였다.

정답 ②

12 〈보기〉를 통해 알 수 있는 시기의 조선 사회 모습에 대한 설명으로 옳지 <u>않은</u> 것은?

보기
• 여성의 재가 사실을 족보에 기록하였다.
• 외손이 있으면 아들이 없더라도 남의 아들로 양자 삼는 사람이 없다.

① 호적에 출생 순서대로 기재하였다.

② 재산상속은 자녀 균분이 관행이었다.

③ 동족 부락이 만들어져 족보 편찬이 성행하였다.

④ 제사는 형제가 돌아가면서 지내거나 책임을 분담하였다.

해설

③ 조선 초기~중기까지 혼인 후에 남자가 여자 집에서 생활하고 자녀 균분 상속이 존재하였으며 형제가 돌아가면서 제사를 지내던 것이 조선 후기 부계 중심의 가족 제도가 나타나면서 변화가 생긴다. 양자 제도가 일반화되었으며 족보를 편찬하고 동족 마을을 형성하였으며 개인보다 종중을 우선시하게 되었다.

정답 ③

13 조선 전기의 신분제도에 대한 설명으로 옳지 <u>않은</u> 것은?

① 공노비는 유외(流外)잡직으로 불리는 하급 기술관직을 가질 수 있었다.

② 서얼은 「경국대전」에 의해 문과 응시가 가능했지만 실제로는 제약을 받았다.

③ 지위가 높은 문무관원의 자손에게는 음서와 대가(代加) 등의 혜택이 주어 졌다.

④ 국역노동이 끝난 공장(工匠)들은 시장을 상대로 필요한 물품을 만들어 판매하여 이득을 취하였다.

해설
② 서얼들은 태종 때 서얼금고법이 제정되어 억압을 받다가 「경국대전」에 의해 법적으로 생진과(소과) 응시가 금지되었다.
③ 2품 이상의 고관의 자제에게는 문음의 특권을, 3품 이상의 고관들에게는 대가제의 특권을 함께 부여하였다.
④ 국가에 소속된 장인들은 자신의 책임량을 초과한 생산품에 대해서는 세금을 내고 판매하여 가계를 꾸릴 수도 있었다.

답 ②

14 조선 시대의 신분 제도에 대한 설명 중 옳은 것을 모두 고르면?

> ㄱ. 법제상 양인과 천민으로 구분되었다.
> ㄴ. 중인도 신분층으로 점차 정착되어 갔다.
> ㄷ. 관영이나 민영 수공업에 종사하는 수공업자들도 상민에 포함되었다.
> ㄹ. 신분 제도가 엄격하게 운영되었기 때문에 신분 이동이 불가능하였다.

① ㄱ, ㄷ   ② ㄴ, ㄷ

③ ㄱ, ㄴ, ㄷ   ④ ㄱ, ㄴ, ㄷ, ㄹ

해설
ㄱ. 조선 초기에는 양인과 천민으로 구분하는 양천이원제를 법제화하였다.
ㄴ. 중인은 광의의 의미로는 양반과 상민의 중간신분 계층으로 15세기부터 형성되기 시작하였다. 17세기 이후 중인들은 직업의 전문성으로 세습되면서 독립된 전문층으로 확립되었다. 중인은 기술관뿐만 아니라 서얼(= 중서), 중앙 관청의 상급 서리인 녹사 및 하급 실무자인 서리, 하급 무관인 군교, 지방의 향리(= 아전), 역리 등이 포함되었다.
ㄷ. 평민, 양인으로도 불리는 상민은 백성의 대부분을 차지하는 농민, 수공업자, 상인을 말한다.
ㄹ. 조선은 엄격한 신분제 사회였으나 신분 간의 이동이 가능하였다.

답 ③

15 「조선왕조실록」에 대한 서술로 옳지 <u>않은</u> 것은?

① 고려 시대의 왕대별 실록을 편찬하는 전통이 조선 시대에도 계속되었다.

② 사초와 각 관청의 문서들을 종합하여 실록청에서 시정기(時政記)를 만들었다.

③ 실록 편찬의 공정성을 확보하기 위하여 왕이 죽은 후에 실록을 편찬하는 것이 관례였다.

④ 국왕과 신하가 정사를 논의한 발언과 행동을 사관(史官)이 기록하였는데, 이를 사초(史草)라고 불렀다.

 ② 시정기(時政記)는 사관이 기록하는 사초와 관청의 업무일지로서 실록청이 아닌 춘추관 소속의 사관이 기록하였다.

답 ②

16 다음의 밑줄 친 '왕'의 재위 기간에 있었던 사실로 가장 적절한 것은?

> 왕의 명으로 이 책을 완성하였다. 그 내용은 제사에 대한 길례, 왕실의 관례와 혼례에 대한 가례, 사신접대에 대한 빈례, 군사 의식에 대한 군례, 상례의식에 대한 흉례이다.

① 「이륜행실도」가 간행되었다.

② 「동국여지승람」이 편찬되었다.

③ 「신찬팔도지리지」가 편찬되었다.

④ '천상열차분야지도'가 제작되었다.

 제시문은 「국조오례의」에 대한 설명으로, 「국조오례의」는 성종 때 편찬되었다.
① 「이륜행실도」는 중종 때 편찬되었다.
③ 「신찬팔도지리지」는 「세종실록지리지」에 수록되어 있다.
④ 태조 때 고구려의 천문도를 돌에 새긴 천상열차분야지도를 제작하였다.

답 ②

17 다음 (가), (나)의 인물에 대한 설명으로 옳은 것은?

> (가) 이(理)를 강조하였으며 「주자서절요」, 「성학십도」 등을 저술하였다.
> (나) 기(氣)를 강조하였으며 「동호문답」, 「성학집요」 등을 저술하였다.

① (가)의 문인과 성혼의 문인들이 결합해 기호 학파를 형성하였다.
② (나)는 근본적이고 이상주의적 성격이 강하였다.
③ (가)의 사상이 일본의 성리학 발전에 큰 영향을 주었다.
④ (나)는 군주 스스로 성학을 따를 것을 주장하였다.

해설 제시문의 (가)는 이황, (나)는 이이에 관한 설명이다.
③ 왜란 중 일본에 포로로 잡혀간 강항은 후지와라·아카마스 등과 교유하며 그들에게 학문적 영향을 주었다. 특히, 후지와라는 훗날 일본 주자학의 개조(開祖)가 되었다.
① 기호 학파는 이이에 대한 설명이다. 이황·서경덕·조식의 문인들은 영남 학파를 형성하였다.
② 이황에 대한 설명이다.
④ 이황은 「성학십도」를 지어 선조에게 올리면서 군주 스스로 성학을 따를 것을 권하였다.

답 ③

출제 비중 체크!

※ 계리직 전 8회 시험(2008~2021) 기출문제를 기준으로 정리하였습니다.

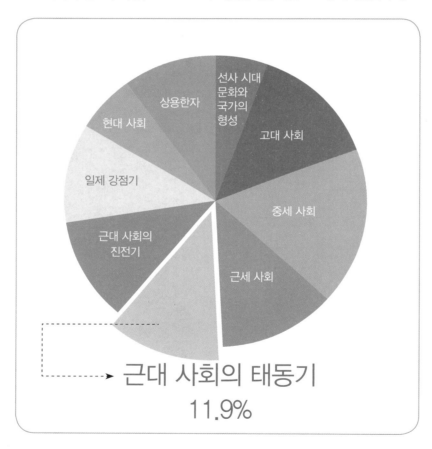

근대 사회의 태동기
11.9%

PART

05 | 근대 사회의 태동기

I wish you the best of luck!

우정사업본부 지방우정청 9급 계리직

한국사

조선 후기 정쟁의 격화와 탕평 정치

1. 붕당 정치의 변질

(1) 환국의 발생과 변화

① **경신환국(庚申換局)** : 경신대출척이라고도 하며, 숙종 6년(1680) 남인인 영의정 허적이 어용 장물을 사용한 사건으로 왕의 불신을 사게 되었다. 이때 서인이 허견 등의 역모 사건을 고발함에 따라 남인이 대거 축출되고 서인이 대거 중용되는데, 이를 경신환국이라 한다. 이때 서인이 노론과 소론으로 분열이 되었다.

② **기사환국(己巳換局)** : 숙종 15년(1689)에 남인계의 희빈 장씨가 출산한 왕자(경종)를 세자로 책봉하는 과정에서 서인이 몰락하고 남인이 재집권하였는데, 이때에는 남인이 서인에 대한 극단적 보복을 가하였다. 이를 기사환국이라 한다.

③ **갑술환국(甲戌換局)** : 숙종 20년(1694) 서인계의 폐비 민씨가 복위되는 과정에서 이를 저지하려던 남인이 실권하고 이를 주도한 서인이 집권하였는데, 이때 서인의 보복으로 남인은 재기 불능의 상태가 되었다. 이를 갑술환국이라 한다. 이로부터는 주로 서인 내에서 노론과 소론이 대립하는 양상이 전개되었다.

④ **환국의 영향** : 환국(換局)을 왕이 직접 나서서 주도함에 따라 왕실 외척이나 종실 등 왕과 직결된 집단의 정치적 비중은 커졌고, 3사와 이조 전랑은 환국이 거듭되는 동안 공론을 무시한 채 자기 당의 이익만을 직접 대변하여 정치적 비중이 줄어들었다.

(2) 일당 전제화의 추세와 노 · 소론의 대립

① **서인의 재집권** : 경신환국에 의해 남인이 실각하고 서인 정권이 수립되자(1680), 붕당 간의 대립 양상은 크게 달라져 갔다. 즉, 집권한 서인은 허적 · 윤휴 등 남인의 중심 인물을 주살하는 등 철저한 탄압으로 남인의 재기를 막았다.

② **일당 전제화의 추세** : 숙종 때 이르러 붕당 간 견제와 균형을 유지하던 붕당 정치 형태가 무너지고, 정국을 주도하는 붕당과 견제하는 붕당이 서로 교체됨으로써 정국이 급격히 전환하는 환국이 나타났다. 이로부터 붕당 정치의 기본 원리는 무너지고, 상대 세력의 존재를 인정하지 않는 일당 전제화의 추세가 나타나기 시작하였다.

▼ 노론과 소론

노론은 송시열을 중심으로 결집하여 대의명분을 존중하고, 민생 안정을 강조하는 경향을 보였다. 반면에 소론은 윤증을 중심으로 결집하여 실리를 중시하고, 적극적인 북방 개척을 주장하는 경향을 보였다.

③ **노 · 소론의 분열**▼

ㄱ 서인의 분열 : 인조반정으로 정권을 잡은 서인은 정책 수립과 상대 붕당의 탄압 과정에서 노장 세력과 신진 세력 간에 갈등이 깊어지면서 노 · 소론으로 나뉘었다.

ㄴ 노 · 소론의 대립 : 노 · 소론은 남인과 정국 주도권을 놓고 대립하였고, 남인이 정계에서 밀려난 뒤에는 노 · 소론 간 대립으로 정국의 반전이 거듭되었다.

④ **노론과 소론의 분쟁**

ㄱ 소론의 집권 : 노 · 소론의 분쟁은 왕위 계승 문제와 연결되었는데, 소론이 지지한 경종이 즉위하게 되면서 소론이 노론을 탄압하게 되었다(신임사화, 1721~1722).

ㄴ 노론의 집권 : 경종이 병사하고 노론이 지지하던 영조가 즉위하여 노론이 집권하게 되었다.

(3) **환국**▼**의 전개와 정치적 동향**

▼ 환국 현상의 대두

환국은 단순히 붕당 정치의 폐단이라기보다 당시 진행되고 있던 폭넓은 변화가 정치에 반영되어 붕당의 정치적 안정이 깨지면서 나타난 현상으로 볼 수 있다.

환국을 왕이 직접 나서서 주도함에 따라 왕실 외척이나 종실 등 왕과 직결된 집단의 정치적 비중은 커졌고, 3사와 이조 전랑은 환국이 거듭되는 동안 공론을 무시한 채 자기 당의 이익만을 직접 대변하여 정치적 비중이 줄어들었다. 이에 정치 권력이 고위 관원에게 집중되면서 그들의 합좌 기구인 비변사의 기능이 강화되었다.

(4) **붕당 정치 변질의 결과**

① **벌열 가문의 정권 독점** : 붕당 정치의 변질 결과, 정권은 노론 중심의 일당 전제 추세 속에서 몇몇 벌열 가문에 의해 독점되었고, 지배층 사이에는 종래 공론에 의한 붕당보다 개인이나 가문의 이익을 우선하는 경향이 현저해졌다.

② **양반층의 분화** : 양반층이 분화되면서 권력을 장악한 부류가 있는가 하면 다수 양반은 몰락하여 갔고, 정치적 갈등이 심해지면서 양반층은 자기 도태를 거듭하였다.

③ **서원의 변질** : 중앙의 정쟁에서 패배한 사람들은 정계에서 배제되어 지방 세력화하였는데, 그들은 연고지로 낙향하여 서원을 건립하고 세력의 근거지로 삼았다. 따라서 이 시기의 서원은 여론을 조성하여 붕당 정치의 중요한 본거지 역할을 하던 본래 모습에서 벗어나, 특정 가문의 선조를 받드는 사우(祠宇)와 뒤섞여 도처에 세워졌다.

(5) 사회 · 경제적 변화

① **배경** : 붕당 정치의 변질은 겉으로는 서인과 남인의 공존 관계가 깨진 것 때문이지만, 기본적으로는 17세기 후반 사회 · 경제적 변화에 원인이 있었다. 이 시기에는 전란으로 황폐해진 농경지도 거의 복구되었고, 농법 개량으로 생산력도 높아졌다.

② **상품 화폐 경제의 발달** : 장시의 발달과 화폐의 전국적 유통으로 상품 화폐 경제가 크게 발달함에 따라 정치 집단 사이에서 상업적 이익에 대한 관심이 높아져 이를 독점하려는 경향이 생겼다.

③ **정치적 쟁점의 변화** : 정치적 쟁점도 예론과 같은 사상적 문제에서 군사력 · 경제력 확보에 필수적인 군영을 장악하는 것으로 옮겨 갔다.

④ **새로운 질서 추구** : 지금까지 지배 세력을 떠받쳐 왔던 지주제와 신분제가 동요되면서 사족 중심의 향촌 지배가 어려워졌고, 이는 붕당 정치의 기반을 흔드는 것이었다. 이제 지방 요호부민들이 수령과 결탁하여 향촌을 장악하기 시작한다.

2. 탕평책의 실시

(1) 붕당 정치의 문제점 대두

① **붕당 정치의 성격** : 붕당 정치는 학연과 지연을 매개로 의식과 정치 이념을 같이 하는 사람들끼리 붕당을 이루고, 언론 활동을 통해 국왕의 신임을 얻어 국정을 주관하는 정치 형태를 말한다.

② **붕당 정치의 공헌** : 붕당 정치는 여론을 앞세운 것으로서, 비판 세력이 공존하며 특정 붕당의 독주를 견제하고, 사림의 의견을 국정에 반영할 수 있어서 건전한 정치 풍토를 조성하였다.

③ **붕당 정치의 폐단**

㉠ 정치 불균형과 정쟁 : **붕당 정치가 변질**되어 공론과 공리보다 집권욕에만 집착하면서 균형 관계가 깨어져 정쟁이 끊이지 않고 사회가 분열되었다.

▼ **탕평(蕩平)의 의미**
탕평이란 서경 홍범조(條)에서 나온 말로, 임금의 정치가 한쪽을 편들지 않고 사심이 없으며, 당을 이루지도 않는 상태에서 이른 것을 의미한다.

▼ **붕당 정치의 변질**
• 벌열 가문의 정권 독점
• 양반 계층 간 갈등 심화
• 몰락 양반의 지방 세력화

ⓛ 왕권의 불안 : 붕당 정치가 변질되어 극단적 정쟁과 일당 전제화의 추세가 나타나자, 세력 균형 위에서 안정될 수 있었던 왕권 자체가 불안하게 되었다.

(2) 탕평책의 대두

① 정치적 균형 관계의 정립 : 탕평론의 본질은 정치적 균형 관계를 재정립함에 있었다. 정치적 균형 관계가 정립되기 위해서는 각 붕당 간에 자율적으로 힘의 균형이 이루어지거나, 아니면 왕권에 의해 타율적으로 중재되어야 했다.

② 공존 관계의 형성 : 17세기 초 서인과 남인이 공존 관계를 이룬 것은 전자의 경우이다. 그러나 붕당 정치가 변질되면서부터 오히려 후자가 요청되어 공존 관계가 형성되었다.

(3) 숙종의 탕평론

① 탕평론의 제시 : 숙종은 정치적 균형 관계를 재정립할 목적으로 인사 관리를 통해 세력 균형을 유지하려는 탕평론을 제시하였다.

② 탕평론의 한계 : 숙종의 탕평책은 명목상의 탕평론에 지나지 않아 균형 원리가 지켜지지 않았다. 오히려 상황에 따라 한 당파를 일거에 내몰고 상대 당파에 정권을 모두 위임하는 편당적 인사 관리로 일관하여 환국(경신환국, 기사환국, 갑술환국)이 일어나는 여러 빌미를 제공하기도 하였다.

3. 영조의 탕평 정치 - 완론 탕평

(1) 영조의 국정 운영▼

① 편당적 조처 : 영조는 즉위 직후 탕평 교서를 발표하여 정국을 바로잡으려 했으나 노론과 소론을 번갈아 등용하여 정국을 더욱 어지럽게 하였다. 소론과 남인의 일부 강경파는 영조의 정통을 부정하고 노론 정권에 반대하여 영조 4년(1728)에 이인좌의 난▼(청주)을 일으키기까지 하였다.

② 탕평파 중심의 정국 운영

㉠ 탕평파 주도 : 영조는 이인좌의 난을 계기로 붕당 간 관계를 다시 조정하여 왕과 신하 사이의 의리를 확립할 필요가 있음을 절감하였다. 이에 붕당을 없앨 것을 내세우며 왕이 주장하는 논리에 동의하는 탕평파를 육성하여 탕평파를 중심으로 정국을 운영하였다.

▼ 영조의 탕평책 추진
• 탕평 교서 발표
• 탕평파 육성
• 탕평비 건립
• 왕권의 강화

▼ 이인좌의 난
영조 4년(1728) 소론 강경파와 남인 일부가 경종의 죽음에 영조와 노론이 관계되었다고 하면서 영조의 탕평책에 반대하여 일으킨 반란이다.

  ⓛ 서원 정리 : 영조는 붕당의 뿌리를 제거하기 위해 공론의 주재자로 인식되던 산림의 존재를 인정하지 않았고, 본거지인 서원을 정리하여 300여 곳을 철폐하였다.

  ⓒ 이조 전랑의 권한 약화 : 이조 전랑의 권한을 약화시키기 위해 그들이 후임자를 천거하는 자천권과 3사의 관리를 선발할 수 있게 해 주던 3사 언관의 추천관행을 폐지하였다(1741).

 ③ 왕의 영향력 강화 : 영조가 탕평 정치를 실시하면서 왕은 정국 운영이나 이념적 지도력을 비롯하여 거의 모든 부문에서 가장 큰 영향력을 행사하게 되었고, 붕당의 정치적 의미는 약화되어 정치권력은 왕과 탕평파 대신 쪽으로 집중되면서 왕권이 강화되었다.

(2) 영조의 개혁 정치

 ① **균역법 시행** : 정국이 안정되자, 영조는 민생안정과 산업 진흥을 위한 개혁을 추진하였다. 군역의 부담을 줄여 주기 위하여 군포를 농민에게 1년에 기존의 2필에서 1필로 줄여 주는 균역법을 시행하였고(1750), 상류 신분층에게는 선무군관포를, 지주에게는 결작을 부담시켰다.

 ② **법전의 정비** : 제도와 권력 구조 개편 내용을 정리하여 「속대전」을 편찬함으로써 법전 체계도 재정리하였다.

 ③ **신문고 설치** : 조선 초 태종 때 백성들의 억울한 일을 직접 해결하여 줄 목적으로 만든 신문고 제도를 부활하여 병조에서 주관하게 하였다.

 ④ **청계천 준설·기로과 실시** : 이밖에 청계천 준설 사업을 실시하였고, 퇴직관리를 재기용하는 기로과를 실시하였다.

(3) 영조의 탕평책의 한계

 ① **일시적 해결책** : 영조의 탕평책은 붕당 정치의 폐단을 근본적으로 해결한 것은 아니었다. 강력한 왕권으로 붕당 사이의 치열한 다툼을 일시적으로 억누른 것에 불과하였다.

 ② **노론의 정국 주도** : 한때 탕평의 원리에 의해 노론과 소론이 공존하였으나 소론 강경파가 자주 변란(이인좌의 난·나주 괘서 사건▼)을 일으키면서 소론의 정치적 입장은 약화되고 노론이 정국을 주도하였다.

▼ 나주 괘서 사건

영조 31년(1755)에 윤지 등 소론이 노론을 제거하고 나주에서 민심을 동요시킬 목적으로 나라를 비방하는 글을 나주객사에 붙였고, 이것이 발각되어 소론이 정계에서 크게 약화되었다.

4. 정조의 탕평 정치 – 준론 탕평

(1) 정조의 강력한 탕평책 추진

① **시파 기용** : 사도세자의 죽음과 이를 둘러싼 시파와 벽파 간 갈등을 경험한 정조는 영조 때보다 더욱 강력한 탕평책을 추진하였다. 벽파의 압력 속에서 세손 때부터 지위가 불안했던 정조는 즉위 후 벽파를 물리치고 시파▼를 고루 기용하였다.

② **구세력 제거** : 정조는 각 붕당의 주장이 옳은지 그른지를 명백히 가리는 적극적인 탕평책을 추진하여, 영조 때에 세력을 키워 온 척신과 환관 등을 제거하였다.

③ **노론·소론 일부와 남인계의 중용** : 영조 때의 탕평파 대신들을 엄격하게 비판했던 노론과 소론 일부와 그동안 권력에서 배제되었던 소론과 남인 계열도 다시 중용하였다.

(2) 정조의 왕권 강화 정치

① **왕권의 강화** : 궁극적으로 붕당을 없애고자 했던 정조는 각 붕당의 입장을 떠나 의리와 명분에 합치되고 능력이 있는 사람을 중용하여 왕권을 강화하려 하였다.

② **규장각 설치** : 규장각▼을 붕당의 비대화를 막고 자신의 권력과 정책을 뒷받침할 수 있는 강력한 정치 기구로 육성하였다.

수원 화성 1997년 유네스코 세계 문화유산으로 등록

③ **장용영 설치** : 국왕의 호위를 맡아보던 숙위소를 폐지하고 국왕 친위 부대로 장용영을 설치하였다. 이를 통해 각 군영의 독립적 성격을 약화시키고 병권을 장악함으로써 왕권을 뒷받침하는 군사적 기반을 갖추었다.

④ **초계문신제▼ 실시** : 정조는 스스로 초월적 군주로 군림하면서 스승의 입장에서 신하들을 양성하고 재교육시키기 위해 의정부에서 신진 인물이나 중·하급 관리 중에서 유능한 인사를 재교육하는 초계문신 제도를 실시하였다.

⑤ **화성▼ 축조** : 정조는 수원으로 사도세자의 묘를 옮기고 정약용이 만든 거중기를 이용하여 화성을 세웠다. 화성에 정치적·군사적 기능을 부여함과 동시에, 수원에 상공인을 유치하여 자신의 정치적 이상을 실현하는 상징적 도시로 육성하고자 하였다.

⑥ **수령의 권한 강화** : 정조는 향촌에서는 수령이 군현 단위의 향약을 직접 주관하게 하여, 지방 사림의 영향력을 줄이고 수령의 권한을 강화하였다. 이로써 지방 사족의 향촌 지배력을 억제하고 백성에 대한 국가의 통치력을 강화하였다.

▼ 시파

조선 후기 정조 때 사도세자 문제를 둘러싸고 벌어진 붕당 간의 대립 속에서 정조의 정책에 편승하는 부류라는 의미로 사용된 용어로, 벽파와 대칭되어 쓰인다.

▼ 규장각

규장각은 본래 역대 왕의 글과 책을 수집 보관하기 위한 왕실 도서관의 기능을 갖는 기구로 설치되었다. 그러나 정조는 여기에 비서실의 기능과 문한 기능을 통합적으로 부여하고, 과거 시험의 주관과 문신 교육의 임무까지 부여하였다.

▼ 초계문신제

5품 이하 초계문신 중 절반 이상이 당상관으로 승진하였다.

▼ 화성(華城)

경기도 수원시 장안구에 있는 조선 후기 성벽으로 돌과 벽돌을 혼용한 과감한 방법, 거중기 등의 기계를 활용하고 용재(用材)를 규격화한 점, 화포를 주무기로 하는 공용화기 사용의 방어 구조 등은 다른 성곽에서 볼 수 없는 특징이다.

더 알아보기 ➕

영 · 정조 시대 비교

구분	영조	정조
탕평책	• 완론 탕평 정치 • 군제 · 경제 개혁 단행	• 준론 탕평 정치 • 시파 기용 → 강력한 왕권 확립
왕권 강화	• 서원 정리 • 청계천 준설 사업	• 장용영 설치 • 규장각 설치 • 수원성 축조
위민 정치	• 신문고 제도 부활 • 균역법 시행	• 육의전을 제외한 금난전권 폐지(신해통공) • 공장안 폐지
편찬 사업	• 「속대전」 : 「경국대전」의 속전으로 법전을 재정리한 법령집 • 「속오례의」 : 훈구파의 「국조오례의」를 보완한 의례집 • 「속병장도설」 • 「동국문헌비고」 : 제도 · 문물을 총정리한 문헌백과사전 • 「무원록」 • 「택리지」 : 인문 지리서이며 우리나라 각 지방의 자연환경과 인물, 풍속, 물산(物産), 인심의 특색 등을 세밀하게 서술하고 어느 지역이 살기 좋은 곳인가를 논함	• 「홍재전서」 : 정조의 문집으로, 184권 100책 • 「대전통편」 : 「속대전」의 규정을 보완한 법전 • 「탁지지」 : 호조의 사례를 정리한 경제서적 • 「동문휘고」 : 조선의 외교 문서집 • 「규장전운」 : 음운을 정리 • 「무예도보통지」 • 「제언절목」

5. 세도 정치*의 전개

(1) 세도 정치의 배경

① **사회적 모순의 대두** : 탕평책이 추구된 18세기에는 정국이 어느 정도 안정되었으나, 사회 · 경제적 변동이 더욱 심화되어 계층 간 대립과 마찰 등 혼란이 계속되고 있었다. 그 움직임은 항조, 거세, 민란 등의 형태로 나타났으며, 사회 모순에 대한 불만이 정치권에 대한 도전으로 나타나기도 하였다.

▼ 세도 정치의 선구

정조가 세손(世孫) 때 홍인한 등이 정조를 해치려 하자 홍국영이 이를 타도하고, 한때(정조 즉위 후) 도승지로 실권을 장악하였으나 4년 만에 물러났다.

② **서민 문제 해결의 한계 노출** : 위정자로서는 정국과 더불어 동요하는 서민 사회도 안정시켜야 했다. 탕평책은 정국 안정에는 어느 정도 기여하였지만, 불만이 고조되고 있던 서민 문제를 해결하는 데는 한계가 있었다.

③ **지배 체제의 붕괴** : 19세기 양반 사회는 급속도로 무너져 갔다. 외척 가문에 의해 국정이 독점되는 세도 정치가 계속되면서, 탕평책에 의해 유지되어 오던 지배 체제는 파탄에 이르게 되었다.

(2) 세도 정치의 성격

세도 정치는 종래의 일당 전제마저 거부하고 특정 가문이 권력을 독점하는 정치 형태로서, 정권의 사회적 기반이 결여되고 한 가문의 사익을 위해 정국이 운영되었기 때문에 붕당 정치의 파탄을 의미하는 것이었다.

(3) 세도 정치의 전개 과정▼

① **정순 왕후의 수렴청정**

ㄱ **수렴청정▼**과 노론 벽파의 정국 주도 : 순조가 11세의 나이로 즉위하자 영조의 계비 정순 왕후가 수렴청정을 하면서 정조 때 정권에서 소외되었던 노론 벽파 세력이 정국을 주도하기 시작하였다.

ㄴ 노론 벽파의 정치 : 이들은 **신유박해▼**를 이용하여 정조가 규장각을 통해 양성한 인물들을 대거 몰아냈으며, 장용영을 혁파하고 훈련도감을 정상화시켜 이를 장악하였다.

② **안동 김씨 일파의 집권**

ㄱ 안동 김씨의 세도 정치 : 정순 왕후가 죽자 벽파 세력이 퇴조하고, 순조의 장인 김조순을 중심으로 하는 안동 김씨 일파의 세도 정치가 전개되었다.

ㄴ 왕권 약화 : 안동 김씨에 의한 세도 정치기에도 순조는 나름대로 국정을 주도하려고 노력했으나, 지지 세력을 형성하지 못하여 실패하였다.

③ **풍양 조씨 가문의 득세** : 헌종이 즉위하면서 헌종 외척인 풍양 조씨 가문이 한때 득세하였다.

④ **안동 김씨 세력의 재집권** : 철종 때 안동 김씨 세력이 다시 권력을 장악하였고, 결국 안동 김씨 중심의 세도 정치는 흥선 대원군이 정국을 주도하기 전까지 지속되었다.

▼ 세도 정치 과정
- 정조 때 홍국영
- 순조 때 안동 김씨(김조순)
- 헌종 때 풍양 조씨(조만영)
- 철종 때 안동 김씨(김문근)

▼ 수렴청정(垂簾聽政)
어린 왕이 즉위했을 때 왕의 어머니나 할머니가 왕을 대신하여 정사를 살피면서, 신하들 앞에 얼굴을 보이지 않으려고 앞에 발을 늘이고 정사에 임하는 정치 형태를 말한다.

▼ 신유박해
1801년 순조 때 진보적 정치 세력과 그들과 연계된 천주교도에 대하여 대규모 숙청을 단행한 사건

6. 세도 정치기의 권력 구조

(1) 정치 집단의 양상

① **정치 집단의 기반 축소** : 세도 정치기에 붕당은 물론 탕평파나 반탕평파 같은 정치 집단 사이의 대립적 구도도 없어지고, 중앙 정치를 주도하는 정치 집단은 소수 가문 출신으로 좁아지면서 그 기반이 축소되었다.

② **유력 가문의 권력 독점** : 유력한 가문들은 왕실 외척이거나 산림 또는 관료 가문의 성격을 함께 띠고 있었다. 이들은 서로 연합·대립하면서 인척 관계로 얽혀 하나의 정치 집단을 이루어 권력과 이권을 독점하였다.

(2) 권력 구조의 양상

① **권력의 양극화** : 권력 구조에서도 2품 이상 고위직만 정치적 기능을 발휘하고, 그 이하 관리들은 언론 활동과 같은 정치적 기능을 거의 잃은 채 행정 실무만 맡게 되었다.

② **비변사로 집중** : 정치 기구의 골격인 의정부와 6조를 중심으로 하는 체제는 이름만 남게 되었고, 실질적 힘은 비변사로 집중되었다.

③ **사적 이익 추구** : 비변사에서도 실질적 역할은 대개 유력한 가문 출신 인물들이 차지하였고, 이들은 권한을 사적 이익을 추구하는 데 이용하기도 하였다.

(3) 세도 정치의 폐단

① 세도 정권의 소극성

 ㉠ 개혁 의지 부족 : 19세기의 세도 정권은 사회 전반의 변화를 인식하지 못하고, 새로운 정치질서를 만들어 가려는 능력도 지니지 못하였다.

 ㉡ 사회 개혁 세력의 봉쇄 : 이런 개혁 의지의 부족함과 사회 모순을 정면으로 다루는 것을 피하면서 새로운 사회 개혁 세력이 정치에 참여하거나 비판하는 것을 철저히 막았다.

② 세도 정권의 한계

 ㉠ 사회적 통합 실패 : 세도 정권은 19세기 상업 발달과 서울의 도시적 번영에 만족하고, 정조가 등용하였던 재야 세력, 즉 남인·소론·지방 선비들을 권력에서 배제하여 사회 통합에 실패하였다.

 ㉡ 수탈의 가속화 : 지방 사회에서 성장하던 상인, 부농들을 통치 집단 속으로 포섭하지 못하고 수탈의 대상으로 삼았으며, 지방 수령 자리를 상품화하여 팔기도 하였다.

▼ 향임(鄕任)

조선 시대의 지방 자치 기관인 향청의 임원을 말한다.

ⓒ 지방 수령의 부패 : 지방의 사족을 배제한 채 수령이 절대적인 권한을 갖고 향리와 향임(鄕任)▼을 이용하여 조세를 걷도록 하였으나 이들의 부정을 견제할 만한 세력이 없었다.

ⓓ 세도가의 개혁 의지의 상실 : 세도가들은 오랫동안 서울의 도시적 분위기에서 세련된 도시 귀족의 체질을 지녔고, 규장각에서 학문을 닦은 인물도 많았다. 그러나 권력을 잡은 후 차츰 고증학(考證學)▼에 치우쳐 개혁 의지를 상실하였고, 지방 사회의 어려운 사정을 이해하지 못하였다.

▼ 고증학(考證學)

명말 청초에 일어난 학풍으로 고증에 의한 학문 연구를 중시하였다.

ⓔ 재해와 기근 빈발 : 자연 재해가 잇달아 일어나고 기근과 질병이 널리 퍼져 인구가 급속히 감소하였으나 농민 조세 부담은 더욱 무거워져 농촌 사회의 불만은 극에 달하였다.

7. 대외 관계의 변화

(1) 청과의 관계

① 청과의 표면적 · 내면적 관계

ㄱ 사대 관계(표면상)와 북벌론 추진 : 병자호란 이후 조선은 청에 대하여 표면상 사대 관계를 맺고 사신이 왕래하면서 교역을 활발하게 하였다. 그러나 내심으로는 청에 대한 적개심이 오랫동안 남아 있어 북벌 정책을 추진하기도 하였다.

ㄴ 국방력 강화에 기여 : 당시 북벌론은 실현 가능성이 적었고 정권 유지 수단으로 이용된 측면이 있었지만, 전란 후 민심을 수습하고 국방력을 강화하는 데 기여하였다.

② 청의 문화 발전과 북학론의 대두

ㄱ 문화 국가로 발전 : 이 시기 청은 중국 대륙을 장악한 뒤 국력이 크게 신장되고, 중국 전통 문화를 보호 장려하고 서양 문물까지 받아들여 문화 국가의 면모를 갖추어 나갔다.

▼ 천리경

천리를 볼 수 있는 거울이라는 뜻으로 망원경을 의미한다.

ㄴ 사신들의 문화 소개 : 우리나라 사신들은 귀국 후 기행문이나 보고서를 통해 변화하는 청의 사정을 전하였고, 천리경▼ · 자명종 · 화포 · 만국지도 · 「천주실의」▼ 등 여러 가지 새로운 문물과 서적을 소개하였다.

▼ 천주실의

명나라에서 선교 활동을 하던 예수회 소속 이탈리아 신부 마테오리치가 한문으로 저술한 천주교 교리서이다.

ㄷ 북학론의 제기 : 우리나라 학자들 중 청을 무조건 배척하지만 말고 이로운 것은 적극적으로 배우자는 북학론을 제기하였다.

③ 백두산 정계비와 간도 귀속 문제

ㄱ 만주의 성역화 : 청은 중국 대륙을 차지한 후에도 그들의 본거지였던 만주 지방에 관심을 기울여 이 지역을 성역화하였다.

ⓛ 국경 분쟁과 <u>백두산 정계비</u>▼의 건립 : 우리
나라 사람들의 일부가 두만강을 건너 인삼
을 캐거나 사냥을 하는 경우가 있었기 때문
에 청과 국경 분쟁이 일어났다. 이에, 조선
과 청의 두 나라 대표가 백두산 일대를 답
사하고 국경을 확정하여 정계비를 세웠다
(1712).

백두산 정계비(1712)

ⓒ 간도 귀속 문제 발발 : 백두산 정계비에서 양국 간의 국경은 서쪽으로는 압록
강, 동쪽으로는 토문강을 경계로 한다고 하였다. 그런데 19세기에 토문강 위
치에 대한 해석상 차이 때문에 두 나라 사이에 간도 귀속 문제가 발생하게 되
었다.

④ <u>간도 협약</u>▼의 체결 : 간도는 우리가
불법적으로 외교권을 상실한 상태에
서 청과 일본 사이에 체결된 간도 협
약(1909)에 따라 청의 영토로 귀속되
고 말았다.

백두산 정계비와 간도

(2) 일본과의 관계

① 일본과의 국교 재개

㉠ 왜란 후 외교 단절 : 임진왜란으로
침략을 받은 조선은 일본과의 외교 관계를 단절하였다.

ⓛ 일본의 국교 재개 요청 : 일본의 도쿠가와 막부는, 경제적인 어려움을 해결
하고 선진 문물을 받아들이기 위하여 쓰시마 섬 도주를 통하여 조선에 국교
를 재개하자고 요청해왔다.

ⓒ 유정의 파견 : 조선은 막부의 사정을 알아보고 전쟁 때 잡혀간 사람들을 데려
오기 위하여 유정(사명대사)을 파견하여 일본과 강화하고 조선인 포로 7,000
여 명을 데려왔다(1607).

ⓛ 국교의 재개 : 일본과 기유약조를 맺어 동래부의 부산포에 다시 왜관을 설치
하고, 제한된 범위 내에서 교섭을 허용하였다(1609).

② 통신사의 파견

㉠ 조선에 사절 파견 요청 : 일본은 조선의 선진 문화를 받아들이고, 도쿠가와
막부의 <u>쇼군(將軍)</u>▼이 바뀔 때마다 그 권위를 국제적으로 인정받기 위하여
조선에 사절의 파견을 요청해왔다.

ⓛ 12회 사절 파견 : 조선에서는 1607년~1811년까지 12회에 걸쳐 통신사라는
이름으로 사절을 파견하였다.

▼ 백두산 정계비

숙종 38년(1712) 청의 목극등과
조선의 박권이 만나 백두산에 세운
경계비로 백두산 산정 동남방 약
4km, 해발 2,200m 지점에 세워졌
다. 이 비문에 '西爲鴨綠東爲土門
故於分水嶺上 ……'이라 하여, 서
는 압록강, 동은 토문강의 두 강을
경계로 한다는 내용이 논란이 되었
는데 1880년 청은 돌연히 토문을
두만강이라고 주장하여 토문강의
위치를 둘러싼 간도 문제가 제기되
었다.

▼ 간도 협약(1909)

통감부가 설치된 이후에도 일제는
간도에 통감부의 파출소를 두어 이
를 관할하였다. 을사조약으로 우리
의 외교권을 박탈한 일본은 그들의
침략 세력을 만주 대륙으로 확장시
키려는 야망에서, 안봉선 철도 부
설권과 무순 탄광 채굴권의 이권을
보장받는 대신 간도를 청의 영토로
인정하는 간도 협약을 체결하였다.

▼ 쇼군

일본의 역대 무신 정권인 막부의
수장을 가리키는 칭호

ⓒ 국빈 예우 : 통신사 일행은
적을 때에는 300여 명, 많은
때에는 400~500명이나 되었
고, 일본에서는 국빈으로 예
우하였다.

ⓔ 통신사의 역할 : 통신사는 교
린 외교 사절로서뿐만 아니
라, 조선의 선진 문화를 일본
에 전해 주는 문화 사절단, 일
본 내부의 정세를 시찰하는
정보 사절단, 상대국 정권의
정당성을 옹호해주는 역할을
함께 수행하였다.

통신사의 행로 일본에 간 조선 통신사들이 지나가던
길로, 일본에는 이 길을 중심으로 통신사와 관련된 유
적·유물이 남아 있다.

통신사 행렬도

③ 울릉도와 **독도**

ⓐ 삼국 시대 이래 우리 영토 : 울릉도와 독도는 삼국 시대 이래 우리의 영토
였으나, 일본 어민이 자주 이곳을 침범하여 충돌이 빚어지기도 하였다.

ⓑ 안용복의 활약 : 조선 숙종 때, 안용복은 울릉도에 출몰하는 일본 어민들을 쫓
아내고, 일본에 건너가 울릉도와 독도가 조선의 영토임을 확인받고 돌아왔다.

ⓒ 정부의 적극적 관리 : 그 후에도 일본 어민의 침범이 계속되자, 19세기 말에
조선 정부에서는 적극적으로 울릉도 경영에 나서 주민의 이주를 장려하였고,
울릉도에 군을 설치하여 관리를 파견하고 독도까지 관할하게 하였다.

▼ 독도 문제
• 1900년 울릉군으로 승격
• 1905년 일본이 강탈
• 1945년 해방 후 우리 영토로 확정

조선 후기 수취 체제의 개편

1. 농촌 사회의 동요

(1) 농촌 사회의 파괴

조선 후기 임진왜란과 병자호란을 거치면서 농촌 사회는 심각하게 파괴되었다. 수많은 농민이 전란 중에 사망하거나 피난을 가고 경작지는 황폐화되었다. 굶주림과 질병까지 널리 퍼져 농민의 생활은 더욱 어려워졌지만, 조세 부담은 줄어들지 않았다.

(2) 정부의 수취 체제 개편

양반 지배층은 정치적 다툼에 몰두하여 민생 문제에 적극적으로 대처하지 못하였다. 이러한 지배층에 실망한 농민들은 불만을 드러내고 도적이 되기도 하였다.

2. 전세의 정액화

(1) 정부의 당면 문제

양난 이후 조선 정부의 가장 큰 어려움은 농경지의 황폐와 전세 제도의 문란이었다. 임진왜란 직전 전국의 토지 결수는 150만 결이었는데, 직후에는 30여만 결로 크게 줄었다. 이를 해결하기 위해 조선 정부는 농지 개간과 양전 사업을 대대적으로 실시하였다.

(2) 정부의 대책 마련

① 농지 개간의 장려

㉠ 개간 허용과 권장 : 농지 개간은 신분 여하에 관계없이 허용되었고, 개간지에는 개간지 소유권과 함께 보통 3년간 면세 혜택이 주어졌다.

㉡ 소유지의 확대 : 재력가는 개간을 통해 자기 소유지를 확대할 수 있어서 왕실, 정부 기관, 양반뿐만 아니라 농민, 상인, 노비 등 사회 모든 계층이 개간에 참여하였다.

② 양전 사업의 실시

㉠ 국가 수입원의 증대 의도 : 정부는 농토의 확대와 더불어 이에 대한 전세를 확보하기 위하여 토지 조사 사업도 서둘렀다. 이것은 토지 대장인 양안에서 빠진 은결▼을 찾아내어 전세의 수입원을 증대시키려는 의도에서 시행되었다.

㉡ 국가 수입의 증대 효과 미미 : 토지 결수의 증가에도 불구하고 국가 수입은 크게 증가하지 않았다. 이는 아직도 토지 대장에 기록되지 않은 은전(은결)이 많았고, 토지 대장에 수세지로 올라 있었으나 진황지▼로 수세할 수 없는 토지도 많았으며, 궁방전ㆍ관둔전 등의 면세지가 확대되었기 때문이다.

(3) 영정법의 실시▼

① 배경 : 15세기 세종 때 만들어진 공법, 즉 전분 6등법과 연분 9등법은 매우 번잡스러워 당시에는 제대로 운용되지 못하였고, 16세기에는 거의 무시된 채 최저율의 세액이 적용되고 있었다.

② 실시 : 전란 후 농지가 황폐되고 농민이 궁핍해지는 상황 속에서 정부는 이런 관행을 법제적으로 확정시켜 전세를 풍흉에 관계없이 1결당 미곡 4두로 고정시킨 영정법을 실시하였다.

③ 결과

㉠ 농민 혜택 부족 : 수취 제도의 개편으로 전세의 비율이 이전보다 다소 낮아진 것은 사실이나, 농민의 대다수를 차지하는 병작농에게는 크게 도움이 되지 못하였다.

㉡ 조세 부담 증가 : 전세 외에 여러 가지 세가 추가 징수되어 오히려 조세 부담은 증가되었다. 즉, 전세를 납부할 때에 여러 명목의 수수료, 운송비, 자연 소모에 대한 보충비용 등이 함께 부과되었기 때문인데, 그 액수가 전세액보다 훨씬 많아 때로는 전세액의 몇 배가 되기도 하였다.

㉢ 지주들의 횡포 : 이러한 전세는 지주에게 부과되었으나, 지주들은 소작 농민에게 전가하여 농민 부담은 더욱 증가하였다.

▼ 은결
조선 시대에 부정한 방법으로 조세 부과 대상에서 누락시킨 토지

▼ 진황지
돌보지 않고 버려둔 거친 땅

▼ 전세 제도의 변화
• 조선 전기 : 연분 9등법(세종)ㆍ수등 이척법(전분 6등법, 세종)
• 조선 후기 : 영정법(인조)ㆍ양척 동일법(효종)

3. 공납의 전세화 (대동법의 실시)

▼ 공납 제도의 변화
• 공납
• 방납(16세기)
• 수미법
• 대동법(17~18세기)

(1) 공납 제도 개편의 배경

① 공납 제도의 모순

㉠ 특산물의 현물 납부 : 공납은 각 지방 특산물을 현물로 납부하는 방식이다.

㉡ 부과 과정 : 정부가 품목별로 국가의 연간 수요량을 책정하여 각 고을 단위(부·목·군·현)로 배정하면 각 고을에서는 주민의 호를 기본 단위로 부과·징수하였다.

㉢ 공납의 종류 : 공납의 종류는 정기적으로 거두는 상공, 부정기적으로 거두는 별공, 왕실에 들어가는 진상으로 토산품을 거두어 들였다. 공물에는 각종의 수공업 제품과 광물, 수산물, 모피, 과실, 약재 등이 있었다.

㉣ 공납의 문제점 : 공납은 농민의 생산 물량을 기준으로 한 과세가 아니라 국가 수요를 기준으로 하여 과세량에 무리가 있었고, 때로는 비생산 물품이 과세되는 경우도 있었다. 이 때문에 공물은 전세보다 납부하는 데 어려움이 많을 뿐만 아니라 그 부담도 훨씬 컸다.

(2) 대동법의 시행

① 대동법의 내용

㉠ 개혁론 제기 : 부족한 국가 재정을 보완하고 농민 부담을 경감시키기 위한 개혁론이 제기되었으며, 그 결과 나타난 것이 대동법이었다.

㉡ 납부 방식의 변화 : 대동법이란 농민 집집마다 부과하여 토산물을 징수하였던 공물 납부 방식을 토지 결수에 따라 쌀, 삼베나 무명, 동전 등으로 납부하게 하는 제도였다.

㉢ 공인을 통한 물자 구입 : 정부는 수납한 미·포·전으로 공인을 통해 필요한 물자를 구입할 수 있었다.

대동세 징수와 운송

② 시행 과정

㉠ 최초 실시 : 이이는 「동호문답」에서 대공 수미법을 주장한 적이 있었으나 이이의 주장은 받아들여지지 않았다. 이후 대동법은 처음으로 17세기 초(1608) 광해군 때 이원익·한백겸의 적극적 주장으로 경기도에 먼저 수미법을 시행하여 서울에 선혜청을 설치하고 종전의 상공을 쌀로 받도록 하여 토지 1결당 대동미라는 이름으로 징수하였는데, 이 법을 대동법이라 하였다.

▼ 선혜청
광해군 북인 정권 시기 백성들에게 큰 혜택을 준다는 의미인 선혜를 인용하여 선혜청이라는 관청을 만들었다. 이곳에서는 조선 시대 대동미·대동포·대동전의 출납을 관장하였다.

ⓛ 전국에 확대 실시 : 18세기 초 숙종 때 평안도와 함경도, 제주도를 제외한 전
국에 실시(1708)되었는데, 이때 대동미 세액은 12두로 통일되었고, 산간 지
방에서는 쌀 대신 베나 돈으로 내도록 하였다.
ⓒ 실시 지연 이유 : 대동법이 전국적으로 실시되는 데 100년이나 소요된 것은
양반 지주들의 반대가 심하여 이들의 이해를 배려하면서 확대 · 시행하였기
때문이다.
ⓔ 평안도 · 함경도 · 제주도는 세납 제도에서 잉류▼가 적용되었으므로, 공납의
상공이 없어 대동법이 적용되지 않았다.

▼ 잉류
수세미를 현지에서 보관하는 것으
로서 경창으로 상공을 운송하지 않
고 현지에서 국방비나 사신 접대비
로 사용하였다. 하지만 별공이나
진상은 존재하였다.

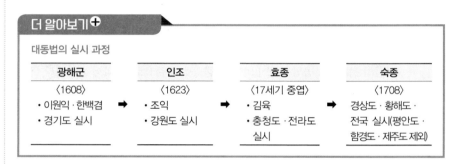

③ 대동법의 실시 결과
ⓛ 경제의 일시적 안정 : 대동법의 실시로 국가 재정 사정은 어느 정도 회복되고
농민 경제도 일시적으로 안정되었다.
ⓒ 농민의 부담 경감 : 대동법의 실시로 과세 기준이 종전의 민호에서 토지 결수
로 바뀌었다. 토지를 가진 농민들은 1결당 미곡 12두만 납부하면 되었기 때
문에 과중했던 부담이 다소 경감되었고, 토지를 가지지 못한 영세 농민은 일
단 과세 부담에서 벗어났으므로 농민들은 대체로 대동법 실시를 환영하였다.

▼ 공인
조선 후기 대동법 실시로 나타난
어용 상인

ⓒ 공인의 등장 : 정부에서는 공인▼이라는 공납 청부업자를 지정하여 이들에게
공물 가격을 먼저 지불하고 필요한 관청 수요품을 조달하게 하였다. 공인이
발달하면서 장시도 같이 발전하였다.
ⓔ 공납의 전세화와 조세의 금납화 촉진 : 대동법은 공납을 전세화한 것으로 토
지 소유 정도에 따라 차등 과세하였으므로 보다 합리적 세제라 할 수 있다.
또 종래 현물 징수가 미곡, 포목, 전화 등으로 대체되어 조세의 금납화▼가 이
루어져 갔다.

▼ 금납화
세금이나 소작료 등을 화폐로 지불
하는 현상

④ **대동법 실시 후 폐단** : 대동법은 상공에 대해서만 적용했기 때문에, 농민 경제를 어느 정도 안정시킨 것은 사실이나, 농민들은 대동법 실시 후에도 진상이나 별 공 등에서는 여전히 현물 징세 부담이 있었고, 지방 관아에서도 필요에 따라 수 시로 토산물을 징수하였다.

4. 균역법의 시행

(1) 군역 제도 개편의 배경

① **군역제의 변화** : 조선 초기의 농병 일치 군역제는 16세기에 방군 수포제로 나타 났고, 중종 때 군적 수포제로 정식화되었다. 양난 이후 5군영의 성립으로 모병 제가 제도화되면서, 양인 장정들 대부분이 1년에 2필의 군포를 내는 것으로 군 역을 대신하는 수포군이 점차 증가하였다.

② **군포 징수의 문제점**
　㉠ 장정의 부담 가중 : 군포 징수가 단일 관청에 의해 통일적으로 이루어져 배분 되는 것이 아니라 5군영과 중앙 정부 기관은 물론, 지방 감영이나 병영까지 도 독자적으로 군포를 징수하여 한 장정이 2중, 3중으로 부담하는 경우가 허 다하였다.
　㉡ 지방 관리들의 횡포 : 군포 수납 과정에서 실무를 담당한 수령, 아전들의 농 간까지 겹쳐 백골징포, 황구첨정, 인징, 족징 등의 폐단이 자행되었다.

③ **양역의 회피** : 장정 중 형편이 나은 사람은 납속·공명첩 등의 방법으로 양반 신 분을 사서 양역의 부담을 벗어났고, 이 때문에 양역의 부담은 가난한 농민층에 게 한층 집중되어 그들의 파산과 유망을 촉진시켰다.

(2) 균역법의 시행

① **시행 과정** : 영조 26년(1750)에 신만 등의 주장으로 균역법을 시행하게 되었다.
② **균역법의 내용**
　㉠ 농민 군포 경감 : 정부는 농민들이 1년에 2필씩 내던 군포를 1필로 감해 주 었다.
　㉡ 선무군관포 부담 : 줄어든 군포 수입을 보충하기 위해 종래 군역이 면제되었 던 조선 후기 지방의 부유한 평민 자제들에게 선무군관이라는 이름으로 군포 1필을 납부시켰다.

ⓒ 결작 부담과 잡세 수입으로 보충 : 지주에게서 토지 1결마다 미곡 2두를 결작이라는 명목으로 받아들였으며, 어장세, 선박세 등 잡세 수입으로 보충하게 하였다.

③ **시행 결과**

㉠ 농민 부담의 경감 : 군포 부담이 절반으로 줄어들자 한때 농민의 부담이 가벼워졌고, 농민의 피역 저항도 다소 진정되는 듯하였다.

㉡ 폐단의 재발 : 토지에 부과되는 결작의 부담이 소작농민들에게 돌아갔고, 정부의 장정 수 책정이 급격히 많아져 농민 부담이 가중되어 다시 족징, 인징 등의 폐단이 나타났다.

더 알아보기⊕

조선 시대 수취 체제의 변화

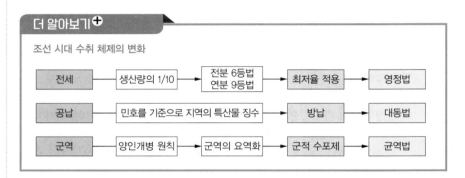

더 알아보기⊕

삼정

전정, 군정, 환곡을 삼정이라 하는데, 조선 국가 재정의 기본이 되었다.

• 전정(田政) : 토지로부터 받는 전세로, 이 전정에는 1결당 4두씩 받는 전세, 대동미 12두, 삼수미세 2.2두, 결작 2두 및 기타 부과세 등이 있었다.

• 군정(軍政) : 16~60세까지 장정들에게 부과되는 대역세로, 균역법 실시 후에는 포 1필을 부과하였다. 군포는 정남의 수에 따라 부과되었는데 포 1필이 미(米) 6두에 해당되어 전세보다 많았다.

• 환곡(還穀) : 춘궁기에 가난한 농민들에게 정부 양곡을 대여해 주고 추수기에 1/10의 이자를 가산하여 받는 것으로, 삼정 문란 중 폐해가 가장 극심하였으며 후에 고리대의 폐단을 초래하였다.

03

조선 후기 서민 경제의 발전

1. 양반 지주의 경영 변화

(1) 지주 전호제의 일반화

양반은 양난 이후 토지 개간에 주력하는 한편, 농민의 토지를 사들여 농토를 늘렸다. 그리고 토지를 소작 농민에게 빌려 주고 소작료를 받는 지주 전호제로 경영하였는데, 이러한 현상은 18세기 말에 이르러 일반화되었다.

(2) 지주 전호제▼의 변화

상품 화폐 경제가 발달하면서 지주 전호제도 변화해 갔다.
① **양반 지주의 지위 이용** : 양반은 양반과 지주라는 신분적 · 경제적인 지위를 이용하여 소작료와 그 밖의 부담을 마음대로 강요할 수 있었다.
② **신분 관계에서 경제 관계로 변화** : 점차 소작인의 저항이 심해지자 소작인의 소작권을 인정하고 소작료를 낮추거나 일정액으로 정하는 추세가 나타났다. 지주 전호제가 지주와 전호 사이의 신분적 관계보다 경제적 관계로 바뀌었다.

(3) 양반 지주의 경제적 변동

① **대지주▼의 등장** : 대체로 양반은 소작료를 거두어 생활하거나 이 소작료로 받은 미곡을 시장에 팔아 이득을 남겼다. 또 토지에서 생기는 수입으로 토지 매입에 더욱 열을 올렸다. 그리하여 천석꾼, 만석꾼이라고 불리는 지주도 나타났다.
② **몰락 양반 등장** : 양반 중에는 물주로서 상인에게 자금을 대거나 고리대를 하여 부를 축적하는 사람도 있었다. 그러나 이러한 경제적 변동 과정에 제대로 적응하지 못하여 몰락하는 양반도 나타났다.

▼ 지주 전호제
조선 사회에서 지주 전호제는 신분제와 상응하여 운영되었다. 즉, 지주는 양반 관료, 토호 등 지배층이었고, 전호는 피지배층으로서 농민이었기 때문에 농민은 경제적으로 지주의 토지를 병작하고 경제 외적으로 지주의 지배를 받는 노비와 크게 다를 바 없는 존재였다. 따라서 지주제 하에서 농민들이 자율적 삶을 추구하기는 어려웠다.

▼ 조선 후기 대지주의 토지 소유 규모
대략 200~300마지기 정도이나, 2,000마지기 이상의 소유자도 있었다. 대체로 한 마지기의 넓이는 200평이다.

2. 농민 경제의 변화

(1) 농업 생산력의 증대

① 개간 사업의 장려

    ㉠ 농토 감축 : 양난으로 전국 농토는 극도로 황폐해졌고 농민층은 생업의 기반을 잃었다. 임진왜란 직전 150만 결에 이르던 농토가 임진왜란 후에는 54만 결로 감축되었는데, 이러한 상황은 농업에 경제적 기반을 두고 있던 지배층에게는 위기로 인식되었다.

    ㉡ 개간 사업의 장려 : 정부는 서둘러 농경지의 확충에 나서 개간 사업을 널리 장려하였다.

② 시비법의 개발

    ㉠ 지력의 유지 : 토지를 계속 이용하여 작물을 재배하기 위해서는 많은 거름이 필요한데, 조선 전기에도 여러 거름이 있었으나 그 양이 부족하였다.

    ㉡ 거름의 다양화 : 조선 후기에는 퇴비, 분뇨, 석회 등 거름의 종류를 다양하게 개발하였고, 거름의 양도 풍부해졌으며 거름 주는 방법도 개선되었다.

③ 이앙법의 확산

    ㉠ 조선 전기 : 조선 전기에는 주로 직파법이 행해졌다. 이앙법▼은 남부 지방 일부에서만 행해졌고 정부는 가뭄피해로부터 농민을 보호한다는 명목으로 이앙법을 금지하였다. 그 결과 못자리에서 모를 길러 논으로 옮겨 심는 이앙법은 남부 지방 일부에만 보급되었을 뿐이었다.

벼타작(김홍도)

    ㉡ 조선 후기 : 17세기 이후 농민들은 수리 시설을 갖추지 않은 상태에서 이앙법을 실시하면 가뭄의 피해가 크다는 사실을 알면서도, 정부의 금지령에도 불구하고 스스로 물 문제를 해결하면서 이앙법을 확대시켜 나갔다. 이앙법은 직파법에 비해 노동력을 덜어주고 수확량을 증대시켰다.

    ㉢ 노동력 절감 : 이앙법을 하면 제초 노동력이 절감되었으며, 농사 기간의 단축에 따라 이모작이 가능해지고, 소출량 또한 두세 배 증가하였다.

    ㉣ 수확량 증대 : 이앙법은 논농사에 있어서 벼와 보리의 이모작을 가능하게 하여 단위 면적당 생산량을 증가시키고 농민 소득 증대에 큰 도움을 주었다. 이모작의 발달로 농민들의 보리 수확량은 증대하였고, 논에서의 보리 농사는 대체로 소작료의 수취 대상이 되지 않아서 소작농들은 보리 농사를 선호하였다.

▼ 이앙법
못자리에서 기른 모를 본답(本畓)에 옮겨 심어 재배하는 벼농사의 방법으로, 16세기 이후 각종 수리 시설이 확보되면서 적은 노동력을 들이고도 많은 수확을 거둘 수 있어 광범위하게 보급되었다.

④ **견종법의 개발** : 밭농사에 있어서는 농종법▼이 견종법▼으로 개선되어 갔다. 견종법은 농종법보다 노동력이 절감되고 수확량을 증대시켰다.

▼ 농종법
밭농사에서 밭이랑에 씨를 뿌리고 고랑을 물이 빠지는 통로로 이용하는 방법

▼ 견종법
18세기 이후에 개발된 농법으로서 밭고랑에 씨를 뿌리는 방법

더 알아보기➕

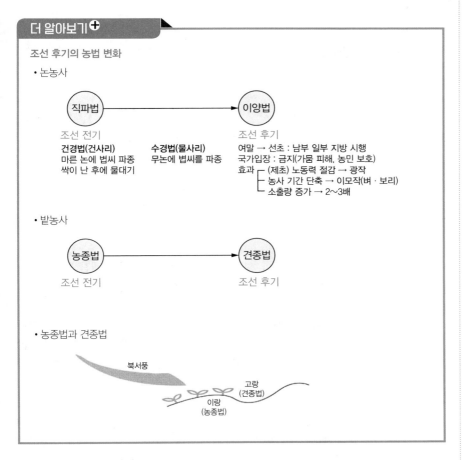

조선 후기의 농법 변화

• 논농사

직파법 → 이양법

조선 전기 | 조선 후기

건경법(건사리) 마른 논에 볍씨 파종 싹이 난 후에 물대기

수경법(물사리) 무논에 볍씨를 파종

여말 → 선초 : 남부 일부 지방 시행
국가입장 : 금지(가뭄 피해, 농민 보호)
효과 ┌ (제초) 노동력 절감 → 광작
     ├ 농사 기간 단축 → 이모작(벼 · 보리)
     └ 소출량 증가 → 2~3배

• 밭농사

농종법 → 견종법

조선 전기 | 조선 후기

• 농종법과 견종법

북서풍

고랑 (견종법)

이랑 (농종법)

⑤ **수리 시설의 발달**

ㄱ **정부의 금지와 이앙법의 확산** : 이앙법의 발달이 농가 경제에 큰 변화를 가져왔지만 수리 시설의 발달이 뒷받침되지 않고는 불가능한 일이었다. 당시 정부는 가뭄 피해를 우려하여 이앙법을 금지하였으나, 농민들은 수리 시설을 개발하면서 이앙법을 계속 확산시켜 나갔다.

ㄴ **저수지 축조** : 조선 후기에는 수리 관계 시설이 발달했으며 농민들은 주로 작은 규모의 보를 쌓아서 물을 이용하였다. 18세기 말에는 크고 작은 저수지가 수천 개소에 달하였다.

⑥ **농기구의 개량** : 18세기 이후 철제 수공업이 발달하면서 여러 농기구가 제작되었다. 쟁기, 써레, 쇠스랑, 호미 등이 널리 사용되었는데, 특히 논농사에서는 소를 이용한 쟁기 사용이 보편화되어 생산력이 보다 증대되었다.

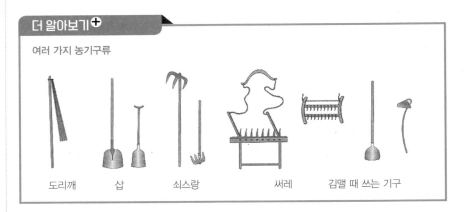

더 알아보기➕

여러 가지 농기구류

| 도리깨 | 삽 | 쇠스랑 | 써레 | 김맬 때 쓰는 기구 |

⑦ **상품 작물의 재배**

ㄱ **상업적 농업 체제로의 변화** : 18세기에는 상품 유통이 활발해짐에 따라 농업 방식과 기술 혁신으로 곡물, 면화, 채소, 담배, 약초 등을 상품으로 재배하여 자급자족 농업에서 상업적 체제로 변화하게 되었다.

ㄴ **쌀의 상품화** : 곡물 중에서는 쌀의 상품화가 가장 활발하였다. 쌀은 이 시기에 주곡으로 자리 잡으면서 수요가 크게 늘었다. 당시 쌀은 장시에서 가장 많이 거래된 물품이었고, 쌀의 수요가 늘면서 밭을 논으로 바꾸는 현상이 활발하였다.

ㄷ **면화 재배** : 면화는 경상도를 비롯한 삼남 지방과 황해도에서 집중 재배되었다. 면화는 당시 서민들이 가장 많이 사용한 옷감 원료로서 그 수요가 많았다.

ㄹ **상품 작물의 재배** : 농민들은 곡물 외에 담배, 인삼 등 상품 작물을 재배하여 소득을 높여 갔다. 담배는 17세기 초 일본에서 전래된 후 전라도 중심으로 전국에서 재배되었고, 인삼은 18세기부터 개성 중심으로 삼남 지방 각지에서 재배되었다.

ㅁ **구황작물의 전래와 보급** : 구황작물인 고구마는 영조 때(1763) 조엄이 일본으로부터 전래하여 보급된 것으로, 그 재배법은 「감저보」, 「감저신보」, 「종저보」 등을 통해 알려졌으며, 감자는 헌종(19세기) 때 청으로부터 전래·보급되었다.

(2) 농업 경영의 변화

① 광작의 대두

- ㉠ 영농 기술의 발달 : 영농 기술의 발달은 농업 생산력을 증대시키고 농업 경영의 변화도 일으켰다.

- ㉡ 이앙법과 이모작의 보급 : 영농 기술의 발달로 이앙법과 이모작이 보급되면서 1인당 경작 면적은 5배 증가하였고 단위면적당 노동력이 80% 감소하면서 농업 생산력의 증대와 농업 경영의 변화도 일으켰다. 잡초를 제거하는 노동력을 덜게 된 농민들은 1인당 경작 면적을 보다 넓히고 일부 농민들은 경작지 규모를 확대하여 광작을 할 수 있었다.

② 광작의 영향

- ㉠ 농가 소득의 증대 : 한 농가에서 이전보다 넓은 영토를 경작하면서 당연히 농가 소득도 높아져 갔다. 자작농의 경우 더 많은 농토를 경작할 수 있어서 경제적 여유가 생겨났고, 그 결과 농민 중에는 경영형 부농▼도 생겨났다.

- ㉡ 농민의 농촌 유망 : 일부 농민으로 하여금 부를 축적하게 한 광작 농업은, 한편으로는 다수 농민을 농촌에서 떠나게 하였다. 가난한 소작 농민들은 소작지를 얻기가 더욱 어려워져 농촌을 떠날 수밖에 없었고, 농촌에 있더라도 품팔이로 생계를 유지해야 했다.

- ㉢ 임노동자 증가 : 대부분의 농토를 소작 주고 일부 농토만 직영하던 지주들은 광작이 가능해지면서 소작지를 회수하여 노비를 늘리거나 머슴을 고용하여 직영하였다. 농민들은 도시로 나가 상공업에 종사하거나 광산·포구를 찾아 임노동자가 되었고 심지어 노비가 되는 경우도 있었다.

③ 토지 소유의 집중

- ㉠ 농민층의 분화 : 일부 농민들이 부농층으로 성장하고, 대다수 농민들이 토지에서 밀려나 임노동자가 되는 농민층 분화 현상은 토지 소유의 집중으로 인해 유발되기도 하였다.

- ㉡ 양반의 토지 증가 : 16세기 중엽 이후 직전법이 폐지되자, 양반 관료들은 경제적 기반을 토지에서 구하려고 여러 방법으로 토지를 많이 갖고자 하였다. 17세기에는 정부의 개간 정책에 편승하여 토지를 확대하였다.

- ㉢ 양반 관료의 횡포 : 양반 관료의 토지 집적은 상품 화폐 경제가 발달하면서 가속화되었다. 토지의 상품화 현상이 진전되면서 부세의 부담, 고리채 이용, 관혼상제 비용 등을 견딜 수 없게 된 농민들은 헐값에 토지를 내놓았고, 양반 관료·토호·상인들은 이때 토지를 매입하여 축적해 갔다.

▼ 경영형 부농
조선 후기에 자본과 토지를 집적한 부농층

⠀⠀⠀⠀⠀ⓔ 농민층의 몰락 : 다수 농민들은 토지를 소유하지 못하고 농촌에서 유리되어 도시 상공업에 종사하거나 임노동자가 되었다. 그들은 자신의 노동력만이 생계 수단이 되어 농촌에 있어도 품팔이로 생계를 유지해야 하였다. 이러한 농민층의 몰락은 결국 농촌 사회를 파탄시키는 요인이 되었다.

(3) 지대의 변화(타조법 → 도조법)

① 배경

⠀⠀ⓐ 지주 전호제의 일반화 : 생산력의 증대와 토지 소유의 변화는 농업 경영 관계에도 변화를 일으켰다. 조선 후기에는 토지 집적이 심화되면서 지주 전호제가 지배적 형태를 이루었다.

⠀⠀ⓑ 소작 쟁의와 항조 운동 : 지주 전호제가 널리 행해지자 이에 대해 일부 지방 농민들은 유리한 경작 조건을 얻어내기 위해 지주를 대상으로 소작료 인하를 요구하는 항조 운동을 전개하기도 하였다.

② **타조법**▼

⠀⠀ⓐ 농민에게 불리한 지대법 : 조선 전기에서 후기까지 일반적으로 행해지던 지대는 타조법이었는데, 소작인 지주에게 수확의 반을 바치는 종래 타조법은 전세와 종자, 농기구를 소작인이 부담하게 되어 농민으로서는 불리한 조건이었다.

⠀⠀ⓑ 전호들의 불이익 : 전호는 소작료 외에 지주가 요구하는 사적 부담이나 노역을 감당하는 경우도 많았다. 특히 소작료가 임의로 책정되기도 하였다.

③ **도조법**

⠀⠀ⓐ 일정한 지대액 납부 : 농민들의 불만과 반발로 18세기에 일부 특정 토지에서 도조법이 나타났는데, 도조법은 농사의 풍·흉작에 관계없이 해마다 정해진 일정 지대액을 납부하는 것이다.

⠀⠀ⓑ 소작인에게 유리 : 도조법에서는 대개 수확량의 1/3~1/4을 지주에게 바치게 되어 있어서 소작인에게는 타조법보다 유리하였다.

▼ 타조법
생산량의 일정 비율을 소작료로 내는 방식

타조법과 도조법의 비교

타조법	도조법
• 조선 시대의 일반적 지대 형태	• 조선 후기에 일부 지역에서만 시행
• 정률 지대(수확량의 1/2)	• 정액 지대(수확량의 1/3)
• 농민에게 불리, 지주에게 유리	• 소작인에게 유리
• 지주의 간섭 → 농민의 자유로운 영농 제약	• 자유로운 영농 가능
• 인신적 지배 강요	• 지주 · 전호 관계가 비교적 자유로움

④ 지주 · 전호의 자유로운 관계 형성

　㉠ 일부 농민의 소득 증가 : 이 시기에는 소작 농민이 소작권을 인정받아 지주가 함부로 소작지를 빼앗지 못하고, 소작료도 일정 액수를 공물이나 화폐로 내는 변화가 나타났으며, 소작농이라도 상품 작물을 재배하거나 소작권을 인정받고 소작료도 일정 액수만 내게 되면서, 일부 농민은 점차 소득을 증가시킬 수 있었다.

　㉡ 금납제로의 이행 : 18세기 말 이후 상품 화폐 경제가 급속도로 진전되면서 소작료 납부 형태도 금납제로 이행되어 갔다. 이같은 움직임들은 소작농의 농업 경영을 보다 자유롭게 해주는 기반이 되었다.

3. 민영 수공업의 발달

(1) 관영 수공업의 쇠퇴와 사장의 대두

① 배경 : 조선 후기 관영 수공업의 쇠퇴는 부역제의 변동과 상품 화폐 경제가 진전되어 시장 판매를 위한 수공업 제품 생산이 활발해지면서 비롯된 것이었다. 본래 관영 수공업은 부역제를 토대로 운영된 것이었다.

② 사장의 대두 : 17세기 각 관청의 작업장에서는 공장이 없어, 민간에서 기술자를 고용하여 물품을 제조하는 것이 일반적이었다. 즉, 사장이 대두하게 되었는데, 관아의 통제에서 벗어난 사장들은 비교적 자유로이 생산 활동에 종사하게 되었으며, 품질 · 가격 면에서도 관장들보다 앞서갔다.

③ 수요의 증가 : 이 시기에는 도시 인구가 급증하여 제품 수요가 크게 늘어났고, 대동법의 실시로 관수품▼의 수요도 적지 않았는데 그러한 수요는 거의 민간 수공업자들이 충족시켰다.

▼ 관수품
관청에서 필요로 하는 물건

④ **민영 수공업의 일반적 형태** : 민영 수공업의 일반적 형태는 선대제 수공업으로 관수품이나 사치품 등을 주문받아 생산을 하였으며, 일부는 독립 수공업으로 생필품 같은 물품을 생산하고 판매하였다.

(2) 민영 수공업의 발달

▼ 장인 등록제
조선 시대 경외공장(京外工匠)을 기록한 제도와 장부

▼ 납포장
자신의 제품을 판매하고 세금으로 국가에 포(布)를 내던 장인

① **공장안 폐지** : 정조 때인 18세기 말에 마침내 장인 등록제(공장안)▼를 폐지하고, 나라에서 직영하는 관영 수공업장에서도 사장을 고용하였다. 수공업자들은 독립적 민영 수공업자가 되어, 장인세를 부담하는 **납포장**▼으로서 자유롭게 제품 생산 활동에 전념할 수 있게 되었다.

② **농촌 수공업의 발달** : 농촌 수공업은 지금까지 자급자족을 위한 부업의 제조 형태였으나, 점차 소득을 올리기 위해 상품으로 생산하는 경우가 늘었고, 이를 전문적으로 생산하는 농가도 나타났다.

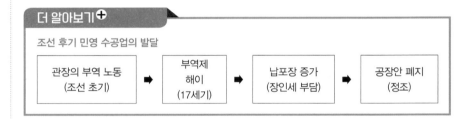

더 알아보기

조선 후기 민영 수공업의 발달

| 관장의 부역 노동 (조선 초기) | → | 부역제 해이 (17세기) | → | 납포장 증가 (장인세 부담) | → | 공장안 폐지 (정조) |

(3) 선대제 수공업

① **상업 자본의 지배** : 민간 수공업자들은 작업장을 가지고 물건을 생산하여 판매하는 경우도 있었지만, 작업장과 자본 규모가 소규모여서 원료 구입과 제품의 판매가 대체로 상업 자본의 지배를 받았다.

② **의존적 제품 생산** : 대부분 수공업자들은 공인이나 상인들로부터 주문과 함께 원료와 자금을 미리 공급받아 제품을 생산하였다. 즉, 수공업자들은 상업 자본에 의해 지배되거나 이에 의존하여, 독자적으로 제품을 생산·판매하지는 못하고 있었다.

③ **상인(물주)의 수공업자 지배** : 상인이 물주로서 수공업자를 지배하는 이러한 현상은 특히 종이·화폐·철물 등 제조 부분에서 두드러지게 나타났으며, 이것은 17~18세기 수공업의 가장 보편적인 현상이었다.

4. 민영 광산의 증가

(1) 광업의 발달

① **조선 초기의 광업** : 조선 초기 정부는 광업에 있어서 부역노동으로 운영하는 관영 광업 이외에는 개인 경영을 일체 허용하지 않았다.

② **17세기의 광업** : 조선 후기 왜 · 호란을 전후하여 정부는 농민을 군역 대신 광역으로 동원하여 군수와 관련된 철 · 유황 · 아연 광산을 개발하였다.

③ **17세기 중엽의 광업(설점수세제)** : 효종 때(1651) 재정 수입을 늘리고 생산을 촉진하기 위해 국가가 광산 시설을 설치해 주고 민간에게 경영을 맡기는 대신 점(店)을 설치하고 채취한 광물을 수세하는 정책을 실시하였다.

④ **17세기 후반의 광업(별장제)** : 숙종 때(1687) 호조의 별장이 수세 상납 이외에 광산 경영을 지휘 · 감독하였다.

⑤ **18세기 중엽의 광업(수령수세제)** : 영조 때(1775) 수세를 수령이 직접 관할하는 수령수세제로 전환하였다. 이때의 광산 경영은 자본가인 물주가 시설과 자금을 대고 덕대가 전문적으로 경영하는 형태였다.

(2) 금 · 은광의 활발한 개발과 잠채 성행

① **배경** : 민영 수공업의 발달에 따라 그 원료인 광물의 수요가 급증하게 되면서 금 · 은 · 동 등의 채굴이 촉진되었다.

② **은광의 개발** : 청과의 무역으로 은의 수요가 늘어나면서 은광의 개발이 활기를 띠어 17세기 말에는 약 70개소의 은광이 개발되었다.

③ **잠채의 성행** : 광산 개발은 이득이 많기 때문에 합법적인 경우도 있었지만 광산에 농민이 몰려 정부가 공개적 채취를 금하자 몰래 채굴하는 잠채▼도 성행하였다.

(3) 광산의 경영과 작업 과정

① **상인 물주 자본으로 덕대가 경영** : 광산 경영은 경영 전문가인 덕대▼가 대개 상인 물주에게 자본을 조달받아 채굴업자인 혈주▼와 채굴 노동자, 제련 노동자 등을 고용하여 광물을 채굴하고 제련하는 분업형태의 덕대제가 일반적이었다.

② **협업으로 진행** : 이 작업 과정은 분업에 토대를 둔 협업으로 진행되었다.

▼ **잠채**
정부에 신고하지 않고 상인 물주들이 덕대를 고용하여 몰래 광산을 개발하는 것

▼ **덕대**
광산의 주인과 계약을 맺고 광물을 채굴하여 광산을 경영하는 사람

▼ **혈주**
채광업을 하는 기업주

조선 후기 상품 화폐 경제의 발달

1. 사상의 대두

(1) 사상의 대두 배경

① **상품 유통의 활성화** : 조선 후기에는 농업 생산력이 증대되고 수공업 생산이 활발해지면서 상품의 유통도 활성화되었다.

② **상품 화폐 경제의 촉진** : 이 시기 이후 부세▼ 및 소작료의 금납화, 인구의 자연 증가와 인구의 도시 유입도 상품 화폐 경제의 진전을 더욱 촉진하였다.

③ **상업 활동의 활발** : 조선 후기에는 인구의 자연 증가뿐만 아니라, 농민의 계층 분화가 심화되어 농촌에서 유리된 인구의 도시 유입으로 상업 활동이 활발해졌다.

(2) 상업 활동의 주역

① **공인의 출현과 성장**
　　㉠ **공인의 출현** : 대동법의 실시에 따라 관청과 결탁한 어용 상인인 공인이 등장했는데, 이들은 관아에서 공가를 미리 받아 필요한 물품을 사서 납부하였다.
　　㉡ **도고로 성장** : 공인은 서울의 시전뿐 아니라 지방 장시 중심으로 활동하였고, 특정 물품을 대량으로 취급하면서 독점적 도매상인인 도고로 성장했다. 물품을 염가로 매점하여 고가로 판매하였고 상인의 계층 분화를 유발시켰다.

② **사상의 대두** : 시전 상인과 공인이 상업 활동에 활기를 띠자, 난전이라 불리는 사상들도 성장하여 상호 경쟁이 일어났다. 서울을 비롯한 각 지방 도시에 사상들이 나타난 것은 17세기 초로, 도시 근교 농어민이나 소규모 생산자, 군졸 등이 직접 생산한 채소, 과일, 수공업 제품 등을 행상으로 판매하면서부터였다.

③ **금난전권의 철폐**
　　㉠ **금난전권의 의미** : 금난전권은 시전 상인들이 가졌던 일종의 독점적 전매 특권으로서, 그들의 상업 활동과 이익을 침해하는 상행위를 규제할 수 있었다. 즉, 시전 상인들은 판매하는 물품 목록을 관에 등록하게 하였는데, 일반 상인이나 다른 시전에서 그 물품을 팔면 난전이 되었다.

▼ 부세
세금을 매겨서 부과하는 일

ⓛ 특권으로서의 금난전권 : 금난전권은 시전이 가진 본래적 권한이 아니라 조선 후기 상업 발전에 따라서 난전과의 경쟁에서 불리해지자 정부와 결탁해서 얻어낸 특권으로, 일찍부터 상업을 독점해 왔던 시전 상인들은 정부에 대해 일정 부담을 지기로 하고 금난전권을 얻어내어 사상들의 활동을 억압하려 하였다.

더 알아보기⊕

금난전권

난전을 금지할 수 있는 금난전권은 본래 상거래 행위를 감독하는 평시서의 고유 권한이었으나, 조선 후기 상권 경쟁이 치열해지면서 시전은 정부에 대해 국역의 부담을 지는 대신 반대 급부로서 금난전권을 요구하여 이를 취득하였다. 금난전권은 처음에는 육의전에만 허용하였으나 후에는 많은 시전들이 이를 행사하였다.

ⓒ 상권 확대 노력 : 사상들은 정부와 결탁하여 새로 점포를 창설하거나, 금난전권이 적용되는 도성을 벗어나 종로, 칠패, 송파 등 지방에서 도성으로 들어오는 길목으로 상권을 확대하면서 상행위를 계속하였다.

ⓡ 자유로운 상업 활동 보장 : 조선 후기에 난전이 본격적으로 전개되면서 금난전권은 점차 무의미해졌고, 마침내 1791년(정조 15) 신해통공 조치로 육의전▼을 제외한 금난전권을 철폐하여 합법화하였다.

더 알아보기⊕

신해통공(금난전권의 철폐)

5~6년 전부터 서울 안에 놀고먹는 무리들 가운데 평시서(상행위 감독청)에 출연하여 시전을 새로 낸 자가 대단히 많다. 이들은 상품을 판매하는 일보다 난전 잡는 일을 일삼고 있다. 심지어 채소와 기름, 젓갈 같은 것도 전매권을 가진 시전이 새로 생겨 마음대로 사고 팔 수 없게 되었다. 때문에 지방민이 가져오는 조그만 물건을 사고팔아 입에 풀칠하는 서울 영세 상인들은 장차 거래가 끊어질 형편이다. …… 내 생각으로는 정부가 평시서의 전안(사전 목록)을 조사하여 십년 이내에 조직된 작은 시전은 금난전권을 모두 없애 영세민들을 구제하여야 한다.

– 「비변사등록」 –

④ **사상의 도고 활동**
ⓐ 18세기 이후 활발 : 18세기 이후부터 사상이 서울을 비롯한 각지에서 활발한 활동을 하였다.
ⓑ 지방 도시로 확대 : 사상의 도고 활동은 주로 칠패, 송파 등 도성 주변에서 이루어졌지만, 개성, 평양, 의주, 동래 등 지방 도시에서도 활발하였다.

▼ 육의전

시전 중에서 명주, 종이, 어물, 모시, 삼베, 무명을 파는 점포가 가장 번성하였는데, 조선 후기 정조 때 금난전권이 철폐된 이후에도 선전, 면포전, 면주전, 지전, 어물전, 저포전 등의 육의전에는 금난전권을 인정하였다.

ⓒ 대외 무역 참여 : 사상들은 각 지방의 장시를 연결하면서 물품을 교역하고, 각지에 지점을 두어 상권을 확장하였으며, 청·일본과의 대외 무역에도 깊이 참여하여 부를 축적하였다.

ⓔ 대표적 사상 : 이 시기 사상으로 개성 송상, 평양 유상, 의주 만상, 동래 내상 등이 유명하였다.

조선 후기의 상업과 무역 활동

2. 장시의 발달

(1) 사상의 성장 배경

① **장시의 발달** : 조선 후기 사상의 성장은 이 시기에 전국적으로 발달한 장시에 토대를 둔 것이었다.

② **18세기 중엽 전국에 개설** : 15세기 말 남부 지방에서 개설되기 시작한 장시는 18세기 중엽에 이르러서는 전국에 1,000여 개소가 개설되었다.

조선 후기 보부상

(2) 장시의 특징과 성장

① **지방민의 교역 장소** : 장시는 지방민의 교역 장
소로, 인근의 농민, 수공업자, 상인이 일정한
날짜에 일정한 장소에 모여 물건을 교환하였는
데, 보통 5일마다 열렸다.

② **지역적 시장권 형성** : 일부 장시는 상설 시장이
되기도 하였지만, 인근의 장시와 연계하여 하나
의 지역적 시장권을 형성하는 것이 보통이었다.

③ **농민의 이용 증가** : 농민들은 행상에게 물건을
파는 것보다 장시를 이용하면 좀 더 싸게 물건을 구입하고 비싸게 팔 수 있어 이
를 이용하는 경향이 점차 증가하였다.

④ **상업의 중심지로 확대 성장**

　㉠ 상업 도시의 성장 : 장시가 발달함에 따라 그중 일부는 상업 도시로 성장해
　　갔는데, 이 중 강경, 전주, 안성, 대구, 안동 등이 유명하였다.

　㉡ 전국 유통망 연결 : 18세기 말의 장시 중에서 광주 송파장, 은진 강경장, 덕
　　원 원산장, 창원 마산포장 등은 전국적인 유통망을 연결하는 상업의 중심지
　　로 발돋움하였다.

(3) 보부상▼의 활동

① **보부상** : 전국의 장시를 하나의 유통망으로 연계시킨 상인은 보부상이었다.

② **역할** : 이들은 지역 간 물가차를 해소하고, 생산자와 소비자를 이어 주는 데 큰
역할을 하였다. 보부상들은 일정 지역 또는 전국적인 장시를 무대로 활동하였다.

③ **보부상단** : 자신들의 이익을 지키고 단결을 굳게 하기 위하여 보부상단이라는
조합을 이루고 있었다.

▼ **보부상**

보부상은 원래 부상(負商)과 보상
(褓商)의 두 개의 상단(商團)으로
구분되었고 취급하는 물품도 각각
달랐다. 부상은 '등짐장수'라고도
하며, 나무그릇·토기 등과 같은
일용품 등을 상품으로 하여 지게에
지고 다니면서 판매하였다. 이에
비해 보상은 '봇짐장수'라고도 불
리었으며, 비교적 값비싼 필묵,
금·은·동과 같은 세공품(細工品)
을 보자기에 싸서 들고 다니며 판
매하였다.

3. 포구에서의 상업 활동

(1) 상업 중심지로 성장

① 대규모 상거래 : 조선 후기에 들어 포구가 새로운 상업 중심지가 되었는데, 포구의 상거래는 장시보다 규모가 훨씬 컸다.

② 수로 운송과 포구의 발달

㉠ 수로 운송 : 도로와 수레가 발달하지 못한 시기였기 때문에 물화의 대부분이 육로보다는 수로를 통해 운송되었다.

㉡ 상업 중심지로서의 포구 : 종래의 포구는 세곡이나 소작료의 운송기지 역할을 했는데, 18세기에 상거래가 활발해지면서 상업의 중심지로 성장해 갔다.

③ 포구 형성 지역과 · 장시와의 연계 : 연해안이나 큰 강 유역에는 포구가 형성되어 있었는데, 처음에는 인근 포구 간 또는 인근 장시와 연계하면서 상거래가 이루어졌다.

④ 선상의 활동 영향 : 그 후 선상▼의 활동이 두드러지면서 전국 각지 포구가 하나의 유통권을 형성하여 갔다.

⑤ 포구에서의 장시 개설 : 특히 칠성포, 강경포, 원산포 등의 포구에서는 장시가 열리기도 하였다.

(2) 포구에서의 상인의 활동

① 선상의 활동 : 선상은 선박을 이용해서 각 지방의 물품을 구입해 와 포구에서 처분하였는데, 운송업에 종사하다가 거상으로 성장한 경강상인이 대표적인 선상이었다. 그들은 한강을 근거지로 하여 주로 서남 연해안을 오가며 미곡, 소금, 어물 등을 거래하였다.

② 객주 · 여각의 활동 : 상업 발달로 포구 상업이 확대되자 도매업과 더불어 위탁판매업, 창고업, 운송업, 숙박업, 금융업 등에 종사하는 객주▼나 여각▼ 등이 나타났고, 거래를 붙이는 거간▼까지도 생겨났다. 이러한 객주나 여각은 각 지방의 큰 장시와 포구를 중심으로 활발히 활동하였다.

▼ 선상

배에 물건을 싣고 다니며 파는 장수

▼ 객주(客主)

• 객상주인의 준말로 상업 · 금융 기관의 하나이다.

• 주요 임무는 상품매매였으며 창고업, 위탁판매업, 운수업, 금융업, 숙박업도 겸하였다.

▼ 여각(旅閣)

• 조선 시대에 많이 있던 여인숙으로, 숙박업과 더불어 객주와 같은 기능을 담당했다.

• 연안의 여각은 선객주가 발전한 것으로 풍부한 자금을 보유하고 널리 상품을 취급했다.

▼ 거간

거래의 매매를 소개 · 성립시키는 중개인으로 계약이 성립되면 일정 보수를 받는데 상품 매매 · 어음 거간 등을 주로 담당했다.

4. 중계 무역의 발달

(1) 대외 무역의 발달

① 대청 무역

　㉠ 개시와 후시▼ : 조선 후기 국내 상업의 발달과 함께 대외 무역도 점차 활기를 띠었다. 17세기 중엽부터 청과의 무역이 활발해지면서, 국경 지대를 중심으로 공적으로 허용된 무역인 개시와 사적인 무역인 후시가 이루어졌다.

　㉡ 수출입 물품 : 청에서 수입하는 물품은 비단, 약재, 문방구 등이었고, 수출하는 물품은 인삼, 종이, 무명, 은 등이었다.

② 대일본 무역

　㉠ 왜관 개시 : 17세기 이후로 일본과의 관계가 점차 정상화되면서 동래의 왜관을 통한 대일 개시무역(공무역)이 활발하게 이루어졌다.

　㉡ 중계 무역 : 조선은 일본에 인삼, 쌀, 무명 등을 팔고, 청에서 수입한 물품들을 넘겨주는 중계 무역을 하기도 하였다.

　㉢ 수입 품목 : 반면에 일본에서는 은, 구리, 황, 후추 등을 수입하였다. 이 중에서 은을 다시 청에 수출하면서 중간이득을 취하기도 하였다.

(2) 국제 무역상의 등장

① 사무역의 허용 : 국제 무역에서 사적인 무역이 허용되면서 상인이 무역 활동에 적극적으로 참여하여 막대한 부를 축적할 수 있었다.

② 대표적 상인 : 이들 중에서 두드러진 활동을 보인 상인은 의주의 만상과 동래의 내상이었는데, 개성의 송상은 양자를 중계하며 큰 이득을 남기기도 하였다.

(3) 대외 무역의 영향

① 상인의 부 축적 : 대외 무역이 활발해지면서 상인들은 막대한 부를 축적할 수 있었다.

② 문제점 : 수입품 중에는 사치품이 많았고, 수출품 중에는 은과 인삼이 큰 비중을 차지하여 국가 재정과 민생에 여러 문제점이 제기되기도 하였다.

▼ 개시와 후시

• 개시 : 조선 후기 중국, 일본 등을 상대로 열었던 대외 교역 시장으로, 압록강 하류에서 열리는 중강 개시와 함경도 회령과 경원 및 동래의 왜관 개시 등이 열렸다.

• 후시 : 조선 후기 사상(私商)들이 전개한 밀무역으로, 조선에서 중국으로 사신을 보낼 때 중국의 회동관에서 이루어진 회동관 후시, 중강에서 이루어진 중강 후시, 의주 맞은 편의 책문(柵門)에서 이루어진 책문 후시가 대표적이다. 또 함경도 경원 등에서 야인들과 거래한 북관 후시, 부산 등의 왜관에서 왜인들과 거래한 왜관 후시가 있다.

5. 화폐의 유통

(1) 화폐 유통 확대의 배경

① 상공업의 발달 : 대동법 실시 이후 상공업이 발달함에 따라 교환의 매개로서 금속 화폐, 즉 동전이 자연스럽게 전국적으로 유통되었다.

② 정부의 유통 권장 : 정부도 화폐의 유통에 힘써 인조 때 동전을 주조하여 개성을 중심으로 통용시켜 그 쓰임새를 살펴보고, 효종 때에는 상평통보 유통을 추진하였으며, 숙종에 이르러 전국적으로 사용되어 화폐의 기능이 강화되었다.

(2) 정부의 화폐 발행 권장과 문제점 대두

① 공급의 용이 : 동전 원료인 구리는 18세기 후반부터 동광의 개발이 활발히 추진되어 공급이 쉬워졌다.

② 전황 현상 : 동전의 발행량이 상당히 늘어났지만, 지주나 대상인들이 화폐를 고리대나 재산 축적의 목적으로 교환 수단보다는 투기 수단으로 사용하면서 시중에서 동전 부족 현상(전황)이 나타났다.

더 알아보기➕

전황

정조 6년 11월 7일 종전에 허다하게 동전을 주조하여도 돌지 않고 작년과 금년에 전황이 무척 심한 것은 부상대고(富商大賈)▼들이 돈을 감추고 그것이 귀해지기를 기다려 폭리를 바라기 때문이다.

－「비변사등록」－

▼ 부상대고(富商大賈)
자본이 많고 대규모 거래를 하는 상인

③ 조세의 금납화에 따른 문제점 : 조세(지대)의 금납화로 농민들은 전으로 세금을 내기 위해서 가진 물품을 헐값에 팔아야 했기에 더욱 힘이 들었다.

(3) 신용 화폐의 보급

① 배경 : 상품 화폐 경제가 발달하면서 신용 화폐가 점차 보급되어 갔다.

② 동전의 단점 : 동전은 곡물이나 옷감에 비하여 간편하긴 하였지만, 그 중량 때문에 대규모 상거래에서는 불편하였다.

③ 신용 화폐의 이용 : 상품 화폐 경제 발달과 토지의 상품화로 거래의 규모가 커지면서 환, 어음 등의 신용 화폐가 점차 보급되어 갔다.

조선 후기 사회 구조의 변화

1. 신분제의 동요

(1) 4계층의 분화

조선 시대는 법제적으로 양천제를 표방하고 있었지만 실제로는 양반, 중인, 상민, 노비의 네 계층으로 분화되어 있었다. 조선 시대의 기본 이념이었던 성리학은 이러한 신분제를 정당화하는 이론을 제공하였다.

(2) 양반층의 분화

① **배경** : 17세기 후반 조선 후기에 이르러 붕당 정치가 변질되면서 양반 상호 간에 일어난 정치적 갈등은 양반층의 분화를 가져왔다.

② **양반의 몰락** : 이러한 현상은 노론 중심으로 일당 전제화가 전개되면서 더욱 두드러졌고, 권력을 장악한 일부 양반을 제외한 다수의 양반들이 몰락하는 계기가 되었다.

③ **향반과 잔반** : 정권에서 밀려난 양반은 관직에 등용될 기회를 얻지 못한 채 향촌 사회에서 겨우 위세를 유지하는 향반이 되거나, 더욱 몰락하여 잔반(殘班)이 되기도 하였다.

(3) 신분 변동에 따른 사회 현상

① **양반의 수 증가와 상민·노비의 수 감소** : 양반 계층의 자기 도태 현상이 심화되는 속에서도 양반의 수는 더욱 늘어나고 상민과 노비의 숫자는 줄어드는 경향을 보였다.

② **신분 변동 활발** : 이는 부를 축적한 농민들이 지위를 높이기 위해 또는 역의 부담을 모면하기 위해 양반 신분을 사거나 족보를 위조하여 양반으로 행세하는 경우가 많았기 때문이었다. 조선 후기에는 신분 변동이 활발해져 양반 중심 신분 체제가 크게 흔들렸다.

▼ **잔반**

양반이라는 흔적만 남아 있을 정도로 완전히 몰락한 양반으로 사회 개혁, 민란 등에 앞장서기도 했다.

▼ **양반 증가의 원인**
- 납속, 공명첩
- 서원의 청명록에 등재되어 유생 사칭
- 군포 부담을 면하려는 상민의 양반화
- 족보 매입·위조
- 양반과의 혼인 등

▼ **몰락 양반의 처지**

조선 후기 실학자나 농촌 지식인은 대개 몰락 양반이어서 양반 지주와는 이해관계를 달리하였고 기본적으로 농민층 입장에 설 수밖에 없었다. 몰락 양반은 서당 훈장이 되어 생계를 유지하거나 심한 경우에는 생업에 직접 종사해야 했다. 그들은 이름만 양반이고 사회적·경제적 처지는 평민과 거의 다름없었다.

2. 중간 계층의 신분 상승 운동

(1) 중간 계층의 사회적 제약

조선 후기 사회 변동이 심화되는 가운데 서얼과 중인 등 중간 계층의 역할도 커졌다.

① 중인 : 기술직을 담당하거나 이서(吏胥)▼로 행정 실무를 맡고 있던 중인층은 사회적으로 그 역할이 크면서도 고급 관료로 진출할 수 있는 길이 제한되어 있었다.

② 서얼 : 서얼 역시 양반 사대부의 소생이면서도 성리학적 명분론에 의해 적통(嫡統)이 아니라는 이유로 여러 사회 활동에서 각종 제한을 받고 있었기 때문에 불만이 커져 갔다.

▼ 이서
아전이나 지방 관아에 딸린 하급 관원

(2) 중인층과 서얼의 신분 상승 추구

① 배경

㉠ 신분 상승의 배경 : 중인층은 조선 후기 사회·경제적 변화를 배경으로 신분 상승을 추구하였다.

㉡ 납속책·공명첩 이용 : 서얼에 대한 차별은 임진왜란 이후 완화되기 시작하였다. 더욱이 전란으로 재정적 타격을 받은 정부가 납속책(納粟策)▼을 실시하고 공명첩(賣官職帖; 매관직첩)을 발급하자, 서얼은 이를 이용하여 관직에 나아갈 수 있게 되었다.

공명첩

▼ 납속책
곡물·돈을 낸 자에게 적합한 특전을 주는 제도

② 서얼의 신분 상승 운동(서얼 허통)

㉠ 서얼의 등용 : 영·정조 때에 서얼을 다소 등용하자, 이들은 더욱 적극적으로 신분 상승을 시도하였다.

㉡ 신분 상승 운동의 전개 : 수차례에 걸쳐 집단으로 상소하여 동반이나 홍문관(弘文館)▼ 같은 청요직으로 진출을 허용하는 신분 상승 운동을 전개하였다.

㉢ 규장각 검서관으로 등용 : 정조 때에는 '서얼허통절목'이 시행되어 유득공, 이덕무, 박제가 등 서얼 출신이 규장각 검서관에 기용되기도 하였다. 서얼들은 청요직▼ 진출의 허용 이외에, 집안의 후계자로 요구, 호부호형 칭호나 향안(지방 양반명부) 등재와 향교에서 나이순으로 좌석 배치 등을 요구하였다.

▼ 홍문관
조선 시대 궁중의 경서·사적 관리, 문한 처리 및 왕의 자문에 응하던 학술·언론 기관

▼ 청요직
홍문관·사간원·사헌부 등의 관직을 말하며, 조선 시대 관리들이 선망하는 자리였다. 이 청요직을 거쳐야만 판서나 정승 등 고위 관직으로 진출하는 데 유리하였다. 서얼들은 1851년 신해허통 조치로 청요직으로의 진출이 허용되었다.

③ 중인의 신분 상승 운동(중인 통청)

　　㉠ 중인의 재력 증가와 신분 상승 의식 : 서얼의 신분 상승 운동은 기술직 중인에게도 자극을 주었다. 그들은 주로 기술직에 종사하며 축적한 재산과 탄탄한 실무 경력을 바탕으로 신분 상승을 추구하였다.

　　㉡ 소청 운동과 실패 : 본래 중인은 역량이 뛰어날 경우 요직에 오를 수 있도록 법제적으로 보장되어 있었으나, 양반 중심 지배 체제가 강화되면서 법적 규정은 거의 지켜지지 않았다. 누적된 불만을 표출한 중인들은 철종 때 대규모 소청 운동▼을 일으켰다. 비록 이들의 노력은 성공하지 못했으나 전문직의 중요한 역할을 부각시켰다.

(3) 조선 후기 중간 계층의 역할

① 외래 문화 수용의 선구 : 조선 후기 중인 중에서도 역관들은 청과의 외교 업무에 종사하면서 사학을 비롯한 외래 문화 수용에 있어서 선구적 역할을 수행하여, 성리학적 가치 체계에 도전하는 새로운 사회의 수립을 추구하였다.

② 결과 : 중간 계층의 활동은 농민의 움직임과 더불어 조선 후기 사회에 큰 변화를 가져왔다.

> **더 알아보기 ⊕**
>
> **향리 · 서얼들의 대표적 저술**
> - 「규사」(철종 때 이진택 – 서얼의 역사)
> - 「호산외기」(헌종 때 조희룡)
> - 「희조일사」(고종 때 이경민)
> - 「연조귀감」(정조 때 이진흥 – 향리의 역사)
> - 「이항견문록」(철종 때 유재건)

3. 노비의 해방

(1) 노비의 신분 상승과 노비의 도망

① 군공 · 납속 통해 신분 상승 : 조선 후기에 부를 축적한 노비는 군공과 납속 등을 통하여 부단히 자신의 신분을 상승시키고 있었다.

② 납공 노비로 전환 : 국가에서는 공노비 유지에 비용이 많이 들어 그 효율성이 떨어지자, 공노비를 종래의 입역 노비▼에서 신공(身貢)을 바치는 납공 노비(納貢奴婢)▼로 전환시켰다.

▼ 소청 운동
임금에게 상소하여 청하는 것

▼ 입역 노비와 납공 노비
- 입역 노비 : 관청에서 잡역에 종사
- 납공 노비 : 농업에 종사하며 관청에 일정액 납부

③ **국가 재정상·국방상 이유** : 정부의 입장에서는 상민이 줄어들고 양반이 늘어나는 것은 국가 재정상 불리하고 국방상 지장이 있기 때문에 상민의 증대를 위해 노비를 서서히 풀어주었다.

④ **노비의 도망**

㉠ 배경 : 신분을 상승하지 못한 노비들은 도망하여 임노동자나 머슴, 행상이 되거나, 화전을 일구며 살아가기도 했다.

㉡ 결과 : 도망한 노비의 신공은 남아 있는 노비에게 부과되었기 때문에 남아 있는 노비의 부담은 더욱 무거워질 수밖에 없는 악순환이 되풀이되었다. 노비의 도망이 빈번해지자, 나라에서는 신공(身貢)을 줄여 달래기도 하고, 이들을 찾아내려고도 하였으나, 그다지 성과를 거두지 못하였다.

(2) 공·사노비의 해방

① **공노비의 해방**

㉠ 배경 : 노비의 신분 상승 추세는 아버지가 노비라 하더라도 어머니가 양민이면 양민으로 삼는 법(종모법)이 실시되면서 더욱 촉진되었다.

㉡ 결과 : 18세기 후반, 공노비의 **노비안**▼이 노비의 도망과 합법적인 신분 상승으로 이름만 있을 뿐 신공을 받아 낼 수 없게 되자, 순조 때에 중앙 관서의 노비 6만 6천여 명을 해방시켰다(1801).

② **사노비의 해방**

㉠ 배경 : 사노비는 일반 농민이나 공노비에 비하여 더 가혹한 수탈과 사회적 냉대를 받았다. 그리하여 조선 후기에 이르자 사노비의 도망도 일상적으로 일어나고 있었다.

㉡ 결과 : 1886년(고종 23) 노비의 신분 세습법을 폐지하고, 갑오개혁(1894) 때 신분제가 폐지되면서 노비제는 법제상으로 사라지게 되었다.

(3) 신분제 동요의 영향

19세기를 전후하여 양반 중심의 신분 체제가 밑바탕에서부터 흔들려 신분 간 상하 이동이 활발하였다. 따라서 종래의 신분적 지배 예속 관계는 더 이상 유지될 수 없었으나, 이러한 상하 신분 이동이 정치 세력을 좌우하는 단계까지는 이르지 못하였다.

▼ **노비안**
관서에 소속된 노비들의 이름을 적은 장부

4. 가족 제도의 변화와 혼인 제도

(1) 가족 제도의 변화▼

부계와 모계가 함께 영향을 미치는 형태에서 부계 위주 형태로 변화하여 갔다.

① 조선 중기의 가족 제도
- ㉠ 혼인제와 상속 : 조선 중기까지도 혼인 후에 남자가 여자 집에서 생활하는 경우가 있었으며, 아들과 딸이 부모 재산을 똑같이 상속받는 경우가 많았다.
- ㉡ 균분 상속 : 집안을 잇는 자식에게 5분의 1의 상속분을 더 준다는 것 외에는 모든 아들과 딸에게 재산을 똑같이 나누어 주는 것이 관행이었다.
- ㉢ 평등한 제사 의무 : 재산 상속을 같이 나누어 받는 만큼 의무인 제사도 형제가 돌아가면서 지내거나 책임을 분담하기도 하였다.

② 17세기 이후 부계 중심 가족 제도의 확립
- ㉠ 친영 제도의 정착 : 17세기 이후 성리학적 의식과 예절이 발달하고 부계 중심 가족 제도가 확립되면서, 혼인 후 곧바로 남자 집에서 생활하는 친영 제도▼가 정착하였다.
- ㉡ 장자의 권위 중시 : 제사는 반드시 큰아들이 지내야 한다는 의식이 확산되었고, 재산 상속에서도 큰아들이 우대를 받았다. 처음에는 딸이, 그리고 점차 큰아들 외의 아들도 제사나 재산 상속에서 그 권리를 잃어갔다.

③ 조선 후기 가족 제도
- ㉠ 부계제의 강화 : 조선 후기에는 부계 중심의 가족 제도가 더욱 강화되었다.
- ㉡ 양자제와 족보의 편찬 : 아들이 없는 집안에서는 양자를 들이는 것이 일반화되었으며, 부계 위주의 족보를 적극적으로 편찬하였고, 같은 성을 가진 사람끼리 모여 사는 동성 마을을 이루어 나갔다.
- ㉢ 친족 집단성의 강화 : 이때에는 개인이 개인으로 인정받기보다는 종중(宗中)▼이라고 하는 친족 집단의 일원으로 인식되었다.

④ 효와 정절의 강조
- ㉠ 가족 윤리의 강조 : 조선 시대의 가족 제도는 사회 질서를 지탱하는 버팀목 역할을 하였다. 조선에서는 이러한 가족 제도를 잘 유지하기 위한 윤리의 덕목으로 효를 강조하였다.
- ㉡ 정절의 강조 : 과부의 재가를 금지하고 효자·열녀를 표창한 것 등은 정책의 일환이었다.

▼ 조선 후기 가족 제도의 변화
- 친영 제도
- 여성의 재가 금지
- 장자 상속 우대
- 장자가 제사 봉사

▼ 친영 제도
남자가 여자를 자신의 집으로 데리고 와서 혼례를 올리고 남자 집에서 생활하는 혼인 형태

▼ 종중
성과 본이 같은 한 겨레붙이의 집안

(2) 혼인 제도

신행(김홍도)

① **일부일처제와 첩의 허용** : 조선 시대의 혼인 형태는 일부일처를 기본으로 하였지만, 남자가 첩을 들일 수 있었기 때문에 엄밀한 의미의 일부일처제라고는 할 수 없었다.

② **부인과 첩의 구별** : 부인과 첩 사이에는 엄격한 구별이 있어서, 첩의 자식인 서얼은 문과에 응시할 수 없을 뿐 아니라 제사나 재산 상속 등에서도 차별을 받았다.

③ **혼인의 결정과 연령** : 혼인은 대개 집안의 가장이 결정하였는데, 법적으로 혼인할 수 있는 나이는 남자 15세, 여자 14세였다. 결혼 풍습도 성리학적 가족 윤리의 보급에 따라서 결혼식을 치른 후 신랑이 신부를 데리고 본가로 와서 사는 친영 제도가 확립되었다.

(3) 여성의 지위 변화

① **원칙적 재가 금지** : 조선 시대에는 여자의 재가를 원칙적으로 금하였다. 재가한 여자의 자손은 과거에 응시할 수 없었으며, 문무관에도 임명되지 못하였다.

② **여성 행위의 제한** : 여자의 법률적 행위에는 반드시 남편이나 가장의 허가가 있어야 했으며, 외출도 엄격히 제한되어 있었다.

③ **엄격한 적서의 차별** : 처와 첩의 소생에 따른 적서의 차별도 엄격하였다. 같은 첩의 자식이라도 어머니의 신분에 따라 신분 · 재산 · 상속 등에 차등이 있었다.

5. 인구의 변화

(1) 호구 조사의 실시

① **조사의 목적** : 조선은 국가 운영에 필요한 인적 자원을 파악하기 위하여 제도를 정비하고 수시로 호구 조사를 하였다.

② **호적 대장** : 조선 시대의 인구에 관한 기본 자료는 원칙적으로 3년마다 수정하여 작성하는 호적 대장이었다. 국가에서는 호적 대장이 기록된 각 군현의 인구수를 근거로 해당 지역에 공물과 군역 등을 부과하였다.

③ **조사의 한계** : 공물과 군역의 담당자가 기본적으로 성인 남성이어서 국가의 인구 통계는 주로 남성만을 기록하고 있어 실제 인구와는 많은 차이가 났다.

(2) 인구 분포와 변화

① **인구** : 조선 시대의 인구는 건국 무렵에는 550만~750만 명, 임진왜란 이전인 16세기에는 1,000만 명을 돌파하였다.

② **인구 분포** : 조선 시대의 인구는 대체로 경상도, 전라도, 충청도의 하삼도에 전 인구의 50% 정도가 살았으며, 경기도, 강원도에는 20%, 평안도, 황해도, 함경도에는 30% 정도가 거주하였다.

③ **변화** : 임진왜란 이후에는 전란의 영향으로 인구가 줄었다가 다시 증가하기 시작하여 19세기 말엽에는 1,700만 명 정도로 추산되고 있다.

④ **한성의 인구 변화** : 특히 한성에는 세종 때에 이미 10만 명 이상이 거주하였으며, 18세기에 들어와서는 20만 명이 넘었다.

조선 후기 향촌 질서의 변화

1. 양반의 향촌 지배 약화

(1) 양반의 권위 약화

① **배경** : 농촌 사회가 분화되고 경제의 변동과 신분제의 동요 속에서 사족 중심의 향촌 질서도 변화하였다.

② **양반 신분의 중시** : 양반을 자처하는 이들은 족보를 만들어 가족 집단 전체가 양반 가문으로 행세하고 상민과는 통혼하지 않았다. 양반의 명단인 청금록과 향안은 신분을 확인시켜 주는 증거 서류인 동시에 향약 등 향촌 자치 기구의 주도권 장악을 위하여 중요시되었다.

③ **신분 변동과 양반 권위의 하락** : 평민과 천민 중에 재산을 모아 부농층으로 등장하는 사람도 있었으며, 양반 중에는 토지를 잃고 몰락하여 전호가 되거나 심한 경우에는 임노동자로 전락하는 경우도 있었다. 따라서 향촌 사회 내부에서 양반이 지녔던 권위도 점차 약해졌다.

(2) 양반의 지위 유지 노력과 부농층의 성장

① **동약의 실시와 족적 결합** : 양반은 군현을 단위로 농민을 지배하기 어렵게 되자, 촌락 단위의 동약(洞約)▼을 실시하거나 족적 결합을 강화함으로써 자기들의 지위를 지켜 나가고자 하였다.

② **동족 마을과 서원·사우 형성** : 전국에 많은 동족 마을이 만들어지고, 문중을 중심으로 서원, 사우(祠宇)▼가 많이 세워졌다.

③ **부농층의 성장과 관권의 강화**

㉠ **부농층의 성장** : 조선 후기 향촌 사회에서 종래까지 영향력을 행사하였던 양반(사족)은 새로 성장한 부농층의 도전을 받았다.

㉡ **수령과의 연계** : 경제력을 갖춘 부농층은 수령을 중심으로 한 관권과 결탁하여 향안에 이름을 올리는가 하면, 향회를 장악하여 향촌 사회에서 영향력을 키우려 하였다. 이로 인해 조선 후기 향촌 사회에서는 중앙의 관권이 강화되고 관권을 맡아보던 향리의 역할도 커졌다.

㉢ **향회의 변모** : 종래 재지 사족인 양반의 이익을 대변해 왔던 향회는 주로 수령이 세금을 부과할 때 의견을 묻는 자문 기구로 구실이 변화하였다. 즉, 수령 중심의 국가 권력이 향촌 사회에 깊숙이 침투하여 재지 사족의 지배 영역을 장악해 나갔던 것이다.

▼ 동약
16세기 이후 향촌 사족들이 신분 질서와 부세 제도를 유지하기 위해 만든 동 단위의 자치 조직

▼ 사우
선조·선현의 신주나 영정을 모시고 제향하는 사당

2. 부농층의 대두

(1) 부농층의 등장과 신분 상승

향촌 사회에서 종래까지 영향력을 행사하던 양반 대신 새로운 부농층이 등장하였다. 이들은 경제적 능력은 있었으나 권익을 보호할 수 있는 합법적 방법이 없었다. 정부는 납속이나 향직의 매매를 통해 부농층에게 신분 상승의 합법적 길을 열어 주기도 하였다.

(2) 부농층의 성장

① **정부의 지원** : 경제력을 바탕으로 한 새로운 부농층의 욕구는 재정 위기를 타개하려는 정부의 이해와 일치하여 정부도 이들을 적극 활용하고자 하였다.

② **향촌 세력과 타협** : 부농층은 종래 향촌 사족이 담당하던 정부의 부세(賦稅) 제도 운영에 적극 참여하였으며, 향임직(鄉任職)▼에 진출하지 못한 곳에서도 수령이나 기존의 향촌 세력과 타협하여 상당한 지위를 확보하여 갔다. 그러나 향촌 지배에 참여하지 못한 부농층도 여전히 많았다.

▼ 향임직
향촌에 있는 향청(유향소)에서 일을 보는 사람이나 그 직책

(3) 향촌 사회의 재편

① **사림들의 세력 결속** : 16세기 이래 향촌 사회에서 지주로서 농민을 지배하고 있던 향반·토반이라는 사족들은 향안을 작성하여 사족 세력의 결속을 강화하고, 향회를 통해 향촌 사회 여론을 주도하면서 농민들에게 유교적 향약을 강조하였다.

② **부농층의 도전** : 부농층은 사족들의 향촌 지배권에 도전하면서 기존 향촌 질서를 타파하고자 하였다. 이들은 관권과 결탁하여 성장하기 시작하여 향안에 참여하고 향회를 지배하였다.

③ **향리 세력의 성장** : 관권이 강화되어 이를 실질적으로 장악한 아전·서리 등 향리 세력이 상대적으로 성장하여 18세기 후반 농민 수탈은 강화되었다.

④ **농민 부담의 증가** : 농민에 대한 수탈은 부세가 토지에 집중되고 공동 납제(共同納制)가 강화되면서 가중되었고 이는 향촌 질서의 동요를 유발시켰다. 즉, 이 시기 상민의 수가 급감하자 정부는 안정적 부세 확보를 위해 모든 부세를 공동납 형태로 부과하여 농민의 궁핍은 더해 갔다.

3. 농민층의 분화

(1) 농민층의 구성▼

① **중소 지주층** : 상층은 중소 지주층으로서, 자기가 소유한 토지를 타인에게 빌려 주어 소작제로 경영하여 몰락한 양반이나 중인층보다 윤택한 생활을 하는 계층이었다.

② **자영농·소작농** : 대다수 농민은 작은 규모의 자영농이거나 타인의 땅을 빌려 경작하고 소작료를 내던 소작농이었다.

(2) 피폐해진 농민의 삶 개척

① **국가의 농민 통제** : 국가는 농민에 대해 여러 의무를 부과하였으며, 통치의 편의를 위해 호패법으로 이동을 억제하였다. 토지에 묶인 농민들은 대대로 한 곳에 정착하여 자급자족 생활을 하였으나 넉넉한 형편은 아니었다.

② **농민의 수취 증가로 불만 확대** : 양난 이후 국가 재정 파탄과 관리들의 기강 해이로 인한 수취 증가는 농민의 생활을 어렵게 하였다. 사회 혼란을 타개하기 위한 대동법·균역법 시행 등의 노력이 실제로 효과를 거두지 못하자 농민의 불만은 커져 갔다.

③ **자력으로 삶 개척** : 시련이 거듭되는 속에서도 일부 농민들은 스스로 자신들의 삶을 개척해 나갔다. 즉, 농업 경영을 통해 부농으로 부상하거나 상공업으로 생업을 영위하기도 하고, 도시나 광산의 **임노동자(賃勞動者)**▼가 되었다.

4. 지주와 임노동자

(1) 대지주의 출현과 서민의 지주화

① **대지주 대두** : 조선 후기에도 여전히 지주의 대부분은 양반이었다. 상품 화폐 경제의 발달과 함께 양반 지주의 이윤 추구가 경제적 욕구를 자극하여 광작을 하는 대지주가 많이 나타났는데 이러한 대지주를 주로 경영형 부농▼이라고 말한다.

② **일반 서민의 지주화 현상 대두** : 경제 관계가 발달하자 일반 서민들 중에 적기는 하지만 지주가 되는 사람들도 있었다. 그들은 스스로 농업에 종사하면서 농지의 확대, 영농 방법의 개선 등 여러 가지 방법을 통해 부를 축적해 갔다.

③ **지주들의 신분 상승**

ㄱ) 공명첩 구매와 족보 위조 : 이들은 재력을 바탕으로 공명첩을 사거나 족보를 위조하여 신분을 상승시키기도 하였다.

ㄴ) 군역 면제와 각종 이점 : 양반이 되면 군역을 면할 수 있는 이익이 있었으며, 양반 지배층의 수탈을 피해 부를 축적하는 데 각종 편의를 얻을 수 있는 이점이 있었다. 경제력으로 양반 신분을 사들인 농민은 더 나아가 향촌 사회에서 자신들의 영향력을 키우고자 하였다.

(2) 임노동자의 출현

① **배경** : 일부 농민이 부농층으로 성장하는 반면에, 대다수의 농민이 몰락하여 임노동자가 되기도 하였다. 몰락농민이 발생하게 된 배경은 이앙법과 견종법의 시행으로 인한 광작의 유행, 양반들의 토지 집적 등과 직접적인 관련이 있다.

② **노동력의 충당 방법** : 조선 시대에 국가에서 필요로 하는 노동력은 주로 농민들의 부역 동원으로 충당되었고, 양반 지주층이 필요로 하는 노동력은 노비나 소작농의 노동력으로 충당되었다.

③ **조선 중기 이후 상황** : 16세기 중엽 이래 부역제가 무너져 가면서 17~18세기에는 국가에서 필요로 하는 노동력마저 동원이 어려워지게 되어 점차 임노동자를 고용해야 했다. 따라서 궁궐이나 관청에서 주관하는 성 쌓기나 도로 공사 등에 동원되는 인부들도 노임을 주고 부려야 했다.

④ **부농층의 임노동자 고용** : 부농층도 가족의 노동력만으로 농사를 지을 수가 없어서 임노동자를 고용하는 경우가 흔하였다. 농촌에서는 대체로 1년 단위로 임금을 받는 품팔이 노동력이 많았다. 부농층의 대두와 임노동자▼의 출현은 이 시기 농민의 분화를 뜻한다.

▼ **경영형 부농의 기반**

경작 규모의 확대와 영농 방법의 개선을 통해 부를 축적하였는가 하면, 유통 경제가 발달해 가고 있던 당시의 현실에 부응하여 목화, 담배, 고추, 인삼, 채소 등의 상품 작물을 재배하여 시장에 내다가 판매함으로써 영리를 추구하기도 하였다. 이에 소요되는 농업 노동은 대체로 임노동자들을 통해 이루어졌다.

▼ **임노동자**

18세기 말 실학자인 서유구에 의하면, 황해도 지방의 농가에서 해마다 담배 농사에 일꾼을 고용하는데 한사람의 1년 품삯이 300전에 불과하며, 만약 500전 내지 700전만 주면 하루 사이에 수백 명을 모집할 수 있다고 하였다. 당시 쌀값은 대체로 15두에 20전 내지 30전이었다.

5. 사회 불안의 심화와 예언 사상의 대두

(1) 신분제의 동요와 농민 의식 향상

신분제의 동요는 양반 중심의 지배 체제에 커다란 위기를 가져왔다. 지배층과 농민층의 갈등은 깊어지고, 지배층의 수탈이 심해지면서 농민 경제는 파탄에 빠지게 되었다. 이러한 분위기 속에서 농민의 의식은 점차 높아져 곳곳에서 적극적인 항거 운동이 일어났다.

(2) 탐학과 재해로 인한 사회적 불안

① **탐관오리의 횡포** : 탐관오리의 탐학과 횡포는 날로 심해 갔고, 재난과 질병이 거듭되었다. 특히 19세기에 들어와 이런 현상이 더욱 심해져 농민의 생활은 그만큼 더 어려워져 갔다.

② **재해의 발생** : 1820년의 전국적인 수해와 이듬해 콜레라의 만연으로 많은 백성이 목숨을 잃는 비참한 사태가 발생하였다. 이 피해는 그 뒤 수년 동안 계속되었으며, 이에 따라 굶주려 떠도는 백성이 거리를 메울 지경이었다.

(3) 민심의 이반과 도적의 창궐

① **민심 불안** : 어려운 상황에서 백성 사이에는 비기(秘記), 도참설(圖讖設)▼이 널리 퍼지고, 서양의 이양선▼까지 연해에 출몰하자, 민심은 극도로 흉흉해져 갔다.

② **도적의 약탈** : 사회 불안이 점점 더해 감에 따라 각처에서는 도적이 크게 일어났다. 화적은 수십 명씩 무리를 지어 지방의 토호나 부상을 공격하였고, 수적은 배를 타고 강이나 바다를 무대로 조운선이나 상선을 약탈하였다.

(4) 예언 사상의 대두

① 유교와 불교의 퇴색

㉠ 유교 : 조선 사회의 지배 이념과 생활 규범은 유교였고, 이는 예학으로 형식화되어 있었다. 그런데 유교는 "형(刑)은 양반에까지 올라가지 않고, 예(禮)는 서민에까지 내려가지 않는다."는 통념과 같이 철저한 지배층 논리였다. 따라서 사회·경제적 변동이 격심했던 조선 후기에 유교 사상은 더 이상 사회 운영 원리로서 기능할 수 없었고, 실생활과 괴리되어 관념적 방향으로 흘러가게 되었다.

▼ 비기와 도참설
- 비기 : 길흉 · 화복 따위를 예언한 기록
- 도참설 : 세상의 운과 사람의 미래를 예언한 것

▼ 이양선
서양의 상선이나 군함으로 18세기 후반 이후에는 정탐, 측량, 통상을 목적으로 계획적으로 접근하기 시작하였다.

ⓒ 불교 : 불교는 사회 변동에 대처하는 사회적 이념으로서 구실을 하지 못하고, 궁중 의식이나 부녀자들 간에 명맥만 유지하고 세속화되어 갔다.

② 예언 사상의 유행

ⓐ 비기, 도참의 유행 : 사회가 변화하면서 유교적 명분론이 설득력을 잃어 가자, 비기, 도참 등을 이용한 예언 사상이 유행하였다. 즉, 풍수 도참설에 근거한 말세 도래, 왕조의 교체, 변란의 예고 등 근거 없는 낭설이 횡행하여 민심을 혼란시켰다. 「정감록」과 「토정비결」 등은 이때에 널리 유행한 비기였다.

선운사 도솔암 마애불(전북 고창) 고려 시대에 만든 석가여래상. 19세기 명치 부위에 있는 감실에 비결이 들어 있어서 그것이 나오는 날 한양이 망한다는 이야기가 퍼져 있었다.

ⓑ 벽서 사건 : 예언 사상은 19세기 초엽부터 현저하게 나타나 정부를 비방하는 벽서 사건이 빈발하였다. 예언 사상의 현실 부정적 성격은 당시 농민의 항거 운동에 혁명적 기운을 불어 넣기도 하였다.

ⓒ 영향 : 조선 후기 문학과 예술은 도교와도 깊이 관련되어 각종 야담 · 소설이 지어지고 민화의 발달을 가져왔다.

③ 무격 · 미륵 신앙의 성행

ⓐ 개인적 · 구복적 성격 : 예언 사상이 정치적 · 사회적 성격을 띤 것이라면, 일찍부터 민간에 깊이 침투해 있던 **무격 신앙**은 개인적 · 구복적 성격의 민간 신앙이었다.

ⓑ 토속 신앙화 : 불안과 학대에 시달리던 피지배층 사회에서 무격 신앙은 토속 신앙으로 이어졌고, 현세에서 얻지 못하는 행복을 미륵 신앙에서 해결하려는 움직임도 있었다.

ⓒ 미륵 신앙 : 미륵 신앙은 일찍부터 왕조 말기의 변란 세력에 의해 변혁 사상으로 이용되어 왔다. 심지어 살아 있는 미륵불을 자처하면서 시민을 현혹시켜 끌어 모으는 무리도 나타났다.

④ 민간 신앙의 영향 : 민간 신앙은 사회 불안 속에서 더욱 번성하였고, 피지배층의 정신적 피난처가 되기도 했다.

▼ 정감록
• 조선 후기에 민간에 성행한 예언서로 조선 이후의 흥망 대세를 예언하였다. 이씨의 한양 다음에는 정씨의 계룡산, 그 다음에는 조씨의 가야산이 흥할 것 등을 예언하였다.
• "이씨 왕조가 내우외환으로 망하고, 정도령이란 구세주가 나타나 계룡산에 도읍을 정하고 새로운 왕조를 열어 세상을 구원할 것이다."

▼ 무격 신앙
샤머니즘. 자연 현상과 길흉화복의 결정은 신에 의한 것이라 믿고 무당을 통해 소원을 비는 신앙

▼ 곤여만국전도

우리나라에 전래된 최초의 세계 지도

▼ 천주실의

마테오 리치가 한문으로 저술한 천주교 교리서

더 알아보기 ➕

서양 문물의 전래

- 선조 36년(1603)에 이광정이 베이징에서 마테오 리치의 **곤여만국전도** ▼라는 세계 지도를 들여왔다.
- 광해군 때 허균은 사신을 따라 베이징에 갔다가 천주교 서적을 가져왔다.
- 이수광은 광해군 초에 베이징에 사신으로 갔다 와서 저술한 「지봉유설」에서 마테오 리치의 **「천주실의」** ▼를 요약·소개하면서 불교와의 차이점을 언급하였다.
- 광해군 때 유몽인은 「어우야담」에서 천주교의 교리를 자세히 설명하고 유·불·도교와의 차이점을 논하였다.
- 인조 때 명나라에 사신으로 갔던 정두원은 천주교 서적과 만국전도(마테오리치), 화포, 자명종, 천리경 등을 가져왔다.
- 인조 때 청나라에 볼모로 잡혀갔던 소현세자는 베이징에 와 있던 아담 샬(Adam Schall)로부터 천주교 서적과 천주상, 과학 서적 등을 얻어왔다.

더 알아보기 ➕

한국에 온 외국인

- 세스페데스(Cespedes) : 세스페데스는 포르투갈 선교사로서 일본에서 포교하다가 임진왜란 중에 조선에 입국하였다.
- 벨테브레(Weltevree) : 인조 6년(1628)에 일본으로 가던 네덜란드 상선이 제주도에서 난파하여 벨테브레 등 3인이 서울로 압송되었다.
- 하멜(Hamel) 일행 : 효종 4년(1653)에 일본에 가던 네덜란드 상선이 제주도 부근에서 난파하여 일행 36명이 압송되었다. 그들은 현종 7년(1666)에 탈출하여 일본을 거쳐 본국에 들어갔는데, 그 후 하멜은 14년간 조선에서의 생활을 기록한 「하멜 표류기」를 저술하였고, 그 부록인 「조선국기(朝鮮國記)」에 조선의 정치·사회상과 제도·풍속·지리 등의 사정을 자세히 기록하여 서양에 조선을 최초로 소개하였다.

6. 천주교의 전파

(1) 천주교(서학)의 전개

① **전래** : 서학, 즉 천주교는 16세기 말엽 중국에 전래되었고, 17세기 베이징(북경)의 천주당을 방문한 사신들에 의해 우리나라에 소개되었는데, 처음에는 종교로서가 아니라 서양 문물의 하나로 학문의 성격으로 이해되었다.

② **주도층** : 천주교는 북인 계열이 처음 전래하였으나, 주로 정권에서 물러나 불우한 생활을 하던 당시 남인 학자들과 북학파를 중심으로 학문적 이해를 넓혔다.

천주실의 본래는 마테오 리치가 한문으로 지었으나 모든 사람이 이해하기 쉽도록 18세기에 한글로 옮긴 것이다.

(2) 신앙 운동

① **종교 신앙으로서의 수용** : 학문적 호기심에서 연구되던 서학은 18세기 후반부터 민간 사회에서 신앙으로 수용되기 시작하여 크리스트교가 뿌리를 내리게 되었다. 당시 정치적·사회적 모순을 해결하려는 남인 계열 실학자들 일부가 천주교 서적을 읽고 신앙 활동을 전개하기에 이르렀다.

② **유교 경전과의 접합**

㉠ 학문적 연구와 자율적 구도 활동 : 조선에서의 천주교 신앙 운동은 선교사의 전교에 의해서가 아니라 학문적 연구와 자율적 구도 활동을 통해 전개되었다는 점에 특징이 있다.

㉡ 유교와 천주 교리의 접합 : 17세기 이래 서양 학술 서적과 종교 서적이 전해지자, 이를 읽은 권철신·이벽 등은 천주교 교리서의 천주를 유교 경전의 천(天)과 접합시켜 천주교를 신봉하게 되었고, 그 후 자율적으로 교리 연구와 신앙 활동을 펴 나갔다.

③ **새로운 윤리 체계의 수립** : 정조 때 이벽·이가환·이승훈·권일신·정약종 등이 천주교를 믿기 시작했고, 유교 근본 윤리인 충·효를 바탕으로 크리스트교의 구세 복음 사상을 수용하여 새로운 윤리 체계를 수립하려 하였으며, 중인·평민을 대상으로 포교 활동을 하였다.

천주교를 소개한 책	· 「지봉유설」(이수광) · 「어우야담」(유몽인)
천주교를 배척한 책	· 「서학변」(신후담) · 「천학고」(안정복) · 「천학문답」(안정복)

천주교 관련 서적

④ **천주교의 포교** : 정조 8년(1784) 이승훈이 베이징에서 서양 신부에게 베드로라는 세례명으로 영세를 받고 돌아온 이후 신앙 활동을 활발히 전개하여 서울에 이어 내포·전주 등에도 신앙 공동체 조직이 만들어졌다.

▼ 천주교 박해 원인
• 조상 숭배 거부(전례 문제)
• 내세 사상(현세 부정)
• 외세와의 결탁 우려
• 가부장적 질서 부정
• 평등 사상(삼강오륜 · 신분 계급 부정)

▼ 추조(秋曹) 적발 사건(정조 9, 1785)
이벽 · 이승훈 · 정약용 · 권철신 등이 김범우의 집에서 예배를 드리다가 추조(형조) 관헌에게 적발당해 천주교를 사교로 규정하는 금령이 내려졌다.

▼ 천주교 박해 사건
• 정조 : 추조 적발 사건, 신해박해(진산 사건)
• 순조 : 신유박해, 정해박해
• 헌종 : 기해박해, 병오박해
• 고종 : 병인박해

▼ 시파
정조 때 사도세자 문제로 일어난 붕당 간 대립 속에서 정조의 정책에 편승하는 부류를 의미한다.

▼ 황사영 백서 사건
남인파 신자 황사영이 베이징의 서양인 주교에게 신유박해의 전말을 보고하고, 열강이 해군 병력을 동원하여 정부를 위협해서 신앙의 자유를 얻게 해 달라는 서한을 비단에 써서 보내려다 발각되어 처형당한 사건이다.

(3) 천주교 박해▼

① 배경

ㄱ 정부의 방관 : 정부는 천주교가 유포되는 것에 대하여 내버려 두면 저절로 사라질 것으로 생각하였다.

ㄴ 사교로 규정 : 점차 천주교의 교세가 확장되자, 정부는 천주교가 현실 세계를 부정하고 제사 의식을 무시하며 신분 질서에도 위협이 되고 있음을 주목하고, 조선 사회 기본 질서를 부인하는 천주교를 양반 중심의 신분 질서 부정과 국왕의 권위에 대한 도전으로 받아들여 사교(邪敎)로 규정하고 추조 적발 사건▼을 계기로 금령을 내렸다(정조 9, 1785).

② 천주교 교세의 확산 : 천주교 교세가 확산되어 간 것은 세도 정치로 사회가 혼란해지고 민생이 어려워짐에 따라, '모든 인간은 천주 앞에서 평등하다'는 평등 사상과 현실의 고통에서 벗어나 영생할 수 있다는 내세적 교리가 공감을 불러 일으켰기 때문이다. 그리하여 고통 받는 이들이 관심을 가지게 되고, 특히 여성들 간에 널리 신봉되기 시작하였다.

③ 신해박해(정조 15, 1791)▼

ㄱ 최초의 순교 사건 : 전라도 진산에서 천주교 신자인 윤지충이 모친상을 당하여 신주(神主)를 불사르고 천주교식 장례를 치르자 윤지충 · 권상연 등을 사형에 처하였다. 이를 신해박해(진산 사건)라 하며, 천주교의 신앙화 과정에서 전례 문제로 순교한 최초의 사건이었다.

ㄴ 정조의 천주교 정책 : 시파▼의 지지를 받고 있던 정조는 시파와 연결된 천주교에 대해 비교적 관대한 정책을 추진하여 큰 탄압은 없었지만, 말년에 최초로 천주교 박해 사건(신해박해)이 있었다.

④ 신유박해(순조 1, 1801)

ㄱ 노론 벽파의 탄압 : 정조 사후 순조가 즉위하여 노론 강경파인 벽파가 득세하자 천주교 대탄압이 가해졌다. 이때 이승훈 · 이가환 · 정약종 등 남인 학자와 청나라 신부 주문모가 사형을 당하고 정약용 · 정약전 등은 유배를 가게 되었다.

ㄴ 시파의 위축 : 이 신유박해로 시파 세력은 크게 위축되어 천주교 전래에 앞장선 실학자와 많은 양반 계층이 교회를 떠났으며, 이를 알리기 위해 천주교 신자 황사영이 당시 베이징에 머물던 구베아 주교에게 편지를 보내려고 하였다(황사영 백서 사건)▼.

ㄷ 교세 확장 : 신유박해 이후 시파인 안동 김씨의 세도 정치하에서 천주교 탄압이 완화되면서, 모방 · 샤스탱 · 앙베르 등 프랑스 신부들이 몰래 입국, 포교하여 교세가 점차 신장되어 갔다.

⑤ 정해박해(순조 27, 1827) : 전라도 일대에서 많은 신도가 수난을 당했으나 이후 1831년에는 정하상 등의 노력으로 북경 교구로부터 조선 교구가 독립하였다.

⑥ **기해박해(헌종 5, 1839)**

　ⓐ **재탄압** : 헌종 때 안동 김씨를 대신해서 일어난 벽파인 풍양 조씨 일파는 조만영을 중심으로 다시 가혹한 천주교 탄압을 가하여, 정하상 등 신도와 서양인 신부들이 크게 희생되었다.

기해박해 샤스탕, 모방, 앙베르 3인의 프랑스 선교사가 처형되는 사진으로 천주교 박해의 귀중한 사료다.

▼ 척사윤음(사교 금지문)
1839년(헌종 5) 천주교를 배척하기 위해 발표하였다.

　ⓑ **오가작통법ㆍ척사윤음 발표** : 기해박해 이후 정부는 천주교를 더욱 탄압하기 위해 연대 책임제인 오가작통법과 **척사윤음(사교 금지문)**▼을 발표하였다. 그 후 프랑스 신부 학살의 보복으로 세실(Cecile) 제독이 함대를 이끌고 침입해 와 책임을 따지며 통상을 요구하는 일도 있었다.

⑦ **병오박해(헌종 12, 1846)** : 풍양 조씨가 몰락하면서 천주교 교세는 다시 확장되었고, 김대건은 최초의 신부로서 청에서 귀국하여 포교 활동을 하다가 순교하였다(병오박해). 그 후 안동 김씨가 재집권하자 천주교 탄압이 완화되어 베르누, 리델 등 프랑스 신부들이 입국하여 포교하였다.

⑧ **병인박해(고종 3, 1866)** : 대원군은 프랑스 신부들을 통해 러시아 침투를 막으려다 거절당하자, 유교적 전통을 파괴한다는 명목으로 대탄압을 가하였다. 이에 9명의 프랑스 신부와 남종삼 등 수천 명의 신도가 처형당하였으며, 이는 병인양요가 일어나는 계기가 되었다.

7. 동학의 발생

(1) 배경▼

세도 정치하에서 고통을 받던 대다수 농민들은 그들의 저항이 실패하는 경험을 되풀이하면서 점차 농민을 위한 새로운 사상 체계를 요구하게 되어 동학이 발생되었다.

▼ 동학 발생의 배경
• 국내적 배경 : 세도 정치, 삼정 문란, 민란 발생, 사회 불안
• 국외적 배경 : 서양 문물 유입, 천주교 유행, 위기 의식 고조

(2) 동학의 창시(1860)

① **배경** : 경주 몰락 양반인 최제우는 지배 체제 모순이 심화되고, 서양 세력의 접근으로 위기 의식이 고조되던 상황에서 농민들의 당면 문제를 해결해 주고자 동학을 창시하였다.

② **동학의 사상과 입장** : 동학 사상은 사회 지도 능력을 상실한 성리학과 불교를 배척하는 동시에, 서구 세력과 연결된 천주교도 배격하여 고유 사상과 전통을 지키며 보국안민, 제폭구민에 뜻을 두고 서학을 반대하는 입장에서 '동학'이라 하였다.

(3) 동학의 교리 및 사상

① **동학의 성격** : 동학은 전통적 민족 신앙을 바탕으로, 유교 · 불교 · 도교는 물론 천주교의 교리까지 일부 흡수한 종합적 성격을 지니는 것이다.

② **철학과 종교로서의 동학** : 철학은 주기론(主氣論)에 가까웠으며 관념론을 배격하였고, 샤머니즘과 도교에 가까워 부적과 주술을 중요시하였다.

③ **사회 사상으로서의 동학**

　㉠ 평등 사상 : 모든 사람이 평등하다는 시천주(侍天主)▼와 사람이 곧 하늘이라는 인내천(人乃天)▼ 사상을 바탕으로 평등주의와 인도주의를 지향하였다.

　㉡ 사회 개혁과 운수 사상 : 양반 · 상민을 차별하지 않고 노비제를 없애며, 여성과 어린이의 인격을 존중하는 사회를 추구하였으며, 하늘의 운수 사상을 바탕으로 하였다.

　㉢ 혁명 사상과 외세 배격 : 동학은 후천개벽을 내세워 운수가 끝난 조선 왕조를 부정하는 혁명 사상을 내포하였고, 보국안민(輔國安民)을 내세워 서양과 일본의 침투를 배척하였다.

동경대전과 용담유사

④ **현세 구복적 성격** : 동학은 질병 치료, 길흉에 대한 예언 등 민간 신앙적 요소를 흡수하여 현세 구복적 성격을 띠었고, 평등 사상을 주창하여 핍박받는 피지배층의 지지와 신봉을 받았다.

(4) 동학의 확산과 탄압

① **확산** : 반봉건적 · 민중적 · 민족적 동학이 창시되자 신도가 늘어나 삼남 일대에 확산되었다.

② **탄압** : 동학도의 세력이 확산되자 정부는 고종 1년(1864)에 동학이 세상을 어지럽히고 백성을 현혹하는 '혹세무민(惑世誣民)'의 도'라 하여 탄압령을 내리고, 교조 최제우▼를 체포 · 처형하였다.

③ **재확산** : 교조의 처형으로 교세가 일시 위축되었으나 1880년대에 제2대 교주 최시형이 충청도 보은에 총본부인 장(帳)을 두고, 「동경대전」, 「용담유사」를 펴내어 교리를 정리해 가면서 교단 조직을 정비▼하여 경상도 · 충청도 · 전라도와 강원도 · 경기도 일대로 세력이 뻗어 갔다.

▼ 시천주
모든 사람이 자기 안에 한울님을 모시고 있다는 동학, 천도교의 핵심적인 교리로, 최제우의 가장 중요한 깨달음이다.

▼ 인내천
사람이 곧 하늘이라는 인간 존중 사상은 평등 사상을 내포하고 있다.

▼ 동학의 교조
• 최제우 : 동학 창시
• 최시형 : 동학의 교세 확장
• 손병희 : 천도교로 개칭

▼ 동경대전과 용담유사
• 동경대전 : 동학의 교리를 수록한 경전(최제우가 저술)
• 용담유사 : 포교문 · 주문 등을 가사 형식으로 수록(최제우가 저술)

▼ 동학의 교단 조직
동학의 교단 조직은 각지에 포(包, 군 단위), 접(接, 도 단위)의 조직을 만들고 책임자인 포주, 접주 또는 대접주(大接主)를 통하여 교세를 확대해 나갔다. 그리고 접주 또는 대접주로 하여금 여러 포를 통솔하게 하고, 각 포 간의 원활한 사무 처리를 위하여 교장(教長), 교수(教授), 도집(都執), 집강(執綱), 대정(大正), 중정(中正)의 6가지 직분을 두었다.

8. 농민의 항거

(1) 농민 항거의 사회적 배경▼

① **왕도 정치의 퇴색** : 사회 불안이 점차 고조되자 명목상 유지되던 유교적 왕도 정치는 점점 퇴색되어 갔다. 19세기 세도 정치하에서 국가의 기강이 해이해져 갔고 탐관오리의 부정·탐학은 끝이 없었다.

② **부정부패와 농민층의 와해** : 삼정의 문란으로 극도에 달한 수령의 부정은 중앙 권력과도 연계되어 있어 암행어사의 파견만으로 막을 수 있는 정도가 아니었다. 이에 농민들은 유민이 되거나 세금을 피하여 산간벽지로 들어가 화전민이 되거나 도적이 되는 경우도 있었다.

③ **계와 두레의 성행** : 이 시기 농촌에서는 계와 두레가 성행하였는데 특히 계는 경제적 어려움을 공동으로 타개하기 위한 조직으로 군포계(軍布契), 제언계(堤堰契), 농구계(農具契)▼ 등이 있었다.

(2) 농민의 의식 향상과 적극적 항거

① **농민의 의식 향상** : 농촌 사회가 피폐하여 가는 가운데 농민의 사회 의식은 오히려 더욱 향상되어 갔다.

② **적극적 항거로 전환** : 농민은 지배층의 압제에 대하여 종래의 소극적인 자세에서 벗어나 보다 적극적으로 그들과 대결하였다. 처음에는 소청이나 벽서(壁書 괘서, 방서) 등의 형태로 나타나던 농민의 항거는 점차 농민 봉기로 변화되어 갔다.

(3) 홍경래의 난과 임술 농민 봉기▼

① **홍경래의 난(순조 11, 1811)**

　㉠ **원인** : 세도 정치 결과 농촌 경제가 파탄에 이르렀고, 서북 지역(서도; 황해도, 평안도, 북관; 함경남북도)의 서북인의 차별 대우에 대한 불만이 컸으며, 계속되는 가뭄으로 인한 평안도민의 동요가 민란의 선동에 동조하게 하였다.

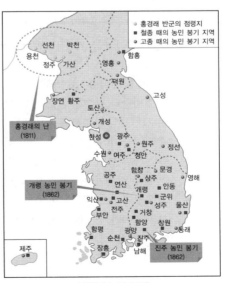

19세기 농민 봉기

▼ **민란 발생의 배경**
- 세도 정치와 국가 기강의 해이
- 향촌 지배 체제의 구조적 모순
- 농촌 사회의 경제적 변동 · 농촌 사회의 신분 · 구조적 변화
- 농민의 사회 의식 성장

▼ **군포계, 제언계, 농구계**
- 군포계 : 군포 공동 납부
- 제언계 : 저수지의 공동 축조
- 농구계 : 농기구 공동 사용

▼ **홍경래의 난과 임술 농민 봉기**
농민들의 항거 중 가장 규모가 큰 것은 평안도 홍경래의 난(1811)과 경상도 산청의 단성에서 시작되고 곧이어 진주로 파급되어 전국으로 확산된 농민 항쟁이었다(임술 농민 봉기, 1862).

ⓛ 경과 : 평안도 가산군에서 금광을 경영한다는 구실로 중소 지주 출신의 몰락 양반인 홍경래와 중소 상인 우군칙 등이 광산 노동자, 영세 농민, 중소 상인, 유랑민 등을 규합하여 일으킨 봉기로, 세도 정치의 부패와 지주제 모순에 대해 격렬하게 비판하고 나섰다.

ⓒ 결과 : 처음에는 가산에서 난을 일으켜 선천, 정주 등을 별다른 저항 없이 점거하였다. 한때는 청천강 이북 지역을 거의 장악하였으나 정주성 전투에서 패배한 후 5개월 만에 평정되었다.

ⓔ 영향 : 홍경래의 난은 실패하였으나 민란의 선구적 역할을 하였고, 이후에도 사회 불안은 수그러들지 않아 각지에서 농민 봉기가 일어났다. 하지만 관리들의 부정과 탐학은 시정되지 않았다.

더 알아보기➕

홍경래의 격문

평서대원수는 급히 격문을 띄우노니 관서의 부로(父老)와 자제와 공사천민들은 모두 이 격문을 들으라. 무릇 관서는 성인 기자의 옛 터요 단군 시조의 옛 근거지로서 의관(衣冠), 유교 문화를 생활화하는 사람이 뚜렷하고 문물이 아울러 발달한 곳이다. 그러나 조정에서는 관서를 버림이 분토(糞土)와 다름없다. 심지어 권문의 노비들도 서토의 사람을 보면 반드시 '평안도 놈'이라 한다. 서토에 있는 자 어찌 억울하고 원통하지 않은 자 있겠는가. …… 지금 임금이 나이가 어려 권세 있는 간신배가 그 세를 날로 떨치고 김조순, 박종경의 무리가 국가 권력을 오로지 갖고 노니 어진 하늘이 재앙을 내린다. …… 이제 격문을 띄워 먼저 여러 열부군후에게 알리노니. 절대로 동요하지 않고 성문을 활짝 열어 우리 군대를 맞으라. 만약 어리석게 항거하는 자가 있으면 철기 5,000으로 남김없이 밟아 무찌르리니. 마땅히 속히 명을 받들어 거행함이 가하리라.

– 「패림」 –

ⓜ 의의 : 가장 규모가 큰 농민 항거와 반봉건적 항쟁, 민란의 선구적 역할을 했다는 점에서 그 의의가 있다.

② **임술 농민 항쟁(철종 13, 1862)**

㉠ 단성 민란과 진주 농민 봉기 : 경상도 산청군 단성에서 환곡의 폐단에 저항하여 김인섭의 주도하에 농민들이 봉기(단성 민란, 1862)하였는데, 곧이어 진주로 파급되어 갔고(진주 민란) 이는 1862년 농민 항쟁의 시작이 되었다.

㉡ 임술 농민 봉기 : 진주 우병사 백낙신의 탐학과 진주 목사 홍병원, 그리고 토호 지주에 항거하여 몰락 양반 유계춘 등을 중심으로 한 농민들이 머리에 흰 두건을 두르고 일으킨 난으로, 일명 '백건당의 난'이라고도 한다. 한때 진주성을 점거하기도 했으나, 정부는 박규수를 **안핵사**▼로 파견하여 난을 평정하였다. 이를 계기로 북쪽 함흥으로부터 남쪽 제주에 이르기까지 전국적으로 민란이 확산되었다.

▼ **안핵사**
조선 후기 지방에서 민란 등이 발생했을 때 그 처리를 위해 파견한 임시 직책

③ 민란의 결과 및 의의
  ㉠ 삼정이정청의 설치 : 수취 체제와 지주 전호제 모순을 해결하기 위해 정부
    는 삼정이정청(三政釐整廳)을 설치하여 삼정의 문란을 시정한다고 약속하고
    암행어사를 파견했지만 제대로 실현되지 못하였다.
  ㉡ 한계 : 특히 농민들이 지향했던 사회 개혁 방향은 농민들이 토지를 소유하는
    것이었으나, 정부로서는 양반 지주의 이해를 뒤엎는 지주제를 개혁할 만한
    능력이 없었고, 농민들도 이를 변혁시킬 만한 역량이 부족하였다.
  ㉢ 의의 : 이 시기 농민들의 봉기는 농민들이 사회 모순을 자율적 · 적극적으로
    변혁시키려 하였다는 점에서 그 의의가 매우 크다.

(4) 농민 항거의 영향

① 농민 항거의 성장 : 민란을 이끈 지도자는 몰락 양반이었으나 민란이 농민 중심
  으로 전개된 점에서 그들의 사회 의식 성장을 엿볼 수 있다.
② 양반 지배 체제의 붕괴 촉진 : 농민들의 주체적 항쟁은 반봉건적 사회 운동의 성
  격을 띠었고, 결국 양반 중심 지배 체제를 붕괴시켜 갔다.
③ 동학 농민 운동으로의 연결 : 임술 농민 봉기 이후 동학 운동이 일어나기까지 40
  여 건의 크고 작은 민란이 계속되었다. 안동 김씨 세도 정권 말기에 우발적 · 산
  발적으로 일어나기 시작한 민란이 30년 후 동학 농민 운동으로 연결되기까지 농
  민들의 투쟁이 계속된 것이다.

▼ 삼정이정청
1862년 농민 봉기의 수습 방안 마련책으로 제기된 삼정의 폐단을 시정하기 위한 임시 관청

조선 후기 사상과 학문의 동향

1. 성리학적 질서와 기능의 변화

(1) 지배층의 지배력 강화 노력

① 원인 : 왜 · 호란 이후 사회 질서가 동요하는 가운데 지배층은 사회 변화의 움직임을 외면하고, 자신들의 지위만을 공고히 하고자 하였다.

② 결과 : 군적 수포제를 통해 양반과 상민의 구분을 확연히 하고, 서원 · 향약을 통해 지배 신분으로서 양반의 특권을 강화하는 등 성리학적 질서를 절대적 도덕 규범으로 확립해 가려 하였다.

(2) 성리학의 성격과 질서

① 성리학의 성격

　㉠ 실천성 강조 : 성리학은 우주 만물의 존재와 생성을 밝히는 관념적 학문이며, 우주와 자연 질서를 인간의 도덕 규범과 관련시켜 그 실현을 요구하는 실천적 학문이다.

　㉡ 수직적 질서 및 명분론의 중시 : 성리학에서의 모든 인간 관계는 충효 중심의 수직적 질서를 바탕으로 하고 있다. 즉, 성리학에서는 명분론을 내세워 직분 · 신분에 있어서 분에 넘치는 행위는 천리에 어긋나는 것으로 여겼으며, 지배 계층의 정통성과 봉건적 신분 질서가 당연시되었다.

② 성리학적 질서 : 성리학적 질서하에서는 임금과 신하, 아버지와 아들, 지아비와 지어미, 주인과 노비, 양반과 상민 사이의 종적 지배 예속 관계가 절대시되었고, 이 관계를 밝히는 가르침으로 삼강 오륜이 사회 규범화되어 있었다.

(3) 성리학의 기능 상실

① 사상적 기능 상실 : 성리학적 질서는 조선 후기에 보다 더 강조되었다. 이 시기에는 지배 체제의 모순이 여러모로 나타나고 있었다. 위정자들은 사회 모순의 근본적 대책을 강구해 내지 못하고, 이론적 바탕이었던 성리학은 현실 문제 해결의 사상적 기능을 잃어가고 있었다.

② **사상적 경직성의 노출** : 향촌 사회에서는 아직도 전통적 사회 질서 유지에 성리학적 규범이 널리 활용되고 있었지만, 정치 사회에서는 일당 전제화 추세 속에서 전제 정권의 이론으로 굳어져 갔다. 따라서 성리학은 다른 견해나 주장을 사문난적(斯文亂賊)▼이라 하여 배제하는 등 사상적 경직성을 드러내게 되었다.

③ **새로운 사상의 연구** : 지식층 일부에서는 사회 모순을 바로 보고, 이를 해결해 보려는 움직임이 나타났는데, 양명학의 수용과 실학의 연구가 그것이었다.

▼ 사문난적

유학의 반역자(실학·천주교·동학도 사문난적으로 배척됨). 숙종 때 남인인 윤휴와 소론인 박세당이 유교 경전에 대한 독자적 입장에서 경전을 해석하였다가 송시열 등의 노론으로부터 사문난적으로 비난을 받았다.

2. 성리학의 발달과 학통

(1) 성리학의 연구와 학통

① **학문 연구의 활발** : 성리학적 질서가 강조되면서 성리학 자체의 학문적 연구가 활발해졌다. 성리학 연구는 17세기에 정국 흐름과 밀접히 관련되어 진행되었다.

② **학연의 강조** : 17세기에는 붕당 정치가 나름대로 실시되었는데, 붕당인들은 그들의 붕당이 정통성을 가지도록 학연에 유의하면서 학문적 토대를 굳히는 데 힘을 기울였다. 그리하여 영남 학파가 주로 동인 계열을, 기호 학파가 주로 서인 계열을 이끌었다.

(2) 영남 학파와 기호 학파의 형성

① **영남 학파**

㉠ 정계 진출 활발 : 당초에는 동인이 정국의 흐름을 주도하여, 영남 학파가 정계에 많이 진출하였고 학문적 활동도 두드러졌다.

㉡ 남·북인 분화 : 동인은 곧 남인과 북인으로 갈라졌는데, 처음에는 유성룡 등 남인 계열이 중용되었으나, 광해군이 즉위하면서 북인 계열이 실권을 장악하였다.

㉢ 이황 학설 계승 : 17세기 후반 이래 정국에서 거의 배제된 남인 계열의 영남 학파는 향촌에서 학문의 본원적 연구에 힘써 이황의 학설을 보다 심화시켰다.

② 기호 학파

　　㉠ 서인의 정국 주도 : 서인에 의해 인조반정이 단행되고, 그들에 의해 정국이 주도되면서 이후에는 기호 학파가 위세를 떨쳤다.

　　㉡ 노·소론으로 분화 : 서인의 집권은 다시 붕당의 분화를 가져왔는데, 정책 수립과 상대 붕당의 탄압 과정에서 보수와 혁신, 강경과 온건 등 노장·신진 세력 간에 갈등이 나타나 노론과 소론이라는 붕당이 생겨났다.

더 알아보기 ⊕

영남 학파와 기호 학파의 비교

영남 학파	북인	서경덕의 학통과 영남 학파 중에서도 조식의 학통을 이었으며, 특히 절의를 중시하여 왜란 당시 정인홍, 곽재우와 같은 의병장이 많이 나왔다.
	남인	이황의 학통을 내세웠는데, 정계에서보다는 향촌 사회에서 영향력이 더 컸다.
기호 학파	노론	송시열 중심의 노론은 이이의 학통을 정통으로 이었다고 자부하였다.
	소론	같은 기호 학파에 속하면서도 소장층의 윤증을 중심으로 한 소론은 성혼의 사상을 바탕으로 이황의 학설에도 호의를 보이고, 반면 이이에 대하여 비판적이기도 하여 성리학 이해에 탄력성을 보여 주었다. 또한 소론은 송시열에 의해 사문난적으로 지적된 윤휴의 학설을 변호하고 두둔하면서, 양명학에도 깊은 관심을 보였다.

(3) 주기론의 연구와 발전

① 주기론의 연구 : 노론이 정계·학계를 주도하면서 한동안 주기설이 우세하였으나 점차 분파가 생겨 18세기에는 주기론을 고집하는 충청도 지방 노론과, 주리론도 포괄적으로 이해하고자 한 서울 지방 노론 사이에 논쟁이 벌어지기도 하였다.

② 주기론의 발전 : 물질생활과 기술 혁신을 중시한 주기론은 서경덕, 이이 등에 의해 주장된 이래 특히 북학파 실학자들에게 영향을 주었고, 이후 한원진, 임성주 등에 의해 계승되었다. 주기론은 개화 사상가들의 철학적 배경이 되었다.

(4) 주리론의 연구와 발전

① 주리론의 연구 : 향촌에서 서원·향약을 통해 기반을 굳혀 간 남인 계열의 영남 학파는 학문의 본원적 연구에 힘썼다. 영남 학파는 그 후 이황의 학설을 정통으로 잇고자 하는 경상도 지방 남인과 이익, 정약용 등과 같이 주자의 해석에 구애받지 않고 독자적 철학 세계를 구축하고자 한 경기도 지방 남인으로 나뉘어졌다.

▼ 노론과 소론
• 노론 : 숙종 때 경신환국(1680)을 계기로 송시열·김만중 등을 중심으로 서인에서 갈려 나온 당파이다.
• 소론 : 숙종 때 서인 중에 소장파 윤증·조지겸 등이 경신환국(1680) 이후 서인의 영수인 송시열 등과 반목하여 갈려 나온 당파이다.

▼ 주기론
• 기(氣)의 철학
• 한원진, 임성주
• 개화 사상

▼ 주리론
• 이일원론(理一元論)
• 기정진, 이진상
• 위정척사 운동

② **주리론의 발전** : 도덕적 원리를 보다 중시하는 주리론은 왜란·호란을 겪고, 서양 세력과 천주교의 도전을 받으면서 기정진을 중심으로 한 이일원론(理一元論)으로 정립되었다. 이는 한말 위정척사 운동의 철학적 기반을 이루었다.

3. 성리학의 교조화 경향▼

(1) 정국의 배경

인조반정 이후 정국의 주도권을 잡은 서인은 의리 명분론을 강화하며 주자 중심의 성리학을 절대화함으로써 학문적 기반을 공고히 하려고 하였는데, 이는 송시열의 저술 등으로 뒷받침되었다. 그는 주자의 본뜻에 충실함으로써 당시 사회 모순을 해결할 수 있다고 생각하였다.

(2) 탈성리학적 경향

① **17세기 후반 본격화** : 주자 중심의 성리학을 상대화하고 6경(六經)▼과 제자백가(諸子百家)▼ 등에서 모순 해결의 사상적 기반을 찾으려는 경향도 17세기 후반부터 본격화되었는데, 윤휴와 박세당 등이 대표적 인물이다. 이렇게 성리학의 교조화 경향으로 윤휴와 박세당과 같은 탈성리학을 지향하는 이들이 나타났으며, 또한 양명학이 수용되고 실학의 발달로 이어졌다.

　㉠ **윤휴(1617~1680, 하헌)** : 주자학이 지배하던 17세기 사상계에서 주자의 학설·사상을 비판하는 독자적 학문 체계를 세웠다. 예송(禮訟) 때 남인으로 활동하며 송시열(宋時烈) 등 서인계와 맞섰으며, 숙종 즉위 후부터 경신대출척 때까지 많은 개혁안을 제기하고 실행하려 했다.

> **더 알아보기＋**
>
> **윤휴의 탈성리학적 경향**
>
> "천하의 많은 이치를 어찌하여 주자만 알고 나는 모른단 말인가. 주자는 다시 태어난다 하여도 내 학설을 인정하지 않겠지만, 공자나 맹자가 다시 태어나면 내 학설이 승리하게 될 것이다."
>
> – 윤휴, 「백호기」 –

▼ **성리학의 교조화 경향 결과**
- 탈성리학 경향(윤휴, 박세당)
- 양명학의 수용
- 실학의 발달

▼ **6경(六經)**
원시 유학에서 중시한 여섯 가지 경전으로 시경, 서경, 역경, 예기, 춘추, 악기를 말함

▼ **제자백가(諸子百家)**
중국 전국 시대(기원전 5세기~기원전 3세기)에 활약한 학자와 학파의 총칭

ⓒ 박세당(1629~1703, 서계) : 박세당은 성리학을 스승이 무비판적으로 답습하는 것으로 파악하고 자유로운 비판을 강조하였다. 곧 주자가 높고 원대한 형이상학적 최고의 선(善)의 정신을 통하여 인식의 절대성을 강조하였는데 반하여, 일상적 일용 행사를 통한 인식의 타당성을 강조하여 인식의 상대성을 제공하였다. 또한 주자가 인간 본성의 선천성을 주장한 점을 비판하고 인간의 도덕적 판단력을 인정함으로써 인간의 능동적 실천 행위와 주체적 사고 행위를 강조하고, 노자의 도덕경을 적극적으로 해석하였다. 이러한 그의 사상은 조선 후기 폐쇄적 · 배타적 성리학적 흐름에 대하여 포용성과 개방성을 강조하였다는 점에서 역사적 의미를 찾을 수 있다.

② **주자 학설의 비판** : 서경덕의 영향을 받은 윤휴는 유교 경전에 대해 독자적 해석을 하였으며, 박세당 역시 양명학과 노장 사상의 영향을 받아 주자 학설을 비판하였다. 이들은 주자의 학문 체계와는 다른 모습을 보였기 때문에 당시 권력을 장악하고 있던 서인(노론)의 공격을 받아 사문난적으로 몰려 죽었다.

(3) 논쟁과 노 · 소론의 분화

① **이기론 논쟁** : 이황 학파의 영남 남인과, 이이의 학문을 조선 성리학의 정통으로 만들려는 이이 학파의 노론 사이에 성리학의 이기론(理氣論)에 대한 논쟁이 치열하게 전개되었다.

② **호락 논쟁** : 이 과정을 겪으며 조선 사상계는 다시 심성론에 대해 관심을 가지기 시작하여, 인간과 사물의 본성이 같은가 다른가 등의 문제를 둘러싸고 노론을 중심으로 호락 논쟁이 벌어졌다.

더 알아보기➕

호락 논쟁(湖洛論爭)

구분	호론	낙론
주장 내용	• 인물성이론(人物性異論) : 인간과 사물의 본성이 다름, 성인과 범인을 구분함 • 주자의 절대화, 배타적 성향, 벽파	• 인물성동론(人物性同論) : 인간과 사물의 본성이 같음, 성인과 범인의 마음이 같다고 생각함 • 유연한 입장, 주로 시파
중심 학자	한원진, 윤봉구, 권상하	이간, 김창흡
지역	충청도	서울 · 경기
계승	위정척사 사상	개화 사상

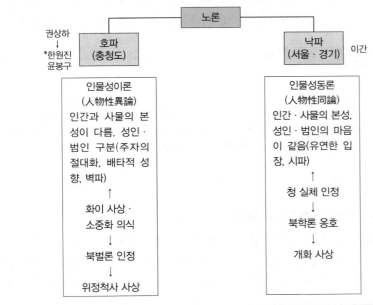

③ 노 · 소론의 성격 : 이이의 사상을 계승하고 주자 중심 성리학을 절대시한 노론과는 달리, 소론은 절충적 성격을 지닌 성혼의 사상을 계승하고 양명학과 노장 사상 등을 수용하는 등 성리학 이해에 탄력성을 보였다.

4. 양명학의 수용

(1) 양명학의 전래와 확산

① **전래** : 성리학의 교조화와 형식화를 비판하며 실천성을 강조한 양명학은 이미 중종 16년(1521)에 「전습록」이 전래되면서 소개되었던 중국 명(明)대 유학 사상 이다.

② **확산** : 양명학은 명과 교류가 활발해지면서 주로 서경덕 학파와 경기도 지방을 중심으로 한 재야 소론 계열의 학자, 그리고 불우한 종친들 사이에서 점차 확산 되어 갔다.

③ **본격적 수용** : 이황이 비판(「전습록논변」)한 것을 계기로 몇몇 학자들만 관심 을 기울였으나, 17세기 후반 소론 학자들에 의해 본격적으로 수용되었다.

더 알아보기 ➕

양명학

양명학은 인간의 마음이 곧 이(理)라는 심즉리(心卽理)를 바탕으로, 인간이 상하 존비의 차별 없이 본래 타고난 천리(天理)로서의 양지를 실현하여 사물을 바로잡을 수 있다는 치양지설(致良知說), 그 리고 앎과 행함이 분리되거나 선후가 있는 것이 아니라 앎은 행함을 통해서 성립한다는 지행합일설 (知行合一說) 등을 근간으로 하고 있다. 양명학은 명의 왕양명이 주창한 주관적 · 실천적 유학 체계 로 주기론적 입장을 취하였다.

---

(2) 정제두의 활동과 강화 학파의 형성

① **정제두**▼**의 학문적 체계 수립** : 정제두가 학문적 체계를 갖추면서 양명학은 사상 계의 한 부분을 차지하였다. 그는 일반민을 도덕 실천의 주체로 상정하였고, 선 지후행을 비판하고 지행합일을 강조하였다. 이를 바탕으로 양반 신분제의 폐지 를 주장하기도 하였다.

② **강화 학파의 형성** : 18세기 초 정제두가 강화도로 옮겨 살면서 양명학을 연구하 고 「존언(存言)」, 「만물일체설(萬物一體說)」을 저술하였으며 제자 양성에 힘써 강 화 학파를 이루었다.

③ **가학 형태로 계승** : 제자들이 정권에서 소외된 소론이었기 때문에 그의 학문은 집안 후손들과 인척 중심으로 가학(家學)의 형태를 띠며 계승되었다.

④ **강화 학파의 발전** : 강화 학파는 양명학을 바탕으로 역사학, 국어학, 서화, 문학 등에서 새로운 경지를 개척해 갔고 실학자들과도 서로 영향을 주고받았다.

⑤ **양명학의 계승** : 한말과 일제 강점기에 박은식, 정인보 등은 양명학을 계승하여 민족 운동을 전개하였다.

▼ 정제두(1649~1736)
조선 중기 학자로 대사헌 · 이조참 판 등을 지냈으며, 처음에는 주자 학을 공부하였으나, 이론에 치우친 주자학에 반기를 들고 양명학을 연 구 · 발전시켜 최초로 그 사상적 체 계를 완성하였다.

5. 실학의 대두

(1) 성리학의 한계와 새 문화 운동의 계기

① **성리학의 한계** : 조선 후기에 양반 사회의 모순이 심각해졌는데도 지배 이념인 성리학은 현실 문제 해결 기능을 수행하지 못하였다. 이에 성리학의 한계성을 자각하고 이를 비판하며 현실 생활과 직결되는 문제를 탐구하려는 움직임이 나타나게 되었다.

② **새 문화 운동의 계기** : 새로운 문화 운동은 이수광, 한백겸 등에 의하여 제기되었다. 이수광은 「지봉유설」을 저술하여 문화 인식의 폭을 확대하였고, 한백겸은 「동국지리지」를 저술하여 우리나라의 역사 · 지리를 치밀하게 고증하였다.

더 알아보기⊕

실학의 선구

정여립 (1546~1589)	선조 때 인물로 군주 세습제를 부인하고 '천하는 공물(公物)'이라고 주장하였다. 대동계를 중심으로 왕조 교체까지 꿈꾸면서 성리학적 정치 질서에 도전하다가 실패하여 자결하였다.
정인홍 (1536~1623)	광해군 때 인물로 이언적, 이황 등 정통 성리학자들을 비판하여, 성균관 유생들로부터 유적(청금록)에서 삭제당하는 등 큰 파문을 일으켰다.
이수광 (1563~1628)	선조~광해군 때 학자로 3차례나 베이징을 다녀오면서 학문적 시야가 넓어졌으며, 서양 문물에 눈을 뜨게 되었다. 특히 저서인 「지봉유설」에서는 천문 · 지리 · 관제 · 곤충 및 「천주실의」 등을 소개하였다.
한백겸 (1552~1615)	선조~광해군 때 학자로 고증학적 연구를 통해 「동국지리지」를 남겨 삼한의 위치를 고증하였다.
김육 (1580~1658)	인조~효종 때 학자로 대동법 확대 실시를 주장하여 충청도에서 실시케 하였다. 주전(鑄錢)의 필요성을 역설하였고, 수레 · 수차 이용을 가져오게 했으며, 아담 샬의 시헌력(時憲曆)을 채용하였다. 저서로는 「유원총보」, 「해동명신록」 등이 있다.

(2) 실학 사상의 발생 배경

① **통치 질서의 와해 현상** : 조선 왕조가 직면해 있던 통치 질서의 와해 현상이 실학 발생의 주요 원인이 되었다. 즉, 16세기부터 변질되기 시작한 조선 사회는 전란을 겪으며 큰 모순을 드러냈으나, 위정자들은 근본적 대책을 모색하지 못하였다. 이에 진보적 지식인들은 사회 · 경제적 변동에 따른 여러 사회 모순에 직면하여 국가 체제를 재편하고, 민생 안정 해결책을 구상하는 과정에서 사회 개혁론이 대두되었다.

② **현실에 대한 반성** : 새로운 변화에 대응하는 본질적 대책이 요망되고 있는데도, 지배 원리인 성리학이 사회적 기능을 다하지 못하고 합리적 수습책을 제시하지 못하자 반성과 비판이 일어나게 되었다. 즉, 성리학 일변도 문화의 한계성을 깨닫고 정신·물질 문화를 균형 있게 발전시켜 분열된 사회를 재통합하고 급변하는 국제 정세에 대처하기 위해 국가적 역량을 강화하려 하였다.

③ **부국강병과 민생 안정의 필요성** : 성리학을 비판하면서 현실 생활과 거리가 먼 당시 정치·문화를 혁신하려는 움직임은 18세기를 전후해 활발하였지만, 그 싹은 16세기 말부터 움트고 있었다. 북인의 정인홍 등은 성리학 이외 사상을 폭넓게 수용하여 정신·물질 문화를 균형 있게 발전시켜 부국강병과 민생 안정을 달성해 보고자 하였다. 그러나 새로운 문화 운동은 학문적 체계를 세우기 전에 보수적 학자들의 반발로 좌절되었다.

④ **경제적 변화와 발전** : 양난 이후 사회 동요와 농촌의 피폐에서 오는 사회 혼란과 위기의식은 일부 지식인들에게 반성과 자각이 일어나게 하였다. 또한 전쟁 피해의 복구 과정에서 피지배층은 지속적으로 경제적 발전을 추구하였는데, 이를 촉진하고 대변하는 사상으로 실학이 대두되었다.

⑤ **조선 후기 신분 변동** : 양반 중심의 신분 질서가 급속히 붕괴되고 있었으며, 그것은 정권에서 소외된 양반층의 경제적 몰락과 피지배층의 신분 상승으로 나타났다. 이 시기 실학자들은 몰락한 양반층의 생계 대책과 서민층 생존 문제에 주목하게 되었다.

⑥ **서학의 전래** : 17세기 이래 중국에서 간행된 각종 서학 서적들이 조선에 전래되어, 당시 지식인들에게 과학적·합리적 사상을 전하였다. 고도의 서양 과학 문명을 접하자, 공리공담에 빠진 성리학의 결함과 허구성에 대해 학문적 반성이 있게 되었다.

⑦ **고증학의 영향** : 청의 고증학도 실학 사상의 형성에 일정한 영향을 주었다. 고증학(考證學)에서는 실사구시(實事求是)를 내세워 학문 연구에서 실증적·실용적 방법을 강조하였다.

⑧ **영·정조의 학문 장려** : 탕평책에 의한 인재 등용, 규장각 설치, 편찬 사업, 문물의 진흥 등으로 많은 학자가 배출되어 실학 발달의 배경을 이루게 되었다.

▼ **고증학**
명말·청초에 일어난 실증적인 고전 연구의 학풍

▼ **실사구시**
사실에 근거하여 진리나 진상을 탐구하는 일

(3) 실학의 개념과 특징

① **학문적 성격** : 실학은 공리공담이 아니라 실질적 · 실제적인 것을 추구하는 실사구시(實事求是) 학문이며, 이를 통해 현실을 개혁하려는 경세치용(經世致用) 학문이고, 실제 사회에 이용될 수 있는 이용후생(利用厚生) 학문이었다.

② **연구 분야와 학풍** : 실학의 연구 분야는 주자학의 이기론을 넘어서 정치 · 경제 · 사회 · 국사 · 국어 · 농업 · 의학 · 자연과학 분야까지 확대되었다. 실학자들은 성리학 이외 다른 학문 · 사상도 받아들여 학문의 범위가 넓어졌고 실증적 학풍을 지녔다. 이 실학은 18세기 전후 재야 진보적 지식인들에 의해 연구되었다.

③ **독창적 학문 연구 방법** : 학문 연구 방법으로 과학적 · 합리적 · 실증적 비판을 통해 독창적으로 학문을 연구하였으며, 부국강병과 민생 안정에 역점을 두었다.

④ **사회 개혁 사상** : 근대적 요소를 지니고 있었으며 민중 사회의 이익을 대변하였고, 국가 · 민족에 대한 반성과 인식을 새롭게 하여, 민족적 전통과 민족 의식, 주체성 등을 강조한 실학은 사회 모순을 해결하는 과정상 나타난 사회 개혁 사상이었다.

(4) 실학의 발전

① **고증학과 서양 과학의 영향** : 실학은 고증학과 서양 과학의 영향을 받아 농업 중심의 개혁론, 상공업 중심의 개혁론, 국학 연구 등을 중심으로 확산되었다.

② **사회 개혁론 제시** : 실학은 18세기에 가장 활발하였고, 대부분 실학자들은 민생 안정과 부국강병을 목표로 한 비판적 · 실증적 논리로 사회 개혁론을 제시하였다.

6. 농업 중심의 개혁론

(1) 중농적 실학 사상

① **경세치용 학파** : 18세기 전반에 농업 중심의 개혁론을 제시한 실학자들은 대부분 서울 부근 경기 지방에서 활약한 남인 출신이었다. 이들은 농촌 사회의 안정을 위하여 농민의 입장에서 토지 제도를 비롯한 각종 제도의 개혁을 추구하였는데, 이 실학자들을 경세치용 학파라고도 한다.

▼ **경세치용**
현실 사회에 대한 실용적 관심에 토대를 두고 학문을 연구하며 학문과 사회의 관계를 긴밀하게 추적하는 경향

▼ **이용후생**
18세기 후반 북학파들의 주된 이념으로 풍요로운 경제와 행복한 물질 생활을 추구하는 경향

② **토지 제도 개혁 중시** : 실학자들은 공통적으로 농민 생활의 안정을 위한 토지 제도 개혁을 가장 중요하게 생각하여 학문적 관심을 농촌 중심으로 두었다. 당시 농촌 경제의 안정 여부는 사회의 안위와 국가 존폐에 직결되는 문제였기 때문이다. 하지만 실학자들 사이에도 토지제의 개혁 방안에는 차이가 있었다.

▼ 중농 학파의 발전
• 유형원(반계수록) : 체계화
• 이익(성호사설) : 학파 성립
• 정약용(여유당전서) : 집대성

(2) 중농적 실학자(경세치용 학파)▼

① 유형원(1622~1673)
　㉠ 출신 배경 : 농업 중심 개혁론의 선구자로 17세기 후반에 활약한 실학자이다. 호는 반계이며, 서울 양반 가문에서 태어났으나 관직을 단념하고 야인으로 지내면서 정치·군사·경제·문화 개혁안을 체계적으로 제시하였고, 「반계수록」을 비롯한 많은 저술들을 남겼다.
　㉡ 개혁 사상
　　• 균전론 주장 : 농촌 문제의 핵심이 토지에 있다고 보고, 「반계수록」에서 균전론을 주장하여 관리, 선비, 농민에게 차등 있게 토지를 재분배할 것과 제한적이기는 하나 진보적 입장에서 자영농 육성과 조세·병역의 조정을 주장하였다.

더 알아보기 ➕

유형원의 균전론

면적은 사방 100보를 1무로 하여 100무를 1경(40마지기)으로 하고, 4경을 1전으로 한다. 농부 한 사람이 1경을 받으면 법에 따라 조세를 매기고, 매 4경마다 군인 1인을 내게 한다. 사(士)로서 처음 학교에 입학한 자는 2경의 토지를 받고, 현직 관료는 6경에서 12경까지 품계에 따라 차등 있게 지급하고, 병역 의무는 면제한다. 상공업자는 농민의 절반을 주고, 무당과 승려는 주지 않는다.

－「반계수록」－

　　• 농병 일치제와 양역 변통론 : 자영농을 바탕으로 농병 일치 군사 조직과 호포제의 실시를 주장한 양역 변통론의 실시, 사농 일치 교육 제도를 확립해야 한다고 생각하였다.
　　• 능력을 중시하고 노비 세습제 비판 : 문벌 숭상, 적서 차별, 과거 제도 등을 능력 위주의 출세를 방해하는 것으로 보았고, 노비 세습제의 가혹성을 비판하였다.
　㉢ 개혁의 한계성 : 유형원은 적서 차별과 군대 편성상 양반·천민의 구별과 문음 제도를 긍정하였으며, 노비 제도 자체는 인정하였다. 따라서 그가 지향한 이상 사회는 사·농·공·상의 직업적 우열, 양인과 노비의 차별을 전제로 하면서 개인 능력을 존중하는 사회라는 점에서 유교적 한계성을 벗어나지 못하였다.

② 이익(1681~1763)

 ㉠ 출신 배경 : 농업 중심 개혁론을 발전시키고 이를 대표하는 학자로 18세기 전반에 주로 활약하였다. 호는 성호이며, 몰락한 남인 가정에서 태어나 경기도 광주군 첨성촌에 은거하며 실학 연구에 전념하여 「성호사설」 등 많은 저서를 남기고, 유형원의 실학 사상을 계승·발전시켰으며 근기 학파(近畿學派)▼를 형성하였다. 이익의 영향을 받은 이로는 안정복·이긍익·정약용 등이 있다.

 ㉡ 개혁 사상

> ▼ 근기 학파
> 성호 학파를 일컫는 말

  • 「성호사설」 : 천문·지리·인사·경사 등 각 방면의 내용을 기록한 백과사전으로 역사 서술의 고증학적 방법을 제시하였다.

  • 한전론 주장 : 「곽우록」에서 자영농 육성을 위한 토지제 개혁론으로 한전론의 실시를 주장하였다. 이것은 한 가정의 생활을 유지하는 데 필요한 규모의 토지를 농가 매호에 영업전(永業田)이라 지정하고, 영업전은 법으로 매매를 금지하고 그 외 토지는 매매할 수 있게 하여 점진적으로 토지 소유의 평등을 이루고자 한 것이다.

더 알아보기 ➕

이익의 한전론

국가에서는 마땅히 한 집의 생활에 맞추어 재산을 계산해서 한전(限田)의 농토 몇 부(負)를 한 집의 영업전(永業田)으로 만들어 주어 …… 농토가 많아서 팔려고 하는 사람은 영업전 몇 부를 제외하고는 역시 허락하며, 많아도 팔기를 원하지 않는 사람은 강제로 팔도록 하지 말고 …… 이렇게 되면 가난한 집은 당장에 재산이 없어지는 걱정이 없을 것이니, 그들은 참으로 기뻐할 것이고 부유한 가정은 비록 파산하는 지경에 이르더라도 영업전만은 남아 있을 것이다.

– 이익, 「곽우록」 –

  • 당쟁의 원인 지적과 사농일치 주장 : 붕당론에서 당쟁의 원인이 이해득실에 있다고 보고, 한정된 관직에 비해 양반의 무한한 수적 팽창에 문제가 있다고 지적하였으며, 과거 제도를 개선하고 양반도 생업에 종사해야 한다는 사농일치를 주장하였다.

  • 6가지 '나라의 좀'과 사창제 주장 : 나라가 빈곤하고 농촌이 피폐한 원인으로 노비 제도, 과거 제도, 양반 문벌 제도, 사치와 미신 숭배, 승려, 게으름 등 여섯 가지를 '나라의 좀'이라고 규정하였다. 당시 농민을 괴롭히던 고리대와 화폐의 폐단에 대해 비판적 입장을 취하였고, 환곡제 대신 사창제를 실시하자고 주장하였다.

  • 근기 학파 형성 : 조선 후기 근기 지방에서 성호 이익을 중심으로 활동한 학파(성호 학파)로서 안정복·이가환·이중환 등으로 계승되어 근기 학파를 형성하였다. 이들은 실학을 대성시키고 국사학을 발전시키는 계기가 되었다.

③ 정약용(1762~1836)
　　㉠ 출신 배경 : 이익의 실학 사상을 계승하면서 실학을 집대성한 최대의 학자이다. 호는 다산 또는 여유당이며, 남인 가정에서 태어나 18세기 말 정조 때 관직 생활을 하였으나, 신유박해에 연루되어 전라도 강진에 유배되어 18년간 귀양살이를 하였다. 그는 유배 중에도 학문 연구에 전념했고, 귀향 후 저술에 몰두하여 500여 권의 저술을 남겼는데 이것이 현재 전하는 「여유당전서」이며, 그 외 「대동수경」, 「아방강역고」, 「아언각비」, 「마과회통」 등을 저술하였다.
　　㉡ 개혁 사상
　　　　• 지방 행정 및 사회 개혁 : 지방 행정 개혁에 대한 「목민심서」, 중앙 행정 개혁에 대한 「경세유표」, 형사법과 관련한 「흠흠신서」 등 3부작과 「탕론」, 「원목」, 「전론」 등의 논설에 사회 개혁 사상이 나타나 있다.
　　　　• 여전론 : '전론'에서 균전론과 한전론을 모두 반대하면서 여전론(閭田論)을 주장하였다. 여전론은 한 마을을 단위(1여는 30가호)로, 토지를 집단화하여 공동 소유·공동 경작하며, 수확량을 노동량에 따라 공동 분배하는 일종의 공동 농장 제도를 말하는 것으로 당시로서는 획기적 방안이었다.
　　　　• 정전제 제시 : 실현 불가능한 여전제의 대안으로 국가가 토지를 사들여 농민에게 분배하여 자영 농민을 육성하고, 아직 사들이지 못한 지주의 땅은 병작 농민에게 분배하여 소작하게 하는 정전제(井田制)를 제시하였다.

더 알아보기 ➕

정약용의 여전론과 정전제

• 여전론
이제 농사짓는 사람은 토지를 갖고 농사짓지 않는 사람은 토지를 갖지 못하게 하려면 여전제를 실시하여야 한다. 산골짜기와 시냇물의 지세를 기준으로 구역을 확정하여 경계를 삼고, 그 경계선 안에 포괄되어 있는 지역을 1여로 한다. …… 1여마다 여장을 두며 무릇 1여의 인민이 공동으로 경작하도록 한다. …… 여민들이 농경하는 경우 여장은 매일 개개인의 노동량을 장부에 기록하여 두었다가 가을이 되면 오곡의 수확물을 모두 여장의 집에 가져온 다음 분배한다. 이때 국가에 바치는 세와 여장이 봉급을 제하며, 그 나머지를 가지고 노동 일수에 따라 여민에게 분배한다.
− 「여유당전서」 −

• 정전제
농사 1호당 100무의 토지를 준다. 그리고 농가의 노동력에 따라 25무까지 차등 있게 준다. 모든 토지는 점진적으로 국가에서 사들여 국유화한다.
− 「여유당전서」 −

　　　　• 실학의 집대성 : 실학을 집대성한 정약용은 농민 생활의 안정을 토대로 향촌 단위 방위 체제를 강화하였다.

- 정치 제도 개선 방안 제시 : '통치자는 백성을 위해 존재한다(주권 재민의 왕도 정치).'고 주장하면서 백성의 이익과 의사가 적극 반영될 수 있는 정치 제도에 대한 개선 방안까지 제시하였다. 또한 과학 기술과 상공업 발달에도 많은 관심을 보였다.

더 알아보기 ➕

정약용의 사상

- 목자(牧者)가 백성을 위하여 있는가, 백성(百姓)이 목자를 위하여 있는가. 백성이라는 것은 곡식과 피륙을 제공하여 목자를 섬기고, 또 가마와 말을 제공하여 목자를 송영하는 것이다. 결국 백성은 피와 살과 정신까지 바쳐 목자를 살찌게 하는 것이니. 이것으로 보자면 백성이 목자를 위하여 존재하는 것이 아닌가. 그러나 아니다. 절대 그런 것이 아니다. 목자가 백성을 위하여 존재하는 것이다. 애초에 이 세상에는 백성이 있을 뿐이다. 거기에 무슨 놈의 목민자가 있었겠는가. 다만 백성들이 평화스럽게 한데 모여서 살았을 뿐이다.

  － 정약용, 「원목」 －

- 대체 천자는 어찌하여 있게 되었는가? …… 다섯 가(家)가 하나의 인(隣)이 되는데, 다섯 가의 추대를 받은 자가 인장(隣長)이 될 것이며, 다섯 인이 일리(一理)가 되는데 다섯 인의 추대를 받은 자가 이장(理長)이 될 것이며, …… 여러 현 우두머리들의 추대를 받은 자가 제후가 될 것이며, 제후들의 추대를 받은 자가 천자가 될 것이므로, 천자란 무릇 군중이 밀어서 그 자리에 오른 것이다. 무릇 군중이 밀어서 이룬 것이라면 또한 군중이 밀지 아니하면 천자가 될 수 없는 것이다.

  － 정약용, 「탕론」 －

더 알아보기 ➕

정약용의 주요 저서

「목민심서」	예로부터의 지방관(수령)의 사적을 수록하여 목민관의 치민에 관한 도리를 논한 책이다. '목(牧)은 민(民)을 위해 있는 것이며, 민(民)이 목(牧)을 위해 있는 것이 아니다.'라는 전제하에 관리의 계몽을 위해 저술하였다.
「경세유표」	중앙 정치 제도의 폐해를 지적하고 그 개혁의 의견을 기술하였으며 여기서 정전제를 제시하였다.
「흠흠신서」	형옥(刑獄)에 관한 법률 정치서로, 특히 형옥의 임무를 맡는 관리들이 유의할 사항을 예를 들어 설명하였다. 조선의 법제 · 사회 연구에 귀중한 문헌이다.
「탕론(蕩論)」 － 역성 혁명론	은의 탕왕이 하의 걸왕을 무찌른 고사를 들어 민(民)이 국가의 근본임을 밝힌 논설이다. '천자(天子)는 천명(天命)의 대행자이며 천명(天命)은 민심(民心)에서 나온다.'고 보았다. 로크(Locke)의 사회 계약론, 시민 혁명론과 관련된다.
「원목(原牧)」 － 통치론	백성을 다스리는 통치자(목민관)의 이상적인 상을 제시한 논술로, 통치자는 백성을 위해서 있다는 입장을 강조하고 있다.
「전론(田論)」 － 토지 제도 개혁론	주의 정전법, 유형원의 균전론, 이익의 한전론을 비판하고 독특한 부락 단위의 여전제를 주장하였으며, 농업 협동 방법과 집단 방위 체제를 제시하였다.

④ 박세당(1629~1703) : 저서 「사변록」에서 주자학을 비판하여 사문난적으로 몰리기도 하였으며, 농사 전반 해설서인 「색경」을 저술하였다.

⑤ 홍만선(1643~1715) : 농업 기술을 중심으로 섭생, 구급치료, 복거(卜居), 구황, 양잠, 목양 및 농업, 치병, 목축 등 여러 방면을 다룬 「산림경제」를 저술하였다.

⑥ 서유구(1764~1845) : 이미 편찬된 농서를 토대로 농업을 비롯한 산업 전반에 관한 지식을 모은 농업 백과사전인 「임원경제지」를 저술하였다.

⑦ 기타
　㉠ 농업 기술 개발에 관심 : 실학자들은 농업 기술 개발에도 깊은 관심을 보여 수리 시설의 확충, 종자와 농기구 개량, 경작 방법과 시비법 개선 등을 제시하였다.
　㉡ 북학론자의 관심 : 농업 기술에 관하여는, 특히 북학론자들의 관심이 컸는데 이들은 청의 선진 농업 기술을 수용해야 한다고 주장하였다.

(3) 중농 학파의 한계와 영향

① 한계 : 중농 실학자들의 사상과 학문은 재야 지식인들의 공감을 받았으나 국가 정책에는 별로 반영되지 못하였다.

② 영향 : 한말 계몽 사상가들과 일제하 국학자들에게 큰 영향을 주어 우리나라 근대 사상의 중요한 한 갈래를 형성하였다.

7. 상공업 중심의 개혁론

(1) 중상적 실학 사상

① 배경 : 18세기 후반 국내 상공업의 발달과 청 문화의 영향으로 새로운 경향을 보인 실학자들이 나타났다. 이들은 청 문물을 적극 수용하여 부국강병과 이용후생에 힘쓰자고 하였다.

② 이용후생 학파(북학파) : 청 문화와 청을 통해 들어온 서양 문화의 영향을 받은 실학자들로 북학파▼ 라고도 하고, 농업과 상공업 진흥과 기술 혁신 등 물질 문화의 발달에 관심을 쏟아 이용후생 학파라고도 한다.

③ 중농 학파와의 비교 : 중농적 실학자들이 농촌 생활 경험을 많이 가진 남인파에서 주로 나온 데 비해, 북학파는 서울의 도시적 분위기에서 성장하고 외국 여행 경험이 있는 노론 집권층에서 다수 배출되었다.

▼ 북학파
북학파 실학 사상의 대두는 병자호란 후 굳어졌던 화이론적 명분론에서 탈피한 것을 의미하기도 한다.

(2) 중상적 실학자(이용후생 학파)

① 유수원(1694~1755)

ㄱ. 출신 배경 : 호는 농암이며 소론 가정에서 태어났고, 18세 전반 북학파의 선구자 역할을 하였다. 8년간 금고 생활 후 「우서(迂書)」를 지어 중국과 우리나라 문물을 비교하면서 정치 · 경제 · 사회 · 문화 전반에 걸친 개혁안을 제시하였다.

ㄴ. 개혁 사상

- 농업의 전문화▼ · 상업화와 상공업 진흥 주장 : 농업의 전문화와 상업화, 기술 혁신을 통해 생산력을 증강해야 한다고 주장하였다. 그러나 지나치게 농업에만 의존해서는 안 되고, 국가 조정하에 상공업을 진흥시켜 부국강병을 이룰 것을 주장하였는데, 그러기 위해 사 · 농 · 공 · 상의 직업적 평등과 전문화가 이루어져야 한다고 강조하였다.
- 상공업 진흥 방안 제시 : 상공업 진흥의 구체적 방안으로, 상인 간 합자를 통한 경영 규모의 확대와 선대제 수공업의 확대, 상인이 생산자를 고용하여 생산 · 판매를 주관할 것을 제안하였다.

> ▼ 유수원의 농업론
> 농업에서는 토지 제도의 개혁보다 농업의 상업적 경영과 농업 기술 혁신을 통해 생산성을 높이자고 주장하였다.

더 알아보기 ➕

가난한 양반의 상업 종사 권장

지금 양반이 명분상으로 상공업에 종사하는 것을 부끄러워하지만 그들의 비루한 행동은 상공업자보다 심한 자가 많다. 상공업은 말업이라 하지만 본래 비루하거나 부정한 일은 아니다. 그것은 스스로 재간 없고 덕망 없음을 안 사람이 관직에 나가지 않고 스스로 노력으로 물품 교역에 종사하며, 남에게서 얻지 않고 자기 힘으로 먹고사는데 그것이 어찌 천하거나 더러운 일이겠는가? — 유수원, 「우서」 —

- 대상인의 지역 개발 참여 강조 : 대상인이 지역 사회 개발에 참여하여 학교 건립, 교량 건설, 방위 시설 구축 등을 맡아야 한다고 주장하였다.

② 홍대용(1731~1783)

ㄱ. 출신 배경 : 호는 담헌으로 노론 가정에서 태어나, 청을 왕래하면서 얻은 경험을 토대로 「임하경륜」, 「의산문답」 및 기행문인 「연기」 등을 저술하였는데 「담헌서」에 수록되어 전해지고 있다.

ㄴ. 개혁 사상

- 균전제 주장 : 「임하경륜」에서 균전제를 주장하여 농업 문제에도 관심을 보였으나, 기술 문화 혁신과 신분제 철폐, 성리학 극복, 화이관 탈피 등이 부국강병의 근본이라고 믿었다.
- 성리학적 세계관의 부정 : 「의산문답」에서는 지구의 1일 1주 회전설(지전설)을 내세워 중국이 세계의 중심이라는 성리학적 세계관을 부정하였다.

지전설

지구가 9만 리를 한 바퀴 도는데 그 회전 속도가 매우 빠르다. 그런데 저 별들과 지구와의 거리가 겨우 절반이라도 몇 천만, 몇 억 리나 될지 알 수 없다. 하물며 별 밖에 또 별이 있음에랴. 우주 공간에 한계가 없다면, 별이 분포하는 영역에도 한계가 없다. 그 별들이 한 바퀴 돈다고 말한다 해도 그 궤도의 둘레가 얼마나 길지 헤아릴 수조차 없다. 하루에 얼마나 빨리 회전할지 상상해본다면, 천둥 · 번개와 포탄의 속도를 계산하더라도 이보다 빠르지는 못할 것이다.

– 「의산문답」 –

③ 박지원(1737~1805)

　㉠ 출신 배경 : 호는 연암. 노론 출신으로 북학 사상을 한층 발전시켰다. 청을 다녀와 그곳의 풍속 · 경제 · 천문 · 문학 등을 소개한 여행 전문기인 「열하일기」를 남겼으며, 그전에 이미 '양반전'을 써서 실학자의 면모를 보였고, 「과농소초」, 「한민명전의」 같은 농업 관계 저술을 남겨 개혁안을 제시하였다.

　㉡ 개혁 사상

　　• 농업 개혁 : 「과농소초」, 「한민명전의」 등에서 농사 기술을 밝히고 영농 방법 개선과 상업적 농업 장려, 농기구 개량, 관개 시설의 확충 등을 통한 농업 생산력 증대에 관심을 보였다. 그리고 토지 소유의 상한선을 정하고, 그 이상의 토지 매점을 엄금하자는 주장을 하였다.

　　• 생산 · 유통의 중요성 강조 : 청나라에서 생산과 유통의 중요성을 실감한 후 상공업의 진흥에 보다 관심을 기울였다. 즉, 수레와 선박의 이용, 화폐 유통의 필요성 등을 강조하였고, 양반 문벌 제도의 비생산성을 비판하였다.

박지원의 유통 경제론

중국의 재산이 풍족할뿐더러 한 곳에 지체되지 않고 골고루 유통되는 것이 모두 수레를 쓰는 이익일 것이다. 이제 천근한 예를 든다면, 우리 사신 일행이 모든 번폐로움을 없애 버리고 우리가 만든 수레에 올라타고 바로 연경에 닿을 텐데, 무엇을 꺼려서 하지 않는단 말인가?

– 「열하일기」 –

④ 박제가(1750∼1805)

　　㉠ 출신 배경 : 호는 초정으로 서울 양반 가문 서자로 태어나 이덕무, 유득공 등
　　　　서얼 출신 학자들과 한때 규장각 검서관으로 봉직했으며, 세 번이나 청에 다
　　　　녀와 넓은 안목을 가지고 부국강병을 위한 개혁안을 제시하였다. 저서 「북학
　　　　의」는 중상적 개혁 사상을 피력한 저서이며, 박제가에 의해 박지원의 실학 사
　　　　상은 더욱 확충되었다.

　　㉡ 개혁 사상 : 「북학의」에서 상공업 발전 방안으로 청과의 통상 강화, 수레와 선
　　　　박의 이용을 늘릴 것을 주장하였다. 또 생산과 소비와의 관계를 우물물에 비
　　　　유하고, 절검보다 소비를 권장하여 생산을 자극시킬 것을 주장하였다.

더 알아보기 ➕

박제가의 소비관과 신분관

• 박제가의 소비관
비유하건대 재물은 대체로 샘과 같은 것이다. 퍼내면 차고, 버려두면 말라 버린다. 그러므로 비단
옷을 입지 않아서 나라에 비단 짜는 사람이 없게 되면 여공이 쇠퇴하고, 쭈그러진 그릇을 싫어하
지 않고 기교를 숭상하지 않아서 공장(수공업자)이 도야(기술을 익힘)하는 일이 없게 되면 기예가
망하게 되며, 농사가 황폐해져서 그 법을 잃게 되므로 사농공상의 사민이 모두 곤궁하여 서로 구
제할 수 없게 된다.

－「북학의」－

• 박제가의 신분관
"문벌이 좋은 집 사람 외에도 재주와 덕이 뛰어났거나, 또 한 가지 기예(技藝)라도 있는 사람을 반
드시 천거하라. 옳게 천거한 자에게는 상을 주고 천거하는 데에 폐단이 있는 자에게는 벌을 준
다." 하면, 이제 먼 지방에 혼자서 착함을 닦고 선비와 하류 계층의 사람으로서도 똑똑하고 거룩
한 인재는 모두 조정에 들어오게 할 수 있을 것이다.

－「북학의」－

　　㉢ 선진 문화의 수용 강조 : 양반의 상업 종사, 청의 기술 도입, 세계 무역에 참
　　　　여, 서양인을 초빙하여 천문 · 지리 · 유리 제도 등의 기술을 습득할 것 등을
　　　　주장하였다.

　　㉣ 계승 : 박제가의 사상은 유득공 · 이덕무 · 이규경 · 최한기 등에게 계승되어,
　　　　박규수 · 오경석 · 유흥기에 연결된다.

중농 학파와 중상 학파의 비교

구분	중농 학파	중상 학파
학파	경세치용 학파	이용후생 학파, 북학파
출신	남인	노론
방향	토지 분배를 통한 농민 생활 안정	농업 생산 증대를 통한 농민 생활 안정
차이점	• 토지제 개혁 중시 • 지주제 반대 • 자영농 육성 • 폐전론(이익)	• 농업의 전문화 · 상업화 • 상공업 진흥, 기술 혁신, 생산력 증대에 관심 • 지주제 긍정 • 화폐 사용에 긍정적
주요 학자	유형원, 이익, 정약용, 박세당, 홍만선, 서유구 등	유수원, 홍대용, 박지원, 박제가 등
영향	애국 계몽 사상, 국학자에 영향	개화 사상가에 영향
공통점	• 부국강병과 민생 안정이 목표 • 농업 진흥(방법론에는 차이 있음) • 신분제, 문벌제, 자유 상공업 비판	

8. 실학의 역사적 의의

(1) 실학의 학문 영역

18세기를 전후하여 융성했던 실학 연구는 성리학적 질서를 극복하려는 움직임으로 그 학문 영역이 매우 넓어져 정치, 경제, 과학, 철학, 지리, 역사 등 미치지 않은 분야가 없었다. 이 실학 사상은 실증적 · 민족적 · 근대 지향적 특성을 지닌 학문으로, 특히 북학파 실학 사상(實學思想)은 19세기 후반에 개화 사상으로 이어졌다.

(2) 실학의 역사적 의의

실학은 성리학의 폐단과 조선 후기 사회의 부조리를 개혁하려는 현실 개혁 사상이었다. 이 사상은 실천적 측면에서는 한계를 보였으나 다음의 역사적 의의를 지니고 있다.

① 민족주의적 성격 : 실학에는 민족주의적 성격이 담겨 있었다. 당시 성리학은 중국 중심 세계관으로서, 우리 문화가 중국 문화의 일부분으로밖에 인식되지 않았으나 실학자들은 우리 문화에 대한 독자적 인식을 강조하였다.

② **민중주의적 성격** : 실학은 피지배층의 처지를 대변·옹호하고자 하였다. 성리학이 봉건적 지배층의 지도 원리였다면, 실학은 피지배층의 편에서 제기된 개혁론이었다. 실학자들은 농민을 비롯한 피지배층의 생활에 관심이 많았고, 그들의 권익 신장을 위해 노력하였다.

③ **근대 지향적 성격** : 실학에는 근대 지향적 성격이 내포되어 있었다. 실학자들은 사회 체제 개혁, 생산력의 증대를 통해 근대 사회를 지향하고 있었다.

(3) 실학의 한계성

① **사회적 토대 미약** : 실학은 대체로 정치적 실권과 거리가 먼 몰락 지식인층의 개혁론이어서 이를 지지할 수 있는 광범한 사회적 토대가 미약하였다.

② **정책에 미반영** : 실학자들의 학문·사상은 당시 정책에 반영되지 못하여 역사의 흐름을 바꾸어 놓지 못하였으며, 유교적 한계를 벗어나지 못하였고, 성리학의 가치관을 극복하지 못하여 근대적 학문으로 발전되지 못하였다.

9. 국학 연구의 확대

(1) 실학자의 관심 분야

본래 성리학은 중국 중심 세계관에 바탕을 둔 학문으로 이에 심취한 성리학자들은 우리 문화를 중국 문화의 일부로만 인식하였다. 하지만 실학자들은 조선 후기 사회를 단순히 그 시대 현실로서 이해한 것이 아니라, 과거에서 미래로 연결되는 역사적 현실로 인식하였다. 따라서 그들은 민족 전통과 현실 당면 문제에 관심이 컸으므로 우리 역사, 강토, 언어 등의 연구에 학문적 관심을 집중시켰다.

(2) 역사학 연구▼

① **17세기 이후의 역사 서술**

ㄱ **이수광** : 이수광은 「지봉유설」을 저술하여 우리의 역사가 중국과 대등하다는 인식을 강조하였다.

ㄴ **홍여하** : 홍여하는 「동국통감제강」에서 붕당 정치를 비판하고 제왕 정치를 강조하였다.

▼ 실학자의 역사 인식
• 민족의 주체성 강조
  (중국 중심의 역사관 비판)
• 한국사의 정통성 체계화
• 실증적·객관적 서술
  (고증 사학의 토대 마련)
• 민족사 인식의 폭 확대
• 고대사 연구의 시야 확대

ⓒ 유계 : 유계는 「여사제강」에서 고려의 북방 민족과의 항쟁을 강조하여 서인들의 북벌론을 옹호하였다.

ⓔ 허목 : 허목은 「동사」에서 남인의 입장에서 제왕 정치를 서술하고 우리나라의 자연 환경과 풍속, 인성의 독자성을 강조하였다.

② 18세기 이후의 역사 서술

ⓐ 홍만종 : 홍만종은 「동국역대총목」에서 단군정통론▼을 주장하였다.

ⓒ 임상덕 : 임상덕은 「동사회강」을 저술하면서 「여사제강」을 계승하여 단군과 기자에 대한 고증을 첨가하였다.

ⓒ 이익 : 체계적인 사서를 남기지는 않았지만 실증적 · 비판적 역사 서술을 제시하고 중국 중심 역사관에서 벗어나 우리 역사를 체계화할 것을 주장하였는데(삼한 정통론), 이는 민족에 대한 주체적 자각을 높이는 데 기여하였다.

ⓔ 안정복

- 고증 사학의 토대 마련 : 이익의 역사의식을 계승한 안정복은 「동사강목」(편년체)을 통해 종래 중국 중심의 역사 인식을 탈피하고, 한국사의 독자적 정통론▼을 세워 체계화하는 데 기여하였으며, 새로운 역사 사실들을 치밀하게 고증하여 고증 사학의 토대를 닦았다.

- 마한 정통론 제시 : 중국 중심의 역사 인식에서 벗어나 민족의 역사적 정통성(삼한 정통론)을 밝히고자 했다. 위만을 정통 왕위로 보지 않고, 삼한(마한)을 그 정통으로 보아 마한 정통론▼을 제시하였다.

더 알아보기 ➕

중국 중심의 세계관 탈피

예로부터 유학자들은 언제나 중화와 이적의 구분을 엄격히 하며, 중국 땅에서 태어나지 않으면 다 이(夷)라 하는데, 이것은 통할 수 없다. 하늘이 어찌 지역을 가지고 인간을 구별하겠는가?

– 「순암선생문집」 –

더 알아보기 ➕

마한 정통론

이에 나 정복은 이것을 읽고 개연히 바로잡아 볼 뜻이 있었다. 널리 우리나라 역사 및 중국의 역사 속에서 우리나라 일에 대해 말한 것들을 가져다가 깎고 다듬어서 책을 만들었는데, 한결같이 주자가 이루어 놓은 법을 따랐다. …… 대체로 역사가가 역사 서술하는 방법은 정통을 밝히는 것이다. 나라를 빼앗은 것이나 반역한 것을 엄격히 다루며, 옳고 그름을 바로잡고 충절을 드날리고 제도와 문물을 자세히 해야 한다. 여러 역사책에서 예전부터 문제가 되는 것은 약간 손질을 하고, 잘못이 심한 것은 따로 부록 2권을 만들어 아래에 붙였다.

– 「동사강목」 –

▼ 단군정통론

단군 → 기자 → 마한 → 통일 신라가 정통국가의 흐름이라는 주장

▼ 한국사의 정통론 문제

성리학의 화이사관(華夷史觀)에서는 중국 한족의 역사를 주류로 인식하여, 우리 민족사에 대한 정통론을 제기하지 않았다. 그러나 안정복은 고조선부터 고려 말까지의 역사를 서술하면서 독자적 정통론을 내세워 민족의 역사적 정통성을 밝히고자 하였다.

▼ 마한 정통론

단군 → 기자 → 삼한 → 신라의 정통성을 주장한 것

- 명분론 고수 : 근대 역사학의 관점으로 이루어진 것은 아니며, 명분과 의리에 바탕을 둔 성리학적 사관에 입각하여 선배 학자들의 역사 연구 축적을 종합하였다.
- 천주교와 양명학 비판 :「천학문답」에서 성리학적 정통론에 입각하여 천주교와 양명학을 비판하였다.

더 알아보기 ✚

안정복의 삼국 인식

삼국사에서 신라를 으뜸으로 한 것은 신라가 가장 먼저 건국되었고, 위에 고구려와 백제를 통합하였으며, 고려는 신라를 계승하였으므로 편안한 것이 모두 신라의 남은 문적을 근거로 하였기 때문이다. 그러므로 편찬한 내용이 신라에 대하여는 약간 자세히 갖추어져 있고 백제에 대해서는 겨우 세대만을 기록했을 뿐 없는 것이 많다. 고구려의 강대하고 현저함은 백제에 비할 바가 아니며 신라가 자처한 땅의 일부는 남쪽에 불과할 뿐이다. 그러므로 김씨(김부식)는 신라사에 쓰인 고구려 땅을 근거로 했을 뿐이다.

–「동사강목」–

- ⑩ 한치윤 :「해동역사」(기전체)에서 500여 종의 다양한 중국 및 일본 자료를 인용하여 민족사 인식의 폭을 넓히는 데 이바지하였고 비교 문화사의 영역을 개척하였다.
- ⑪ 이긍익 :「연려실기술」(기사본말체)에서 실증적·객관적 역사 서술로 조선 시대 정치·문화를 백과사전식으로 정리하였다.
- ⑫ 이종휘
  - 기전체 사서 :「동사」(기천체)에서 한국사 서술에 역사상 처음으로 단군 조선을 본기로 서술하고 열전과 지는 고구려 중심으로 서술하였다.
  - 고구려와 발해사 강조 : 단군 조선의 역사와 문화가 중국과 대등하다는 것을 증명하기 위해서 기자 조선은 중국 문화를 계승한 독립국으로 삼한은 위만 조선보다 앞서 이루어져 고조선과 고구려를 연결한다는 점을 강조하였다. 또한 발해는 고구려 유민들이 세운 나라임을 강조하였다.
  - 후대의 평가 : 이종휘의 역사 의식은 대종교의 역사 인식에 크게 영향을 끼쳤으며, 신채호는 이종휘를 조선 후기 역사가 중 가장 주체적인 인물로 평가하였다.
- ⑬ 유득공
  - 발해사 강조 : 유득공은「발해고」에서 자주적 입장에서 발해사를 강조하여 한반도 중심의 협소한 사관을 극복하고 요동과 만주까지 민족사의 무대를 확대하였다.
  - 남북국 시대 제시 : 발해를 우리 민족사의 영역으로 끌어들여 신라와 발해가 병존하는 시대를 **남북국 시대**라고 하였다.

▼ 이종휘의 동사

단군·기자·삼한·후조선(위만조선)을 본기로 하고 세가, 열전, 연표, 지를 두어 사대적 명분을 뒤집은 기전체 형식을 취하였다. 하지만 체계적인 정리는 아니고 고조선사를 중심으로 삼국 시대를 연결시키는 국사의 맥을 추적하는 입장의 서술이다. 고대사 체계에는 정통론이 도입되어 있어서, 단군 – 기자 – 마한 – 신라 – 고려의 삼한 정통론적 입장을 취했으면서도 단군 – 부여 – 고구려의 연결성도 존중하여서, 고구려는 단군의 혈통 세력과 기자의 문화를 동시에 계승하였음을 주장하였다.

▼ 남북국 시대

한국사를 시대 구분할 때 통일 신라와 발해가 병존한 7세기 후반부터 10세기 전반의 시기를 말한다.

더 알아보기⊕

유득공의 발해 인식

부여씨가 망하고 고씨(고구려)가 망한 다음, 김씨(신라)가 남방을 차지하고 대씨(발해)가 북방을 차지하고는 발해라 하였으니, 이것을 남북국이라 한다. 남북국에는 남북국의 사서가 있었을텐데, 고려가 편찬하지 않은 것은 잘못이다. 저 대씨가 어떤 사람인가? 바로 고구려 사람이다. 그들이 차지하고 있던 땅은 어떤 땅인가? 바로 고구려 땅이다.

－「발해고」－

더 알아보기⊕

조선 후기 사서의 편찬

시기	책명	저자	내용
17세기	「지봉유설」	이수광	우리의 역사가 중국과 대등하다는 인식을 강조
	「동국통감제강」	홍여하	붕당 정치를 비판하고 제왕 정치를 강조
	「여사제강」	유계	고려의 북방 민족과의 항쟁을 강조하여 서인들의 북벌론을 옹호
	「동사(東事)」	허목	남인의 입장에서 제왕 정치를 서술하고 우리나라의 자연 환경과 풍속, 인성의 독자성을 강조
18세기	「동국역대총목」	홍만종	단군정통론을 주장
	「동사회강」	임상덕	「여사제강」을 계승하여 단군과 기자에 대한 고증을 첨가
	「동사(東史)」	이종휘(영조)	고대사의 연구 시야를 만주 지방으로 확대하여 반도 중심의 협소한 사관 극복
	「동사강목」	안정복(영조~정조)	• 지금까지의 명분론에 의한 역사 의식과 문헌 고증에 의한 실증적 역사 연구를 집대성한 조선 후기의 대표적 통사 → 고증 사학의 토대 마련 • 마한 정통론 제시(단군 조선 → 기자 조선 → 마한 → 통일 신라 → 고려)
	「발해고」	유득공(정조)	고대사 연구의 시야를 만주 지방으로 확대시켰고, 신라와 발해를 남북국 시대로 규정
	「연려실기술」	이긍익(정조)	조선의 정치와 문화를 실증적ㆍ객관적으로 서술
19세기 초	「해동역사」	한치윤(순조)	500여 종의 외국 자료를 이용하여 국사 인식의 폭 확대

(3) 지리학 연구

① **지리학 연구의 출발** : 국토에 대한 학문적 이해가 축적되는 한편, 중국에서 세계 지도와 서양 지리지가 전해져 종래 중국 중심의 세계 인식이 세계적 차원으로 확대되었다. 이에 따라 화이 사상을 극복하는 세계관의 변화가 진보적 지식인들 간에 나타났다. 곤여만국전도▼, 「직방외기」▼ 등은 당시 널리 알려진 것들이었다.

② **지리서의 편찬** : 유형원의 「여지지」, 한백겸의 「동국지리지」, 이중환의 「택리지」, 정약용의 「아방강역고」, 「조선수경」, 신경준의 「강계고」, 김정호의 「대동지지」 등 이 유명하였다. 특히 인문지리서인 「택리지」에는 우리나라 각 지방의 자연 환경 과 인물, 풍속, 물산, 인심의 특색 등을 세밀하게 서술하고 어느 지역이 살기 좋 은 곳인가를 논하였다.

더 알아보기 ➕

택리지

- 예전에 인삼이 나는 곳은 모두 대관령 서쪽의 깊은 산골이었는데 산촌 사람들이 화전을 일구느라 불을 질러서 인삼 산출이 적게 되고 매양 장마 때면 산이 무너져서 한강으로 흘러드니 한강은 차 츰 얕아진다.
- 우리나라는 산이 많고 들이 적어 수레가 다니기에 불편하므로 온 나라의 장사꾼은 대부분 말에다 화물을 싣는다. 그러나 목적지의 길이 멀면 노자는 많이 허비되면서 소득은 적다.
- 철원은 들이 크고 산이 낮아 두메 속의 도회를 이룬다. 들 복판은 물이 깊고 벌레 먹은 듯한 매우 이상스런 돌이 있다.
- 한양은 좌우로 바닷가의 배편과 통하고 동쪽과 서쪽에 있는 강에도 온 나라의 물자를 운송하는 배가 모여들어 이득이 많다. 이 이득을 노려서 부자가 된 사람이 많은데, 이곳이 그 첫 손가락으 로 꼽힌다.

– 「택리지」 –

더 알아보기 ➕

조선 후기의 지리서

「여지도서」	영조	처음으로 군현별로 제작한 채색읍지도 첨부 수록, 「동국여지승람」 보완
「지승」	현종	허목의 「동사」에 수록, 지방 문화의 특징 강조
「택리지」	영조	• 이중환, 사민총론·팔도총론·복거총론으로 구분 서술 • 사민총론에서 사·농·공·상의 유래를, 팔도총론에서 8도의 지세와 역사, 환경, 인심, 물산 수록, 복거총론에서 지리, 생리, 인심, 산수의 좋고 나쁨 서술

▼ 지리학 연구

시간성에 대한 관심이 국사 연구로 나타났다면 공간성에 대한 관심은 국토 연구로 표현되어 우수한 지리 서가 편찬되고 정밀한 지도가 제작 되었다.

▼ 곤여만국전도

1602년 명나라에서 선교사로 활동 하던 마테오 리치가 제작한 것으로 1603년 베이징에 사신으로 갔던 이광정 등이 가지고 왔다. 전 세계 를 타원형으로 그렸고, 중국을 지 도 중앙에 그렸으며 지명을 한자로 표기하였다.

▼ 직방외기

중국 명나라 말기에 예수회의 이탈 리아 선교사 알레니가 한문으로 저 술한 세계 지리서로 마테오 리치의 '만국도지'를 바탕으로 이를 증보 한 것이다.

▼ 조선 전 · 후기 지도
• 조선 전기 : 혼일강리역대국도
지도, 동국지도(양성지)
• 조선 후기 : 대동여지도, 동국지
도(정상기), 청구도

▼ 대동여지도
우리나라 최대의 전국지도이자 축
척지도로, 내용이 풍부하고 정밀하
며, 목판으로 되어 있어 지도의 보
급 · 대중화에 기여하였다.

③ **지도의 제작**

　㉠ 조선 전기 : 조선 전기 지도는 행정적 · 군사적 목적이 주가 되었으나, 조선
　　후기 지도에는 산업 · 문화에 대한 관심이 반영되어 산맥과 하천, 포구, 도로
　　망 표시가 정밀해진 점이 큰 특색을 이루었으며 상인들에게 널리 이용되었
　　다.

　㉡ 조선 후기 : 조선 후기에는 서양식 지도가 전해지면서 정밀하고 과학적인 지
　　도가 많이 제작되었고, 그중 영조 때 정상기의 '동국지도'는 최초로 100리 척
　　을 사용하여 정확하고 과학적인 지도 제작에 공헌하였다.

　㉢ 대동여지도 : 김정호의 **대동여지도**는 산맥, 하천, 포구, 도로망의 표시가
　　정밀해지고, 거리를 알 수 있도록 10리마다 눈금이 표시되었으며 목판으로
　　인쇄되었다.

더 알아보기 ➕

조선 시대의 지도

혼일강리 역대국도지도	태종	• 이회. 동양 최고(最古)의 세계지도. 중국과 한국을 크게 그림 • 원본은 없고, 필사본만이 일본에 전함. 아메리카와 오세아니아는 없음
팔도도	세종	정척. 새로 편입된 북방영토를 실측하여 제작
동국지도	세조	• 양성지. 팔도도를 완성한 것으로 한반도와 만주, 요하와 흑룡 강까지 표기하고 있어, 당시인들이 압록강과 두만강을 국경 으로 인식하지 않았음을 알 수 있음 • 인지의를 이용한 최초의 전국 실측지도로 조선 전기의 대표 적 지도
조선방역지도	명종	• 관찬. 조선 8도의 주현, 병영, 수영 표기 • 군현을 색을 다르게 표시 • 만주, 제주, 대마도(쓰시마)까지 포함
요계관방지도	숙종	북벌 정신 반영, 북방과 만주, 중국의 군사요새지 수록
동국여지도	숙종	윤두서. 1710. 채색지도. 강줄기, 산맥을 정확하고 섬세하게 표기
동국지도	영조	정상기. 최초의 축척지도, 100리척(백리를 1척) 사용
청구도	순조	• 김정호가 처음 제작한 전국지도 • 지리지에 수록되던 정보를 지도에 수록하여 지도의 활용가치 극대화
대동여지도	철종	• 김정호. 청구도를 증보, 수정한 대축척지도 • 분첩절첩식지도첩, 10리척 사용 • 남북을 120리 간격으로 22층, 동서를 80리 간격으로 끊어 19판으로 구분

(4) 국어학 연구와 금석학

① **국어학 연구** : 한글에 대한 학문적 연구도 활발하여 어휘 수집 등에서 큰 성과를 거두었다. 이들 연구는 한국어의 우수성에 대한 인식, 즉 문화적 자아의식이 발현되었다.

- ㉠ 음운에 대한 연구 성과 : 신경준의 「훈민정음운해」와 유희의 「언문지(諺文志)」 등이 대표적이다.

훈민정음(언해본)

- ㉡ 어휘 수집에 관한 성과 : 이성지의 「재물보(才物譜)」, 유희의 「물명고(物名攷)」, 권문해의 「대동운부군옥」▼, 우리 방언과 해외 언어를 정리한 이의봉의 「고금석림」, 정약용의 「아언각비(雅言覺非)」 등이 있다.

② **금석학 연구**

- ㉠ 고증학▼의 영향 : 역사에 대한 관심과 학문 연구에 고증적 방법이 적용되면서 금석학의 기초가 이룩되었다.
- ㉡ 김정희의 금석문 연구 : 김정희는 청에서 금석문을 연구하고 「금석과안록(金石過眼錄)」을 저술하였으며, 북한산비가 진흥왕 순수비임을 확인하였다.

(5) 백과사전류의 편찬

문화 인식이 넓어지면서 백과사전 성격을 띤 저서가 많이 편찬되었다. 일찍이 이수광은 「지봉유설」을 지어 문화 각 영역을 항목별로 나누어 기술하였는데, 18~19세기에는 이러한 학풍이 한층 발전하여 이익의 「성호사설」, 이덕무의 「청장관전서」, 서유구의 「임원경제지」, 이규경의 「오주연문장전산고」 등이 저술되었다.

▼ **대동운부군옥**
어휘 백과사전으로 조선 후기 백과사전의 효시

▼ **고증학**
옛 문헌에서 확실한 증거를 찾아 실증적으로 연구하려고 하였던 학문으로, 송나라 때의 관념적 학풍에 만족하지 못하여 명나라 말에 일어나 청나라 때 성행하였다.

더 알아보기 ⊕

백과사전류

서명	저자	시기	내용
「지봉유설」	이수광	광해군	천문 · 지리 · 군사 · 관제 등 문화의 각 영역을 25부분으로 나누어 기술
「성호사설」	이익	영조	천지 · 만물 · 경사 · 인사 · 시문의 5개 부문으로 정리
「동국문헌비고」	홍봉한	영조	왕명으로 우리나라의 지리 · 정치 · 경제 · 문화를 체계적으로 정리한 한국학 백과사전
「청장관전서」	이덕무	정조	이덕무의 시문 전집으로 중국의 역사, 풍속, 제도 등을 소개
「임원경제지」	서유구	순조	'임원십육지'라고도 하며 주로 농업에 관한 내용을 수록
「오주연문장전산고」	이규경	헌종	우리나라와 중국 등 외국의 고금 사물에 대해 고증한 책

조선 후기 문학·예술·과학 기술의 발달

1. 서민 문화의 발달

(1) 서민 문화의 대두와 배경

조선 후기에는 상공업의 발달과 농업 생산력의 증대를 배경으로 서당 교육이 보급되고, 서민의 경제적 · 신분적 지위가 향상됨에 따라 서민 문화가 대두하였다.

> **더 알아보기 ➕**
>
> **문학과 예술 작품의 변화 양상**
>
> • 조선 전기
>   성리학적 윤리관을 강조하거나 양반들의 교양이나 여가를 위한 것, 또는 생활의 교양이나 심성의 수양 정도에 머무르는 것이 대부분이었다.
> • 조선 후기
>   – 17세기 이후 문학 · 예술 작품에 인간 감정의 적나라한 묘사나 사회 부정과 비리에 대한 고발 정신이 강하게 표현되기 시작하였다.
>   – 문학 작품의 주인공들도 영웅적 존재로부터 서민적 인물로 전환되어 갔고, 문학의 배경도 비현실적 세계에서 현실적 인간 세계로 옮겨 갔다.

(2) 참여층의 변화

① **중인 · 서민층의 참여** : 양반 중심으로 유교 테두리 내에서 이루어지던 문예 활동에 중인층과 서민층이 참여하여 큰 변화가 나타났다.

② **다양한 참여층** : 역관이나 서리 등의 중인층 및 상공업 계층과 부농층의 문예 활동이 활발해졌고, 상민이나 광대의 활동도 활기를 띠었다.

③ **중인의 작품** : 또한 중인들에 의해 「규사」(저자 미상, 철종), 「연조귀감」(이진흥, 정조), 「호산외기」(조희룡, 헌종), 「이향견문록」(유재건, 철종), 「희조일사」(이경민, 고종) 등이 편찬되었다.

(3) 서민 문화의 특징

① **조선 후기 문예의 특징** : 교양이나 심성 수련이 목표였던 조선 전기의 문예가 정적이고 소극적이었다면, 조선 후기의 문예는 감정을 적나라하게 표현하는 경향이 강하였다.

② **새 경향** : 서민 문학은 양반의 위선적인 모습을 비판하고, 사회의 부정과 비리를 풍자하고 고발하는 경향을 띠었다.

(4) 각 분야의 경향

① **한글 소설** : 누구나 쉽게 읽을 수 있어서 영향력이 컸던 한글 소설은 영웅이 아닌 평범한 인물이 주인공인 경우가 많았고 대부분 현실적 세계가 배경이 되었다.

② **판소리 · 탈춤** : 춤과 노래 및 사설로 서민 감정을 그대로 드러낸 판소리와 탈춤은 서민 문화를 확대하는 데 크게 기여하였다.

③ **회화 · 음악 · 무용** : 회화에서는 그 저변이 확대되어 풍속화와 민화가 유행하였고, 음악 · 무용에서는 감정을 대담하게 표현하는 경향이 짙었다.

더 알아보기 ➕

조선 후기 문학

• 한글 소설 : 시대 상황 비판, 평등 의식 반영
• 사설시조 : 서민 대두, 현실 비판, 문학의 저변층 확대
• 판소리 : 서민 문학 요소와 사대부 문학 요소의 결합
• 한문 소설 : 양반 사회 비판, 자유로운 문체 개발

---

2. 판소리와 가면극

(1) 판소리

① **특징** : 판소리는 구체적인 이야기를 창과 사설로 엮어 가기 때문에 감정 표현이 직접적이고 솔직하였다. 분위기에 따라 광대가 즉흥적으로 이야기를 빼거나 더할 수 있었고, 관중이 추임새로써 함께 어울릴 수 있었기 때문에 서민을 포함한 넓은 계층에서 호응을 받아 서민 문화의 중심이 되었다.

② **구성** : 광대가 한 편의 이야기를 노래에 해당하는 '창'과 이야기에 해당하는 '아니리'와 몸놀림인 '발림'으로 연출한 것으로, 서민 문학적 요소와 함께 사대부적 문학이 효과적으로 결합되어 있었다. 그러므로 판소리는 사대부 계층은 물론 일반 서민에게도 크게 환영받았고, 조선 후기 사회의 대표적 장르로 성장해 갔다.

▼ 조선 후기 판소리와 가면극
조선 후기 문화의 새 기운 중에서 가장 두드러지고 인기 있는 분야는 판소리와 가면극이었다. 이는 상품 유통 경제의 활성화와 함께 성장하여 당시 사회적 모순을 예리하게 드러내면서 서민 자신들의 존재를 자각하는 데 기여하였다.

③ **작품** : 판소리 작품으로는 열두 마당이 있었으나, 지금은 춘향가, 심청가, 흥보가, 적벽가, 수궁가 등 다섯 마당만 전하고 있다. 신재효는 19세기 후반에 판소리 사설을 기록하고, 정리하는 데 기여하였다.

(2) 탈놀이 · 산대놀이

① **탈놀이의 성행** : 탈놀이는 향촌에서 마을 굿의 일부로 공연되어 인기를 얻었고, 산대놀이는 산대라는 무대에서 공연되던 가면극이 민중 오락으로 정착되어 도시의 상인이나 중간층의 지원으로 성행하였다.

② **탈놀이의 기능** : 탈놀이에서는 지배층과 그 지배층에게 의지해 살아가는 승려의 부패와 위선을 풍자하기도 하고 사회 모순을 예리하게 드러냄으로써 서민의식이 성장할 수 있도록 했다.

③ **작품** : 황해도 봉산탈춤, 안동 하회탈춤, 양주 별산대놀이

3. 한글 소설과 사설시조

(1) 문학의 사회 반영

조선 후기의 사회 변동을 구체적으로 반영한 것은 문학이었다. 그중에서도 한글 소설과 사설시조가 대표적이었고, 이는 문학의 저변이 서민층에까지 확대되면서 나타난 현상이었다.

(2) 한글 소설

① **홍길동전** : 최초의 한글 소설인 허균의 '홍길동전'은 서얼에 대한 차별의 철폐, 탐관오리의 응징을 통한 이상 사회의 건설을 묘사하는 등 당시의 현실을 날카롭게 비판하였다.

② **서민 문학** : 대표적인 한글 소설인 '춘향전'은 원래 판소리 형태를 취하고 있었으며, 상민이나 천민도 양반과 동등한 인격의 소유자임을 말하고 탐관오리와 신분 질서에 대한 비판의 내용을 담고 있다. 또한 제 목숨을 구하기 위해 남의 생명을 빼앗으려는 못된 용왕을 골려 주는 '토끼전', 효성으로 왕비가 된 '심청전', 불합리한 가족 관계에서 희생된 '장화 · 홍련전' 등의 이야기를 통하여 서민은 자신과 사회를 되돌아볼 수 있었다.

(3) 시조

① **새로운 경향** : 선비들의 절의와 자연관을 담고 있던 이전의 시조와는 달리, 서민의 감정을 솔직하게 나타내는 경향이 나타났다.

② **사설시조** : 격식에 구애됨이 없이 감정을 구체적으로 표현할 수 있는 사설시조 형식을 통하여 남녀 간의 사랑이나 현실에 대한 비판을 거리낌 없이 표현하였다.

③ **대표작** : 18세기에 시조 작가인 김천택은 「청구영언」, 김수장은 「해동가요」를 편찬하여 문학사 정리에 기여하였다. 이는 고종 때 편찬된 「가곡원류」와 함께 3대 시조집으로 꼽힌다.

(4) 한문학

① **사회 부조리를 비판** : 양반층이 중심이 된 한문학도 실학의 유행과 함께 사회의 부조리한 현실을 예리하게 비판하였다.

② **실학 정신의 표현** : 정약용은 삼정의 문란을 폭로하는 한시를 남겼고, 박지원은 '양반전', '허생전', '호질'▼, '민옹전' 등의 한문 소설을 써서 양반 사회의 허구성을 지적하며 이상적 사회를 그려냄으로써 자신의 실학 정신을 간접적으로 표현하였다.

③ **문체 혁신의 시도** : 박지원은 비록 한문체이기는 하지만, 옛 틀에서 벗어난 자유로운 문체를 개발(북학파의 신체문 운동)하여 문체의 혁신을 시도하였다.

(5) 시사(詩社)의 조직

① **활동** : 중인층과 서민층의 문학 창작 활동이 활발해지면서 동호인들이 모여 시사(詩社)를 조직하여 문학 활동을 전개하면서 사회적 지위를 높였고, 역대 시인들의 시를 모아 시집을 간행하기도 하였다.

② **대표적 시사** : 대표적 시사로는 옥계시사(천수경), 직하시사(최경흠), 서원시사(박윤묵) 등이 있었다.

③ **대표적 작품** : 영조 13년(1737)에는 역관 출신인 고시언(高試彦)이 「소대풍요」를 간행하였고, 정조 21년(1797)에는 역관 출신 천수경이 「풍요속선」을, 철종 8년(1857)에는 서리 출신 유재건 등이 「풍요삼선」을 간행하였다.

④ **민중과 연결** : 김삿갓▼, 정수동 같은 풍자 시인은 민중 속으로 파고들어 민중과 어우러져 활동하기도 하였다.

▼ **호질(虎叱)**
조선 후기 소설가 겸 실학자인 연암 박지원이 지은 한문 단편 소설이다. 연암의 소설 중에서도 양반계급의 위선을 비판한 작품으로 '허생전'과 함께 쌍벽을 이룬다.

▼ **김삿갓(김병연)**
조선 후기인 헌종·철종 때 방랑 시인으로 부패된 세상을 개탄하고 해학·풍자가 담긴 시를 지었다.

4. 그림 · 서예에서의 새 경향

(1) 진경산수화

① **배경** : 진경산수화는 우리의 자연을 사실적으로 그려 회화의 토착화를 이룩하였다. 17세기부터 우리 문화에 대한 자부심이 높아졌고, 이런 의식은 우리의 고유 정서와 자연을 표현하려는 예술 운동으로 나타났다. 진경산수화는 중국 남종과 북종 화법을 고루 수용하여 우리의 고유한 자연과 풍속에 맞춘 새로운 화법으로 창안한 것이었다.

② **정선(1676~1759, 겸재)** : 진경산수화를 개척한 화가는 18세기에 활약한 정선이었다. 그는 서울 근교와 강원도의 명승지를 두루 답사하여 그것들을 사실적으로 그려 냈다. 정선은 대표작인 '인왕제색도'와 '금강전도'에서 바위산은 선으로 묘사하고, 흙산은 묵으로 묘사하는 기법을 사용하여 산수화의 새로운 경지를 이룩한 것으로 높이 평가된다.

금강전도(정선)

인왕제색도(정선)

(2) 풍속화

① **김홍도**(1745~?, 단원) : 정선의 뒤를 이어 산수화와 풍속화에 새 경지를 열어 놓은 화가는 김홍도였다. 그는 간결하고 소박한 필치로 산수화, 기록화, 신선도 등을 많이 그렸지만, 정감 어린 풍속화를 그린 것으로 유명하다. 그는 밭갈이, 추수, 씨름, 서당 등에서 자신의 일에 몰두하는 사람들의 특징을 소탈하고 익살스러운 필치로 묘사하였다. 여기서 18세기 후반의 생활상과 활기찬 사회의 모습을 살필 수 있다.

무동

씨름

주막

▼ 조선 후기의 그림의 새 경향
조선 후기 그림에서 나타난 가장 두드러진 새 경향은 진경산수화와 풍속화의 유행이었다.

▼ 조선 후기 풍속화의 특징
풍속화는 당시 사람들의 생활 정경과 일상적인 모습을 생동감 있게 나타내어 회화의 폭을 확대하였다.

▼ 김홍도와 신윤복의 화풍 비교
기법에 있어서는 김홍도가 간결하고 소탈한 필치인 데 반하여, 신윤복은 섬세하고 세련된 필치를 구사하였다. 또한 김홍도는 산수를 대담하게 생략하였으며, 신윤복은 산수를 배경으로 하였다.

② 신윤복(1758~?, 혜원) : 섬세하고 세련된 필치로 주로 양반과 부녀자의 생활과 유흥, 남녀 사이의 애정 등을 감각적이고 해학적으로 묘사하였다.

단오풍정   쌍검대무   주사거배

▼ 문인화
동양화에서 문인이나 학자들이 그린 그림

③ 19세기에 침체 : 진경산수화와 풍속화는 19세기에 김정희 등 문인화▼의 부활로 침체되었다가 한말에 새로운 모습으로 나타났다.

더 알아보기⊕

조선 후기의 풍속화

• 김홍도(단원)
처음에는 신선도를 그리다가 후에 산수화와 풍속화를 그렸다. 산수화는 예리한 붓으로 한국 산수화의 새로운 정형을 이루었고, 풍속화는 서민을 주인공으로 주로 협동하며 일하고 즐기는 순박하고 낙천적인 농촌 생활상을 소탈하고 익살맞게 묘사하였다. '대장간', '서당', '씨름' 등이 유명하다.

서당(김홍도)

• 신윤복(혜원)
김홍도와 쌍벽을 이루는 신윤복은 주로 도회지 양반의 풍류 생활과 부녀자의 풍습, 그리고 남녀 간 애정을 선정적·풍자적 필치로 묘사하였다. '월하정인', '단오풍정', '뱃놀이', '미인도' 등이 유명하다.

월야밀회(신윤복)

---

(3) 기타 그림의 영향

① 18세기 대표 화가와 작품 : 18세기를 대표하는 화가로는 강세황, 김수철, 조영석, 김두량, 최북 등이 있다. 그중 18세기 말 강세황은 서양화법의 영향을 받아 이를 동양화에 가미하는 음양·원근법▼을 통해서 더욱 실감나게 표현하였는데, 대표적 작품으로 '난죽도', '송죽모란도' 등이 있다.

▼ 원근법
인간의 눈으로 보는 공간 사상을 규격화된 평면 위에 묘사적으로 표현하는 회화 기법

② 19세기 복고적 화풍의 유행 : 19세기에는 대체로 실학적 화풍이 시들면서 복고적 화풍이 다시 유행하였다. 그중에서도 신위, 김정희, 장승업 등은 이 시기 대표적 화가들이었다.

③ 대표적 화가

  ⊙ 강세황(1713~1791, 첨재) : 18세기 말에 강세황은 서양화법의 영향을 받아
    이를 동양화에 가미하는 음양 · 원근법을 통해 더욱 실감나게 표현하였는데,
    대표적 작품으로 '영통골입구', '난죽도' 등이 있다.

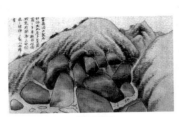
영통골입구

난죽도(강세황)

  ⓛ 김정희(1786~1856, 추사 · 완당) : '세한도'는 산수화의 진경을 그리면서 선
    비의 정신이 넘치는 높은 이념 세계를 표현한 것이다.

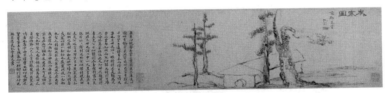
세한도(김정희)

  ⓒ 장승업(1843~1897, 오원) : 중국 화풍을 부활시켜 사실적이고 생동하는 필
    력으로 새 · 꽃 · 인물 · 산수 등 각 부문에서 많은 걸작품을 남겼다. '군마도',
    '수상서금도' 등이 유명하다.

  ⓐ 신위(1769~1845, 자하) : 19세기 전반에 시(詩) · 서(書) · 화(畵)의 3절(三
    絕)로 유명했던 문인이며, 시에 있어서는 김택영이 조선 제일의 대가라고 칭
    할 만큼 당대를 대표하는 시인 중의 한 사람이었다. 그림에 있어서는 묵죽(墨
    竹)에 특히 능하여 이정 · 유덕장과 함께 조선시대 3대 묵죽화가로 꼽힌다.
    그의 대나무 그림은 강세황에게 큰 영향을 받았는데, 단아한 기품과 우아한
    아름다움이 특징이다.

(4) 민화

① **등장** : 조선 후기에 서민 의식의 성장에 따라 민중의
미적 감각과 기복적 염원을 잘 표현한 작자 미상의
민화가 유행하였다.

② **특징** : 서민의 오랜 생활양식과 밀착되어 형성되어
온 민화는 예술적 감상을 위한 것이라기보다 생활공
간을 장식하기 위한 그림이었기 때문에 내용이나 발
상 등에는 한국적 정서가 짙게 담겨져 있다. 민화는
정통 회화에 비해 묘사의 세련도나 격조는 뒤떨어지
지만, 익살스럽고 소박한 형태와 대담하고 파격적 구
성, 그리고 아름다운 색채가 매우 특징적이다.

까치 호랑이(19세기)

③ **소재** : 민화는 해, 달, 나무, 꽃, 동물, 물고기, 농경이나 무속의 풍속 등을 소재
로 삼아 민중의 기복적 염원을 담았다.

(5) 서예

조선 후기에는 우리의 정서와 개성을 추구하는 단아한 글씨의 '동국진체(원교체)'가
이광사에 의하여 완성되었으며, 김정희는 우리 서예 발전의 성과를 바탕으로 고금
(古今)의 필법을 두루 연구하여 굳센 기운과 다양한 조형성을 가진 '추사체'를 창안
하여 서예의 새로운 경지를 열었고 전기, 오경석 등이 그의 필법을 이었다.

김정희의 추사체 죽로지실(竹爐之室)이라는 글귀로 친구에게 써 준 다
실(茶室)의 명칭

이광사의 동국진체

5. 조선 후기 건축의 변화

(1) 건축 변화의 배경

① **정치 · 경제 변화** : 조선 후기에 불교가 신앙의 자리를 어느 정도 차지하고 정
치 · 경제적 변화가 나타나면서 건축에도 새로운 변화가 나타났다.

② **변화 양상** : 양반들과 새롭게 부상하고 있던 부농, 상공업 계층의 지원 아래 많은 사원이 세워졌고, 정치적 필요에 의하여 대규모 건축물이 세워지기도 했다.

(2) 건축의 변화상

① **17세기** : 이 시기의 건축으로는 금산사 미륵전, 화엄사 각황전, 법주사 팔상전 등이 대표적이다. 이들은 모두 규모가 큰 다층 건물로 내부는 하나로 통하는 구조로 되어 있는데, 임진난 때 호승들의 활약으로 일시적 불교 중흥기를 맞이하면서 세워진 건축물이다.

② **18세기**

　㉠ **사원의 건립** : 18세기에는 사회적으로 크게 부상한 부농과 상인의 지원을 받아 그들의 근거지에 장식성이 강한 사원이 많이 세워졌다. 논산 쌍계사, 부안 개암사, 안성 석남사 같은 사원이 대표적이다.

　㉡ **수원 화성** : 거중기를 사용하여 완성한 수원 화성은 정조 때의 문화적인 역량을 집약시켜 방어뿐만 아니라 공격을 겸한 성곽 시설로, 주위 경치와 조화를 이루며 평상시의 생활과 경제적 터전까지 조화시킨 종합적인 도시 계획 아래 건설되었다.

　㉢ **기타** : 이 밖에도 불국사 대웅전 등이 유명하다.

③ **19세기** : 이 시기 건축으로는 흥선 대원군이 국왕의 권위를 높일 목적으로 재건한 경복궁의 근정전과 경회루가 화려하고 장중한 건물로 유명하다.

더 알아보기 ✚

조선 시대의 건축물 비교

조선 초기 (15세기)		• 창경궁 명정전, 도성 숭례문, 창덕궁 돈화문 • 개성 남대문, 평양 보통문 • 무위사 극락전, 해인사 장경판전
조선 중기 (16세기)		• 경주 옥산 서원 • 안동 도산 서원
조선 후기	**17세기**	금산사 미륵전, 화엄사 각황전, 법주사 팔상전
	18세기	• 논산 쌍계사, 부안 개암사, 안성(안변) 석남사 • 수원 화성, 불국사 대웅전
	19세기	경복궁 근정전과 경회루

6. 백자·생활 공예와 음악

(1) 공예

① 자기 공예

㉠ 민간에서 백자 유행 : 자기 공예에서는 백자가 민간에까지 널리 사용되면서 본격적으로 발전하였다.

㉡ 청화 백자 유행 : 청화 백자▼가 유행하는 가운데 형태가 다양해지고, 안료도 청화, 철사, 진사 등으로 다채로웠는데, 제기와 문방구 등 생활용품이 많았다.

㉢ 백자의 예술성 : 백자는 형태와 문양이 어울려 우리의 독특하고 준수한 세련미를 풍겼다.

▼ 청화 백자
흰 바탕에 푸른 색으로 그림을 그려 넣은 자기

청화 백자
(청화매죽문 항아리
국보 제219호)

철사 백자
(철화포도문 항아리
국보 제107호)

청화 백자
(호작문 항아리)

② 옹기 : 서민들은 옹기를 많이 사용하였다.

③ 목공예 : 목공예도 생활수준이 높아짐에 따라 크게 발전하였는데, 장롱, 책상, 문갑, 소반, 의자, 필통 등 나무의 재질을 살리면서 기능을 갖춘 작품이 만들어졌다. 조선은 장롱, 문갑 같은 목공예 분야와 돗자리 공예 분야에서 재료 그리고 실용성과 예술성을 조화시켜 자연미를 최대한 살리면서 고상하고 기품 있는 작품을 생산하였다.

④ 화각 공예 : 쇠뿔을 쪼개어 무늬를 새긴 화각 공예(華角工藝), 그리고 조개 껍데기를 이용한 자개 공예도 유명하며, 수와 매듭에서도 부녀자의 섬세하고 부드러운 정취를 살린 뛰어난 작품이 있다.

(2) 음악

① 조선 후기 음악의 경향 : 이 시기 음악은 전반적으로 감정을 솔직하게 표현하는 경향이 더욱 강하였다.

② **특징** : 음악의 향유층이 확대됨에 따라, 성격이 다른 음악이 다양하게 나타나 발전하였다. 양반층은 종래의 가곡, 시조를 애창하였고, 서민은 민요를 즐겼다. 상업의 성황으로 직업적 광대나 기생이 판소리, 산조와 잡가 등을 창작하여 발전시켰다.

　　㉠ 가곡 : 관현악 반주가 따르는 전통 성악곡으로, 선율로 연결되는 27곡의 노래 모음으로 짜여지고 노랫말은 짧은 시를 썼다.

　　㉡ 산조 : 느린 장단으로부터 빠른 장단으로 연주하는 기악 독주의 민속 음악으로 장구 반주가 따르며, 무속 음악과 시나위에 기교가 확대되어 19세기경부터 나타났다.

　　㉢ 잡가 : 잡가는 조선 후기 평민들이 지어 부르던 노래를 총칭한다.

7. 서양 문물의 수용

(1) 과학 기술의 진전

조선 후기에는 전통적 과학 기술을 계승 발전시키면서 중국을 통해 전래된 서양 과학 기술을 수용하여 과학 기술 면에서도 큰 진전이 있었다.

(2) 서양 문물의 전래와 수용

① **17세기부터 전래** : 서양 문물은 중국을 왕래하던 사신들을 통해 17세기경부터 들어왔다.

　　㉠ 선조·인조 때 : 선조 때 이광정은 세계 지도(곤여만국전도)를, 인조 때 정두원은 화포·천리경·자명종 등을 전하였다.

　　㉡ 사신의 전래 : 사신들은 베이징에서 당시 선교 활동을 위해 중국에 있던 천주교 선교사들을 만날 수 있었는데, 선교사들은 천문, 역법, 지리, 수학 등 여러 과학 부문에 능통하여 이들을 통해 서양 과학 지식과 문물을 받아들였다.

② **실학자들의 관심** : 조선 전기에 천문학·의학과 같은 자연 과학은 학문적 가치가 충분히 인정되지 못하고 주로 통치의 한 방편으로 연구되어 과학 기술 분야는 대개 중인 신분층에 의해 주도되었다. 조선 후기 국민의 생활 문제가 주요 관심사가 되면서 실학자들도 과학·기술 분야에 깊은 관심을 보였다. 서양 문물의 수용에 관심을 가진 이들은 이익과 그의 제자들 및 북학파 실학자들이었다. 이익의 제자들 중 일부는 천주교까지 수용하였으나, 대부분 학자들은 서양 과학 기술은 받아들이면서도 천주교는 배척하였다.

③ **서양인의 표류와 영향** : 17세기에는 벨테브레이와 하멜 일행이 우리나라에 표류해 왔다. 벨테브레이(Weltevree)는 훈련도감에 소속되어 서양식 대포의 제조법 · 조종법을 가르쳐 주었고, 하멜 일행은 14년 동안 억류되어 있다가 네덜란드로 돌아가 「하멜 표류기」를 지어 조선의 사정을 서양에 전하였다.

④ **19세기에 정체** : 서양 과학 기술의 수용은 18세기까지는 어느 정도 이루어졌으나 19세기에는 더 진전되지 못한 채 정체되고 말았다.

8. 천문학과 지도 제작 기술의 발달

(1) 천문학

① **서양 과학의 영향** : 조선 후기의 천문학은 서양 과학의 영향을 받아 크게 발전하였다.

② **이수광의 「지봉유설」** : 17세기 초 이수광은 「지봉유설」에서 일식, 월식, 벼락, 조수(潮水)간만(干滿) 등에 대해 언급한 일이 있고 이익 등 실학자들이 서양 천문학에 큰 관심을 가졌다.

③ **이익 · 김석문 · 홍대용의 주장**
　　㉠ **김석문의 지전설** : 이익은 서양 천문학에 큰 관심을 가지고 연구하였으며, 김석문은 (지전설(地轉說))▼을 우리나라에서 처음으로 주장하여 우주관을 크게 전환시켰다. 저서로는 「역학도해」가 있다.
　　㉡ **홍대용의 무한 우주론** : 조선 영조 때의 학자인 홍대용은 과학 연구에 힘썼고, 김석문과 함께 성리학적 세계관을 비판하는 근거가 되는 지전설을 주장하여 지구가 우주의 중심이 아니라는 무한 우주론을 내놓았다.

▼ 지전설

조선 영조 때의 학자 홍대용이 주장한 지구 회전설로, 박지원의 열하일기 등에 실려 전한다.

더 알아보기 ➕

홍대용의 지전설

천체가 운행하는 것이나 지구가 자전하는 것은 그 세가 동일하니 분리해서 설명할 필요가 없다. 다만 9만 리의 둘레를 한 바퀴 도는데 이처럼 빠르며 저 별들과 지구와의 거리는 겨우 반경밖에 되지 않는데도 몇 천만 억의 별들이 있는지 알 수 없는데 하물며 천체들이 서로 의존하고 상호 작용하면서 이루고 있는 우주 공간의 세계 밖에도 또 다른 별들이 있다. …… 칠정(태양, 달, 화성, 수성, 목성, 금성, 토성을 통틀어 이르는 말)이 수레바퀴처럼 자전함과 동시에 맷돌을 돌리는 나귀처럼 둘러싸고 있다. 지구에서 가까이 보이는 것을 사람들은 해와 달이라 하고, 지구에서 멀어 작게 보이는 것을 사람들은 오성(수성, 금성, 화성, 목성, 토성)이라 하지만 사실은 모두가 동일한 것이다.

– 「담헌집」 –

ⓒ 조선 후기 천문학의 특징 : 조선 후기의 천문학은 전통적 우주관에서 벗어나 근대적 우주관으로 접근해 갔다.

(2) 역법(시헌력)

① 시헌력 : 서양 선교사인 아담 샬▼이 중심이 되어 만든 것으로 청나라에서 사용되고 있었는데, 종전 역법보다 더 발전한 것이다.

② 시헌력의 도입 : 조선에서는 효종 때 김육 등이 약 60여 년간의 노력 끝에 시헌력을 도입하였다.

(3) 수학

① 전통 수학의 집대성 : 수학에 있어서도 새로운 면모가 나타나 최석정과 황윤석은 전통 수학을 집대성하였다.

②「기하원본」의 도입 : 명나라 때 중국에서 최초로 선교 활동을 한 이탈리아 예수회 선교사인 마테오 리치(1552~1610)가 유클리드 기하학을 한문으로 번역한「기하원본」이 도입되었다.

③「주해수용」의 저술 : 홍대용은「주해수용」을 저술하여 우리나라 · 중국 · 서양 수학의 연구 성과를 정리하였다.

(4) 지리학

① 세계관의 확대 : 지도 제작에서도 실제 답사를 통해 더 정확한 지도가 만들어졌는데, 당시 중국에서 전래된 서양 선교사들이 만든 '곤여만국전도'는 조선인의 세계관을 확대시켜 주었다.

② 세계 지도의 전래 : 서양 선교사들이 만든 '곤여만국전도'와 같은 세계 지도가 중국을 통해 전해져 지리학에서도 보다 과학적이고 정밀한 지식을 가지게 되었고 조선인의 세계관이 확대되는 계기가 되었다.

▼ 아담 샬(1591~1666)
중국에서 활약한 독일 예수회 선교사로 청에서 시헌력을 제작하였고, 청에 볼모로 가 있던 소현 세자와 친분을 맺었다.

9. 의학의 발달과 기술 개발

(1) 의학의 발달▼

① **조선 후기의 학계 동향** : 의학에서는 종래 한의학의 관념적 단점을 극복하고, 실증적 태도에서 의학 이론과 임상의 일치에 주력하였다.

② **17세기 의학** : 17세기 초에 만들어진 허준의 「동의보감」은 전통 한의학을 체계적으로 정립한 것으로, 의료 지식의 민간 보급에 공헌하였으며 우리나라뿐 아니라 중국 · 일본에서도 간행되어 뛰어난 의학서로 인정받았다. 같은 시기에 허임은 「침구경험방」을 저술하여 침구술을 집대성하였다.

③ **18세기 의학** : 서양 의학의 전래로 18세기에는 인체의 해부학적 구조와 생리적 기능에 대한 지식을 얻었다. 또한 정약용은 마진(홍역)에 대한 연구를 진전시키고 이 분야의 의서를 종합하여 「마과회통」을 저술하였으며, 그 부록에 '종두방서'를 실어 제너(Jenner)의 종두법을 소개하였다. 이후 박제가와 함께 종두법을 연구 · 실험하였다.

④ **19세기 의학** : 의학의 전통이 계승되어 이제마는 고종 때 「동의수세보원」에서 체질 의학 이론으로서 독특한 사상의학(四象醫學)▼을 확립하였다. 이 사상의학은 동양 철학의 논리에 입각하여 실증과 임상적 토대 위에서 이루어진 학설이다. 이는 사람의 체질(태양 · 태음 · 소양 · 소음인)에 따른 치료를 강조한 것으로 오늘날 한방의학의 관심의 대상으로 한의학계에서 통용되고 있다.

> **더 알아보기⊕**
>
> **사상의학**
>
> 사람이 날 때 타고난 장부의 이치가 서로 같지 않은 것이 네 가지가 있다. 폐가 크고 간이 작은 사람을 태양인이라 하고, 간이 크고 폐가 작은 사람을 태음인이라 한다. 지라가 크고 콩팥이 작은 사람을 소양인이라 하고, 콩팥이 크고 지라가 작은 사람을 소음인이라 한다. ……
>
> – 「동의수세보원」 –

▼ 조선 전 · 후기의 의서
- 조선 전기 : 향약채취월령, 향약집성방, 태산요록, 의방유취
- 조선 후기 : 동의보감, 침구경험방, 마과회통, 동의수세보원

▼ 사상의학

질병 치료에서 종래와 같은 음양오행설의 공론에 의존하지 않고 환자의 체질에 중점을 둔 것은 한의학의 전통을 벗어난 획기적 학설로 평가된다.

더 알아보기⊕

조선 후기의 의서

「침구경험방」	허임	인조	「침구경험방」을 저술하여 침구술을 집대성하였다.
「마과회통」	정약용	정조	마진(홍역)에 대한 연구를 진전시키고 이 분야의 의서를 종합하여 「마과회통」을 편찬하였으며, 박제가와 함께 종두법을 처음으로 연구 · 실험하였다.
「동의수세보원」	이제마	고종	의학의 전통이 계승되어 이제마는 고종 때 「동의수세보원」에서 체질의학 이론으로서 독특한 사상의학(四象醫學)을 확립하였다. 이 사상의학은 동양철학적 논리에 입각하여 실증과 임상적 토대 위에서 이루어진 학설이다. 이는 사람의 체질(태양 · 태음 · 소양 · 소음인)에 따른 치료를 강조한 것으로 오늘날 한방 의학의 관심의 대상으로 한의학계에서 통용되고 있다.

(2) 정약용의 기술 개발

① **정약용의 '기예론'** : 정약용은 과학과 기술의 중요성을 확신하고 기술 개발에 앞장섰다. 그는 인간이 다른 동물보다 뛰어난 것은 기술 때문이라고 보고, 그 기술은 인간의 노력, 그것도 집단적 노력에 의해 발달하고, 선진 기술을 과감히 수용하는 가운데 혁신된다고 보았으며, 기술 발달이 인간 생활을 풍요롭게 한다고 믿어 많은 기계를 제작 · 설계하였다.

② **거중기의 제작과 배다리(주교)의 설계**

  ㉠ **거중기와 수원 화성** : 정약용은 서양 선교사가 중국에서 펴낸 「기기도설」을 참고하여 거중기▼를 만들었는데, 이 거중기는 수원 화성을 만들 때 사용되어 공사 기간을 단축하고 공사비를 줄이는 데 공헌하였다.

  ㉡ **배다리▼** 설계 : 정조가 수원에 행차할 때 한강을 안전하게 건너도록 배다리(舟橋)를 설계하였다.

▼ 거중기
도르래의 원리를 이용하여 작은 힘으로 무거운 물건을 들어 올리는 장치

▼ 배다리
하천에서 배를 엮어 다리로 이용하던 것으로 왕이나 사신 등 귀한 사람이 강을 건널 때 이루어짐

▼ 조선 후기의 농업 기술 발달
17세기에 농업 경영과 농업 기술에 대한 관심이 높아지면서 많은 농서가 편찬되고 농업 기술도 크게 발달하였다.

▼ 조선 전·후기의 농서
• 15세기 : 농사직설, 사시찬요초, 금양잡록
• 17세기 : 농가집성, 색경
• 18세기 : 산림경제, 해동농서, 과농소초
• 19세기 : 임원경제지, 감저신보, 종저보

10. 농서의 편찬과 농업 기술의 발달▼

(1) 여러 농서의 편찬▼

① 「농가집성」 : 17세기 중엽 신속은 「농가집성」을 펴내 벼농사 중심의 농업을 소개하고 이앙법의 보급에 공헌하였다. 그 후 상업적 농업이 발달하고 농업 영역이 확대됨에 따라 곡물 재배법뿐 아니라 채소, 과수, 원예, 양잠, 축산 등의 농업 기술을 소개하는 농서가 필요하게 되었다.

② 「색경」·「산림경제」·「과농소초」·「해동농서」 : 박세당은 「색경」을, 홍만선은 「산림경제」를, 박지원은 「과농소초」를, 서호수는 정조 때 왕명으로 「해동농서」를 저술하여 농업 기술 발전에 이바지하였다.

③ 「임원경제지」 : 19세기에 서유구는 농업과 농촌 생활에 필요한 것을 종합하여 「임원경제지」라는 농촌 생활 백과사전을 편찬하였다.

(2) 농업 기술의 발달

① 논농사와 밭농사에서의 변화 : 논농사에서는 17세기부터 이앙법이 빠른 속도로 보급되어 노동력 절감과 생산량 증대에 이바지하였다. 또한, 밭농사에서는 이랑과 이랑 사이 간격이 좁아지고, 깊이갈이로 이랑과 고랑의 높이 차이를 크게 하였다.

② 쟁기의 사용과 시비법의 발전

  ㉠ 쟁기 사용의 보편화 : 쟁기의 기능이 개선되고 농사에서 소를 이용한 쟁기 사용이 보편화되어 농업 생산력이 증대되었다. 쟁기갈이에서는 초벌갈이로서 가을갈이가 보편화되었고 봄갈이 등이 여러 번 시행되었다.

  ㉡ 시비법의 다양화 : 시비법이 다양하게 발전하여 여러 거름이 사용됨으로써 토지 생산력을 높이는 데 기여하였다.

③ 농업 기술 연구의 결과 : 농학에 대한 연구와 노력은 조선 후기 농업 생산력을 높이는 데 크게 기여하였다. 정약용은 「기예론」에서 농사를 짓는 기술이 정교하면 차지한 땅이 적어도 소출이 많으며, 그 힘을 적게 들여도 곡식이 충실해진다고 하였다. 따라서 밭을 일구고, 씨 뿌리고, 낫질하며, 키질하고, 방아찧는 일 모두를 편리하도록 하면 노력이 적게 들면서도 얻는 것이 많다고 하였다.

(3) 수리 관개 시설의 발달과 개간 · 간척 사업의 진전

① **수리 관개 시설의 발달** : 논농사를 위한 수리 관개 시설이 발달하여 당진의 합덕지, 연안의 남대지 등의 저수지와 그 밖의 작은 저수지들이 많이 만들어졌다. 18세기 중엽 이후에는 밭을 논으로 바꾸는 현상이 활발해졌으며, 정조 때에는 농경지 중 논의 비율이 밭보다 높아졌다.

② **개간 · 간척 사업의 진전** : 조선 후기에는 황무지 개간과 해안 지방의 간척 사업이 활발히 진전되어 경지 면적이 늘어났다. 황무지 개간은 주로 내륙 산간 지방에서, 간척 사업은 서해안과 큰 강 유역 저습지에서 주로 이루어졌다.

(4) 어업 기술의 발달

① **어법 · 어구의 개량** : 어업에 있어서 어살▼을 설치하는 어법이 실시되고, 어망 재료도 갈피 · 칡 껍질이나 볏짚에서 면사로 바뀌는 등 어구가 개량되었다. 17세기에는 김 양식 기술이 개발되어 전라도를 중심으로 보급되었고, 18세기 후반에는 냉장선이 등장하여 어물의 유통이 더욱 활발해졌다.

② **어업 관련 서적** : 「자산어보(玆山魚譜)」는 정약용의 형인 정약전이 흑산도 귀양 중 155종 어류의 명칭 · 분포 · 형태 · 습성 · 이용도 등을 연구하여 저술한 책으로 어류학의 신기원을 이룩하였다. 한편 순조 때 김려는 어류 연구서인 「우해이어보」를 저술하였다.

▼ 어살
고기가 들도록 물 속에 싸리 · 참대 · 장목 등을 둘러 꽂아둔 울. 어전이라고도 하며, 조선 시대에는 관에서 설치하여 가난한 백성에게 관리하도록 하고 등급을 나누어 대장을 만들어 호조 · 도 · 고을에 비치하여 일정한 어전세를 거둠

더 알아보기 ➕

조선 후기 각 분야의 저서

조선 후기	**역사학**	• 안정복, 「동사강목」 • 유득공, 「발해고」 • 이긍익, 「연려실기술」	• 이종휘, 「동사」 • 한치윤, 「해동역사」
	지리학	• 유형원, 「동국여지지」 • 정약용, 「아방강역고」 • 정상기, 동국지도	• 이중환, 「택리지」 • 한진서, 「해동역사지리고」 • 김정호, 청구도 · 대동여지도
	국어학	• 신경준, 「훈민정음운해」 • 이성지, 「재물보」 • 이의봉, 「고금석림」	• 유희, 「언문지」, 「물명고」 • 권문해, 「대동운부군옥」 • 정약용, 「아언각비」
	수학	• 중국(원), 「산학계몽」 • 중국(명), 「상명산법」	• 홍대용, 「주해수용」 • 한역본(유클리드), 「기하원본」
	의학	• 정약용, 「마과회통」 • 황필수, 「방약합편」	• 허준, 「동의보감」 • 허임, 「침구경험방」 • 이제마, 「동의수세보원」
	농학	• 박세당, 「색경」 • 서유구, 「임원경제지」	• 홍만선, 「산림경제」 • 박지원, 「과농소초」
	백과사전	• 권문해, 「대동운부군옥」 • 김육, 「유원총보」 • 이덕무, 「청장관전서」 • 홍봉한, 「동국문헌비고」	• 이수광, 「지봉유설」 • 이익, 「성호사설」 • 이규경, 「오주연문장전산고」

PART 05

적중예상문제 CHAPTER 01~08

01 조선 후기 통치 체제의 변화 내용으로 가장 적절하지 <u>않은</u> 것은?

① 비변사는 16세기 중종 초에 여진과 왜구를 대비하기 위해 설치되었으나, 임진왜란 이후 기능이 강화되자 의정부와 6조 중심의 행정 체계는 유명무실해졌다.

② 지방군 방어 체제는 16세기 후반 진관 체제였다가, 임진왜란 이후 제승방략 체제로 복구되고 속오법에 따라 군대가 편제되었다.

③ 훈련도감, 어영청, 총융청, 수어청, 금위영이 설치되면서 17세기 말에는 5군영 체제가 갖추어졌다.

④ 3사의 언론 기능이 변질되었으며 3사는 각 붕당의 이해관계를 대변하기도 하였다.

> **해설** ② 조선의 지방군 방어 체제는 16세기 후반 제승방략 체제였다가, 임진왜란 이후 진관 체제로 복구되고 속오법에 따라 군대가 편제되었다.
>
> 답 ②

02 다음에서 설명하는 조선 시대의 기관으로 가장 적절한 것은?

> • 삼포왜란을 계기로 설치된 임시관청이며, 1555년 을묘왜변을 계기로 정식 관청이 되었다.
> • 정청(政廳)과 권부(權府)라는 이중성이 상존된 것이며, 이의 존치는 결국 중앙집권적 관료주의를 심화시킨 것이었다.
> • 임진왜란 이후 국정의 모든 사무를 담당하게 되면서 최고 정무기관의 역할을 담당하였다.
> • 조선 후기 확대 강화되면서 의정부와 6조를 중심으로 하던 국가 행정 체계를 무너뜨렸으며 왕권도 약화시켰다.

① 홍문관
② 승정원
③ 춘추관
④ 비변사

④ 비변사는 삼포왜란(1510)을 계기로 병조 예하의 임시 기구로 설치되었으며, 을묘왜변(1555) 이후 상설 기구화되었다. 비변사는 임진왜란(1592) 이후 군사·행정·외교 등을 총괄하는 국가 최고 기구로 발전하였다. 이로서 정청(政廳, 정치적 업무를 담당하는 관청)과 권부(權府, 권력의 핵심 실세)라는 이중성이 상존된 것이며, 이를 통해 조선 후기 비변사는 중앙집권적 관료주의를 심화시켰다. 비변사의 기능이 강화되면서 왕권이 약화되었고, 의정부와 6조 중심의 행정 체계도 유명무실해졌다.
① 홍문관은 세조 대 문한기구(서적 관리)로 설치되었다가 성종 대 경연과 서연을 담당하는 언관으로 정착되었다.
② 승정원은 도승지를 중심으로 한 국왕의 비서 기관이었다.
③ 춘추관은 궁중 역사 편찬과 실록의 편찬을 담당하였다.

답 ④

03 밑줄 친 '이 법'에 대한 설명으로 옳지 않은 것은?

> 현물로 바칠 벌꿀 한 말의 값은 본래 목면 3필이지만, 모리배들은 이를 먼저 대납하고 4필 이상을 거두어 갑니다. 이런 폐단을 없애기 위해 이 법을 시행하면 부유한 양반 지주가 원망하고 시행하지 않으면 가난한 농민이 원망한다는데, 농민의 원망이 훨씬 더 큽니다. 경기와 강원에서 이미 시행하고 있으니 충청과 호남 지역에도 하루빨리 시행해야 합니다.

① 토지 결수를 과세 기준으로 삼았다.
② 인조 때 처음으로 경기도에서 시행하였다.
③ 이 법이 시행된 후에도 왕실에 대한 진상은 계속되었다.
④ 이 법을 시행하면서 관할 관청으로 선혜청을 설치하였다.

 제시문에 밑줄 친 '이 법'은 대동법이다.
② 대동법은 광해군 때 처음으로 경기도에서 실시하였다. 대동법은 방납의 폐단을 해결하기 위해 공납을 지주에게 토지 1결당 12두씩 징수한 것으로 양반 지주들은 이에 반대가 심하여 전국적으로 시행되는 데 100여 년이 걸리게 되었다.

답 ②

04 다음은 조선 시대 양난 이후 수취 체제의 변화에 대한 설명이다. 가장 적절하지 <u>않은</u> 것은?

① 영정법에서는 연분 9등법을 따르지 않고 풍흉에 관계없이 전세를 토지 1결당 미곡 4두로 고정시켰다.

② 대동법의 시행으로 공납이 전세화되어 농민은 대체로 토지 1결당 미곡 12두만 납부하면 되었다.

③ 영정법에 따라 전세의 비율이 이전보다 다소 낮아져 대다수 농민의 부담이 경감되었다.

④ 대동법은 부족한 국가 재정을 보완하고 농민의 부담을 경감하기 위한 개혁론으로 제기되었다.

> **해설** ③ 조선시대 전세 납부는 과전법(1/10. 30두) → 세종 당시 공법 시행(4두∼20두) → 16세기 : 최저율 적용 노력 → 조선 후기 인조 당시 1결당 4두로 고정된 영정법이 시행된다. 전세율이 낮아진 것은 사실이지만 실제 토지를 소유하지 못한 소작농에게는 전혀 도움이 되지 않았다.
>
> 답 ③

05 조선 후기 농업에 나타난 변화에 대한 설명으로 옳은 것은?

① 남부 지방에 이앙법이라는 새로운 농법이 전래되었다.

② 밭농사에서 밭의 고랑에 파종하는 방법이 널리 확대되었다.

③ 농업 기술의 발달로 벼농사에서 공동 노동 관행이 약화되었다.

④ 수확의 일정 비율을 소작료(지대)로 내는 타조법이 등장하였다.

> **해설** ② 조선 후기에 밭농사에서 밭의 고랑에 종자를 뿌리는 견종법이 보급되었다.
> ① 이앙법이 새로 전래된 시기는 고려 후기이다.
> ③ 조선 후기 이앙법이 널리 보급되며 농민들은 두레와 같은 공동 노동 조직이 강화되었다.
> ④ 조선 후기에는 수확의 일정 액수를 소작료로 내는 도조법이 등장하게 되었다.
>
> 답 ②

06 괄호 안에 들어갈 농법과 관련된 설명으로 옳은 것은?

> 근년에 농사가 특히 가뭄을 입은 것은 (　　) 때문입니다. 옛날에는 (　　)이(가) 없었는데, 우리나라 중고 (中古) 이후 남쪽에서 시작하여 서로 모방하게 되었습니다.

① 조선 초기, 정부는 이 농법에 반대하였고 농종법을 권장하였다.
② 조선 중기, 밭작물 재배가 활성화되면서 삼남 지방에서 이 농법이 위축되었다.
③ 조선 후기, 이 농법의 확대를 우려한 정부는 보(洑)의 증설을 억제하였다.
④ 19세기 초, 수리답 비중이 천수답을 앞지르기 시작하였다.

제시문의 괄호 안에 들어갈 단어는 논농사 기술인 '이앙법'이다.
① 조선 정부는 논농사에서 이앙법에 대한 금지령을 내리고 직파법을 권장하였다. 이것은 가뭄으로 인한 농사의 피해를 줄이기 위한 최소한의 방어책이었다. 그러나 조선 후기에 들어서는 농민들 스스로의 노력으로 이앙법은 전국적으로 확대되게 된다. 그러나 조선 후기에 와서도 국가는 이앙법을 장려하지는 않는다. 한편, 밭농사에서는 종자를 밭 이랑에 재배하는 농종법을 권장하였다. 밭고랑은 파종하는 곳으로서가 아니라 도랑으로 만드는 데 불과하였다.
③ 조선 후기에 이앙법이 확산되자 수리 관개시설이 점차 발달하였다.
④ 이앙법이 확산되면서 수리답의 비중이 점차 확대된 것은 맞지만, 20세기 초인 일제 시대 전까지만 해도 대다수의 논이 물의 근원이 전혀 없어 빗물에 의지하여 경작하는 천수답이었다. 하천을 이용하는 관개시설이 부족하였으며 저수지를 이용할 수 있는 수리답은 극히 적었다.

답 ①

07 ㉠에 들어갈 정책으로 옳은 것은?

> 제가 장단 적소에 있을 때 면포 상인의 왕래가 끊이지 않는 것을 보았는데, 길 가는 사람들이 (　㉠　)의 효과라 하였습니다. 작년 겨울 서울의 면포 가격이 이 때문에 등귀하지 않아 서울 사람들이 생업을 즐길 수 있게 되었습니다.
>
> － (㉠)에 대한 채제공의 평가, 「승정원일기」 －

① 균역법
② 대동법
③ 호포법
④ 신해통공

④ 신해통공은 정조가 상공업 진흥을 위해 육의전을 제외한 시전 상인의 금난전권을 철폐한 정책으로서 이후 자유로운 상업 활동이 보장되고 사상이 성장하는 계기가 되었다.

답 ④

08 다음에서 묘사하고 있는 시기의 역사적 사실로 옳지 <u>않은</u> 것은?

> 허생은 안성의 한 주막에 자리 잡고서 밤, 대추, 감, 귤 등의 과일을 모두 값을 배로 주고 사들였다. 그가 과일을 도고하자, 온 나라가 제사나 잔치를 치르지 못할 지경에 이르렀다. 따라서 과일값은 크게 폭등하였다. 그는 이에 10배의 값으로 과일을 되팔았다. 이어서 그는 그 돈으로 곧 호미, 삼베, 명주 등을 사 가지고 제주도로 들어가 말총을 모두 사들였다. 말총은 망건의 재료였다. 얼마 되지 않아 망건 값이 10배나 올랐다. 이렇게 하여 그는 50만 냥에 이르는 큰 돈을 벌었다.

① 보부상들을 보호할 목적으로 혜상공국이 설치되었다.
② 특정 상품들을 독점 판매하는 도고상업이 성행하였다.
③ 상업이 활성화되면서 선박을 이용한 운수업도 발전하였다.
④ 전국적으로 발달한 장시를 토대로 한 사상들이 성장하였다.

> **해설** 제시문은 박지원의 작품 「허생전」의 일부이다. 이를 통해 조선 후기의 경제상황인 도고의 폐해를 알 수 있다.
> ① 혜상공국은 개항 이후 자본주의적 시장 침투를 막고, 상업의 자유화에 밀려 위협을 받게 된 보부상을 보호할 목적으로 1883년 설치되었다. 갑신정변(1884) 당시 김옥균에 의해 폐지가 언급되기도 하였다.
>
> 달 ①

09 조선 후기 향촌사회의 질서변화에 대한 설명으로 가장 거리가 <u>먼</u> 것은?

① 새로운 세력인 부농층은 관권과 결탁하여 성장 기반을 굳건히 하면서 향안에 이름을 올리기도 하였다.
② 향촌사회에서 중앙의 관권이 강화되고 아울러 관권을 맡아보고 있던 향리의 역할이 커졌다.
③ 양반층은 향촌을 교화하고 사회질서를 확립하기 위해 향약·향사례·향음주례를 실시하기 시작하였다.
④ 양반의 이익을 대변하던 향회는 주로 수령이 세금을 부과할 때 물어보는 자문기구로 구실이 변하였다.

> **해설** ③ 향음주례는 향촌의 선비와 유생들이 향교나 서원에 모여 예로써 주연(酒宴)을 즐기는 향촌의례(鄕村儀禮)로, 언제부터 실시되었는지는 분명하지 않으나 1136년(고려 인종 14) 과거제도를 정비하면서 제주(諸州)의 공사(貢士)를 중앙으로 보낼 때 향음주례를 행하도록 규정한 일이 있다. 조선 시대에는 「국조오례의」에 기재하고 권장하였다. 향약, 향사례 등은 지방 양반들이 계속적으로 지배력을 확보·유지하기 위한 장치였다.
>
> 달 ③

10 다음 자료에 나타난 시기의 사회 모습에 대한 설명으로 옳은 것은?

> 옷차림은 신분의 귀천을 나타내는 것이다. 그런데 어찌된 까닭인지 근래 이것이 문란해져 상인·천민들이 갓을 쓰고 도포를 입는 것을 마치 조정의 관리나 선비와 같이 한다. 진실로 한심스럽기 짝이 없다. 심지어 시전 상인들이나 군역을 지는 상민들까지도 서로 양반이라 부른다.

① 불교의 신앙 조직인 향도가 널리 확산되었다.
② 서얼의 청요직 진출이 부분적으로 허용되었다.
③ 양민의 대다수를 차지한 농민을 백정(白丁)이라고 하였다.
④ 선현봉사와 교육을 위한 서원이 건립되기 시작하였다.

해설 제시문에서 신분제가 동요되고 있는 상황을 나타내는 것으로 보아 조선 후기의 상황임을 알 수 있다.
② 조선 후기에는 정조 때에 이르러 서얼의 청요직 진출이 부분적으로 허용되었다.

답 ②

11 조선 후기 가족 제도에 대한 설명으로 가장 적절한 것은?

① 제사는 형제가 돌아가면서 지냈으며 책임을 분담하였다.
② 태어난 차례대로 족보에 기재하여 남녀 차별을 하지 않았다.
③ 입양 제도가 확대되고 부계 위주의 족보가 적극적으로 편찬되었다.
④ 사위가 처가의 호적에 입적하여 처가에서 생활하는 것이 일반적이었다.

해설 ③ 고려 시대에 가정 내에서 여성들의 지위는 남성과 대등할 정도로 우대되었다. 남녀 균분으로 상속이 이루어졌고, 딸이 부모의 제사를 모실 수도 있었다. 또한 자녀는 태어난 순서대로 호적에 기록되었으며, 여성이 호주가 될 수도 있었고 사위가 처가의 호족에 기록되기도 하였다. 아내가 재산 분배권을 갖기도 하였으며, 사위와 외손자도 음서의 혜택을 받을 수도 있었고, 재혼하여 낳은 자식도 사회적 진출에 제약을 받지도 않았다. 이러한 사회적 현상은 조선 중기까지 유지되었다. 그러나 17세기 이후 성리학적 질서가 보급된 후부터는 가정 내에서 여성의 지위는 큰 변화를 보이게 된다. 친영 제도, 장자중심의 재산 상속, 아들이 없을 때에는 양자 입적, 부계 위주의 족보 편찬, 동성마을 확대 등을 통해 부계(父系) 중심의 가족 제도가 강화되어 갔다.

답 ③

12 다음 자료와 같은 현상이 나타난 시기의 사회 모습에 대한 설명으로 옳지 <u>않은</u> 것은?

> 근래 세상의 도리가 점점 썩어가서 돈 있고 힘 있는 백성들이 갖은 방법으로 군역을 회피하고 있다. 간사한 아전과 한통속이 되어 뇌물을 쓰고 호적을 위조하여 유학(幼學)이라 칭하면서 면역하거나 다른 고을로 옮겨가서 스스로 양반 행세를 하기도 한다. 호적이 밝지 못하고 명분의 문란함이 지금보다 심한 적이 없다.
>
> – 「일성록」 –

① 사족들이 형성한 동족 마을이 증가하였다.
② 향회가 수령의 부세 자문 기구로 변질되었다.
③ 유향소를 통제하기 위하여 경재소가 설치되었다.
④ 부농층이 관권과 결탁하여 향임직에 진출하였다.

> **해설** ③ 경재소는 태종 때 설치되었으나 임진왜란 이후 수령권의 강화로 유향소의 지위가 약해지면서 선조 때에 이르러 유향소를 통할하던 경재소가 사라지게 된다.
>
> 답 ③

13 다음 내용과 같은 시기의 시대 상황을 바르게 설명한 것은?

> 지방 고을의 향전(鄕戰)은 마땅히 금지해야 할 것이다. 그런데 수령이 일에 따라 한쪽을 올리고 내리는 경우가 없지 않으니, 어찌 한심한 일이 아니겠는가. …(중략)… 반드시 가볍고 무거움에 따라 양쪽의 주동자를 먼저 다스려 진정시키고 향전을 없애는 것을 위주로 하는 것이 옳다. 일부 아전들도 한쪽으로 쏠리는 일이 있으니 또한 반드시 아전의 우두머리에게 엄하게 타일러야 한다. 향임을 임명할 때 한쪽 사람을 치우치게 쓰지 않는 것이 좋다.
>
> – 「거관대요」 –

① 조정에서는 향리를 없애려 하였다.
② 농민들은 향회(鄕會)에서 점점 배제되어 갔다.
③ 향임직이 요호부민에게 매매되기도 하였다.
④ 수령의 향촌 지배력이 점차 약화되어 갔다.

> **해설** 제시문은 조선 후기에 성행한 향전(鄕戰)에 대한 자료이다.
> ③ 조선 후기 경제 구조의 변화 속에서 경제력을 확보한 부농층이 대두하여 기존의 재지사족들의 향촌 지배권에 도전하기 시작하였다. 17세기 이후 수령들은 불법적으로 향직을 매매하였고, 그 결과 부농층(= 요호부민)은 향임직으로 많이 진출하였다.
>
> 답 ③

14 조선 후기 실학자에 대한 설명 중 옳은 것은?

① 유형원은 여전론을 통해 토지의 공동 소유를 주장하였다.
② 유수원은 「의산문답」에서 지구의 자전설을 주장하였다.
③ 서유구는 청을 방문한 이후 선박과 수레 이용을 강조하였다.
④ 최한기는 서양의 지리, 천문학, 의학 등을 적극 소개하였다.

④ 최한기는 「지구전요」(1857)에서 세계 각국의 지리·역사·물산·학문 등을 상세히 소개하고 있는데, 지구의 자전
과 공전을 내세운 코페르니쿠스의 지동설을 비롯하여 적지 않은 서양 과학의 내용도 여기에 포함되어 있다.
① 여전론은 정약용의 주장이다.
② 「의산문답」은 홍대용의 저서이다.
③ 선박과 수레의 이용을 주장한 인물은 박지원이다.

답 ④

15 다음 주장을 펼친 인물의 사상에 대한 설명으로 가장 적절한 것은?

> 비유하건대, 재물은 대체로 샘과 같다. 퍼내면 차고 버려두면 말라 버린다. 그러므로 비단 옷을 입지 않아
> 서 나라에 비단 짜는 사람이 없게 되면 여공(女紅)이 쇠퇴하게 되고, 쭈그러진 그릇을 싫어하지 않고 기교
> 를 숭상하지 않아서 수공업자가 기술을 익히는 일이 없게 되면 기예가 망하게 되며, 농사가 황폐해져서
> 그 법을 잃게 되므로 사농공상의 사민이 모두 곤궁하여 서로 구제할 수 없게 된다.

① 존언, 만물일체설로 지행합일 이론을 체계화하였다.
② 화이론적 명분론을 강화하고 성리학을 절대화하였다.
③ 인간과 사물의 본성이 같다는 인물성동론의 입장을 보였다
④ 농촌 사회의 모순을 중점적으로 해결하려는 경세치용론이었다.

제시문은 박제가의 소비 권장론이다. 박제가는 소비가 생산을 자극할 것이므로 생산을 위해 소비를 적극 권장하고 있다.
③ 호락 논쟁에서 서울 노론 세력인 낙론은 인물성동론을 주장하였고, 훗날 박제가를 포함한 북학파 실학 등에 영향을
끼쳤다.
① 양명학의 강화 학파를 이끌었던 정제두의 이론이다.
② 성리학을 절대시한 대표적 인물은 우암 송시열을 꼽을 수 있다.
④ 근기 남인들을 중심으로 민생 안정과 자영농 육성을 위해 토지 분배를 중시한 중농 학파(= 경세치용론)에 대한 사실
이다.

답 ③

16 조선 후기 문화와 대표적인 작품이 올바르게 연결되지 <u>않은</u> 것은?

① 한문학 – 박지원의 양반전
② 진경산수화 – 안견의 적벽도
③ 서예 – 김정희의 추사체
④ 풍속화 – 신윤복의 단오풍정

> ② 안견은 조선 초기에 활약한 화원이며 대표적인 작품으로 몽유도원도가 있다. 진경산수화는 조선 후기 우리 문화에 대한 자부심을 바탕으로 실제 우리의 자연을 그린 그림을 의미하며 대표적으로 정선의 인왕제색도와 금강전도가 있다.
>
> 답 ②

17 조선 후기 과학 문화에 대한 설명으로 옳지 <u>않은</u> 것은?

① 유클리드 기하학을 중국어로 번역한 기하원본이 도입되기도 하였다.
② 지석영은 서양의학의 성과를 토대로 서구의 종두법을 최초로 소개하였다.
③ 곤여만국전도 같은 세계 지도가 전해짐으로써 보다 과학적이고 정밀한 지리학의 지식을 가지게 되었다.
④ 서호수는 우리 고유의 농학을 중심에 두고 중국 농학을 선별적으로 수용하여 한국 농학의 새로운 체계화를 시도하였다.

> ② 종두법은 처음 소개한 인물은 정약용이다. 정약용은 중국의 인두종법을 소개하였고 이후 인두종법의 결함을 제거한 영국 의사 에드워드 제너의 '우두종법'을 「종두기법」에서 처음 소개하였다.
> ④ 서호수의 「해동농서」에 대한 설명이다. 이 책의 의의는 그동안 우리나라 농학의 성과인 「농가집성」·「증보산림경제」를 기초로 하고 부족한 내용은 중국농서에서 보충하여 농학의 발달을 꾀했는데, 중국 농학을 수용하는 데 있어 과학적 검토가 필요함을 제창했다는 점이다.
>
> 답 ②

18 다음의 왕과 그 시기 내용이 바르게 연결된 것은?

> ㉠ 어영청을 비롯한 군영을 정비하고 병력을 증강하는 등 군사력을 강화하였다.
> ㉡ 국경을 명확하게 하자는 청의 요구에 따라 조선과 청의 두 나라 대표가 모여 백두산 일대를 답사하고 국경을 확정하여 정계비를 세웠다.
> ㉢ 명의 출병요구에 신중한 외교로 대응하였다.
> ㉣ 대비 조씨의 상복 입는 기간을 놓고 두 차례의 논쟁이 일어났다.

① ㉠ – 북인이 정치를 주도하였다.
② ㉡ – 이 시기 네덜란드인 하멜이 제주도에 표착하였다.
③ ㉢ – 대동법을 시행하여 공납제의 폐단을 개혁하려고 하였다.
④ ㉣ – 기사환국으로 인해 서인은 노론과 소론으로 분열되었다.

 ㉠ 효종, ㉡ 숙종, ㉢ 광해군, ㉣ 현종에 해당된다.
③ 중립 외교 정책을 실시한 광해군은 토지 대장과 호적을 새로 정비하였으며, 공납 제도의 문제를 개선하기 위해 대동법을 실시하였다.
① 북인이 정치를 주도한 것은 광해군 시기이다.
② 하멜이 제주도에 표착한 것은 효종 시기이다.
④ 기사환국은 숙종 때의 일로, 이 사건을 계기로 노론 세력이 물러나고 남인 정권이 성립하였다.

답 ③

19 다음의 자료와 관계된 사건을 고르면?

> 평서대원수는 급히 격문을 띄우노니 관서의 부로와 자제와 공사천민들은 모두 이 격문을 들으라. 무릇 관서는 성인 기자의 옛 터요 단군 시조의 옛 근거지로서 의관이 뚜렷하고 문물이 아울러 발달한 곳이다. 그러나 조정에서는 관서를 버림이 분토와 다름없다. …… 이제 격문을 띄워 먼저 여러 고을의 군후(君侯)에게 알리노니, 절대로 동요하지 말고 성문을 활짝 열어 우리 군대를 맞으라. 만약 어리석게 항거하는 자가 있으면 철기 5,000으로 남김없이 밟아 무찌르리니, 마땅히 속히 명을 받들어 거행함이 가하리라.

① 홍경래의 난
② 진주 농민 봉기
③ 만적의 난
④ 망이 · 망소이의 난

 해설

① 조선 후기 홍경래의 난(1811)은 몰락한 양반인 홍경래의 지휘하에 영세 농민, 중소 상인, 광산 노동자 등이 합세하여 일으킨 봉기였다. 제시문에서 평서대원수가 홍경래를 의미하고, 관서라는 지방명이 평안도를 의미하므로 사건이 홍경래의 난임을 알 수 있다.
② 진주 농민 봉기(1862)는 경상 우병사 백낙신의 탐학에 저항하여 몰락 양반인 유계춘이 일으킨 사건이다.
③ 만적의 난(1198)은 고려 시대 최충헌의 사노비인 만적이 노비 해방을 주장하며 일으킨 사건이다.
④ 망이 · 망소이의 난(1176)은 고려 시대 특수 행정 구역인 소에 거주하던 망이와 망소이 형제가 일반 행정 구역인 현으로의 승격을 요구하며 일으킨 사건이다.

답 ①

출제 비중 체크!

※ 계리직 전 8회 시험(2008~2021) 기출문제를 기준으로 정리하였습니다.

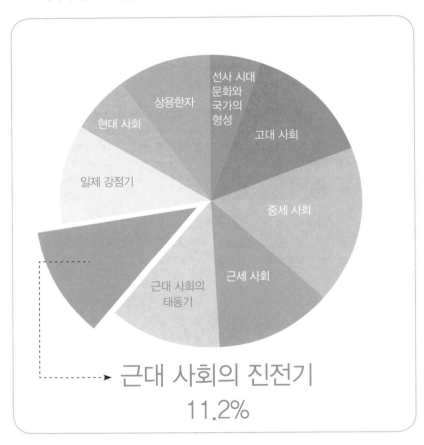

선사 시대 문화와 국가의 형성

상용한자

현대 사회

일제 강점기

고대 사회

중세 사회

근세 사회

근대 사회의 태동기

근대 사회의 진전기
11.2%

PART
06 | 근대 사회의 진전기

I wish you the best of luck!

우정사업본부 지방우정청 9급 계리직

한국사

(주)시대고시기획
(주)시대교육

www. **sidaegosi**.com

시험정보 · 자료실 · 이벤트
합격을 위한 최고의 선택

시대에듀

www. **sdedu**.co.kr

자격증 · 공무원 · 취업까지
BEST 온라인 강의 제공

CHAPTER 01 외세의 침략적 접근과 개항

1. 통치 체제의 재정비 노력

(1) 19세기의 조선의 정세

① **세도 정치의 전개** : 외척 가문이 국정을 독점하는 세도 정치가 전개되면서 그들이 요직을 장악하고 정치를 좌우하여 국가 기강은 해이해지고 수탈과 부정이 극심하였다.

② **삼정의 문란과 민란의 발발**

ⓐ **민란의 발발** : 지역차별과 같은 정치적 혼란과 전정·군정·환곡 등의 관권의 수탈에 대하여 민중은 항조·거세 등 소극적인 방법으로 저항하다가 순조 때는 청천강 이북 지역에서 홍경래의 난(1811)이 일어났다.

ⓑ **정부의 진압** : 이에 정부는 암행어사를 파견하여 임시방편으로 난을 진압하였지만, 또다시 철종 시기에 진주·개령·공주 등 전국에서 통치 질서를 부정하는 반봉건적 성격을 띤 민란이 발발하였다.

ⓒ **전국적 민란으로의 확대** : 1862년에는 진주에서 관권의 수탈과 재지사족층의 수탈로 임술민란(진주민란)이 일어났으며 이후 전국적으로 민란이 확대되었다.

③ **동학과 천주교의 확산** : 동학은 농민의 지지를 받으며 삼남 지방을 중심으로 세력이 확산되었고, 천주교는 정부의 탄압에도 평등·내세 사상을 바탕으로 백성들에게 퍼져 나갔다.

④ **서양 세력의 접근**

ⓐ **서양의 통상 요구** : 18세기 후반부터 이양선이 등장하였고, 19세기에는 영국·프랑스·미국·러시아 등이 더욱 빈번히 통상을 요구하였다.

ⓑ **반봉건 근대화의 과제** : 이러한 상황 속에서 정부는 자주적으로 근대화를 이룩하면서 외세의 침략으로부터 국권을 수호하는 '반침략 자주화'와 '반봉건 근대화'의 과제를 안게 되었다.

(2) 흥선 대원군의 전제 왕권 강화

더 알아보기 ➕

왕권 강화 정책과 민생 안정 정책

왕권 강화 정책	민생 안정 정책

• 비변사 혁파(고종 2년, 1865년) : 의정부 기능 강화, 삼군부(三軍府) 부활
• 법전 정비(「대전회통」·「육전조례」)
• 경복궁 중건
• 능력에 따른 인재 등용
• 서원 철폐
	• 삼정 개혁
	  – 전정 : 양전 사업, 지방관·토호들의 토지 겸병 금지
	  – 군정 : 호포제(양반에게도 징수)
	  – 환곡 : 사창제(관 → 민간)

① 흥선 대원군의 등장

㉠ 시대 상황 : 19세기 중엽 조선의 전통 사회는 큰 변화와 존립의 위기를 맞이하여 당시 안으로는 외척(안동 김씨)의 세도에 의한 국정의 혼란과 삼정의 문란에 의한 민생의 파탄으로 민란이 빈번하게 일어났으며, 밖으로는 서양 세력이 중국과 일본의 문호를 개방시키고 조선으로 몰려오는 상황이었다.

흥선 대원군

㉡ 집권 과정▼ : 철종의 뒤를 이어 고종이 어린 나이로 왕위에 오르자, 국왕의 생부인 흥선군 이하응이 대원군이 되어 정치적 실권을 잡게 되었다(1863).

▼ 흥선 대원군의 집권
• 고종 즉위 시 섭정으로 집권
• 1882년 임오군란 시 한 달 동안 일시 집권
• 1894년 1차 갑오개혁 시 섭정으로 재집권

② 흥선 대원군의 개혁 정치

㉠ 개혁의 방향 : 흥선 대원군은 대내적으로는 외척의 세도를 제거하고, 국가 기강을 바로잡으려는 왕권 강화 정책과 민생 안정책을 추구하였으며, 대외적으로 거센 외세의 침투를 물리치기 위하여 통상 수교 요구를 거부하였다.

㉡ 비변사의 기능 약화와 폐지 : 흥선 대원군은 왕권 강화를 위한 노력으로 정치와 군사의 업무를 통괄하던 비변사의 국정의결권을 의정부에 이관하면서 그 기능을 약화시켰다.

㉢ 법전의 정비 : 법치 질서를 정비하기 위해 「대전회통」과 「육전조례」를 편찬하는 등 각종 법전을 정비하였다.

㉣ 인재의 고른 등용 : 흥선 대원군은 외척의 세도로 권세를 누려온 안동 김씨 세력을 정계에서 밀어내고, 당파와 지방색·신분을 가리지 않고 능력에 따라 인재를 등용하였다. 이러한 과감한 인사 정책은 붕당 정치와 세도 정치의 폐단을 제거하면서 정치적 기반을 확보하고 궁극적으로 전제 왕권을 강화하려 하였다.

ⓒ **서원의 철폐** : 흥선 대원군은 국가 재정을 좀먹고, 붕당의 근거지로서 백성을 수탈해 온 서원을 정리하여 만동묘를 시작으로 600여 개소를 철폐하고 47개소(사액 서원)만 남겼다. 이러한 시책은 서원에 딸린 토지와 노비를 줄여서 양반층의 경제력과 세력 기반을 약화시켜 국가의 재정 기반을 확보하고, 백성에 대한 양반과 유생들의 횡포를 막기 위한 획기적 조치였다.

ⓗ **경복궁의 중건** : 흥선 대원군은 실추된 왕실의 존엄성을 회복하기 위해 임진왜란 때 불타버린 경복궁을 중건하였다. 그는 막대한 공사비 마련을 위해 관민에게 원납전을 강제 징수하였고, 당백전을 남발하여 경제적 혼란을 초래하였다. 또한, 양반들의 묘지림까지 벌목하고 많은 백성을 토목 공사장에 징발하여 양반과 백성의 원성을 듣기도 하였다.

ⓢ **삼정의 개혁** : 흥선 대원군은 농민 봉기의 원인으로 지목된 삼정을 바로 잡고, 농민 생활 안정책을 추진하였다.

더 알아보기 ➕

삼정의 개혁
- 전정 : 양전 사업. 지방관 · 토호들의 토지 겸병을 금지하였으며, 양전 사업을 통해 은결을 색출하였다.
- 군정 : 호포제를 실시하여 양반에게도 군포를 징수하였다.
- 환곡 : 민간 자치 구휼 제도인 사창제로 개혁하였다.

③ **개혁 정치의 의의** : 흥선 대원군의 왕권 강화 정책은 전통적 통치 체제를 재정비하여 국가 기강을 바로잡고, 양반 지배층의 부당한 억압과 수탈을 금지시켜 민생을 안정시켰지만, 전제 왕권 강화를 목적으로 한 전통 체제 내에서의 개혁이라는 한계성이 있었다.

▼ **흥선 대원군의 서원 철폐**

서원을 철폐한다는 명령이 내려지자 분개한 각지의 유생들이 궐기하여 맹렬한 반대 운동을 전개하여 …… 그 형세가 자못 불온하였다. 대원군은 "백성을 해치는 자는 공자가 다시 살아난다 하여도 내가 용서 못한다. 하물며 서원은 우리나라의 선유(옛날 유학자)를 제사 지내는 곳인데 어찌 이런 곳이 도적이 숨는 곳이 되겠느냐?" 하면서 군졸들을 풀어 유생들을 하산시키고 한강 너머로 쫓아냈다.
－「조선 기독교 및 외교사」－

▼ **호포제 실시**

흥선 대원군이 양반에게도 군포를 징수하는 호포법을 실시하려 했을 때, 조정의 관리들은 "만약 이러한 법을 시행하면 국가에서 충신과 공신을 포상 장려하는 후한 뜻이 자연히 사라지게 됩니다."라고 간언하였다. 흥선 대원군은 이에 대하여, "충신과 공신이 이룩한 사업도 나라와 백성을 위한 것이었는데 지금 그 후손이 면세 받음으로 인하여 일반 백성들이 무거운 부담을 지게 되는 것은 충신의 본뜻이 아닐 것이다. 만약 그들의 혼령이 살아 있다면 어찌 이와 같은 포상을 편케 여기겠는가."라고 하여 단연 그 법을 시행하였다.
－박제경, 「근세조선정감」－

2. 통상 수교 거부 정책과 양요

(1) 통상 수교 거부 정책의 실시 배경

① **서양 세력의 직접 통상 요구** : 18세기부터 탐험과 측량을 구실로 우리나라에 접근해 온 서양 세력은 19세기 이후 조선에 직접 통상을 요구해 왔다.

② **서양의 침투 의도** : 조선에서 세도 정치가 실시되던 19세기에 서양 여러 나라는 산업 혁명을 거쳐 근대 자본주의 국가로 성장하여 상품 시장과 원료 공급지를 구하기 위해 아시아를 침투하고자 시도해 왔다.

▼ 통상 수교 거부 정책의 순서
- 병인박해(1866)
- 제너럴 셔먼호 사건(1866)
- 병인양요(1866)
- 오페르트 도굴 사건(1868)
- 신미양요(1871)
- 척화비 건립

(2) **통상 수교 거부 정책**▼의 실시와 양요

① **통상 수교 거부 정책의 실시** : 이러한 상황 속에서 집권하게 된 흥선 대원군은 외세의 침투를 막기 위해 군제 개혁과 군비를 강화▼하는 등 국방력을 강화하였으며, 열강의 통상 요구를 거절하고 서양 물품의 유입을 엄금하였으며 천주교를 탄압하였다.

② **병인박해(1866)**

▼ 군제 개혁과 군비의 강화
훈련도감의 포수 선발, 수군 통제사의 지위 강화 등

　㉠ **배경** : 흥선 대원군은 초기에는 천주교에 대해 관대하여, 프랑스 선교사의 알선으로 프랑스 세력을 끌어들여 러시아 세력의 남하를 견제하려 했으나 이 교섭은 실패로 돌아갔다.

병인양요

　㉡ **천주교 탄압** : 때마침 청에서의 천주교 탄압 소식이 전해졌고, 유생들의 강력한 요구도 있어서 흥선 대원군은 천주교에 대한 대대적 탄압을 가하였다. '병인박해'라 불리는 이 탄압으로 9명의 프랑스 신부들과 남종삼 등 수천 명의 신도가 처형당하였다.

③ **병인양요(1866)**

외규장각 의궤

　㉠ **원인과 경과** : 프랑스는 병인박해 때 프랑스 선교사 처형을 구실로 조선의 문호를 개방시키기 위해 7척의 군함을 파견하여, 강화읍을 점령하고 서울로 진격하려 하였다.

　㉡ **결과** : 흥선 대원군의 굳은 항전 의지에 힘입은 한성근 부대가 문수산성에서, 양헌수 부대가 정족산성에서 프랑스군을 격퇴하였다.

④ 오페르트 도굴 사건(1868)

　　㉠ 원인과 경과 : 독일 상인 오페르트가 두 차례 통상을 요구하다 거절당하자 아
　　　산만에 상륙하여 흥선 대원군의 부친 남연군의 분묘(충남 덕산)를 발굴하려
　　　다 실패하였다.

　　㉡ 결과 : 흥선 대원군의 쇄국 의지는 더욱 강화되었으며, 백성들도 서양인을
　　　배척하는 기운이 커지게 되었다.

⑤ 신미양요(1871)

　　㉠ 미국의 통상 요구 : 병인양요가 일어나기 전에 미국의 상선 제너럴 셔먼호가
　　　대동강을 통해 와서 통상을 요구하다가, 평양 군민의 공격으로 불타 침몰된
　　　사건이 있었다(제너럴 셔먼호 사건, 1866).

　　㉡ 미국 함대 격퇴 : 제너럴 셔먼호 사건을 구실로 하여 미국은 5척의 군함으로
　　　강화도를 공격했다. 당시 대원군은 병인양요 이래 국방력을 더욱 강화하고
　　　있었다. 미국 함대가 초지진▼과 덕진진을 점령하고 광성보를 공격하자 즉시
　　　어재연 등이 이끄는 조선의 수비대가 광성보와 갑곶 등지에서 미국 함대를
　　　격퇴시켰다.

⑥ 통상 수교 거부 정책으로 척화비의 건립

　　㉠ 대원군의 통상 수교 거부 정책 : 프랑스와 미국의
　　　침공을 격퇴한 흥선 대원군은 '서양 오랑캐가 침범
　　　함에 싸우지 않음은 곧 화의하는 것이요, 화의를 주
　　　장함은 나라를 파는 것이다. 우리의 만대자손에게
　　　경고하노라. 병인년에 짓고 신미년에 세우다.'라는
　　　내용의 척화비를 전국 각지에 세우고, 통상 수교 거
　　　부 정책을 강화하였다.

　　㉡ 유생들의 존화양이론 전개 : 유생들도 '중화를 받들
　　　고 오랑캐를 배척한다'는 존화양이론을 펼치며 통상
　　　수교 거부 정책을 뒷받침하였다.

척화비(경북 경주)

▼ 초지진
임진왜란과 병자호란을 겪은 뒤 국
방을 강화하기 위하여 구축하기 시
작하였으며, 신미양요 때 격전지
중 한 곳으로 그 뒤 운요호 사건 때
폭격을 받았다.

(3) 통상 수교 거부 정책의 영향

통상 수교 거부 정책은 외세의 침략을 일시적으로 저지하는 데에는 성공하였으나,
국제 정세 변화를 파악하지 못하고 조선의 문호 개방을 가로막아 근대화에 뒤처지
게 하는 결과를 가져왔다는 비판도 있다.

3. 개항과 문호의 개방

(1) 흥선 대원군의 하야와 국왕 친정 체제의 수립

① **흥선 대원군에 대한 지지** : 흥선 대원군의 통상 수교 거부 정책은 위정척사론자들의 호응을 받았고, 민생 안정의 혁신 정치는 일반 서민들로부터 환영을 받았다.

② **흥선 대원군에 대한 반발** : 흥선 대원군의 개혁 중 서원 정리와 호포제 실시는 양반의 반발을, 경복궁 중건은 양반·백성 모두에게 반발을 사게 되었다.

③ **국왕 친정의 발표** : 최익현 등 유생들의 하야 상소와 고종의 친정 발표(1873)로 결국 흥선 대원군이 물러나고 민씨 세력이 수립되었다.

④ **개항의 국내적 배경** : 흥선 대원군이 권좌에서 물러나고(1873), 민씨 일족이 대두하자 조선 정부의 국내외 정책은 조금씩 변화하기 시작하였다. 민씨 정권은 청과의 전통적 외교 관계를 유지하면서, 자신들의 정권을 안정시키는 범위에서의 개방 정책을 추진하였다.

(2) 강제적 문호 개방

▼ **정한론(征韓論)**
1870년대를 전후하여 일본 정계에서 강력하게 대두된 우리나라에 대한 공략론이다.

① **일본의 문호 개방 요구** : 메이지유신(1868) 이후 근대 국가의 체제를 갖추고 자본주의화를 서두르면서 해외 진출을 시도하던 일본은 관례를 무시한 외교 문서로 국교 수립을 요구하였다. 흥선 대원군이 이를 거절하자 정한론▼이 일어났으나 구체적으로 추진되지는 않았다.

② **운요호 사건(1875)** : 흥선 대원군 하야 후 조선의 외교 정책이 변화하자 일본은 무력으로 조선을 개항하고자 강화 해역에 운요호를 파견하였고, 조선의 포격을 구실로 수교 조약 체결을 강요하였다.

③ **강화도 조약의 체결** : 조선은 마침내 신헌을 전권 대사로 강화도에 파견하여 일본과 강화도 조약을 맺어 문호를 개방하게 되었다.

4. 불평등 조약의 체결

(1) 강화도 조약(병자 수호 조약, 조·일 수호 조규, 1876.2)

① **조약의 성격** : 전문 12개조로 된 강화도 조약은 우리나라가 외국과 맺은 최초의 근대적 조약이었으나 불평등 조약이었다.

② 조약의 내용

조항	주요 내용	일본의 목적
제1관	조선은 자주국이며 일본과는 평등한 권리를 갖는다.	조선에 대한 청의 간섭 배제
제4관	조선국 부산의 초량은 일본 공관이 있어 양국인의 통상지였다. 금후에는 종전 관례의 세견선 등의 일을 없애고 새로 된 조약에 준하여 무역 사무를 할 것이다.	• 부산 : 경제적 요충지 • 원산 : 군사적 요충지 • 인천 : 정치적 요충지
제5관	경기, 충청, 전라, 경상, 함경 5도의 연해 중 통상에 편리한 항구 두 곳을 지정한다. 개항 시기는 1876년 2월부터 기산하여 20개월 내로 한다.	
제7관	조선국 일본국 항해자가 자유로이 해안을 측량하도록 허가하여, 그 위치와 깊이를 상세히 조사하여 지도를 만들어 양국의 선객들이 위험을 피하고 안전을 도모하게 한다.	해안 측량권 침해 (불평등 조약)
제10관	일본국 국민이 조선국 지정의 각 항구에 머무는 동안에 죄를 범한 것이 모두 조선국 인민에게 관련된 것일 때는 모두 일본 관원이 심의한다. 만약 조선국 인민이 죄를 범하고 일본국 인민에게 관계되는 사건은 조선국 관원이 수사하여 재판한다. 단, 각각 그 국법으로 심판하되, 조금도 비호함이 없이 공평하도록 해야 한다.	치외 법권 (불평등 조약)

③ 조약의 본질

　㉠ 조선에 대한 청의 종주권 부인 : 강화도 조약에서 조선은 자주국으로 일본과 평등한 권리를 가진다고 규정했지만, 이는 조선에 대한 청의 종주권을 부인함으로써 일본의 조선 침략을 용이하게 하려는 목적이었다.

　㉡ 경제적 · 정치적 · 군사적 침략 의도 : 이 조약에서는 조선의 부산 외에 두 항구 개항, 일본인의 통상 활동 허가와 조선 연해의 자유로운 측량을 규정하여 단순한 통상 교역의 경제적 목적(부산 개항)을 넘어 정치적(인천 개항), 군사적(원산 개항) 거점을 마련하였다.

　㉢ 조선의 주권 침해 : 개항장에서의 일본인 범죄자를 일본 영사가 재판하는 영사 재판권, 곧 치외 법권 조항을 설정함으로써 조선 내 거주 일본인의 불법 행위에 대한 조선의 사법권을 배제하였다. 특히, 치외 법권, 해안 측량권 등을 통하여 조선의 주권을 침해하였다.

　㉣ 불평등 관계 강요 : 일본은 과거 그들이 개항할 때 미국, 영국 등과 맺은 불평등 관계를 그대로 우리나라에 강요하였다.

④ 조선의 문호 개방 : 강화도 조약(1876.2)의 체결로 수신사가 파견되었으며, 고종 14년(1877)에는 일본 공사관이 설치되고 초대 공사로 하나부사가 파견되었으며, 뒤이어 수호 조규 부록(1876.7)은 조인희와 미야모토 사이에, 통상 장정(1883.6)은 민영목과 다케조에 간에 체결되었다.

(2) 부속 조약의 체결(1876)

① 조·일 수호 조규 부록(1876.7)
　ㄱ 조선 내에서의 일본 외교관의 여행 자유 허용
　ㄴ 개항장에서의 일본 거류민의 거주 지역 설정
　ㄷ 개항장에서 일본 화폐의 유통
　ㄹ 간행이정▼을 10리로 규정

② 조·일 무역 규칙(1876.8)
　ㄱ 일본 정부에 소속된 모든 선박은 항세를 납부하지 않는다(무항세).
　ㄴ 수출입 상품에도 관세를 부과하지 않았다(무관세).
　ㄷ 일본인은 모든 항구에서 쌀과 잡곡을 수출할 수 있다(=무제한 곡물 유출).

③ 결과 : 일본은 무관세 조항을 이용해 많은 이익을 차지하였고, 부산·원산·인천에 일본의 거류지를 설치하였다. 이로써 조선에 대한 일본의 경제적 침략의 발판이 용이하게 구축된 반면에, 조선은 국내 산업에 대한 보호 조처를 거의 취할 수 없게 되었다.

(3) 서양 열강과의 통상 수교

① 미국의 접근
　ㄱ 미국과 첫 수교 : 조선은 강화도 조약으로 일본에 문호를 개방한 후, 서양 여러 나라에도 문호를 개방하였는데 그 첫 상대국은 미국이었다.
　ㄴ 일본의 견제 : 한때 조선의 문호를 개방시키려다 실패한 미국은 조선이 일본과 조약을 맺자 통상 교섭을 위해 조선에 슈펠트를 파견하였으나 실패하였고, 일본에 알선을 요청했으나 미국의 등장을 꺼리는 일본의 거절로 이루어지지 않았다.

② 조·미 수호 통상 조약▼의 체결(1882.4)
　ㄱ 「조선책략」의 유포 : 이 무렵에 러시아 세력의 남하에 대응하여 조선은 미국과 연합해야 한다는 내용이 실린 황쭌셴의 「조선책략」▼이 국내 지식층에 유포되면서 미국과 외교 관계를 가져야 한다는 주장이 일어났다.

▼ 간행이정(間行里程)
일본인의 활동 범위를 의미하는 것

▼ 조·미 수호 통상 조약
• 서양 국가와 맺은 최초의 조약
• 치외 법권 인정
• 최혜국 대우 규정

▼ 조선책략(朝鮮策略)
일본 주재 청국의 외교관인 황쭌셴(黃遵憲)이 지은 책으로, 1880년 수신사로 일본에 갔던 김홍집이 일본에서 가지고 와 고종에게 바쳤다. 러시아의 남하 정책에 대비하기 위한 조·일·청 간의 외교 정책을 논한 것으로, 러시아를 방비하기 위하여 조선은 친중국, 결일본, 연미방의 외교 정책을 써야 한다는 것이 골자로 되어 있다. 즉, 러시아의 남하를 막기 위해서는 중국, 일본, 미국과 연대해야 한다는 방아책(防俄策)을 제시한 것이다. 이 책은 미국과의 수교에 영향을 주었을 뿐만 아니라 한편으로는 개화론을 자극하고, 다른 한편으로는 위정척사론을 강화시키는 역할을 하였다.

더 알아보기⊕

친중국 · 결일본 · 연미국

조선의 땅은 실로 아세아의 요충을 차지하고 있어 형세가 반드시 싸우는 바가 되니 조선이 위태로우면 중국도 위급해질 것이다. 러시아가 영토를 넓히려고 한다면 반드시 조선으로부터가 시작일 것이다. …… 그렇다면 오늘날 조선의 책략은 러시아를 막는 일보다 더 급한 것이 없을 것이다. 러시아를 막는 책략은 무엇인가? 중국과 친하고(親中國), 일본과 맺고(結日本), 미국과 이어짐(聯美邦)으로써 자강을 도모해야 한다. 미국을 끌어들여 우방으로 하면 도움을 얻고 화를 풀 수 있을 것이다. 이것이 바로 미국과 이어져야 하는 까닭이다.

– 황쭌셴, 「조선책략」 –

　　ⓛ 조약 체결 경위 : 러시아와 일본 세력을 견제하고, 조선에 대한 종주권을 국제적으로 승인받을 기회를 노리던 청의 알선(이홍장)으로 조선의 신헌과 미국의 슈펠트 간에 조 · 미 수호 통상 조약을 체결하였다.

더 알아보기⊕

조 · 미 수호 통상 조약(일부)(1882.4)

제1조　서로 돕고 거중 조정함으로써 우의가 두터움을 표시한다.
제2조　미국에 대한 최혜국 대우를 인정하되, 타국에 대한 우대가 협약에 의한 것이라면 미국과도 협약을 맺은 뒤 우대할 수 있다.
제3조　미국인에 관계된 조선인 범죄의 조선 관원 · 법률에 의한 처단과 미국 측의 조선 범죄인 은닉 · 비호 금단, 치외 법권을 잠정적으로 인정한다.
제4조　영사 재판권에 관한 규정으로 치외 법권이다.
제5조　수입 세율은 생필품 1/10, 사치품 3/10으로 한다(관세 자주권의 인정).
제6조　흉년에 한해 미곡 수출을 금지한다.
제7조　유학생에 대해 보호 · 원조하고, 조 · 미 양국 간에 문화 학술이 교류를 최대한 보장한다.

　③ **서양국과의 수교 현황** : 러시아▼를 제외한 대부분의 서양 국가들은 청나라의 알선으로 수교를 맺었다. 여러 서양과의 수교로 우리나라도 국제 사회의 일원이 되었으나 이때 체결된 조약들은 모두 불평등 조약이었다.

▼ 러시아와의 수교
러시아는 청이 알선해 주지 않아 베베르를 직접 파견하여 조약을 체결하였다.

1. 개화 세력의 대두

(1) 개화 사상의 형성

① **북학파와 통상 개화론**

㉠ 실학의 영향 : 초기 개화 사상인 통상 개화론은 북학파의 실학 사상으로부터 영향을 받았다.

㉡ 통상 개화론으로 발전 : 북학파의 주장은 19세기에 이규경, 최한기 등에 의해 계승되고 박규수·오경석·유홍기 등에 의해 통상 개화론으로 발전하였다.

② **양무운동과 문명개화론의 영향** : 개화 사상의 형성에는 청의 양무운동과 일본의 문명개화론▼ 등이 영향을 미쳤다.

③ **개화 사상의 선구자(1860년대)**

㉠ 오경석 : 중인 역관으로 청을 왕래하며 세계정세와 양무 서적인 「해국도지」, 「영환지략」 등을 접하면서 개화 사상▼을 가지게 되었고, 박규수 등과 함께 개항을 주장하여 강화도 조약 체결에도 영향을 미쳤다.

㉡ 유홍기 : 중인 의관으로, 오경석을 통해 양무 서적을 접하면서 개화 사상을 가지게 되었다.

㉢ 박규수 : 조부인 박지원의 사상을 계승하고 청에 사신으로 자주 왕래하면서 개화 의식을 가지게 되었고, 운요호 사건 후 일본과의 수교를 주장하였다.

(2) 개화파의 형성과 성장▼

① **개화 세력의 육성** : 1870년대에 박규수·오경석·유홍기 등은 양반 자제들을 모아 북학파의 사상과 서양 서적, 견문 등을 가르치며 개화 세력을 육성하고자 하였다.

개화파 동지들 갑신정변 직전의 모습으로 민영익, 서광범, 박용하, 유길준, 홍영식, 김옥균 등의 모습을 볼 수 있다.

② 대표적인 초기 개화파 인물 : 김옥균, 박영효, 홍영식, 서광범, 유길준, 김윤식 등이 대표적으로 초기 개화파를 형성하였다.

③ 정치 세력으로의 성장 : 김옥균을 중심으로 왕족 · 관리 · 군인 · 중인 · 승려 · 궁녀까지 다양한 계층의 사람들이 포함된 개화파는 1870년대 말 정치 세력으로 성장하였다.

2. 개화 정책의 추진

(1) 개화 정책의 추진 과정

① 수신사▼의 파견 : 개항 후 조선 정부는 일본의 요청에 따라 제1차 수신사 김기수(1876, 「일동기유」 저술)와 제2차 수신사 김홍집▼을 일본에 파견함으로써, 일본의 발전상과 세계정세의 변화를 알고 개화의 필요성을 더욱 느끼게 되었다.

② 개화파 인사의 기용 : 정부는 대외 관계와 근대 문물 수입 등 여러 과제를 해결하기 위하여 개화파 인물들을 정계에 기용하였고, 이들을 중심으로 부국강병을 목표로 개화 정책을 추진해 나갔다.

③ 제도의 개편
　㉠ 행정 기구 개편 : 정부는 개화 정책을 추진하기 위하여 행정 기구의 개편을 단행하였다. 즉, 의정부나 6조와 별개로 개화정책을 총괄하는 통리기무아문▼이라는 새로운 기구를 설치하고, 그 아래에 12사를 두어 외교, 군사, 산업 등의 업무를 담당하게 하였다.
　㉡ 군사 제도 개편 : 종래 5군영을 무위영 · 장어영의 2영으로 통합 · 개편했으며, 신식 군대의 양성을 위하여 별도로 별기군(교련병대)을 창설하였다(1881). 일본인 교관(호리모도)을 채용하여 근대적 군사 훈련을 시키고 양반 자제 100명으로 구성된 사관생도를 양성하였다.

④ 조사 시찰단(신사 유람단)과 영선사의 파견(1881) : 정부는 근대 문물을 살펴보고 국정 개혁 자료를 모으기 위하여 일본에 조사 시찰단(신사 유람단)을, 청국에 영선사를 파견하였다.

⑤ 보빙사의 파견(1883) : 정부는 정사에 민영익, 부사에 홍영식, 종사관에 서광범을 임명하여, 보빙 사절단을 미국에 파견하였고 일부는 유럽도 시찰하였다. 조선에서 미국 등 서방세계에 파견한 최초의 외교 사절단이다.

▼ 수신사
조선에서 일본에 파견하던 사절을 통신사라 하다가 강화도 조약 이후 수신사로 명칭이 바뀌었다.

▼ 김홍집
주일 청국 공사관의 황쭌셴이 저술한 조선책략을 전래했다.

▼ 통리기무아문
개항 후 외국 문물 수용과 교섭 · 통상 등 정세 변화에 대처하기 위해 청의 관제를 모방하여 설치했다.

(2) 초기 개화파들의 개혁 사상

민씨 정권의 개화 정책은 중국의 양무운동을 본받은 것으로 서양의 과학 기술을 수용하여 부국강병하자는 것을 주장하였으며, 이는 동도서기▼론으로 구체화되었다.

▼ 동도서기
동양의 도, 즉 우리의 전통적인 사상을 지키면서 서양의 과학기술을 받아들이는 것을 의미한다.

3. 개화 운동에 대한 반발

(1) 위정척사 운동의 전개

① 위정척사 운동의 등장 : 성리학적 가치관에 의한 정통성과 명분론에 근거한 이 운동은 먼저 보수적 유생층에 의해 존화양이적 위정척사 운동의 형태로 나타났다.

② 위정 · 척사의 의미 : 위정은 정학인 성리학과 성리학적 질서를 수호하는 것이고, 척사는 불교 · 도교 · 천주교 · 양명학 등 성리학 이외 모든 종교와 사상을 배격하는 것이었다.

③ 전개 : 조선 후기에 천주교가 전래되어 이질적 서구 종교 · 서양 문화를 주로 배격하였으며, 초기 이 운동은 이항로 · 기정진 등에 의해 주도되었고, 특히 이항로의 문인들인 유인석 · 최익현 등에 의해 계승되었다.

(2) 위정척사 운동의 시기별 성격▼

① 1860년대 통상 반대 운동 : 1860년대에는 서양의 통상 요구에 대응하여 서양과의 교역을 반대하는 통상 반대 운동으로 전개되었다.

▼ 위정척사의 시기별 성격
• 1860년대 : 통상 반대 운동
• 1870년대 : 개항 반대 운동
• 1880년대 : 개화 반대 운동
• 1890년대 : 의병 항쟁

이항로와 기정진의 상소문

• **이항로의 상소문**

또 하나 드릴 말씀이 있습니다. 양이의 화는 홍수나 맹수의 피해보다도 훨씬 심각합니다. 전하께서 부지런히 힘쓰시고 경계하시어 안으로는 관리들로 하여금 사학(邪學)의 무리를 잡아 베이시고, 밖으로는 정병으로 하여금 바다를 건너오는 적을 정벌하게 하옵소서. 사람 노릇을 하느냐 짐승이 되느냐 하는 고비와 존속하느냐 멸망하느냐 하는 기틀이 잠깐 사이에 결정되오니 조금이라도 지체해서는 아니 되옵니다.

– 이항로, 「화서집」 –

• **기정진의 상소문**

저들 교활한 오랑캐는 자기들의 생각하는 바를 눈 속의 못으로 삼아 갖은 방법을 다하여 구멍과 간격을 뚫어 반드시 우리와 교통을 하고자 바랄 뿐이니 그 밖에 또 다른 이유가 있겠습니까. 만일 교통의 길을 열면 저들의 영위하는 바는 사사건건 뜻대로 이루어져서 점차 막힘이 없어 2～3년이 지나지 않아서 전하의 백성으로서 서양 사람으로 변하지 않는 자가 얼마 되지 않을 것입니다. 전하는 장차 누구와 더불어 임금 노릇을 하시려 하십니까.

– 기정진, 「노사집」 –

② **1870년대 개항 반대 운동** : 1870년대의 문호 개방을 전후해서는 최익현·유인석 등이 왜양일체론, 개항불가론을 들어 개항 반대 운동을 전개하였다.

최익현의 5불가소

최익현은 다음의 다섯 가지를 들어 일본과의 수교에 반대하였다.

첫째, 이 강화는 일본의 강요에 의해서 이루어지는 것이므로 이는 눈앞의 고식일 뿐 그들의 탐욕을 당해낼 수 없을 것이다.

둘째, 일단 강화를 맺으면 물자를 교역하게 되는데 저들의 상품은 모두 음사기완(淫奢奇玩)한 것이고 또 수공업품이므로 무한한 것이나, 우리의 물화는 필수품이며 땅에서 생산되는 유한한 것이므로 이내 우리는 황폐해질 것이다.

셋째, 그들이 비록 왜인이나 기실은 바로 양적(洋賊)이므로 강화가 한번 이루어지면 사교(邪敎)의 서적들이 교역을 타고 끼어들어와 온 나라에 퍼지고 인류가 쇠퇴할 것이다.

넷째, 일본인이 왕래하여 우리의 재산을 탈취하고 부녀자를 능욕하는 등 인간의 도리가 땅에 떨어지고 백성이 안주(安住)할 수 없을 것이다.

다섯째, 왜적들은 물욕만 높을 뿐 조금도 사람된 도리가 없는 금수와 마찬가지이니 인류가 금수와 더불어 같이 살 수는 없을 것이다.

– 최익현, 「면암집」 –

③ 1880년대 개화 반대 운동

　　㉠ 영남 만인소의 전개 : 1880년대에는 정부의 개화정
　　　책 추진과 「조선책략」의 유포에 반발하여 영남 만인
　　　소로 대표되는 개화 반대 운동이 1881년에 격렬하
　　　게 전개되었다.

　　㉡ 척사 운동의 확산 : 경상도 유생 이만손과 홍재학▼
　　　을 대표로 한 영남 만인소가 「조선책략」을 비판하고,
　　　그것을 들여온 김홍집을 처벌할 것을 요구한 데서
　　　시작하여 전국의 유생들이 같은 내용의 상소를 올려
　　　척사 운동이 확산되었다.

④ 1890년대 의병 항쟁 : 1890년대 이후로는 일본의 침략
　　에 저항하는 항일 의병 운동으로 계승되었다.

황쭌셴(황준헌)

조선책략

(3) 위정척사 운동의 영향

① 개화 정책 추진의 장애 : 위정척사 운동은 당시 정부의
　　개화 정책 추진에 장애물이 되었고, 역사 발전을 가로
　　막는 역기능도 가지고 있었다.

② 새 정책 대안 제시 미비 : 성리학적 세계관을 극복하지 못하고 시대적 변화에 적
　　합한 새로운 정책 대안을 제시하지 못했다는 한계를 지닌다.

③ 의병 운동으로 계승 : 외세의 침략에 반대하는 반외세 · 반침략의 자주적 민족 운
　　동으로서 위정척사의 정신은 의병 운동으로 계승되었다.

4. 임오군란(1882)

(1) 발단

① **구식 군대 차별** : 개화 정책과 외세의
　　침략에 대한 반발은 보수 유생층에서
　　일어났을 뿐만 아니라 구식 군인들에
　　의해서도 일어났다. 민씨 정권이 일
　　본인 교관을 채용하여 훈련시킨 신식
　　군대인 별기군을 우대하고, 구식 군
　　대를 차별 대우한 데 대한 불만에서 폭발하였다(1882).

신식 군대인 별기군과 구식 군인

▼ 만언 척사소(홍재학)
강원도 유생 홍재학은 국왕에게 위
정척사의 대의를 견지하여 주화 매
국자를 엄단하고, 양물 · 양서를 소
각하며, 통리기무아문을 혁파하고
5위제를 다시 설치하라는 격렬한
내용의 척화 상소문을 올렸다가 처
형당하였다.

② **부패 관리의 착복** : 부패한 민씨 세력이 구식 군대의 급료 지급을 13개월이나 지연시켰으며, 1882년 6월 선혜청 도봉소에서 무위영 소속 군인에게 녹봉으로 돌이 섞인 쌀을 지급하여 김춘영·유복만 등이 이에 항의하자, 선혜청 당상이었던 민겸호가 이들을 투옥시켰다(도봉소 사건)▼.

▼ 도봉소 사건
1882년(고종 19) 6월 일본식 군제 도입과 민씨 정권에 대한 반항으로 일어난 구식 군대의 군변을 말한다.

(2) 경과

① **대원군에게 도움 요청** : 구식 군인들은 흥선 대원군에게 도움을 청하고, 정부 고관의 집을 습격하여 파괴하는 한편, 일본인 교관을 죽이고 일본 공사관을 습격하였다.

② **민중의 합세** : 민중들이 합세한 가운데, 민씨 정권의 고관들을 처단한 뒤 군란을 피해 달아나는 일본 공사 하나부사 일행을 인천까지 추격하였다.

③ **민씨 일파는 청에 원조 요청** : 이들은 이최응·민겸호 등을 살해하였고, 당시 명성황후는 충주로 피신하였고, 민씨 일파는 청에 원조를 요청하였다.

(3) 결과

① **흥선 대원군의 재집권** : 임오군란은 흥선 대원군의 재집권으로 일단은 진정되었으나, 이로 인해 조선을 둘러싼 청·일 양국 간의 대립을 초래하였다. 다시 집권한 흥선 대원군은 개화 시책을 중단하고 통리기무아문과 별기군을 폐지하고 5군영과 삼군부를 부활시키는 등 복고적 정치를 실시하였다.

습격당하는 일본 공사관 구식 군인들의 습격에 당황하여 민가 지붕을 넘어 달아나는 일본공사 일행의 모습

② **청·일 내정 간섭 초래** : 일본은 조선 내 일본 거류민 보호를 내세워 군대 파견의 움직임을 보였으며, 이에 청은 신속히 군대를 조선에 파견하여 흥선 대원군을 군란의 책임자로 청에 압송해 감으로써 일본의 무력 개입 구실을 없애려 하였다.

③ **민씨 일파의 재집권과 친청 정권 수립** : 흥선 대원군 정권은 1개월 만에 무너지고 다시 정권을 잡게 된 민씨 정권은 무력으로 군인·민중 봉기를 진압하였다.

④ **청의 내정 간섭 심화** : 청은 이후 조선의 내정에 적극적으로 간섭하였으며, 이는 청·일 전쟁 때까지 계속되었다.

　㉠ 조·청 상민 수륙 무역 장정 체결 : 조·청 상민 수륙 무역 장정의 체결(1882.8)을 강요하여 청의 종주권을 재확인하고, 일본보다 유리한 조건의 통상 관계를 맺었으며, 청의 상인들이 조선 내에서 거주·영업·여행을 자유롭게 할 수 있도록 허용하였다.

> **더 알아보기 ⊕**
>
> **조 · 청 상민 수륙 무역 장정(일부)(1882.8.23)**
>
> 이 수륙 무역 장정은 중국이 속방을 우대하는 뜻에서 상정한 것이고, 각 대등 국가 간의 일체 균점(均霑)하는 예와는 다르다. ……
> 제1조 청의 상무위원을 서울에 파견하고 조선 대관을 천진에 파견한다. 청의 북양 대신과 조선 국왕은 대등한 지위를 가진다.
> 제2조 조선에서 청의 상무 위원의 치외 법권을 인정한다.
> 제3조 선박의 조난 구호 및 평안도, 황해도와 산둥 성, 펑톈 성 연안에서의 어업 활동을 허용한다.
> 제4조 북경과 한성의 양화진에서의 개잔(開棧) 무역을 허락하되 양국 상민의 내지 채판(內地采辦)을 금하고, 다만 내지 채판이 필요한 경우 지방관의 허가서를 받아야 한다.
> 제5조 책문과 의주, 그리고 훈춘과 회령 간의 국경 무역을 존속시킨다.
> 제6조 청국 윤선(증기선)의 항로 개설권, 청국 병선의 조선 연해 내왕권 및 조선 국방담당권을 허용한다.
> 제7조 장정의 수정은 북양 대신과 조선 국왕의 자문으로 결정한다.

▼ **묄렌도르프(Möllendorff)**
청 주재 독일 영사관에 근무 중 이홍장의 추천으로 통리기무아문에서 외교 · 세관 업무 담당

   ⓛ 외국인의 고문 정치 : 위안스카이 등이 지휘하는 군대를 서울에 상주시켜 조선의 군대를 훈련시켰다. 그리고 외교고문으로는 묄렌도르프(Möllendorff)▼와 재정고문에는 마젠창을 고문으로 파견하여 조선의 내정과 외교 문제에 깊이 관여하였다.
  ⑤ 제물포 조약의 체결(1882) : 교섭 대표로 조선에 파견된 일본의 하나부사 공사와 제물포 조약을 체결하여 배상금을 물었으며, 일본 공사관의 경비병 주둔을 인정하였다.

5. 개화당의 근대화 운동

(1) 개화 세력의 형성 · 분화와 활동

  ① 개화파의 형성
   ㉠ 초기 개화 사상의 형성 : 북학파의 실학 사상을 발전적으로 계승하였고, 청의 양무운동, 일본의 문명개화론의 영향을 받아 초기 개화 사상을 형성하였다.
   ㉡ 개화파의 등장 : 개화 사상의 선각자인 박규수의 지도를 받은 김옥균 · 박영효 · 서광범 · 김윤식 · 유길준 등 개화 주장자들이 점차 하나의 정치 세력으로 성장하여 개화파를 이루었다.

ⓒ 개혁 운동의 추진 : 개화파는 1880년대에 정계에 진출하여 자주적으로 문호를 개방하고자 정부 개화 정책을 뒷받침하고, 외국과 통상할 것을 주장하는 개혁 운동을 추진하였다.

② **온건 개화파와 급진 개화파**

구분	온건 개화파(수구당, 사대당)	급진 개화파(개화당, 독립당)
주요 인물	김홍집 · 김윤식 · 어윤중	김옥균 · 박영효 · 홍영식 · 서광범 · 서재필 등 소장 관료
정치적 입장	친청적 민씨 정권과 결탁, 전통적인 청과의 관계 중시	소장파 관료, 임오군란 이후 청의 간섭과 정부의 사대 정책 반대
개혁 방안	• 동도서기론(청의 중체서용론, 일본의 화혼양재론)에 바탕을 둔 점진적 개혁 추구 • 선진 과학 기술 수용에는 적극적, 정치 · 사회 제도 개혁에는 소극적 • 전제 군주제 유지	• 정치, 사회 제도의 개혁까지 포함하는 급진적 · 변법적 개혁 추구 • 서양의 정치 · 정신 문화까지 적극 수용 주장 • 입헌 군주제 추구
개혁 모델	청의 양무운동	일본의 메이지 유신

③ **개화당의 활동**

ⓐ 근대적 국정 개혁의 필요성 절감 : 김옥균을 중심으로 하는 개화당 요인들은 박규수 사후에는 중인 출신으로 개화 사상의 선각자였던 유홍기의 지도를 받았다.

ⓑ 수신사 파견과 태극기 : 개화당의 활동은 임오군란을 계기로 활발해졌다. 임오군란 후 1882년 9월 박영효가 3차 수신사로 일본에 파견되었고, 이때 박영효는 태극기를 만들어 사용하였다.

ⓒ 김옥균의 활동 : 김옥균은 일본의 지원을 받아 청 세력을 축출하고자 내정 개혁 자금을 지원받기 위한 고종의 위임장을 가지고 다시 일본으로 갔으나, 일본 정부는 약속을 깨뜨리고 차관 지원을 거부하였다.

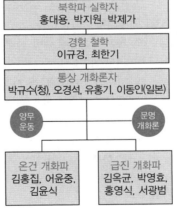

④ **활동의 부진** : 개화당은 개화 정책 추진을 위한 차관 도입에 실패함으로써 정치 자금의 조달이 어려워졌고, 민씨 일파에 의한 친청 세력의 견제가 심해져서 개화 정책을 뜻대로 할 수가 없었다.

(2) 갑신정변(1884)

① **배경** : 임오군란 이후 민씨 정권의 요직을 차지한 친청(親淸) 세력은, 그들에 반대하는 개화당을 탄압하였고 개화당의 주요 인물을 지방이나 해외로 보내기도 하였다. 친청 세력의 압박으로 개화 정책의 추진은 물론, 신변의 위험마저 느끼게 된 개화당 요인들은 민씨 정권을 무너뜨리고 철저한 개화 정책을 추진하기 위하여 비상수단을 도모하게 되었다.

② **정변의 계획** : 1884년 청이 베트남 문제로 프랑스와 전쟁 상태로 들어가 조선에 주둔한 청군 일부가 철수하게 된 것을 기회로 개화당 요인들은 정변을 계획하였다. 개화당은 서울 주재 미국 공사관의 지원을 얻는 데에는 실패했으나, 일본 공사의 재정적 · 군사적 지원을 약속받고 정변을 구체화시켜 나갔다.

③ **정변의 발발(1884)** : 홍영식이 우정총국의 총판으로 있을 당시 개화당은 우정국 축하연을 이용하여 사대당 요인들을 살해하고 김옥균, 박영효, 홍영식, 서광범, 서재필 등을 중심으로 하는 개화당 정부를 수립한 뒤 14개조 개혁 요강을 마련하여 발표하고 갑신정변을 일으켰다.

④ **개혁 내용**
　㉠ 정치면 : 청에 대한 사대 관계를 폐지하고, 입헌 군주제적 정치 구조를 세우려고 하였다.
　㉡ 경제면 : 지조법▼을 개정하고 재정 기관은 호조로 일원화하여 국가 재정을 충실히 하려고 하였으며, 혜상공국을 폐지하여 자유로운 상업의 발전을 꾀하였다.
　㉢ 사회면 : 인민 평등권을 확립하고 능력에 따른 인재 등용으로 정치 참여 기회를 확대하고자 하였다.

▼ 지조법(地租法)
토지에 부과하는 세금을 생산량 기준이 아니라 토지 가격에 따라 부과하는 방식으로서 종래의 삼정의 문란을 해결하려는 방안으로 일본에서 실시된 것을 수용한 것이다. 지조법은 토지 제도가 아니라 조세 제도의 개혁이다.

분야	14개조 정강	개화당의 목표
정치	1. 흥선 대원군을 빨리 귀국시키고 종래 청에 대해 행하던 조공의 허례를 폐지한다.	청에 대한 사대 외교 관계 청산
	2. 문벌을 폐지하고 인민 평등권을 제정하여 능력에 따라 관리를 임명한다.	양반 중심의 정치 체제와 신분제 타파
	4. 내시부를 없애고 그중에서 우수한 인재를 등용한다.	국왕을 가까이에서 보좌하는 기관을 폐지하여 국왕의 권력 제한
	7. 규장각*을 폐지한다.	
	13. 대신과 참찬은 의정부에 모여 정령을 의결하고 반포한다.	국왕의 전제 정치와 외척의 국정 간섭을 막고, 내각 제도를 확립 → 입헌 군주제 추구
	14. 의정부와 6조 외에 필요 없는 관청을 없앤다.	
경제	3. 지조법(地租法)을 개혁하여 관리의 부정을 막고 백성을 보호하며 재정을 넉넉히 한다.	삼정의 문란을 바로잡고 국가의 재정을 확보
	6. 각 도의 환상(환곡)미를 영구히 받지 않는다.	
	9. 혜상공국*을 혁파한다.	보부상 등의 특권을 없애고 자유 상업을 발전시키기 위해
	12. 모든 재정은 호조에서 관할한다.	호조가 국가 재정 관할 (재정 일원화)
기타	5. 탐관오리 중에서 그 죄가 심한 자는 처벌한다.	국가 기강 확립과 민생 안정
	8. 급히 순사를 두어 도둑을 방지한다.	근대적 경찰 제도 도입
	10. 귀양살이하거나 옥에 갇혀 있는 자는 그 정상을 참작하여 적당히 형을 감한다.	민심을 얻음
군사	11. 4영을 1영으로 합하되, 영 가운데에서 장정을 뽑아 근위대를 설치한다.	군의 통솔권 확립

▼ 규장각
정조 때 탕평 정치를 실시하며 만들어진 관청이지만 외척 세도 정치의 기반으로 변질되었다.

▼ 혜상공국
보부상을 총괄하는 기관으로서 보부상의 특권을 보호하며 집권층의 손발노릇을 했던 기구

⑤ 갑신정변의 결과
　㉠ 정변의 실패 : 지원을 약속한 일본의 배신과 청군의 개입으로 갑신정변은 3일 천하로 끝나고 말았다. 개화당 정권 붕괴 후 고종은 심순택 · 김홍집 중심의 정부를 구성하고 개혁 요강을 무효화하였으며, 우정총국도 폐지시켰다.
　㉡ 한계 : 갑신정변은 개화당의 약한 세력기반으로 외세에 의존하면서 정변의 방법으로 권력을 잡으려 했지만, 청의 무력 간섭으로 결국 실패로 끝났다.

ⓒ 개화 운동의 단절 : 청의 내정 간섭이 더욱 강화되었고 보수 세력의 장기 집권이 가능하게 되었으며, 개화 세력이 도태되어 상당 기간 개화 운동의 흐름이 단절되었다.

ⓔ 한성 조약 체결(1884) : 일본의 강요로 배상금 지불과 이소바야시 대위의 살해범 처벌, 일본에 사죄할 것, 일본 공사관 신축비 부담 등을 내용으로 하는 조약을 체결하였다.

ⓜ 톈진 조약 체결(1885) : 청 · 일 양국은 조선에서 청 · 일 양국군이 4개월 이내 공동 철수할 것, 장차 조선에 파병할 경우 상대국에 미리 알릴 것과 사건이 해결되면 즉시 철수할 것 등을 내용으로 하는 톈진 조약을 비밀리에 체결하였다. 이 조약으로 일본은 청국과 동등하게 조선에 파병할 수 있는 권리를 얻었다.

⑥ 갑신정변의 의의

ⓐ 정치 개혁의 시도와 신분제 타파 노력 : 갑신정변은 개화당이 시도한 최초의 근대 국가 건설 운동으로 중국에 대한 전통적 사대 관계를 청산하려 하였고, 전제 군주제를 근대적 입헌 군주제로 바꾸려는 정치 개혁을 최초로 시도하였다. 또한 정부 차원에서 문벌을 폐지하고 인민 평등권을 확립하여 봉건적 신분 제도를 타파하려 하였다.

ⓑ 근대화 운동의 선구 : 갑신정변은 근대 국민 국가, 자주 국가 수립을 목표로 소수 선각자에 의한 위로부터의 개혁 운동이었으며, 역사 발전에 합치되는 민족 운동의 방향을 제시한 우리나라 근대화 운동의 선구였다.

⑦ **갑신정변의 한계** : 일반 민중과 농민의 지지를 받지 못하였으며, 외세에 의존하고 있었다는 한계가 있다.

(3) 개항 이후의 국내 상황과 거문도 사건

① 열강의 침략 경쟁

ⓐ 갑신정변 이후 열강의 침략 경쟁 가열 : 개항 이래 조선을 둘러싸고 전개된 열강의 정치적 · 경제적 · 군사적 침략 경쟁은 갑신정변 후 더욱 가열되었다. 청국의 정치적 간섭과 청 · 일의 경제적 진출이 격화되자 조선 정부와 국민의 반청 · 배일 감정이 고조되었으며 러시아와 영국까지 조선 문제로 충돌하게 되었다.

ⓑ 러시아와의 교섭 : 갑신정변 후 정부는 청을 견제하기 위해 미국과 관계를 더욱 강화하고자 하였으나, 미국이 소극적 태도를 보이자 러시아와 적극적으로 교섭하였다.

② 러시아의 남하

ⓐ 군항 개설 : 러시아는 베이징 조약으로 연해주를 차지하여 조선과 접경한 후, 블라디보스토크에 군항을 개설하고 이곳을 남하 정책의 기지로 삼아 조선 내 세력 진출을 꾀하였다.

ⓛ 조·러 비밀 협정 체결 : 1884년 조·러 통상 조약 체결 이후 러시아 공사 베
베르는 외교 수완을 발휘하여, 반청의 경향을 보이던 조선 정부에 접근하여
묄렌도르프의 알선으로 1886년에 조·러 비밀 협정을 체결하였다.

ⓒ 영국의 거문도 점령 : 러시아의 남하 정책에 대항하여 1885년 3월 영국은 거
문도를 점령하고 이곳에 군사 기지를 구축하여 해밀턴 항이라 불렀다. 이후
러시아가 조선을 침범하지 않는다는 조건으로 철수하였다(1887.2).

③ 한반도 중립화론의 제기 : 조선을 둘러싼 열강들의 경쟁이 과열되자 국내외에서
한반도를 중립화하자는 논의가 전개되었다. 독일부영사 부들러, 개화파 유길준
중심이었으나 실현되지는 못하였다.

▼ 유길준의 서유견문
유길준이 미국 유학 중에 유럽을
여행하며 서구의 문물을 기록한 책

더 알아보기➕

유길준의 조선 중립화론 요지

우리나라가 아시아의 인후(咽喉)에 처해 있는 지리적 위치는 유럽의 벨기에와 같고, 중국에 조공하
던 처지는 터키에 조공하던 불가리아와 같다. 그런데 불가리아가 중립 조약을 체결한 것은 유럽 여
러 대국들이 러시아를 막으려는 계책에서 나온 것이었고, 벨기에가 중립 조약을 체결한 것은 유럽
의 여러 대국들이 자국을 보전하려는 계책에서 나온 것이었다. 대저 우리나라가 아시아의 중립국이
된다면 러시아를 방어하는 큰 기틀이 될 것이고, 또한 아시아의 여러 대국이 서로 보전하는 정략
도 될 것이다. 오직 중립만이 우리나라를 지키는 방책인데, 우리 스스로가 제창할 수도 없으니 중국
에 청하여 처리해야 할 것이다. 중국이 맹주가 되어 영국, 프랑스, 일본, 러시아 같은 아시아에 관계
있는 여러 나라들과 회합하고 우리나라를 참석시켜 같이 중립 조약을 체결토록 해야 될 것이다. 이
것은 비단 우리나라만을 위한 것이 아니라 중국의 이익도 될 것이고, 여러 나라가 서로 보전하는 계
책도 될 것이니 무엇이 괴로워서 하지 않겠는가.

– 「중립론」–

(4) 정부의 대응

① **열강 침략에 대응 미비** : 정부의 개화 정책 추진 및 개화 운동, 유생층의 위정척
사 운동은 점점 격화되는 열강의 침략 경쟁에 효과적으로 대응하지 못하였다.

② **타협과 굴복** : 조선의 관료 지배층은 외세의 침략에 적절한 대응책을 세우지 못
한 채, 타협과 굴복으로 일관함으로써 당면 문제에 대한 해결 능력을 보여 주지
못하였다.

③ **재정 궁핍과 농민 수탈** : 개항 이후 국제적 분쟁으로 인한 배상금 지불과 근대적
문물 제도의 수용에 필요한 경비 지출 등으로 국가 재정이 더욱 궁핍해지고 농
민에 대한 지배층의 압제와 수탈이 가중되었다.

동학 농민 운동과 근대적 개혁의 전개

1. 동학 농민 운동의 전개

(1) 일본의 경제적 침투와 농민의 피폐

① 배경 : 조선의 농촌 경제는 일본의 경제적 침투로 피폐해져 갔다. 개항 이후 가장 먼저 침략의 손을 뻗치고 있던 일본은 정치적 면에서 임오군란과 갑신정변 이후 영향력이 크게 약화되자 경제적인 침략에 더욱 집중하였다.

② 일본의 무역 형태

    ㉠ 일본 상인들의 중개 무역 : 일본 상인들은 처음에는 청국 상인들과 마찬가지로, 주로 영국의 면제품 등을 싸게 구입하여 비싸게 판매하는 중개 무역을 하였으나, 점차 자국 제품으로 대치하여 큰 이익을 취하였다.

    ㉡ 약탈 무역과 폭리 : 당시 일본에 대한 조선의 수출품은 미곡이 30% 이상을 차지하였고, 일본 정부의 정치적 비호를 받은 일본 상인들은 조선 농민의 가난한 형편을 이용하여, 입도선매▼나 고리대의 방법으로 곡물을 사들여 폭리를 취하였다.

    ㉢ 경제적 자립 약화 : 1890년대 초 당시 조선에서는 수출 총액의 90% 이상, 수입 총액의 50% 이상을 일본이 차지하여 수출보다 수입 물량이 5배 정도 많았다.

③ 방곡령 사건(1889)

    ㉠ 방곡령의 실패 : 일본의 경제적 침략에 대응하여 함경도와 황해도 지방에서는 곡물의 수출을 금하는 방곡령을 내리기도 하였으나, 조 · 일 통상 장정을 지키지 않았다는 일본의 항의로 배상금만 지불하고 실효를 거두지는 못하였다.

    ㉡ 농민의 적개심 증대 : 농촌 경제는 갈수록 피폐해지고 일본에 대한 농민들의 적개심도 높아져 갔다.

(2) 농민층의 불만 팽배와 동학의 교세 확장

① 농민층의 불만 증대 : 자본주의 열강의 침탈과 지배층의 착취로 인하여 농촌 경제가 파탄에 이르게 되자, 농민층의 불안과 불만은 더욱 팽배해 갔다. 한편 대내외적 정세 변화에 대한 농촌 지식인들과 농민들의 정치 · 사회의식이 급성장하여 사회 변혁의 욕구가 고조되었다.

▼ 입도선매(立稻先賣)
벼를 추수하기 전에 미리 대금을 싼 값에 지불하고 매입하는 것

② 동학의 교세 확장
- ㉠ 최제우의 처형 : 동학의 교세는 삼남 지방을 중심으로 확대되어 갔고, 동학 교세의 확산에 대한 위기감을 느낀 정부는 1864년 **교조 최제우**▼를 혹세무민의 죄로 몰아 처형시킴으로써 동학의 교세는 일시 위축되었다.
- ㉡ 농민 전쟁화 : 동학의 인간 평등 사상과 사회 개혁 사상은 새로운 사회로의 변화를 갈망하는 농민의 요구에 부합되었고, 동학의 포접제 조직은 농민 세력의 규합을 가능하게 하였다. 종래 산발적·분산적이었던 민란 형태의 농민 운동은 농민 전쟁의 형태로 바뀌어 갔다.

(3) 교조 신원 운동▼

① 삼례 집회(1892.11)
- ㉠ 삼례 집회의 시작 : 고종 29년(1892.11)에 최시형 등은 수천 명의 동학교도들과 전라도 삼례에 모여 교조에 대한 신원과 동학의 자유, 지방관의 동학교도에 대한 탄압 금지 등을 요청하였지만 교조에 대한 신원 회복은 받아들여지지 않았다.
- ㉡ 해산 : 동학교도에 대한 탄압을 하지 않겠다는 전라 감사의 약속을 받고 해산하였다.

② 복합 상소 : 1893년 2월 손병희 등 교도 대표 40여 명이 서울 궁궐에 모여 교조 신원에 대해 복합 상소를 하였으나 실패하였다.

③ 보은 집회
- ㉠ 보은 집회의 시작 : 복합 상소에 실패한 교도들은 1893년 3월 충청도 보은에 모여 대대적 정치 운동을 벌였다. 이때 '보국안민·척왜양창의·제폭구민' 등의 정치적 구호가 등장하였다.
- ㉡ 집회의 성격 변화(종교 운동 → 정치 운동) : 이 집회는 동학교도와 농민이 참가한 대규모 집회로 탐관오리의 숙청, 일본과 서양 세력의 축출을 요구하는 정치적 구호를 내세웠으며, 결국은 동학 교단 중심의 종교 운동이 농민 중심의 정치 운동으로 전환되어 갔다.

(4) 동학 농민 운동의 전개

① 고부 농민 봉기(1894.1)
- ㉠ 고부 군수 탐학에 항거 : 고종 31년(1894)에 전라도 고부 군수 조병갑의 탐학에 항거하여 전봉준 등 농민군 지도자들은 1893년 11월부터 격문이 담긴 사발통문을 돌렸으며, 1894년 1월 1천여 명의 농민군을 이끌고 관아를 습격하여 군수를 내쫓고 아전들을 징벌한 뒤 곡식을 농민들에게 나눠주고 10여 일 만에 해산하였다.

▼ **동학의 교주**
- 최제우(1대 교주) : 경주 잔반 출신의 동학의 창시자로 1864년 혹세무민을 구실로 대구에서 사형을 당하였다.
- 최시형(2대 교주) : 심한 탄압 속에서도 포교활동과 교단 조직 정비를 통해서 동학을 종교화로 크게 성장시켰다. 그리고 동학의 기본교리는 최제우 사후 그의 저술을 최시형이 모아 편찬한 동경대전과 용담유사에 담겨 있다.
- 손병희(3대 교주) : 동학을 천도교로 개명을 하였으며, 이후 3·1 운동 민족대표 33인 중의 한 사람으로서 활동하였다. 이에 맞서 친일파인 이용구가 친일 사상을 가진 시천교(侍天敎)를 창설, 교주가 되어 천도교에 대항하였다.

▼ **교조 신원 운동**
동학 교조 최제우의 억울함을 풀어달라는 동학교도들의 운동으로서 동학 교세가 확장되자 동학교도들은 삼례와 보은 등지에서 대중 집회를 열고 교조 신원 운동을 벌여 동학을 공인받으려 하였다.

ⓛ 안핵사 이용태 파견 : 조정에서는 조병갑을 파면한 후 박원명을 군수로 임명하고 안핵사 이용태를 파견하여 조사하였다. 이용태는 난의 책임이 동학교도에게 있다 하여 교도들을 체포·처형하였다.

사발통문(沙鉢通文) 주모자가 드러나지 않도록 참가자 이름을 원형으로 표기하였다.

② **1차 봉기**(1894.3)

　ⓐ 백산 집결과 격문 발표▼ : 이에 해산하였던 전봉준, 손화중, 김개남 등 농민군은 보국안민·제폭구민의 기치를 내걸고 고부를 점령하고 백산에 집결하였다. 이들은 농민 봉기를 알리는 격문을 발표하고 농민군 4대 행동 강령을 선포하였다.

▼ 농민 봉기를 알리는 격문
우리가 의(義)를 들어 이에 이름은 그 본의가 다른 데 있지 아니하고 창생을 도탄에서 건지고 국가를 반석 위에 두고자 함이다. 안으로는 탐학한 관리의 머리를 베고 밖으로는 횡포한 강적의 무리를 구축하고자 함이다. 양반과 호강(豪强)의 앞에서 고통을 받는 민중들과 방백과 수령의 밑에서 굴욕을 받는 소리(小吏)들은 우리와 같이 원한이 깊은 자이다. 조금도 주저치 말고 이 시각으로 일어서라. 만일 기회를 잃으면 후회해도 미치지 못하리라.
－「동학사」－

> ### 더 알아보기 ➕
>
> **동학 농민군의 4대 강령**
> 1. 사람을 죽이지 말고 물건을 해치지 말라.
> 2. 충효를 다하며, 세상을 구하고 백성을 편안케 하라.
> 3. 일본 오랑캐를 물리치고 성도(聖道)를 깨끗이 하라.
> 4. 군대를 몰아 서울에 들어가 권세가와 귀족을 모두 멸하라.
>
> － 정교, 「대한계년사」－

　ⓑ 황토현 전투 : 태안을 점령한 농민군은 황토현에서 전라도 감영군(지방군)을 격파(1894.4.7)하였다.

　ⓒ 전주성 점령(황룡촌 전투) : 농민군은 정부가 파견한 경군(중앙군)을 장성 황룡촌에서 격파하고(1894.4.23), 전주성까지 점령(1894.4.27)하면서 전라도 전체가 사실상 농민군의 영향권에 들어갔다.

③ **전주 화약**(1894.5)

　ⓐ 청·일 군대 주둔 : 관군의 패배로 정부는 청나라에 군대 파견을 요청하여 청군이 아산만에 상륙했고, 톈진 조약에 따라 일본도 군대를 파견하여 인천으로 상륙하였다. 양국 군대의 상륙으로 조선 내에서 청·일 간 대립이 격화되자 외세의 간섭을 피하기 위해 동학 농민군과 정부 간에 전주 화약이 맺어져 폐정 개혁 12조를 제시하고 일단 해산하게 되었다.

더 알아보기 ⊕

폐정 개혁 12조

1. 동학교도는 정부와의 원한을 씻고 서정에 협력한다.
2. 탐관오리는 그 죄상을 조사하여 엄징한다.
3. 횡포한 부호를 엄징한다.
4. 불량한 유림과 양반의 무리를 징벌한다.
5. 노비문서를 소각한다.
6. 7종의 천인 차별을 개선하고, 백정이 쓰는 평량갓은 없앤다.
7. 청상과부의 재가를 허용한다.
8. 무명의 잡다한 세금은 일체 폐지한다.
9. 관리채용에는 지벌(地閥)을 타파하고 인재를 등용한다.
10. 왜와 통하는 자는 엄징한다.
11. 공사채를 물론하고 기왕의 것은 무효로 한다.
12. 토지는 평균하여 경작한다.

ⓒ **집강소▼** 설치(1894.5.6) : 전주 화약에 따라 전라도 관찰사 김학진과 전봉준은 전라도 53군에 민정 기관인 집강소를 설치하여, 그들이 제시한 폐정 개혁안을 실천에 옮기려 했으며 치안·행정을 담당케 하였다.

ⓒ **청·일 전쟁과 일본의 내정 간섭** : 전주 화약 체결로 사실상 외국 군대에 대한 명분이 없어지자, 정부는 온건 개화파를 중심으로 자주적 개혁을 추진하기 위하여 교정청을 설치하고 군대 철병을 요구하였다. 그러나 일본이 청의 세력을 조선에서 몰아내고자 무력으로 경복궁을 점령하여 민씨 정권을 내쫓고 친일 정부를 수립한 후 아산만에 있던 청군을 기습 공격하면서 청·일 전쟁(1894)이 발발하였다.

④ **2차 봉기(1894.9)**

ⓐ **재봉기 원인** : 청·일 전쟁에서 승세를 잡은 일본이 내정 간섭을 강화하자 이에 대항하여 대규모의 동학 농민군이 다시 일어났다.

ⓑ **남·북접 연합 부대 결성과 우금치 전투 패배** : 이전 봉기 때 종교적 입장을 고수하여 적극적으로 가담하지 않았던 손병희 등 북접의 동학교도들의 합세 후 논산에 집결하여 공주 우금치(1894.11)에서 관군과 일본군을 상대로 격전을 벌였으나, 근대 무기로 무장한 일본군과 관군에게 패하였다.

(5) 동학 농민 운동의 성격과 영향

① **성격** : 동학 농민 운동은 안으로는 노비 문서 소각, 토지 평균 분작 등 개혁 정치를 요구한 반봉건적이고, 밖으로는 외세의 침략에 대항한 반침략적이며, 밑으로부터의 근대 민족 운동의 성격을 띠었다.

▼ 집강소
동학 농민 운동 때 농민군이 전라도 대다수 군현에 설치하였던 농민 자치기구

② 영향

    ㉠ 반봉건적 성격 : 갑오개혁에 부분적으로 반영되어 성리학적 전통 질서의 붕괴를 촉진하였고, 새로운 근대 사회로 전진하는 중요한 계기가 되었다.

체포된 전봉준

    ㉡ 반침략적 성격 : 동학 농민군의 잔여 세력▼이 의병 운동에 가담함으로써 반일 무장 투쟁을 활성화시키는 계기가 되었다.

③ 한계 : 동학 농민 운동은 근대 사회를 건설하기 위한 구체적인 방안을 제시하지 못하였으며, 근대 무기로 무장한 일본 침략군을 물리치는 데 역부족이었다. 또한 각 지역 농민군 간 긴밀한 연대 형성이 어려웠고, 농민층 이외의 다양한 지지 기반 확보가 미흡하였다.

▼ 동학 농민 운동을 계승한 영학당(英學黨)의 활동

1898년과 1899년, 두 차례에 걸쳐 고부 · 흥덕 등 전라도 일부 지역에서 보국안민, 척왜양(斥倭洋)을 주장하는 농민 봉기가 일어났다. 흥덕 농민 봉기를 주도한 최익서는 "우리 당은 동학 농민군의 잔여 세력으로서 이번에 봉기하였다."라고 심문관에게 진술하였다.

2. 근대적 개혁의 추진

(1) 갑오개혁의 배경

① 개혁의 추진 배경과 일본의 의도

    ㉠ 추진 배경 : 1894년 동학 농민 운동을 계기로 청 · 일 양국군이 조선에 들어왔으나, 이미 정부와 동학 농민군 사이에는 전주 화약이 성립되어 외국 군대의 조선 주둔에 대한 명분은 사라졌다. 이러한 상황 속에서 일본은 동양 평화의 위협이 되는 조선에서의 내란을 예방하기 위해서 내정 개혁이 불가피하다고 주장하였다.

    ㉡ 일본의 의도 : 일본의 개혁 추진 의도는 일본군의 조선 주둔의 명분을 찾고 나아가 청과의 전쟁 구실을 토대로 청의 세력을 조선에서 몰아낸 후, 조선에 대한 내정 간섭을 통해 경제적 이권 탈취는 물론 조선 침략의 기반을 닦으려는 것이었다.

② 조선의 자주적 개혁 추진 노력

    ㉠ 개혁의 필요성 인식 : 조선은 갑신정변과 동학 농민 운동의 실패로 근대적 개혁을 주체적으로 실시할 기회를 잃었으나, 개항 이래로 누적된 여러 가지 모순과 농민의 요구를 해결하기 위해서는 대내적 개혁이 필요하였다.

    ㉡ 온건 개화파의 개혁 시도 : 갑신정변에 가담하지 않았던 온건 개화파들도 국정 전반에 걸친 개혁의 필요성을 절실히 깨달아, 국왕의 명을 받아 교정청▼을 설치하고 자주적으로 개혁을 추진하려고 하였다.

▼ 교정청

동학 농민군의 개혁 요구와 일본의 내정 개혁에 대한 강요 속에서 왕명으로 설치된 임시관청

(2) 제1차 갑오개혁(1차 김홍집 내각)

① 친일 정부의 수립

    ㉠ 청·일 전쟁 발발 : 일본의 내정 개혁 강요와 조선의 자주적 개혁 주장이 팽팽히 맞선 가운데 일본은 군대를 동원하여 경복궁을 점령하였고, 동시에 아산만의 청 군대를 공격함으로써 청·일 전쟁을 일으켰다.

    ㉡ 일본의 승리 : 일본의 승리로 끝난 전쟁의 결과 조선에서의 청의 종주권은 부인되었고, 대신 일본의 지배를 전적으로 인정해 주는 **시모노세키 조약**▼을 체결함으로써 청국의 조선에 대한 세력은 완전히 제거되었다.

    ㉢ 김홍집 내각 성립 : 청·일 전쟁 중 일본은 단독으로 조선에 대한 내정 개혁을 요구하여, 김홍집을 중심으로 하는 온건 개화파의 친일 정부를 수립하여 국정 개혁을 단행하였다.

청·일 전쟁

▼ 시모노세키 조약

청·일 전쟁의 전후 처리를 위해 1895년 4월 17일 청국과 일본이 일본의 시모노세키에서 체결한 강화 조약이다.

② 제1차 개혁의 추진

    ㉠ 군국기무처의 주도 : 군국기무처는 최고 입법 기관의 성격을 띤 초정부적 회의 기관으로서 제1차 갑오개혁을 추진하였다.

    ㉡ 주요 추진 세력 : 당시 일본은 이권 침탈에 힘쓰고 개혁 내용에 대해서는 방관적 자세를 취하였으므로, 개혁은 사실상 김홍집·유길준 등 군국기무처 의원들의 주도하에 추진되었다.

③ 제1차 갑오개혁의 주요 내용

    ㉠ 정치면의 개혁 내용

       • 자주국 선언 : 조선이 자주국임을 선언하여 청의 종주권을 부인하였다.

       • 연호 사용 : 종래의 중국 연호를 폐지하고 개국 연호를 사용하였다.

       • 8아문의 설치 : 의정부와 6조를 개편한 내무·외무·탁지·군무·법무·학무·공무·농상 등 8아문으로 분속시켜 권력을 집중적으로 안배하였다.

       • 과거제 폐지 : 과거제를 폐지하고 신분의 구별 없이 인재를 등용하는 새로운 관리 임용법을 실시하였다.

    ㉡ 경제면의 개혁 내용

       • 탁지아문의 재정 관장 : 재정에 관한 모든 사무를 탁지아문에서 관장하도록 하여 재정을 일원화하였고, 왕실과 정부의 재정을 분리하여 국가 재정을 정비하는 데 역점을 두었다.

- 조세의 금납화 : 은본위 화폐 제도를 채택하고, 조세의 금납제를 시행하였으며, 도량형을 개정 · 통일하였고 외국 화폐도 혼용할 수 있게 하였다.
  ⓒ 사회면의 개혁 내용
  - 신분제 철폐 : 양반과 평민의 계급을 타파하였고, 공 · 사노비 제도를 폐지하고, 그리고 인신매매 행위를 금지하였다.
  - 봉건 폐습 타파 : 조혼이 금지되었고, 적서의 차별을 없애고 과부의 재가를 허용하였다. 또한 고문과 연좌법을 폐지하는 등 봉건적 폐습을 타파하였다.
  ④ 한계 : 갑오개혁은 긍정적인 점도 많으나, 왕의 권한을 약화시키고 일본의 정치 · 경제적 간섭과 침투를 강화시키는 데 유리한 환경을 조성하였다는 한계가 있다.

(3) 제2차 갑오개혁(2차 김홍집 내각)

① **일본의 적극적 간섭 정책** : 1894년 12월 청 · 일 전쟁에서 승세를 잡게 된 일본은 조선에 대한 적극적 간섭 정책을 취하여, 대원군을 몰아내고 갑신정변의 주동자로서 일본에 망명해 있던 박영효와 서광범을 귀국시켜 친일적인 개혁에 참여하게 하였다.

② **연립 내각의 성립** : 2차 개혁은 군국기무처가 폐지되고 김홍집 · 박영효 연립 내각이 성립되면서 추진되었다. 이 시기는 동학 농민군이 이미 패배함에 따라 사회개혁의 추진력이 약화되었고, 일본의 영향력이 강화되어 개화파의 주도성은 사실상 상실되었다.

서광범

③ 제2차 개혁의 추진
  ㉠ 홍범 14조의 반포 : 고종은 문무백관을 거느리고 종묘에 나가 독립 서고문을 바치고 홍범 14조를 반포하여 개혁의 추진을 서약하였다.
  ㉡ 자주독립 선포와 국정 개혁 : 독립 서고문▼은 국왕이 나라의 자주독립을 선포한 일종의 독립 선언문이었고, 홍범 14조는 자주권 · 행정 · 재정 · 교육 · 관리 임용 · 민권 보장의 내용을 규정한 국정 개혁의 기본 강령이었다.
  ㉢ 교육입국 조서 발표(1895.2) : 교육입국 조서에 따라 소학교 · 중학교 · 사범학교 · 외국어학교 · 의학교 · 상공학교 등 관립학교를 세웠다.

▼ **독립 서고문**
독립을 맹세하여 알리는 글로 갑오개혁 때 고종이 홍범 14조를 반포하면서, 종묘에 나아가 전대왕들에게 바친 글이다.

더 알아보기 ✚

홍범 14조

1. 청에 의존하는 생각을 버리고 자주독립의 기초를 세운다.
3. 임금은 각 대신과 의논하여 정사를 행하고, 종실(宗室)과 외척의 내정 간섭을 용납하지 않는다.
4. 왕실 사무와 국정 사무를 나누어 서로 혼동하지 않는다.
6. 납세는 법으로 정하고 함부로 세금을 징수하지 않는다.
7. 조세의 징수와 경비 지출은 모두 탁지아문(度支衙門)의 관할에 속한다.
14. 문벌을 가리지 않고 인재 등용의 길을 넓힌다.

④ 제2차 개혁의 주요 내용

　㉠ 중앙·지방 제도 개혁 : 의정부와 8아문을 내각과 7부로 개편하고, 군현제를 폐지하고 8도의 행정 구역을 통폐합하여 전국을 23부 337군으로 재편하였다.

　㉡ 사법권 독립 : 사법권을 행정권으로부터 독립시켜, 1심 재판소인 지방 재판소와 개항장 재판소, 2심 재판소인 고등 재판소와 순회 재판소를 두었다. 이로써 근대 사법 제도를 마련하였다.

　㉢ 군사 개혁 소홀 : 종래 군영을 혁파하여 군무아문에 소속시키고 훈련대의 창설·확충과 사관 양성소의 설치 등이 한때 시도되었으나 박영효 내각이 실각하고 일본이 조선의 군사력 강화나 군제 개혁을 꺼려하였기 때문에 큰 성과를 거두지 못하였다.

박영효

⑤ 개혁의 중단 : 삼국 간섭(1895.4)으로 일본의 조선 내 세력이 약화되었고, 러시아 공사 베베르의 외교 활동 등으로 러시아는 고종 32년(1895) 7월에 박영효 내각을 실각시킴으로써 갑오개혁은 중단되었다.

⑥ 개혁의 한계와 반발 : 일본의 강요에 의해 추진된 개혁으로 민중의 환영을 받지 못하였다. 특히 일반 국민들이 원하던 토지 제도의 개혁이 없었다.

(4) 제3차 갑오개혁(을미개혁, 4차 김홍집 내각)

① 을미사변(1895.8)

ㄱ 3차 연립(친러) 내각과 반일 정책 : 삼국 간섭 이후 국내에 친러파 세력이 형성되어 이범진·이완용·김홍집·김윤식 등 온건 개화파와 친러파의 제3차 연립 내각이 구성되어 반일 정책을 추진하였다.

ㄴ 을미사변의 발발 : 러시아에게 주도권을 빼앗긴 일본은 비상수단으로 이노우에 공사를 소환하고 미우라 공사를 파견하여, 일본 낭인들을 모아 궁중을 침범하여 명성황후를 시해하였다.

② 제3차 갑오개혁의 전개

ㄱ 중단된 개혁의 재개 : 을미사변을 계기로 친러파는 붕괴되고 유길준, 서광범 등을 중심으로 한 4차 김홍집 친일 내각이 수립되어 그동안 중단되었던 개혁을 재개하였다.

ㄴ 단발령 실시와 반발 : 제3차 갑오개혁이 추진되어 단발령이 내려지자 유생들은 "내 목을 자를지언정 내 머리카락은 자를 수 없다."라는 강경한 자세로 반발하였다.

ㄷ 의병 발발 : 을미사변 울분에 싸여 있던 유생층과 농민들이 단발령을 계기로 하여 각지에서 의병을 일으켰다(을미의병, 1895).

더 알아보기 ➕

을미개혁의 주요 내용

- 태양력 사용
- 종두법 실시
- 우편 사무 개시
- 단발령 반포
- 소학교 설립
- '건양'을 연호로 사용
- 군제 개편을 통해 중앙군과 지방군을 각각 친위대, 진위대로 개편

(5) 갑오 · 을미개혁의 평가

① 의의

ㄱ 개화 운동의 연장 : 개항 이후 동학 농민 운동에 이르는 동안 이룩하려던 개화 운동의 연장이었으며, 정치 · 사회 · 경제 · 문화 등의 봉건적 잔재를 청산하고 근대적 개혁을 가져오게 하는 계기가 되었다.

ㄴ 근대적 개혁 운동 : 갑오 · 을미개혁은 일본 제국주의 세력에 의해 강요된 면이 있으나, 봉건적 전통 질서를 타파하는 근대적 개혁이었다. 나아가 조선의 개화 인사들과 동학 농민층의 개혁 의지가 일부 반영된 민족 내부에서 일어난 근대화의 노력이었으며, 갑오 · 을미개혁이 사실상 조선의 개화 관료들에 의해 추진되었다는 점에서 제한적이나마 개혁의 자율성이 인정된다.

② 한계

ㄱ 타율적 개혁 : 조선에서 필요한 군대 양성이나 군제 개편은 시도하지 못한 타율적 · 기형적 개혁이었다.

ㄴ 민중 지지의 부재 : 일본의 간섭과 만행, 급진적 성격 등으로 인해 민중의 지지를 받지 못하였고, 토지제 개혁 · 상공업 진흥 · 국방력 강화 등과 관련된 개혁에는 소홀하였다.

주권 수호 운동의 전개

1. 아관 파천과 독립 협회

(1) 아관 파천(1896~1897)

▼ 춘생문 사건
1895년 10월 12일 이재순, 이범윤, 이범진, 윤치호 등이 미·러 공사의 협조를 얻어 친일 정권에 포위되어 있는 고종을 구출하고 새 정부를 수립하려다 실패한 사건이다.

① **경과** : 을미사변으로 일본에 대한 국민감정이 크게 악화되고 전국 각지에서 의병이 봉기하여 국내가 어수선해지자 러시아 공사 베베르는 러시아 수병을 끌어들여 공사관을 호위하고, 고종을 궁궐에서 몰래 빼내는 아관 파천▼을 단행하였다(1896.2).

② **결과** : 이로 인하여 김홍집 제4차 친일 내각이 무너지고 을미개혁은 중단되었으며 친러 내각이 구성되어 러시아를 비롯한 각국의 이권 침탈이 증대되어 가는 계기가 되었다.

(2) 독립 협회(1896)

① **독립 협회의 창립**

▼ 독립 협회의 지도부
1896년 7월 설립된 단체로, 자주독립과 내정 개혁을 목표로 활동하였다. 서재필, 이상재, 이승만, 윤치호 등이 적극 활동하였고, 초기에는 이완용, 안경수 등 정부 인사들도 참여하였다.

○ **배경** : 아관 파천으로 김홍집의 친일 내각이 무너지고 박정양·이범진·윤치호 등 친미·친러파 정권이 성립되어 일본의 침략 세력은 일단 견제되었다. 그러나 국왕이 러시아 공사관에 있는 동안 러시아를 비롯한 열강의 이권침탈은 더욱 심해졌고, 국가의 자주성은 손상되었다.

○ **창립** : 갑신정변의 주동자로 미국에 망명했던 서재필이 귀국하였고 그는 자유 민주주의적 개혁 사상을 민중에 보급하여, 민중의 힘으로 자주독립 국가를 수립하고자 독립신문을 창간(1896.4)하고 독립 협회를 창립(1896.7)하였다.

송재 서재필 1884년 갑신정변을 주도했던 선각자로서 독립 협회 창설

○ **독립 협회의 구성원▼** : 독립 협회는 개화파인 서재필을 비롯하여 근대 사상과 개혁 사상을 지닌 진보적 지식인들이 그 지도부를 형성하였고, 자본주의 열강의 침탈과 보수적 지배층의 압제에 불만을 가진 도시 시민층이 주요 구성원을 이루었다. 또한 초기에는 정부 고관들도 참여하였지만 이들은 곧 탈퇴를 하였다.

ⓔ 의의 : 갑신정변은 위로부터의 개혁 운동이었고, 동학 농민 운동이 농민이 중심이 된 아래로부터의 개혁 운동이었던 점에 반하여, 독립 협회는 참여 계층이 광범위했으며 시민 계층이 중심이 되었다.

② **독립 협회의 활동**

ⓖ 활동 방향 : 독립 협회의 지도층은 갑신정변과 갑오개혁 같은 개혁 운동이 민중의 지지 기반 없이 실패로 끝난 사실을 거울삼아 우선 민중을 일깨우기 위한 운동을 벌였다.

ⓛ 독립 기념물의 건립 : 첫 사업으로 국민 성금을 모아 사대의 상징인 **영은문**▼ 자리에 자주독립의 상징인 독립문을 세우고, 모화관을 독립관으로 개수하는 등 독립 기념물을 건립하여 국민의 자주독립 의식을 고취시켰다(청으로부터의 독립 상징).

영은문과 독립문 중국 사신을 맞이하던 영은문을 헐고 조선이 청으로부터 독립함을 기념하는 독립문을 건립하였다(오른쪽 두 기둥이 영은문 자리).

▼ 영은문

청의 사신을 맞이하던 문으로서, 중국의 은혜에 대한 환영의 의미를 가지고 있었다.

ⓒ 민중의 계도 : 강연회와 토론회의 개최, 신문·잡지의 발간을 통하여 근대적 지식과 국권·민권 사상을 고취시켜 민중을 계도하였다. 서재필·윤치호·이상재 등의 주도로 매주 열린 공개 토론회에서는 신교육 진흥, 산업 개발, 후생, 치안, 미신 타파, 열강의 침탈 반대, 의회 설립, 민권 신장 등의 주제들을 다루었고 청중도 수백 명이 넘었다.

ⓔ 고종의 환궁 요구와 이권 침탈 반대 운동 : 아관 파천으로 러시아 공사관에 가 있던 고종의 환궁을 요구하고 외국에의 이권 할양을 반대하였다. 이로써 고종이 환궁하게 되고 한·러 은행은 폐쇄되었다.

ⓜ 민주적 운영 : 독립 협회는 회원 가입이 개방되어 가입이 용이하였고, 운영이 민주적으로 이루어져 민중의 참여도가 높아 지방에 지회까지 설치되어 본회와의 연락이 체계화되었다.

③ **독립 협회의 발전**

ⓖ 근대적 정치 의식의 향상 : 민중 계몽 운동에 의해 점차 민중의 근대적 정치 의식이 향상되고, 시민들의 호응과 참여도가 높아져서 독립 협회는 민중 속에 뿌리내리게 되었다.

ⓒ 민중적 사회 단체로 발전 : 그 후 독립 협회와 독립신문이 외세 의존적 자세를 비판하자, 독립 협회에 참여하였던 관료들은 대부분 이탈하였지만, 독립 협회는 오히려 민중적 사회 단체로 발전되어 갔다.

(3) 국권 · 민권 운동의 전개

① 배경 : 이 무렵 러시아의 침략적 간섭은 여전하였고, 열강의 이권 침탈은 더욱 심해져 갔다. 이에 민중들은 국권과 국익을 수호하려는 국권 운동과 민권 운동으로 대항하였다.

② 국권 운동의 전개

ⓒ 만민 공동회의 개최(1898) : 독립 협회 회원들은 자주 국권 확립을 촉구하는 구국 선언 상소문을 국왕에게 올리고, 우리나라 최초의 근대적 민중 대회인 만민 공동회를 열었다. 만여 명의 시민 · 학생들이 모여 종로 광장에서 열린 만민 공동회에서는 러시아의 침략 정책을 규탄하고,

만민 공동회(민족기록화)

대한의 자주독립권을 지키자는 내용의 결의안을 채택하여, 정부에 강력히 건의하여 관철시켰다(1898.3).

ⓒ 자주 국권 운동의 전개 : 독립 협회는 수시로 만민 공동회를 열고, 민중을 중심으로 열강의 내정 간섭과 이권 요구 및 토지 조사 요구 등에 대항하여 국권과 국익을 수호하려는 자주 국권 운동을 전개하였다.

③ 민권 운동의 전개

ⓒ 자유 민권 운동 : 자주 국권 운동이 전개되는 과정에서, 민중의 힘이 증대되고 민권 의식이 고양되어 자유 민권 운동도 전개되었다. 독립 협회는 국민의 신체 자유권과 재산권, 언론 · 출판 · 집회 · 결사의 정치적 자유 등을 확보하려는 운동을 전개하여 상당한 성과를 거두었다.

ⓒ 국민 참정 운동 : 독립 협회는 민의를 국정에 반영하여 근대 개혁을 추진하려는 국민 참정 운동도 전개하였다.

④ 헌의 6조 결의 : 독립 협회의 활동이 절정에 이른 것은 1898년 10월 종로에서 관민 공동회▼를 개최하였을 시기였다. 여기에는 정부대신들은 물론 지식인, 학생, 상인, 백정 등 각계각층이 총집결하였다. 또한 국권 수호와 민권 보장 및 정치 개혁을 내용으로 하는 헌의 6조를 결의하여 국왕의 재가를 받았다.

▼ 관민 공동회
박정양을 비롯한 정부 고관들도 만민 공동회에 참여하여, 이 만민 공동회를 관민 공동회라고도 한다.

더 알아보기 ➕

관민 공동회의 헌의 6조

제1조 외국인에게 의존하지 말고 한마음으로 힘을 합하여 전제황권을 견고히 할 것
제2조 외국과의 이권에 관한 계약과 조약은 각 대신과 중추원의장이 합동 날인하여 시행할 것
제3조 모든 재정은 탁지부에서 전관하고 예산과 결산을 국민에게 공표할 것
제4조 중대 범죄를 공판하되, 피고의 인권을 존중할 것
제5조 칙임관(왕이 직접 임명하는 관리)을 임명할 때에는 정부에 그 뜻을 물어서 중의에 따를 것
제6조 정해진 규정을 실천할 것

▼ **헌의 6조의 주요 내용**
• 자주 국권의 확립
• 재정 일원화
• 재판의 공개
• 피고 인권의 존중
• 입헌 군주제 주장

⑤ **의회식 중추원 관제 반포** : 중추원을 의회로 개편하기 위하여 정부와 협상을 벌여 관선 의원 25명과 민선 의원 25명의 의회식 중추원 관제를 반포하였다. 이렇게 해서 우리나라 역사상 최초로 국회가 설립될 단계에까지 이르렀다.

(4) 독립 협회의 해산(1898)

① **서구식 입헌 군주제에 대한 반발** : 독립 협회는 시민 의식이 아직 성숙하지 못한 상태에서 서구식 입헌 군주제 실현을 목표했기 때문에 보수 세력의 지지를 얻지 못하였다. 독립 협회의 정치적 영향력을 우려한 보수 세력은 고종에게 독립 협회가 왕정을 폐지하고 **공화정**을 실시하려 한다고 모함하여 박정양 내각을 무너뜨리고 보수적인 조병식 내각을 수립하였으며 독립 협회도 3년 만에 해산시키고 말았다.

② **만민 공동회의 시위** : 이에 서울 시민과 독립 협회 회원들은 만민 공동회를 열어 50여 일간의 시위 농성을 통하여 독립 협회의 부활, 개혁파 내각 수립, 의회식 중추원 설치 등을 요구하면서 격렬한 투쟁을 벌였다.

③ **정부의 탄압** : 정부는 **황국 협회**를 이용하여 만민 공동회를 탄압하였고, 병력을 동원하여 민중의 활동을 봉쇄하였다.

▼ **익명서 사건**
1898년 11월 처음 독립 협회에서 민선 의관을 선출하기로 하자 보수 반동 세력은 독립 협회가 왕정을 폐지하고 윤치호를 대통령으로 삼으려고 한다고 익명서를 날조하여 독립 협회를 해산시키려 한 사건이다.

▼ **공화정**
주권이 국민에게 있고 국민의 합의체 기관에서 국정을 다루는 정치 체제

▼ **황국 협회**
독립 협회에 대항하기 위해 조병식이 보부상들을 동원하여 1898년에 조직한 단체로 만민 공동회를 습격하는 등 독립 협회 탄압에 앞장섰다.

(5) 독립 협회 활동의 의의

① **독립 협회의 3대 사상** : 독립 협회의 활동 과정에서 나타난 사상은 자주 국권 · 자유 민권 · 자강 개혁 사상으로 집약된다.

② **의의**
　㉠ 근대 민족주의 운동 : 최초의 근대적 정치 단체로 시민을 배경으로 한민족의 주권과 국민의 자유를 위한 민주주의 정치 운동, 근대적 민족주의 운동이었다.

   ⓒ 근대 국민 의식의 형성 : 자주 국권 · 자유 민권 · 자강 개혁 사상은 근대적 · 자주적 국민 의식의 형성에 공헌하였으며, 지속적으로 민족 운동을 추진해 나갈 수 있는 사상적 기반을 마련하였다.

   ⓒ 자주적 근대화 운동 : 과거의 개화 세력과는 달리 민중을 개화 운동과 결합시켜 근대적 민중 운동을 일으켰고, 민중에 의한 자주적 근대화 운동을 전개하였다.

  ③ 한계 : 보수 세력의 탄압과 급진 소장파의 과격한 투쟁, 지도부의 지도력 부족, 미성숙한 시민 세력과 외세 배척의 대상이 주로 러시아에 치중되었던 점이 독립 협회의 한계로 지적된다.

2. 대한 제국

(1) 성립

아관 파천 1년 만인 1897년에 고종은 러시아 공사관에서 경운궁(덕수궁)으로 환궁하고, 국호를 대한 제국, 연호를 광무라 고친 다음 왕을 황제라 칭하여 자주 국가임을 내외에 선포하였다.

고종(재위 1863~1907)
대한국 국제를 선포한 뒤 프로이센 황제복을 입은 모습

(2) 성립 배경

안으로 외세의 간섭을 막고 자주독립의 근대 국가를 세우려는 국민적 자각과 밖으로 조선에서 러시아 독점 세력을 견제하려는 국제적 여론의 뒷받침을 받아 성립되었다.

(3) 광무개혁의 추진

① 광무개혁의 성격

  ⓒ 구본신참 표방 : 대한 제국의 집권층은 갑오 · 을미개혁의 급진성을 비판하고 점진적 개혁을 추구하였다. 광무 정권의 시정 원칙은 옛 제도를 본체

대한 제국군

로 하고, 새로운 제도를 참작한다는 구본신참을 표방하였다.

  ⓒ 위로부터의 개혁(복고주의, 개혁적 성격) : 대한 제국은 전제 정치 국가이며 황제권이 무한함을 강조하여, 입법권 · 행정권 · 사법권 · 외교권 등을 모두 황제의 권한으로 규정하는 등 복고주의적 성격과 개혁적 성격을 동시에 내포하는 위로부터의 개혁을 지향하였다.

ⓒ 자주적 개혁 : 국가의 자주성을 실질적으로 지켜 낼 수 있는 물리적 바탕으로서의 국방력 강화, 재정의 확보, 상공업 진흥에 주력하였다.

② **정치면의 개혁**

㉠ 전제 군주 체제 강화 : 1899년에 일종의 헌법으로 제정한 대한국 국제는 대한 제국이 전제 정치 국가로서, 황제권의 무한함을 강조하고, 통수권·입법권·행정권·사법권·외교권 등을 모두 황제의 대권으로 규정하여 전제 군주 체제를 더욱 강화하였다.

더 알아보기⊕

대한국 국제▾

제1조 대한국은 세계 만국이 공인한 자주독립제국이다.
제2조 대한국의 정치는 만세 불변의 전제 정치이다.
제3조 대한국 대황제는 무한한 군권을 누린다.
제4조 대한국 신민이 대황제의 군권을 침손할 행위 시 그 행위의 사전·사후를 막론하고 신민의 도리를 잃어버린 자로 인정한다.
제5조 대한국 대황제는 육·해군을 통솔한다.

ⓛ 원수부 설치와 무관학교 설립 : 원수부를 설치하여 황제가 육·해군을 통솔하였고, 수도 경비와 황제 호위를 담당하는 친위대·시위대·호위대가 개편·증원되었으며 장교 양성을 위한 무관학교를 설립하였다.

③ **경제면의 개혁**

㉠ 조세 안정과 양전 사업 실시 : 과거의 누적된 폐단의 하나인 전정을 개혁하여 국가 재정을 확보하고 합리적 조세를 부과하고자 하였다. 또한 농민 생활을 안정시키기 위하여 1898년 양지아문을 설치하고 양전 사업을 시행하였고, 근대적 토지 소유권 제도라 할 수 있는 지계▾를 발급하였다.

ⓛ 상공업 진흥과 기술학교 설립 : 정부의 상공업 진흥 정책도 상당한 성과를 거두었다. 황실에서 직접 섬유·제지·공예·무기 제조·유리공장 등 근대적 공장을 설립하고, 민간 회사의 설립에도 지원하였다.

④ **사회면의 개혁**

㉠ 소학교·사범학교 설립 : 신교육령에 의해 소학교, 중학교, 사범학교 등을 설립하였다.

ⓛ 실업 교육 강조 : 체신사무요원, 상공인, 의사 등을 양성하기 위한 학교를 설립하였다.

ⓒ 근대적 시절의 확충 : 교통·통신·전기·의료 등 각 분야에 걸친 근대적 시설이 확충되었다.

ⓔ 원구단▾ 설치 : 하늘에 제사를 지내는 원구단을 설치하였다.

(4) 개혁의 한계

대한 제국은 경제 · 교육 · 시설 등 여러 면에서 국력 증강을 위한 근대화 시책을 추진해 나갔으나, 집권층의 보수적 성향과 열강의 간섭으로 인하여 큰 성과를 거두지 못하였다.

3. 간도와 독도

(1) 간도 문제

① **청의 민족 이주 금지** : 간도는 고구려 · 발해의 옛 땅이었으나 청은 이를 만주족의 발흥지라 하여 우리 민족의 이주를 금지하였다.

② **간도 귀속 문제 발발** : 1882년 청이 간도 개간 사업을 구실로 이주해 있던 우리 민족의 철수를 요청하면서 간도 귀속 문제가 발발하였다.

③ **백두산 정계비** : 조선 정부는 이중하를 보내 백두산 정계비에서 경계인 토문강이 송화강 상류이므로 우리 영토라고 주장하고, 어윤중을 서북 경략사로 임명하였다.

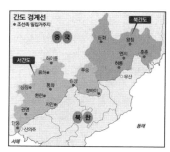

간도 영역

백두산 정계비 위치

> **더 알아보기 ✚**
>
> **백두산 정계비**
>
> 숙종 38년(1712) 청의 목극등과 조선의 박권이 만나 백두산에 세운 경계비로 백두산 산정 동남방 약 4km, 해발 2,200m 지점에 세워졌는데 그 비문에 서는 압록강, 동은 토문강의 두 강을 경계로 한다는 내용이 있다. 그러나 청은 돌연히 토문을 두만강이라고 주장하여 토문강의 위치를 둘러싼 간도 문제가 제기되었다.
>
>

④ **러시아의 간도 점령과 정부의 노력** : 1900년대에 러시아가 간도를 점령하자, 정부는 이범윤을 간도 관리사로 파견하여 간도를 함경도 행정 구역에 포함시키고 이를 통고하였다(1902).

⑤ 간도 협약의 체결 : 러 · 일 전쟁 승리 후 일본은 청과 간도 협약을 체결하여 남 만주의 철도 부설권을 얻는 조건으로 간도를 청의 영토로 인정하였다(1909).

(2) 독도▼ 문제

① 6세기 이후 우리 영토▼ : 6세기에 신라가 우산국을 정벌한 이후 울릉도와 함께 우리나라 영토였다.

② 안용복의 활약 : 조선 숙종 때 동래 어민 안용복이 울릉도에 불법 침입한 일본 어부를 축출하고 일본까지 가서 우리 영토임을 확인시켰다.

③ 정부의 독도 관리 : 일본 어민이 자주 독도를 침범하자 정부는 개척령을 반포하여 관리를 파견하고 주민을 이주시켜 개발케 하였다. 그 후 울릉도를 군으로 승격시키고 독도를 관할하였다.

④ 일본 정부의 독도 불법 편입 : 일본은 러 · 일 전쟁 중인 1905년 2월 시마네 현 고시(告示)에 의해 일방적으로 독도를 다케시마로 명명하고 자기 영토로 불법 편입시켰다. 이는 1906년 3월 우리 정부에 알려졌고, 우리 정부는 이를 인정하지 않았다.

⑤ 우리 영토인 독도 : 제2차 세계대전 종전 후 1946년 1월 29일 연합국 최고사령관 각서(SCAPIN) 제677호에 따르면 일본의 통치 행정 범위에서 독도를 제외시켰으며 "일본의 영역에서 울릉도, 리앙쿠르암(독도)과 제주도는 제외된다."라고 규정하였다.

▼ 독도
울릉도에 소속된 섬으로 6세기에 신라가 우산국을 정벌한 이래 계속 우리나라 영토였고, 각종 문헌 · 지도에 의하면 일본의 독도 편입 이전에 한국은 물론 러시아 · 일본도 독도를 한국 영토로 인정해 왔다. 일본의 독도 편입은 일반적 탈취로 불법적인 것이다.

▼ 독도는 우리 영토
일본의 독도에 대한 행정 구역 명칭에 맞서 2000년 시민들의 요청에 따라 독도 주소가 '경상북도 울릉군 울릉읍 독도리 산 137번지'로 바뀌었다. 독도가 우리 영토임은 여러 기록과 옛 지도들에서 발견되어 역사적으로도 입증되고 있다.

4. 항일 의병 운동의 전개

(1) 항일 의병 투쟁▼의 시작

① 항일 의병의 발단

㉠ 일제 침략에 대한 민족적 저항▼ : 청 · 일 전쟁의 결과 한반도에서 청 세력을 몰아낸 일본이 침략 의도를 드러내자 민족적 저항이 여러 곳에서 의병 투쟁으로 일어났는데, 일제의 침략에 대한 가장 적극적인 민족적 저항은 의병 항쟁이었다.

㉡ 항일 의병 투쟁의 계기 : 최초의 항일 의병은 동학 농민 운동이 실패한 뒤, 일본 침략자들에 의해 자행된 을미사변과 친일 내각에 의해 강행된 단발령을 계기로 전국 각지에서 일어난 을미의병이다(1895).

▼ 초기 의병
을미의병 이전에 일제에 반발하여 서상철 · 김원교 등이 거사하였고, 을미의병장으로는 문석봉, 유인석, 이소응, 허위, 민용호, 김복한, 곽종석, 이강년, 기우만, 이춘영 등을 들 수 있다.

▼ 일제 침략에 대한 민족적 저항
전술을 알지도 못하는 유생이나 무기도 없는 농민이 순국을 각오하고 맨손과 맨주먹으로 적과 싸워 뼈를 들판에 파묻을지언정 조금도 후회하지 않았으니, 이것이야말로 오랜 역사적 전통 가운데 배양된 민족 정신의 발로였다.
– 박은식, 「한국독립운동지혈사」 –

(2) 을미의병(1895)

① **을미의병의 구성원과 활동**

　　㉠ 구성원 : 을미의병은 위정척사 사상을 가진 유생(이소응, 유인석)들이 주도
　　　하였고, 일반 농민과 동학 농민군의 잔여 세력이 가담하였다. 유생들은 민중
　　　의 반외세 성향을 항일 운동으로 규합하였다.

　　㉡ 활동 : 을미의병은 전국 각지로 군사 활동을 확대하여 제천, 유성을 비롯한
　　　지방 주요 도시를 공격하고, 존왕양이를 내세우고 친일 관리와 일본인들을
　　　처단하였다.

② **을미의병의 종식**

　　㉠ 자진 해산 : 을미의병의 투쟁은 아관 파천
　　　(1896)을 계기로 친일 정권이 무너지면서
　　　단발령이 철회되고, 국왕의 해산 권고 조
　　　칙이 내려짐에 따라 대부분 자진 해산함으
　　　로써 종식되었다.

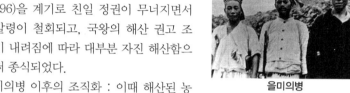
을미의병

　　㉡ 을미의병 이후의 조직화 : 이때 해산된 농
　　　민들 일부가 활빈당▼(1900~1905)을 조직하여 대한 제국 시기에 반봉건ㆍ반
　　　침략 운동을 계속 전개하였고, 의병 운동은 그 후 을사조약을 계기로 다시 불
　　　붙게 되었다.

(3) 을사조약과 민족적 저항

① 배경 : 일제는 러시아와 대립하면서 한ㆍ
　일 의정서를 강요하고, 나아가 제1차 한ㆍ
　일 협약을 강제로 체결하여(1904) 외교ㆍ
　재정 등 각 분야에 고문을 두고 한국의 내
　정을 간섭하였다. 이어 러ㆍ일 전쟁에서
　승리한 일제는 일방적으로 을사조약▼의 체
　결을 발표하여(1905) 대한 제국의 외교권
　을 빼앗고 서울에 통감부를 설치하였다.

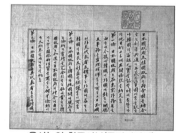
을사늑약 한국어본(독립기념관)

② 조약 폐기 상소 : 조병세, 이상설, 안병찬,
　민영환, 이근명 등은 을사조약에 서명한 대
　신들의 처벌과 강제로 체결된 조약의 폐기
　를 황제에게 요구하는 상소 운동을 벌였다.

③ 자결 순국 : 민영환 등은 자결로 항거하였
　고 조병세, 이상철, 홍만식, 송병선 등도
　순국하였다.

을사늑약 체결 후 기념사진

▼ **활빈당**

동학 농민군의 잔여 세력이 결성한
조직으로 한말 남부 지방에서 봉기
한 농민군 중 강력한 세력을 떨친
집단이다. 대한 제국 시기에 반봉
건ㆍ반침략 투쟁을 전개하였으며
평등 실현, 빈부 격차 타파, 국정
혁신을 목적으로 하였다.

▼ **을사조약(=제2차 한ㆍ일
협약)**

이완용을 비롯한 을사 5적이 을사
조약을 체결하였으나 고종이 끝까
지 서명하지 않았으므로 황제의 재
가가 없는 이 조약은 당연히 무효
이다.

④ **매국노 숙청 기도** : 나철·오기호 등은 5적▼ 암살단을 조직하여 5적의 집을 불사르고 일진회를 습격하는 등 매국노의 숙청을 기도하였다.

⑤ **항일 언론 활동** : 장지연은 격렬한 항일 언론 활동을 펼쳐, 일제를 규탄하고 민족적 항쟁을 호소하였다. 그는 황성신문에 '시일야방성대곡'을 실어 을사조약의 전말을 폭로하고 민족의 울분을 토로하였다.

⑥ **외교를 통한 저항 운동**
　　㉠ **독립의 지원 호소** : 고종은 헐버트를 미국에 보내 일제의 조선 침략의 부당함을 알리고, 조·미 수호 조약을 들어 외교적 지원을 호소하였다. 그러나 일본과 밀약을 맺은 미국은 이를 거절하였고, 러시아·프랑스도 마찬가지였다.
　　㉡ **헤이그 특사 파견(1907)** : 고종은 국내외에 을사조약이 무효임을 선언하고 대한매일신보에 친서를 발표하여 황제가 서명하지 않았음을 밝혔다. 또한, 헤이그에서 개최되는 제2회 만국 평화 회의에 이상설·이준·이위종 3특사를 파견하여 일제 침략의 부당성을 폭로하고 국제적 압력으로 막아 줄 것을 호소하였으나 일제의 방해로 실패하였다.

⑦ **을사조약 이후의 민족 운동** : 을사조약 이후 민족의 근대적 역량을 배양함으로써 국권을 회복하려는 애국 계몽 운동이 전개되었고, 민족의 생존권을 사수하려는 의병의 구국 항전이 거세게 일어났다.

(4) 을사·병오의병(1905~1906) – 의병 항전▼의 재연

① **발단** : 을사조약을 계기로 국가의 존립이 위태로워지자, 다시 봉기한 의병들은 조약의 폐기와 친일 내각 타도를 내세우고 격렬한 무장 항전을 벌였다.

② **의병장의 활동** : 의병에는 유생·전직 관료·농민·포수·포군·활빈당 등 무장 농민 세력 등도 합세하였고, 평민 출신 의병장도 등장하였다.
　　㉠ **민종식** : 을사조약이 체결된 뒤에 관직을 버리고 의병을 일으켜 홍주성을 점령하고 일본군과 맞섰다.
　　㉡ **최익현** : 임병찬 등과 함께 전북 태인에서 거병하여 정읍·곡성을 거쳐 순창에 입성하여 관군과 대치하게 되었을 때, '동족끼리 죽이는 일은 차마 못 하겠다.'고 하여 싸움을 중단하고 포로가 되어, 결국 일본군에 의해 쓰시마 섬에 끌려가서 순절하였다.
　　㉢ **신돌석** : 평민 출신 의병장으로 의병을 모아 영해에 입성하여 관군의 무기를 탈취한 후 평해, 울진 등지에서 경상도의 정용기·이현규 부대와 연계하면서 활동하였으며 의병의 수가 한때 3천여 명을 넘었다. 종래 의병장은 대체로 유생들이었는데, 이때부터 평민 의병장이 나타나 의병 운동의 새로운 양상을 보여 주었다.

▼ **을사 5적**
이완용(학부 대신), 이근택(군부 대신), 이지용(내부 대신), 박제순(외부 대신), 권중현(농상 대신)은 을사조약 체결에 동의하였다.

▼ **을사의병의 투쟁 목표와 대상**
을사의병은 국권 회복을 목표로 하였고, 투쟁 대상도 일본 세력·친일 관료로 명확하게 하였다.

③ 유격전으로 전환 : 단순히 성을 지키는 수성전에서 유격전으로 전술이 변화되면서 수적 열세가 보완되었다.

(5) 정미의병(1907) - 의병 항전의 격화

① 발단 : 고종 황제의 강제 퇴위와 군대 해산을 계기로, 의병의 구국 운동은 그 규모와 성격 면에서 의병 전쟁으로 발전되어 갔다(1907).

② 해산 군대의 의병 합류 : 군대 해산 당시 시위대 제1대대장 박승환의 자결을 시발점으로 하여 일본군과 시가전을 벌였던 해산 군인들이 그 후 의병에 합류하여 조직과 화력이 강화되었다.

정미의병

③ 의병 조직과 활동

㉠ 전투력의 강화 : 원주 진위대, 강화 분견대, 홍주 분견대, 진주 진위대, 수원 진위대 등의 군인들이 각지 의병에 가담하여 의병은 유생, 전직 관리, 군인, 농·어민, 광부, 포수, 상인 등 국민 각 계층이 포함되었고, 전투 체제로 편제되었으며 작전도 향상되었고 신식 무기까지 보유하게 되었다.

㉡ 의병 세력의 확산 : 이 시기 의병 조직과 활동은 전국 각지로 확산되었을 뿐만 아니라 두만강 건너 간도와 연해주에까지 이르렀다.

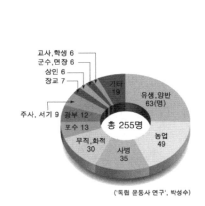
('독립 운동사 연구', 박성수)
정미의병장의 신분, 직업별 분포

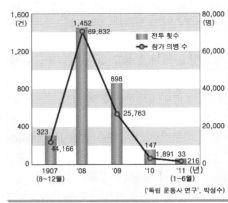
('독립 운동사 연구', 박성수)
정미의병의 전투 횟수와 참가 의병수

(6) 의병 항전의 확대

① **서울 진공 작전의 전개**

　㉠ 13도 창의군의 등장 : 전국의 의병 부대가 서울 진공을 위한 연합 전선을 형성하기도 하였다. 1907년 12월 전국 의병을 집결하여 편성된 13도 창의군은 경기도 양주에 집결하여 총대장을 이인영, 군사장을 허위로 하고 이듬해 서울 탈환 작전을 계획했다.

　㉡ 서울 진공 작전의 실패 : 서울 진공 작전을 앞두고 총대장 이인영이 부친상을 당하여 낙향한 후 군사장 허위를 중심으로 약 300명의 선발대가 동대문 밖 30리 지점까지 진격하였지만, 일본군에게 저지당하여 실패하였다.

② **외교 활동의 전개** : 의병은 순수 애국 단체이므로 국제법상 합법적인 교전 단체로 승인해 달라고 요구하는 서신을 서울 주재 각국 영사관에 발송하여 스스로 독립군임을 내세웠다.

③ **국외 의병 부대의 국내 진입 작전 시도** : 홍범도와 이범윤이 지휘하는 간도와 연해주 일대의 의병 부대가 국내 진입 작전을 꾀하였다.

④ **의사들의 항전** : 전명운과 장인환은 조선의 외교 고문으로 온 스티븐스가 귀국 후 일본의 보호 정치를 찬양하자, 이에 분개하여 그를 샌프란시스코에서 사살하였고(1908) 안중근은 하얼빈에서 통감을 지낸 이토 히로부미를 사살하였다. 또한, 이재명은 명동 천주교 성당에서 매국노 이완용을 칼로 찔러 중상을 입혔다(1909).

안중근

⑤ **의병 항전의 전환** : 활발하게 전개되던 의병 전쟁은, 일본의 남한 대토벌(1909)을 계기로 크게 위축되었다. 그러나 많은 의병이 압록강과 두만강을 건너 간도와 연해주로 옮겨가 독립군이 되어 일제에 강력한 항전을 전개했으며, 일부 의병들은 국내 산악 지대에서 유격전을 전개하였다.

(7) 의병 전쟁의 한계

① **국내적 요인**

　㉠ 일본군 제압 불가능 : 의병 전쟁은 전국을 활동 범위로 하고 광범한 사회 계층을 망라하였으나 막강한 일본의 정규군을 제압할 수는 없었다.

　㉡ 내부적 갈등 : 봉건적 지배 질서의 유지를 고집하는 의병 지도자들이 대다수 농민 의병들과 갈등을 빚기도 하여 결속이 강화되지 못하였다.

② **국외적 요인** : 당시는 열강의 침략 경쟁이 보편화되었고, 을사조약 체결 후 외교권이 상실된 국제적 고립 상태에서 국제적 지원도 기대할 수 없었기 때문에 의병 전쟁은 소기의 성과를 거두지 못하였다.

(8) 의병 전쟁의 의의

① **민족의 저항 정신 표출** : 보수적 유학자들에 의해 주자학적인 위정척사 이념에서 출발한 의병 전쟁은 집권층의 부패와 무능과 외세의 침략으로 인해 국가와 민족이 위기에 처해 있을 때 일어난 애국 운동의 대표적 형태였고, 민족의 강인한 저항 정신을 표출시켰다는 점에서 중요한 의미를 가진다.

② **항일 무장 독립 투쟁의 기반** : 의병 전쟁은 국권 회복을 위한 무장 투쟁을 주도하였고, 항일 무장 독립 투쟁의 기반을 마련함으로써 항일 민족 운동사의 큰 줄기를 이루었다.

5. 애국 계몽 운동의 전개

(1) 애국 계몽 단체의 활동

① **애국 계몽 운동의 성격**

　㉠ **개화 자강 운동의 계승** : 애국 계몽 운동은 갑신정변과 독립 협회 활동 등의 개화 자강 계열 운동을 계승하여 전개된 구국 민족 운동이었다. 애국 계몽 운동은 밖으로 외세 침략을 물리쳐 민족의 자주독립을 확립하고, 안으로 종래의 봉건적 사상을 타파하여 자유 · 평등의 민주적 근대 사회를 이루려 하였다.

　㉡ **실력 양성** : 애국 계몽 운동은 **사회 진화론**▼의 영향을 받아 약육강식과 적자생존의 원리가 지배하는 국제 관계 속에서 생존하기 위해서는 근대화와 실력 양성이 필요하다고 보았다.

　㉢ **민주주의 사상의 진전** : 애국 계몽 운동은 일제의 보호국 체제하에서 적극적 정치 투쟁으로 전개되지는 못했지만, 민주주의 사상을 한 단계 진전시켰다.

② **애국 계몽 운동의 맥락**

　㉠ **초기의 활동** : 갑신정변의 주동자들과 갑오개혁의 추진자들은 국민의 평등권과 재산권을 보장해야 한다는 민권 의식을 가지고 있었으나, 민중을 계몽하여 민중의 힘으로 개혁을 추진할 생각은 가지지 못하였다.

▼ **사회 진화론**
다윈의 진화론을 스펜서가 인간 사회에 적용한 이론으로 일본을 다녀온 유길준이 소개한 이론

ⓛ 독립 협회 지도자들의 활동 : 대한 제국 초기에 활동한 독립 협회의 지도자들
은 국민 평등권 · 국민 자유권 · 국민 참정권 등 체계적 민권 사상을 가지고
민중을 계몽하여 근대적 민중 운동을 발생시켰고, 민중을 기반으로 국권 · 민
권 개혁 운동을 추진하였다.

ⓒ 독립 협회 해산 이후의 활동 : 독립 협회가 해산된 후 보수 정권의 압제 체제
가 더욱 강화되고, 열강 특히 일본의 이권 침탈이 더욱 격화되어 가던 시기에
도 개화 자강 계열의 많은 애국 단체들이 설립되어 친일 단체인 일진회에 대
항하면서 구국 민족 운동을 전개하였다.

(2) 정치 · 사회 단체의 애국 계몽 운동▼

① 실력 양성 운동의 전개 : 개화 자강 계열의 민족 운동은 을사조약을 계기로 국정
개혁을 위한 헌정 연구로부터 국권 회복을 위한 실력 양성으로 전개되었다.

② 보안회(1904) : 원세성 · 송수만 등 주로 유생 · 관료 출신이 주축이 되어 조직한
보안회는 러 · 일 전쟁을 도발한 일제가 토지 약탈을 목적으로 한국 영토의 4분
의 1에 해당하는 황무지 개척권을 요구하였을 때 반대 운동을 벌여 이를 저지하
는 데 성공하였다.

③ 헌정 연구회(1905) : 국민의 정치 의식 고취와 입헌 정체 수립(입헌 군주제)을 목
적으로 설립되어, 일진회의 반민족적 행위를 규탄하다가 해산되었다.

④ 대한 자강회(1906)

ⓐ 설립 목적 : 대한 자강회는 윤치호 · 장지연 등을 중심으로 독립 협회 운동의
맥락을 이어 헌정 연구회를 모체로 하고, 사회 단체와 언론 기관을 주축으로
창립되어 교육과 산업을 진흥시켜 독립의 기초를 만들 것을 목적으로 하였다.

ⓑ 실력 양성 운동 전개 :「대한 자강회 월보」간행과 연설회의 개최 등을 통하여
국권 회복을 위한 실력 양성 운동을 전개하였다.

ⓒ 의병 항쟁을 비판하였고, 고종 강제 퇴위를 반대하다 해산되었다.

⑤ 신민회(1907) : 사회 각계각층의 인사들을 망라하여 조직한 비밀 결사 단체였다.

ⓐ 목표 : 안창호, 양기탁 등을 지도부로 한 신민회는 국권의 회복과 공화정체▼
의 국민 국가 수립을 궁극적인 목표로 정하여, 표면적으로는 문화적 · 경제적
실력 양성 운동을 전개하면서, 내면적으로는 독립군 기지 건설에 의한 군사
력 양성을 기도하였다.

▼ 애국 계몽 운동의 흐름
• 개화 자강 계열 운동 : 독립 협
회, 보안회, 헌정 연구회
• 구국 계몽 운동 : 대한 자강회,
대한 협회, 신민회

▼ 공화정체
우리나라 최초로 신민회가 공화 정
체를 제시하였다. 이후 대한민국
임시 정부에서 공화정체가 채택되
게 된다.

▼ 신민회의 활동
- 민족 교육 추진 : 대성 · 오산 학교 설립
- 해외 독립운동 기지 건설 : 삼원보, 밀산부 한흥동
- 민족 산업 육성 : 평양 자기 회사 설립
- 민족 문화 계발 : 태극 서관 운영, 대한매일신보 발간

ⓛ 활동▼ : 신민회는 민족 교육을 강화하고자 평양에 대성학교, 정주에 오산학교를 설립하였다. 그리고 민족 산업 육성을 위해 평양에 자기 회사를 설립하고, 대구에는 태극 서관을 운영하였다. 민족 문화 육성을 위해 대한매일신보를 기관지로 발간하였다.

ⓒ 해체(105인 사건) : 일제는 한 · 일 합병 이후 1911년 평안도를 중심으로 한 배일 기독교 세력과 신민회의 항일 운동을 탄압하기 위해 초대 총독 데라우치 암살 음모를 날조하였고, 이 과정에서 신민회 주요 인사들이 검거되었다. 수백 명의 민족 지도자를 투옥하고 중심인물 105인을 재판에 회부한 105인 사건으로 조직이 와해되고 말았다.

도산 안창호 왼쪽 사진은 젊었을 때 찍은 사진이며 오른쪽은 노년에 투옥된 사진이다.

(3) 실력 양성 운동의 전개

① 언론 기관의 애국 계몽 운동

ⓐ 한성순보(1883~1884) : 김옥균 · 박영효 등 개화당의 노력으로 박문국에서 발간된 신문이며, 한문체의 우리나라 최초의 신문으로 관보에 시사를 곁들인 순간지이다. 1884년 갑신정변의 실패로 박문국이 파괴되면서 폐간되었고 1885년 박문국이 다시 설치되면서 한성주보(1886~1888)라 개칭하여 국한문 공용으로 발행하였다.

ⓑ 독립신문(1896~1899) : 서재필 등이 중심이 된 독립 협회에서 발간한 최초의 근대적 일간 신문이다(초기에는 격일 간 발행). 한글과 영문으로 간행하여 국민의 대변자 구실을 하였고, 서구 근대 사상과 학문을 전파하는 데 공헌하였으며, 민족의 자주독립과 민권 신장을 위하여 투쟁하였다.

ⓒ 제국신문(1898~1910) : 이종일 등이 발간한 서민층과 부녀자를 상대로 한 순국문(한글) 일간지이다. 이 신문은 정치적 색채보다 국민 계몽, 자강 사상을 고취하였다.

ⓓ 황성신문(1898~1910) : 남궁억 등에 의해 창간된 국한문 혼용 신문으로 주로 유생층을 대상으로 하였다. 을사조약이 체결되자 장지연의 '시일야방성대곡'이라는 논설을 실어 일제 침략 행위를 규탄하고 국민 여론을 환기시켰다.

ⓔ 대한매일신보(1904~1910) : 영국인 베델과 양기탁이 발행한 국한문 혼용 신문이다. 이 신문은 국민의 문명 지식을 계발하고 신문물을 소개하는 한편, 일제에 대항하여 국민의 자주 의식을 고취하였다. 영국인의 발행으로 검열을 받지 않았으므로 일본의 한국 침략을 폭로하였고, 영문판도 발행하였다. 을사조약 이후 일제 침략 규탄의 선봉적 역할을 하였고, 박은식과 신채호 등의 항일 논설을 게재하였으며 신민회의 국채 보상 운동을 지원하기도 하였다.

② **식산흥업 운동의 전개** : 애국 계몽 운동가들은 상업 회의소 등을 통해 한국 상인의 상권 보호 운동과 함께 식산흥업 운동▼ 및 국채 보상 운동도 전개하였다.

(4) 애국 계몽 운동의 의의와 한계

① **의의** : 민중 계몽, 근대 교육, 산업 개발, 국학 연구, 언론 활동, 독립군 기지 건설 등을 통해 민족의 역량을 배양하여 국권을 회복하려는 목적에서 전개된 애국 계몽 운동은 우리 민족의 독립운동사에 큰 의미를 지닌다.

  ㉠ 민족 독립운동의 올바른 이념 제시 : 국권 회복과 동시에 근대적 국민 국가 수립을 목표로 내세워, 당시 민족적 과제에 충실하고 근대사 발전 방향에 합치되는 민족 운동 이념을 제시하였다.

  ㉡ 장기적 민족 독립운동의 기반 구축 : 근대적 민족 교육을 발흥시켜 독립운동의 인재를 양성하고 근대적 민족 산업을 진흥시켜 독립운동의 경제적 토대를 마련하고자 하였으며, 간도와 연해주에 기지를 건설하여 항일 무장 투쟁의 기초를 마련하였다.

② **한계** : 일제에 의해 정치적 · 군사적으로 예속된 보호국 체제하에서 전개되었기 때문에 불가피하게 항일 투쟁에 있어 한계성을 지닐 수밖에 없었다.

▼ 식산흥업 운동
근대 국가의 기초를 다지기 위해 생산을 늘리고 상공업을 진흥시키는 운동

개항 이후의 경제와 사회

1. 열강의 경제 침탈

(1) 개항 이후의 경제 침탈

① 농민 경제 악화 : 개항 이후 일본의 경제적 침탈로 우리나라의 농민 경제는 악화되었다.

② 일본 상인의 약탈적 무역 : 당시의 일본 상인은 대개 몰락한 상인이나 무사층 출신으로서 많은 돈을 벌기 위해 우리나라로 들어왔다. 이들은 강화도 조약과 속약을 바탕으로 영사 재판권, 수출입 상품에 대한 무관세▼ 및 일본 화폐 사용 등이 인정된 불평등 조약을 이용해 약탈적 무역을 자행하였다.

▼ 수출입 상품에 대한 무관세
보호 무역이 불가능해지며 국내 상품 경쟁력이 악화되었다.

(2) 일본인 소유의 토지 확대

① 개항(1876) 직후 토지 약탈

㉠ 개항 직후의 상황 : 개항 직후에 일본 상인들은 개항장 안의 일부 토지를 빌려 쓰는 데 그쳤다.

㉡ 개항장 범위의 확대 : 일본 상인들의 활동 범위가 개항장 밖으로 확대되면서 이들은 곡물을 사들이기 위해 조선 농민들에게 돈을 빌려주는 대가로 농토를 저당 잡았고, 이후 돈을 갚지 못할 시에 농토를 차압하는 형태의 고리대금업을 통하여 점차 토지소유를 확대해 갔다.

동양 척식 주식회사

② 을사조약(1905) 이후 토지 약탈 : 1906년 일본은 토지 가옥 증명 규칙▼을 제정하여 일본인이 우리의 토지 소유권을 가질 수 있도록 하였고, 1907년 국유지·미개간지 이용법을 제정하였으며, 1908년에는 동양 척식 주식회사▼를 설립하여 토지 수탈에 매진하였다.

▼ 토지 가옥 증명 규칙
외국인의 부동산 소유에 대해 지역적으로 제한하던 것을 폐지하고 국내 어디서든 소유할 수 있도록 허용한 법령

▼ 동양 척식 주식회사
1908년 일제가 조선의 토지와 자원을 수탈할 목적으로 설치한 식민지 착취기관

(3) 외국 상인의 경제 침탈 확대 과정

① 배경 : 조선 후기부터 청을 통하여 유입되기 시작한 외국 물품은 부산 · 원산 · 인천이 개항되면서 물밀듯이 쏟아져 들어왔다. 더구나 일본 상인들은 무관세로 많은 상품을 들여와 국내 산업에 큰 타격을 주었다.

② 개항(1876) 초기

　㉠ 거류지 무역 : 개항 초기에는 일본 상인의 활동 범위가 개항장에서 10리 이내로 제한되어, 조선 상인을 매개로 하는 거류지 무역의 형태를 띠었다.

　㉡ 약탈적 무역 : 이 시기의 일본 상인들은 대부분 쓰시마 섬과 규슈 지방 출신으로 몰락 상인과 불평 무사층, 일확천금을 노리는 전형적 모험 상인▼들로서 일본의 영사 재판권, 일본 화폐의 사용권, 일본의 수출입 상품의 무관세 등을 인정한 불평등 조약 내용을 이용하고, 일본 정부의 정책적 지원을 받으며 약탈적 무역 활동을 일삼았다.

　㉢ 중개 무역 : 일본 상인들은 주로 영국의 면직물을 상하이에서 매입하여 조선에 판매하고, 조선에서 곡물(쌀 · 콩 · 죽), 소가죽, 귀금속 등을 반출해 가는 중개 무역으로 막대한 이익을 취하였다.

③ 임오군란(1882) 이후 : 청의 조선에 대한 정치적 영향력이 강화되면서, 청의 상인들이 조선에 대거 진출하여 일본 상인들과 치열한 경쟁을 벌이는 가운데 국내 상업은 위축되었다. 1883년에 조 · 일 통상 장정▼이 체결되면서 일본 상인들이 내륙으로 침투하게 되었다.

④ 1890년 전후 활동

　㉠ 내륙 진출 : 1880년대에 일본 상인의 활동 범위가 개항장 100리까지 확대되어 일본 상인들은 내륙으로 진출하여 농촌에까지 활동 무대를 넓혀 갔고 곡물 수매에 주력하였다.

　㉡ 곡물 가격 폭등 : 1890년대를 전후하여 자본주의 발달의 초기 과정에 있었던 일본은 농촌의 피폐에 따른 식량 부족을 해결하기 위해 조선의 곡물을 대량 수입해 감으로써, 조선 내에 곡물 가격 폭등 현상을 일으켜 도시 빈민층과 빈농층의 생계를 위협하였다.

　㉢ 방곡령 선포 : 곡물의 유출을 방지하기 위해 함경도와 황해도에서는 방곡령을 내리기도 하였다. 하지만 규정을 어겼다는 이유로 일본의 항의를 받았고, 일본 상인들의 피해 보상 요구를 받기도 했다. 결국 방곡령을 철회하고 배상금까지 지불하여야 했다.

▼ 모험 상인

비정상적 방법으로 부를 축적한 상인으로, 개항 초기에 조선으로 들어온 일본 상인처럼 불평등 조약을 바탕으로 일확천금을 노리는 상인

▼ 조 · 일 통상 장정

방곡령 선포, 일본 상인에 대한 최혜국 대우 등의 조항이 포함되었다.

(4) 열강의 경제적 침탈 형태

① **경제적 침탈의 심화** : 청·일 전쟁 이후에 조선에 대한 열강의 경제적 침탈은 한층 더 강화되어 미국, 일본, 러시아, 독일, 영국 등의 이권 탈취, 금융 지배, 차관 제공 등의 양상을 띤 제국주의적 경제 침탈의 모습을 띠었다.

② **이권 탈취** : 열강의 이권 탈취는 아관 파천 시기부터 두드러져, 러시아와 일본을 비롯한 열강은 철도 부설권, 광산(금광) 채굴권, 삼림 채벌권, 연안 어업권 등 중요한 이권을 빼앗아 갔다.

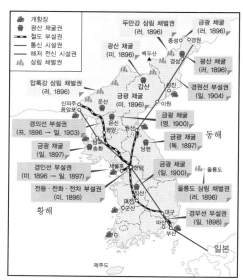

열강의 이권 침탈

③ **금융 지배(화폐 정리 사업, 1905)**

㉠ **일본의 경제 침략** : 외국 금융 기관의 조선 진출은 개항 직후부터 시작되었다. 일본 제일은행은 일반은행 업무 외에 세관 업무를 위탁받았고, 지폐를 발행하여 유통시키는 등 일본의 경제적 침략의 첨병 역할을 하였다.

㉡ **화폐 정리 사업** : 일본인 재정 고문 메가타로 하여금 법 공포 후 3일 만에 화폐 정리를 단행케 하여 제일은행과 일본 상인에게는 이익을 주고, 국내 중소 상공업자들에게 큰 타격을 주어 민족자본 형성을 차단하였다.

화폐 정리 사업

㉢ **영향** : 일본 제일은행을 조선의 중앙은행으로 만들어 재정·화폐·금융을 지배하고, 국내 자본으로 설립된 은행은 파산하거나 일본계 은행으로 흡수되었다. 이렇게 조선 토착 자본가가 몰락함으로써 일본은 민족 자본화를 사전에 차단하여 경제권을 박탈하였다.

④ **차관 제공**

㉠ **일본의 차관 강요** : 청·일 전쟁 이후 조선에 대한 내정 간섭을 시작한 일본은, 조세 징수권과 해관세 수입을 담보로 차관을 제의하여 실현시켰고, 러·일 전쟁 이후에는 대한 제국의 시설 개선과 화폐 정리의 명목으로 차관을 강요하였다.

ⓛ 일본에의 경제적 예속 : 일본의 차관 제공 정책은 대한 제국을 재정적으로 일본에 완전히 예속시키려는 것이었다.

2. 경제적 구국 운동의 전개

(1) 방곡령과 상권 수호 운동

① 방곡령의 시행

ㄱ 목적 : 방곡령의 시행은 일본 상인의 농촌 시장 침투와 지나친 곡물 반출을 막기 위하여 내린 조치였다.

ㄴ 실시 : 방곡령은 흉년이 들면 지방관의 직권으로 실시할 수 있었는데, 개항 이후 곡물의 일본 유출이 늘어나면서 곡물 가격의 폭등 현상이 나타났으며, 여기에 흉년이 겹쳐 함경도·황해도 등지의 지방관들은 방곡령을 내리게 되었다.

ㄷ 결과 : 방곡령에 대하여 일본 측이 트집을 잡아 외교 문제로까지 커져 일본 측은, '방곡령을 실시하기 1개월 전에 지방관이 일본 영사관에 통고해야 한다.'라는 조·일 통상 장정의 규정을 구실로, 조선 측을 강압하여 결국 방곡령을 철회하도록 하였다.

방곡령으로 집하된 미곡

방곡령 선포 함경도, 황해도에서 방곡령 시행

② 서울 상인들의 상권 수호 운동

  ㉠ 목적 : 서울 상인들은 청·일본 상인의 상권 침탈에 반대하여 상권 수호 운동을 벌였다.

  ㉡ 발단 : 개항 초기에는 외국 상인의 활동 범위가 개항장 10리 내로 제한되었으나, 1880년대에는 개항장 100리까지 확대되어, 서울을 비롯한 조선 각지에서 청·일본 상인의 상권 침탈 경쟁이 치열해졌다.

  ㉢ 전개 : 이에 반발하여 수천 명의 서울 상인들은 철시하고 외국 상점들의 서울 퇴거를 요구하였으며, 그 뒤에도 철시한 서울 상인과 시민 수천 명이 1주일 동안 격렬하게 상권 수호 시위를 벌였다. 그 후 서울 시전 상인들은 황국 중앙 총상회를 조직하여, 외국인의 불법적 내륙 상업 활동을 엄단할 것을 요구하며 상권 수호 운동을 전개하였다.

(2) 국채 보상 운동의 전개(1907)

① 일제의 차관 제공

  ㉠ 1,300만 원에 달하는 국채 : 일제는 통감부 설치 후 식민지 시설을 갖추기 위하여 시설 개선 등의 명목을 내세워, 한국 정부가 일본에서 거액의 차관을 들여오게 하였는데, 이는 한국의 경제를 파탄시켜 일본에 예속시키기 위한 방법이었다. 1907년까지 들여온 차관 총액은 대한 제국의 1년 예산과 맞먹는 1,300만 원에 달하였다.

김광제

  ㉡ 국채 보상 운동의 시작 : 국민들은 일제의 차관 제공에 의한 경제적 예속화 정책에 저항하여 국채 보상 운동을 전개했다.

② 국채 보상 운동의 전개

  ㉠ 국채 보상 운동의 전국적 확산 : 국민의 힘으로 국채를 갚고 국권을 지키려는 국채 보상 운동이 1907년 김광제▼·서상돈 등 16명의 발의로 시작되어 대구에서 개최한 국민 대회를 계기로 전국으로 확산되었다.

  ㉡ 국채 보상 기성회와 언론의 활약 : 서울에서 국채 보상 기성회를 중심으로 대한 자강회 등 각종 애국 계몽 단체와 언론 기관이 모금 운동에 참여하였고, 대한매일신보 등 여러 언론도 적극 후원하였다.

  ㉢ 모금 운동의 전개와 해외 확산 : 모금을 위해 금연 운동이 전개되었고 부녀자들은 비녀와 가락지까지 내어 호응하였으며, 일본 유학생, 미주·러시아 교포들도 동참하였다.

③ 결과 : 전 국민의 지원으로 600여만 원을 모금하였으나 일제 통감부가 언론 기관에 압력을 가하고, 국채 보상 기성회의 간사인 양기탁을 횡령죄로 투옥하는 등 간교한 탄압으로 거족적 경제 구국 운동은 좌절되고 말았다.

▼ 황국 중앙 총상회

황국 중앙 총상회는 1898년 외국인 상인의 국내 진출 제지와 국내 상권 수호를 위해 서울지역에 결성한 시전상인 단체이다. 독립 협회의 자유 민권 운동에 참여하였고, 독립 협회도 독립신문을 통해 이 기관의 상권 수호 운동을 지지하였다. 이후 열강의 계속되는 이권 침탈과 정부의 소극적 태도로 황국 중앙 총상회는 관민 공동회에 참여하면서 독립 협회와 공조하였다.

▼ 김광제

충남 보령 출신으로 1907년 대구에서 출판사 사장으로 있으면서 '국채 일천삼백만환 보상취지서'라는 격문을 전국에 발송하여 국채 보상 운동을 주도했다.

(3) 상업 자본의 성장

① **상업 자본의 형성** : 조선 후기의 전통 사회 내부에서 자본주의적 요소가 싹트고 있었으나, 미처 제자리를 잡기 전에 문호가 개방되었다. 문호 개방 이후 외국 자본주의 침탈에 대한 저항 운동이 일어났고, 자본주의적 근대 경제를 건설하려는 움직임도 지속되었다.

② **상업 자본의 변모**

　㉠ 시전 상인 : 서울의 시전 상인은 특권 상인으로서 전통적 상업 체제를 유지하려 했으나, 외국 상인들이 도시로 침투해 옴에 따라 그들과의 항쟁 과정에서 근대적 상인으로 변모해 갔다. 이들은 황국 중앙 총상회를 조직하여 독립 협회와 더불어 자유 민권 운동 · 상권 수호 운동을 전개하였고, 근대적 생산 공장의 경영에 투자하기도 하였다.

　㉡ 경강 상인 : 개항 후 정부의 세곡 운반이 일본인의 증기선에 독점되어 큰 타격을 받자, 증기선을 구입하여 서울 중심의 미곡 유통 분야의 상권을 을사조약 체결 전까지 유지하였다.

　㉢ 객주 · 여각 · 보부상 : 토착 상인 가운데 객주와 여각 및 보부상은 개항 이후 크게 활기를 띠었다. 문호 개방 초기에는 외국 상인의 활동 범위가 개항장에 한정되었으므로, 이들은 외국 상품을 개항장과 내륙 시장에 연결 · 유통시켜 이익을 누렸다. 그러나 외국 상인의 내륙 상업이 허용됨에 따라 이들 상인들은 타격을 받았으며, 자본 축적에 성공한 일부 상인들은 상회사▼를 설립하기도 하였다.

③ **근대적 상업 자본의 성장**

　㉠ 개항 이후 : 외국 상인의 침투와 무역 확대 과정에서 일정한 상업 자본이 성장하였고, 개화 사상가들에 의한 외국 회사 제도가 소개되면서 많은 회사가 설립되었다.

　㉡ 문호 개방 이후 : 일본 자본가들이 조선에 진출하여 대규모 운수 회사를 설립하고, 해상과 육상의 운수업을 지배해 갔다. 이에 국내 기업가들은 외국의 증기선을 구입하여 대항하려 하였고, 해운 회사, 철도 회사, 광업 회사 등을 설립하여 민족 자본의 토대를 굳히고자 노력하였다.

　㉢ 1880년대 이후 : 1880년대 초기부터 평양 상인들이 인천에 설립한 대동 상회, 서울 상인들이 설립한 장통 회사 등 상회사가 나타나기 시작하여, 갑오개혁 이전에 전국에 20여 개에 달하였다.

▼ **상회사**

개항 이후 외국 상인의 상권 침탈에 대항하여 설립된 객주 동업 조합. 정부에 일정한 영업세를 납부하면서 비합법적 상업세 수탈로부터 보호 받는 관허 회사의 성격을 가진다.

3. 생활 모습의 변화

(1) 서양 문물의 도입으로 변화된 의식주 생활

① 배경 : 수교 이후 서양 문화를 직접 접하고 서양 문물이 수용되면서 생활양식에 변화가 있었는데, 이러한 경향은 전통 문화와 대립되기도 하면서 점차 확산되어 갔다.

② 의생활의 변화

㉠ 실용화 · 간소화 : 문호 개방 이후 실용적 의복 차림으로 개량되어 갔으며, 을미개혁 때는 관리와 민간이 모두 예복으로 검정 두루마기만 입도록 간소화되었다.

㉡ 한복 · 양복 혼합 : 1900년 문관 복장 규칙이 반포되면서 문관의 예복이 양복으로 바뀌어 상류층은 한복 · 양복 혼합 문화가 형성되었다.

㉢ 개화기의 복장 변화 : 개화기에 일반 남성은 새롭게 저고리 위에 입는 마고자, 조끼가 등장하였고 여성용 마고자도 등장하였다.

③ 식생활의 변화

㉠ 개화기 주식의 변화 : 개화기 때 남쪽 지방 주식은 쌀밥으로 여기에 보리 · 잡곡을 섞어 먹었고, 북쪽 지방 주식은 조밥이었지만 부유층은 쌀밥을 먹었다.

㉡ 외국 식생활 관습의 전파 : 성인 남자는 독상을 받는 것이 원칙이었으나 개화기에 겸상이나 두레상이 보급되었다. 궁중과 개화 지식인에게 서양 식품과 요리법, 식생활 관습이 전파되었고, 이후 중국 · 일본 음식이 보급되어 한식과 외래식이 혼합되었다.

④ 주생활의 변화

㉠ 가옥 규모 규제의 폐지 : 의식주 중 개화의 반응이 가장 늦었다. 갑오개혁으로 신분제가 폐지되면서 가옥 규모 규제도 폐지되었다.

㉡ 서양식 주택의 등장 : 개항 이후 서양식 주택이 등장하였고 한식 · 양식의 절충식 건물도 건축되었다.

(2) 한인의 국외 이주

① 배경

㉠ 열악한 경제난 타개 의도 : 19세기 중엽부터 조선인들은 기아와 빈곤 등 열악한 경제 상황을 모면하기 위하여 압록강, 두만강을 건너 간도와 연해주 등지로 본격적인 이주를 하였다.

㉡ 지리적 인근 위치 : 지리적으로 간도, 연해주 등은 한반도와 연접해 있어서 이동하기가 쉬우며, 풍토 역시 우리나라와 비슷하여 이주하여 사는 데에 큰 문제가 없었다.

② 만주 지역으로의 이주

　　㉠ 19세기 후반(경제적 목적) : 우리 민족이 만주 지역으로 이주하기 시작한 것
　　　은 19세기 후반부터였다. 처음에는 국내 정치적 · 경제적 · 사회적 모순으로
　　　궁핍해진 농민들이 생활 터전을 찾아 국외로 이주하였다.

　　㉡ 20세기(항일 운동) : 20세기에 일제의 침략이 가속화되자 확고한 의병, 애국
　　　계몽운동가 등 민족의식을 가진 사람들이 항일 운동을 전개하기 위하여 많이
　　　건너갔다.

③ 연해주 지역으로의 이주

　　㉠ 지역의 특징 : 러시아는 변방 개척을 위하여 처음에는 한국인의 연해주 이주
　　　를 허용하고 토지를 제공하기도 하여, 이곳 동포들의 삶은 만주 이주 동포보
　　　다 좋은 조건이었다. 그리하여 일찍부터 많은 동포들이 정착하게 되어 민족
　　　운동을 추진할 수 있는 기반이 조성되었다.

　　㉡ 한인 거주 현황 : 1860년대 초부터 한인 사회가 형성되었고, 20세기 초에는
　　　약 8만~10만 명의 한인이 거주하였다.

④ 미주 지역으로의 이주

　　㉠ 이주민의 배경과 구성 : 1883년 보빙사가 미국을 방문한 이후 외교관, 유학
　　　생, 정치적 망명자들이 미국에 거류하였으며, 한인들의 미주 이민은 20세기
　　　초부터 시작되었다.

　　㉡ 열악한 환경 : 하와이 사탕수수 농장의 노동자로 이주한 이후 멕시코, 미국
　　　본토, 쿠바 등으로 확대되었다. 이주민들은 값싼 임금과 열악한 노동 환경으
　　　로 힘든 생활을 하게 되었고 더욱이 멕시코, 쿠바로 이주한 사람들은 노예와
　　　같은 취급을 받았다.

　　㉢ 대한인국민회 조직 : 미주 지역의 한인들이 1909년 결성한 단체로, 미주 지
　　　역에 거주하는 동포들의 권익 보호는 물론 독립운동 지원에도 앞장섰다.

근대 문물의 수용과 근대 문화의 형성

1. 근대 문명의 수용

(1) 근대 시설의 수용

① 배경 : 개항 이후 근대 문물과 과학 기술을 도입하여 교통, 통신, 전기, 의료, 건축 등 각 분야에 새로운 시설을 갖추었고 이에 따라 생활양식도 변모하게 되었다. 독립 협회의 활동 전후로 근대 문명에 대한 각성이 높아져 각 분야의 문명 시설이 촉진되었다.

② 초기 근대 시설

　㉠ 시찰단 파견 : 1880년대에 조사 시찰단(신사 유람단)의 일본 파견과 영선사의 청국 파견은 근대적 기술 도입에 중요한 계기가 되었다.

　㉡ 박문국 · 기기창 · 전환국 : 정부는 신문 등의 인쇄를 맡은 박문국(1883), 새로운 무기를 제조하는 기기창(1883), 화폐 발행 기관인 전환국(1883) 등의 시설을 갖추었다.

③ 근대적 인쇄 시설 : 근대적 인쇄술의 도입은 박문국 설립에서 비롯되었는데 (1883), 이곳에서 발간된 한성순보는 새로운 지식의 확대에 기여하였다.

④ 근대적 통신 시설

　㉠ 전신 : 1884년 부산과 일본 나가사키 간 해저 전선이 가설되어 최초로 개통되었고, 1885년에 서울 · 인천 간, 서울 · 의주 간 전신선이 가설되었으며, 서울에 전보 총국을, 대구 · 평양 등에는 지국을 두었다. 그 후 중국, 일본을 연결하는 국제 통신망까지 이루어졌고 서울 · 부산 간 전신선도 가설되었다.

　㉡ 전화 : 처음에는 궁중 안에 가설되어 전용되다가 서울 · 인천 간 시외선도 가설되고, 1902년에 서울 시내 민간에도 가설되었다.

　㉢ 우편 : 고종 21년(1884)에 우정국이 설립되어 근대식 우편 제도를 도입하였으나 갑신정변으로 중단되었다. 1895년 을미개혁 이후 우정국이 다시 운영되었고, 1900년에는 만국 우편 연합에도 가입하여 외국과 우편물을 교환하였다.

▼ 우정국

조선 말기에 우편 사무를 맡아 보던 관청이다. 1884년 12월 4일 우정국의 개업을 알리기 위한 축하연을 베푸는 자리에서 갑신정변이 일어나 개업한 지 19일 만에 폐지되었다.

⑤ 근대적 교통 시설
 ㉠ 철도 : 경인선은 원래 1896년에 최초로 미국인 모스(Morse, J.)가 부설권을 얻어 착공했으나 자금난으로 일본 회사에 이권이 전매되어 1899년에 노량진과 제물포 간에 부설되고 다음 해 서울까지 연장되었다. 이어 러 · 일 전쟁 중 일본의 군사적 목적에 의해 경의선(1906), 경부선(1905) 등이 개통되었다.

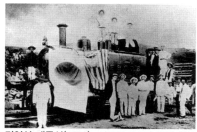

경인선 개통식(1899) 미국인 모스가 경인 철도 부설권을 얻어 기공식을 가졌으나 도중에 일본인에게 매각하였다. 최초 기관차에 내걸린 성조기와 일장기가 그 사정을 말해 주고 있다.

 ㉡ 전차 · 전등 : 황실과 미국인 콜브란의 합자로 설립된 한성 전기 회사가 발전소를 건설하고 서대문 · 청량리 간 전차를 운행하였다(1899). 전등은 1887년 경복궁에 최초로 개설되었다.
⑥ 근대적 건축물
 ㉠ 독립문 · 명동 성당 : 1880년대 이후 영사관 건물들이 서구 건축 양식으로 세워졌으며, 독립문은 프랑스 개선문을 본떠 1896년에 독립 협회가 주도하여 건립하였고, 1898년에 완공하였다. 명동 천주교 성당은 1898년에 완성한 중세 고딕 양식의 건물이다.
 ㉡ 덕수궁 석조전 : 1900년에 착공하여 10년 만에 완공된 덕수궁 석조전은 프랑스인이 설계한 르네상스식 건물이다.

(2) 근대식 시설의 공헌과 문제점

① 민중의 생활 개선에 기여 : 문호 개방 이후 각 분야의 근대적 시설이 마련되어 민중들의 사회 · 경제적 생활 개선에 기여하였다.
② 외세의 침략 도구로 이용 : 이러한 문명 시설은 대부분 외세의 이권 또는 침략 목적과 관련되어 있었다.

2. 언론 기관의 발달

(1) 신문의 출현과 한성순보

① **신문의 필요성 대두** : 수신사로 파견되었던 개화파 인사들 중심으로 신문의 필요성을 느끼고 창간을 준비하게 되었다.

② **박문국의 설치와 한성순보 창간** : 통리아문 산하에 박문국을 설치하고 1883년 우리나라 최초의 근대 신문인 한성순보▼가 창간되었다.

③ **박문국의 폐지와 한성순보의 폐간** : 갑신정변 이후에는 박문국이 파괴되면서 한성순보의 간행 또한 중단되었다. 이후 한성주보로 명칭이 바뀌어 간행되었으나 1888년 박문국이 폐지되면서 한성주보▼는 폐간되었다.

(2) 독립신문의 창간

① **최초의 민간 신문** : 1896년 4월 정부 지원하에 서재필 등은 우리나라 최초 민간 신문인 독립신문을 창간하였다. 처음에는 격일간지로 발행된 후 일간지로 발전하였고 독립 협회 기관지였다.

② **특징과 역할** : 정부 시책을 국민에게 전달하고 자주독립 · 민권 사상을 보급하는 역할을 하였으며, 동시에 영문판도 간행하여 국제 여론을 형성하고자 하였다.

(3) 애국 계몽기 언론 활동

① **제국신문** : 1898년 이종일, 이승만 등이 순한글로 발행하여 자주독립과 개화를 역설하였고 주요 독자층은 서민 · 부녀자들이었다.

② **황성신문** : 1898년 남궁억, 유근 등에 의해 국 · 한문 혼용으로 발간된 최초의 상업신문으로 장지연 · 박은식 · 신채호 등이 주필로 활약하였다. 장지연의 '시일야방성대곡'으로 정간되었다가 복간되었다.

③ **대한매일신보** : 1904년 국문으로 창간되었다가 1905년 국 · 한문으로 전환되었으며, 영국인 베델와 양기탁에 의해 발행되었다. 일제의 검열을 피해 비교적 활동이 자유로워 강경한 항일 논조를 펼 수 있었으며 국채 보상 운동도 지원하였다.

④ **만세보** : 1906년 오세창 · 권동진 등이 중심이 되어 발행한 천도교 기관지로, 국민 교육과 여성 교육에 이바지하였고, 일진회의 국민신보▼에도 대항하였다.

▼ **한성순보**
순한문체로 정부 소식, 외국 기사, 국내외 정세 등을 알렸으며, 정부의 관보적 성격을 띠었다.

▼ **한성주보**
최초의 국 · 한문 혼용 신문으로 우리나라 최초로 상업 광고를 게재하였다.

▼ **국민신보**
1906년 발간된 친일 성향 신문으로 일진회 해체 후 시천교 기관지로 있다가 1910년에 폐간되었다.

3. 근대 교육과 국학 연구

(1) 근대 교육의 실시

① 원산학사(1883) : 함경도 덕원 주민들이 개화파 인물들의 권유에 따라 설립한 우리나라 최초의 근대적 사립학교이다. 외국어·자연 과학·국제법 등 근대 학문과 함께 무술을 교육하였다.

② 동문학(1883) : 정부에서 설립한 외국어 교육기관으로 영어·일어 등 외국어를 교육하였고 통역관을 양성시켰다.

③ 육영공원(1886) : 정부에서 설립한 우리나라 최초의 관립학교이다. 헐버트, 길모어 등을 비롯한 미국인 교사를 초빙하여 상류층 자제를 뽑아 영어·수학·지리·정치·경제 등 근대 학문을 교육하였다.

(2) 근대 교육의 발전

① 근대적 교육 제도

　㉠ 교육 제도의 정비 : 갑오개혁에 의해 근대적 교육 제도가 마련되어 교육을 담당하는 학무아문(학부)이 설립되고 과거제가 폐지되었다. 이어서 국가의 부강이 국민의 교육에 있다는 내용의 교육입국 조서가 반포(1895)되고, 후속 조치로 소학교·중학교 등 각종 관립학교가 설립되어 근대 교육 보급이 확산되었다.

　㉡ 학교의 설립

　　• 관립학교 : 교육입국의 정신에 따라 정부는 소학교·중학교·사범학교·외국어학교·의학교·상공학교 등 관립학교를 세웠다.

　　• 사립학교 : 개신교 선교사의 입국을 계기로 기독교 계통의 여러 사립학교가 설립되어 근대 교육의 발전에 이바지하였다.

　　　– 배재 학당(1885) : 고종 12년에 서울에 설립되었던 중등과정의 사립학교로, 미국의 선교사 아펜젤러가 세운 우리나라 최초로 외국인이 설립한 근대적 사학이다.

　　　– 이화 학당(1886) : 우리나라 최초의 여성 교육 기관으로 미국 감리교 선교사 스크랜튼 부인이 한 여학생을 가르치기 시작하면서 1887년 고종황제가 '이화 학당'이란 교명과 현판을 내린 것으로 시작되었다. 이곳에서는 보통과·중등과·고등과·대학과 등을 포함하여 초등교육·중등교육·대학교육을 담당하였다.

　　　– 순성여학교(1899) : 서울 북촌 양반 여성 중심의 찬양회가 설립한 자생적 여학교로, 우리나라 여성들이 세운 최초의 사립 여학교이다.

▼ 간도 지방의 학교
1906년 이상설이 서전 서숙(후에 김약연이 명동학교로 개명)을, 1907년 이시영이 신흥학교를 설립하였다.

ⓒ **민족주의 계통의 학교**▼
- 민족 운동가들의 주장 : 1905년 이후 자주 국권을 수호하려는 애국 계몽 운동을 추진한 민족 운동가들은 '배우는 것이 힘이다.'라는 구호를 내세우고, 근대 교육이 민족 운동의 기반이며 본질이라고 생각하였다.
- 사립학교 계열 : 애국 계몽 운동의 영향으로 오산학교 · 대성학교 · 보성학교 · 진명여학교 · 숙명여학교 등 많은 사립학교가 곳곳에 세워졌다.

(3) 국학 연구의 진전

① **국학 연구의 발전**
- ㉠ 근대 민족주의 : 국학 연구는 실학에서 그 원류를 찾을 수 있다. 실학파의 민족의식과 근대 지향 의식은 개화 사상으로 연결되어, 대한 제국 말기의 근대적 민족주의로 발전되었다.
- ㉡ 국학 운동 : 을사조약 이후 일제의 침탈로부터 국권을 회복하려는 애국 계몽 운동은, 국사와 국어를 연구하여 민족의식을 고취시키려는 국학 운동으로 나타났다.

② **국사 연구**
- ㉠ 민족 사관
  - 민족의 우수성 강조 : 일제의 정치적 · 문화적 침략 과정에서 우리 민족의 얼을 되찾고 항일 운동을 벌이는 상황 속에서 발전된 것으로 민족의 주체성, 독자성, 정통성, 우수성을 강조하였다.
  - 민족 사학의 연구 : 고대사 연구와 영웅 사관에 입각한 구국 위인전과 외국 흥망사가 많이 다루어졌으며, 국민 계몽을 통한 교육을 강조하였고 민중의 사회 혁명 이론을 제시하였다.
- ㉡ 근대 **계몽 사학**▼의 성립
  - 계몽 사학 : 신채호 · 박은식 · 장지연 등이 근대 계몽 사학을 성립시켰다. 이들은 고대사 연구와 영웅 사관에 입각한 구국 위인전과 외국 흥망사를 많이 다루었으며, 국민 계몽을 통한 교육을 강조하였다.
  - 영웅 전기 : 계몽 사학자인 신채호는 「을지문덕전」, 「**최도통전**」▼, 「이순신전」을 지었으며, 그리고 우기선은 「강감찬전」을 펴내어 우리 역사상 외국의 침략에 대항하여 승리한 영웅들의 전기를 써서 널리 보급시킴으로써, 일본의 침략에 직면한 국민의 사기를 북돋우고 애국심을 불러일으켰다.
  - 역사 의식의 고취 : 「미국독립사」, 「월남 망국사」 등 외국의 건국 영웅이나 독립운동, 혁명 운동의 역사를 번역 · 소개하여 국민의 독립 의지와 역사 의식을 높이려고 노력하였다.

▼ 계몽 사학
국어, 국사 등 국학을 연구하여 민족의식을 고취하려는 애국 계몽 운동의 일환으로 계몽 사학이 성립되었다.

▼ 최도통전
고려 말 최영 장군의 이야기

③ 국학 운동의 한계와 의의
　　㉠ 한계 : 국학 운동은 일제 보호국 체제라는 정치적으로 어려운 상황 속에서 전
　　　　개되었던 만큼, 학문적 깊이에 있어서는 일정한 한계성을 가질 수밖에 없었다.
　　㉡ 의의 : 국학 운동은 시대적 요청에 부응하여 애국 계몽 운동의 노선에 따
　　　　라 사회 일반에 근대 의식과 민족의식을 심어 주는 데 크게 기여하였다.

4. 문예와 종교의 새 경향

(1) 문학의 새 경향

① 문학계의 새로운 변화
　　㉠ 시가 문학의 변화 : 국문으로 된 애국 시가가 나타났으며, 한문시도 자유 ·
　　　　평등 · 민주주의 등의 내용이 담긴 것도 나타났다.
　　㉡ 신소설의 등장 : 순한글로 쓰인 신소설은 언문일치 문장을 사용한 계몽 문학
　　　　이다. 이인직의 「혈의 누」, 이해조의 「자유종」 등이 대표작이다.
　　㉢ 신체시의 등장 : 최남선은 '해에게서 소년에게'라는 신체시를 잡지 「소년」에
　　　　발표(1908)하여 근대시의 형식을 새로이 개척하였다.
　　㉣ 번역 문학 : 신문학의 발달과 더불어 외국 문학의 번역물도 나타났다. 「성경」,
　　　　「천로역정」과 같은 크리스트교 계통의 책과 「이솝이야기」(윤치호), 「로빈슨 표
　　　　류기」(Tell, W.), 「걸리버 여행기」(윤치호) 등의 문학 작품이 널리 읽혔다.
② 문학 활동의 의의 : 대한 제국 말기의 역사적 상황 속에서 일부 외국 문화에
　　대한 분별 없는 수입과 소개로 식민지 문화의 터전을 만들기도 하였지만, 일
　　반적으로 민족 의식을 고양시키는 역할을 수행하였으며, 외국 문화의 소개
　　는 신문학의 발달에 이바지하였고 근대 의식 보급에도 기여하였다.

(2) 예술계의 변화

① 음악계의 변화
　　㉠ 서양 근대 음악의 소개와 창가의 유행 : 기독교 찬송가가 불리면서 서양 근대
　　　　음악이 소개되었고 서양식 군가가 보급되었으며, '창가'와 '음악'이 학교 교과
　　　　목으로 개설되었다. 또, 서양식 악곡에 맞추어 부른 신식 노래인 창가가 유행
　　　　하여 독립가, 권학가, 애국가 등이 불리었다.

　　　ⓛ 민족 의식 고양 : '동해물과 백두산이 마르고 닳도록'으로 시작되는 애국가는 국민 사이에 널리 애창되어 민족 의식을 높이는 데 크게 이바지하였다.

　　② 연극계의 변화

　　　㉠ 신재효의 판소리 이론 정립 : 신재효는 판소리 이론을 정립하여 전승시켰고, 양반 사회에서 천시되었던 민속 가면극이 민중들 사이에 성행하였다.

　　　ⓛ 원각사의 건립 : 신극▼ 운동이 일어나 이인직에 의해 우리나라 최초의 서양식 극장인 원각사(1908)가 세워졌고 '은세계', '치악산' 등의 작품이 공연되었다.

　　③ 미술계의 변화 : 서양 화풍이 소개되어 미술 부문에서는 미술가들이 직업인으로서 위치를 굳혀 갔으며 서양식 유화도 그려지기 시작하였다.

(3) 종교 운동의 변화

　　① 천주교의 발전 : 오랫동안 박해를 받아오던 천주교는 1886년 프랑스와의 수교로 신앙의 자유가 허용되어 선교의 자유를 얻은 뒤 고아원과 양로원을 설치 · 운영 하였고, 교육 · 언론, 사회사업을 통해 애국 계몽 운동의 대열에 참여하기도 하였다.

　　② 개신교의 전래와 공헌

　　　㉠ 의료 보급과 학교 설립 : 종교 운동은 1880년대 개신교의 수용과 발전으로 활기를 띠어 갔다. 왕실과 진보적 지식인의 호의 속에 개신교 선교사들은 서양 의술을 보급시켰고, 학교를 설립하여 우리나라 근대 교육의 발전에 크게 기여하였다. 많은 개신교 신자들이 신민회에 가입하였고 국민 교육회를 조직하여 애국 계몽 운동을 전개하였다.

　　　ⓛ 문화 사업 전개 : 개신교는 선교 과정에서 한글 보급 · 미신 타파 · 평등 사상 전파 · 근대 문명 소개 등 문화적 업적과 함께 서구 민주주의를 가르쳐 애국 심과 민족 의식을 고취시켰다.

　　③ 천도교의 성립

　　　㉠ 동학 창시 : 개항 이후 농민을 기반으로 민중 종교로 성장한 동학은, 1890년 대에 동학 농민군을 조직하여 반봉건 · 반침략 운동을 전개함으로써 전통 체제를 무너뜨리는 데 크게 기여하였다.

　　　ⓛ 천도교로 개명 : 동학 농민 운동의 실패와 최시형 · 손천민 등 지도자들의 체포 등으로 타격을 받은 동학은 이후 대한 제국 시기에 이용구가 친일조직인 일진회를 조직하고 동학 조직을 흡수하려 하자, 제3대 교주 손병희는 1906 년 동학을 천도교로 개명하고, 동학의 정통을 계승하여 민족 종교로 발전시켜 나갔다.

▼ 신극
신소설을 각색하여 연극으로 공연한 것

ⓒ 민족 신문 간행 : 이후 천도교는 교리를 재정립하고 교육 활동을 전개하면서 보성사(인쇄소)를 통해 '만세보'라는 민족 신문을 간행하고 민족의식 고취에 노력을 기울였다.

④ **유교와 불교의 개혁**

ⓖ 유교의 개혁 : 위정척사 운동의 중심체였던 유교는 외세에 저항하는 반침략적 성격은 강하였으나, 개화와 개혁을 외면하여 시대의 흐름에 역행한다는 비판을 받게 되었다. 이에 개명한 유학자들은 유교의 개혁을 주장하였고, 박은식은 「유교 구신론」▼을 저술하였다.

ⓒ 불교의 개혁 : 개화기 불교는 조선 왕조의 억불 정책에서 벗어났으나, 통감부의 간섭으로 일본 불교에 예속당하게 되었다. 이에 한용운은 「조선 불교 유신론」▼을 내세워 불교의 자주성 회복과 근대화를 위한 운동을 추진하였다.

만해 한용운

⑤ **대종교의 창시**

ⓖ 단군 신앙의 발전 : 나철 · 오기호 등은 단군 신앙을 발전시켜 1909년 대종교를 창시하였다.

ⓒ 성격과 활동 : 대종교는 보수적 성격을 지니고 있었으나, 민족적 입장을 강조하는 종교 활동을 벌였고, 특히 간도, 연해주 등지에서의 해외 항일 운동과 밀접한 관련을 가지면서 성장하였다.

▼ 유교 구신론
박은식은 「유교 구신론」에서 유학의 재래적 모순성과 보수성을 타파하고 민족적, 혁신적 종교로 변화시켜 구국의 정신적 지주로 삼을 것과, 국민의 지식과 권리를 계발하는 새로운 유교 정신을 강조하고, 진취적인 교화 활동의 전개와 간결하고 실천적인 유교 정신의 회복을 주장하였다.

▼ 불교 유신론
통감부의 종교 간섭이 심해지면서 일본 종교가 침투해 오는데, 이에 한용운은 조선 불교 유신론에서 민족 불교로서의 자주성을 회복하로, 불교의 본래적 사면과 근본정신을 찾기 위하여 미신적 · 비종교적 · 비사회적 · 토속적인 요소를 배격해야 한다고 주장하였다.

PART 06

적중예상문제 CHAPTER 01~06

01 다음 설명의 밑줄 친 '그'가 집권하여 개혁을 펼치던 시기에 발생한 역사적 사실을 모두 고른 것은?

> 그는 "백성을 해치는 자는 공자가 다시 살아난다 해도 내가 용서하지 않을 것이다."는 단호한 결의로 47개소만 남기고 대부분의 서원을 철폐하였다.

> ㉠ 갑신정변 　　　　　　　　　　　　㉡ 신미양요
> ㉢ 임술농민봉기 　　　　　　　　　　㉣ 제너럴 셔먼호 사건
> ㉤ 오페르트 도굴 사건

① ㉠, ㉡, ㉤

② ㉠, ㉢, ㉣

③ ㉡, ㉣, ㉤

④ ㉢, ㉣, ㉤

해설

제시문에서 밑줄 친 '그'는 흥선 대원군이다. 흥선 대원군은 600여 개의 서원 중 47개소만을 남기고 나머지 서원을 모두 철폐하였다.

③ 흥선 대원군이 집권했던 시기는 1863년에서 1873년까지의 기간이고 ㉡ 신미양요(1871.5), ㉣ 제너럴 셔먼호 사건(1866.7), ㉤ 오페르트의 도굴 사건(1868.4) 등이 있었다. ㉠ 갑신정변(1884), ㉢ 임술농민봉기(1862)는 흥선 대원군의 개혁정치가 추진되었던 시기의 사실이 아니다.

답 ③

02 다음 조약에 대한 설명으로 옳은 것을 〈보기〉에서 모두 고른 것은?

> • 조선국은 부산 등 개항장에 일본인이 와서 통상을 하도록 허가한다. …(중략)… 조선국 연해의 도서와 암초를 조사하지 않아 매우 위험하니 일본국 항해자가 자유로이 해안을 측량하도록 허가한다.
> – 조규 –
>
> • 일본국 인민은 본국에서 현행되는 화폐들로 조선국인민이 소유하고 있는 물자와 교환할 수 있다.
> – 조규 부록 –

보기
ㄱ. 청을 의식하여 조선을 자주국으로 인정하였다.
ㄴ. 개항장 밖 10리까지 외국인의 왕래를 허가하였다.
ㄷ. 부산, 인천, 원산에 이어 군산, 마산까지 개항하기로 하였다.
ㄹ. 초량에 전관거류지를 설치하고 수출입 물품에 5% 관세를 부과하였다.

① ㄱ, ㄴ
② ㄱ, ㄹ
③ ㄴ, ㄷ
④ ㄷ, ㄹ

해설 제시문에서 해안 측량권을 통해 1876년 2월 조 · 일 수호 조규(강화도 조약)임을, 일본 화폐 유통 가능을 통해서는 1876년 8월 조 · 일 수호 조규 부록임을 알 수 있다.
ㄱ. 일본은 강화도 조약에서는 조선을 자주국으로 명기함으로써 청의 종주권을 배제하고자 하였다.
ㄴ. 일본인들의 거주(활동)지역을 규정한 간행이정의 거리를 개항장 내(內) 10리인지, 개항장 밖 10리까지인지의 제시어가 혼란을 줄 수도 있을 것이지만, 수호 조규 부록에서는 간행이정을 개항장에서 10리로 정하였다.
ㄷ. 부산(1876) · 원산(1880) · 제물포(1883) 개항 이후 목포(1897) · 군산 · 마산(1899) 등이 개항을 맞이하게 된다. 제시된 조약인 수호 조규를 통해서는 부산 이외에 다른 구체적인 항구를 지정하여 언급하지 않고 있다.
ㄹ. 일제는 1876년 8월 조 · 일 통상 장정(= 무역 규칙)을 체결하여 수출입 상품에 대한 무관세 · 일본선박의 무항세 · 무제한 쌀과 잡곡의 수출 허용 등을 규정하였다.

답 ①

03 다음에 제시된 개혁 내용을 공통으로 포함한 것은?

> • 청과의 조공 관계 청산
> • 인민 평등 실현
> • 혜상공국 혁파
> • 재정의 일원화

① 갑오개혁의 홍범 14조
② 독립 협회의 헌의 6조
③ 동학 농민 운동의 폐정개혁안
④ 갑신정변 때의 14개조 정강

> **해설** 제시문은 갑신정변 당시 급진 개화파가 표방한 개혁정강 14조의 일부이다.
> ④ 급진 개화파는 반청 세력이었기 때문에 청과의 조공 관계 청산을 주장하였으며, 신분제 폐지와 재정의 호조로 일원
> 화, 혜상공국 폐지 등 봉건적 잔재를 청산하기 위한 개혁을 주장하였다.
>
> 답 ④

04 갑신정변 당시 개화당이 발표한 '개혁정강 14개조'의 내용이 <u>아닌</u> 것은?

① 청에 잡혀간 흥선 대원군을 곧 돌아오게 한다.
② 각 도의 환상미를 영구히 받지 않는다.
③ 조세의 징수와 경비 지출은 모두 탁지아문의 관할에 속한다.
④ 대신과 참찬은 의정부에 모여 정령을 의결하고 반포한다.

> **해설** ③ 갑신정변 당시 재정은 호조로 일원화된다. 탁지아문은 갑오개혁 당시이고, 탁지부는 독립 협회의 주장이다.
>
> 답 ③

05 1894년 제1차 갑오개혁 내용 중 동학 농민군의 주장과 가장 관련이 깊은 것을 〈보기〉에서 모두 고른 것은?

> ㄱ. 삼사 언론 기관 폐지
> ㄴ. 과부의 재가 허용
> ㄷ. 공·사 노비법 혁파
> ㄹ. 중국 연호 폐지

① ㄱ, ㄴ
② ㄱ, ㄹ
③ ㄴ, ㄷ
④ ㄷ, ㄹ

해설 ③ 동학 농민군은 폐정개혁안에서 청상과부의 재가 허용과 노비문서의 소각, 천인의 차별 개선 및 백정이 쓰는 평량갓 폐지 등 봉건적 신분 제도의 폐지를 주장하였다. 이후 1차 갑오개혁에서 과부의 재가가 허용되고 공·사 노비법이 혁파되는 등 동학 농민군의 주장이 일부 수용되었다.

답 ③

06 다음과 같은 강령을 내세운 세력이나 군대는?

> • 사람을 죽이지 말고 가축을 잡아먹지 말라.
> • 충효를 다하여 세상을 구하고 백성을 평안하게 하라.
> • 일본 오랑캐를 몰아내고 나라의 정치를 깨끗이 하라.

① 동학 농민군
② 이순신 지휘하의 수군
③ 이성계 휘하의 고려군
④ 최익현 의병 부대

 해설 ① 제시문의 강령은 백산(= 죽산) 봉기 때 발표된 동학 농민군의 4대명의(四大名義)이다. 고부 민란의 진상조사를 맡았던 안핵사 이용태에 의한 동학교도 탄압으로, 전봉준이 창의문을 선포하고 백산에서 농민군을 조직하여 봉기하였다. 이때 집결한 동학 농민군의 규율을 잡고자 4대명의가 발표되었다.

답 ①

07 을미의병에 대한 설명으로 옳은 것은?

① 평민 의병장인 신돌석이 등장하여 활약하였다.

② 13도 창의군을 결성하여 서울 진공 작전을 펼쳤다.

③ 아관 파천 이후 고종의 해산 조칙을 계기로 대부분 해산하였다.

④ 일제의 강요로 군대가 해산되자 그에 반발하여 일어났다.

 해설

③ 을미의병은 을미사변과 단발령의 선포에 반대하여 일어난 의병으로서 고종이 아관 파천 이후 단발령을 철회하고 해산 권고 조칙을 내리자 대부분 해산하게 된다.

① 평민 의병장 신돌석이 활약한 의병은 을사의병이다.

② · ④ 13도 창의군을 결성하여 서울 진공 작전을 펼친 것과 일제의 강요로 군대가 해산되자 그에 반발하여 일어난 의병은 정미의병이다.

답 ③

08 다음 중 위정척사 운동이 일어난 순서를 바르게 나열한 것은?

> ㉠ 최익현은 개항반대론 및 왜양일체론의 5불가소를 주장하였다.
> ㉡ 이항로, 기정진 등은 통상 반대 운동, 척화주전론을 주장하였다.
> ㉢ 위정척사 운동은 점차적으로 항일 의병으로 계승되었다.
> ㉣ 이만손은 영남 만인소에서 유생들과 함께 개화를 반대하였다.

① ㉠ - ㉡ - ㉢ - ㉣

② ㉡ - ㉠ - ㉢ - ㉣

③ ㉡ - ㉠ - ㉣ - ㉢

④ ㉣ - ㉢ - ㉡ - ㉠

 해설

③ 제시문을 순서대로 나열하면, ㉡ 1860년대 통상 반대 - ㉠ 1870년대 개항 반대 - ㉣ 1880년대 개화 정책 반대 - ㉢ 1890년대 항일 의병의 순서이다.

답 ③

09 개항기 체결된 통상 협약에 대한 설명으로 옳지 <u>않은</u> 것은?

① 조·일 통상 장정(1876) − 곡물 유출을 막는 방곡령 규정이 합의되었다.
② 조·청 상민 수륙 무역 장정(1882) − 서울에서 청국 상인의 개점이 허용되었다.
③ 개정 조·일 통상 장정(1883) − 일본과 수출입하는 물품에 일정 세율이 부과되었다.
④ 한·청 통상 조약(1899) − 대한 제국 황제와 청 황제가 대등한 위치에서 조약을 체결하였다.

 ① 곡물 유출을 막는 방곡령 규정에 합의한 것은 개정된 조·일 통상 장정(1883)에 의해서이다. 조·일 통상 장정 (1876)에 있는 내용은 무관세, 무항세, 무제한 곡물 유출 등이 있다.

답 ①

10 다음의 경제 조치에 대한 설명으로 옳지 <u>않은</u> 것은?

제1조 구 백동화 교환에 관한 사무는 금고로 처리케 하여 탁지부 대신이 이를 감독함
제3조 구 백동화의 품위(品位)·양목(量目)·인상(印象)·형체(形體)가 정화(正貨)에 준할 수 있는 것은 매 1개에 대하여 금 2전 5푼의 가격으로 새 화폐로 교환함이 가함

① 한국 상인들이 경제적으로 큰 타격을 받았다.
② 일본 제일은행이 중앙은행의 역할을 하게 되었다.
③ 액면가대로 바꾸어 주는 화폐교환 방식을 따랐다.
④ 구 백동화 남발에 따른 물가 상승이 이 조치에 영향을 끼쳤다.

 제시문은 제1차 한·일 협약으로 조선에 파견된 재정 고문 메가타가 주도한 화폐 정리 사업(1905)으로 당시 사용되던 백동화와 상평통보 등을 일본의 제일은행에서 발행하는 신화폐로 교환하도록 한 것이다. 이 과정에서 조선 상인들이 피해를 입었으며, 조선인들이 설립한 민족 금융기관들은 거의 파산하거나 일본 은행에 흡수되면서 일본 제일은행이 중 앙은행 역할을 하였다. 화폐 정리 사업은 구 백동화 남발로 인한 물가 상승에도 영향을 받아 시행되었다. 이러한 화폐 정리 사업 결과 시중에 유통되는 돈이 부족하였고, 일제는 신화폐 발행을 지연시킴으로서 시중의 화폐 유통량은 감소 하였다.
③ 화폐 정리 사업 때는 백동화를 갑·을·병종으로 나누어 갑종은 본래 값인 2전 5리로, 을종은 1전으로 교환해주었 으며, 병종은 교환을 해주지 않는 부등가 교환을 원칙으로 하였다. 그러므로 액면가대로 교환해 주었다는 표현은 옳 지 않다.

답 ③

11 근대 교육 기관 및 교육에 대한 설명으로 가장 적절한 것은?

① 고종은 광무개혁의 일환으로 교육입국조서를 반포하며 지 · 덕 · 체를 아우르는 교육을 내세웠고, 이에 따라 소학교, 한성사범학교 등이 설립되었다.

② 배재학당, 숭실학교, 경신학교, 정신여학교는 개신교 선교사들이 설립한 사립학교이다.

③ 최초의 사립학교인 육영공원은 함경도 덕원 주민들과 개화파 인사들의 합자로 설립되었으며, 외국어 · 자연 과학 · 국제법 등 근대 학문과 함께 무술을 가르쳤다.

④ 대성학교, 오산학교, 서전서숙, 보성학교는 국내에 설립된 교육 기관이다.

 ② 1880년대 개신교 선교사들이 입국하며 배재학당을 비롯해서 숭실학교, 경신학교, 정신여학교 등이 설립되었다.
① 교육입국조서는 갑오개혁시기에 발표되었다.
③ 최초의 사립학교는 원산학사이고, 육영공원은 국립 교육 기관이다.
④ 서전서숙은 만주에 설립된 민족 교육 기관이다.

정답 ②

12 다음 개화기의 언론에 대한 설명으로 옳지 <u>않은</u> 것은?

① 황성신문은 국 · 한문 혼용으로 발간되었고, 「시일야방성대곡」을 게재하였다.

② 순한글로 간행된 제국신문은 창간 이듬해 이인직이 인수하여 친일지로 개편되었다.

③ 독립신문은 한글과 영문을 사용하였으며, 근대적 지식 보급과 국권 · 민권 사상을 고취하였다.

④ 우리나라 최초의 신문인 한성순보는 관보의 성격을 띠고 10일에 한 번 한문으로 발행되었다.

 ② '제국신문'은 1898년에 부녀자와 대중을 위해 창간되었던 일간신문이다. 원명은 '뎨국신문'으로 1898년 8월 10일 창간호를 발행하였다. 이승만이 주필로 활약하였고 1910년에 폐간되었다. 이인직은 1906년 '만세보'가 재정난을 겪자 '만세보'를 인수하여 '대한신문'(1907)을 창간하였다. 대한신문과 함께 대표적인 친일 행적을 펼친 신문은 '국민신보'이다.

정답 ②

13 임오군란의 결과인 (A)에 들어갈 내용으로 가장 빠른 사건을 고르면?

> 강화도 조약 → 임오군란 → (A) → 청 · 일 전쟁

① 방곡령
② 갑신정변
③ 조 · 미 수호 통상 조약
④ 조 · 청 상민 수륙 무역 장정

 ④ 조선은 임오군란 때 군사적 도움을 준 청의 요구에 따라 치외 법권과 통상의 자유를 규정한 조 · 청 상민 수륙 무역 장정을 체결하게 되었고, 일본은 공사관 호위를 명목으로 서울에 군대를 주둔시키는 제물포 조약을 체결하였다. 사건의 순서는 강화도 조약(1876) → 조 · 미 수호 통상 조약(1882.4) → 임오군란(1882.6) → 조 · 청 상민 수륙 무역 장정(1882.8) → 갑신정변(1884.12) → 방곡령(1889.9) → 청 · 일 전쟁(1894) 순이다.

답 ④

14 구본신참을 표방한 광무개혁에 대한 설명으로 옳은 것은?

① 입헌 군주제 실시를 통한 근대 주권 국가를 수립하였다.
② 양지아문의 토지 조사 사업과 지계 발급 사업을 하였다.
③ 일본 때문에 군제 개편에 실패하였다.
④ 중추원 관제 개편안을 마련하였다.

① 광무개혁은 구본신참(옛것을 근본으로 새것을 더하다)을 표방하며 전제 군주정의 실시를 주장하였음을 대한국 국제를 통해 알 수 있다. 대한국 국제의 내용을 보면 대부분의 국가 권력을 대한국 대황제에게 집중시키고 있는 것을 볼 수 있다.
③ 광무개혁 때에는 원수부를 설치하였고, 서울에 시위대를 창설하는 등 군사 제도의 개혁이 있었다.
④ 중추원 관제 개편안을 반포한 것은 광무개혁 이전 독립 협회의 의회 설립 운동에 따라 고종이 반포한 것이다.

답 ②

15 다음은 우리나라 사람들과 접촉한 인물들이다. 그 시기가 빠른 순으로 배열된 것은?

> ㉠ 묄렌도르프(Möllendorff)
> ㉡ 하멜(Hamel)
> ㉢ 오페르트(Oppert)
> ㉣ 벨테브레(Weltevree)

① ㉡ - ㉣ - ㉢ - ㉠
② ㉡ - ㉣ - ㉠ - ㉢
③ ㉣ - ㉡ - ㉢ - ㉠
④ ㉣ - ㉡ - ㉠ - ㉢

㉣ 박연[얀 야너스 벨테브레(Jan, Janse, Weltevree)]은 조선 인조 때(1627) 귀화한 네덜란드인으로, 일본을 향해 항해하던 중 제주도에 상륙하였다가 체포되어 조선에서 여생을 마쳤다. 포로가 된 왜인들을 감시·통솔하였고 명나라에서 들어온 홍이포(紅夷砲)의 제조법·조작법을 조선군에게 지도하였다. 1653년 하멜 일행이 제주도에 표착하였을 때 제주도로 내려가 통역을 맡았고 그들을 서울로 호송하는 임무를 담당했다.

㉡ 헨드릭 하멜(Hendrik Hamel)은 네덜란드 동인도회사 소속 선박 선원으로 1653년 일본 나가사키로 가던 중 태풍을 만나 일행 36명과 함께 제주도에 표착했다. 이후 14년 동안 고된 노역과 생활고에 지친 억류생활을 하다 1666년 탈출하여 1668년 귀국했다. 그 해에 한국의 지리·풍속·정치·군사·교육·교역 등을 유럽에 소개한 최초의 문헌인, 「하멜표류기」로 알려진 기행문을 발표했다.

㉢ 오페르트는 1866년 당시 쇄국 중이던 한국과 통상할 목적으로 두 번이나 입국교섭을 벌였으나 실패하고 돌아갔다. 이어서 1868년 다시 통상로를 트기 위해 구만포에 상륙해 덕산군청을 습격하여 무기를 탈취하고, 가동(伽洞)의 남연군 구(南延君球 : 흥선대원군의 養父)의 능묘를 파헤치려 했으나 구축이 예상 외로 단단하여 실패하였다. 저서 「EinVerschlossenes Land : Reisen nach Korea : 금단의 나라 : 조선기행」이 간행되어 한국의 민속·풍경 등이 널리 알려졌는데, 이 책은 「하멜표류기」와 함께 외국인에 의해 쓰인 귀중한 국사자료이다.

㉠ 목인덕[파울 게오르크 폰 묄렌도르프(Paul George von Möllendorff)]은 한말 민씨의 척족세력의 지지를 얻고 활약한 독일인 고문이다. 1883년 일본은행에 해관세 수납업무를 위탁하였고 1884년 러시아공사 C. 베베르와 협조, 한·러 수호 통상 조약을 체결하게 하였다. 갑신정변 때는 개화파에 반대하였고 민씨 척족세력을 도왔다. 외무협판에 재직 중인 1885년, 이홍장의 압력으로 해임되었으며 한국을 떠나 중국 닝보에서 죽었다.

답 ③

16 다음 우표에서 기념하는 역사적 사건에 대한 설명으로 적절하지 <u>않은</u> 것은?

① 국제 여론에 호소하여 국권을 회복하려 하였다.
② 황국협회의 재정적 지원을 받고 출국하였다.
③ 외교권이 없다는 이유로 회의에 참석하지 못하였다.
④ 이 사건을 빌미로 일본은 고종을 강제로 퇴위시켰다.

 ② 헤이그 밀사 사건은 1907년의 사건이므로 황국협회와는 관련이 없다. 황국협회는 1898년 결성되어 1899년 해산되었다.

답 ②

출제 비중 체크!

※ 계리직 전 8회 시험(2008~2021) 기출문제를 기준으로 정리하였습니다.

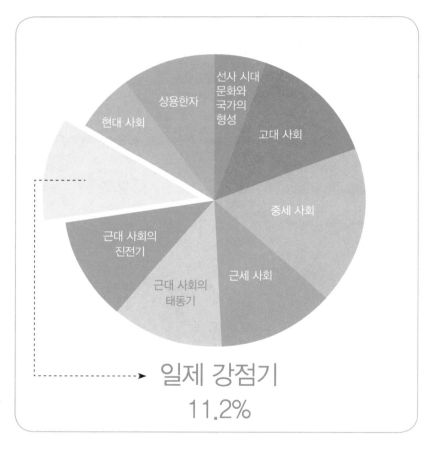

일제 강점기
11.2%

PART

07 | 일제 강점기

I wish you the best of luck!

우정사업본부 지방우정청 9급 계리직

한국사

(주)시대고시기획
(주)시대교육
www.**sidaegosi**.com
시험정보 · 자료실 · 이벤트
합격을 위한 최고의 선택

시대에듀
www.**sdedu**.co.kr
자격증 · 공무원 · 취업까지
BEST 온라인 강의 제공

일제의 침략과 민족의 수난

1. 일제의 침략과 국권 피탈

(1) 한 · 일 의정서 체결(1904.2)

① 체결 과정

  ㉠ 러 · 일 전쟁과 중립 선언 : 청 · 일 전쟁 이후 일본은 만주와 한반도를 독점 지배하고자 러시아와 대립하면서 결국 러 · 일 전쟁을 일으켰다(1904). 러 · 일 전쟁 직전에 대한 제국은 국외중립을 선언하였다.

  ㉡ 일본군의 한국 투입 : 일제는 전쟁 도발과 동시에 한국 침략의 발판을 굳히기 위해 대규모의 병력을 한국에 투입하여 서울을 비롯한 전국의 군사적 요지를 점령하였다.

  ㉢ 한 · 일 의정서 강요 : 한국 정부를 위협하여 일본군이 전략상 필요한 지역을 마음대로 사용하고, 일본의 동의 없이는 제3국과 조약을 체결할 수 없다는 내용의 한 · 일 의정서를 강요하였다.

② 결과 : 일본에 의해 서울을 비롯한 전국의 군사적 요지와 시설을 점령당하였으며, 조선의 국외중립이 무너지고 러시아와의 기존 조약이 폐지되었다. 한편, 일본은 조선의 황무지 개간권을 요구하였지만 보안회의 반대 운동으로 실패하였다.

(2) 제1차 한 · 일 협약 체결(한 · 일 협정서, 1904.8) – 고문 정치

① 체결 과정 : 러 · 일 전쟁이 일본에게 유리하게 전개되자, 일본 정부는 한국 침략 방안을 확정하고 이어 제1차 한 · 일 협약을 강요하여 강제로 체결하였다.

② 결과 : 일본 정부가 추천하는 외교 고문과 재정 고문을 조선 정부에 둔다는 이른바 고문 정치가 시작되었다. 외교 · 재정뿐 아니라 협정에도 없는 군부 · 내부 · 학부 · 궁내부 등 각 부에 일본인 고문을 두고 실권을 장악하였으며, 통화 발행권까지 장악하였다.

▼ 국권 피탈 과정
한 · 일 의정서 → 제1차 한 · 일 협약 → 제2차 한 · 일 협약 → 한 · 일 신협약 → 군대 해산 → 기유각서 → 경찰권 이양 → 국권 강탈

더 알아보기 ⊕

제1차 한·일 협약(한·일 협정서, 1904.8)

- 한국 정부는 일본이 추천한 일본 사람 1명을 재정 고문으로 초빙하여, 재무에 관한 일체를 그의 의견에 따른다.
- 한국 정부는 일본이 추천한 외국인 1명을 외교 고문으로 초빙하여 각각 그의 의견을 물어 시행한다.
- 한국 정부는 외국과의 조약 체결과 특권 양여 등 중요 사항을 모두 일본과 상의한다.

                − 국회 도서관 입법 조사국, 「구한말 조약 휘찬」 −

더 알아보기 ⊕

열강의 일본 침탈 묵인

- 가쓰라·태프트 밀약의 내용(1905.7)
  첫째, 일본은 필리핀에 대하여 하등의 침략적 의도를 품지 않으며, 미국의 필리핀 지배를 확인한다.
  둘째, 극동의 평화를 위해 미·영·일 삼국은 실질적인 동맹 관계를 확보한다.
  셋째, 러·일 전쟁의 원인이 되었던 한국은 일본이 지배할 것을 승인한다.

                     − 「미국 역사 자료집」 −

- 제2차 영·일 동맹의 주요 내용(1905.8)
  영국은 일본이 한국에서 가지고 있는 이익을 옹호·증진시키기 위해 필요하다고 인정하는 지도·통제·보호의 조치를 한국에서 행하는 권리를 승인한다.

               − 일본 외무성 편, 「일본 외교연표와 주요 문서」 −

- 포츠머스 조약(러·일 강화 조약, 1905.9)
  첫째, 한국에 대한 이른바 일본의 지도·보호·감리권을 인정한다.
  둘째, 여순 조차권, 장춘 이남의 철도 부설권을 할양한다.
  셋째, 배상금을 청구하지 않는 조건으로 남사할린을 할양한다.
  넷째, 러시아령 연안의 어업권을 일본에 양도한다.

                 − 국회도서관 입법조사국, 「구한말 조약 휘찬」 −

(3) 제2차 한·일 협약(을사조약) 체결(1905.11) − 통감 정치

① **체결 과정** : 일제는 러·일 전쟁에서 승리한 후 식민지화 정책을 더욱 추진하였다. 즉, 러·일 전쟁을 전후하여 일본은 영국, 미국, 러시아 등 열강에 한국의 독점적 지배권을 인정받은 후 한국을 보호국으로 만들려는 을사조약 체결을 강요하였다.

더 알아보기✛

제2차 한 · 일 협약(1905.11, 을사조약 전문 5조)

- 일본의 외무성은 한국의 외무 사무 일체를 관리 · 지휘하며, 외국에 있는 한국인의 이익은 일본의 외무관이 보호한다.
- 일본 정부는 한국이 외국과의 사이에 맺어진 모든 조약의 시행을 맡아보고, 한국은 일본 정부를 통하지 않고는 어떠한 국제적 조약이나 약속을 맺을 수 없다.
- 일본 정부는 대표자로 통감을 서울에 두되, 통감은 오직 외교를 관리하고, 또 한국의 각 항구를 비롯하여 일본이 필요로 하는 지역에 이사관을 두어 사무 일체를 지휘 · 관리한다.
- 일본과 한국 사이에 현존하는 모든 조약 및 약속은 이 조약에 위반하지 않는 한 그 효력을 발휘한다.
- 일본은 한국 황실의 안녕과 존엄을 유지할 것을 보증한다.

② 결과
　㉠ 외교권 박탈과 통감부 설치 : 고종 황제와 정부 대신의 강력한 반대에도 불구하고 일제는 군사적 위협을 가하여 일방적으로 조약 성립을 공포하면서, 대한 제국의 외교권을 박탈하고 통감부를 설치하여 내정을 간섭하였다.
　㉡ 고종의 조약 무효화 선언 : 고종 황제는, 자신이 조약 체결을 거부하였으며 서명 날인을 하지 않았음을 들어 국내외에 조약 무효를 선언하였으며, 네덜란드 헤이그에서 개최된 만국 평화 회의에 이상설 · 이준 · 이위종을 황제 특사로 파견하여 조약의 무효를 거듭 밝혔다(1907).

(4) 한 · 일 신협약 체결(정미 7조약, 1907.7) – 차관 정치

① 체결 과정
　㉠ 고종의 강제 퇴위 : 통감부를 설치하여 대한 제국의 내정권을 장악한 일제는 대규모의 일본군을 한반도에 파병하여 우리 민족의 저항을 무자비하게 탄압하였으며, 헤이그 특사 파견을 구실로 고종 황제를 강제로 퇴위시켰다.
　㉡ 한 · 일 신협약의 강제 체결 : 순종이 즉위한 직후 일제는 한 · 일 신협약(정미 7조약)을 강제로 황제 동의 없이 체결하였다.

▼ 정미 7조약의 비밀 각서
정미조약에는 군대 해산 문제나 차관 제도, 사법권·경찰권 장악과 관련된 비밀 각서가 별도로 있었다.

더 알아보기 ⊕

한·일 신협약(정미 7조약) ▼

- 한국 정부는 시정 개선에 있어서 통감의 지휘를 받는다.
- 한국 정부의 법령 제정과 중요한 행정상의 처분은 미리 통감의 승인을 받는다.
- 한국의 사법 사무는 일반 행정 사무와 구별한다.
- 한국 고등 관리의 임명은 통감의 동의에 의한다.
- 한국 정부는 통감이 추천하는 일인(日人)을 한국 관리로 채용한다.
- 한국 정부는 통감의 승인 없이 외국인을 한국 관리로 채용하지 않는다.
- 1904년 8월 22일에 조인된 한·일 협약 제1항을 폐지한다.

---

② 결과
　　㉠ 통치·입법·행정 권한의 박탈 : 이 조약의 체결로 모든 통치권이 통감부로 옮겨졌으며, 통감의 사전 승인 없이는 입법·행정상 중요 처분을 할 수 없었고, 시정 개선에 통감의 지도를 받아야 했으며 관리 임명권까지 박탈당하였다.
　　㉡ 차관 정치의 실시 : 일본인 차관이 실제 행정을 장악하는 차관 정치가 실시되어 한국 정부의 각 부에 일본인 차관을 두어 간섭하였다.

(5) 군대 해산(1907.8)

고종 황제의 퇴위와 정미 7조약 체결 등으로 민족 항일 운동의 움직임이 심상치 않자 통감 이토는 순종 황제를 협박하여 군대 해산 조서를 내리게 하였다. 이에 군대가 강제 해산당하여 대한 제국은 방위력마저도 상실하였다.

(6) 기유각서(1909.7) – 사법권 박탈

이토의 후임 통감으로 온 소네는 기유각서를 체결하여 사법권과 감옥 사무권을 박탈하였다. 이어 1910년에는 3대 통감으로 데라우치가 부임하고 경찰권을 박탈(1910.6)하였다.

(7) 한·일 합병(1910.8.29)

일제는 총리 이완용과 한·일 합병안을 작성하여 내각의 의결을 거치고 이완용 등 매국 내각과 데라우치 간에 이를 조인하여 합병 조약을 발표함으로써 대한 제국의 국권은 완전히 상실되었다.

을사오적단 왼쪽부터 학부대신 이완용, 군부대신 이근택, 내부대신 이지용, 농상대신 권중현, 외부대신 박제순

2. 민족의 수난

더 알아보기➕

일제 강점기 시대 구분

시기 구분	통치 내용	경제 침탈
무단 통치 (1910~1919) - 3·1 운동 -	• 총독부 관리는 행정, 입법, 사법, 군통수권 등 전권을 대부분 일본인들이 장악하였고, 자문 기관인 중추원을 설치하였음 • 헌병 경찰제, 태형·즉결 심판권, 언론 집회의 자유 박탈, 관리·교사들도 제복 입고 착검	• 토지 조사 사업을 통한 토지 약탈 • 회사령(허가제)을 통한 민족 기업 성장 억제 • 산업 각 부분에 대한 침탈 체제 구축
기만적 문화 통치 (1919~1931) - 만주 사변 -	• 가혹한 식민 통치 은폐(기만성) → 친일파 양성을 통한 민족 분열책 • 보통 경찰제, 민족계 신문 발행 허용, 교육 기회의 확대 표방	• 산미 증식 계획(증산량보다 많은 수탈) → 농민층 몰락, 빈곤층 크게 증가, 식량 사정 악화 • 회사령 폐지(신고제) → 일본 자본 진출, 관세 철폐
민족 말살 통치 (1931~1945)	• 황국 신민화 강요, 황국 신민의 서사 암송 • 신사 참배, 궁성 요배 강요, 일본식 성명 강요, 우리말 사용 금지, 학술 언론 단체 해산	• 대륙 침략을 위한 병참 기지화 → 중·일 전쟁 이후 인적·물적 수탈 강화(국가 총동원법 1938) • 지원병제, 징병제, 징용제, 정신대 • 전쟁 물자와 식량 공출 → 식량 배급제

(1) 무단 통치 – 조선 총독부의 설치와 헌병 경찰 통치(1910.8~1919.3.1)

① 조선 총독부
  ㉠ 설치 : 국권 피탈 이후 식민 통치의 중추 기관으로 조선 총독부가 설치되어 한민족에 대한 정치적 탄압과 경제적 착취가 자행되었다.
  ㉡ 조선 총독의 권한
    • 식민 통치의 전권 장악 : 일본군 현역 대장이 조선 총독으로 임명되어 식민 통치의 전권을 장악하였다.
    • 일본 국왕 직속 : 조선 총독은 일본 내각의 통제를 받지 않고 일본 국왕에 직속되어 외교권을 제외한 입법·행정·사법 및 군대 통수권을 집행할 수 있는 권한을 지니고 있었다.
  ㉢ 총독부의 조직과 중추원
    • 조직 : 총독부의 조직은 총독 아래에 행정을 담당하는 정무 총감과 치안을 담당하는 경무 총감에게 있었으며, 조선 총독부의 관리는 거의 일본인들이 차지하였다.
    • 중추원의 유명무실화 : 자문 기관으로 중추원을 두어 친일파 한국인을 정치에 참여시키는 형식을 취하였으나, 이는 한국인을 회유하기 위한 술책에 불과하였다. 3·1 운동 때까지 거의 10년간 한 차례의 정식 회합도 소집되지 않았던 것만 보더라도 형식적 기관이었음을 알 수 있다.
    • 중추원의 구성과 역할 : 중추원의 구성원은 모두 친일 인사들로 실질적인 발언권은 없었으며, 조선의 풍속·관습·법제 등을 연구하여 조사·편찬하는 일을 했을 뿐이다.

② 헌병 경찰
  ㉠ 실시
    • 강력한 헌병 경찰 통치의 실시 : 국권이 강탈되면서 일본군 2개 사단과 2만여 명의 헌병 경찰 및 헌병 보조원이 배치되어 강력한 헌병 경찰 통치가 실시되었다.
    • 무단 식민 통치 : 일제의 헌병 경찰 제도는 세계에서 유례가 드문 무단 식민 통치 정책이었다.

1910년대 학교 모습 교사들에게까지 위압적인 경찰복장을 갖추게 했다.

  ㉡ 헌병 경찰의 주요 임무
    • 주요 임무와 즉결 처분권 : 경찰 업무를 대행하는 것 외에 독립운동가 색출·처단, 첩보 수집, 의병 토벌, 검찰 사무 대리, 재판, 징세 등 광범위한 권한을 행사하였다. 또한, 이들에게는 즉결 처분권이 있어 조선인들을 정당한 법적 절차에 의하지 않고도 체포·구금·구속이 가능하였다.

- 태형령의 제정과 공포 분위기 조성 : 1912년에는 태형령▼을 제정하여 공포 분위기를 조성하였으며, 일반 관리부터 학교 교원에 이르기까지 제복을 입히고 칼을 차게 하였던 것도 위협적인 헌병 경찰 통치의 한 수단이었다.
  ⓒ 독립운동의 탄압
  - 자유 박탈 : 우리 민족은 헌병 경찰 통치를 통해 언론 · 출판 · 집회 · 결사의 자유를 박탈당하였으며, 민족 지도자들은 체포 · 투옥 · 학살되었다.
  - 언론 탄압 : 모든 정치 결사를 해산시키고 민족적 신문 · 잡지의 발행을 금지하였으며, 경성일보 · 매일신보 · 조선 공론 등 어용 신문 · 잡지만 발행하도록 허용하였다.

▼ 즉결 처분권과 태형 제도
재판 없이 3개월 이하의 징역, 구류 처분, 100원 이하의 벌금을 부과할 수 있는 즉결 처분권이 있었고, 1912년에 태형 제도가 부활하여 이의 남발은 우리의 자존심을 무너 뜨리고 생존권까지 위협하였다.

더 알아보기 ➕

조선 교육령

- 1차 조선 교육령 (1911.8) : 한일 차별 교육
- 2차 조선 교육령 (1922.2) : 한일 차별 완화, 3면 1교주의(3면에 학교를 하나씩 설립)
- 3차 조선 교육령 (1938.3) : 국어는 수의과목(선택과목), 1면 1교주의(각 면마다 학교를 하나씩 설립)로써 많은 학교설립을 통하여 민족정신을 말살하려는 목적
- 4차 조선 교육령 (1943.3) : 국어 교육 완전 폐지

(2) 문화 통치 – 민족 분열 정책(1919.3~1931)

① 배경 : 우리 민족은 일제의 강력한 식민 통치에 대항하여 거족적으로 3 · 1 운동을 일으켰으나 일제의 잔인한 무력 탄압으로 일단 좌절되었다. 한민족의 단결력과 악화된 국제 여론에 부딪히게 된 일제는 식민지 정책에 대해 새로운 방향을 모색하지 않을 수 없었다.

② 문화 통치(1919~1931)의 성격과 본질
  ㉠ 문화 통치의 성격 : 문화 정치는 표면적으로 한민족에 대한 무단적인 억압을 완화시키고자 한 지배 체제였으나, 실제로는 한국민을 이간 · 분열시키려는 통치 방식으로, 회유와 가장된 유화 정책을 통해 보다 효과적으로 한민족을 수탈하였다.
  ㉡ 문화 통치의 본질 : 가혹한 식민 통치를 은폐하기 위한 고등적 기만 문화정책으로, 소수의 친일 분자를 키워 우리 민족을 이간 · 분열시키고 민족 근대 의식의 성장을 오도하였다. 한마디로 문화 통치의 본질은 기만적이고, 친일파 양성을 통한 민족 분열 정책이었다.

③ 문화 통치의 내용

    ㉠ 총독 임명 제한 철폐 : 일제는 지금까지 현역 대장으로 조선 총독을 임명 · 파견하던 것을 고쳐 문관도 그 자리에 임명할 수 있게 하였다. 그러나 우리나라에서 일제가 축출될 때까지 총 10명의 총독 중, 단 한 명의 문관 총독도 임명되지 않았다.

    ㉡ 보통 경찰제의 실시 : 일제는 헌병 경찰제를 보통 경찰제로 전환시켰으나 경찰의 수와 장비, 그 유지비는 3 · 1 운동 이전보다 크게 증가되는 양상을 띠었다. 보통 경찰제로의 이행은 헌병 경찰을 제복만 바꾸어 입히는데 지나지 않았으며, 고등 경찰제를 실시하여 우리 민족에 대한 감시와 탄압을 더욱 강화하였다.

    ㉢ 치안 유지법▼ 제정(1925) : 일제는 치안 유지법을 제정하여 공산당을 체포하면서 독립 · 민족운동을 더욱 억압하였으며, 사상범을 담당하는 고등계 형사를 따로 두었다.

    ㉣ 민족 신문의 간행 허가 : 일제는 조선 · 동아일보 등 우리 민족의 신문 발행을 허가하고, 동시에 교육 기회를 확대해 준다는 문화 통치를 내세웠다. 이것은 일제 검열을 강화한 기만 정책의 표면적 구호였을 뿐이었다. 실제로 언론에 대해서는 검열을 강화하여 비위에 맞지 않는 기사는 자의로 삭제하였고 신문을 정간 · 폐간시키도록 하였다.

(3) 민족 말살 통치(1931~1945)

① 병참 기지화 정책의 실시

    ㉠ 배경 : 1920년대 후반 세계 경제 공황으로 인해 일본경제는 심각한 위기를 맞게 된다. 일본은 경제파탄의 해결책으로 대륙 침략을 시작하면서 한반도에서 병참 기지화 정책을 실시하였다.

중추원 회의 1935년 4월 조선총독부 회의실에서 개최

    ㉡ 내용 : 일제는 만주 사변을 일으켜 만주를 점령하였다(1931). 나아가 중 · 일 전쟁(1937), 태평양 전쟁(1941)을 도발하여 대륙 침략을 강행하면서 한반도를 대륙 침략의 병참 기지로 삼으려 하였으며, 이에 군수 공업과 광업 개발에 박차를 가하면서 노동력과 자원의 착취를 강화하였다.

▼ 치안 유지법
3 · 1 운동 이후 급격히 보급되고 있던 사회주의 사상과 독립운동을 탄압하기 위하여 1925년에 시행한 법

② 일제의 인적▼·물적 수탈

　　㉠ 물자 수탈과 징용 : 전쟁에 필요한 식량과 각종 물자를 수탈당하였고, 1938년 지원병 제도에 의해 청년들이 전선으로 끌려갔으며, 마침내는 징병제(1944)와 징용제에 의해 일본·중국·사할린의 동남아 등지에 강제 동원되어 수많은 사람이 목숨을 잃었다.

　　㉡ 정신대 동원 : 여자들까지 정신대라는 명목으로 강제 동원되어 군수 공장 등지에서 혹사시켰으며 그중 일부는 전선에서 일본군 위안부로 삼는 잔인한 만행을 저질렀다.

③ 민족 말살 정책의 실시 :

중·일 전쟁 이후 1938년 5월 국가 총동원법이 내려지면서 우리 민족은 일제에게 가혹하게 인적·물적 수탈을 당하였다. 이 시기에 우리 민족은 일제에 의해 민족 말살 통치를 받게 되었다.

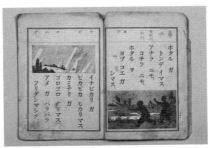

1930년대 일제 교과서 국어독본 황국신민화 교육에 사용한 교과서

　　㉠ 황국 신민화 정책의 강화 : 우리 민족은 일제의 내선 일체▼, 일선 동조론▼, 황국 신민화와 같은 허황된 구호 아래 우리말과 역사를 배우지 못하게 되었고, 황국 신민 서사 암송, 궁성 요배, 신사 참배▼(1937)의 절대 복종을 강요당하였다.

　　㉡ 창씨개명 강요 : 우리 성명마저도 일본식으로 고치도록 강요당하였으며(1939), 일본식 성명을 사용하지 않으면 행정·

창씨개명을 위해 줄서 있는 사람들

사법·교육·우편·철도와 민원 처리, 물자 배급 등에서 불이익을 받았다.

▼ 일제의 인적 수탈
- 지원병 제도(1938)
- 국민 징용령(1939)
- 학도 지원병제(1943)
- 징병제(1944)

▼ 내선 일체

'내(內)'는 내지인 일본을, '선(鮮)'은 조선을 가리킴. 일본과 조선은 한 몸이라는 뜻으로, 한국인을 일본인으로 동화시키려 한 것

▼ 일선 동조론

일본인과 조선인은 조상이 같다는 이론으로 한국인의 민족 정신을 근원적으로 말살하기 위한 것

▼ 신사 참배

일제 강점기에 일본의 민간 종교인 신도(神道)사원의 신사(神社)를 곳곳에 세우고 한국인들로 하여금 강제로 참배하게 한 일

더 알아보기 ✚

민족 말살 정책

1. 황국 신민 서사
   - 아동용
     - 나는 대일본 제국의 신민이다.
     - 나는 마음을 합해 천황폐하께 충의를 다한다.
     - 나는 인고 단련하여 훌륭하고 강한 국민이 된다.
   - 학생 · 일반용
     - 우리는 황국신민이며 충성으로써 군국에 보답하자.
     - 우리 황국신민은 서로 신애하고 협력하여 단결을 굳게 하자.
     - 우리 황국신민은 인고 단련의 힘을 키워서 황도를 선양하자.
2. 총독부가 일본식 성명을 강요한 구체적 방법
   - 창씨하지 않은 사람의 자제에 대해서 각급 학교로의 입학 · 진학을 거부한다.
   - 창씨하지 않은 아동에 대해 일본인 교사는 이유 없이 질책 · 구타해 아동으로 하여금 부모에게 애원해 창씨시킨다.
   - 창씨하지 않은 사람은 공사를 불문하고 총독부 관계기관에 일체 채용하지 않고, 현직자도 점차 파면 조치한다.
   - 창씨를 하지 않은 사람은 행정기관에서 행하는 모든 사무를 취급하지 않는다.
   - 창씨하지 않은 사람은 비국민 또는 불령선인(불온하고 불량한 조선인)으로 단정해 경찰수첩에 기입하고, 사찰 · 미행 등을 철저히 한다.
   - 창씨하지 않은 사람은 우선적으로 노무징용의 대상으로 하고, 식량 및 기타 물자의 보급대상에서 제외한다.

   – 문정창, 「군국일본 조선강점 36년사」 –

3. 경제 수탈의 심화(1910년대의 경제 수탈)

(1) 토지 조사 사업(1912~1918)

① 식민지 경제 체제의 구축

ㄱ 경제적 침투 : 개항 이후 우리나라는 일제의 자본주의 침략을 극복하기 위하여 노력하였지만 교통, 통신 등 시설의 점유 · 확대와 화폐 금융 침식 등 경제적 침투를 통하여 국권을 침탈당하였다.

ㄴ 전국 토지 점탈 : 국권 피탈 후 각종 산업은 일제의 식민지 경제 체제로 개편되었다. 그중에서도 핵심적인 것은 농업부분에서 단행된 이른바 토지 조사 사업이라는 전국적인 토지 점탈이었다.

② 토지 조사 사업의 추진

ㄱ 실시 : 국권 피탈 이전에 이미 한국민의 토지를 수탈하기 위해 우리나라에서의 일본인의 토지 소유를 인정하는 법령을 제정한 바 있었던 일제는 근대적

소유권이 인정되는 토지 제도를 확립한다는 미명하에 토지 조사 사업을 추진하였다.

- ㉡ 절차 : 이를 위해 1910년에 토지 조사국을 설치하였고, 1912년에는 토지 조사령을 발표한 후 막대한 자금과 인원을 동원하여 전국적 토지 조사 사업을 벌였다.
- ㉢ 특징 : 기한부 신고제와 토지 소유증명에 필요한 복잡한 서류를 구비하여 번잡한 수속을 밟아야만 소유권을 인정받을 수 있었기 때문에 까다로운 신고제에 익숙하지 못한 농민들은 신고 절차를 제대로 밟지 않아 토지를 빼앗기는 사례가 많았다.
- ㉣ 토지 미신고 이유 : 우리나라 농민들은 토지에 대한 근대적 소유권 개념(법적 개념)이 불명확하였고, 소유권이 분명하지 않았으며 공유적 성격의 토지가 많았다. 또한 신고 기간도 짧았으며 토지 신고 사실도 잘 알려지지 않았고, 민족 감정 등의 이유로 신고가 제대로 이루어지지 않았다.

③ 결과
- ㉠ 총독부의 토지 소유 : 신고를 기피하거나 기회를 놓친 한국인 농토나 조선 왕실·각 관아가 수조권을 가지고 있던 토지, 공공 기관에 속해 있던 토지, 마을이나 문중 토지와 산림, 초원, 황무지 등은 신고주가 없어 거의 조선 총독부 혹은 유력인사에게 넘어가고 말았다.
- ㉡ 불법 탈취 : 토지 조사 사업에 의해 불법적으로 탈취당한 토지는 전국 농토의 약 40%나 되었다. 이에 조선 총독부는 최대 지주가 되었고, 소작료는 크게 올랐다.
- ㉢ 총독부의 토지 불하 : 조선 총독부는 이 토지를 **동양 척식 주식회사**▼에 넘겨 일본인 토지 회사나 개인에게 싼 값으로 불하하였다.

④ 영향
- ㉠ 식민지 지주제의 강화 : 토지 조사 사업이 끝난 1918년에는 겨우 3%의 지주가 경작지의 50% 이상을 소유하였으며, 소작을 하지 않고는 살 수 없는 농가가 77%나 되었다. 이 과정에서 이전의 소작권은 인정되지 않고 총독부 보호하에 있는 지주의 소유권만 인정되어 식민지 지주제가 강화되었고, 소작농은 50~70%에 이르는 고율의 소작료를 내야 하는 상황에 이르렀다.
- ㉡ 지주 권한의 강화와 농민의 전락 : 종래 농민은 이미 토지 소유권과 경작권을 보유하고 있었는데, 토지 조사 사업 이후 소수 양반 지주들은 토지 소유권을 획득하였으나 농민의 토지 경작권은 소멸되면서 지주 권한이 강화되었고, 많은 농민은 지주에게 유리한 기한부 계약에 의한 소작농으로 점차 전락하였다.

▼ 동양 척식 주식회사
일제가 우리의 경제를 독점적으로 지배하기 위해 설립한 특수 국책회사

(2) 산업의 침탈

① **일제의 식민지 경제 정책** : 일제는 우리나라의 미곡과 각종 원료를 헐값으로 매입하고, 일본에서 만든 제품을 들여와 비싼 값으로 매도하여 이중으로 착취하였다.

② **민족 기업 성장의 억제** : 조선 총독부는 우리 농민을 몰락시키는 토지 조사 사업 외에 임업 · 어업 · 광업 등 산업 전반에 걸쳐 철저한 착취 정책을 폈다. 그리고 우리 산업 경제권을 금융 조합, 농공 은행 등을 통해 통제하였다.

③ **회사령▼의 공포(1910)** : 한국에서의 기업 설립을 총독 허가제로 하는 회사령을 공포하였다.

▼ 회사령(1910)
국내에서의 회사 설립은 조선 총독의 사전 허가를 받도록 하고 허가 조건을 위반할 때에는 총독이 사업의 금지와 기업의 해산을 명할 수 있게 하였다.

> **더 알아보기 ➕**
>
> **회사령(1910)**
>
> 제1조 회사의 설립은 조선 총독의 허가를 받아야 한다.
> 제2조 조선 외에 있어서 설립한 회사가 조선에 본점 또는 지점을 설치하고자 할 때에도 조선 총독의 허가를 받아야 한다.
> 제5조 회사가 본령 혹은 본령에 의거하여 발표되는 명령이나 허가의 조건에 위반하거나 또는 공공의 질서, 선량한 풍속에 반하는 행위를 하였을 때에는 조선 총독은 사업의 정지, 지점의 폐쇄 또는 회사의 해산을 명한다.

4. 일제 공업화 정책의 변화(1920년대의 경제 수탈)

(1) 산미 증식 계획(1920~1934)

① **일제의 산미 증식 계획 강화 배경**

㉠ **일제의 쌀 부족 현상 심화** : 제1차 세계 대전에 참전함으로써 자본주의의 기반이 급속하게 성장한 일제는 공업화 정책으로 인한 이촌 향도 현상으로 농촌 인구가 감소하였다. 이로써 일본 주식인 쌀 생산이 부족하기에 이르렀다.

㉡ **일제의 공업화 정책의 결과** : 일제의 공업화 정책은 산업 자본의 축적과 함께 노동자들의 임금 상승을 초래하였다. 이에 일본 정부는 공업화 정책의 기반이 되는 저임금 정책을 유지하기 위해 저곡가 정책을 펴서 노동자들의 생계비를 낮추어야만 하였다.

② 산미 증식 계획의 실시

   ⊙ 목적 : 일제의 공업화 정책 추
진에 따라 1918년 일본에서 쌀
파동이 일어났다. 이에 따라 부
족분의 식량을 한반도에서 착
취하려는 산미 증식 계획을 우
리 농촌에 강요하였다.

**군산항에서 선적을 기다리는
일제 강점기 쌀가마니들**

   ⊙ 산미 증식 계획의 전개 : 산미
증식 계획은 토지 개량 사업(관개 개선 · 지목 변경 · 개간)과 농사 개량 사업
(우량 품종 보급 · 시비 증대)으로 전개되었다. 미곡 증산을 통하여 일본의 식
량 문제를 조선에서 해결하려 한 것이다.

   ⊙ 수탈량＞증산량 : 일제의 미곡 수탈은 목표대로 진행되어, 계획이 중단된
1934년에도 일제는 증산량보다 훨씬 초과한 양을 수탈해 갔다. 이후 전쟁이
심화되며 1940년에 중단되었던 계획이 재개되었다.

③ 결과

   ⊙ 쌀 생산 강요 : 일제는 산미 증식 계획을 추진하면서 수리 조합 사업, 토지
개량 사업 등의 비용을 농민에게 전가하고 쌀 생산을 강요하여 논농사 중심
의 단작화로 농업 구조를 바꾸었다.

   ⊙ 농민 생활의 약화 : 이 과정에서 소작료는 점차 올라가고, 수리 조합비 · 증산
에 투입된 운반비 · 비료대금 등을 부담하여 농민 생활은 갈수록 악화되었다.

   ⊙ 미곡 수탈과 식량 부족 : 일제가 강제로 수탈해 간 미곡이 증산량보다 많아
식량 부족이 심화되어 농민들은 만주에서 수입한 조나 수수 등으로 생계를
이어가야 했다.

   ⊙ 농민의 유랑 : 대다수 농민은 기아선상에서 허덕이다가 부족한 식량을 만주
에서 생산되는 값싼 잡곡으로 충당하려 했으나 근본적 해결책이 되지 못하였
고, 농촌을 떠나 만주로 유랑을 떠나거나 화전민으로 전락할 수밖에 없었다.

   ⊙ 일본인의 토지 매입 증가 : 미곡의 유출을 늘리기 위하여 일본인의 토지 매입
이 증가하였고, 이로써 조선인 지주의 토지 소유 면적이 축소되었다. 결국 산
미 증식 계획은 1920년대 이후 소작쟁의가 격화되는 원인을 제공하였다.

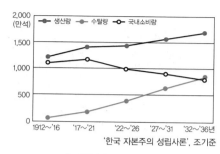

연도	지주	자작농	자소작	소작농	화전민
1916	2.5	20.1	40.6	36.8	·
1919	3.4	19.7	39.2	37.6	·
1922	3.7	19.7	35.8	40.8	·
1926	3.8	19.1	32.5	43.3	1.3
1929	3.7	18.0	31.5	45.6	1.2
1932	3.6	16.3	25.3	52.8	2.1

(단위 : %)

미곡 생산과 일제의 수탈량   일제 강점기 농민의 계층별 구성

(2) 일제 공업화 정책의 변화(1920년 후반)

① 배경 : 1920년대 후반 경제 공황으로 일본은 한국의 노동력 · 자원을 착취하기 위해 본격적으로 공업 부문에 관한 경제 정책을 시도하게 되었다.

② 회사령의 폐지

    ㉠ 일본 자본의 한국 지배 증가 : 일제는 일본 재벌들의 자본 투자를 원활하게 하기 위해 1920년에 회사령을 폐지하고, 회사 설립 규정을 완화하여 종래 허가제를 신고제로 바꾸어 일본인에게만 유리하도록 하였다.

    ㉡ 중공업 투자로의 전환 : 일본인의 자본 투자는 초기에는 경공업에 불과하였으나 후기에는 군수 공업 위주 중공업 투자로 전환되어 갔다.

③ 대륙 침략 수단

    ㉠ 중공업 투자 : 1926년에는 함경도에 부전강 수력 발전소가 완성되었고, 다음 해인 1927년에는 그 전력을 이용한 조선 질소 비료 공장이 흥남에 세워지는 등 중화학 공업에 대한 투자비중이 증대되기 시작하였다.

    ㉡ 군수 공업 경제 시책 필요 : 일제는 경제 공황 이후 난국의 타개와 대륙 침략을 위한 병참 기지화 정책으로 한국의 중공업을 발전시키고 군수 공업을 위한 경제 시책이 필요하였다.

5. 1930년대 이후 일제의 대륙 침략

(1) 경제 침탈의 새 양상▼

① **일본 독점 자본의 침투** : 일본 대기업의 경제 침략은 경제 공황으로 극심한 타격을 입은 1930년대에 새로운 양상으로 더욱 강화되었다. 즉, 제1차 세계 대전을 계기로 성장한 일제 독점 자본은 1920년대부터 본격적으로 침투를 시작하였는데, 이들 독점 자본들은 광업, 비료, 섬유 회사 등을 설립하고 우리의 공업 생산을 장악해 나갔다.

② **남면북양 정책 수립** : 경제 공황과 그로 인한 일본 농민들의 반대로 산미 증식 계획이 어려움에 부딪히자, 공업 원료 기지화 정책으로 방향을 전환하여 면화 재배와 면양 사육을 시도하는 남면북양 정책을 우리 농촌에 강요하였다.

(2) 중·일 전쟁 도발

① **중·일 전쟁의 발발** : 일본은 한국의 실권을 장악하고 세계 경제 공황에 대한 타개책으로 1931년에 만주 사변을 일으켜 만주를 점령하고 만주국을 세웠으며, 1937년에는 중·일 전쟁을 일으켜 대륙 침략을 감행하였다.

② **태평양 전쟁의 발발과 한국의 병참 기지화** : 1941년에는 미국의 하와이를 공격해 태평양 전쟁을 일으켰다. 만주 사변 이후 일본 재벌들은 군부와 제휴하고 한국 병참 기지화에 앞장섰다.

(3) 병참 기지화 정책의 실시

① **식민지 경제 체제로의 전환** : 일제는 전쟁 수행을 위해 한반도 경제를 식민지 경제 체제로 철저히 예속시키기 위하여 북부지방을 중심으로 한반도를 병참 기지로 삼으려 하였다. 이에 따라 발전소가 건립되고 군수 공장이 세워졌으며, 광산이 개발되고, 중화학 공업이 육성되었다.

② **식량 배급과 각종 공출** : 소비 규제를 목적으로 식량 배급 제도를 실시하였고, 나아가 미곡 공출 제도▼도 시행하였다. 그리고 총독부는 일본군의 군수품을 충당하기 위해 각종 가축 증식 계획을 수립하여 가축의 수탈도 강화하였다.

③ **전시 통제 경제의 실시** : 침략 전쟁이 태평양 전쟁으로 확대되면서 한국에는 전시 통제 경제가 실시되고 일제는 전쟁 물자 수탈에 광분하였다. 농구, 식기, 제기는 물론 심지어 교회·사찰의 종까지 징발하여 전쟁 무기 제작에 이용하였다.

▼ **1930년대 경제 침탈의 새 양상**
일제는 농업 위주의 식민 정책에서 농공 병진 정책으로 방향을 전환하였다.

▼ **미곡 공출**
전시 식량 확보를 위해 강제로 곡물을 수탈한 것

(4) 인적 · 물적 자원의 수탈 강화

① **일제의 대륙 침략 본격화** : 중 · 일 전쟁을 일으켜 대륙 침략을 본격화한 일제는 1938년 4월 국가 총동원령을 내리고 한국에서 인적 자원의 수탈을 강화하였다. 지원병 제도(1938)를 징병제(1944)로 전환시켜 약 20만 명의 청년들을 징집하였고, 1943년에는 학도병제를 추진하여 4,500명의 학생들을 착출하였다.

② **일제의 만행** : 일제는 우리나라의 청 · 장년과 부녀자까지 일본 · 중국 · 동남아시아 · 사할린 등지로 강제 동원하여 전쟁에 투입하거나 노역에 종사시켰다. 약 100만 명의 노동자들이 징용으로 침략 전쟁에 동원되었고, 여성들도 근로 보국대 · 여자 근로 정신대(1944)라 하여 노동력을 착취당하였는데, 많은 여성을 중국 · 동남아시아 등으로 끌고 다니면서 강제로 위안부로 희생시키는 만행을 저질렀다.

더 알아보기 ⊕

일제의 수탈

• 국가 총동원법(1938)

제1조   국가총동원이란 전시(전시에 준할 경우도 포함)에 국방목적을 달성하기 위해 국가의 전력을 가장 유효하게 발휘하도록 인적 및 물적 자원을 운용하는 것을 말한다.

제4조   정부는 전시에 국가총동원상 필요할 때는 칙령이 정하는 바에 따라 제국 신민을 징용하여 총동원 업무에 종사하게 할 수 있다. 단 병역법의 적용을 방해하지 않는다.

제7조   정부는 전시에 국가총동원상 필요할 때는 칙령이 정하는 바에 따라 노동쟁의의 예방 혹은 해결에 관하여 필요한 명령을 내리거나 작업소의 폐쇄, 작업 혹은 노무의 중지, 기타의 노동 쟁의에 관한 행위의 제한 혹은 금지를 행할 수 있다.

제8조   정부는 전시에 국가총동원상 필요할 때는 배급 · 양도, 기타의 처분, 사용 · 소비 · 소지 및 이용에 관하여 필요한 명령을 내릴 수 있다.

제14조 정부는 전시에 국가총동원상 필요한 때에는 칙령이 정하는 바에 따라 물자의 생산 · 수리 · 배급 · 양도 기타의 처분, 사용 · 소비 · 소지 및 이동에 관하여 필요한 명령을 내릴 수 있다.

제20조 정부는 전시에 국가총동원상 필요할 때는 칙령이 정하는 바에 따라 신문지, 기타 출판물의 게재에 대하여 제한 또는 금지를 행할 수 있다.

• 민족성 말살 정책의 실례

신고산이 우루루 화물차 가는 소리에 / 지원병 보낸 어머니 가슴만 쥐어 뜯고요
어랑어랑 어허야 / 양곡 배급 적어서 콩깻묵만 먹고 사누나
신고산이 우루루 화물차 가는 소리에 / 정신대 보낸 어머니 딸이 가엾어 울고요
어랑어랑 어허야 / 풀만 씹는 어미 소 배가 고파서 우누나
신고산이 우루루루 화물차 가는 소리에 / 금붙이 쇠붙이 밥그릇마저 모조리 긁어 갔고요
어랑어랑 어허야 / 이름 석자 잃고서 족보만 들고 우누나

– 함경도 민요 '신고산타령' –

3·1 운동과 대한민국 임시 정부

1. 3·1 운동 이전의 민족 운동

(1) 국내 민족 운동의 전개와 비밀 결사 조직

① 국내외에서의 투쟁의 지속

㉠ 지속적인 항일 운동 : 을사조약의 체결을 전후하여 전국에서 치열하게 전개되었던 의병 전쟁과 애국 계몽 운동은 국권 침탈 후에도 계속되었다.

㉡ 무장 투쟁 운동의 전개 : 일본군의 탄압이 가열화되자 의병▼들은 국내 활동을 소규모적·산발적으로 계속하는 한편, 일부 의병은 국외로 옮겨 독립운동 기지를 건설하면서 계속 무장 투쟁의 전통을 이어갔다.

② 비밀 결사의 항일 활동

㉠ 구성원 : 국내 독립운동은 일제의 무자비한 탄압으로 비밀 결사 운동으로 변모되었지만, 도시 중산층과 개화 지식인들이 중심이 되어 조직적으로 전개되었다.

㉡ 방향 : 각종 선언문과 격문 등을 통해 독립 사상을 고취시켰으며, 민족 문화의 우월성을 바탕으로 광복의 희망과 신념을 불어넣어 주었다.

▼ 의병들의 국내 활동
대한 제국 시기 의병장이었던 채응언 부대는 경기·강원·황해·평산·함경도 등에서 1915년 체포되기 전까지 계속 항전하였다.

국외	신민회 ↓ 독립운동 기지 건설
국내	비밀 결사 운동

1910년대 민족의 독립운동

③ 대표적인 비밀 결사

㉠ 독립 의군부(복벽주의)▼ : 한일 병합 직후 조직된 전국 규모의 첫 번째 항일 운동 단체로 1912년부터 1914년까지 활동하였다. 의병 활동 중 체포되어 쓰시마 섬으로 유배되었던, 최익현의 수제자 임병찬이 귀국하여 고종의 밀조를 받아 전라도를 중심으로 유림과 의병 계통 인사들을 동지로 규합하기 시작한 후 차츰 전국적으로 조직망을 확대해 나갔다. 국권 반환 요구 및 일본군 철병 요구 운동을 대대적으로 전개할 계획이었으나, 사전에 발각되어 임병찬은 옥중에서 병사했고 많은 독립 의군부 간부들이 투옥되었다.

▼ 독립 의군부와 복벽주의
독립 의군부는 복벽주의(復辟主義, 나라를 되찾아 임금을 다시 세우겠다는 독립운동의 이념)를 표방하였다.

ⓒ 대한 광복회
- 조직 : 항일 결사 중 가장 활발한 활동을 전개한 단체는 1913년에 조직된 광복회였다. 1915년 대한 광복회로 명칭을 바꾼 이 단체는 군대식 조직으로 박상진이 총사령, 김좌진이 부사령이었으며, 근대적 공화 정치를 지향하였고, 각 도를 비롯하여 만주에도 지부를 설치하였다.
- 활동 목표 : 이 단체는 일본 패망 후 공화 정체의 국가를 건설하고자 하여, 만주에 독립군 기지를 만들고 사관학교를 설립하여 독립군을 양성하였다. 그리고 이에 필요한 자금 마련을 위해 각지 부호에게 의연금을 납부하게 하였다.

(2) 국외 독립운동 기지의 건설

① 국외 독립운동의 전개
- ㉠ 간도·연해주에 집단촌 건설 : 19세기 후반 간도와 연해주에는 한국인 이주민의 수가 급증하여 집단촌을 건설하였다. 그리하여 자치 기관과 각종 단체를 결성하여 한민족의 권익을 지키는 한편, 수많은 민족학교를 설립하여 민족 교육을 실시하였다.
- ㉡ 애국 단체 결성 : 일제의 침략이 극심해지자 이주민들은 애국 단체를 결성하여 항일 의식을 고취하였으며, 의병을 일으켜 항일 투쟁을 전개하였다.
- ㉢ 항일 운동 : 일제의 국권 강탈을 전후하여 수많은 애국지사들이 간도·연해주 지방으로 망명하였고, 일제의 경제 수탈로 삶의 터전을 상실한 농민들이 이주해 옴으로써 항일 운동은 더욱 활기를 띠게 되었다.
- ㉣ 국내 독립운동과 연결 : 국외 애국지사들은 국내 독립운동과 연결하면서 국외 각지에 독립운동 기지를 건설하고, 그곳에 이주하여 살고 있던 동포 사회를 중심으로 독립운동을 전개하였다. 중국, 일본, 미국, 유럽 등지에도 독립투사들이 망명하여 한인 동포 사회를 중심으로 독립운동을 추진하였다.
- ㉤ 의병·애국 계몽 운동 계열의 결합 : 의병 계열과 애국 계몽 운동 계열은 독립 전쟁론과 공화주의 정치 이념 아래에서 결합하게 되었다.

② 독립운동 기지
- ㉠ 신민회의 독립운동 기지 건설 : 해외 독립운동의 선구 임무를 담당한 단체는 신민회였다. 신민회의 활동은 당시 의병 전쟁과 항일 운동의 큰 줄기를 이루었지만 국내 활동이 제약을 받게 되자 국외 독립운동 기지 건설로 방향을 전환하였다.

ⓛ 독립운동 기지의 설치 목적

- **독립운동의 거점 마련** : 독립운동 기지 건설은 간도 · 연해주 등지에 한민족의 집단 거주 지역을 개척 · 확장하여 항일 독립운동 거점을 마련하고, 결정적 시기에 독립을 쟁취하기 위한 민족적 기반을 이루는 데 그 뜻이 있었다. 또한 이 지역을 중심으로 산업을 일으켜 경제적 토대를 이룩하고, 청소년을 모아 근대적 민족 교육과 군사 훈련을 강화하여 무장 독립 전쟁을 수행하려는 목적이었다.
- **항일 운동의 터전** : 이상설 · 이범윤 · 이동휘 등은 교민의 단결과 조직화를 위해 노력하였고, 만주 · 연해주에서 항일 운동을 지속적으로 펼쳐 나갔다.

(3) 연해주 · 만주 · 중국 · 미국 등에서의 활동

① 서간도

ⓐ **삼원보 · 경학사 · 신흥강습소** : 신민회 인사들이 중심이 되어 남만주(젠다오)에 세웠던 독립운동 기지로서 이곳에서는 독립운동 단체인 경학사▼가 동포들을 조직화하고 독립군 양성소인 신흥강습소(이후의 신흥 무관 학교)를 세워 청년들에게 근대적 교육과 군사훈련을 가르쳤다.

ⓑ **부민단** : 1911년 경학사가 흉년과 일제의 탄압, 중국인의 배척 등으로 해산되자, 1912년 이회영 · 이동녕 · 이상룡 등이 독립운동 기지 건설을 위해 조직하였다.

② 북간도

ⓐ **서전 서숙 · 명동학교** : 서전 서숙(이상설)은 1906년 만주에 설립된 한국 최초의 신학문 민족 교육 기관으로 한국인 자제 교육을 통한 독립 사상을 고취시켰다. 1908년 4월 27일, 서전 서숙을 나온 김약연(윤동주의 외삼촌) 등 북간도 지역의 애국지사들은 서전 서숙의 민족 교육정신을 이어가고자 명동촌에 명동학교를 설립하였다.

ⓑ **북로 군정서** : 서로 군정서가 조직된 이후 북간도에 거주하던 서일 등 대종교 계열의 민족주의자들(나철 · 오기호)을 중심으로 무장 독립 투쟁을 수행하기 위해 총재로 서일, 부총재로 현천묵, 총사령관으로는 김좌진으로 하는 북로 군정서를 조직하였다. 이후 1920년에 청산리 전투에서 일본군을 격퇴하게 된다.

③ 연해주

ⓐ **신한촌 건설** : 일제 강점기에 러시아 연해주의 블라디보스토크에 자리잡고 있던 한인집단 거주지이다. 1914년 제1차 세계 대전 발발 이전까지는 국외 독립운동의 중추 기지 구실을 하였고, 13도 의군(1910) · 권업회(1911) 등이 조직되었다.

▼ 경학사

민족의 독립을 최고 목표로 삼아 농업을 장려하고 자제들의 민족 교육을 실시하기 위해 세운 민간적인 항일 독립운동 단체이다. 계몽 운동의 이념이었던 식산 흥업, 교육 구국론에 입각하여 생산과 교육에 중점을 두었다. 부설 기관으로 신흥강습소를 설립하였다.

- 성명회 : 1910년 이상설, 이범윤 등이 조직하여 한일 합방의 부당성과 일제 침탈에 대해 폭로하며 항일 운동을 전개하였다.
- 권업회 : 성명회의 뒤를 이어 조직되었던 독립운동 단체로서 민족운동 지도자들이 1911년 5월에 결성하였다. 초대 회장에 최재형, 부회장에 홍범도가 선임되었으며, 러시아 당국의 공인을 얻어 활동하였다.
  - ① 대한 광복군 정부 : 1914년에는 이상설과 이동휘를 정·부통령으로 하는 대한 광복군 정부가 수립됨으로써, 독립군의 무장 항일 운동의 터전이 마련되고 임시 정부 수립의 길을 열어 놓았다.
  - © 대한 국민 의회 : 1919년 설립된 임시 정부로서 대통령에 손병희, 부통령에 박영효, 국무총리에 이승만을 선임했다. 대한 국민 의회에 이어 상하이와 한성에서 각각 임시 정부가 결성되어 곧 세 단체의 통합 논의가 진행·결정되었고 비록 완전 통합은 이루지 못하였지만 임시 정부의 위치는 상해에 두며 임시 의정원과 대한 국민 의회를 합병하여 의회를 조직한다는 상해 임시 정부의 의견에 따라 합병하고 1919년 8월 해산을 결의하였다.

④ **북만주의 한흥동**
  - ㉠ 밀산에서의 정착 시작 : 이상설을 위주로 하는 민족 운동 활동가들은 밀산의 토지를 사들이고 개척하는 사업을 이승희에게 부여하였다. 1909년 가을 이승희는 밀산부에 비옥한 토지를 사들여 집단이민 100호를 정착시켰다.
  - ㉡ 한흥동 기지의 설립과 활동 : 마을이름은 대한 제국을 부흥한다는 뜻으로 '한흥동(고려영)'이라 불렀다. 또한 '한민학교'도 설립하였다. 대한 독립 군단 모태가 된 한흥동 기지에서 1913년에 이상설과 이승희의 지지하에 평민출신 의병장 홍범도는 한흥동에 밀산 무관학교를 세우고 직접 교관을 담임하여 이후 1920년에 대한 독립군을 조직하였고 봉오동 전투와 청산리 전투를 지휘하여 일본군을 상대로 승전을 거두었다.

⑤ **중국 본토**
  - ㉠ 동제사와 신규식의 활동 : 신규식은 상하이로 망명하여 쑨원 등 중국 내 혁명가들과 유대 관계를 맺었고, 1912년에 상하이의 한국인 유학생을 모아 동제사를 조직하여 이후 대한민국 임시 정부의 활동에 영향을 주었다.
  - ㉡ 신한 청년당 : 1918년에 제1차 세계 대전이 끝나고 파리 강화 회의가 열리자 상하이 민족 지도자들은 신한 청년당을 결성하였고, 김규식을 파리 강화 회의에 대표로 파견하였다.

⑥ 미국

    ㉠ 대한(인) 국민회와 박용만의 활동 : 박용만은 1910년 대한(인) 국민회를 조직하였고, 후에 이승만이 미국 동부를 중심으로 국제 외교 활동을 전개하였다. 박용만이 1914년 하와이에 설립한 대조선 국민군단은 미주 군사 단체 중 가장 규모가 컸으며 세계 약소민족 회의(뉴욕)가 1917년에 개최되었을 때 박용만을 대표로 파견하여 한국의 독립을 위해 국제 여론에 호소하였다.

    ㉡ 흥사단▼ : 안창호는 1913년 신민회의 후신으로 샌프란시스코에 흥사단을 조직하였다. 흥사단은 교포들의 계몽이나 외교 활동에 역점을 두었다.

> **▼ 흥사단**
> 교포들의 계몽에 노력한 민족 부흥 운동 단체이다. 광복 후 서울로 본부를 옮겼다.

2. 3·1 운동(1919)

(1) 3·1 운동의 배경

① **민족 자결주의의 영향** : 국내외 독립운동이 꾸준히 전개되고 있을 무렵 제1차 세계 대전이 연합국 승리로 끝났다(1918). 제1차 세계 대전이 끝날 무렵 새로운 세계 질서 확립을 위해 미국 윌슨 대통령이 발표한 14개조 평화 원칙에서 식민지 문제를 해결하기 위해 민족 자결주의▼가 제창되었다.

② **국외 독립운동** : 독립투사들은 파리 강화 회의에 민족 대표를 파견하여 한국인의 독립 열의를 전달하고 국제적 협조를 얻으려 하였다. 그리하여 미국 대한인 국민회에서는 이승만을 대표로 보내려 하였으나 실패하였고, 상하이에서 조직된 신한 청년당은 김규식을 민족 대표로 파리에 파견하였다(1919.2).

> **▼ 민족 자결주의**
> 각 민족은 정치적 운명을 스스로 결정할 권리가 있으며 다른 민족의 간섭을 받을 수 없다는 주장이다. 그러나 이 원칙은 패전국의 식민지에만 적용되었다.

(2) 3·1 운동 이전 국외의 독립 선언

① **대동단결 선언 · 무오 독립 선언** : 1917년 중국 상하이에서 신규식 · 신채호 · 박은식 · 박용만 · 조소앙 등의 대동단결 선언이 있었으며, 1919년에는 만주 길림에서 조소앙의 3균주의를 기초로 한 최초의 독립 선언으로 무오 독립 선언(대한 독립 선언)이 있었다.

② **2·8 독립 선언(1919)** : 무오 독립 선언 직후 일본에 유학하고 있던 한국인 학생들이 만든 조선 유학생 학우회와 조선 기독교 청년회가 중심으로 도쿄에 모여 최팔용이 기초하여 조선 청년 독립단의 이름으로 독립을 요구하는 선언서와 결의문을 고종의 인산일을 계기로 선포하였다.

③ 영향

　　㉠ 시위 항쟁의 구체화 : 일본 유학생들의 독립 시위 운동은 즉각 국내 민족 지도자와 학생층에게 알려졌다. 그리하여 민족 운동을 계획하고 있던 국내 민족 지도자들은 2 · 8 독립 선언에 크게 자극되어 독립 시위 항쟁을 구체화하였다.

　　㉡ 연합 전선의 형성 : 각 종교계와 학생들이 별도로 계획하고 있던 민족 운동 계획은 일본의 2 · 8 독립 선언을 계기로 진전되었고 서로 연합하는 것에 동의하여 민족 운동의 연합 전선이 형성되었다.

(3) 3 · 1 독립 선언

① 독립 선포

　　㉠ 3 · 1 운동 발발 : 고종의 인산일을 앞두고 거족적 만세 시위 운동을 계획하면서 서로 연락을 취하고 있던 종교계 대표들이 앞장서서 마침내 1919년에 3 · 1 운동을 일으켰다.

　　㉡ 국내외에 독립 선포 : 최남선이 기초한 기미 독립 선언서를 손병희(천도교) · 이승훈(기독교) · 한용운(불교) 등 민족대표 33인의 이름으로 태화관에서 낭독하고 국내외에 독립을 선포하였다(1919.3.1).

태화관 1919년 3월 1일 오후 2시, 민족대표 29인(길선주. 김병조. 유여대. 정춘수 4명 불참)이 모여 독립선언식을 거행한 태화관 건물

② 독립 만세 시위의 전개

　　㉠ 서울의 만세 시위 : 서울 탑골(파고다) 공원에 모였던 각급 학교 학생과 애국 시민들이 시가지로 나가 만세 시위를 전개하였다.

　　㉡ 지방의 만세 시위 : 비슷한 시기에 지방 주요 도시와 평양 · 의주 · 원산 등에서도 시위가 잇따라 일어났다.

　　㉢ 전국에 확산 : 온 민족이 가담하였으며 3월부터 5월까지 전국으로 확산 · 파급되어 갔다.

더 알아보기➕

한용운 '공약 3장'

- 금일 오인의 차거(此擧)는 정의, 인도, 생존, 존영을 위하는 민족의 요구이니, 오직 자유적 정신을 발휘할 것이요, 결코 배타적 감정으로 일주(逸走)하지 말라.
- 최후의 일인까지, 최후의 일각까지 민족의 정당한 요구를 쾌히 발표하라.
- 일체의 행동은 가장 질서를 존중하야, 오인의 주장과 태도로 하여금 어디까지든지 광명 정대하게 하라.

③ 일제의 무력 탄압

  ㉠ 헌병 경찰의 출동 : 독립 만세 시위에 크게 당황한 일제는 헌병 경찰은 물론 육·해군까지 긴급 출동시켰다.

  ㉡ 무차별 대응 : 평화적 시위를 통해 정당한 요구를 주장하던 우리 민족은 무차별 총격에 의해 살상되었고, 가옥과 교회·학교 등 건물이 방화·파괴되는 등 극심한 수난을 당하였다.

(4) 3·1 운동의 확산

① **국외 독립 선언** : 만주 길림에서의 독립 선언은 국내보다 앞서서 1919년 2월에 민족 지도자 39명의 이름으로 대한 독립 선언서(무오 독립 선언문)가 발표되었다. 그러나 시위 운동으로까지 확대되지 않다가 국내에서 3·1 운동이 일어나자 각지에서 만세 시위가 전개되었다.

② **국외에서의 만세 시위**

  ㉠ 미국 : 샌프란시스코·하와이 등에서도 만세 시위가 전개되었고, 대한인 국민회에서도 각 지역 거주 동포 전체 회의를 개최하였으며, 하와이·미국·멕시코 등지의 교민 대표들은 필라델피아에 모여 독립 선언식을 성대하게 거행하였다.

  ㉡ 일본 : 국외의 3·1 운동에서 주목할 만한 점은 일본에서도 시위가 전개되었다는 사실이다. 이미 2·8 독립 선언을 하여 3·1 운동의 기폭제 역할을 하였던 도쿄 유학생들은 국내 3·1 운동 봉기 소식을 듣자 곧 만세 시위를 전개하였고, 오사카 동포들도 뒤이어 시위를 벌였다.

(5) 3·1 운동의 의의

① **독립 의지의 천명** : 3·1 운동은 독립운동의 분수령이자 중요한 분기점이 되었고, 우리 민족에게 독립의 희망을 안겨 주면서 민족의 주체성을 확인하였다. 즉, 3·1 운동은 민족 독립 의지를 전 세계에 천명한 거족적 항일 운동이었다.

② **국외 각지 민족 운동의 선구** : 3·1 운동은 중국(5·4 운동), 인도(간디의 무저항주의 운동), 동남아시아 및 중동 지역에서 반제국주의 민족 운동을 일으키게 한 선구적 운동이 되기도 하였다. 3·1 운동은 단순한 항일 운동이 아니라 민족 독립 사상과 자주성을 기초로 한 민족 의식의 정당한 표현이었다.

③ **독립운동의 방향 제시** : 3·1 운동은 민족의 독립운동을 국내외에서 거족적 항쟁으로 유도하여 보다 조직적·체계적인 독립운동으로 발전시켰다.

④ 대한민국 임시 정부 수립의 계기 마련 : 3 · 1 운동을 계기로 일제 무단 정치는 후퇴하고 문화 통치가 시행되었으며, 상하이에 정통 정부인 민주 공화제의 대한민국 임시 정부가 수립되었다. 이는 한민족 스스로 민주 공화제 정부를 세웠다는 점에 큰 의의가 있다.

3. 대한민국 임시 정부의 수립

(1) 임시 정부의 수립

① 국내외 각지의 임시 정부 수립 : 3 · 1 운동 이후 민족 지도자들 사이에서 근대적인 형태의 정부수립에 대한 인식이 확산되었다.

② 국내외 임시 정부

　㉠ 한성 정부 : 1919년 4월 천도교 · 기독교 · 유교 · 불교가 인천 만국 공원에서 회합하고, 13도 대표가 서울에 모여 한성 임시 정부 수립을 선포하였다.

　㉡ 대한 국민 의회 : 1919년 2월 블라디보스토크에서 한족회중앙총회가 개편되어 대한 국민 의회가 되었다.

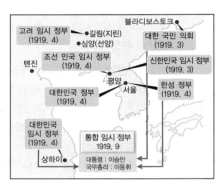

임시 정부의 통합

임시 정부 이동 경로

(2) 임시 정부의 통합과 성격

① 정부 통합 운동의 결실

　㉠ 통일 정부 수립 운동의 전개 : 여러 개 정부가 각지에 수립되자, 민족 지도자들은 이들을 통합하여 단일 정부를 수립하고 보다 조직적 · 체계적인 독립운동을 추진해야 한다는 것을 절감하고 통일 정부 수립 운동을 전개하였다.

　㉡ 대한민국 임시 정부의 수립 : 국내에서 수립된 한성 정부를 계승하고, 대한 국민 의회를 흡수하여 상하이에 통합 정부인 대한민국 임시 정부를 수립하였다(1919.9).

② 대한민국 임시 정부의 체제

　　㉠ 각지의 임시 정부 통합 : 대한민국 임시 정부는 각지의 임시 정부를 하나로 통합하고, 민주주의에 입각한 근대적 임시 헌법을 갖추고 이승만(외교독립론)을 대통령으로, 국무총리에 이동휘(사회주의)를 선임하였다.

　　㉡ 민주 공화제 : 대한민국 임시 정부는 헌정 체제를 입법 기관인 임시 의정원▼, 행정 기관인 국무원, 사법 기관인 법원으로 구성된 한국 최초의 삼권 분립에 입각한 민주 공화제 정부였다. 그리고 행정 기관인 국무원 산하에 내무·외무·군무·법무·재무·학무·교통·노동 부서를 두었다.

③ 임시 정부의 헌정사 변천

제1차 개헌(1919.9)	• 대통령 지도제(중심제)로서 대통령이 국정을 총괄하였다. • 3권 분립 체제 • 초대 대통령(수반) : 이승만, 국무총리 : 이동휘
제2차 개헌(1925.4)	• 1차 개헌이 불합리한 점이 있어 2대 대통령 박은식의 주도로 개헌에 착수, 국무령 중심의 내각 책임 지도제로 전환하였다. • 국무령(수반) : 김구
제3차 개헌(1927.3)	• 국무 위원 중심제인 집단 지도 체제로 바뀌어, 임시 정부의 지도 체제가 사실상 와해되었다. • 국무위원(수반) : 김구
제4차 개헌(1940.10)	• 주석 중심제인 강력한 주석 지도 체제로 전환하였다. • 주석(수반) : 김구
제5차 개헌(1944.4)	• 주석·부주석 중심 체제로 전환하여 민족의 광복 때까지 계속되었다. • 사법권에 관한 조항 부활 • 주석(수반) : 김구, 부주석 : 김규식

▼ 임시 의정원

1919년 상하이에서 설립된 대한민국 임시 정부의 기관. 대한민국 임시 정부의 기본법인 대한민국 임시 헌장 제정을 위해 설립되었고 모든 법률안 의결, 임시 정부의 예산·결산 의결을 맡았다.

(3) 임시 정부의 활동

① 임시 정부의 역할 : 임시 정부는 민주 공화제 정부로서, 국내외 독립운동을 보다 조직적·효과적으로 추진하는 중추 기관의 역할을 담당해 나갔다.

② 임시 정부의 주요 활동 : 임시 정부의 업적 중 가장 중요한 것은 일제하에서 국민들에게 민족 해방과 자주독립 국가 건설의 희망을 심어 주고, 그 목표 달성을 위해 끊임없이 국가 건설의 방략을 앞장서서 제시하였다는 것이다.

　　㉠ 연통제의 실시 : 임시 정부의 연통제는 국내외를 연결하는 비밀 행정 조직망으로 국내 독립운동을 지휘·감독하기 위해 전국의 각 도·군·면에 독판, 군감, 면감 등을 두어 정부 문서와 명령 전달·군자금 송부·정보 보고 등의 업무를 담당하였다.

ⓛ 교통국 : 임시 정부는 교통국의 통신망을 통해 국내외와 연락하기도 하였는데, 통신 기관인 교통국에서는 정보 수집·분석, 교환, 연락 업무를 관장하였다.

ⓒ 군자금의 조달 : 군자금은 만주 이륭 양행이나 부산 백산 상회▼를 통해 임시 정부에 전달되기도 하였다. 애국 공채 발행이나 국민 의연금으로 자금을 모금하기도 하였는데, 자금은 연통제나 교통국의 조직망을 통해 각지 독립군에게 전달되어 그들의 사기를 북돋워 주었다.

ⓔ 외교 활동
  • 파리 강화 회의 참가 : 임시 정부는 파리에서 신한 청년당 당원으로 외교 활동을 하던 김규식을 1919년 5월 외무 총장으로 임명하여 파리 강화 회의에서 우리 민족의 독립을 주장하게 하였다.
  • 구미 위원부 설치 : 국제 연맹과 워싱턴 회의에 우리 민족의 독립 열망을 전달하는 운동도 전개했으며, 미국에 구미 위원부를 두어 이승만을 중심으로 적극적 외교 활동을 전개하여 국제적으로 한국 독립 문제를 국제 여론화하는 데 기여하였다.

ⓜ 문화 활동 : 임시 정부는 기관지로서 독립신문을 간행·배포하고, 사료 편찬소를 두어 「한·일 관계 사료집」을 간행함으로써 안으로는 민족 독립 의식을 고취시키고, 밖으로는 한국의 자주성과 민족 문화의 우월성을 인식시켰다.

③ 임시 정부의 시련과 재정비
  ⓐ 국민대표 회의 소집(1923) : 독립운동 방향에 대한 견해 차이(외교 독립론, 무장 투쟁론, 실력 양성론 등)와 인력·자금의 축소, 일제의 탄압 등으로 임시 정부 내에서 노선 갈등이 심화되자 새로운 활로 모색을 위해 국민대표 회의가 개최되었다.
  ⓑ 창조파와 개조파의 대립 : 회의 과정에서 신채호 등의 창조파, 안창호 등의 개조파와 김구 등의 현상유지파 등이 대립하면서 성과 없이 회의는 종결되었다.
  ⓒ 재정비 노력 : 내부 대립은 심화되었으나 김구·이동녕 등의 노력으로 조직이 정비·유지되었고, 이후에는 한인 애국단과 한국 광복군 창설 등 무장 투쟁으로 방향이 전환되었다.

④ 한국 광복군 조직 : 김구·김규식·지청천 등이 중심이 되어 1940년 9월 충칭에서 한국 광복군을 편성하여 중국군과 합동으로 항일 운동을 전개하였다. 1941년 12월 태평양 전쟁이 발발된 후에는 대일 선전 포고를 하고 연합군과 함께 연합 작전도 수행하였다.

무장 독립 전쟁의 전개

1. 국내 항일 민족 운동

(1) 6 · 10 만세 운동(1926)

① 배경 : 3 · 1 운동 후 학생들은 일제의 감시와 탄압 속에서도 민중 계몽 활동과 일제의 차별 교육에 반대하는 활동을 벌였다. 주로 비밀 결사를 조직하여 개별적 활동을 전개하였고, 대규모의 조직적 운동을 일으키기도 하였다. 한편, 1920년대에 민족주의계와 사회주의계의 대립 속에서 독립운동은 그 진로 모색에 어려움이 많았다. 이러한 때에 6 · 10 만세 운동이 일어났다.

② 성격 : 이 운동은 3 · 1 운동에서 중추 역할을 했던 학생들 중심으로 우리 민족이 다시 전개한 독립운동으로 일제의 수탈 정책과 식민지 차별 교육에 대한 반발로 일어났다.

③ 전개 과정

　㉠ 추진 : 6 · 10 만세 운동은 전문학교 학생과 사립 고등 보통 학교 학생, 그리고 사회주의계에 의해 각각 추진되었다.

　㉡ 시위 전개 : 순종 인산 당일, 일제의 삼엄한 경비 속에서 행사에 참여했던 학생들은 격문을 살포하고 독립 만세를 외침으로써 대규모 군중 시위 운동을 전개하였다.

④ 6 · 10 만세 운동의 확산과 의의

　㉠ 각급 학교로 확산 : 이 운동으로 각급 학교에 연쇄 반응을 일으켜 시위운동이 확산되었지만 이로 인해 수많은 학생이 체포 · 투옥되었다.

　㉡ 결과와 의의 : 민족주의자와 사회주의 세력이 연대하여 전개한 이 만세 운동은 결국 실패하였지만, 학생들에 의해 독자적으로 계획 · 추진되었다는 점과 당시 침체된 민족 운동에 활력을 불어넣었다는 점에 의의가 있다.

(2) 광주 학생 항일 운동(1929)

① **청년 학생들의 자각** : 3 · 1 운동 이후 활발하게 전개된 각종 민족 운동과 국내외 항일 투쟁은 청년 학생들에게 민족 자주 의식을 불러 일으켰고, 6 · 10 만세 운동 은 청년 학생들 스스로가 민족 독립 투쟁의 중요한 존재임을 자각하게 하였다.

② **항일 투쟁의 전개** : 1920년대 전반기의 동맹 휴학은 일시적 · 비조직적으로 이루 어졌으나, 6 · 10 만세 운동 직후부터 각지의 각급 학교에 크고 작은 항일 결사 가 조직되었으며, 이 조직을 통해 식민지 차별 교육에 항거하는 동맹 휴학 형식 의 치열한 항일 투쟁이 전개되었다.

③ **광주 학생 항일 운동의 전개와 확산**

　㉠ 배경 : 광주~나주 간 통학 열차 안에서 일본 남학생이 한국 여학생을 희롱한 사건을 계기로 한 · 일 학생 간에 충돌이 일어났다.

　㉡ 전개 과정 : 한 · 일 학생 간 충돌 사건을 수습하는 과정에서 일본 경찰이 일 방적으로 한국 학생을 검거 · 탄압하자 광주의 모든 학교 학생이 궐기하였고 (1929.11), 이에 일반 국민들도 가세하여 광주 학생 항일 운동은 전국적 규 모의 항일 투쟁으로 확대되어 갔다.

더 알아보기 ➕

광주 학생 항일 운동 때의 격문

"학생, 대중이여 궐기하라!
검거된 학생은 우리 손으로 탈환하자.
언론 · 결사 · 집회 · 출판의 자유를 획득하라.
식민지 교육 제도를 철폐하라.
조선인 본위 교육 제도를 확립하라"
"용감한 학생, 대중이여!
최후까지 우리의 슬로건을 지지하라.
그리고 궐기하라.
전사여 힘차게 싸워라."

- 검거자를 즉시 우리의 손으로 탈환하자.
- 교내에 경찰의 침입을 절대 반대한다.
- 언론 · 출판 · 집회 · 결사 · 시위의 자유를 획 득하자.
- 조선인 본위의 교육 제도를 확립하라!
- 식민지적 노예 교육 제도를 철폐하라!
- 사회 과학 연구의 자유를 획득하라!

　㉢ 국내외 확산 : 학생 항일 투쟁은 이듬해 3월까지 전국적으로 전개되어, 194 개 각급 학교 학생 54,000여 명이 참가함으로써 3 · 1 운동 후 최대 민족 운 동으로 발전하였다.

2. 국내 무장 항일 투쟁

(1) 국내 독립군 부대의 결성

① **결성** : 3·1 운동 이후 무장 항일 운동의 본거지는 만주·연해주가 중심이었으나, 국내에서도 독립군 부대가 결성되어 일본 군경과 항일 유격대 활동을 전개하였다.

② **대표 무장 단체** : 평북의 동암산을 근거로 무장 활동을 하던 보합단, 평북의 천마산을 근거지로 한 천마산대, 황해도 구월산의 구월산대 등이 활동하였다.

(2) 국내 독립군 부대의 활동

국내 독립군 부대는 만주에 근거지를 두고 있던 독립군과 긴밀한 연락을 취하며 일제 식민 통치 기관 파괴, 일본 군경과 교전, 친일파 처단, 군자금 모금 등 무장 투쟁을 전개하였다.

① **보합단** : 1920년 조직되었으며, 평북 의주 동암산을 근거지로 활동하였다. 군자금을 모금하여 상하이의 대한민국 임시 정부에 보내는 것과 친일파를 숙청하는 데 힘썼다.

② **천마산대** : 평북 천마산을 근거지로 하여 1920년 한말 군인들이 조직하였다. 500여 명의 단원이 삭주·의주·창성 지방을 활동 무대로 일제 군경에 대한 유격전을 전개하여 상당한 전과를 거두었으며, 만주에 설치된 광복군 사령부와 긴밀한 협조를 취하였다.

3. 의열단과 한인 애국단의 활동

(1) 의열단의 조직과 활동

① **조직** : 1919년에 만주 길림성에서 일제 요인 암살과 식민 통치 기관 파괴를 목적으로 김원봉 등이 조직하였고 소수 결사 대원으로 구성되었다. 이때 신채호는 의열단의 요청으로 의열단 설립 취지문의 기초가 된 '조선 혁명 선언'▼을 작성하였다.

▼ **조선 혁명 선언**
1923년 신채호가 작성한 선언서로 의열단 선언이라고도 한다. 선언에 표명된 민족 해방 운동 방략의 핵심은 '민중 직접 폭력 혁명론'으로 민족주의 우파 세력에 의해 주창되던 외교론, 준비론, 문화 운동론, 자치론 등을 신랄하게 비판하고 민중 중심의 철저한 반일 민족 해방 투쟁의 전개를 강조하였다.

더 알아보기 ⊕

조선 혁명 선언(일부)

폭력은 우리 혁명의 유일한 무기이다. 우리는 민중 속으로 가서 민중과 손을 맞잡아 끊임없는 폭력과 암살, 파괴, 폭동으로써 강도 일본의 통치를 타도하고, 인류로써 인류를 압박하지 못하며, 사회로써 사회를 박탈하지 못하는 이상적 조선을 건설할지니라.

– 신채호 –

② **활동** : 대표적 활동으로는 박재혁의 부산진 경찰서 투탄 의거(1920), 최수봉의 밀양 경찰서 폭탄 투척(1920), 김익상의 총독부 투탄 의거(1921), 김상옥의 종로 경찰서 폭탄 투척(1923), 김지섭의 일본 황궁 투탄 의거(1924), 나석주의 조선 식산 은행과 동양 척식 주식회사 폭탄 투척(1926) 등의 활동을 하였다.

③ **방향의 전환** : 1920년대 후반 개별적 무장 투쟁의 한계를 인식하고 군사 교육, 군대 양성에 주력하고자 하였다. 김원봉의 의열단원들은 중국 황포 군관 학교▼에서 군사 훈련을 받았고, 1930년대에는 중국의 지원으로 조선 혁명 간부 학교를 설립·운영하였으며, 1935년에는 중국 내 독립운동 단체들을 통합하여 조선 민족 혁명당▼을 조직하였다.

(2) 한인 애국단의 조직과 활동

① **조직** : 임시 정부 세력이 약화되고 독립운동의 사기가 저하되어 있을 즈음, 1931년 상하이에서 김구가 대한민국 임시 정부 산하 항일 무력 단체인 한인 애국단을 조직하였다.

② **활동**

ⓐ 이봉창의 일본 국왕 피살 기도(1932.1) : 이봉창이 일본 국왕이 탄 마차를 향해 폭탄을 던진 사건으로 일제에 항일 의지를 보여 주었고, 만주 사변으로 일제와 적대적이었던 중국은 이 사건에 대해 일본 국왕 사살 미수를 안타깝게 여기는 보도를 했다가 이를 계기로 상하이 사변▼이 일어났다.

ⓑ 윤봉길의 상하이 홍커우 공원 투탄 의거(1932.4) : 이 사건은 국제적으로 큰 관심사가 되어 한국 독립운동의 의기를 드높였으며, 특히 한국 독립운동에 냉담하던 중국인들에게 큰 감명을 주었다. 중국의 장제스는 "중국 1억 인구가 해내지 못한 일을 한국의 한 청년이 해내었다."라고 감탄하였으며, 이후 대한민국 임시 정부의 지원을 강화하였다. 또한 이것이 계기가 되어 중국 정부가 영토 내에서 우리 민족의 무장 독립 활동을 승인함으로써 충칭에서 한국 광복군이 탄생될 수 있었다.

▼ **황포 군관 학교**

중국국민혁명에 필요한 군사간부를 양성하기 위해, 1924년 1월 중국 광저우(廣州)에 설립된 중국 최초의 근대식 군사학교로 북벌, 중일전쟁, 국민당–공산당 내전 기간 동안 많은 장군 및 군사 지도자들을 배출하였다.

▼ **조선 민족 혁명당**

김구의 한국 독립당과 함께 1930년대 민족 운동을 이끌어 간 주요 세력이다.

▼ **상하이 사변**

일본은 중국 신문들이 이봉창 의거에 대해 "아쉽게도 일왕은 살아 있다"고 보도하자 격분하였을 뿐만 아니라 세계 이목을 만주에서 다른 곳으로 돌리기 위한 술책으로 상하이를 침공하여 점령하였다.

4. 1920년대 무장 독립 전쟁

(1) 독립 부대의 편성과 항일 전쟁

① 독립군의 항일 전쟁

㉠ 무장 독립 전쟁의 필요성 자각 : 3 · 1 운동을 계기로 민족 지도자들은 비폭력 항일 운동으로는 독립을 쟁취할 수 없음을 깨닫고, 광복을 위해서 무장 독립 전쟁의 조직적 전개가 급선무임을 자각하게 되었다.

㉡ 무장 독립군 부대의 편성 : 3 · 1 운동 이전부터 무장 독립운동의 지역적 이점을 고려하여, 간도를 비롯한 만주 · 연해주 일대를 무장 세력의 육성 기지로 삼았고, 100여만 명의 동포 사회를 기반으로 많은 항일 단체를 조직하여 독립운동 기지화를 추진하였으며, 무장 독립군을 편성하고 군사 훈련을 강화하였다.

(2) 봉오동 전투

① 대한 독립군의 활약 : 홍범도의 대한 독립군은 함경북도, 함경남도, 평안북도 등지에서 일본 군경을 공격하고 식민 통치 기관들을 파괴하면서 국경 일대에서 활약하였다.

② 연합 부대의 일본군 대파 : 1920년 6월 일제는 독립군을 섬멸시킬 계획으로 일부 병력을 파견하였지만 홍범도가 이끈 대한 독립군, 안무가 이끈 국민회군, 최진동이 이끈 군무도독부가 연합하여 결성된 대한북로독군부와 한경세가 이끈 대한 신민단의 독립군 연합 부대가 일본군을 대파하였다.

(3) 청산리 대첩

① 훈춘 사건 : 독립군을 토벌하기 위해 일제는 1920년 10월 만주의 마적을 매수하여 훈춘을 습격하고 일본 영사관을 공격하게 한 후, 그것을 한국인과 중국인이 저지른 일로 누명을 씌워 만주 지역에 대병력을 투입시켰다.

② 청산리에서의 대승

㉠ 일제에의 대승▼ : 독립군의 역량 보존과 중국측의 권유, 한인의 피해 등을 우려한 독립군은 간도 지역에서 백두산 일대로 이동하는 과정에서 김좌진의 북로 군정서군과 홍범도의 대한 독립군, 안무의 국민회군, 대한 신민단의 연합 부대는 일제와의 격전에서 대승을 거두었다.

㉡ 6일간의 접전 : 1920년 10월 21일 백운평 전투, 완루구 전투, 어랑촌 전투, 고동하 전투 등 6일간의 접전을 통칭하여 청산리 전투라 한다.

▼ 청산리 대첩에서 일본군의 피해

임시 정부의 발표에 의하면 사망 1,200여 명, 부상 2,100여 명이라 하고 있으며, 또 이범석은 그의 회고록 우둥불에서 일본군 사상자를 3,300여 명이라고 기록하고 있다.

(4) 독립군의 시련

① 간도 참변(경신 참변, 1920) : 봉오동 · 청산리 전투에서 큰 타격을 입은 일제는 독립군의 항전을 식민지 통치의 위협으로 여기고 이 기회에 만주에 있는 한국 독립운동의 근거지를 소탕하기 위해 독립군은 물론 만주에 사는 한국인 1만여 명을 학살하고, 민가 2,500여 채와 학교 30여 채를 불태워 초토화시킨 간도 참변(1920.10~1921.4 북간도)을 일으켰다.

② 자유시 참변(1921)

1921년 **자유시 참변과 독립군의 이동경로**

　ㄱ 독립군의 소련 이동 : 독립군은 한때 각지로 분산하였다가 대오를 재정비하였고, 그중 4,000여 명 규모의 주력 부대는 1920년 말 소 · 만 국경에 위치한 밀산부에 집결하여 서일을 총재로 하는 대한 독립군단을 조직한 뒤 소련 영토 내로 이동하였다.

　ㄴ 자유시 참변 : 소련으로 이동한 독립군은 자유시에 집결하였다. 때마침 소련 영토 내에 무장 한인 단체를 해체하라는 일본의 요구에 굴복하여 소련 정부는 독립군에게 무장을 해제하고, 소련군 지휘 아래 들어올 것을 요구하였다. 독립군이 이를 거부하자, 소련군 무장 대대가 독립군의 무장을 강제로 해산시키는 과정에서 600여 명의 독립군이 사살되고, 900여 명이 포로가 되었다. 이 사건이 한국 무장 독립운동 사상 최대 비극인 '자유시 참변(1921)'이다.

(5) 3부 결성(참의부 · 정의부 · 신민부) – 독립군의 재정비

① 독립군의 통합 추진 : 독립군은 만주로 탈출하여 조직을 재정비하면서 역량을 강화하였고 통합 운동을 추진하여 참의부 · 정의부 · 신민부의 3부로 통합하였다.

② 활동 내용 : 이들은 각기 그곳 한민족의 자치를 집행하는 민주적 민정 기관을 두고 입헌 정치 조직까지 갖추었으며, 독립군의 훈련과 작전을 맡은 군정 기관도 구비하였다. 그리고 자체 무장 독립군도 편성하여 한 · 만 국경을 넘나들며 일제와 치열한 전투를 전개하였다.

③ 3부 결성

　㉠ 참의부(1924) : 압록강 건너편 지역에서 임시 정부 아래에 육군 주만 참의부를 조직하였다. 참의부는 군사·민정을 통괄하는 기관으로서, 만주라는 유리한 근거지와 한인 동포들의 대중적 지지를 바탕

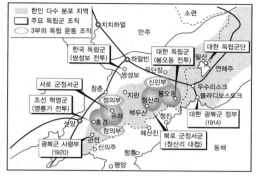
만주 일대 독립군 분포

으로 지속적인 독립 전쟁을 전개하였다.

　㉡ 정의부(1925) : 길림·봉천을 중심으로 한 남만주 일대에 항일무장 독립운동 단체인 정의부가 조직되었다.

　㉢ 신민부(1925) : 북만주 일대에서는 자유시 참변 이후 소련 영토에서 되돌아온 독립군 중심으로 대한 독립 군단과 대한 독립 군정서를 주축으로 하여 신민부가 구성되었다. 그중에서도 김좌진 계열인 대한 독립 군단의 북로 군정서가 중심으로 신민부가 조직되었다.

④ 미쓰야 협정(1925.6) : 독립군 탄압을 위해 일제 총독부 경무국장 미쓰야와 만주 군벌 사이에 체결된 미쓰야 협정(1925)에 의해 독립군은 큰 타격을 받았다. 이 협정은 일제와 만주 군벌이 공동으로 독립군을 소탕하고 체포된 독립군을 일본에게 인도한다는 내용이다.

5. 1930년대 무장 독립 전쟁

(1) 통합 운동의 전개

① 북만주 지역 자치 단체의 통합 : 김좌진·지청천 중심으로 혁신 의회(1928)가 조직되었고, 이는 한국 독립당(1930)으로 개편되고 산하에 한국 독립군▼이 결성되었다.

② 남만주 지역 자치 단체의 통합 : 남만주 일대에서는 국민부가 조직되었고, 여기서 조선 혁명당과 조선 혁명군▼을 결성하였다.

③ 독립군의 이동 및 잔류

　㉠ 한·중 연합 작전의 전개와 중단 : 만주 사변을 계기로 본격적으로 한·중 연합 작전이 전개되었으나, 1930년대 이후 한·중 연합 작전은 일본군의 대토벌 작전, 중국군의 사기 저하, 한·중 양군의 지휘권 분쟁으로 더 이상 계속되지 못하였다.

▼ 한국 독립군

지청천이 인솔하는 한국 독립군은 중국 호로군과 연합하여 쌍성보, 사도하자, 동경성 등지에서 일·만 연합 부대를 크게 격파하였다. 특히 대전자령 전투(1933.7)에서는 4시간의 격전 끝에 승리하여 막대한 전리품을 획득하였다.

▼ 조선 혁명군

양세봉이 지휘하는 조선 혁명군은 중국 의용군과 연합하여 흥경성, 영릉가 등지 전투에서 일·만 연합군을 크게 격파하였다.

ⓛ 중국 본토로의 이동 : 임시 정부가 직할 군단 편성을 위하여 만주에 있는 독립군의 이동을 요청하자, 대부분의 독립군은 중국 본토로 이동하여 한국 광복군 창설에 참여하였다.

(2) 민족 연합 전선의 형성

① **민족 혁명당의 조직** : 1930년대 여러 독립운동 단체들은 민족 연합 전선을 형성하고 조직적으로 항전을 추진하고자 하였고, 1935년 7월 한국 독립당 · 조선 혁명당 · 의열단 등은 단일 정당으로서 민족 혁명당을 조직하였다.

② **조선 민족 전선 연맹의 결성** : 민족 혁명당은 김원봉의 주도에 반발하여 조소앙 · 지청천 등이 탈퇴하자 조선 민족 혁명당▼ 으로 개편되었고, 약화된 통일 전선의 강화를 위해 여러 단체와 연합하여 1937년 조선 민족 전선 연맹을 결성하고 1938년 산하에 조선 의용대를 조직하였다.

③ **전국 연합 진선 협회의 조직** : 김구 등 임시 정부 인사들은 1935년 한국 국민당을 조직한 후 다시 1939년 조선 민족 전선 연맹과 함께 전국 연합 진선 협회를 결성하였다.

④ **기타 주요 항일 단체의 활동**

ⓐ 조선 의용대 : 김원봉 등 조선 민족 혁명당은 1938년 중국 국민당 정부의 지원으로 조선 의용대를 결성하였다. 조선 의용대는 중국 국민당군과 중 · 일 전쟁에서도 활약하였고, 이후 일부 세력은 한국 광복군에 합류하였다.

ⓑ 조선 의용군 : 조선 독립 동맹 아래 1942년 7월 무장 조직으로 국민당 지구에서 활동하던 조선 의용대의 급진적인 청년들(조선 의용대 화북 지대), 민족 혁명당과 조선 의용대에 속해있던 민족주의자들의 세 집단은 조선 독립 동맹을 결성하고, 산하에 조선 의용군을 조직하였다. 이들은 화북 각지에서 중국 공산당의 팔로군과 함께 항일전에 참가하였다.

6. 대한민국 임시 정부와 한국 광복군의 활동

(1) 임시 정부의 이동(1932~1940)

① **윤봉길 의거 이후 이동** : 임시 정부 인사들은 윤봉길 의거 이후 상하이에서 난징, 광저우, 치장 등을 거쳐 1940년에는 충칭에 이르게 되었다.

② **전시 체제의 정비** : 잦은 이동 중에도 임시 정부는 한인 청년의 군관 양성, 군사 계획의 구체화 등 전시 체제를 정비해 나갔다.

▼ **조선 민족 혁명당**

일제 타도와 민족 자주독립 완성, 봉건 세력 및 반 혁명 세력 숙청과 민주 공화국 건설, 소수가 다수를 박탈하는 경제 제도의 폐지와 평등 제도 확립을 3대 원칙으로 하고 당면 행동 방침으로 국내외 혁명 운동 단체의 총집결, 무장 투쟁 노선 채택, 중국과의 제휴 등을 내걸었다.

③ 충칭에서의 임시 정부 : 1940년 9월 임시 정부는 충칭에 자리를 잡고 주석 중심 제로 개정하였으며, 민족주의 계열의 한국 국민당(김구) · 한국 독립당(조소 앙) · 조선 혁명당(지청천)을 한국 독립당으로 합당하였다. 이후 1942년에는 조 선 민족 혁명당도 임시 정부에 합류하였다.

④ 건국 강령 발표 : 임시 정부는 1941년 조소앙의 삼균주의▼를 바탕으로 한 건국 이념을 표방하고 대한민국 건국 강령을 발표하였다.

▼ 삼균주의
정치 · 경제 · 교육의 균등

더 알아보기⊕

완전한 균등을 꿈꾼 삼균주의(三均主義)

삼균주의는 대한민국 임시 정부의 외무부장이었던 조소앙이 독립운동의 기본 방략 및 독립 국가 건설의 지침으로 만들어낸 이론이었다. 삼균이란 개인과 개인, 민족과 민족, 국가와 국가 사이의 완전한 균등을 의미한다. 개인과 개인 사이의 균등은 정치 · 경제 · 교육을 통해, 민족과 민족 사이의 균등은 민족 자결을 통해 이룩된다. 국가와 국가 사이의 균등은 식민 정책과 자본 제국주의를 배격하고 침략 전쟁 행위를 금지해야 하며, 이에 따라 국가가 서로 간섭하거나 침탈 행위를 하지 않아야 이룩된다는 것이다. 삼균주의는 1920년대 말 기본 구상이 마련되고 1930년 임시 정부의 '대외 선언'에서 체계가 세워졌다. 1941년 대한민국 건국 강령에서 임시 정부의 기본 이념 및 정책 노선으로 채택되어 공포되었다.

– 한국 근 · 현대사 교과서, 금성출판사 –

(2) 한국 광복군의 창설과 활동

① 한국 광복군의 창설 배경

㉠ 중 · 일 전쟁 이후 본격화 : 임시 정부가 숙원 사업인 한국 광복 군의 창설을 시도한 것은 중 · 일 전쟁 이전부터였으나, 본격 화된 것은 중 · 일 전쟁이 일어 난 이후였다. 광복을 위해서는 일본과 결전을 벌이는 것이 최

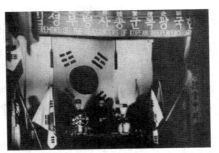

한국 광복군 1940년 9월 17일, 중경 '가능빈관'에서 개최된 '한국 광복군총사령부 성립 전례식'

선이며, 국제 정세도 일본과 전쟁할 시기가 임박했음을 시사하고 있었다.

㉡ 군사 훈련의 필요성 : 당시 훈련 병력의 부족이 가장 큰 장애였기 때문에 임시 정부는 중국 정부에 병력을 요청하여 이들 청년들을 중국 정규 군사 학교에 입교시켜 군사 훈련을 받게 하였다.

② 한국 광복군의 창설(1940)

㉠ 창설 과정 : 임시 정부의 김구 · 지청천 등은 만주와 시베리아에서 항전하던 신흥 무관 학교 출신의 독립군과 중국 대륙에 산재하여 독립운동을 하던 수많은 한국 청년들을 모아 충칭에서 한국 광복군을 창설하였다.

ⓒ 조선 의용대 일부 흡수 : 이보다 앞서 김원봉의 조선 민족 혁명당은 1938년에 조선 의용대를 결성하여 중국 각지에서 항일 전쟁을 전개하고 있었다. 이에 한국 광복군은 1942년 조선 의용대의 일부를 흡수하여 군사력을 증강하였고, 중국 국민당 정부의 적극적 협력하에 연합군 일원으로 대일 전쟁에 참전하려고 하였다.

ⓒ 사회주의 세력의 독자 활동 : 한국 광복군에 합류하지 않고, 중국 공산당과 연계하여 옌안 중심으로 독자적 활동을 전개하고 있던 사회주의 세력은 화북 조선 독립 동맹을 결성하고, 산하에 조선 의용군을 조직하여 중국 화북 지역에서 항일 전투를 전개하였다.

③ 임시 정부의 임전 태세 : 대한민국 임시 정부는 중국 국민당 정부와 함께 여러 번 옮겨 다니다가, 이후 충칭에 정착하여 정부 체제를 본토 수복을 위한 임전 태세로 정비하였다.

④ 대일 선전 포고와 한국 광복군의 활동

ⓒ 대일 선전 포고와 연합군으로의 참전 : 1941년 태평양 전쟁이 일어나자 임시 정부는 즉각 대외 활동을 펴 대일 선전 포고문을 발표하였고, 한국 광복군을 연합군 일원으로 참전시킨 이후 독일에도 선전 포고함으로써 국제적 위상을 높였다. 그리하여 2차 대전에 참전한 한국 광복군은 중국에서는 중국군과 연합하여 일제에 대항하였으며, 1943년에는 영국군의 요청으로 미얀마, 인도 전선에까지 파견되어 영국군과 연합 작전을 수행하기도 하였다.

ⓒ 활동 : 대일전에 참전한 한국 광복군은 직접 전투에 참가하는 것 외에도 포로 심문, 암호문 번역과 선전 전단의 작성, 회유 방송 등의 심리전에 참가하였다.

⑤ 한국 광복군의 국내 진입 계획

ⓒ 배경 : 한국 광복군은 중국과 동남아 일대에서 대일전에 참전하면서, 조국 광복을 우리의 손으로 쟁취하기 위해 직접 국내 진입 작전을 계획하기도 하였다.

ⓒ 경과 : 한국 광복군은 총사령관인 지청천, 참모장인 이범석 등을 중심으로 중국에 주둔하고 있던 미국과 연합하여 국토 수복 작전 임무를 맡은 국내 정진군을 편성하여 특수 훈련을 실시하고 비행대까지 편성하였다.

ⓒ 결과 : 1945년 8월 15일 일본이 무조건 항복함으로써 한국 광복군은 그 해 9월에 실행하려던 국내 진입 계획을 실현하지 못한 채 광복을 맞게 되었다.

사회·경제적 민족 운동

1. 사회적 민족 운동의 전개

(1) 사회주의 사상의 유입

① **항일 운동의 고조** : 3·1 운동 이후 국외에서는 대한민국 임시 정부가 수립되고 무장 항일 운동이 활발해져 민족 운동이 고조되었으며, 국내에서는 민족 역량을 배양하여 일제를 몰아내려는 민족 실력 양성 운동이 각 방면으로 일어났다.

② **사회주의 측의 독립운동 지원 약속** : 이 무렵 국내외에서 사회주의 운동이 대두되기 시작하였다. 러시아 혁명에 성공한 레닌이 세계 적화의 한 수단으로 약소민족의 독립운동을 지원하겠다고 하자, 일부 민족 지도자들도 사회주의와 연결하여 독립운동을 추진하려는 움직임을 보였다.

③ **사회주의 사상의 확산** : 초기 사회주의 운동은 소수 지식인이나 청년·학생이 중심이었고, 노동자·농민의 참여는 오히려 적었다. 그러나 국내 사회주의 운동이 본격화되면서 노동·농민·청년·학생·여성 운동과 형평 운동 등이 전개되었다.

(2) **여성 운동**▼

① **전개** : 3·1 운동을 비롯한 항일 독립운동에서 여성들의 참여와 희생의 경험은 이들의 정치적·사회적 의식을 획기적으로 계발시키는 계기가 되었다. 민족 실력 양성 운동에서 사회 개조와 신문화 건설에 여성들의 역할이 요구되자, 이들은 스스로 이를 성취하기 위해 여성 계몽과 교육이 선결 조건임을 자각하여 문맹 퇴치·구습 타파·생활 개선 실현 등을 위한 여성 교육 계몽을 활발히 전개하였다.

② **근우회의 결성(1927)** : 그 후 사회주의 계열의 여성 단체가 조직되어 활동하게 되면서 민족주의 계열의 여성 운동과 대립·갈등을 보이다가 양측이 통합하여 근우회를 결성하였다.

▼ **각종 여성 단체**
- 계몽 운동 단체 : 조선 여자 교육 협회, 조선 여자 청년회
- 종교 계통 단체 : 조선 여자 기독교 청년회, 불교 여자 청년회, 조선 여자 기독교 절제회
- 항일 단체 : 대한민국 애국 부인회, 대한 애국 부인회

(3) 소년 운동

① 전개 : 청년 운동의 발흥으로 소년 운동도 활발히 전개되었다. 소년 운동은 천도교 청년회가 소년부를 설치함으로써 본격화되었으며, 그 후 천도교 소년회로 독립하여 '어린이날'을 제정하고 기념행사를 거행함으로써 소년 운동은 전국적으로 확산되었다(1922).

② 발전과 분열 : 그 후 소년 운동의 전국적 조직체로서 조선 소년 연합회(1927)가 결성되어 체계적 소년 운동이 전개되었다. 특히, 방정환은 소년 운동을 통해 어린이들에게 용기와 애국심을 북돋워 주었다.

(4) 형평 운동

① 백정들의 **차별 대우** : 갑오개혁 이후 백정의 법제적 신분 차별은 철폐되었으나, 일제치하에서 백정의 차별은 존속되어 호적에도 신분이 기재되고 학교 입학도 어려웠다.

② 조선 **형평사의 조직** : 진주 에서 전국으로 확산된 운동으로, 이학찬 등은 1923년 조선 형평사를 창립하고 백정의 평등 대우, 공평한 사회 건설, 교육 균등을 주장하며 형평 운동을 전개하였다.

형평사 운동 창립 결성식을 알리는 포스터

▼ 진주 지역의 주요 사건
- 팔만대장경 : (대부분) 강화도 선원사 → 진주분사
- 진주(성) 전투 : 김시민, 김천일, 고종후, 곽재우
- 임술 농민 봉기(진주 → 전국 확산) · 형평 운동

(5) 민족 유일당 운동

① 노선 간 갈등 심화 : 사회주의 운동은 그 노선에 따라 이해를 달리하는 계열이 있어 마찰과 갈등이 심화되어 갔고, 민족주의 운동과는 사상적 이념과 노선 차이로 대립이 격화되어 민족 독립운동 자체에 큰 차질을 초래하였다. 그리하여 이와 같은 상황을 극복할 수 있는 방법이 모색되었으며, 그 결과 민족 유일당 운동이 일어났다.

② 민족주의와 사회주의 진영의 연대

㉠ 단일 민족 운동 추진 : 민족 유일당 운동은 민족주의 진영(민족주의 좌파)과 사회주의 진영이 이념 · 방략을 초월하여 민족 해방 투쟁이라는 공동 목표하에 통합함으로써 단일화된 민족 운동을 강력하게 추진하려는 것이었다.

㉡ 좌우 합작 민족 협동 전선 운동 : 이념과 노선 차이를 극복하여 비타협적 민족주의와 사회주의 진영이 연대하는 좌우 합작의 민족 협동 전선 운동이 추진되었는데 여기서는 절대 독립을 추구하였다.

㉢ 신간회의 결성 : 범국민적 항일 운동 단체인 신간회가 '민족 단일당' 또는 '민족 협동 전선'이라는 구호 아래 결성되었다.

③ 정우회▼ 선언 : 일제의 탄압으로 세력이 약화된 조선 공산당 계열은 1926년 11월에 비타협적 민족주의 세력과의 적극적인 제휴 등을 내용으로 하는 '정우회 선언'을 발표하였다.

(6) 신간회와 근우회의 활동(1927~1931)

① 신간회의 조직▼

ⓐ 최대의 합법적 항일 단체 : 신간회는 민족주의 · 사회주의 진영이 통합되어 조직한 일제하 최대의 합법적 항일 단체였다. 신간회는 이상재, 안재홍, 홍명희, 김병로 등 지식인 34명의 발기로 서울에서 발족하였으며(1927), 곧이어 각지에 지회를 설치하여 전국적 규모로 발전하였다.

ⓑ 지방 지회의 활동 : 신간회에는 민족 운동계의 다수 세력이 참가하였다. 창립 직후 신간회 본부는 일제의 탄압에 부딪혀 제대로 활동을 못하였으나, 각 지방에 조직된 지회는 상대적으로 활발하게 활동하였다. 신간회는 전국에 약 140여 개소의 지회를 두고 노동 · 농민 운동을 지도하였다.

② 신간회의 활동

ⓐ 기본 강령▼ : 민족 단결, 정치적 · 경제적 각성 촉구, 기회주의자 배격을 기본 강령으로 내세웠다.

ⓑ 노동 · 학생 운동 옹호 : 노동 · 소작 쟁의를 옹호하였으며, 광주 학생 항일 운동(1929)에 조사단을 파견하고 진상 보고를 위한 민중 대회를 열어 일제 경찰의 한국인 학생들에 대한 차별적 조치에 항의하였다.

ⓒ 민족의식 고취 : 신간회는 전국 순회강연을 통해 민족의식을 고취하며 일제 식민 통치의 잔학상을 규탄하였고, 수재민 구호 운동, 재만 동포 옹호 운동 등 사회 운동을 전개하는 한편 농민 · 학생 운동을 지원하였다.

③ 근우회의 활동 : 신간회 출범과 함께 탄생한 것이 신간회 자매단체인 근우회였다.

ⓐ 여성계의 민족 유일당 운동 : 근우회는 김활란, 유영준, 주세죽, 박원민 등이 중심이 되어 여성계의 민족 유일당으로 조직되었다.

ⓑ 기본 강령 : 근우회는 여성의 공고한 단결과 지위 향상에 이념을 두고 남녀 평등, 여성 교육 확대, 여성 노동자의 권익 옹호, 생활 개선 등을 추진하였다.

④ 신간회, 근우회의 해소(1931)

ⓐ 신간회 활동의 타격 : 신간회는 1929년 민중 대회를 계획하다가 발각됨으로써 다수의 지도인사가 검거되는 큰 타격을 받게 되었다.

▼ 정우회의 해체
1927년 2월 정우회는 스스로 해체하였다. 조선 공산당은 자신의 영향권에 있는 사상 단체들을 해체시켜 민족 협동 전선의 결성을 지원하였고, 정우회 선언을 지지한 다른 사회주의자들도 자신의 조직을 해체하였다. 정우회 선언은 좌우 합작의 신간회가 결성되는 계기를 마련하였다.

▼ 신간회의 발기인
신간회 발기인으로는 신석우, 안재홍, 이승훈, 권동진, 한용운, 신채호, 조만식, 한위건, 홍명희 등이 있었고, 초대 정 · 부회장에 이상재와 권동진이 각각 추대되었다.

▼ 신간회의 강령
• 우리는 조선 민족의 정치 · 경제적 해방의 실현을 기한다.
• 우리는 전 민족의 총역량을 집중하여 민족적 대표 기관이 되기를 기한다.
• 우리는 일체의 개량주의 운동을 배척하여 전 민족의 공동 이익을 위해 투쟁하기를 기한다.

▼ 코민테른
제3인터내셔널이라고도 하며, 레닌의 지도하에 창립되어 각국의 공산당에 지부를 두고 각국의 혁명 운동을 지원하였다.

▼ 해소(解消)론
신간회의 해체를 통해 다른 형태의 운동으로 전환하자는 것

ⓒ 분열과 해소 : 중앙간부가 새로 구성되었으나 자치 운동과의 협력움직임 등 민족주의자와 사회주의자들이 활동 노선면에서 분열되었고, 일제의 교묘한 탄압과 코민테른▼의 지시를 받은 사회주의 계열의 책동 등으로 갈등을 겪으며 해소론▼이 제기되다가, 결국 발족 4년 만인 1931년에 해소되었다. 이를 전후하여 근우회도 함께 해소되었다.

2. 민족 실력 양성 운동의 추진

(1) 민족 자본에 의한 민족 기업의 성장

① 배경

ⓐ 경제적 자립 도모 : 3 · 1 운동 이후 민족 운동의 열기 속에서 민족 산업을 육성하여 경제적 자립을 도모하려는 움직임이 고조되어 갔다.

ⓑ 민족 자본의 공장 설립 : 공업 분야에서는 일제가 유통, 무역, 자본을 독점하는 상황에서도 서울을 비롯한 평양 · 대구 · 부산 등 대도시에서 순수한 민족 자본에 의해 직포 공장, 메리야스 공장, 고무신 공장 등 경공업 관련 공장들이 세워졌다.

ⓒ 노동자 수의 증가 : 공장 규모 면에서도 1910년대까지는 소상인이나 수공업자들이 1~2대에서 3~4대 기계로 제품을 생산하는 정도에 불과하였으나, 1920년대에는 노동자의 수가 200명이 넘는 공장도 나타났다.

② 특징 : 이들 민족 기업들은 순수한 한국인만으로 운영되었으며, 규모는 소규모였으나 한국인 기호에 맞게 내구성이 강하고 저렴한 제품을 만들어 시장에 내놓았다.

③ 민족 기업의 위축

ⓐ 일제의 탄압 · 흡수 : 민족 기업은 1930년대에 일제의 교묘한 탄압으로 해체되거나, 일본인 기업에 흡수 · 통합하는 경우가 많았다. 따라서 이 시기에 있어서 민족 기업의 활동은 1920년대에 비해 크게 위축되지 않을 수 없었다.

ⓑ 영세한 민족 기업 : 영세한 자본을 가진 민족 기업은 일본 독점 자본과의 경쟁에서 점차 밀려났고, 특히 전시 체제하에서는 총독부의 물자 통제로 큰 타격을 받았다.

(2) 물산 장려 운동

① 배경 : 1920년대에 민족 기업이 점차 활기를 띠어 갈 때 민족 기업을 지원하고 민족 경제 자립을 달성하기 위한 민족 실력 양성 운동의 일환으로서 전국적으로 전개된 것이 조선 물산 장려 운동이었다.

② 성격

  ㉠ 민족 운동 : '내 살림 내 것으로'라는 구호를 내세운 물산 장려 운동은 민족 산업을 육성하여 민족 경제 자립을 기하려는 민족 운동이었다.

  ㉡ 경제적 자립 : 조선 물산 장려회의 목적은 회칙에 명시된 바와 같이 '조선 물산을 장려하여 조선인의 산업 진흥을 도모하며, 조선인으로 하여금 경제상 자립을 얻게 함'이었다.

  ㉢ '내 살림 내 것으로' : 당시 각지에서 공모한 표어 중 대표적 표어인 '내 살림 내 것으로' · '조선 사람 조선 것으로' · '우리는 우리 것으로 살자.' 등을 보아도 이 운동의 성격과 방향을 잘 알 수 있다.

물산 장려 운동 포스터 1922년 평양 조선 물산 장려회의 근검절약 및 토산품 애용 포스터

③ 전개 과정

  ㉠ 물산 장려회의 발족 : 물산 장려 운동▼은 1920년 평양에서 조만식 등이 중심이 되어 서북 지방의 사회계 · 종교계 · 교육계 인사들을 규합하여 조선 물산 장려회를 발족시켰다. 1923년 서울에서도 조선 물산 장려회가 조직되었으며 곧이어 이 운동은 전국적 민족 운동으로 확산되었다.

  ㉡ 일본 상품의 배격과 국산품 애용 : 이 운동은 일본 상품을 배격하고 국산품을 애용하자는 것으로 민족 자본 육성을 위해 소비 절약이 필요하다고 보고, 자급자족, 국산품 애용, 근검저축, 생활 개선, 금주 · 금연 운동 등도 추진하였다.

④ 결과

  ㉠ 운동 열기의 약화 : 초기에는 민중들의 열렬한 호응을 받았지만 얼마 가지 않아 조선 토산품의 가격이 급등하여 기업과 상인들은 큰 이익을 남겼으나 민중들은 별다른 이득을 얻지 못하면서 열기가 식기 시작하였다.

  ㉡ 운동의 와해 : 당시 박영효 · 유성준 등이 적극적으로 참여하였지만 1920년대 말 이후 일제와 타협을 하게 되었고, 이후 민중의 외면으로 인하여 운동이 와해되었다.

▼ 물산 장려 운동
1920년대에 일제의 경제적 수탈 정책에 항거하여 벌였던 범국민적 민족 경제 자립 실천 운동

(3) 민족 교육 진흥 운동

① 식민지 교육의 실태

    ⊙ 초등학교 취학률 저조 : 일제 침략하에서 한국인의 초등학교 취학률은 일본 인의 6분의 1에 지나지 않았다. 이런 현상은 상급 교육 기관으로 갈수록 더욱 심하였다.

    ⓒ 일본인을 위한 교육 시설 확장 : 3·1 운동 이후 일제 식민 통치의 변화로 교육 시설이 확장되었다고는 하지만, 이는 일본인을 위한 교육 시설 확장이었으며 한국인을 위한 것은 아니었다.

    ⓒ 식민지 교육 : 정규 공립학교에서의 교육은 철저한 식민지 교육으로서 한국인을 위한 민족 교육은 거의 존재하지 않았다.

② 민립 대학 설립 운동▼

    ⊙ 교육열의 구체화 : 민립 대학 설립 운동은 3·1 운동 이후 고조된 한국인의 고등 교육열이 구체화된 것으로, 우리 민족의 힘으로 민립 대학을 설립하려는 운동이었다.

    ⓒ 민립 대학 기성회의 발기 : 일제가 조선 교육령을 개정하여 대학 설치를 규정하자, 민족 교육 진흥 운동의 중추적 역할을 하던 조선 교육회의 노력으로 이상재를 대표, 이승훈·윤치호·김성수·송진우 등을 중심으로 민립 대학 기성 준비회가 결성되었다(1922).

    ⓒ 민립 대학 기성회의 조직 : 민립 대학 설립을 열망하는 각처의 대표들이 참가하여 대성황을 이루었으며 조선 민립 대학 기성회를 조직(1923)하였다.

    ⓒ 모금 운동 전개 : 민립 대학 기성회에서는 거족적 민립 종합 대학을 설립하기 위해 1천만 원을 목표로 한 전국적 모금 운동을 전개하였다.

    ⓒ 좌절 : 많은 사회단체의 후원으로 순조롭게 진행되었으나, 일제의 방해와 1923년 대홍수, 1924년 가뭄 등으로 중도에 좌절되었다. 일제는 이에 대신하여 경성 제국 대학을 설립(1924)하여 한국인의 불만을 무마하려 하였다.

경성 제국 대학 친일 관리 양성의 중추 기관

(4) 문맹 퇴치 운동

① 배경 : 우리 민족은 일제의 가혹한 식민지 차별 교육 정책과 우민화 정책으로 교육 기회를 상실하여 문맹자가 증가함으로 민족 역량이 약화되었다.

▼ 민립 대학 설립 운동

1922년 일제가 공포한 제2차 조선 교육령에 따라 관립 경성 제국 대학 설립에 대응하여 이상재를 비롯한 민족주의자들이 민족 교육과 민족 간부 양성을 목적으로 민립 대학을 설립하려고 한 운동이다.

② 전개

    ㉠ 문맹 퇴치 필요성의 자각 : 우리 민족은 3 · 1 운동을 계기로 문맹 퇴치가 급선무임을 자각하여 이를 실천하려 노력하였지만 당시 공립보통학교는 수용 능력이 많이 제한적이고 학비가 비싸 노동자, 농민, 도시 빈민에게는 교육의 기회가 주어질 수 없었다.

    ㉡ 야학 설립 : 1920년대에는 전국 각지에 야학이 설립되었다. 야학은 민족주의 색채가 강하여 가르치는 교과목도 조선어 중심이었고, 어느 야학이건 우리말로 수업하였으며, 우리글을 가장 중요시하여 공립학교의 교육과는 대조적이었다.

③ 언론의 활동 : 1920년대 후반부터 문맹 퇴치 운동에 앞장선 것은 조선일보, 동아일보 등 민족 언론이었다.

    ㉠ 조선일보 : 조선일보는 민중 문화의 향상을 위한 문자 보급 운동에 앞장서서 시작하였다. 1929년 "아는 것이 힘, 배워야 산다."라는 표어를 내걸고 조선일보와 귀향 학생들에 의해 추진된 이 운동은 농촌 계몽과 문맹 퇴치에 큰 성과를 거두었다.

    ㉡ 동아일보 : 동아일보는 계몽 운동인 브나로드 운동▼을 1931년부터 전개하였는데, 이 운동은 2천만 국민 중 80%에 가까운 1,600만 명이 문맹자라는 심각한 현실을 타개하기 위해 이들에게 우리글을 가르치면서, 한편으로는 미신 타파, 구습 제거, 근검절약 등 생활 개선을 꾀하였다.

브나로드 운동 포스터

▼ 브나로드 운동
'브나로드(Vnarod)'라는 말은 원래 러시아어로, '민중 속으로'라는 뜻이다. 동아일보가 전개한 문맹 퇴치 운동은 민중의 생활 개선과 문화 생활을 계몽하려는 의도에서 그 어원을 사용하였던 것이다.

3. 농민 · 노동 운동의 전개

(1) 농민 운동의 전개

① 배경 : 일제의 토지 수탈로 인하여 소작농으로 전락한 농민들은 일제가 옹호하는 지주에게 수확량의 50% 이상을 소작료로 바쳤고, 그 외 온갖 세금과 비료 대금까지 부담해야만 했기 때문에 실제 소작료는 수확물의 60~80%에 달하였다. 이와 같은 상황에서 3 · 1 운동 이후 정치적 · 사회적으로 각성된 농민들의 소작 쟁의가 자주 일어났다.

② 성격 : 일본인 지주나 조선인 지주에 대항하여 일어난 소작 쟁의는 농민들의 생존권 투쟁이었으며, 더 나아가 일제 수탈 행위에 항거하는 항일 민족 운동의 성격을 띠었다.

③ 전개 과정

    ㉠ 1919년~1920년 후반 : 소작 쟁의는 1919년에 처음 발생한 이래 매년 증가하였다. 1920년대 전반기에는 주로 소작인 조합이 중심이 되었고, 1920년대 후반기에는 자작농까지 포함하는 농민 조합이 소작 쟁의를 주도하였다.

    ㉡ 1930년대 이후 : 초기 쟁의가 소작료 인하, 소작권 박탈 반대 투쟁이었으나, 1930년대 이후 쟁의는 일제 수탈에 반대하는 항일 민족 운동의 성격을 띠면서 더욱 격렬해져 갔다.

    ㉢ 동양 척식 · 암태도 소작 쟁의 : 수많은 소작 쟁의 중 대표적인 것은 황해도 재령에서 일어난 동양 척식 주식회사 농장에서의 소작 쟁의(1924)와 전남 암태도 소작 쟁의(1923)였다.

(2) 노동 운동의 전개

① **배경** : 노동 운동은 주로 일제의 식민지 공업화 추진에 따른 가혹한 노동 조건 때문에 일어났다. 일본의 독점 자본주의는 노동 입법이 이루어지지 않은 조선의 상황을 최대한 이용하여 초과 이윤을 얻고자 하였다. 따라서 노동 쟁의는 주로 민족 차별적 저임금 문제와 열악한 노동 조건을 주요 쟁점으로 일어났으며, 파업이 전개될 경우 예외 없이 경찰이 개입하여 실패하는 경우가 대부분이었다.

② **성격** : 쟁의가 발생한 곳은 대부분 일본인이 경영하는 공장이었으므로 쟁의는 생존권을 지키기 위한 노동 조건 개선, 임금 인상에서 시작되어 반제 · 반일 투쟁으로서 정치적 성격을 띠었다. 그중 대표적인 것은 원산 노동자 총파업(1929)이었다.

05 민족 문화 수호 운동

1. 일제의 식민지 문화 정책

(1) 민족사의 왜곡

① 일제의 식민 사학 경향
- ㉠ 단군 신화의 부정과 한국사 정체성론 : 우리 민족사는 일제의 식민 통치를 합리화하기 위한 방향으로 변조되어 갔다. 특히 민족사 근원이 되는 고대사 부분의 왜곡이 가장 심하여 단군 조선이 부정되었고, 한국사의 타율성과 정체성·사대성·반도성·당파성이 강조되어 한국사의 자율성과 독창성 등이 완전히 외면당하였다.
- ㉡ 민족 의식의 말살 : 1915년에 우리 역사를 왜곡시켜 편찬된 「반도사(조선반도사)」는 동화 정책의 일환으로 편찬되어 민족 의식을 말살시키려 하였다.

② 일제의 한국사 연구
- ㉠ 목적 : 일제는 한국 통치의 자료를 수집하고 한국 지배를 합리화하기 위해 한국사의 연구와 고분·고적 발굴 조사에 착수하였다. 한국사의 주체성을 말살하고, 한국사의 타율성·정체성·사대성·당파성 등을 강조하는 식민 사관을 전개하여 한국사를 일본사에 종속시키는 것이 그들의 의도였다.
- ㉡ 내용 : 역사 주체로서 우리 민족의 자주성을 부정하는 정체성론과 타율성론(임나일본부설, 만선사관, 반도성격론, 남선경영론)을 강조하였고, 특히 우리 역사에서 고대사 부분에 대해 과도하게 왜곡하였으며 단군 조선도 부정하였다.

③ 일제의 한국사 연구 기관
- ㉠ 조선사 편수회 : 1922년에 조직된 조선사 편찬 위원회를, 1925년 조선 총독부가 한민족의 우수성을 은폐하고 왜곡된 역사를 편찬하기 위하여 개편한 기관으로 「조선사」(37권)·「조선 사료 총간」(20종)·「조선 사료 집진」(3권) 등을 발행하였다.

ⓒ 청구 학회 : 한국과 만주를 중심으로 한 극동 문화 연구를 목적으로 1930년에 경성 제국 대학과 조선사 편수회 요원들이 조직한 것으로 「청구 학총」을 간행하여 식민 이론을 보급하였다.

더 알아보기 ➕

일제의 한국사 왜곡

- **타율성론**
  우리 민족의 역사는 주체적으로 발전을 이루지 못하고 주변 국가에 종속되어 전개되었다는 주장(반도적 숙명론)이다. 주로 정치적 · 사상적 측면에서의 주장으로 식민 지배의 필연성을 강조한다.
- **정체성론**
  한국사가 역사 발전 단계를 제대로 거치지 못하고 근대 사회로 이행되는 데 필요한 봉건 사회가 형성되지 못하여 전근대적 단계에 머무르게 되었다는 이론으로 사회 경제적 측면에서의 주장이다. 즉, 우리 민족의 역사는 오랫동안 정체되고 발전하지 못하였다는 주장이다.
- **당파성론**
  우리 민족이 서로 헐뜯고 분열하며 단결할 줄 모른다는 이론이다. 일제는 조선 후기 붕당 정치를 근거로 내세웠으나 이러한 '당파 싸움'은 조선 후기 일부 세력에 의한 일시적인 현상이었고, 붕당 정치가 정치 발전에 긍정적인 역할을 수행한 측면도 있다는 것을 간과하고 있다.

(2) 종교 활동의 탄압

① 기독교
  ㉠ 안악 사건과 105인 사건▼의 날조 : 일제의 기독교 세력 분쇄 음모에 의해 소위 안악 사건 · 105인 사건이 날조되었고, 3 · 1 운동 이후에는 많은 교회 지도자가 독립운동에 가담했다고 하여 체포 · 투옥되었다.
  ㉡ 신사 참배 강요 : 1930년대 후반 이후에는 신사 참배가 강요되었으며, 이를 반대하는 종교 계통의 학교는 폐쇄되고 기독교 지도자들은 투옥되었다.
② 불교 : 일제는 1911년 사찰령을 공포하여 총독부가 사찰을 관리 · 통제하였고, 승려법을 제정하여 총독이 주지 임명과 사찰의 재산 등을 소유 · 장악하였다.
③ 민족 종교 : 3 · 1 운동에서 주도적으로 활동한 천도교와 대종교 등 민족 종교는 일제의 간섭이 특히 심하여 활동의 자유가 크게 제한당하였다.

▼ 105인 사건(1911)
안악 사건을 확대하여 일제는 테라우치 총독 암살 모의를 날조하여 신민회 인사 600여 명을 체포하고 이 중 105인을 기소한 사건이다.

2. 국학 운동의 전개

(1) 한글 보급 운동

① 조선어 연구회(1921)▼

ㄱ 창립 : 3 · 1 운동 이후 이윤재, 최현배 등은 국문 연구소의 전통을 이어 조선어 연구회를 조직하고 국어 연구에 활력을 불어넣었다.

ㄴ 활동 : 한글 연구와 더불어 강습회, 강연회를 통해 한글 보급에 노력하였으며, 1927년에 '한글'이란 잡지를 간행하여 그 연구 성과를 정리 · 발표하였다. 1926년에는 한글 기념일인 '가갸날'을 정하고 우리말 쓰기를 권장함으로써 한글을 대중화하는 데 기여하였다.

한글 창간호(조선어 연구회)

▼ 한글 보급 단체
• 국문 연구소(1907)
• 조선어 연구회(1921)
• 조선어 학회(1931)
• 한글 학회(1949)

② 조선어 학회(1931)

ㄱ 개편 : 조선어 연구회가 조선어 학회로 개편되면서 연구도 더욱 심화되었다.

ㄴ 한글 교재 출판 : 한글 교육에 힘써 한글 교재를 출판하기도 했으며, 회원들이 각 지방을 순회하면서 한글을 보급하는 데 앞장섰다.

ㄷ 한글 맞춤법 통일안 등 제정 : 조선어 학회가 이룩한 큰 성과 중의 하나가 한글 맞춤법 통일안(1933), 조선어 표준말 모음(1936)과 외래어 표기법 통일안(1940)의 제정이었다. 조선어 학회는 「우리말 큰 사전」의 편찬을 시도하였으나 1942년 일제의 방해로 성공하지 못하였다.

ㄹ 해산(1942) : 조선어 학회는 일제에 의해 독립운동 단체로 간주되어 회원들이 체포 · 투옥되었으며(조선어 학회 사건)▼ 결국 강제 해산되었다.

▼ 조선어 학회 사건
1942년 조선어 사전을 편찬하던 조선어 학회 관계 인사들을 항일 독립운동을 한다며 치안 유지법 위반을 적용하여 최현배, 이희승 등 20여 명을 구속 · 고문하고 이 중 이윤재, 한징은 옥사하였다.

(2) 한국사의 연구

① 한국사 연구의 배경 : 일제는 우리 민족사의 왜곡되고 부정적인 면만을 부각시켰다. 즉, 타율성 · 사대성 · 정체성을 강조하는 일제 식민 사관에 대항하여 민족주의 사학자들은 한민족의 기원을 밝히고, 우리 문화의 우수성과 한국사의 주체적 발전을 강조하는 일련의 연구 활동을 전개하였다.

② 민족주의 사학자의 활동▼

ⓐ 박은식

- "나라는 형(形)이요, 역사는 신(神)이다. 신이 멸망하지 않으면 형도 되살아날 수 있다."라고 주장하면서 "지금 우리에게는 백(魄, 국가)은 죽었으나 혼(魂, 정신)만 죽지 않았다면 나라는 곧 다시 일어날 수도 있다."라고 강조하였다 (『한국 통사』 서문).
- 해외에서 독립운동을 하면서, 상하이에서 『한국 통사』를 저술하여 근대 이후 일본의 침략 과정을 밝혔으며, 『한국 독립운동 지혈사』에서는 일제의 침략에 대항하여 투쟁한 한민족의 독립운동을 저술하였다.
- 민족정신을 '혼'으로 파악하여, 혼이 담겨 있는 민족사의 중요성을 강조하였다.
- 조선 광문회를 조직하였고 『유교 구신론』을 통해 유교 개혁을 주장하였다.
- 대한 자강회, 신민회 등에 참여하였고, 1925년에는 대한민국 임시 정부 제2대 대통령을 역임하기도 하였다.

ⓑ 신채호

- 『조선 상고사』에서 역사를 '아(我)와 비아(非我)의 투쟁'으로 보았다(1931, 조선일보).

신채호가 집필한 의열단의 '조선 혁명 선언'

- 『조선사 연구초』에서는 묘청을 '낭가 사상'의 대표로 평가하였다(1924, 동아일보).
- 『독사신론』을 써서 왜곡되어 가고 있던 한국사를 옳게 연구하기 시작하였고, 특히 민족의 주체성·독자성·우수성을 강조하여 민족의 혼과 얼을 고양시키는 데 노력하였다(1908, 대한매일신보).
- 주로 고대사 연구에 치중하였으며 『조선 상고사』, 『조선사 연구초』 등을 저술하여 고대 문화의 우수성을 밝히고 한국 상고사의 영역을 확대하였다.
- 우리 민족사를 주체적 입장과 근대적 안목으로 새로 연구·정리할 것을 강조함으로써 민족주의 사학의 기반을 확립하였다.
- 1923년에는 의열단의 요청으로 민중의 혁명 정신을 강조한 '조선 혁명 선언'을 썼다.

더 알아보기⊕

신채호의 역사 인식

역사란 무엇이뇨? 인류사회의 '아(我)'와 '비아(非我)'의 투쟁이 시간부터 발전하며 공간부터 확대하는 심적 활동의 상태의 기록이니, 세계사라 하면 세계 인류의 그리되어 온 상태의 기록이며, 조선사라면 조선 민족의 그리되어 온 상태의 기록이니라. 무엇을 '아'라 하며 무엇을 '비아'라 하느뇨? 깊이 팔 것 없이 얕게 말하자면, 무릇 주관적 위치에 선 자를 '아'라 하고 그 밖에는 '비아'라 하지만, 그들은 각기 제나라를 '아'라 하고, 조선은 '비아'라 하며, 무엇이든 반드시 중심이 되는 '아'가 있으며 '아'와 대립하여 맞서는 '비아'가 있 …… 그리하여 '아'에 대한 '비아'의 접촉이 많을수록 '비아'에 대한 '아'의 투쟁이 더욱 맹렬하여 인류 사회의 활동이 휴식할 사이가 없으며, 역사의 전도가 완결될 날이 없다. 그러므로 역사는 '아'와 '비아'의 투쟁의 기록이니라.

– 「조선상고사」 –

ⓒ 정인보
- 국권 침탈 후 중국에서 독립 운동을 하다가, 1919년에 귀국하여 신채호의 민족 사관을 계승 · 발전시켰다.
- 동아일보에 '5천 년간 조선의 얼'을 발표하여 지금까지 잘못 취급되어 온 우리 민족사를 바로 잡아야 한다고 강조하였다.
- 「조선사 연구」를 저술하여 일제의 식민 사관에 대항하였고 '얼'의 중요성을 역설하였다.

위당 정인보

③ 실증주의 사학
  ㉠ 실증적 연구 : 개별적 사실을 객관적으로 밝히려는 순수 활동을 목표로 삼아 한국사를 문헌 고증에 의한 실증적 방법으로 연구하고자 하였다.
  ㉡ 진단 학회 조직 : 청구 학회 중심의 일본 어용학자들의 왜곡된 한국사 연구에 반발하여 1934년 이병도, 이윤재, 손진태 등이 조직하였다.

④ 사회 · 경제 사학
  ㉠ 유물 사관에 입각 : 세계사적 보편성을 중시하는 유물 사관(사적 유물론)에 입각하여 연구하였다.
  ㉡ 정체성론 반박 : 한국사가 세계사의 보편적 발전 법칙에 따라 발전되어 왔다고 주장하면서, 식민 사학의 정체성론을 반박하였다.
  ㉢ 대표 학자 : 백남운은 「조선 사회 경제사」, 「조선 봉건 사회 경제사」를 저술하였고 이청원은 「조선 역사 독본」을 저술하였으며, 이 외에도 전석담, 박극채 등이 있다.

백남운

(3) 종교 활동

① 개신교

㉠ 계몽 운동에 공헌 : 천도교와 함께 3 · 1 운동에 적극적으로 참여하였고, 일찍부터 애국 계몽 운동에 공헌해 왔던 개신교는 국권 피탈 이후 경제 · 사회 · 문화 각 방면에서 민중 계몽과 문화 사업을 보다 적극적으로 전개함으로써 일제로부터 극심한 탄압을 받았다.

㉡ 신사 참배 거부 : 일제 강점기 말기에 많은 교회들과 기독교 계통 학교들이 신사 참배 운동을 거부함으로써 지도자들 일부가 체포 · 투옥당하기도 하였다.

② 천주교

㉠ 사회 사업 추진 : 천주교는 개화기 이래 전개해 온 고아원, 양로원 등 사회 사업을 계속 확대시켜 가면서 「경향」 등의 잡지를 통해 민중 계몽에 이바지하였다.

㉡ 의민단 조직 : 일부 천주교도들은 3 · 1 운동 이후 만주에서 항일 운동 단체인 '의민단'을 조직하여 무력 투쟁에 나서기도 하였다.

③ 천도교

㉠ 3 · 1 운동 주도 : 동학의 후신인 천도교 지도자들은 3 · 1 운동을 주도한 후 제2의 독립 선언 운동을 계획하기도 하였다.

㉡ 문화 사업 추진 : 천도교는 언론, 출판, 계몽 등 사회 운동을 전개하여 민족 문화 발달과 수호에 기여하였다.

㉢ 학생 잡지 간행 : 「개벽」 · 「어린이」 · 「학생」 등의 잡지를 간행하여 민중의 자각과 근대 문물 보급에 기여하였다.

④ 대종교 : 나철이 창시한 종교로 천도교와 더불어 민족 종교인 대종교는 일찍부터 본부를 만주로 이동하고 단군 숭배 사상을 전파하여 민족 의식을 고취하였다. 1911년 만주에서 많은 민족학교를 설립하여 애국심을 고취하였고, 항일 무장 단체인 중광단을 결성하였으며, 3 · 1 운동 이후에는 이를 확대 · 개편하여 북로 군정서를 설립하여 무장 독립 전쟁을 전개하였다.

PART 07

적중예상문제 CHAPTER 01~05

01 다음 법령이 시행되던 시기에 볼 수 있는 모습으로 옳은 것은?

> 제1조 3개월 이하의 징역 또는 구류에 처하여야 할 자는 그 정상에 따라 태형에 처할 수 있다.
> 제6조 태형은 태로써 볼기를 치는 방법으로 집행한다.
> 제13조 본령은 조선인에 한하여 적용한다.

① 회사령 공포를 듣고 있는 상인
② 경의선 철도 개통식을 보는 학생
③ 동양 척식 주식회사의 설립식에 참석한 기자
④ 대한 광복군 정부의 군사 훈련에 참여한 청년

해설
제시된 법령은 1912년에 일제가 발표한 조선 태형령이다. 그러므로 1912년 이후인 1914년에 설립된 대한 광복군 정부의 군사 훈련에 참여한 청년이 정답이다.
① 회사령은 1910년 총독부가 발표한 법령이다.
② 경의선의 개통은 1906년에 실시되었다.
③ 동양 척식 주식회사는 1908년에 세워졌다.

답 ④

02 다음 법령이 실시되었던 시기에 일제가 실시한 정책을 〈보기〉에서 고른 것은?

> 제1조   국가 총동원이란 전시에 국방 목적을 달성하기 위해 국가의 전력을 가장 유효하게 발휘하도록 인적 및 물적 자원을 운용하는 것이다.
>
> 제4조   정부는 전시에 국가 총동원상 필요할 때에는 칙령이 정하는 바에 따라 제국 신민을 총동원 업무에 종사하게 할 수 있다.
>
> 제8조   정부는 전시에 국가 총동원상 필요할 칙령이 정하는 바에 따라 물자의 생산, 수리, 배급, 양도, 기타의 처분, 사용, 소비, 소지 및 이동에 관하여 필요한 명령을 내릴 수 있다.

보기

> ㄱ. 한글을 사용하는 신문과 잡지를 강제 폐간시켰다.
> ㄴ. 소학교 대신 국민학교라는 명칭을 사용토록 하였다.
> ㄷ. 조선 태형령과 경찰범 처벌 규칙을 만들어 시행하였다.
> ㄹ. 사회주의자들을 탄압하기 위해 치안 유지법을 만들었다.

① ㄱ, ㄴ   ② ㄱ, ㄹ

③ ㄴ, ㄷ   ④ ㄷ, ㄹ

해설

제시문은 민족 말살 통치 시기에 제정된 국가 총동원법(1938년)이다.
ㄱ. 민족 말살 통치기에 한글을 사용하는 신문과 잡지를 폐간하였다.
ㄴ. 일제는 1941년 소학교를 국민학교로 바꾸었다.
ㄷ. 1910년대 무단통치시기의 사실이다.
ㄹ. 치안 유지법은 1925년의 사실이다.

정답 ①

03 다음 중 대한민국 임시 정부의 활동으로 옳은 것은?

① 대한 독립 선언서를 발표하였다.
② 조선사 편수회를 조직하여 「한·일 관계 자료집」을 간행하였다.
③ 기관지로 독립신문을 간행하였다.
④ 외교론보다 무장 투쟁론에 더 심혈을 기울였다.

해설

① 1919년 만주 길림에서 조소앙의 3균주의를 기초로 한 최초의 독립 선언서이다.
② 대한민국 임시 정부는 사료 편찬소를 두어 「한·일 관계 사료집」을 간행하였다. 조선사 편수회는 식민 사관을 통해 한국사를 왜곡하는 데 앞장 선 친일단체이다.
④ 임시 정부는 외교적 활동을 가장 중시하였다.

정답 ③

04 다음은 박은식이 저술한 「한국 독립운동 지혈사」의 일부분이다. 여기에서 언급된 사건과 관련된 설명으로 옳지 <u>않은</u> 것은?

> 만세시위가 확산되자, 일제는 헌병 경찰은 물론이고 군인까지 긴급 출동시켜 시위 군중을 무차별 살상하였다. 정주, 사천, 맹산, 수안, 남원, 합천 등지에서는 일본 군경의 총격으로 수십 명의 사상자를 냈으며, 화성 제암리에서는 전 주민을 교회에 집합, 감금하고 불을 질러 학살하였다.

① 일제는 무단통치를 이른바 '문화통치'로 바꾸었다.
② 독립운동의 중요한 분기점이 된 대규모의 만세 운동이었다.
③ 세계 약소 민족의 독립운동에도 커다란 자극을 주었다.
④ 파리 강화 회의에 신규식을 대표로 파견하여 이 사건의 진상을 널리 알렸다.

해설 제시문은 3 · 1 운동에 관한 사료이다.
④ 파리 강화 회의에 외교대표로 파견된 인물은 김규식이다.
① · ② · ③ 3 · 1 운동과 관련된 사실이다.

달 ④

05 독립군의 활동을 시대순으로 바르게 나열한 것은?

> ㄱ. 양세봉이 이끌던 조선 혁명군은 중국 의용군과 한 · 중 연합 작전을 전개하였다.
> ㄴ. 소련 내 한인 부대들 간에 군사 지휘권 분쟁이 일어났으며, 이 과정에서 독립군들의 무장해제를 요구하는 적색군으로부터 공격을 받아 피해를 입었다.
> ㄷ. 만주로 돌아온 독립군은 일제와 만주 군벌의 탄압 속에서도 조직의 재건에 착수하여 참의부, 정의부, 신민부를 조직하였다.
> ㄹ. 김좌진이 이끌던 북로 군정서군과 홍범도가 이끈 대한 독립군의 연합부대는 청산리 일대에서 6일간 10여 차례의 전투를 통해 일본군을 대파하였다.

① ㄱ - ㄴ - ㄷ - ㄹ
② ㄴ - ㄹ - ㄷ - ㄱ
③ ㄹ - ㄴ - ㄷ - ㄱ
④ ㄹ - ㄷ - ㄴ - ㄱ

해설 제시된 사건을 순서대로 나열하면 ㄹ. 청산리 대첩(1920.10) → ㄴ. 자유시 참변(1921) → ㄷ. 3부의 성립(1923~25) → ㄱ. 한 · 중 연합 작전이다.
한 · 중 연합 작전은 만주 사변 이후인 1932~33년에 집중되었다.

달 ③

06 다음의 (가)~(라)에 들어갈 내용이 적절하게 이어진 것은?

> 1920년대에는 (가)의 대한 독립군과 김좌진의 (나) 등이 봉오동과 청산리에서 일본군과 전투를 벌여 큰 승리를 거두었다. 일본군은 이에 대한 보복으로 (다)를(을) 일으켜 우리 동포를 학살하고, 독립군을 토벌하려 하였다. 이후 독립군은 3부를 조직하였는데 이 가운데 (라)는(은) 임시정부가 직할하였다.

① 홍범도 – 북로 군정서군 – 간도 참변 – 참의부
② 서일 – 대한 독립 군단 – 간도 참변 – 참의부
③ 홍범도 – 북로 군정서군 – 자유시 참변 – 정의부
④ 서일 – 북로 군정서군 – 자유시 참변 – 정의부

> **해설** ① 1920년대 만주 독립 전쟁의 과정을 묻고 있다. (가) 홍범도 : 대한 독립군 – 봉오동 전투 → 김좌진 : (나) 북로 군정서군 – 청산리 대첩 → (다) 간도 참변(1920.10~1921.2) → 자유시 참변 → 3부 조직(육군 주만 참의부(임정 직할) · 정의부 · 신민부) → 미쓰야 협정 → 3부 통합 운동(혁신의회와 국민부) 순으로 발생되었다.
>
> 답 ①

07 다음 (㉠)에 관련된 단체의 활동에 대한 설명으로 옳은 것은?

> 대한민국 임시 정부는 대한민국 원년(1919)에 정부가 공포한 군사 조직법에 의거하여 … (㉠)을/를 조직하고 … 공동의 적인 일본 제국주의자들을 타도하기 위해 연합군의 일원으로 항전을 계속한다. … 우리 민족의 확고한 독립정신은 불명예스러운 노예 생활에서 벗어나기 위하여 무자비한 압박자에 대한 영웅적 항쟁을 계속하여 왔다. … 이때 우리는 큰 희망을 갖고 우리 조국의 독립을 위해 우리의 전투력을 강화할 시기가 왔다고 확신한다. … 우리들은 한 · 중연합 전선에서 우리 스스로의 부단한 투쟁을 감행하여 동아시아를 비롯한 아시아 민중들의 자유와 평등을 쟁취할 것을 약속하는 바이다.

① 조선 의용대 병력을 일부 흡수하여 조직을 강화하였다.
② 양세봉의 지휘하에 중국군과 연합 작전을 전개하였다.
③ 중국 호로군과 연합하여 동경성전투에서 일본군을 무찔렀다.
④ 조국 광복회 국내 조직의 도움을 받아 국내 진입 작전을 시도하였다.

① 대한민국 임시 정부에서는 만주 지역의 독립군과 각처에 산재해 있던 무장투쟁세력을 모아 충칭에서 한국 광복군을 창설하였다(1940). 광복군은 임시 정부가 일본에 선전 포고를 한 후 연합군과 공동으로 인도와 미얀마 전선에 참전하였고, 김원봉의 조선 의용대를 일부 통합하여 군사력을 증강하였다.
② 조선 혁명군은 1932년 흥경성전투, 영릉가성전투에서 중국 의용군과 연합하여 일본군과 격전을 벌여 대승을 거두는 등 뛰어난 무장항일전의 기록을 남겼다.
③ 지청천의 한국 독립군은 중국 호로군과 연합하여 쌍성보전투에서 물자노획 등의 전과를 올렸고, 대전자전투, 동경성전투에서 승리하였다.
④ 동북항일연군은 조국 광복회 국내 조직의 도움을 받아 국내 진입 작전을 시도하였고, 1937년 보천보전투에서 전과를 올렸다.

답 ①

---

08 다음 선언을 발표한 단체에서 활약한 사람을 〈보기〉에서 모두 고른 것은?

> 우리는 일본 강도 정치 곧 다른 민족의 통치가 우리 조선 민족 생존의 적임을 선언하는 동시에, 우리는 혁명 수단으로 우리 생존의 적인 강도 일본을 죽여 버리는 것이 곧 우리의 정당한 수단임을 선언하노라. …(중략)… 민중은 우리 혁명의 대본영이다. 폭력은 우리 혁명의 유일 무기이다.

보기
ㄱ. 김두봉   ㄴ. 김상옥   ㄷ. 나석주   ㄹ. 이봉창

① ㄱ, ㄴ
② ㄴ, ㄷ
③ ㄷ, ㄹ
④ ㄱ, ㄹ

제시문은 신채호가 1923년 의열단의 독립운동 이념과 방향을 체계화하여 천명한 조선 혁명 선언이다. 의열단은 1919년 조직된 항일 무력독립운동 단체로 김원봉의 폭탄제조법을 활용하여 박재혁은 부산 경찰서에 폭탄을 투척하였고, 최수봉은 밀양 경찰서에, 김익상은 조선 총독부에 투탄하였다. 또한 김상옥은 종로 경찰서에 폭탄을 투척하였고, 나석주는 동양 척식 주식회사 및 식산은행에 폭탄을 투척하였다.
ㄱ. 김두봉은 1945년 8 · 15 광복 이후 북한에서 조선신민당을 조직하였고 북조선노동당이 창건되자 그 위원장으로 활동하였다.
ㄴ. 이봉창은 한인 애국단 소속으로 일본 국왕 암살을 기도하였다.

답 ②

09 일제의 경제수탈정책에 대한 설명으로 옳지 <u>않은</u> 것은?

① 1910년에 시작된 토지 조사 사업에서 신고된 토지에 대한 지주의 권리만을 인정하고, 농민이 오랫동안 누려왔던 관습적인 경작권은 부정되었다.

② 1920년대 일본 자본의 조선 진출 요구가 커지자, 조선 총독부는 회사의 설립과 해산을 신고제에서 허가제로 강화하였다.

③ 1920년대 일제는 자국의 식량 문제를 해결하기 위하여 산미 증식 계획을 시행하였는데, 한국인 지주도 이에 편승하여 토지를 크게 늘렸다.

④ 1930년대 이후 일제는 대륙 침략을 위하여 공업화 정책을 추진하였는데, 이 과정에서 일본의 대자본이 활발하게 투입되었다.

> **해설**
> ② 일제는 민족 자본의 성장을 억제하기 위하여 1910년 회사령을 제정하고 회사 설립을 신고제 → 허가제로 강화하였다. 이후 일제는 일본 자본의 국내 침투를 원활하게 하기 위하여 1920년 회사령을 폐지하고 허가제 → 신고제로 전환하였다. 이로 인해 일본의 대규모 자본이 국내 침투가 용이하였고, 조선인들의 기업 설립도 활성화되었다.
>
> 답 ②

10 (가), (나) 자료와 관련된 운동에 대한 설명으로 가장 옳지 <u>않은</u> 것은?

> (가) 비록 우리 재화가 남의 재화보다 품질상 또는 가격상으로 개인 경제상 다소 불이익이 있다 할지라도 민족경제의 이익에 유의하여 이를 애호하며 장려하여 수요하며 구매하지 아니치 못할지라.
> (나) 민중의 보편적 지식은 보통 교육으로 능히 수여할 수 있으나 심원한 지식과 심오한 학리는 고등 교육에 기대하지 아니하면 불가할 것은 설명할 필요도 없거니와 사회 최고의 비판을 구하며 유능한 인물을 양성하려면 최고 학부의 존재가 가장 필요하도다.

① (가)는 사회주의자 주도로 전개되었다.

② (나)는 전국적인 모금 운동의 형태로 전개되었다.

③ (가)는 조만식, (나)는 이상재를 지도자로 전개되었다.

④ (가)와 (나)는 민족의 실력 양성을 목표로 전개되었다.

해설 제시문의 (가)는 물산 장려 운동이고, (나)는 민립 대학 설립 운동을 나타내고 있다.
① 물산 장려 운동은 자본가와 민족주의 계열에 의해 주도되었으며, 사회주의 계열은 동참하지 않았다.
② 민립 대학 설립 운동은 '1천만이 1원씩'이라는 구호를 표방하며 모금 활동을 전개하였으나, 일제의 경성 제국 대학 설립과 자연 재해로 인해 실패하였다.
④ 두 운동 모두 민족의 실력 양성 운동의 일환으로 진행되었다.

답 ①

11 다음 글을 쓴 역사가에 관한 설명으로 옳은 것은?

> 역사란 무엇이뇨? 인류 사회의 아(俄)와 비아(非俄)의 투쟁이 시간에서 발전하여 공간까지 확대하는 심적 활동의 상태의 기록이니, 세계사라 하면 세계 인류의 그리되어 온 상태의 기록이며, 조선사라 하면 조선 민족이 그리되어 온 상태의 기록이니라. 그리하여 아에 대한 비아의 접촉이 많을수록 비아에 대한 아의 투쟁이 더욱 맹렬하여 인류 사회의 활동이 휴식할 사이가 없으며, 역사의 전도가 완결된 날이 없다. 그러므로 역사는 아와 비아의 투쟁의 기록이니라.

① 우리의 민족정신을 '혼'으로 파악하고 '혼'이 담겨있는 민족사의 중요성을 강조하였다.
② 우리 고대 문화의 우수성과 독자성을 강조하여 식민주의 사관을 비판하였다.
③ 한국사가 세계사의 보편적 발전 법칙에 입각하여 발전하였음을 강조하여 식민주의 시관의 정체성 이론을 반박하였다.
④ 「진단 학보」를 발간하고 문헌 고증을 중시하는 순수 학문적 차원의 역사 연구에 힘썼다.

해설 제시문은 신채호가 단군 시대로부터 백제의 멸망과 그 부흥운동까지 저술한 「조선상고사」의 서문이다. 1931년에 조선일보 학예란에 연재되었다. 원래 이 책은 신채호의 「조선사」 서술의 일부분이었으나, 그 연재가 상고사 부분에서 끝났기 때문에 「조선상고사」로 불려지게 되었다.
① 박은식에 대한 설명이다.
③ 백남운이 대표적인 사회경제사학자이다.
④ 실증주의 사학을 중요시 한 진단 학회의 활동이다.

답 ②

12 1920년대 독립운동에 대한 설명으로 옳은 것은?

① 독립 의군부가 조직되어 자유시로 이동하였다.
② 홍범도의 대한 독립군이 최진동의 군무도독부군과 봉오동에서 일본군을 격파하였다.
③ 소련 적색군의 배신으로 간도 참변이 발생하였다.
④ 만주 지역에는 참의부 · 정의부 · 국민부의 3부가 형성되었다.

해설

② 1920년대의 국외 무장 독립 투쟁은 봉오동 전투(1920.6)에서 홍범도가 이끄는 대한 독립군이 안무의 국민회군, 최진동의 군무도독부군과 함께 연합하여 일본군을 기습하여 큰 승리를 거두었고, 이에 일본은 훈춘 사건을 조작하여 대규모의 병력을 만주에 파견하고 이때 김좌진이 이끄는 북로 군정서군을 비롯한 독립군 부대들은 백운평 전투를 비롯한 6일간 10여 차례의 전투에서 큰 승리를 거두게 된다. 이후 일제는 독립군의 근거지를 없앤다는 명분 아래 군대를 동원하여 간도의 민간인과 독립군을 소탕하는 작전을 펴게 되고 일본군의 이 같은 만행을 간도 참변이라고 한다. 이후 독립군은 중국과 러시아의 국경 지대에 위치한 밀산에 집결해서 서일을 총재로 하는 대한 독립 군단을 조직하고, 장기 항전을 위해 자유시로 이동하게 되지만 러시아군의 배신으로 무장해제를 당하게 되며 큰 피해를 입게 되는데 이를 자유시 참변이라고 한다. 이후 독립군은 다시 만주로 복귀하여 3부를 설치하게 되는데 3부의 명칭이 참의부, 정의부, 신민부이다.

① 독립 의군부는 1910년대에 국내에서 조직되었으며, 대한 독립 군단이 조직되어 자유시로 이동하였다.
③ 청산리 전투에 대한 보복 조치로 일어난 대학살은 간도 참변이다.
④ 1920년대 중반 북간도를 제외한 만주 지역에는 참의부, 정의부, 신민부의 3부가 형성되었다.

답 ②

13 다음과 같은 강령을 갖고 활동한 민족 운동 단체에 대한 내용으로 옳지 <u>않은</u> 것은?

> • 민족의 단결 촉구　　• 민족의 정치적 · 경제적 각성 촉구　　• 기회주의자 배격

① 민립 대학 설립에 앞장섰다.
② 최초의 민족 협동 전선 단체였다.
③ 노동 운동과 민족 운동을 지원하였다.
④ 광주 학생 항일 운동에 진상 조사단을 파견하였다.

해설 3 · 1 운동 이후 사회주의가 국내에 유입되면서 독립운동 방법에 대해 민족주의와 사회주의가 대립을 보이게 된다. 독립운동 세력의 분열과 대립으로 민족 운동의 역량이 약화되자, 국내외에 분열된 민족 운동 단체를 통합하여 독립운동의 힘을 키우자는 민족 유일당 운동이 일어나게 되고, 이에 사회주의 세력의 정우회 선언 발표를 계기로 결성된 신간회는 회장 이상재, 부회장 홍명희를 선출하고, 민족의 단결과 정치적 · 경제적 각성을 촉구하고 기회주의를 부인한다는 3대 강령을 발표하였다.
① 민립 대학 설립 운동은 1922년 11월에 시작된 것으로 1927년 결성된 신간회와는 아무 관련이 없다.
② 신간회는 국내에서 만들어진 최초의 민족 협동 전선 단체로 볼 수 있다.
③ 신간회는 여러 노동 운동과 민족 운동을 지원하였다.
④ 신간회는 특히 1929년 광주 학생 항일 운동에 진상 조사단을 파견하였다.

답 ①

출제 비중 체크!

※ 계리직 전 8회 시험(2008~2021) 기출문제를 기준으로 정리하였습니다.

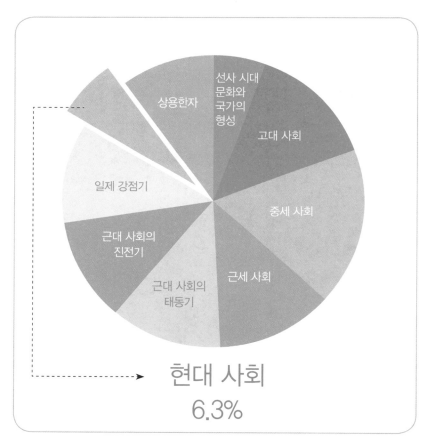

선사 시대 문화와 국가의 형성

고대 사회

상용한자

일제 강점기

중세 사회

근대 사회의 진전기

근대 사회의 태동기

근세 사회

현대 사회
6.3%

PART

08 | 현대 사회

I wish you the best of luck!

우정사업본부 지방우정청 9급 계리직

한국사

대한민국의 성립과 6·25 전쟁

1. 8·15 광복과 분단

(1) 건국 준비 활동

① 배경 : 국내외에서 민족 독립운동을 추진하던 단체들은 제2차 세계 대전에서 일제의 패색이 짙어지자 건국을 위한 준비 작업을 추진하였고, 1930년대 후반 민족 혁명당은 민주 공화국 건설을, 한국 국민당은 신민주 공화국 건설을 주장하였다.

② 국외에서의 건국 준비 활동

　㉠ 대한민국 임시 정부의 활동

　　• 건국 강령의 주요 내용 : 이 건국 강령은 보통 선거를 통한 민주 공화국 수립, 정치 · 경제 · 교육 균등, 경자 유전의 토지제, 의무 교육 실시 등을 규정하였다.

　　• 정부 체제 개편과 조선 의용대 흡수 : 임시 정부는 민족 혁명당의 후신인 조선 민족 혁명당 지도자들을 끌어들여 정부의 체제를 개편하였고, 조선 민족 혁명당이 이끌었던 조선 의용대를 흡수하여 한국 광복군의 군사력을 보강하고 항일 전쟁을 더욱 적극적으로 전개하였다.

　㉡ 사회주의 계열의 활동 : 중국 화북 지방에서는 사회주의 계열의 독립운동가들이 김두봉을 주석으로 하는 조선 독립 동맹을 결성(1942)하고, 민주 공화국의 수립을 강령으로 내세웠으며, 그 산하에 조선 의용군을 거느렸다.

③ 국내에서의 건국 준비 활동

　㉠ 조선 건국 동맹 : 일제의 가혹한 탄압 속에서 일부 지도자들이 조선 건국 동맹을 조직(1944.8)하고, 일제의 타도와 민주주의 국가 건설을 주요 내용으로 하는 건국 강령을 제정하였다.

　㉡ 조선 건국 준비 위원회 : 조선 건국 동맹은 여운형이 중심이 된 단체로, 해방 직후 조선 건국 준비 위원회를 조직하고 본격적 건국 작업에 착수하였다.

(2) 민족의 광복

① **배경** : 1945년 8월 15일의 광복은 연합군 승리의 결과이기도 하지만, 국내외에서 우리 민족이 독립운동을 꾸준히 전개한 결과라고 할 수 있다.

② **민족의 독립운동**

㉠ 다양한 분야에서 전개 : 정치, 외교, 군사, 경제, 사회, 문화 등 모든 분야에 걸쳐 무장 투쟁, 외교 활동, 민족 문화 수호 운동, 실력 양성 운동 등이 다양하게 전개되었다.

㉡ 임시 정부의 활약 : 대한민국 임시 정부는 제2차 세계 대전 중 대일 선전 포고를 하고, 연합국과 참전함으로써 국제적으로 한국의 독립을 보장받았다.

③ **일본의 패망**

㉠ 일본의 전의 상실 : 대동아 공영권 건설이라는 구호를 내세워 침략 전쟁을 확대한 일본은 동맹국인 이탈리아가 연합군에 항복하고(1943.9), 이어 독일이 항복하자(1945.5), 전력이 급격하게 약화되었으며 두 차례 원자탄 공격을 받자 전의를 상실하였다.

㉡ 일본의 항복 : 소련이 일본에 선전 포고를 하고 참전하자, 일본은 마침내 연합국에 무조건 항복하였다(1945.8.15).

(3) 국토의 분단

① **한국 독립의 국제적 논의**

㉠ 카이로 회담(1943.11) : 일본의 패망에 앞서 미국(루스벨트), 영국(처칠), 중국(장제스) 3국 수뇌는 카이로 회담에서 한국 인민의 노예 상태에 유의하여 적당한 시기(적절한 절차를 거쳐)에 한국을 해방시키며 독립시킬 것을 결의한다고 선언하였다.

㉡ 얄타 회담(1945.2) : 크림 반도의 얄타에서 열린 연합국 수뇌 회담이다. 미국의 루스벨트, 영국의 처칠, 소련의 스탈린이 참석하여 패전국에 대한 처리, 국제 연합의 창설, 소련의 대일(對日)참전 등에 관하여 협의한 회담이며, 한국의 신탁통치 기간에 대한 문제도 논의되었다.

㉢ 포츠담 선언(1945.7) : 미국·영국·중국 등 연합국 대표가 베를린 교외인 포츠담에서 카이로 선언을 재확인함으로써 우리나라 독립은 이미 약속된 것이었다.

② **남북한 국토의 분단**

㉠ 소련군의 남하 : 루스벨트·처칠·스탈린 등 미·영·소 3국 수뇌는 얄타 회담을 체결하였고, 이에 따라 소련이 대일 전쟁에 참전하여 한반도에 미군보다 먼저 소련군이 남하해 오게 되었다.

ⓛ 남북한에 각각 다른 정부 수립 : 미국은 소련군 점령 지역이 과도하게 확대되는 것을 방지하기 위해 북위 38도선을 경계로 일본군의 무장을 해제시킬 것을 제의하였고, 소련이 이에 동의하여 38도 군사 경계선이 설정되게 되었다. 일시적 군사 경계선이었던 38도선은 이후에 남북한에 각각 다른 정부가 수립되면서 국토 분단의 실질적 국경선이 되었다.

(4) 조선 건국 준비 위원회

① **배경** : 남북한에서는 해방과 동시에 자주적 통일 민주 국가를 수립하려는 정치 · 사회 운동이 민중들의 광범한 지지를 받으며 전개되었다.

② **조직** : 국내에서 조선 건국 동맹을 이끌고 있던 여운형▼은 패망 직전 일제로부터 행정권 일부를 이양 받아 조선 건국 준비 위원회를 발족시켰다(1945.8.15).

> **더 알아보기➕**
>
> **조선 건국 준비 위원회의 선언과 강령**
>
> - 선언
>   …… 그러므로 본 준비 위원회는 우리 민족을 진정한 민주주의적 정권에로 재조직하기 위한 새 국가 건설의 준비 기관인 동시에 모든 진보적 민주주의적 여러 세력을 집결하기 위하여 각계각층에 완전히 개방된 통일 기관이요, 결코 혼잡한 협동 기관은 아니다.
>
> - 강령
>   − 우리는 완전한 독립 국가의 건설을 기함
>   − 우리는 전 민족의 정치적 · 사회적 기본 요구를 실현할 수 있는 민주주의 정권의 수립을 기함
>   − 우리는 일시적 과도기에 있어서 국내 질서를 자주적으로 유지하여 대중 생활의 확보를 기함

③ **구성** : 위원장 여운형과 부위원장은 민족주의 좌파인 안재홍이 맡았다.

④ **결과** : 이후 송진우 · 김성수 등 보수 우파 민족주의 세력과 연대하지 못하였으며 점차 안재홍 등 중도 세력들도 탈퇴하였다.

(5) 군정의 실시와 남 · 북한 정세

① **군정의 실시**▼

㉠ 38도선과 미 · 소 군정 : 한반도에 남아있던 일본군의 무장을 해제시키기 위해 38도선 북쪽에는 소련군이, 남쪽에는 미국군이 진주하였는데 그 결과 완전한 자주독립 국가 건설은 어렵게 되었고, 미 · 소 군대가 실시하는 군정이 민족 분단을 점차 고착시키는 방향으로 나아가게 되었다. 남한에 주둔한 미군은 곧 군정을 실시하면서 친미적 우익 정부 수립을 후원하였다.

▼ **여운형**
8 · 15 광복을 맞아 안재홍 등과 조선 건국 준비 위원회 조직. 9월 조선 인민 공화국을 선포하였으나 우익 진영의 반대와 미군정의 불인정으로 실패하였다. 12월 조선 인민당을 창당. 1946년 26개의 좌익 단체를 규합하여 민주주의 민족 전선을 결성하였으나 이후에 탈퇴하였고, 근로 인민당을 조직하였으나 극좌 · 극우 양측으로부터 소외당한 채 좌우 합작 운동을 추진하던 중 극우파 한지근에 의하여 1947년 암살되었다.

▼ **미 군정 실시**
(1945.9~1948.8)
1945년 9월 7일 인천에 상륙한 미군은 조선 인민 공화국과 충칭의 대한민국 임시 정부의 활동을 인정하지 않고, 패망 후 남한에서 통치권을 행사하고 있던 총독부의 기구와 관리를 그대로 인수하여 군정을 실시하였으며 군정이 유일한 행정부임을 선언하였다.

ⓒ 미 군정청 : 미군이 주둔했던 남한에서는 조선 총독부를 대신해서 미 군정청이 들어서게 되면서 우리나라에 새로운 서양 정치 제도와 사상·문화 등이 도입되었다.

② 군정 전후의 남·북한 정세

ⓐ 정치 세력 간의 대립 : 미 군정하에서 남한은 새로운 정치를 도입하고자 노력했으나 해외 동포들이 대거 귀국하였고, 망명 생활을 하며 독립 운동을 하던 독립투사들도 귀국하여 정치에 참여함으로써 정국은 더욱 복잡하게 전개되었다. 서로 다른 정치 세력 간의 대립·갈등은 사회 혼란을 초래하였다.

ⓑ 소련의 북한 지원 : 북한에서도 새로운 질서가 추구되고 있었다. 소련군의 진주로 자주적으로 독립 국가를 수립하려던 민족주의 인사들의 활동이 금지되었고, 소련의 지원을 받은 공산주의자 세력이 급속히 커져 독재 정치의 기초 작업이 이루어지고 있었다.

(6) 신탁 통치 문제

① 모스크바 3상 회의(1945.12)

ⓐ 한반도 문제 협의 : 국토 분단과 미·소 양군의 통치가 실시되는 가운데 모스크바에서 열린 미·영·소 3국 외상 회의에서는 한반도 문제가 협의되었다.

ⓑ 신탁 통치 결의 : 이 회의에서는 한국에 임시 민주 정부를 수립하기 위해 미·소 공동 위원회를 설치하고, 한국을 최고 5년간 미·영·중·소 4개국의 신탁 통치하에 두기로 결정하였다.

② 반탁 운동의 전개와 공산당의 찬탁

ⓐ 반탁 운동의 확산 : 신탁 통치의 결정에 온 국민은 분노하였고 이에 반대하는 '국민 총동원 위원회'가 결성되면서 제2의 광복 운동의 성격을 띤 반탁 운동은 전국적으로 확산되었다.

ⓑ 임정 계열 : 김구 등 임시 정부 계열에서는 반탁 운동을 제2의 독립운동으로 규정하고 적극적 활동을 전개하였다.

ⓒ 공산주의 계열 : 처음에는 공산주의자들도 반탁 운동에 참가하여 민족 화합의 계기가 마련되는 듯했으나 소련의 사주를 받은 후 곧 찬탁으로 돌아서서 많은 국민에게 실망감을 주었다.

ⓓ 중도 세력 : 김규식·여운형 등 중도 세력은 모스크바 3상 회의 결정을 지지는 하되 신탁 통치와 관련해서는 임시 정부 수립 후 결정한다는 입장을 표명하였다.

신탁 통치 반대 운동 집회

▼ 모스크바 3상 회의의 주요 내용

• 민주주의 원칙하에 독립 국가를 건설하기 위한 조선 임시 민주주의 정부 수립

• 조선 임시 정부 구성을 원조하기 위한 미·소 공동 위원회 실시

• 최고 5년간 미·영·중·소 4개국의 신탁 통치 실시

• 미·소 양군 사령부의 대표 회의 2주일 이내에 개최

(7) 미·소 공동 위원회(1946~1947)▼

① 제1차 미·소 공동 위원회(1946.3)

  ㉠ 협의 내용 : 신탁 통치 문제와 임시 정부 수립 문제를 구체적으로 협의하기 위하여 미·소 공동 위원회가 개최되었다.

  ㉡ 소련의 주장 : 소련은 한국 임시 정부 수립을 위한 협의 대상을 신탁 통치안에 찬성하는 단체들만으로 제한할 것을 주장하였지만 협의가 되지 않았다.

  ㉢ 미국의 주장 : 미국은 찬반 표시는 표현의 자유에 속하는 것이며, 모든 정당·사회 단체가 참석·협의해야 할 것을 주장하였지만 결국 결렬되고 말았다.

② 제2차 미·소 공동 위원회(1947.5)

  ㉠ 트루먼 독트린▼ 발표 : 1947년 3월 미국 대통령 트루먼이 의회에서 선언한 미국 외교 정책에 관한 원칙으로서 그 내용은 공산주의 확대를 저지하기 위하여 자유와 독립의 유지에 노력하며, 소수의 정부 지배를 거부하는 의사를 가진 세계 여러 나라에 대하여 군사적·경제적 원조를 제공한다는 것이었다. 이 발표 이후 미·소 간 갈등과 냉전이 시작되었다.

  ㉡ 2차 공동 위원회 결렬 : 이승만은 미국에서 단독정부의 수립을 주장하였고, 미국 국무성도 단독정부의 수립을 시사한 후 제2차 미·소 공동 위원회도 사실상 결렬되었다.

(8) 좌우 합작 운동의 전개

① 좌우 합작 운동의 전개 과정

  ㉠ 이승만의 정읍 발언 : 1946년 6월 3일 이승만은 남한만이라도 단독정부를 수립해야 한다고 주장하여 우익 세력의 지지를 받았다.

더 알아보기⊕

이승만의 정읍 발언

이제 우리는 무기 휴회된 공위(제1차 미·소 공동 위원회의 결렬을 뜻함)가 재개될 기색도 보이지 않으며 통일 정부를 고대하나 여의케 되지 않으니, 우리는 남방(남한)만이라도 임시 정부 혹은 위원회 같은 것을 조직하여 38 이북에서 소련이 철퇴하도록 세계 공론에 호소하여야 될 것이니 여러분도 결심하여야 될 것이다. 그리고 민족 통일 기관 설치에 대하여 노력하여 왔으나 이번에는 우리 민족의 대표적 통일 기관을 귀경한 후 즉시 설치하게 되었으니, 각 지방에 있어서도 중앙의 지시에 순응하여 조직적으로 활동하여 주기 바란다.

▼ 한국 관련 회담

- 카이로 회담(1943.11, 미·영·중)
- 얄타 회담(1945.2, 미·영·소)
- 포츠담 선언(1945.7, 미·영·중·소)
- 모스크바 3상 회의(1945.12, 미·영·소)
- 미·소 공동 위원회(1946~1947, 미·소)

▼ 트루먼 독트린

1947년 3월 12일 미국 대통령 트루먼은 공산주의 폭동으로 위협을 받고 있던 그리스 정부와 지중해에서 소련의 팽창으로 압력을 받고 있던 터키에 대해 즉각적인 경제·군사 원조를 제공할 것을 선언하였다. 이는 미국이 침공을 받지 않는 한 중립을 지킨다는 기존의 외교 정책을 버린 것으로 베트남 전쟁이 끝날 때까지 25년 동안 미국의 대외 정책 노선이 되었다.

ⓛ 김구의 한국 독립당 : 김구를 중심으로 한 임시 정부 계통의 한국 독립당은 국민 의회를 구성하여 반탁 운동을 바탕으로 좌우 합작과 남북통일을 실현할 것을 주장하였다.

ⓒ 좌우 합작 위원회 : 우익 측의 김규식과 좌익 측의 여운형을 중심으로 하는 좌우 합작 위원회가 1946년 7월에 구성되어 좌우 합작 운동을 적극적으로 추진하였다.

ⓔ 좌익 정당 : 좌익 정당들은 민주주의 민족 전선▼을 결성하여 찬탁의 입장에서 모스크바 3상 회의 결정을 지지하고 미·소 공동 위원회의 재개를 주장하였다.

▼ 민주주의 민족 전선
1946년 2월 남한의 모든 좌익 정당과 사회 단체가 집결하여 과도 정부 수립에 참여할 목적으로 여운형, 박헌영, 허헌, 김원봉, 백남운 등을 중심으로 결성되었다. 강령으로 모스크바 3상 회의 결정의 지지, 미·소 공동 위원회 지지, 친일파·민족 반역자 처단 등을 제시하였다. 조선 공산당에 의해 움직였던 민주주의 민족 전선은 조선 정판사 위폐 사건 이후 세력이 약화되었다.

더 알아보기➕

좌우 합작 7원칙(1946.10)
- 모스크바 외상 회의 결정에 따라 남북을 통한 좌우 합작으로 민주주의 임시 정부 수립
- 미·소 공동 위원회의 속개를 요청하는 공동 성명 발표
- 토지 개혁에 있어 유(有)조건 몰수, 체감 매상(遞減買上) 등으로 토지를 농민에게 무상 분배, 중요 산업의 국유화 등
- 친일파 및 민족 반역자 처리 조례 제정
- 정치범의 석방과 테러적 행동의 중단
- 합작 위원회에 의한 입법 기구의 구성
- 언론·집회·결사·출판·교통·투표 등의 자유 절대 보장

더 알아보기➕

좌우 합작 원칙에 대한 반응
- "좌·우 합작이 되면 공산 분자의 파괴 공작이 멈추고 민족진영이 국권 회복에 동일한 보조를 취할 것을 기대했던 것인데, 지금 공산당은 대다수가 합작을 반대하며, 파괴 운동은 더욱 극렬하니 합작할 필요가 있는지 의문이다(이승만, 당시 단독정부 수립 주장)."
- "유상으로 몰수한 토지를 무상으로 나누어 준다는 것은 국가 재정 파탄을 초래하게 될 것 …… 단호히 반대한다(한국 민주당, 당시 단독정부 수립론 지지)."
- "토지의 유상 몰수는 지주의 이익을 위한 것. 입법 기구의 결정이 미 군정청의 거부권을 넘어설 수 없다는 등의 이유로 반대한다(공산당의 박헌영, 당시 신탁 통치 찬성)."

② 좌우 합작 운동의 결과
ⓛ 과도 정부 : 미 군정은 1946년 12월 좌우 합작 위원회와 한국 민주당을 중심으로 남조선 과도 입법 의원을 설치하고 관선 의원 45명을 모두 좌우 합작 인사로 선임한 후 김규식을 의장에 임명하였다. 이어 미국인 군정 장관 밑에 한국인 민정 장관직을 두어 안재홍을 임명하였다. 이렇게 형식상 행정권을 이양하고 이를 '과도 정부'라고 칭하였다.

ⓛ 단독정부 수립 운동과 합작 실패 : 1947년에 들어서서 미국이 소련에 대한 봉쇄 정책으로 전환함으로써 동서 냉전이 시작되어 합작 운동은 난관에 봉착하게 되었다. 또한 이승만 등의 단독정부 수립 운동이 전개되고, 제2차 미 · 소 공동 위원회도 결렬되었으며, 좌우 합작 운동의 핵심 인물인 여운형이 암살(1947.7)되자 좌우 합작 운동은 결국 실패하고 말았다.

2. 5 · 10 총선거와 대한민국 수립

(1) 한국 독립 문제의 유엔 상정과 남북 협상

① 한국 독립 문제에 관한 국제적 해결 노력

㉠ 한국 독립 문제의 유엔 상정

• 유엔 상정 : 미국 측은 한국 독립 문제를 1947년 9월 제2회 유엔 총회에 상정하여 유엔 한국 임시 위원단을 구성하고, '유엔 감시하에 한반도에서 선거를 통하여 조속히 통일된 합법적이고 정통성 있는 독립 정부를 수립'하도록 제안하였다.

• 유엔 총회▼의 제안과 소련의 반대 : 이 제안은 한국의 적화 통일을 바라는 소련 측의 반대에도 불구하고 절대다수로 가결되었다. 그러나 소련이 유엔 한국 임시 위원단의 입북을 거절하여 북한 지역에서의 선거 실시는 불가능하게 되었다.

• 선거 가능 지역에서만 총선거 결정 : 이에 1948년 2월 유엔 소총회에서는 선거가 가능한 지역에서만이라도 총선거를 실시하여 한민족의 독립 정부를 수립하도록 하자는 결의를 하였다.

▼ 유엔 총회의 한국 문제 결의안 확정
• 유엔 감시하의 남북한 총선거에 의한 국회 구성과 통일 정부 수립
• 총선거를 감시하기 위한 유엔 한국 임시 위원단의 설치
• 통일 정부 수립 후 점령군 철퇴

더 알아보기➕

김구의 "3천만 동포에게 읍고함"(1948.2.10)

친애하는 3천만 자매 형제여! …… 통일하면 살고 분열하면 죽는 것은 고금의 철칙이니, 자기의 생명을 연장하기 위하여 남북의 분열을 연장시키는 것은 전 민족을 사갱(죽음의 동굴)에 넣는 극악 극흉의 위험일 것이다. …… 우리는 첫째로 자주독립의 통일 정부를 수립할 것이며, 이것을 완성하기 위하여 먼저 남북한 정치범을 동시 석방하며 미 · 소 양군을 철퇴시키고 남북 지도자 회의를 소집할 것이니 …… 한국이 있고야 한국 사람이 있고 한국 사람이 있고야 민주주의도 공산주의도 또 무슨 단체도 있을 수 있는 것이다. …… 마음속의 38도선이 무너지고야 땅 위의 38도선도 철폐될 수 있다. …… 나는 통일된 조국을 건설하려다 38도선을 베고 쓰러질지언정 일신에 구차한 안일을 취하여 단독정부를 세우는 데에는 협력하지 아니하겠다. 나는 내 생전에 38도선 이북에 가고 싶다. 그쪽 동포들도 제 집을 찾아가는 것을 보고서 죽고 싶다. ……

② 남북 협상의 전개

　　㉠ 이승만 · 한국 민주당의 입장 : 이승만과 한국 민주당은 단독정부 수립 운동
　　　을 본격화하였다.

　　㉡ 김구 · 김규식의 남북 협상 제안 : 남북통일 정
　　　부 수립을 위해 김구(한국 독립당), 김규식(민족
　　　자주 연맹) 등은 남한 단독 선거가 남북의 영구
　　　분단을 초래할 것을 우려해, 북한에 남북 협상
　　　을 제안하였다.

남북 협상 방북하는 김구 일행
(1948.4.19)

　　㉢ 남북 지도자 회담 : 1948년 4월 평양에서 김
　　　구 · 김규식 · 김일성 · 김두봉의 남북 4자 지도
　　자 회담이 열려 남한 단독정부 수립 반대, 미 · 소 양군 철수 등의 결의문이
　　채택되었으나 성과 없이 종결되었다.

(2) 대한민국 정부 수립 과정▼

① **5 · 10 총선거 실시** : 김구 등 남북 협상파▼와 공산주의자들이 대거 불참한 가운
　데 우리나라 최초로 실시된 보통 선거이자 민주주의 총선거가 실시되어 전체 의
　석 198석 중 무소속이 83석, 이승만 계열의 대한 독립 촉성 국민회가 55석, 한
　국 민주당이 29석을 차지하였다.

② **제헌 국회(制憲國會) 구성**

　　㉠ 제헌 국회와 정치 형태 : 1948년
　　　5 · 10 총선거로 구성된 최초의
　　　국회로서, 이 국회가 헌법을 제정
　　　하여 제헌 국회라 불린다. 이 헌
　　　법에 따라 국회에서 정 · 부통령
　　　을 선출하였으며, 여기서 대통령
　　　중심제와 내각 책임제가 혼합된
　　　정치 형태가 결정되었다.

1948년 정부 수립 행사

　　㉡ 대통령 간선제와 단원제 : 제헌 국회에서는 7월 17일 헌법을 공포하고, 임기
　　　4년의 대통령을 국회 간접 선거로 선출하고 단원제로 국회를 구성하였다.

③ **정부 수립** : 제헌 국회에서는 대한민국 임시 정부의 법통을 계승하는 민주 공화
　국 체제의 헌법을 제정(1948.7.17)한 다음 단원제인 국회에서 이승만을 대통령
　으로, 이시영▼을 부통령으로 선출하여 대한민국 성립을 내외에 선포하였다
　(1948.8.15).

▼ **대한민국 정부 수립**
• 1946년 : 제1차 미 · 소 공동 위
　원회 결렬, 이승만 정읍 발언
• 1947년 : 제2차 미 · 소 공동위
　원회 결렬, 남북 협상 실패
• 1948년 : 유엔 소총회, 남한에서
　만 총선거안 가결, 유엔 감시 하
　남한 총선거 실시, 대한민국 정
　부 수립 선포

▼ **남북 협상파**
김구의 한국 독립당과 김규식의 민
족 자주 연맹 등

▼ **이시영**
임시 정부에서 법무 총장, 재무 총
장을 역임하였으며 광복 때 귀국하
였다.

④ **합법 정부의 인정** : 대한민국은 자유 민주주의 국가로 새롭게 출범하였다. 그 후 대한민국은 파리 제3차 유엔 총회(1948.12)에서 승인을 받아 한반도에서 유일한 합법 정부로서의 정통성을 가지게 되었다.

(3) 반민족 행위 특별 조사 위원회의 활동

① **친일파 처단** : 민족정기를 바로 잡고 식민 체제의 잔재를 청산하기 위해 미 군정 당국을 제외하고 주요 정당·사회 단체·국민들은 친일파의 처단을 주장하였다.
② **반민 특위** 설치 : 제헌 국회에서는 1948년 9월 반민족 행위 처벌법을 제정하고, 국회의원 10명으로 구성된 반민 특위를 설치하였다.
③ **좌절** : 이승만 정부는 이에 소극적 태도를 보였으며, 1949년 6월 반민 특위 사건, 1949년 8월 말 공소 시효가 만료되면서 친일파 처단은 좌절되었다.

▼ 반민족 행위 특별 조사 위원회
중국에서 독립운동을 했던 김상덕을 위원장으로, 김상돈을 부위원장으로 하였다.

(4) 농지 개혁

① **농지 개혁법 시행**
㉠ 미 군정의 소극적인 농지 개혁 : 미 군정은(1945) 신한 공사를 설립하여 동양 척식 주식회사의 소유 재산과 일본법인의 재산을 관리하면서 소극적인 농지 개혁을 실시하였다.
㉡ 북한의 토지 개혁 : 소극적인 개혁으로 농민들의 농지 개혁 요구가 확산되었고, 1946년 3월 북한에서 5정보를 상한으로 하는 상한선 규정을 두어 누구나 5정보까지는 토지를 보유할 수 있는 무상 몰수·무상 분배의 토지 개혁이 단행되었다.
㉢ 이승만 정부의 농지 개혁 시행 : 이승만 정부는 1949년 6월 농지 개혁법을 제정한 뒤 이후 1950년 3월 일부 개정 후 시행하였다.
② **유상 매입·유상 분배** : 3정보를 상한으로 그 이상 지주가 소유한 농지는 국가가 유상 매입하고 이를 소작농에게 유상 분배로 경자유전의 원칙에 따라 많은 소작농들이 자기 농토를 소유할 수 있도록 하여 농민은 수확량의 30%씩 5년간 상환하는 규정을 두었다.
③ **농지 개혁의 문제점**
㉠ 전답만이 대상 : 삼림이나 임야, 과수원 등 비경지가 제외되고 농지만을 대상으로 한 농지 개혁에 그쳤다.
㉡ 지주층 중심의 개혁 : 개혁 자체가 농민이 배제된 가운데 지주층 중심으로 이루어졌다.
㉢ 중소지주의 몰락 : 지가 보상의 부실과 인플레이션 등으로 인해 종래의 소작인은 자작농이 되자마자 농지를 다시 팔고 소작농이 되거나 이농하는 문제가 발생하는 등 많은 중소지주가 몰락하게 되었다.

▼ 정보
토지 면적 단위로 1정보는 약 3,000평에 해당한다.

ㄹ 지주층의 저항 : 지주들은 편법으로 토지를 매각하여 개혁 대상 토지가 감소
하는 등 지주층의 저항으로 개혁이 지연되는 문제 등이 있었다.

3. 6·25 전쟁

(1) 건국 초기의 국내 정세

① 배경

ㄱ 좌·우익의 대립 : 건국 초기에는 국내 질서 확립과 일제 잔재 청산이 시급한
과제였다. 정부 수립 전후시기에 좌·우익 대립이 격화되어 제주도 4·3 사
건, 여수·순천 10·19 사건 등이 일어났다(1948).

ㄴ 반공 정책 강화 : 이승만 정부는 좌우 갈등을 극복하고 사회 질서를 확립한다
는 명분으로 반공 정책을 강화하였다.

② 제주도 4·3 사건(1948.4)

ㄱ 경위 : 남한의 5·10 단독 총선거 반대, 미군 철수 등을 주장하며 시위하던 제
주도민들에 대해 미 군정과 토벌대가 가혹하게 대처하면서 확대된 사건이다.

ㄴ 결과 : 1949년 6월까지 계속된 진압 과정에서 약 9만 명의 이재민과 민간 사
상자 약 3만 명의 희생자를 낸 이 사건은 광복 후 분단 민족이 처음 겪은 시
련이었다.

③ 여수·순천 10·19 사건(1948.10)

ㄱ 경위 : 제주도 4·3 사건이 확대·악화되면서
이를 진압하기 위해 여수 군대 14연대를 투입시
키려 하였으나, 출동 군인들도 반란을 일으키고
여수·순천 양민들까지 가세하여 이들은 전남
동부 지역을 장악하게 되었다.

ㄴ 결과 : 이승만 정권은 이 지역에 계엄령을 선포
하고 군대를 파견하여 진압하였다.

여수 사건 1948년 10월 반란
군에 협조했다는 혐의로 붙잡혀
온 여수여고 학생들

(2) 6·25 전쟁과 공산군의 격퇴

① 6·25 전쟁

ㄱ 배경 : 인민군을 창설하며 무력에 의한 남한 적화를 꾀하였던 북한 공산주의
자들은 겉으로는 평화 공세를 펴면서 남침의 기회를 노리고 있었다.

ⓛ 발발 : 북한 공산주의자들은 한반도를 미국의 극동 방위선에서 제외한다는 발표(애치슨 라인 선언)▼ 등의 정세를 이용하여 결국 소련과 중국의 지원을 약속받고 1950년 6월 25일 새벽 일제히 38도선 전역에 걸쳐 남침을 개시함으로써 동족상잔의 비극을 초래하였다.

ⓒ 한국군의 후퇴 : 불의의 기습을 받은 대한민국 국군은 조국 사수의 결의를 다짐하면서 싸웠으나 병력과 장비가 부족하여 남침 개시 3일 만에 서울이 함락되고 7월 말 충청도 · 전라도 일대를 거쳐 낙동강 전선까지 후퇴하였다.

② 공산군의 격퇴

ⓐ 유엔군의 참전 : 북한의 남침에 대하여 유엔은 안전 보장 이사회를 열고, 이는 불법이며 평화를 파괴하는 침략 행위라고 규정하고 한국의 지원을 결의하였다. 이에 따라 미국을 비롯하여 영국, 프랑스 등 우방 16개국 군대가 유엔군으로 참전하여 국군과 함께 반격을 개시하였다.

ⓒ 인천 상륙 작전 및 북진 : 국군과 유엔군은 인천 상륙 작전을 전개(1950.9.15)하여 서울을 탈환하고(1950.9.28), 마침내 10월 1일 38선을 돌파하여 평양을 수복(1950.10.19)하였으며 압록강까지 진격하였다.

③ 중공군의 참전과 서울 수복 : 민족 통일이 성취되려는 시점에서 10월 25일 중공군이 참전함으로써 흥남 철수 작전(1950.12)을 거쳐 국군과 유엔군은 한때 한강 이남까지 후퇴(1951.1.4)하였으나, 다시 반격 작전을 전개하여 서울을 수복(1951.3.14)하고 38도선 부근에서 전쟁은 교착 상태에 빠지게 되었다.

(3) 휴전과 전후 복구

① 휴전의 성립

ⓐ 북한의 휴전 제의 : 일진일퇴가 거듭되는 가운데 공산군 측은 유엔의 소련 대표를 통해 휴전을 제의▼하였다(1951.6). 이 휴전 제의에 대해 우리 정부는 국토 분단이 영구화될 것을 염려하여 휴전 반대 범국민 운동을 전개하였다.

ⓒ 이승만 정부의 휴전 타협 : 이승만 정부는 북진 통일을 주장하며 반공 포로를 석방(1953.6)하였으나 미국으로부터 한 · 미 상호 방위 조약▼ 체결, 경제 원조 등을 약속받고 통일을 바라는 우리의 휴전 반대 열망을 무시한 채 마침내 휴전이 성립되었다(1953.7.27).

② 전후 복구

ⓐ 6 · 25 전쟁 피해 : 전쟁은 3년간 계속되어 전쟁 중 사상자는 약 150만 명에 달하였고, 국토는 초토화되었으며 대부분의 산업 시설이 파괴되어 남북 간 대립은 더욱 날카로워졌다.

▼ 애치슨 선언
1950년 1월 미국 국무 장관 애치슨은 미국의 태평양 지역 방위선에서 타이완과 한국을 제외한다는 이른바 애치슨 라인을 공식 발표함으로서 북한의 남침 야욕을 고무시켰다.

▼ 휴전회담
한국 전쟁의 휴전회담은 유엔 주재 소련 대표 말리크의 제의를 미국이 수용함으로써 개성에서 시작되었다. 휴전회담의 내용은 군사분계선 설정, 감시기관 구성, 포로 교환 문제 등이었다. 중립국 감시 위원단은 스웨덴 · 스위스 · 폴란드 · 체코 4개국으로 구성하는 데 합의하였다. 휴전회담의 최대 난관은 포로의 처리였으며, UN군은 포로 개인의 자유의사를 따르자고 주장하였다. 대한민국 정부는 북진 통일을 주장하며, 일방적으로 반공포로를 석방하였다. 휴전협정은 UN군을 대표하여 미국이, 공산군 측을 대표하여 북한과 중국이 서명하였다. 1953년 7월 27일 휴전협정으로 국토분단이 반영구화 되었다. 이 협정은 항구적 평화를 보장하지 못한 단순한 정전 협정이 되었다.

▼ 한 · 미 상호 방위 조약
6개항으로 구성된 이 조약은 미군의 한국 주둔과 미국이 군사 전략상 필요하다고 판단되는 지역에 군사 기지 설치 등을 내용으로 하고 있다.

ⓛ 전후 복구 사업의 실시 : 휴전과 동시에 복구 사업은 국민 참여와 열의에 의
해 급속도로 진행되었고, 생산 활동도 점차 회복되어 갔으며, 교통·통신 기
관과 기간 산업 시설도 갖추어져 경제 발전의 기틀이 잡혀 갔다.

③ 6·25 전쟁의 영향

㉠ 정치·경제적 영향 : 정치적으로 이승만 정부의 독재화에 이용되기도 하였으
나, 경제적으로는 생존의 조건을 확보하기 위한 경제 발전의 의지를 심어주
었다.

㉡ 사회·문화적 영향 : 사회적으로는 격심한 인구 이동으로 가족 제도와 촌락
공동체 의식이 약화되었으며, 문화적으로는 서구 문화가 무분별하게 침투되
어 우리 전통 문화에 역기능적 영향을 끼치기도 하였다.

④ 한·미 상호 방위 조약 체결(1953) : 한·미 상호 방위 조약을 체결하여
(1953.10), 미군의 한국 주둔, 미국의 군사 기지 설치 등을 규정하며 상호 협조
하고 대항할 수 있는 공동의 준비를 해 나갔다.

민주주의의 시련과 발전

1. 4·19 혁명과 민주주의의 성장

(1) 이승만 정부의 개헌과 장기 집권 도모

① 배경

ㄱ 자유당 창당 : 1950년 5·30 총선거의 실시로 제2대 국회가 구성되었으나, 이승만 지지 세력은 210명의 의석 중 30석을 차지하는 데 그쳤다. 이승만 정권은 국민들의 반공정서를 이용하여 독재 체제를 구축하기 위해 1951년 극우 세력을 토대로 자유당을 창당하였다.

ㄴ 자유당의 정치 파동 : 자유당 정권은 1952년 5월 26일 제2차 대통령 선거를 앞두고 국회에서의 간접 선거로는 이승만의 재선 가능성이 희박해지자, 계엄령을 선포하고 자신의 개헌안에 반대하고 내각제를 찬성하는 야당 의원을 체포·감금한 정치 파동을 일으켰다(부산 정치 파동).

② 발췌 개헌안 통과(1952.7)

ㄱ 내용 : 대통령 직선제를 골자로 하는 정부안과 내각 책임제를 골자로 하는 국회안을 발췌하여, 대통령 직선제 개헌안(일명 발췌 개헌안)을 마련하였다.

ㄴ 통과 : 7월 4일, 군경들이 국회의사당을 포위한 가운데 국회의원들이 기립하는 방식으로 투표하여 출석 의원 166명 중 찬성 163표, 반대 0표, 기권 3표로 발췌 개헌안을 통과시켰다.

③ 이승만의 재선 : 1952년 8월 선거에서 대통령에 이승만, 부통령에 이승만이 지원한 함태영(무소속)이 당선되었다.

④ 사사오입 개헌안 통과(1954.11)

ㄱ 사사오입 개헌안▼ : 재선한 성공한 이승만은 이범석을 자유당에서 제거하고 1953년에 이기붕 체제를 수립하였다. 한국 전쟁이 끝난 1954년 11월 장기 집권을 위해 '초대 대통령에 한하여 중임 제한을 철폐한다.'는 내용의 사사오입 개헌안을 통과시켰다.

▼ 사사오입 개헌
총 203명 중 135명이 찬성하여 2/3선인 135.3(136)명에 이르지 못하여 부결된 것을 자유당에서 사사오입 이론을 주장하여 1954년 11월 28일 개헌안을 통과시켰다.

ⓛ 선거 결과 : 1956년 제3대 정 · 부통령 선거에서 민주당 후보 신익희("못살겠다 갈아보자" 정권 교체 주장)의 돌연한 서거로 이승만이 대통령에 당선되었으나, 부통령 선거에서는 자유당의 이기붕을 압도하여 민주당의 장면이 당선되었다.

ⓒ 조봉암의 부상 : 이 선거에서 평화통일과 혁신 노선을 주장한 진보당의 조봉암 후보는 유효표의 30%를 획득하여 이승만의 최대 정적으로 부상하였다.

1956년 대선 1956년 5 · 15 제3대 대통령 선거를 앞두고 민주당 대통령 후보 신익희, 부통령 후보 장면. 대통령 후보 신익희는 1956년 5월 5일 새벽 호남선 제33열차를 타고 강경을 지날 무렵 심장마비로 급사

⑤ **진보당 사건(1958)**

㉠ 진보당의 창당 : 1956년 조봉암은 혁신 정당을 표방한 진보당을 창당하였고, 1957년에는 평화 통일론을 내세우며 남북 총선거 실시와 유엔군의 단계적 철수를 주장하여 이승만의 북진 통일론에 정면 도전하였다.

㉡ 조봉암의 사형▼ : 1958년에 진보당의 강령 · 정책이 북한의 주의 · 주장과 같고 조봉암 등 진보당 간부들을 간첩 혐의가 있다는 이유(국가보안법 위반)로 기소하였다. 결국 진보당의 평화 통일론은 무죄 판결이 났으나 당은 불법화되었고 조봉암은 간첩죄로 사형 당하였다(1959.7).

▼ 조봉암의 무죄 판결
지난 2007년 9월 진실 · 화해를 위한 과거사정리위원회는 조봉암에 대한 사과와 피해구제, 명예회복을 위한 적절한 조처를 국가에 권고하였고 이듬해 조봉암의 유족들은 재심을 청구하였다. 2011년 1월 20일 대법원은 진보당의 당수로 북한과 내통해 평화통일을 주장했다는 혐의로 처형된 죽산 조봉암의 재심 사건 선고 공판에서 대법관 13명 전원 일치 의견으로 무죄를 선고하였다.

(2) 3 · 15 부정 선거와 4 · 19 혁명

① **자유당 정권의 부정 선거** : 1960년 3월 제4대 정 · 부통령 선거에서 대통령은 조병옥 후보의 갑작스런 서거로 단독 후보가 된 이승만이 당선되었으나, 부통령에 이기붕을 당선시키기 위해 3 · 15 부정 선거가 자행되었다.

② **부정부패의 만연** : 자유당 정권은 국민 전체 이익보다는 일당의 정권 욕망을 위해 민주주의 기본 원칙마저 어기면서 독재와 부정부패, 부정 선거를 자행하였다.

③ **4 · 19 혁명**

㉠ 배경 : 1960년 3월 15일 정 · 부통령 선거가 자유당의 치밀한 사전 계획 아래 부정 선거로 치러지자, 격분한 학생 · 시민들이 독재 정권 타도와 부정 선거를 규탄하는 4 · 19 혁명을 일으켰다.

김주열 3 · 15 부정 선거에 대한 마산 시민들의 항의 시위 당시 경찰의 진압 과정에서 사망한 김주열군의 시체가 마산 중앙부두 앞바다에 떠올랐다.

ⓛ 과정

- 3 · 15 부정 선거 : 3 · 15 부정 선거에 항의하는 시위가 1960년 2월 28일 대구에서 처음으로 시작된 후, 3 · 15 투표 당일에는 마산에서도 부정 선거 규탄 시위가 일어났다. 이때 경찰의 무분별한 진압 과정에서 김주열 학생 등 많은 희생자가 발생하였다.
- 시민의 합세 : 4월 18일 고려 대학생 시위 피습 사건이 보도되고 4월 19일 각지 학생들이 "3 · 15 부정 선거 다시 하자.", "이승만 정권 물러가라."를 외치며 대규모 시위를 일으켰으며, 이어서 시민들도 합세함으로써 의거는 본격화되었다.

ⓒ 결과 : 자유당 정권은 계엄령을 선포하여 정권을 계속 유지하려 하였으나 4월 25일 대학 교수들의 시국 선언문이 발표되고 학생, 시민들의 반대 시위가 계속되자 마침내 이승만은 대통령직을 사임하였고 자유당 정권은 붕괴되었다.

ⓔ 영향 : 4 · 19 혁명은 학생과 시민이 중심이 되어 독재 정권을 무너뜨린 민주 혁명으로 우리 민족의 민주 역량을 널리 알리고 민주주의가 발전하는 계기가 되었다.

(3) 장면 내각의 수립

① 제2공화국의 수립

ⓐ 허정의 과도 정부 : 4 · 19 혁명 후 사태 수습을 위해 허정을 내각 수반으로 하는 과도 정부가 구성되었으며, 과도 정부는 내각 책임제와 양원제를 골자로 헌법을 개정하였다(3차 개헌)▼.

ⓑ 제2공화국의 수립 : 1960년 7월 29일 새 헌법에 의해 총선거를 실시하였고, 민주당의 압승으로 새로운 정부를 조직함으로써 윤보선을 대통령으로 하는 장면 내각의 제2공화국이 수립되었다.

② 민주당 정권의 출범과 정치적 갈등

ⓐ 출범 배경 : 장면 내각은 민주주의 발전과 언론 활성화, 4 · 19 혁명 전후의 정치적 · 사회적 무질서를 안정시켜 국가 보안 체제를 확립하고, 동시에 평화 통일을 위해 국력을 신장시켜야 하는 과제를 안고 출범하였다.

ⓑ 장면 내각의 어려움 : 장면과 국무 총리직을 놓고 치열한 경합을 벌인 김도연 등이 민주당을 탈당하는 등 당 내의 심한 정치적 갈등은 과단성 있는 정치를 불가능하게 하였으며, 사회 질서를 유지할 정치력을 제대로 발휘하지 못하면서 장면 민주당 내각은 국민의 성원과 기대에 부응하지 못하였다.

▼ 3차 개헌의 헌정사적 가치
국회가 결의한 시국수습방안에 따라 국회는 헌법개정기초위원회를 구성하였고, 6월 초 의원내각제를 골격으로 하는 헌법개정안을 마련하여 국회에 제출하였다. 이후 6월 15일 국회 본회의에서 이 헌법개정안은 압도적인 찬성을 얻어 통과되고 같은 날 공포되었는데 최초로 여야합의에 의한 개헌이 이루어졌다는 역사적 의미도 갖고 있다.

▼ 제2공화국 때의 다양한 통일론
이 시기에 통일 문제에 있어서 중립화 통일론, 남북 협상론 등 다양한 통일론이 대두되었고 혁신계 인사들과 학생들의 연대 움직임도 보였다.

2. 5·16 군사 정변과 유신 체제

(1) 5·16 군사 정변

① 군사 정변의 발발

    ㉠ 군사 정권의 탄생 : 1961년 5월 15일 박정희를 중심으로 한 일부 군부 세력이 사회적 무질서와 혼란을 구실로 군사 정변을 일으켜 정권을 잡게 되었다.

5·16 군사쿠테타 주역들 박정희, 차지철 등

    ㉡ 장면 내각의 몰락 : 4·19 혁명 이후 출범한 장면 내각은 자유 민주주의 실현을 위해 노력했으나 9개월의 단명으로 끝나게 되었다.

② 군사 정부의 활동

    ㉠ 군정 실시 : 군부는 즉각 헌정을 중단시키고 군부 세력이 중심이 되어 국가 재건 최고 회의▼를 구성하여 군정을 실시하였으며, 직속 기관으로 핵심 권력 기관인 중앙정보부를 두었다.

    ㉡ 반공과 경제 개발 5개년 계획 추진 : 군사 정부는 혁명 공약에서 반공을 국시로 천명하고 경제 재건과 사회 안정을 내세워, 정치 활동 정화법을 제정하고 구정치인들의 정치 활동을 전면적으로 금지시켰다. 또한 경제 개발 5개년 계획 등을 추진하였다.

(2) 박정희 정부의 수립

① 제3공화국의 수립

    ㉠ 민주 공화당 창당 : 군사 정부는 중앙정보부를 중심으로 비밀리에 민주 공화당을 창당하여 새로운 정치 세력을 결집시키면서, 민정 이양 후 제3공화국의 정치 기반이 될 각종 법령을 개정·정비하였다.

    ㉡ 박정희의 선거 승리 : 군사 정부는 1962년 12월 대통령 중심제와 단원제를 골자로 새 헌법을 제정하였다(5차 개헌). 이후 1963년 10월 15일 대통령 선거에서 민주 공화당 후보인 박정희가 민정당 후보 윤보선을 근소한 차이로 앞질러 당선됨으로써 제3공화국이 수립되었다.

② 제3공화국의 노선

    ㉠ 대통령 중심제와 단원제 : 제3공화국 때 정치 체제는 강력한 대통령 중심제와 단원제의 권력 구조를 바탕으로 하였다.

    ㉡ 공업 중심의 개발 정책 : 제3공화국은 군사 정부의 기본 정책을 계승하여 조국 근대화 실현을 국정의 주요 목표로 삼고 성장 위주 경제 정책을 채택하고, 공업 중심의 개발 정책을 우선 실천 과제로 삼았다.

▼ 국가 재건 최고 회의

5·16 군사 정변 직후 혁명 주체 세력이 혁명 과업의 완수를 위하여 비상조치로 설치한 국가 최고 통치 기관이다. 처음에는 군사 혁명 위원회로 발족 되었으나 1961년 5월 18일 국가 재건 최고 회의로 개칭되었다.

③ 박정희 정권의 추진 정책

  ㉠ 한 · 일 국교 정상화와 6 · 3 항쟁 : 야당과는 한 · 일 국교 문제 등 현실 인식과 시국관에서 차이를 나타내고 있었기 때문에 갈등과 대립이 심화되었다. 시민과 대학생들은 대일 굴욕 외교에 반대하는 6 · 3 시위를 일으켰으나 (1964) 계엄령을 선포하여 야당과 학생들의 결사적 반대를 봉쇄하고 1965년 6월에 한 · 일 협정▼을 조인하였다.

  ㉡ 베트남 파병 : 미국의 월남 파병에 대한 요청의 대가로 한국군의 전력 증강과 경제 개발을 위한 차관 제공을 약속받고, 1964년 1차 파병을 시작으로 베트남 전쟁에 군대를 파견하였다. 베트남 파병으로 베트남 특수를 통해 1960년대 중반 이후 경제 발전에 기여하였으나 수많은 젊은이들이 전쟁터에서 희생당했다.

④ 3선 개헌 : 1969년 장기집권을 위해 변칙적으로 3선 개헌을 추진하였으나 야당과 재야, 대학생이 모두 3선 개헌 반대 투쟁을 전개하자, 1969년 9월 야당 의원들을 제외하고 공화당 의원 중심으로 3선 개헌안을 변칙적으로 통과시키고 국민 투표에 의해 확정하였다(6차 개헌).

(3) 유신 체제

① 유신 체제의 성립과 제4공화국의 수립

  ㉠ 국제 정세 : 1970년대에 국제 정세는 급변하기 시작하였다. 미국은 이른바 닉슨 독트린을 선언하고 베트남으로부터 미군을 철수시켰다. 그 뒤 베트남은 공산화되고 말았다. 미국은 주한 미군 병력의 감축을 결정하였고, 미국 대통령의 중국 방문, 석유 파동▼ 등 국제 상황은 급변하고 있었다.

  ㉡ 장기 집권 추진 : 이러한 시대적 상황에서 박정희는 주한 미군 철수에 따른 국가 안보상 위기를 구실로 장기 집권을 보다 확실히 하기 위하여 1971년 12월에는 국가 비상사태를 선언하였다.

  ㉢ 10월 유신과 독재 체제 구축

    • 유신헌법(7차 개헌)의 성립과 비상계엄령 선포 : 남북 간 비밀 접촉으로 1972년 7 · 4 남북 공동 성명이 발표되면서, 박정희 정부는 남북 대화와 평화 통일을 명분으로 1972년 10월 비상계엄을 선포하고 국회를 해산하였으며 정치 활동을 금지하였다.

    • 통일 주체 국민회의의 구성 : 국민 투표로 통일 주체 국민회의가 구성되었고, 이어 통일 주체 국민회의에서 대통령을 간접 선출하도록 하는 10월 유신을 제정 · 공포하였다.

▼ 한 · 일 협정

1965년 6월 22일 한 · 일 간에 조인된 '대한민국과 일본국 간의 기본 관계에 관한 조약'과 이에 부속된 4개의 협정, 25개 문서의 총칭으로 한국 측의 지나친 양보가 크게 논란이 되었다.

▼ 석유 파동

1974년, 1978년 두 차례 석유 수출국 기구(OPEC)의 석유 감산과 석유 무기화 정책이 원인으로 작용하였다.

▼ 유신체제의 강력한 통치권
대통령에게 긴급조치권, 법관 인사권, 국회 해산권, 국회의원 1/3 임명 권한을 부여하였다.

② 유신 체제의 성격

　㉠ 독재 체제 : 유신 체제는 의회주의와 삼권 분립의 헌정 체제와는 달리 **강력한 통치권을 대통령에게 부여**▼하는 권위주의적 통치 체제로서 국가 행정의 능률을 극대화하고 국력을 집약해서 사회를 조직화한다는 명분으로 개인의 자유와 민주주의 정치 활동을 제약한 독재 체제였다.

　㉡ 간접 선거에 따른 종신 집권(간선제) : 대통령의 개인적 의지에 따라 통제할 수 있는 통일 주체 국민회의를 설치하고, 여기에서 대통령을 선출하게 함으로써 대통령의 종신 집권을 가능하게 하였다. 이로써 국민의 지지율이 90% 이상이 되는 상황이 연출되었다.

더 알아보기 ➕

유신 헌법(발췌)

제39조　대통령은 통일 주체 국민회의에서 토론 없이 무기명 투표로 선거한다.

제40조　통일 주체 국민회의는 국회의원 재적수의 3분의 1에 해당하는 국회의원을 선거한다.

제53조　대통령은 천재지변 또는 중대한 재정·경제상의 위기에 처하거나, 국가의 안전 보장 또는 공공의 안녕 질서가 중대한 위협을 받거나 받을 우려가 있어, 신속한 조치를 할 필요가 있다고 판단할 때에는 내정·외교·국방·경제·재정·사법 등 국정 전반에 걸쳐 긴급 조치를 할 수 있다.

제54조　대통령은 전시·사변 또는 이에 준하는 국가 비상사태에 있어서 병력으로써 군사상의 필요 또는 공공의 안녕 질서를 유지할 필요가 있을 때에는 법률이 정하는 바에 의하여 계엄을 선포할 수 있다.

제59조　대통령은 국회를 해산할 수 있다.

③ 유신 체제의 붕괴와 제4공화국의 종말

　㉠ 긴급조치 선포 : 정부는 대통령 **긴급조치**▼를 선포하여 반체제 운동에 강경하게 대처하였으나 정치적 긴장은 풀리지 않았다.

　㉡ 유신 체제의 종결 : 이 시기에 **민청학련 사건(1974.4)**▼, 민주 회복 국민 회의·양심범 가족 협의회 등 결성, 3·1 민주 구국 선언 발표(1976), YH 무역 시위(1979.8), **부마 항쟁**▼ 등 민주화 운동과 정부 탄압이 계속되는 가운데 10·26 사태로 유신 체제는 종결되었다.

▼ 긴급조치
유신 헌법에 규정된 헌법적 효력을 가진 특별 조치로 초헌법적 권한을 가졌다.

▼ 민청학련 사건
1974년 4월 긴급조치 제4호가 발동되어 비상군법회의 검찰부, 정부 전복 및 4단계 혁명을 통한 공산정권 수립 기도 혐의로 전국민주청년학생총연맹(민청학련) 관련자를 포함하여 180명이 구속·기소된 사건이다.

▼ 부마 항쟁
1979년 10월 부산 및 마산 지역을 중심으로 박정희의 유신 독재에 반대하여 일어난 민주화 운동이다.

3. 민주화 운동과 민주주의의 발전

(1) 신군부 세력의 등장과 5 · 18 민주화 운동

① 신군부 세력의 대두
- ㉠ 계엄령 선포 : 10 · 26 사태로 박정희 대통령이 서거하며 정치 · 사회가 심한 혼란 상태에 빠지게 되자 계엄령이 선포되었고, 1979년 통일 주체 국민회의에서는 최규하를 대통령으로 선출하였다.
- ㉡ 12 · 12 사건 : 1979년 12월 12일 신군부 세력이 지휘 계통을 무시하고 일부 병력을 동원하여 군권을 장악하고 결국 정치적 실권도 장악하였다.
- ㉢ 전두환의 등장 : 신군부 세력은 비상계엄령을 유지하면서 집권 준비를 하였고, 합동 수사 본부장인 전두환은 중앙 정보부장까지 겸하며 실질적 권력을 장악하였다.

12 · 12 군사반란 주동자

② 5 · 18 민주화 운동
- ㉠ 학생 시위의 확산 : 이를 전후하여 민주화를 요구하는 학생들의 시위가 계속되었고 5월 15일에는 10만 명이 시위에 참가('서울의 봄')하였으며, 신군부 세력은 5월 17일 계엄령을 확대 실시하며 정치적 통제로 억압하였다.
- ㉡ 신군부의 광주 시위 진압 : 1980년 5월 18일 신군부의 집권 의도를 반대하고 군사 독재에 항거하며 민주화를 요

5 · 18 광주 민주화 운동

구하는 대규모 시위가 광주에서 일어났다. 이때 계엄군의 과잉 진압으로 광주에서는 많은 사상자가 발생하였고, 격분한 시민과 학생들이 자발적으로 시민군을 결성하여 계엄군과 대치하는 과정에서 수많은 시민과 학생들이 희생되었다.

(2) 전두환 정부의 수립과 6월 민주 항쟁

① 전두환 정부의 수립
- ㉠ 전두환의 대통령 당선 : 정부는 광주 시위를 진압하고 1980년 6월 국가 보위 비상 대책 위원회▼를 설치하여, 신군부가 전권을 장악하면서 정치인의 활동을 규제하고 삼청 교육대를 운영하였으며 언론을 통폐합하였다.

▼ 국가 보위 비상 대책 위원회
신군부가 통치권을 확립하기 위하여 설치한 기관으로, 광주 민주화 운동을 무력으로 진압하고 정치권력의 집중을 통해 새로운 국가지배 체제를 확립하기 위해 임시로 설치한 대통령의 자문 · 보좌기관이다.

ⓛ 제5공화국 출범 : 1980년 10월에는 개헌 작업이 추진되어 대통령 임기 7년 단임제와 대통령 간접 선거를 골자로 하는 헌법이 공포되었다(제8차 개헌). 이로써 민주 정의당의 전두환을 제12대 대통령으로 하는 제5공화국이 성립되었다(1981).

ⓒ 민주화 운동 탄압 : 제5공화국은 권위주의적 강권 통치를 하면서 동시에 유화 정책을 병용하였으며 복지 사회 건설, 정의 사회 구현 등을 통치 이념으로 내세우고 경제 안정과 수출 증대에 노력하였으나 민주화 운동 탄압과 부정사건 및 비리로 국민의 비난을 면치 못하였다.

ⓔ 6월 항쟁 발발 : 전두환 정부의 권위주의적 통치와 강압적 통제에 반대하는 국민의 저항이 전국적으로 일어나 1987년 6월 민주 항쟁으로 이어지게 되었다.

② 6월 민주 항쟁

ⓛ 호헌 철폐와 독재 타도 : 1986년부터 개헌 운동이 확산되었고, 1987년 초 박종철 고문 사망 사건이 민주 항쟁을 더욱 자극하였는데 정부가 4 · 13 호헌 조치▼를 발표하자, 학생과 시민들은 '호헌 철폐', '독재 타도'를 주장하며 시위를 전개하였고, 이 과정에서 이한열 사망 사건이 발생하여 시위는 더욱 격렬하게 확산되었다.

ⓒ 6 · 29 선언▼ : 당시 민주 정의당 대표였던 노태우의 6 · 29 민주화 선언으로 민주화 요구는 수용되었다. 이를 계기로 1987년 10월 5년 단임의 대통령 직선제 헌법이 의결되었다.

▼ 4 · 13 호헌 조치
일체의 개헌 논의를 중단시키고 1988년 2월 정부를 이양한다는 내용

▼ 6 · 29 선언의 주요 내용
• 1988년 2월, 대통령 직선제 개헌을 통한 평화적 정부 이양 보장
• 대통령 선거법 개정을 통한 공정한 경쟁 보장
• 김대중 사면 복권과 시국 관련 사범 석방
• 지방 자치 및 교육 자치 실시
• 정당의 건전한 활동 보장

6월 항쟁

호헌 조치 발표

(3) 민주주의의 진전과 확산

① 노태우 정부

　㉠ 제6공화국 출범 : 6 · 29 선언이 계기가 되어 국회에서
　　는 5년 단임의 대통령 직선제 등을 골자로 하는 헌법을
　　마련하였다(제9차 개헌). 이 헌법에 따라 대통령 선거가
　　실시된 결과 노태우 정부의 제6공화국이 성립되었다
　　(1988).

　　　　　　노태우 前 대통령

　㉡ 지방 자치제의 부분적 부활 : 제6공화국은 국정 지표로
　　민족 자존, 민주 화합, 균형 발전, 통일 번영을 내세우
　　면서 5 · 16 군사 정변으로 중단되었던 지방 자치제의
　　부분적 실시 등 정치 발전의 기틀을 마련하였고, 어느 정도 민주화 조치가 이
　　루어지면서도 학생 시위는 강경 진압하였다.

　㉢ 올림픽 개최 : 제24회 서울 올림픽을 개최하여 국위를 선양하였고, 동구권
　　국가 및 구 소련, 중국과 수교하는 등 북방 외교 정책을 추진▼하였으며, 유엔
　　에도 남북한이 함께 가입하는 등 적극 외교를 펼쳤으나 부정과 비리로 국민
　　적 지지를 확보하지는 못하였다.

② 김영삼 정부

　㉠ 문민정부 출범 : 민주화 요구를 제도적으로 정착시키기
　　위한 노력이 필요하게 되었고, 국민의 삶의 질을 높이려
　　는 기대도 커지게 되었으며 통일에 대한 관심도 증대되
　　었다.

　　　　　　김영삼 前 대통령

　㉡ 실명제와 지방 자치제 실시▼ : 김영삼 정부는 깨끗한 정
　　부, 튼튼한 경제, 건강한 사회, 통일된 조국 건설을 국
　　정 지표로 설정하여 고위공직자의 재산 등록, 금융 · 부
　　동산 실명제 등을 법제화하고 지방 자치제를 전면적으
　　로 실시하였다.

　㉢ OECD 가입 : 1996년에는 경제 개발 협력 기구(OECD)에 가입하고 시장 개
　　방 정책을 추진하다가 국제 경제 여건의 악화와 외환 부족으로 경제 위기를
　　겪게 되었다.

③ 김대중 정부

　㉠ 여 · 야 정권 교체 : 외환위기 속에서 제15대 대통령 선
　　거 실시 결과 야당 후보의 승리로 김대중 정부가 성립되
　　어 헌정 사상 최초로 여 · 야 정권 교체가 이루어졌다
　　(1998).

　　　　　　김대중 前 대통령

▼ 공산권 국가와의 수교
- 헝가리(최초) · 폴란드와 수교
  (1989)
- 유고 · 구 소련과 수교(1990)
- 남북한 유엔 동시 가입(1991)
- 중국과 수교(1992)

▼ 지방 자치제 실시
지방 의회 선거는 노태우 정부 때
실시되었고, 지방 자치 단체장 선
거는 김영삼 정부 때 시행되었다.

     ⓛ 외환위기 극복 : 국민의 정부는 외환위기 극복과, 민주주의와 시장 경제의 병행 발전을 천명하였으며, 국정 전반의 개혁, 경제 난국의 극복, 국민 화합의 실현, 법과 질서의 수호 등 국가적 과제를 제시하고 21세기를 향한 국가 발전을 위해 노력하였다.

     ⓒ 남북 정상 회담과 이산가족 상봉 : 특히, 남북 간의 평화 정착을 위한 적극적 대북 정책을 추진하였다. 그리하여 2000년 6월 15일 남북 정상 회담을 실현하고 남북 경제 협력의 활성화와 이산가족의 상봉을 실현하는 등 평화 통일의 발판을 마련하는 데 노력하였다.

④ **노무현 정부**

     ㉠ 참여 정부 표방 : 2003년에 성립된 노무현 정부는 참여 정부를 표방하였다.

     ㉡ 국정 목표 : 노무현 정부는 국정 목표로 국민과 함께하는 민주주의, 더불어 사는 균형 발전 사회, 평화와 번영의 동북아 시대 등을 제시하였다.

     ㉢ 10 · 4 남북 공동 선언의 발표 : 남한 정상으로는 역사상 두 번째로 북한에 방문하여 남북 관계 발전과 평화 번영을 위한 선언인 10 · 4 남북 공동 선언을 발표하였다(2007).

노무현 前 대통령

⑤ **이명박 정부** : 제17대 대통령 선거에서 이명박, 정동영의 경합 끝에 이명박이 대통령으로 당선되면서 다시 여야 정권 교체가 이루어졌다. 747성장, 자원 · 에너지 외교 강화, 4대강 사업 등을 추진하였고, 재협상을 통해 한 · 미 FTA를 성사시켰다.

⑥ **박근혜 정부** : 제18대 대통령 선거에서 박근혜, 문재인의 경합 끝에 박근혜가 대통령으로 당선되었고, 2016년 10월 비선실세에 의한 국정농단으로 인하여 탄핵되어 대통령직에서 파면되었다(2017.3.10).

⑦ **문재인 정부** : 제19대 대통령 선거에서 문재인, 홍준표, 안철수의 경합 끝에 문재인이 대통령으로 당선되었다.

통일 정책과 평화 통일 과제

1. 통일 정책과 남북 대화

(1) 1970년대 이전 통일 정책

① **남북한의 대치** : 분단이 고착화되면서 남한은 반공 정책과 북진 멸공 통일을, 북한은 무력 적화 통일을 고수하였다.

② **통일 논의 활성화** : 4 · 19 혁명 후 장면 내각은 유엔 감시하 남북 자유선거에 의한 통일을 천명하였고, 학생 · 혁신 정당 중심으로 중립화 통일론, 남북 협상론 등이 제기되었다.

(2) 1970년대 통일 정책

① **배경** : 1969년 닉슨 독트린 선언에 의해 주한 미군이 감축되자, 정부는 자주국방 정책을 펴는 한편, 한반도에서의 평화 정착을 위한 대북 교섭을 추진하기 시작하였다. 1970년대 남북한 관계는 냉전 체제 완화, 민주화 요구 등 내외 여건의 변화 추세에 따라 화해와 대화 시대로 접어들기 시작하였다.

② **7 · 4 남북 공동 성명(1972)** : 적십자 회담으로 인도적 면에서 협상의 길을 연 남북한 당국은 분단 이후 처음으로 1972년에 7 · 4 남북 공동 성명을 서울과 평양에서 동시에 발표하여 자주 통일, 평화 통일, 민족적 대단결의 통일을 위한 3대 원칙(통일 논의의 기본 원칙)과 통일 문제를 협의하기 위한 '남북 조절 위원회'의 설치에 합의하였다.

▼ **남북 조절 위원회**
7 · 4 남북 공동 성명의 합의 사항을 추진하고 남북 관계를 개선 · 발전시키며 통일 문제를 해결할 목적으로 설치된 남북한 당국 간 공식 협의 기구이다.

> **더 알아보기 ➕**
>
> **7 · 4 남북 공동 성명의 통일 3원칙**
> • 통일은 외세에 의존하거나 외세의 간섭을 받음이 없이 자주적으로 해결하여야 한다.
> • 통일은 서로 상대방을 반대하는 무력행사에 의거하지 않고 평화적 방법으로 실현하여야 한다.
> • 사상과 이념, 제도의 차이를 초월하여 우선 하나의 민족으로서 민족적 대단결을 도모하여야 한다.

(3) 1980년대 통일 정책과 남북 교류

① **남북한 이산가족 방문** : 정부는 1984년 남북한 교역 · 경제 협력을 제의하고 물자 · 기술 무상 제공 용의를 표명하였는데, 이에 따라 9월 수해 때 북한의 구호품 전달 제의를 수락하였으며, 남북 적십자 회담 외에도 남북 총리 회담, 남북한 당국 최고 책임자 회담, 남북 국회 회담, 남북 체육 회담, 남북 경제 회담 등을 제기하였다(1985). 이때 남북한 이산가족이 각각 서울과 평양을 방문하였는데, 이 이산가족 상봉은 부분적이기는 하지만 분단 후 처음 있는 역사적 사건이었다.

② **7 · 7 선언(민족자존과 통일번영을 위한 특별 선언, 1988)** : 남북한 관계를 동반 관계, 민족 공동체 관계로 규정하였다.

③ **한민족 공동체 통일 방안 제시(1989.9.11)**
  ㉠ 통일 정책의 전진적 자세 : 제6공화국은 서울 올림픽의 성공적 개최와 북방 정책의 활발한 추진으로 대북 자신감이 제고되어 통일 정책에도 전진적 자세를 취하게 되었다.
  ㉡ 한민족 공동체 통일 방안의 제기 : 1989년에는 '자주 · 평화 · 민주의 원칙' 아래 과도적 통일 체제로 '남북연합'을 구성하여 '남북 평의회를 통해 헌법을 제정'하고, '총선거를 실시'하여 '통일 민주 공화국'을 구성하자는 한민족 공동체 통일 방안을 제기하였다.

(4) 1990년대 이후 통일 정책

① **남북 고위급 회담(1990)** : 남북한 간 긴장 완화와 관계 개선을 위해 총리급이 정치 · 군사 문제를 협의한 회담으로 이후 문화 · 체육의 교류가 이루어졌다.

② **남북 기본 합의서(1991.12)** : 서울에서 열린 5차 남북 고위급 회담에서 남북 사이의 화해와 불가침 및 교류 · 협력에 관한 합의서(남북 기본 합의서)가 채택되었다.

더 알아보기➕

남북 기본 합의서(1991)

• 제1장 남북 화해
  제1조   남과 북은 서로 상대방의 체제를 인정하고 존중한다.
  제2조   남과 북은 상대방의 내부문제에 간섭하지 아니한다.
  제3조   남과 북은 상대방에 대한 비방 · 중상을 하지 아니한다.
  제7조   남과 북은 서로의 긴밀한 연락과 협의를 위하여 이 합의서 발효 후 3개월 안에 판문
          점에 남북연락사무소를 설치 · 운영한다.

• 제2장 남북 불가침
  제9조   남과 북은 상대방에 대하여 무력을 사용하지 않으며 상대방을 무력으로 침략하지 아
          니한다.
  제10조   남과 북은 의견 대립과 분쟁 문제들을 대화와 협상을 통하여 평화적으로 해결한다.

• 제3장 남북 교류 협력
  제15조   남과 북은 민족경제의 통일적이며 균형적인 발전과 민족전체의 복리향상을 도모하기
          위하여 자원의 공동개발, 민족 내부 교류로서의 물자교류, 합작투자 등 경제교류와 협
          력을 실시한다.
  제16조   남과 북은 과학 · 기술, 교육, 문화, 예술, 보건, 체육, 환경과 신문, 라디오, 텔레비전
          및 출판물을 비롯한 출판 · 보도 등 여러 분야에서 교류와 협력을 실시한다.
  제17조   남과 북은 민족구성원들의 자유로운 왕래와 접촉을 실현한다.

③ **한반도 비핵화 공동 선언(1991.12)** : 한반도를 비핵화함으로써 핵전쟁 위험을 제
  거하여 한반도 평화를 정착하고, 평화 통일에 유리한 조건 · 환경을 조성하기 위
  해 남북한이 함께 한반도의 비핵화를 약속하였다.

④ **북한의 핵확산 금지 조약 탈퇴** : 1993년 3월 북한이 핵확산 금지 조약(NPT)을
  탈퇴하면서 남북 교류가 중단되었다가 이후 북한의 경제 지원 요청으로 점진적
  으로 재개되었다.

⑤ **대북 화해 협력 정책(햇볕 정책)** : 1998년에 김대중 정부가 들어선 이후 남북관
  계는 급진전되었다. 정부는 이른바 평화와 화해 · 협력을 통한 남북 관계 개선
  정책을 추진하여 민간 차원의 교류를 크게 확대하였다.

⑥ **금강산 관광 사업 시행(1998.11)** : 1998년부터 시작된 금강산 관광 사업의 확대
  로 남북 교류는 더욱 진전되었다.

⑦ **6 · 15 남북 공동 선언(2000.6)** : 김대중 대통령은 평양에서 남북 공동 선언을 발
  표한 이후 8월 15일에 서울과 평양에서 동시에 남북 이산가족의 역사적 상봉이
  이루어졌다. 이후 계속해서 남북에서 이산가족 재상봉이 이루어지고, 최초로 이
  산가족 서신 교환도 가능해지는 등 남북 간 긴장 완화와 화해 협력이 진전되었다.

⑧ 10 · 4 남북 공동 선언(2007.10) : 10 · 4 남북 정상 회담은 2007년 10월 2일부터 4일까지 평양에서 노무현 전 대통령과 김정일 국방위원장 간에 진행된 정상 회담으로, 2000년 남북 정상 회담에 이어 두 번째로 성립된 남북 정상 회담이다. 이 회담의 결과로 남북은 10 · 4 남북 공동 선언을 통해 '남북 관계 발전과 평화 번영을 위한 선언'을 발표했다. 2000년 6 · 15 남북 공동 선언이 분단 이후 단절된 남북 간의 대화를 재개한 선언적 의미를 갖는 한편, 평화 정착과 공동번영, 그리고 화해와 통일을 중심으로 8개 조항으로 이루어진 10 · 4 남북 공동 선언은 더 구체적이고 다양한 의제를 제시했다는 데 의의가 있다.

더 알아보기 ⊕

2000년 6월 15일 남북 공동 선언과 통일 논의

- 남북 공동 선언
  - 남과 북은 나라의 통일 문제를 그 주인인 우리 민족끼리 서로 힘을 합쳐 자주적으로 해결해 나가기로 하였다.
  - 남과 북은 나라의 통일을 위한 남측의 연합제 안과 북측의 낮은 단계의 연방제 안이 서로 공통성이 있다고 인정하고 앞으로 이 방향에서 통일을 지향시켜 나가기로 하였다.
  - 남과 북은 올해 8 · 15에 즈음하여 흩어진 가족, 친척 방문단을 교환하며 비전향 장기수 문제를 해결하는 등 인도적 문제를 조속히 풀어 나가기로 하였다.
  - 남과 북은 경제 협력을 통하여 민족 경제를 균형적으로 발전시키고 사회 · 문화 · 체육 · 보건 · 환경 등 제반 분야의 협력과 교류를 활성화하여 서로의 신뢰를 다져 나가기로 하였다.
  - 남과 북은 이상과 같은 합의사항을 조속히 실천에 옮기기 위하여 빠른 시일 안에 당국 사이의 대화를 개최하기로 하였다.
- 남북한 통일 논의
  - '6 · 15 남북 공동 선언'에 포함된 통일 관련 합의는 두 가지다. 하나는 통일 문제를 "서로 힘을 합쳐 자주적으로 해결하자"는 것이고, 다른 하나는 남측의 '연합제 안'과 북측의 '낮은 단계의 연방제 안'의 공통점을 지향한다는 내용이다.
  - 남측의 연합제 안 : 김대중 대통령의 3단계 통일 방안(남북 연합 ― 연방 ― 통일) 중 1단계인 남북 연합(Confederation)을 말한다. 그 내용은 유엔 회원국인 남북이 현재처럼 외교 · 국방권을 갖는 독립 국가(1민족 2국가 2체제 2정부)를 유지한 채 정상 회의 등 상설 기구를 통해 협력하자는 것이다.
  - 북측의 낮은 단계의 연방제 안 : 먼저 연방(Federation)안은 1980년 고려 민주 연방 창립 방안(1민족 1국가 2체제 2정부)을 뜻한다. 남북의 두 자치 정부가 내치의 자율권을 갖되 외교 · 국방권은 연방 정부가 행사하는 미국식 연방 모델이다. 하지만 '낮은 단계'라는 수식어가 결정적이다. 이는 '고려 연방제 방안에 대한 합의를 보다 쉽게 이루기 위해 자치 정부에 더 많은 권한을 부여하며 점차 중앙 정부 기능을 높여 나가야 한다'는 1991년 김일성 주석 신년사에 나타나 있다. 연방 정부를 약화시키고 남북 자치 정부의 권한을 강화하자는 뜻이다.
  - 공통점 : 현재 남북 상태(2체제)의 유지, 흡수 · 적화 통일 포기 및 평화 공존 지향, 교류 협력의 확대 등의 공통점을 지닌다.

- 6 · 15 남북 공동 선언 채택의 의의
  - 분단 55년만에 처음으로 남북 정상 간의 합의가 이루어졌다.
  - 한반도 문제의 당사자 해결 원칙을 실현하였다.
  - 평화 정착과 전쟁 재발 방지에 대한 공감대가 형성되었다.
  - 현실적인 남북 관계 정상화와 통일 문제 협의의 계기가 마련되었다.
  - 이산가족 문제를 해결하기 위한 남북 간의 협력을 유도하였다.
  - 호혜적 남북 협력 관계 증진에 기여하였다.
  - 동북아 안정과 세계 평화에 기여하였다.

더 알아보기 ⊕

2007년 10월 4일 남북 공동 선언

1. 남과 북은 6 · 15 공동 선언을 고수하고 적극 구현해 나간다.
2. 남과 북은 사상과 제도의 차이를 초월하여 남북관계를 상호존중과 신뢰관계로 확고히 전환시켜 나가기로 하였다.
3. 남과 북은 군사적 적대관계를 종식시키고 한반도에서 긴장완화와 평화를 보장하기 위해 긴밀히 협력하기로 하였다.
4. 남과 북은 현 정전체제를 종식시키고 항구적인 평화체제를 구축해 나가야 한다는 데 인식을 같이하고 직접 관련된 3자 또는 4자 정상들이 한반도 지역에서 만나 종전을 선언하는 문제를 추진하기 위해 협력해 나가기로 하였다.
5. 남과 북은 민족 경제의 균형적 발전과 공동의 번영을 위해 경제협력사업을 공리공영과 유무상통의 원칙에서 적극 활성화하고 지속적으로 확대 발전시켜 나가기로 하였다.
6. 남과 북은 민족의 유구한 역사와 우수한 문화를 빛내기 위해 역사, 언어, 교육, 과학기술, 문화예술, 체육 등 사회문화 분야의 교류와 협력을 발전시켜 나가기로 하였다.
7. 남과 북은 인도주의 협력사업을 적극 추진해 나가기로 하였다.
8. 남과 북은 국제 무대에서 민족의 이익과 해외 동포들의 권리와 이익을 위한 협력을 강화해 나가기로 하였다.

경제의 발전과 사회·문화의 변화

1. 광복 이후의 경제적 혼란과 전후 복구

(1) 대한민국 수립 이후 정부의 노력

① **기본 방향** : 제1공화국에서는 경제 재건에 뜻을 두고 경제정책의 기본 방향으로 농·공의 균형 발전, 소작제의 철폐, 기업 활동의 자유, 경자 유전 원칙 확립, 사회보장 제도 실시, 귀속 재산의 정부 인수, 인플레이션의 극복과 미국 경제 원조의 적극 도입 등을 강조하였으며, 개인의 경제적 자유 보장 등 자유 경제 체제를 지향하였다.

② **경제 시책**

㉠ 농지 개혁법 제정 : 미국과 경제 원조 협정을 체결하고, 일본인이 소유하였던 공장을 민간 기업에게 불하하였으며, 농지 개혁법을 제정·실시하여 농촌 경제의 안정을 꾀하고 귀속 재산▼을 불하하여 산업 자본 형성에 기여하였다. 또 면방직 공업의 육성과 자원 개발 등에 역점을 두어 경제 재건에 노력하였다.

㉡ 은행법 제정 : 1950년 5월에는 한국은행법과 은행법을 제정하여 한국은행을 설립하고 금융 기관의 공공성 유지와 경영 건실화를 도모하였다.

③ **농지 개혁**

㉠ 북한의 토지 개혁 실시 : 1946년 4월 북한에서 '무상 몰수·무상 분배'의 토지 개혁이 실시되면서 농민들의 토지 개혁 운동도 격화되어 갔다.

㉡ 농지 개혁법의 공포 : 정부는 1949년 6월 농지 개혁법을 공포하고 1950년 3월 수정·실시하였는데, 그 내용으로는 적산농지를 국유로 하고, 부재지주와 3정보 이상의 농지를 가진 자 등의 농지를 국가가 유상 매수하고 대신 지가 증권을 발급하여 5년간 지급하도록 하였다.

㉢ 매수 토지 대금의 상환 방법 : 매수한 토지는 영세 농민(해방 전 농민의 70%)에게 3정보를 한도로 유상 분배하여 5년간 수확량의 30%씩을 상환토록 하였다.

④ **한계** : 이 토지 개혁은 삼림·임야 등 비경작지가 제외되고, 농지만 대상으로 한 농지 개혁에 그쳤다. 또한 개혁 자체가 지주층 중심으로 이루어졌으며 농지 개혁 이후에 일단 근대적 농민 중심의 토지제가 확립되긴 하였으나, 자작농이 제대로 정착되지 않고 소작제가 음성적으로 부활되기도 하였다.

▼ **귀속 재산**
일본인 소유였다가 광복 후 미군정 소유로 넘어간 재산으로 1948년 정부 수립 후 넘겨 받았다.

더 알아보기 ⊕

북한과 남한의 농지 개혁 비교

구분	북한	남한
실시 연도	1946.3	1950.4
개혁안	토지 개혁법(전 국토 대상)	농지 개혁법(산림, 임야의 제외)
원칙	무상몰수, 무상분배	유상매수, 유상분배
분배 총 면적	95만 정보(총경지 면적의 45%)	55만 정보(전체 소작지의 38%)
분배 농가 총호수	68만	180만
토지 소유 상한선	5정보	3정보
분배 결과	평균 호당 4,500평 소유	평균 호당 1,000평 소유

2. 경제 성장과 자본주의의 발전

(1) 1960년대 경제

① 경제 개발 계획의 수립

ㄱ 7개년 계획 : 정부에 의한 경제 개발 계획이 처음 수립된 것은 제1공화국에서 작성된 7개년 계획이었다.

ㄴ 5개년 계획안으로 수정 : 제2공화국에 의해 5개년 계획안으로 수정되었으며, 5 · 16 군사 정변 후 군사 정부에 의해 재수정되어 1962년부터 실천에 옮겨지게 되었다.

ㄷ 수출 주도 성장 전략 : 수출 주도형 성장 전략으로 수출과 국민 소득 면에서 괄목할 만한 성장세를 나타내었다.

② 경제 개발 계획의 추진

ㄱ 제1~4차 경제 개발 계획 : 1960년대에 추진된 제1 · 2차 경제 개발 5개년 계획에서는 기간 산업의 육성과 경공업의 신장에 주력하였다. 1970년대에 추진된 제3 · 4차 경제 개발 5개년 계획에서는 중화학 공업의 육성과 농어촌 개발을 위한 새마을 운동의 추진에 힘썼다.

ㄴ 공업 구조의 변화 : 이에 따라 광 · 공업의 비중이 높아졌으며, 공업 구조도 경공업 중심에서 중화학 공업 중심으로 바뀌었다.

ⓒ 경제 개발 결과 : 경부 고속 국도를 비롯한 도로와 항만, 공항 등 사회 간접 시설도 확충되어 전국 일일생활권에 들어갔으며, 간척 사업이 진행되고 작물의 품종 개량이 이루어져 식량 생산도 증대되었고, '근면 · 자조 · 협동'의 구호 아래 농어촌 개발을 위한 새마을 운동의 추진에 힘썼다.

③ 경제 개발 계획의 폐단

ⓒ 자본 집중과 수출 의존도 심화 : 경제 개발 5개년 계획의 계속적 추진과 성공으로 1962년~1981년 사이에 수출이 비약적으로 증대하는 등 고도 경제 성장을 이룩하였다. 이 과정에서 자본 집중이 심화되어 소수 재벌이 생산과 소득에서 지배적 위치를 차지하게 되었고, 국내 산업의 수출 의존도가 심화되는 등 폐단도 나타났다.

ⓒ 경제 개발 이후의 여러 문제점 : 국민 간의 소득 격차, 정부 주도형 경제 체제 등의 문제점도 있었다. 성장에만 치중하여 효율적 분배가 경시되어 빈부 격차가 심화되었고 농업 부문이 침체되었으며 도시의 인구 집중 현상이 초래되었다. 또한 민간 기업들의 자주성이 약화되었으며, 재벌 중심 경제 구조와 정경 유착의 부패가 발생하였고, 외국 자본과 기술 의존도가 높아지게 되었다.

(2) 1970년대 이후 경제

① 사회 의식의 향상과 노동 운동 : 1970년대 이후 노동자 수가 크게 늘어나고 민주화 운동의 진전과 함께 사회의식이 높아지면서 노동 운동이 활발해졌다. 임금 인상, 노동 조건 개선, 기업가의 경영 합리화와 노동자에 대한 인격적 대우 등을 주장하는 시위가 일어났다.

② 정부의 노동 문제 해결 노력

ⓒ 정부의 노력 : 정부는 저임금 문제 등 전반적 노동 문제를 해결하기 위해 노동 관계법을 개정하였으며, 기업가와 노동자의 인간적 관계와 직업윤리를 정착시키기 위해 많은 노력을 기울였다.

ⓒ 결과 : 새로운 노사 문화가 정착되고 노동 환경 개선도 이루어지면서 생산성도 높아지고 있다.

(3) 1980년대 경제 안정화 정책의 추진

① 배경 : 1970년대 중화학 공업에 대한 과잉 투자, 석유 파동, 정치 불안정 등으로 마이너스 성장, 물가 상승 등 경제 사정은 악화되어 갔다.

② 추진 과정 : 중화학 투자를 조정하고 부실기업은 정리하였으며, 시장 경제의 자율성을 도모하고 자본 자유화 정책▼으로 자본·금융 시장의 개방을 적극 추진하였다. 이 시기에 다국적 기업과 국제 금융 자본이 들어오게 되었다.

③ 결과 : 정부의 긴축 정책, 3저 현상▼ 등으로 물가 안정·경제 성장·무역 흑자를 기록하고 반도체 등 기술 집약 산업이 성장하게 되었다.

(4) 1990년대 이후 경제

① 기업의 해외 진출과 무역 대상국의 확대

㉠ 무역 대상국의 다변화 : 우리나라의 기업은 해외 진출을 적극 추진하여 무역 대상국도 미국과 일본 중심에서 벗어나 유럽, 동남아시아, 중국, 남미 등지로 다변화하고 있다.

㉡ 중국과의 밀접한 관계 : 경제적으로 급속히 부상하고 있는 중국과 밀접한 경제적 관계를 형성하면서 우리나라는 동아시아 경제의 한축을 만들어 가고 있다.

② 세계 주요 경제 국가의 위치로 부상

㉠ 신경제 5개년 계획 발표와 시장 개방 : 1995년에는 세계 무역 기구(WTO)가 출범하면서 시장 개방은 가속화되었다.

㉡ 아시아·태평양 경제 협력체에 적극 참여 : 우리나라는 세계적 주요 경제 국가로서의 위치를 차지하게 되었으며, 아시아·태평양 경제 협력체(APEC)에도 적극적으로 참여하여 미국, 일본 등과 함께 이 지역의 경제 협력을 주도적으로 이끌어가고 있다.

㉢ 경제 협력 개발 기구에 가입 : 이어 개방된 시장 경제와 다원적 민주주의라는 가치관을 공유하는 선진국 중심의 경제·사회 정책 협의체인 경제 협력 개발 기구(OECD)▼에 가입해 경제 활동을 강화해 나가고 있다.

㉣ 경제 위기 극복 : 1990년대 후반 세계 경제의 침체 속에서 경제 위기를 맞기도 했으나 노사정 위원회 구성, 대외 신뢰도 향상, 신자유주의 경제정책▼을 바탕으로 한 기업·금융·공공·노동 부문 개혁 등의 추진으로 2001년 8월에는 국제 통화기금(IMF) 관리 체제에서 벗어날 수 있었다.

▼ **자본 자유화 정책**
국제 간에 자본 이동에 관한 규제를 완화하고 철폐하자는 것인데, 외국인 직접 투자 도입의 자유화, 한국 기업의 해외 직접 투자 제한의 완화, 증권 시장의 개방 등을 주요 내용으로 하고 있다.

▼ **3저 현상**
1980년대 중반 이후 전 세계적으로 나타난 저유가, 저달러, 저금리 현상으로, 이로 인해 1986~1988년에 걸쳐 한국 경제가 유례없는 호황을 누렸는데 이를 3저 호황이라고도 한다. 해외원유·외자·수출에 크게 의존하여 경제적으로 발전해 온 한국으로서는 최대의 호기였기 때문에 86년 이래 3년 동안 연 10% 이상의 고도성장이 지속되었고 사상 최초로 무역수지 흑자를 달성하게 되었다.

▼ **경제 협력 개발 기구**
선진국들의 경제 협력 기구이다. 우리나라는 이 기구에 가입한 결과 그동안 개발 도상국으로 취급받아 선진국과의 국제 무역에서 받아왔던 상당한 혜택을 버리고 선진국과 동등한 위치에서 자유 경쟁을 하게 되었다. 또한, 우리나라는 개방과 자유무역을 약속하는 경제의 자유화 조치를 취하였다.

▼ **신자유주의 경제정책**
시장 개방, 자본의 자유로운 유통을 위해 정부의 역할 축소와 각종 규제 철폐 등을 내용으로 하는 경제 정책이다.

적중예상문제 CHAPTER 01~04

01 연표의 (가)~(라) 시기에 있었던 사실로 옳은 것은?

① (가) − 대한민국 임시 정부에서 건국 강령을 제정하였다.
② (나) − 북한 정부가 수립되었다.
③ (다) − 김구 · 김규식이 남북 협상을 위해 북한을 방문하였다.
④ (라) − 국회에서 반민족 행위 처벌법을 제정하였다.

해설

현대사 해방정국의 시기를 묻는 문제이다. 먼저 제시된 사실의 시기를 살펴보면 광복(1945.8) − 모스크바 3상 외상회의(1945.12) − 5 · 10 총선거(1948.5) − 대한민국 정부 수립(1948.8) − 6 · 25 전쟁(1950)의 순서이다.
④ 국회에서 반민법이 통과된 것은 정부 수립 이후 1948년 9월의 사실이다.
① 건국 강령은 해방 이전인 1941년에 제정되었다.
② 북한정권의 수립은 1948년 9월의 사실이다.
③ 김구의 남북 협상은 1948년 4월의 사실이다.

답 ④

02 **한국의 독립과 관련된 회담내용으로 옳지 않은 것은?**

① 모스크바 삼상회의(三相會議)에서 임시 정부 수립과 신탁통치안을 결의하였다.

② 카이로 회담에서 미·영·중의 수뇌들은 적당한 절차를 거쳐 한국을 독립시킬 것을 처음으로 결의하였다.

③ 포츠담 회담에서 일본은 한국에 대한 모든 권리 및 청구권을 포기하였다.

④ 제2차 미·소 공동 위원회에서 한국의 신탁통치문제를 협의하였으나 결렬되고 말았다.

해설
③ 포츠담 회담(1945.7.26)은 일본의 항복을 권고하고 제2차 세계 대전 후의 대일처리방침을 표명하였는데, 특히 제8항에서는 "카이로 선언의 모든 조항은 이행되어야 하며, 일본의 주권은 혼슈·홋카이도·규슈·시코쿠와 연합국이 결정하는 작은 섬들에 국한될 것이다."라고 명시하여 카이로 선언에서 결정한 한국의 독립을 확인하였다. 그러나 일본은 이 선언을 묵살하였다. 이에 미국은 8월 6일 히로시마에, 9일 나가사키에 원자폭탄을 투하하였고, 이어서 구소련도 선전포고와 동시에 참전하여 일본군에 대한 공격을 개시하였다. 상황이 불리해지자 일본 군부는 항복 결정을 번복하다가 결국 8월 14일 수락을 통보하고 "무조건 항복"함에 따라 제2차 세계 대전은 종전되었다.

답 ③

03 1946~1947년에 진행된 좌우합작운동에 대한 설명으로 옳은 것을 〈보기〉에서 모두 고르면?

보기

ㄱ. 미 군정의 후원하에 이 운동이 전개되었다.
ㄴ. 중도좌파의 김규식과 중도우파의 여운형이 주도하였다.
ㄷ. 조선공산당은 이 운동에 참여하여 적극적으로 활동하였다.
ㄹ. 김규식과 여운형은 미·소 공동 위원회를 다시 여는 데 관심을 두었다.

① ㄱ, ㄴ
② ㄴ, ㄷ
③ ㄷ, ㄹ
④ ㄱ, ㄹ

해설

좌우합작운동은 1945년 해방 후 남북한 통일정부를 수립하려는 운동이다. 이승만을 중심으로 한 일부 우익세력이 단독정부 수립을 추진하려 하자 이를 저지하기 위해 여운형, 김규식을 중심으로 전개되었다.
ㄱ. 미 군정은 미국에 우호적인 정부를 세우려는 목적하에 좌우합작운동을 지원했다.
ㄹ. 김규식과 여운형을 중심으로 한 좌우합작위원회는 미·소 공동 위원회를 재개하는 데 관심을 두었다.
ㄴ. 중도우파의 김규식과 중도좌파의 여운형이 주도하였다.
ㄷ. 합작원칙을 둘러싸고 좌익계의 조선공산당과 우익계인 한민당 측이 강경히 대립하여 운동은 정체되었다.

답 ④

04 4·19 혁명과 관련된 설명으로 옳은 것은?

① 5·10 총선거가 남한에서 실시되어 제헌의회가 구성되었다.
② 농지개혁이 실시되어 농민들은 자작농으로 발전하게 되었다.
③ 혁명 이후 남북통일 문제에 대한 논의가 전혀 이루어지지 않았다.
④ 과도 정부가 출범하고, 내각 책임제와 양원제를 골자로 하는 헌법으로 개정되었다.

해설

④ 허정(許政)은 1960년 4·19 혁명으로 이승만 대통령이 하야한 뒤 외무부장관을 겸직하면서, 과도 정부의 수반이 되었다. 하야한 이승만은 하와이로 망명하였으며, 3차 개헌(내각제와 양원제) 이후 선거를 치뤄 새로 발족한 내각에 권한을 인계하였다.

답 ④

05 다음 자료와 관련된 민주화 운동에 대한 설명으로 가장 옳은 것은?

> 지난 6월 9일 오후 교내 시위 도중 경찰이 쏜 최루탄 파편에 맞아 중상을 입고 입원 중인 연세대생 이한열군은 4일째 의식을 회복하지 못한 채 중태다. 연세대 상경대 교수 일동은 '이한열군 사건에 당하여'라는 제목의 성명서를 작성하여 "이번 불상사에 대한 책임을 통감하여 학생시위와 이 같은 불상사를 유발하는 오늘의 현실을 개탄한다."면서 당국은 최루탄 난사를 포함한 과잉진압을 금지하고 이 같은 사태의 재발을 방지하기 위한 근본적인 대책을 수립하라고 요구하였다.

① 정부의 인권 탄압과 긴급조치를 비판하였다.
② 야당 당수를 국회에서 제명한 것이 계기가 되었다.
③ 학생과 시민들이 민주 헌법 쟁취를 구호로 내세웠다.
④ 학생들은 비상 계엄령 해제와 신군부 퇴진을 요구하였다.

> **해설**
>
> 제시문은 1987년 6월 민주화 항쟁과 관련된 자료이다. 학생들과 시민들은 대통령 간선제 선출 방식을 직선제로 개헌할 것을 요구하였고, 결국 6 · 29 선언으로 직선제 개헌이 이루어졌다.
> ① 유신체제에 대한 반발이다.
> ② 박정희와 공화당에 의해 진행된 김영삼 제명 사건에 대한 반발을 보이는 부 · 마 시위이다.
> ④ 1980년 5월 항쟁의 요구 사항이다.
>
> 답 ③

06 다음 문서에 대한 설명으로 가장 옳은 것은?

> 첫째, 통일은 외세에 의존하거나 외세의 간섭을 받음이 없이 자주적으로 해결하여야 한다.
> 둘째, 통일은 서로 상대방을 반대하는 무력행사에 의거하지 않고 평화적 방법으로 실현하여야 한다.
> 셋째, 사상과 이념, 제도의 차이를 초월하여 우선 하나의 민족으로서 민족적 대단결을 도모하여야 한다.

① 합의 직후 이산가족 상봉이 실현되었다.
② 남과 북에서 정치권력의 강화에 이용되었다.
③ 남북한이 유엔에 동시 가입한 직후 발표되었다.
④ 한반도 비핵화에 대한 공동 선언에 남북한이 합의하였다.

> **해설** 제시문은 1972년 남북 사이에 합의된 7 · 4 남북 공동 성명이다.
> ② 7 · 4 남북 공동 성명은 박정희의 10월 유신, 김일성의 사회주의 헌법 개정으로 이어져 자신들의 권력을 강화하는 도구로 활용되었다.
> ① 2000년 6 · 15 공동 선언 이후의 사실이다.
> ③ 1991년 9월 남북은 유엔 동시 가입을 이루어 낸 뒤, 12월에 남북 기본 합의서에 서명하였다.
> ④ 남북 기본 합의서 채택 이후 1991년 12월 31일 한반도 비핵화 선언을 발표했다.
>
> 답 ②

07 남북한의 통일 외교 정책 추진과 관련된 내용 중 옳은 것은?

① 1972년에 7 · 4 남북 공동 성명에서 자주 · 평화 · 민족대단결의 통일 원칙에 합의하였다.
② 1990년대 남한은 급격한 국제 정세의 변화에 따라 북방 외교 정책을 포기하였다.
③ 평화통일의 3대 원칙에 따라 남북 간 화해 · 불가침 협정 등이 채택된 것은 1988년의 7 · 7 선언이다.
④ 1961년 5 · 16 직후 중립화 통일론이나 남북 협상론, 남북 교류론 등 통일 논의가 제기되었다.

> **해설** ② 1990년대 노태우 정부에 들어와 북방 외교가 적극적으로 진행되었다.
> ③ 남북 간 화해 및 불가침 교류 협력에 관한 합의서는 1991년 남북 기본 합의서를 말한다. 1988년 7 · 7 선언은 민족 자존과 통일번영을 위한 특별선언이다.
> ④ 중립화 통일론 · 남북 협상론 · 남북 교류론 등은 장면 내각 당시 주장되었다.
>
> 답 ①

08 다음의 상황을 극복하기 위해 실시한 우리 정부의 정책과 그 영향에 관한 설명으로 옳은 것은?

〈 1945년 말 현재 남한의 토지 소유 상황 〉

(단위 : 만 정보)

구분	답	전	계
농경지	128(100%)	104(100%)	232(100%)
소작지	89(70%)	58(56%)	147(63%)
전(前) 일본인 소유	18	5	23
조선인 지주 소유	71	53	124
자작지	39(30%)	46(44%)	85(37%)

① 유상몰수, 무상분배 방식이었다.
② 임야 등 비경지는 대상에서 제외하였다.
③ 신한공사를 핵심 추진 기관으로 삼았다.
④ 북한의 토지 개혁에 커다란 영향을 주었다.

> **해설**
> ② 이승만 정부는 1949년 6월, '농지개혁법'을 공포한 뒤, 1950년 3월 정식으로 공포하였다. 그 후 6·25 전쟁으로 중단되었다가 1951년 재개되어 1957년 최종 완성되었다. 농지개혁법은 농가나 부재지주가 소유한 3정보 이상의 농지는 국가가 유상매수하고, 농지의 평균 수확량의 150%를 5년간 보상토록 하였으며, 국가에서 매수한 농지는 영세 농민에게 3정보를 한도로 유상으로 분배하여 그 대가를 5년간에 걸쳐 수확량의 30%씩을 상환곡으로 반납토록 한 것이다. 이때 3정보 이하의 땅은 매수대상에서 제외되었다. 반면, 1946년 시행된 북한의 농지개혁은 무상몰수, 무상분배였기 때문에 북한에 비해 남한의 소작인들에게 미흡한 개혁이기도 하였다. 또한 남한의 농지개혁법 당시 농지만을 대상으로 하고 산림·임야·간척지 등은 제외된 한계를 노출하였다.
>
> 답 ②

09 다음 중 6 · 25 전쟁과 관련한 내용으로 옳지 <u>않은</u> 것은?

① 중국에서 활동하였던 조선 의용군은 북한에 들어가 인민군의 핵심 전력이 되었다.

② 휴전에 반대하였던 이승만 정부는 반공 포로를 일방적으로 석방하였다.

③ 중국군의 참전으로 서울을 빼앗겼으나 인천 상륙 작전을 전개하여 되찾았다.

④ 미국은 중국군의 공세를 막기 위해 원자 폭탄의 사용을 고려하기도 하였다.

해설

북한은 정부 수립 이전인 1948년 초에 조선 인민군을 창설하고, 소련으로부터 각종 무기를 지원받았고, 중국의 협조로 국 · 공 내전에 참여했던 조선 의용군이 조선 인민군에 편입되며 국방력을 강화하였다. 남한은 대한민국의 수립과 함께 국군을 창설하여, 치안을 유지하고 국방력 강화를 위해 노력하였다. 하지만 미국 국방 장관인 애치슨이 미국의 태평양 지역 방위선에서 한국과 타이완을 제외한다는 애치슨 선언을 발표(1950.1.12)하자, 결국 북한은 1950년 6월 25일에 38선 전역에서 남침을 감행하였다. 남한은 3일 만에 서울을 빼앗기고, 유엔군이 참전하였지만 결국 낙동강 방어선을 구축하게 되고, 이후 국군과 유엔군은 인천 상륙 작전을 성공시키며 전세를 역전시키고 서울을 수복한 후 38도선을 넘어 압록강 유역까지 진격하게 된다. 하지만 중공군의 참전으로 다시 서울을 빼앗기게 되고(1.4 후퇴) 이후 전선은 38도선 부근에서 교착상태에 빠지게 된다. 전쟁이 길어지면서 소련의 제의로 유엔군과 공산군 사이에 정전 협상이 시작되고, 이에 반대하던 이승만 정부는 반공 포로를 일방적으로 석방시켰지만 결국 1953년 7월 27일 휴전 협정이 체결되었다. 한국 정부는 미국 정부와 한 · 미 상호 방위 조약 체결과 장기간의 경제원조, 주한 미군 주둔 등을 약속받았다.

③ 인천 상륙 작전은 중국군이 참전하기 전에 있었던 사건이다.

정답 ③

10 다음 시기의 경제 상황에 대한 설명으로 옳은 것을 〈보기〉에서 고르면?

구분	1955	1956	1957	1958	1959
도입 실적 (백만 달러)	28.3	51.7	48.2	39.7	27.0
도입 품목	원사, 연초	쌀, 소맥, 대맥, 원사, 낙농품	쌀, 소맥, 대맥	소맥, 대맥, 수수, 당밀, 옥수수	소맥, 원사, 옥수수

※ 한국개발연구원, 「한국 경제 반세기 정책 자료집」

보기
ⓐ ㉠ 제1차 경제 개발 5개년 계획이 실행되었다.
ⓑ ㉡ 국제 유가의 급등으로 경제적 위기를 맞았다.
ⓒ ㉢ 전후의 식량과 생활필수품 부족 현상이 완화되었다.
ⓓ ㉣ 대표적인 소비재 산업인 삼백 산업이 발달하였다.

① ㉠, ㉡   ② ㉠, ㉢
③ ㉡, ㉢   ④ ㉢, ㉣

해설
제시된 자료는 한국 전쟁 직후의 경제 상황을 나타내고 있다. 전쟁 직후 미국은 경제 재건에 필요한 자금과 잉여 농산물을 대규모로 원조하게 되었고, 그 결과 한국에서는 삼백 산업 중심의 소비재 산업이 발달하게 된다. 또한 이러한 원조에 의해 전후의 식량과 생활필수품 부족 현상도 완화되었다.
㉠ 제1차 경제 개발 5개년 계획이 실행된 것은 1962년으로 경제 개발 5개년 계획은 장면 내각에서 처음으로 마련하였으나, 이후 박정희 정부에서 실시하게 된다.
㉡ 국제 유가의 급등으로 경제적 위기를 맞은 것은 1970년대 박정희 정부 때로 1973년에 1차 석유파동이 일어나고 1978년에 2차 석유파동이 발생하면서 경제적 위기를 맞게 된다.

답 ④

출제 비중 체크!

※ 계리직 전 8회 시험(2008~2021) 기출문제를 기준으로 정리하였습니다.

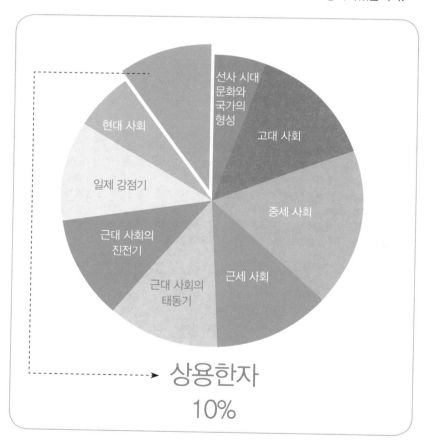

선사 시대 문화와 국가의 형성

고대 사회

중세 사회

근세 사회

근대 사회의 태동기

근대 사회의 진전기

일제 강점기

현대 사회

상용한자
10%

PART

09 | 상용한자

I wish you the best of luck!

우정사업본부 지방우정청 9급 계리직

한국사

핵심정리

1. 10干 12支

(1) 10天干(천간)

甲(갑)	乙(을)	丙(병)	丁(정)	戊(무)	己(기)	庚(경)	辛(신)	壬(임)	癸(계)

(2) 12地支(지지)

子(자)	丑(축)	寅(인)	卯(묘)	辰(진)	巳(사)
쥐	소	호랑이	토끼	용	뱀
午(오)	未(미)	申(신)	酉(유)	戌(술)	亥(해)
말	양	원숭이	닭	개	돼지

(3) 60甲子(갑자)

십천간(十天干)과 십이지지(十二地支)를 甲(갑)과 子(자)로 짝짓는 것으로 시작해서 癸(계)와 亥(해)가 만날 때까지 60가지를 순차로 조합하여 늘어놓은 것으로, 10과 12의 최소공배수인 60이 한 주기가 되며 한 바퀴를 다 돌고나면 다시 '甲子(갑자)'부터 시작한다.

10年	甲子	乙丑	丙寅	丁卯	戊辰
	己巳	庚午	辛未	壬申	癸酉
20年	甲戌	乙亥	丙子	丁丑	戊寅
	己卯	庚辰	辛巳	壬午	癸未
30年	甲申	乙酉	丙戌	丁亥	戊子
	己丑	庚寅	辛卯	壬辰	癸巳
40年	甲午	乙未	丙申	丁酉	戊戌
	己亥	庚子	辛丑	壬寅	癸卯
50年	甲辰	乙巳	丙午	丁未	戊申
	己酉	庚戌	辛亥	壬子	癸丑
60年	甲寅	乙卯	丙辰	丁巳	戊午
	己未	庚申	辛酉	壬戌	癸亥

2. 촌수(寸數), 호칭(呼稱)

(1) 親族(친족)

친족이란 촌수가 가까운 사람들을 말한다. 법률상 배우자, 혈족, 인척을 통틀어 말하는 것으로 배우자와 8 촌 이내의 부계 혈족, 4촌 이내의 모계 혈족, 남편의 8촌 이내의 부계 혈족, 남편의 4촌 이내의 모계 혈족, 처의 부모 등을 이른다.

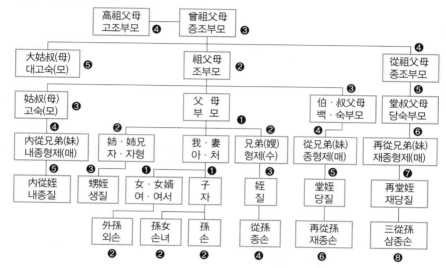

① 伯父(백부), 叔父(숙부), 姑母(고모) : 아버지의 손위 형제를 백부(큰아버지), 손아래 형제를 숙부(작은아 버지), 그리고 여형제를 고모라 하며 그 배우자를 각각 백모(큰어머니), 숙모(작은어머니), 고숙, 고모부 라 한다.

② 從祖父(종조부), 大姑母(대고모) : 할아버지의 형제를 종조부(큰, 작은할아버지), 여형제를 대고모라 하 며, 그 배우자를 종조모, 대고숙, 대고모부라 한다.

③ 堂叔父母(당숙부모) : 종조부모의 아들 부부이다.

④ 兄嫂(형수), 姉兄(자형) : 각각 형제와 여형제의 배우자이다.

⑤ 從兄弟(종형제), 從妹(종매) : 백·숙부모의 아들과 딸로, 나와 친사촌 사이이다.

⑥ 內從兄弟(내종형제), 內從妹(내종매) : 고모의 아들, 딸로 흔히 고종사촌이라고 한다.

⑦ 再從兄弟(재종형제), 再從妹(재종매) : 육촌 형제, 자매 사이이다.

⑧ 姪(질), 甥姪(생질), 堂姪(당질), 再堂姪(재당질) : 각각 형제, 누이, 내종형제·매, 재종형제·매의 자식이다.

⑨ 孫(손), 外孫(외손), 從孫(종손), 再從孫(재종손), 三從孫(삼종손) : 아들, 딸, 조카, 당질, 재당질의 자식이다.

(2) 外族(외족)

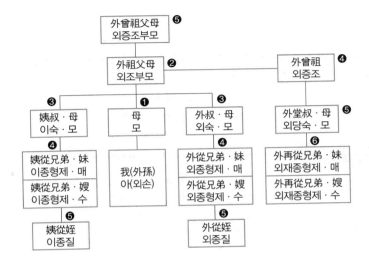

3. 경조문

(1) 結婚式(결혼식)

① 祝盛典(축성전) : 많은 하객들이 모인 가운데 결혼식이 성대하게 이루어지기를 바람
② 祝聖婚(축성혼) : 신랑, 신부의 성스러운 혼인을 기원함
③ 祝華婚(축화혼) : '華婚(화혼)'이란 결혼을 아름답게 이르는 말
④ 賀儀(하의) : 경사스런 일에 예물이나 예의를 갖추어 축하함

> **더 알아보기** ➕
>
> **축의금 봉투 쓰는 법**
>
> 일반적으로 남자면 '축(祝) 결혼(結婚)', 여자면 '축(祝) 화혼(華婚)'이라고 한글이나 한자로 쓴다. 자신의 이름은 봉투 뒷면 아래 왼쪽 면에 세로로 쓰면 된다.

 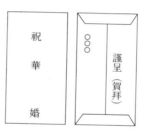

(2) 回甲宴(회갑연)

예순 한 살이 됨을 축하하기 위하여 베푸는 잔치로, 華甲宴(화갑연), 還甲宴(환갑연)이라고도 한다.

① 祝儀(축의) : 경사스러운 날을 축하함
② 祝禧筵(축희연) : 복되고 길한 일이 만연하기를 기원함
③ 壽儀(수의) : 장수하기를 바람
④ 祝壽筵(축수연) : 장수하여 회갑을 맞은 것을 축하하며 더욱 오래 살기를 바람

(3) 祝賀(축하)

① 祝入選(축입선), 祝當選(축당선) : 선거 등에 당선된 것을 축하함
② 祝榮轉(축영전) : 승진 등 더 좋은 지위로 올라갔을 때 축하함
③ 祝發展(축발전) : 사업 등이 번창하고 발전함을 축하함
④ 祝優勝(축우승) : 운동 경기에서 잘 싸워 우승을 차지한 것을 축하함

(4) 謝禮(사례)

菲品(비품), 薄謝(박사), 薄禮(박례), 微衷(미충), 略禮(약례)
→ "보잘 것 없고 부족한 물건이나마 감사의 뜻을 표현하는 것이니 받아 주십시오."

(5) 初喪(초상)

① 謹弔(근조) : 삼가 조상하다. 죽음에 대하여 애도의 뜻을 표함
② 賻儀(부의) : 초상난 집에 부조로 돈이나 물건을 보냄
③ 弔儀(조의) : 죽음을 슬퍼하는 마음을 표현함

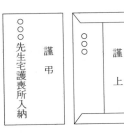

(6) 大小喪(대소상)

소상은 사람이 죽은 후 1년, 대상은 2년 만에 지내는 제사이다.
奠儀(전의), 香奠(향전), 菲儀(비의), 菲品(비품), 薄儀(박의)
→ "초상집에 부조를 보내어 죽은 사람을 애도하다."

4. 제사상 차림

(1) 제사상 차리기

① 左脯右醯(좌포우혜) : 포는 왼편에 식혜는 오른편에 놓는다.
② 魚東肉西(어동육서) : 어물은 동쪽에 놓고 육류는 서쪽에 놓는다.
③ 頭東尾西(두동미서) : 생선의 머리는 동쪽을 향하게 하고, 꼬리는 서쪽을 향하게 놓는다.
④ 紅東白西(홍동백서) : 과일의 붉은색은 동쪽에 놓고 흰색은 서쪽에 놓는다.
⑤ 棗栗梨柿(조율이시) : 대추 · 밤 · 배 · 감의 순서로 진설한다.
⑥ 乾左濕右(건좌습우) : 마른 것은 왼쪽에, 젖은 것은 오른쪽에 놓는다.
⑦ 接東盞西(접동잔서) : 접시는 동쪽에, 잔은 서쪽에 놓는다.
⑧ 右飯左羹(우반좌갱) : 메(밥)는 오른쪽에, 국은 왼쪽에 놓는다.
⑨ 男左女右(남좌여우) : 신위를 놓을 때 제상의 왼쪽은 남자, 오른쪽은 여자이다.

(2) 지방(紙榜) 쓰기

① 남자
  ㉠ 지방의 구성은 모시는 조상＋조상의 관직＋조상의 이름＋조상의 자리 순서
  ㉡ 의미는 어떤 이름의 어떤 벼슬을 지낸 몇 대 조상의 자리란 뜻

한자	顯考(현고)	學生(학생)	府君(부군)	神位(신위)
구성	모시는 조상	조상의 지위	조상의 이름	조상의 자리
의미	• 顯 : 존경의 의미 • 考 : 돌아가신 아버지	• 學生 : 관직이 없을 때 • 官職 : 관직이 있는 경우 그 관직을 씀	• 府君 : 대상이 윗사람일 때 • 이름 : 대상이 아랫사람일 때	神位 : 조상의 자리
작성법	• 顯考 : 아버지 • 顯祖考 : 조부 • 顯曾祖考 : 증조부 • 顯高祖考 : 고조부	• 學生 : 벼슬이 없을 때 • 釜山市長 : 부산시장 • 國會議員 : 국회의원	–	–

② 여자

㉠ 지방의 구성은 모시는 조상+남편의 벼슬에 따른 봉작+성씨+조상의 자리 순서

㉡ 의미는 어떤 성씨의 어떤 여성 지위의 몇 대 조상의 자리란 뜻

한자	顯妣(현비)	孺人(유인)	密陽朴氏(밀양 박씨)	神位(신위)
구성	모시는 조상	조상의 지위	조상의 성씨	조상의 자리
의미	• 顯 : 존경의 의미 • 妣 : 돌아가신 어머니	• 孺人 : 일정한 봉작이 없을 때 • 封爵 : 봉작이 있을 때	부인이 두 분 이상인 경우 구분하기 위함	神位 : 조상의 자리
작성법	• 顯妣 : 어머니 • 顯祖妣 : 할머니 • 顯曾祖妣 : 증조모 • 顯高祖妣 : 고조모	• 孺人 : 봉작이 없는 경우 • 貞敬夫人 : 정경부인 • 國會議員 : 국회의원	본관+성씨	–

더 알아보기➕

지방(紙榜) 쓰기 예

고조부모1
顯
高
祖
學
生
府
君

神
位

고조부모2
顯
高
祖
孺
人
清
州
韓
氏

神
位

남편
顯
酸
學
生
府
君

神
位

백부1
顯
伯
父
學
生
府
君

神
位

백부2
亡
室
孺
人
慶
州
金
氏

神
位

부모1
顯
考
學
生
府
君

神
位

부모2
顯
孺
人
全
州
李
氏

神
位

조부모1
顯
祖
考
學
生
府
君

神
位

조부모2
顯
祖
孺
人
金
海
金
氏

神
位

증조부모1
顯
曾
祖
考
學
生
府
君

神
位

증조부모2
顯
曾
祖
孺
人
安
東
金
氏

神
位

형
顯
兄
學
生
府
君

神
位

5. 연령(年齡)

명칭	연령	의미	출전
지학(志學)	15세	학문에 뜻을 두는 나이	논어(論語)
약관(弱冠)	20세	남자 나이 스무 살을 뜻함	예기(禮記)
이립(而立)	30세	모든 기초를 세우는 나이	논어(論語)
불혹(不惑)	40세	사물의 이치를 터득하고 세상일에 흔들리지 않을 나이	논어(論語)
상수(桑壽)	48세	상(桑)자를 십(十)이 네 개와 팔(八)이 하나인 글자로 파자(破字)하여 48세로 봄	–
지명(知命)	50세	천명을 아는 나이, 지천명(知天命)이라고도 함	논어(論語)
이순(耳順)	60세	인생에 경륜이 쌓이고 사려(思慮)와 판단(判斷)이 성숙하여 남의 말을 받아들이는 나이	논어(論語)
화갑(華甲)	61세	화(華)자는 십(十)이 여섯 개이고 일(一)이 하나라고 해석하여 61세를 가리키며, 한 갑자인 60년이 돌아왔다고 해서 환갑(還甲) 또는 회갑(回甲)이라고도 함	–
진갑(進甲)	62세	환갑보다 한 해 더 나아간 해라는 뜻	–
종심(從心)	70세	뜻대로 행하여도 도리에 어긋나지 않는 나이, 또한 두보의 시 '곡강(曲江)'에서 유래하여 고희(古稀)라고도 함 → 從心所欲不踰矩(종심소욕불유구)	논어(論語)
희수(喜壽)	77세	희(喜)의 초서체가 칠(七)이 세 번 겹쳤다고 해석하여 77세를 의미	–
산수(傘壽)	80세	산(傘)자를 팔(八)과 십(十)의 파자(破字)로 해석하여 80세라는 의미	–
미수(米壽)	88세	미(米)자를 팔(八)과 십(十)과 팔(八)의 파자(破字)로 보아 88세라는 의미	–
졸수(卒壽)	90세	졸(卒)자의 약자를 구(九)와 십(十)으로 파자(破字)하여 90세로 봄	–
망백(望百)	91세	91세가 되면 백 살까지 살 것을 바라본다 하여 망백이라고 함	–
백수(白壽)	99세	일백 백(百)자에서 한 일(一)자를 빼면 흰 백(白)자가 된다 하여 99세로 봄	–
상수(上壽)	100세	사람의 수명을 상중하로 나누어 볼 때 최상의 수명이라는 뜻, '좌전(左傳)'에는 120살을 상수(上壽)로 봄	장자(莊子)

6. 24절기(節氣)

春	입춘(立春)	봄의 시작(2월 4일 또는 5일)
	우수(雨水)	강물이 풀림(2월 18일 또는 19일)
	경칩(驚蟄)	동물이 겨울잠에서 깨어남(3월 5일 또는 6일)
	춘분(春分)	밤과 낮의 길이가 같음(3월 20일 또는 21일)
	청명(淸明)	날씨가 맑고 청명함(4월 4일 또는 5일)
	곡우(穀雨)	봄비가 내려 곡식이 윤택함(4월 20일 또는 21일)
夏	입하(立夏)	여름의 시작(5월 5일 또는 6일)
	소만(小滿)	만물이 점차 성장함(5월 21일 또는 22일)
	망종(芒種)	보리는 익고 벼는 이앙(6월 5일 또는 6일)
	하지(夏至)	낮의 길이가 최장(6월 21일 또는 22일)
	소서(小暑)	본격적 더위 시작(7월 7일 또는 8일)
	대서(大暑)	더위가 가장 심함(7월 22일 또는 23일)
秋	입추(立秋)	가을의 시작(8월 7일 또는 8일)
	처서(處暑)	더위가 풀려가는 시기(8월 23일 또는 24일)
	백로(白露)	이슬이 내리고 가을 기운(9월 7일 또는 8일)
	추분(秋分)	낮과 밤의 길이가 같음(9월 23일 또는 24일)
	한로(寒露)	찬 이슬이 내림(10월 8일 또는 9일)
	상강(霜降)	서리가 내림(10월 23일 또는 24일)
冬	입동(立冬)	겨울의 시작(11월 7일 또는 8일)
	소설(小雪)	눈이 오기 시작함(11월 22일 또는 23일)
	대설(大雪)	눈이 많이 오는 시기(12월 7일 또는 8일)
	동지(冬至)	밤이 가장 긴 시점(12월 21일 또는 22일)
	소한(小寒)	추운 시기(1월 5일 또는 6일)
	대한(大寒)	겨울 중 가장 추운 시기(1월 20일 또는 21일)

7. 전국 각 광역시 및 도단위 지명 한자표기

區分(구분)	地名(지명)
特別市(특별시)	서울特別市(특별시)
廣域市(광역시)	• 光州廣域市(광주광역시) • 大邱廣域市(대구광역시) • 大田廣域市(대전광역시) • 釜山廣域市(부산광역시) • 蔚山廣域市(울산광역시) • 仁川廣域市(인천광역시)
道(도)	• 江原道(강원도) • 京畿道(경기도) • 慶尙南道(경상남도) • 慶尙北道(경상북도) • 全羅南道(전라남도) • 全羅北道(전라북도) • 忠淸南道(충청남도) • 忠淸北道(충청북도) • 濟州特別自治道(제주특별자치도)

8. 서신의 수신란에 쓰이는 호칭

① 座下(좌하) : 부모, 스승 등 마땅히 예의를 올바로 갖춰 높여야 하는 대상
② 先生(선생)님 : 스승이나 사회적으로 이름 있는 대상
③ 貴下(귀하) : 일반적으로 상대를 높여서 쓸 때
④ 氏(씨) : 자기와 나이나 직위가 비슷한 대상
⑤ 兄(형) : '氏'와 같으나 좀 더 정다운 사람에게 씀. 예의의 의미를 담아 學兄(학형)이라고도 함
⑥ 大兄(대형) · 人兄(인형) · 雅兄(아형) : 남자끼리 친하고 정다운 벗을 높여 쓸 때
⑦ 君(군) : 손아랫사람에게 쓸 경우 = 展(전)
⑧ 女史(여사) : 일반 부인에게 쓸 때
⑨ 孃(양) : 미혼 여성에게 쓸 때
⑩ 貴中(귀중) : 회사, 단체, 기관에 쓸 때
⑪ 本第入納(본제입납) : 부모에게 편지를 보낼 때 겉봉투에 자신의 이름을 쓰고 그 아래에 '本第入納'이라고 씀 = 본가입납(本家入納)

PART 09

적중예상문제 CHAPTER 01

※ 다음 문장에서 밑줄 친 한자어(漢字語)의 음(音)은 무엇인가?(01~14)

 01 교향악에서는 **指揮者**의 역할이 중요하다.

① 지휘자　　　　　② 운영자　　　　　③ 지시자　　　　　④ 연주자

> 해설
> • 指揮者(지휘자) : 指－가리킬 지, 揮－휘두를 휘, 者－놈 자
> ② 運營者 ③ 指示者 ④ 演奏者
>
> 답 ①

 02 최근 5, 6년 사이에 한국 **映畵**는 크게 성장했다.

① 서화　　　　　② 회화　　　　　③ 영화　　　　　④ 경제

> 해설
> • 映畵(영화) : 映－비출 영, 畵－그림 화
> ① 書畵 ② 繪畵 ④ 經齊
>
> 답 ③

 03 요즘은 대학 졸업자들도 **就職**하기 어렵다.

① 취업　　　　　② 취직　　　　　③ 성취　　　　　④ 졸업

> 해설
> • 就職(취직) : 就－이룰 취, 職－벼슬 직
> ① 就業 ③ 成就 ④ 卒業
>
> 답 ②

04 세상에는 참 奇妙한 인연도 많다.

① 신기   ② 우연   ③ 기묘   ④ 기구

> **해설**
> • 奇妙(기묘) : 奇 – 기특할 기, 妙 – 묘할 묘
> ① 神奇 ② 偶然 ④ 機具
>
> 답 ③

05 남의 말을 <u>額面</u> 그대로 믿어 준다.

① 전부   ② 사실   ③ 일면   ④ 액면

> **해설**
> • 額面(액면) : 額 – 이마 액, 面 – 낯 면
> ① 全部 ② 事實 ③ 一面
>
> 답 ④

06 주식 시장에서는 <u>豫測</u>이 빗나가는 경우가 많다.

① 예상   ② 예측   ③ 추측   ④ 추정

> **해설**
> • 豫測(예측) : 豫 – 미리 예, 測 – 잴 측
> ① 豫想 ③ 推測 ④ 推定
>
> 답 ②

07 바쁜 생활에 쫓기는 사람에게는 <u>閑暇</u>한 것이 도리어 불안하다.

① 곤궁   ② 곤란   ③ 한가   ④ 가난

> **해설**
> • 閑暇(한가) : 閑 – 한가할 한, 暇 – 겨를 가
> ① 困窮 ② 困難 ④ 家難
>
> 답 ③

08 어려서부터 <u>討議</u>하는 습관을 가지도록 가르칠 필요가 있다.

① 토의 　　　　　② 토론 　　　　　③ 의논 　　　　　④ 논의

> 해설
> • 討議(토의) : 討 – 칠 토, 議 – 의논할 의
> ② 討論 ③ 議論 ④ 論議
>
> 　　　　　　　　　　　　　　　　　　　　　　　　　　　　　　• 답 ①

09 음주 운전은 매우 <u>危險</u>하다.

① 급박 　　　　　② 위태 　　　　　③ 위험 　　　　　④ 위급

> 해설
> • 危險(위험) : 危 – 위태할 위, 險 – 험할 험
> ① 急迫 ② 危殆 ④ 危急
>
> 　　　　　　　　　　　　　　　　　　　　　　　　　　　　　　답 ③

10 요즘 등산로에는 <u>階段</u>이 너무 많다.

① 계단 　　　　　② 계층 　　　　　③ 계급 　　　　　④ 계곡

> 해설
> • 階段(계단) : 階 – 섬돌 계, 段 – 구분 단
> ② 階層 ③ 階級 ④ 溪谷
>
> 　　　　　　　　　　　　　　　　　　　　　　　　　　　　　　답 ①

11 도심의 교통은 하루 종일 <u>混雜</u>하다.

① 혼잡 　　　　　② 복잡 　　　　　③ 혼란 　　　　　④ 혼미

> 해설
> • 混雜(혼잡) : 混 – 섞을 혼, 雜 – 섞일 잡
> ② 複雜 ③ 昏亂 ④ 昏迷
>
> 　　　　　　　　　　　　　　　　　　　　　　　　　　　　　　답 ①

12 기업은 <u>營利</u>만을 목적으로 하는 것은 아니다.

① 이익   ② 영리   ③ 영업   ④ 영예

> 해설
> • 營利(영리) : 營 - 경영할 영, 利 - 이로울 리
> ① 利益 ③ 營業 ④ 榮譽
>
> 답 ②

13 요즘은 컴퓨터로 수첩을 <u>整理</u>한다.

① 정치   ② 정기   ③ 정리   ④ 정돈

> 해설
> • 整理(정리) : 整 - 가지런할 정, 理 - 다스릴 리
> ① 政治 ② 定期 ④ 整頓
>
> 답 ③

14 법치란 <u>刑罰</u>로 다스리는 정치라 할 수 있다.

① 체벌   ② 형벌   ③ 형소   ④ 형사

> 해설
> • 刑罰(형벌) : 刑 - 형벌 형, 罰 - 죄 벌
> ① 體罰 ③ 刑訴 ④ 刑事
>
> 답 ②

※ 다음 문장에서 밑줄 친 한자어(漢字語)의 뜻풀이로 적절한 것은?(15~19)

15 <u>天地</u> 간에 형제는 우리 둘 뿐이다.

① 부모   ② 위와 아래   ③ 자연   ④ 온 세상

> 해설
> • 天地(천지) : 하늘과 땅, 우주, 온 세상
>
> 답 ④

16 승자와 패자의 <u>明暗</u>이 엇갈린다.

① 운명 　　　　② 기쁨과 슬픔 　　　　③ 생명 　　　　④ 어두움

> 해설
> • 明暗(명암) : 밝음과 어둠, 기쁨과 슬픔, 행복과 불행
>
> 답 ②

17 상대방을 설득하기 위해서는 <u>蛇足</u>을 붙이지 말고 간략하게 자신의 주장을 피력하는 것이 필요하다.

① 설명 　　　　② 행동 　　　　③ 언어 　　　　④ 군더더기

> 해설
> • 蛇足(사족) : 뱀의 다리를 그림, 쓸데없는 군더더기, 안 해도 될 쓸데없는 일을 하다가 도리어 일을 그르침
>
> 답 ④

18 그가 실수하리라고 생각하는 것은 <u>杞憂</u>이다.

① 당연함 　　　　② 바라는 것 　　　　③ 쓸데없는 걱정 　　　　④ 갈등

> 해설
> • 杞憂(기우) : 기나라 사람이 하늘이 무너지지 않을까 근심했다는 고사에서 유래한 말로, 쓸데없는 걱정을 말함
>
> 답 ③

19 남의 약점을 잡고 돈을 요구하는 <u>似而非</u> 기자는 사라져야 한다.

① 겉은 유사하나 속은 다름 　　　　② 겉과 속이 같음
③ 논리가 정연한 　　　　④ 앞뒤가 맞지 않는

> 해설
> • 似而非(사이비) : 언뜻 보기에는 비슷하나 실은 다름
>
> 답 ①

※ 다음 문장에서 빈칸에 들어갈 가장 적절한 한자어(漢字語)는?(20~24)

20 필요한 것은 여유가 있을 때 미리 □□한다.

① 旅行   ② 思考   ③ 準備   ④ 建設

> 해설
> • 필요한 것은 여유가 있을 때 미리 準備(준비)한다.
>   ① 여행 ② 사고 ④ 건설
>
> 답 ③

21 사람이 많이 모이는 곳에서 □□이 발달한다.

① 商業   ② 危險   ③ 偶然   ④ 連絡

> 해설
> • 사람이 많이 모이는 곳에서 商業(상업)이 발달한다.
>   ② 위험 ③ 우연 ④ 연락
>
> 답 ①

22 인간의 □□ 중 도구를 사용하는 점은 다른 동물과 구별된다.

① 視力   ② 顏色   ③ 特性   ④ 頭腦

> 해설
> • 인간의 特性(특성) 중 도구를 사용하는 점은 다른 동물과 구별된다.
>   ① 시력 ② 안색 ④ 두뇌
>
> 답 ③

23 미래 사회에서의 직업에는 고도의 □□과 지식, 창의력 및 잘 훈련된 정신능력을 갖춘 사람이 요구될 것이다.

① 業績   ② 技術   ③ 肉身   ④ 記念

> 해설
> • 미래 사회에서의 직업에는 고도의 技術(기술)과 지식, 창의력 및 잘 훈련된 정신능력을 갖춘 사람이 요구될 것이다.
>   ① 업적 ③ 육신 ④ 기념
>
> 답 ②

24 몸 속에 들어간 음식은 일정한 □□과정을 거쳐 흡수된다.

① 監督   ② 缺乏   ③ 醫院   ④ 消化

 • 몸 속에 들어간 음식은 일정한 消化(소화) 과정을 거쳐 흡수된다.
① 감독 ② 결핍 ③ 의원

답 ④

※ 밑줄 친 한자어(漢字語)의 한자표기(表記)가 바르지 <u>않은</u> 것은?(25~30)

25 미래 사회에서는 직장 만능주의로부터 벗어나 가정과 자기 생활을 즐기려는 경향, ① <u>生活</u>의 질을 ② <u>追究</u>하는 경향이 가속화되고, 생존보다는 생활을 위한 ③ <u>勞動</u>이 ④ <u>重視</u>될 것이다.

해설 • 追究 → 追求(추구)
① 생활 ③ 노동 ④ 중시

답 ②

26 ① <u>祖國</u>의 통일을 앞당기기 위해서는 남북 ② <u>相好</u>간의 ③ <u>信賴</u>회복이 무엇보다 ④ <u>必要</u>하다.

해설 • 相好 → 相互(상호)
① 조국 ③ 신뢰 ④ 필요

답 ②

27 가상현실은 ① <u>實際</u>와 같은 조건과 ② <u>常況</u>을 만들어 사람의 대응에 따라 서로 다른 다양한 ③ <u>結果</u>를 알 수 있으며, 여러 위험 상황에 대한 ④ <u>訓練</u>이 가능하다는 이점이 있다.

해설 • 常況 → 狀況(상황)
① 실제 ③ 결과 ④ 훈련

답 ②

28 기후변화와 대기 ① <u>汚染</u>에 대한 해결책으로 ② <u>風力</u>과 ③ <u>太陽力</u> 등 자연에너지를 ④ <u>蹟極</u> 개발해야 할 것이다.

> **해설**
> • 蹟極 → 積極(적극)
> ① 오염 ② 풍력 ③ 태양력
>
> 답 ④

29 교활한 사람은 ① <u>學聞</u>을 경멸하고 ② <u>單純</u>한 사람은 학문을 ③ <u>讚揚</u>하며 ④ <u>賢明</u>한 사람은 학문을 이용한다.

> **해설**
> • 學聞 → 學問(학문)
> ② 단순 ③ 찬양 ④ 현명
>
> 답 ①

30 주술과 ① <u>帝師</u>를 맡아서 신에게 계시받은 내용을 사람들에게 전하는 자를 샤먼이라고 하며, 모든 ② <u>祈願</u>과 ③ <u>慾望</u>을 성취시키며, ④ <u>災殃</u>과 액운을 물리친다고 믿는 신앙이 샤머니즘이다.

> **해설**
> • 帝師 → 祭祀(제사)
> ② 기원 ③ 욕망 ④ 재앙
>
> 답 ①

※ 다음 문장에서 밑줄 친 단어(單語)를 한자(漢字)로 바르게 쓴 것은?(31~38)

31 우리 어머니는 중학교 <u>교사</u>이셨다.

① 校監   ② 教師   ③ 教士   ④ 校舍

> **해설**
> • 教師(교사) : 教－가르칠 교, 師－스승 사
>
> 답 ②

32 요즘은 인터넷에서도 물건 <u>매매</u>가 이루어진다.

① 賣昧   ② 每每   ③ 昧昧   ④ 賣買

 • 賣買(매매) : 賣-팔 매, 買-살 매

답 ④

33 모두가 함께 편하기 위해서 <u>규칙</u>을 잘 지켜야 한다.

① 法則   ② 基準   ③ 規則   ④ 規凡

 • 規則(규칙) : 規-법 규, 則-법칙 칙

답 ③

34 부산은 우리나라에서 제일 큰 <u>항구</u>다.

① 港口   ② 港區   ③ 巷口   ④ 巷區

 • 港口(항구) : 港-항구 항, 口-입 구

답 ①

35 이번 방학에는 시골 사는 친구 집을 <u>방문</u>할 생각이다.

① 榜文   ② 謗問   ③ 訪問   ④ 方文

 • 訪問(방문) : 訪-찾을 방, 問-물을 문

답 ③

36 초창기 <u>방송</u>은 거의가 생방송이었다.

① 防送　　　　　② 放誦　　　　　③ 放映　　　　　④ 放送

> **해설**
> • 放送(방송) : 放 – 놓을 방, 送 – 보낼 송
>
> 답 ④

37 부모님 <u>은혜</u>에 보답하려는 마음가짐이 중요하다.

① 恩德　　　　　② 恩惠　　　　　③ 銀惠　　　　　④ 報恩

> **해설**
> • 恩惠(은혜) : 恩 – 은혜 은, 惠 – 은혜 혜
>
> 답 ②

38 열심히 사는 사람은 <u>운명</u>을 탓하지 않는다.

① 運數　　　　　② 雲命　　　　　③ 運名　　　　　④ 運命

> **해설**
> • 運命(운명) : 運 – 돌 운, 命 – 목숨 명
>
> 답 ④

※ 다음 문장에서 밑줄 친 단어(單語)나 어구(語句)의 뜻을 가장 잘 나타낸 한자(漢字) 또는 한자어(漢字語)는?(39~43)

39 부모에게 불효하는 것은 자신에게 <u>부끄럽고 욕되는</u> 일이다.

① 慾心　　　　　② 恥辱　　　　　③ 致謝　　　　　④ 慾望

> **해설**
> • 恥辱(치욕) : 부끄럽고 욕되는 일. 수치와 모욕
>
> 답 ②

40 늦잠 때문에 열차를 놓친 것은 <u>어쩔 수 없는</u> 일이었다.

① 後悔   ② 面目   ③ 甘受   ④ 荒唐

> **해설**
> • 甘受(감수) : 달게 받음. 주어진 일을 어쩔 수 없는 일이라고 생각하고 받아들임
>
> 답 ③

41 고속도로 주변에 개나리가 <u>활짝 피었다.</u>

① 滿開   ② 晩秋   ③ 開發   ④ 未開

> **해설**
> • 滿開(만개) : 꽃이 활짝 핌
>
> 답 ①

42 취업박람회에는 전국에서 수많은 사람들이 <u>구름처럼 모여</u> 들었다.

① 集合   ② 往來   ③ 降臨   ④ 雲集

> **해설**
> • 雲集(운집) : 구름처럼 많이 모임
>
> 답 ④

43 수도권의 인구는 <u>해마다 점점 증가하고 있다.</u>

① 減少   ② 增發   ③ 漸增   ④ 漸減

> **해설**
> • 漸增(점증) : 점점 증가함. 점점 늘어남
>
> 답 ③

※ 다음 글을 읽고 물음에 답하시오(44~48).

> 우리 ㉠ 조상들은 자연과 사람을 ㉡ 하나로 여겼다. 부처님까지도 자연 그 자체로 ㉢ 생각했음을 보여주는 대목이 삼국유사에 나온다. 그러나 지금은 어떤가. 개발이라는 미명 아래 자연은 파괴되고 문화재는 ㉣ 송두리째 없어지고 있으며 자연과 하나인 사람마저 파괴되고 있다.
>
> 조상이 남겨주신 문화재를 소중히 여기고 전통문화에 깊고 든든한 뿌리를 내린 민족만이 독창적인 아름다움을 창출할 수 있다. 그래야만 문화가 중심이 되는 21세기를 ㉤ 이끌어 나갈 수 있을 것이다.

44 ㉠의 한자 표기가 바른 것은?

① 祖上   ② 祖相   ③ 朝上   ④ 朝祥

<blockquote>
해설

• 祖上(조상) : 祖 - 조상 조, 上 - 윗 상

답 ①
</blockquote>

45 ㉡의 뜻을 가장 잘 나타낸 것은?

① 分離   ② 同體   ③ 全體   ④ 分體

<blockquote>
해설

• 同體(동체) : 한 몸, 같은 물체, 一心同體(일심동체)

답 ②
</blockquote>

46 ㉢의 뜻을 가진 것은?

① 事   ② 生   ③ 思   ④ 歡

<blockquote>
해설

• 思 : 생각할 사

답 ③
</blockquote>

47 ㉣의 뜻을 가장 잘 나타낸 것은?

① 博 ② 鎭 ③ 洞 ④ 全

>
> • 全 : 온전할 전, 완전히 → 全部(전부)
>
> 답 ④

48 ㉤의 뜻을 가장 잘 나타낸 것은?

① 主張 ② 主演 ③ 主唱 ④ 主導

> • 主導(주도) : 주장이 되어 이끌어 나감
>
> 답 ④

※ 다음 글을 읽고 물음에 답하시오(49~53).

사람은 사회적 존재이다. 사람이 사회생활을 제대로 누려 나가기 위해서는 ㉠ 끊임없이 다른 사람들과 어울려야 한다.

사람과 사람의 어울림에서 가장 중요한 역할을 하는 것은 언어이다. 언어는 생각과 느낌을 전달해 주는 ㉡ 道具로써, 사람들 사이의 관계를 형성시켜 줄 뿐만 아니라, 사회를 보존하고 발전시키는 역할을 한다.

만일에 모든 사람이, 집안 식구들이나 이웃 사람들과 단 하루라도 말을 하지 않고 지낸다고 가정해보자. 나아가서 온 세계 인류가 하루동안 완전히 의사소통을 중지한다고 생각해 보자. 아침에 일어나 꿀 먹은 벙어리처럼 멀뚱멀뚱 쳐다만 본다. 텔레비전도 라디오도 침묵을 지킨다. 물론 전화통도 울리지 않고 신문도 ㉢ 배달되지 않는다. 이처럼 인간 사회에서 언어가 사라지고 나면 결국 인간의 모든 ㉣ 활동이 마비되고 정지된다는 것을 우리는 쉽게 짐작할 수 있다.

그러면 이처럼 인간 생활의 기본 ㉤ 條件이 되는 언어를 우리는 얼마만큼 주의 깊게 관찰했으며, 또 조심스럽게 다루어 왔는가? 우리 주변에서 늘 사용하고 있는 말을 들어보면, 잘못된 표현이 의외로 많다.

49 ㉠의 뜻을 가진 것은?

① 繼 ② 斷 ③ 重 ④ 吸

>
> • 繼 : 이을 계(잇다, 이어나가다)
>
> 답 ①

50 ㉡의 독음이 바른 것은?

① 수기   ② 도패   ③ 도구   ④ 도기

> **해설**
> • 道具(도구) : 道 – 길 도, 具 – 갖출 구
>
> 답 ③

51 ㉢의 한자 표기가 바른 것은?

① 排達   ② 倍達   ③ 配達   ④ 培達

> **해설**
> • 配達(배달) : 물건을 가져다 전달함
>
> 답 ③

52 ㉣의 한자 표기가 바른 것은?

① 活同   ② 滑動   ③ 活童   ④ 活動

> **해설**
> • 活動 : 活 – 살 활, 動 – 움직일 동
>
> 답 ④

53 ㉤의 독음이 바른 것은?

① 요건   ② 조건   ③ 조목   ④ 조직

> **해설**
> • 條件(조건) : 條 – 가지 조, 件 – 사건 건
>
> 답 ②

※ 다음 글을 읽고 물음에 답하시오(54~57).

> 과학 기술 문명 위주의 20세기가 ㉠ 막을 내리고 새로운 가치관의 정립이 시급한 새 시대를 맞아 우리는 무거운 사명감에 빠진다. 지난 한 세기를 어떻게 ㉡ 評價하고, 다가오는 시대를 어떠한 ㉢ 情神과 방향으로 자리잡게 할 것인가 하는 과제가 바로 우리에게 주어져 있기 때문이다. 대학의 존재 가치를 살리는 일도, 조국과 민족의 장래를 설계하는 일도, 나아가 인류 문화의 앞날을 ㉣ 透視하고 바람직한 방향을 ㉤ 摸索하는 일도 모두 우리의 숙제가 아닐 수 없는 것이다. 그 과제들을 해결하는 과정에 사회과학이나 자연과학은 물론 숱한 응용과학의 연구 성과들도 활용되어야 하겠지만, 우리는 한 세기 전과 다름없이 세속적인 ㉥ 名譽나 보수를 생각하지도 않고, 국가와 사회단체의 지원을 고려하지도 않을 것이며, 오직 이것이 우리에게 부여된 천직이란 ㉦ 소명의식만으로 최선을 다할 뿐이다.

54 ㉠의 뜻을 가진 것은?

① 始   ② 急   ③ 終   ④ 緩

 해설
• 終 : 끝날 종(끝나다, 다되다, 종말, 마침내)

답 ③

55 ㉡의 독음이 바른 것은?

① 평론   ② 평가   ③ 평정   ④ 평균

해설
• 評價(평가) : 評－품평 평, 價－값 가

답 ②

56 ㉢~㉥ 중 한자 표기가 바르지 않은 것은?

① ㉢ 情神   ② ㉣ 透視   ③ ㉤ 摸索   ④ ㉥ 名譽

해설
• 情神 → 精神(정신)
② 투시 ③ 모색 ④ 명예

답 ①

57 Ⓐ의 '소'자의 한자 표기가 바른 것은?

① 昭　　　　　② 所　　　　　③ 少　　　　　④ 召

> 해설
> • 召 : 부를 소 → 召命(소명)
>
> 정답 ④

※ 다음 글을 읽고 물음에 답하시오(58~63).

> 　우리나라 문인 중에는 이와 같이 어휘 ㉠ 사용에 부주의와 무책임을 ㉡ 범하는 이가 있다. 이것은 매우 작다면 작은 문제이지만, 결코 ㉢ 지나쳐 볼 일은 못된다. ㉣ 門人은 언어구사에 있어서 그 언어를 사용하는 일반국민에 대하여 큰 ㉤ 責任감을 느끼지 않으면 안 될 것이다. 언어는 매우 소중한 것으로서 그것을 잘 사랑하고 ㉥ 報護하고 하여야 할 것이다. 언어는 다만 사람들 사이에 사상이나 감정을 전달하는 수단이 될 뿐 아니라 그 국민의 정신을 함양하는 재료인 동시에 ㉦ 皆人의 인격을 도야하는 ㉧ 재료도 되는 것이다. 그러므로 그 언어는 곧 그 국민 내지 민족의 품성의 선, 불선을 ㉨ 規定하게 되는 것이다. 그러므로 그 언어를 이용하여 문학적 작품을 창작하는 문인은 언어에 대하여 가장 ㉩ 嚴叔하고 경건한 태도를 취하지 않으면 안 된다. 사람은 ㉪ 결국 언어 속에 나서 언어 속에서 살다가 마침내 언어 속에 죽는 것이기 때문에 그 일생을 통하여 언어로부터 받는 影響은 ㉫ 莫大한 것이다.

58 ㉠의 한자 표기가 바른 것은?

① 使用　　　　② 私用　　　　③ 社用　　　　④ 使容

> 해설
> • 사용(使用) : 使-부릴 사, 用-쓸 용
>
> 정답 ①

59 ㉡의 뜻을 가진 것은?

① 範　　　　　② 凡　　　　　③ 負　　　　　④ 犯

> 해설
> • 犯 : 범할 범(범하다, 어긋나다)
> ① 範 : 법 범
> ② 凡 : 무릇 범, 평범할 범
> ③ 負 : 짐질 부
>
> 정답 ④

이론 — 문제 — 기출 —

60 ㉢의 뜻을 가장 잘 나타낸 것은?

① 經過   ② 干涉   ③ 看過   ④ 觀望

> **해설**
> • **看過(간과)** : 대충 보아 넘김
> ① **經過(경과)** : 시간이 지나감
> ② **干涉(간섭)** : 남의 일에 참견함
> ④ **觀望(관망)** : 멀리서 지켜봄
>
> 답 ③

61 ㉣~㉟의 한자 표기가 바른 것은?

① ㉣ 門人   ② ㉤ 責任   ③ ㉥ 報護   ④ ㉟ 皆人

> **해설**
> ㉣ 門人 → 文人(문인) ㉥ 報護 → 保護(보호) ㉟ 皆人 → 個人(개인)
>
> 답 ②

62 ◎의 '재'자와 같은 한자를 사용하는 것은?

① 再考   ② 在來   ③ 裁量   ④ 材質

> **해설**
> • **재료(材料)** : 材 – 재목 재, 料 – 헤아릴 료
>
> 답 ④

63 ㉧~㉪ 중 한자 표기가 바르지 않은 것은?

① ㉧ 規定   ② ㉨ 嚴叔   ③ ㉩ 結局   ④ ㉪ 莫大

> **해설**
> ㉨ 嚴叔 → 嚴肅(엄숙)
>
> 답 ②

※ 다음 글을 읽고 물음에 답하시오(64~70).

> 말이란 본디 우리의 의사를 교환하는 수단이라 합니다. 그러나 의사 교환의 수단에만 그치는 것은 아닙니다. 그 밖에 우리의 감정을 ㉠ 疏通시키는 큰 구실도 하는 것입니다. 감정이 소통되면 ㉡ 피차 간에 ㉢ 親熟한 교분이 생기고 이해가 성립합니다. 그리하여 不知不識中에 도타운 ㉣ 友情이 맺어집니다. 이러한 사실은 말이 통하지 않는 외국인과는 ㉤ 巷常 ㉥ 誤解와 충돌이 생기기 쉬우니 말이 통하게 되어 피차의 사정을 알고 난 연후에는 양해가 성립되어 사과하고, 서로 악수하고 서로 협조하는 아름다운 인정미를 ㉦ 발휘하게 되는 것만 보아도 쉽게 짐작할 수 있는 것입니다.
>
> 그러므로 한 종류의 ㉧ 共通된 언어를 사용하는 ㉨ 團體는 ㉩ 利害관계 이외에 감정적으로도 굳은 단결력이 생겨 큰 세력의 덩어리가 됩니다. 다시 말하면, 언어는 한 민족을 이루는 구성원 사이에 거멀못이 된다고 하겠습니다. 민족이란 ㉪ 血統이 같고 공통된 역사를 가졌으며 ㉫ 풍속과 ㉬ 습관이 같고 생활 감정이 비슷하다는 등의 여러 가지 특징을 가지지만 그중에서도 고유한 언어를 가졌다는 것이 무엇보다 뚜렷한 특징입니다.

64 ㉠의 독음이 바른 것은?

① 교통   ② 소통   ③ 유통   ④ 진정

> 해설
> • 疏通(소통) : 疏−트일 소, 通−통할 통
>
> 답 ②

65 ㉡의 한자 표기가 바른 것은?

① 彼此間   ② 彼差間   ③ 被此間   ④ 彼此干

> 해설
> • 彼此間(피차간) : 彼−저 피, 此−이 차, 間−사이 간
>
> 답 ①

66 ㉢~㉥ 중 한자 표기가 바르지 않은 것은?

① ㉢ 親熟   ② ㉣ 友情   ③ ㉤ 巷常   ④ ㉥ 誤解

> 해설
> ㉤ 巷常 → 恒常(항상)
>
> 답 ③

67 ⓧ의 한자 표기가 바른 것은?

① 發衛   ② 發揮   ③ 髮揮   ④ 發毁

> 해설
> • 發揮(발휘) : 發-쏠 발, 揮-휘두를 휘
>
> 답 ②

68 ◎~ㅋ의 독음이 바른 것은?

① ◎ 공동   ② ㅈ 전체   ③ ㅊ 이해   ④ ㅋ 혈족

> 해설
> ◎ 공통 ㅈ 단체 ㅋ 혈통
>
> 답 ③

69 ⓔ의 한자 표기가 바른 것은?

① 風屬   ② 豊俗   ③ 風俗   ④ 風速

> 해설
> • 風俗(풍속) : 風-바람 풍, 俗-풍속 속
>
> 답 ③

70 ⓟ의 '관'자의 한자 표기가 바른 것은?

① 冠   ② 寬   ③ 貫   ④ 慣

> 해설
> • 習慣(습관) : 習-익힐 습, 慣-버릇 관
> ① 冠 : 갓 관
> ② 寬 : 너그러울 관
> ③ 貫 : 꿸 관
>
> 답 ④

※ 다음 문장에서 밑줄 친 한자어(漢字語)의 음(音)은 무엇인가?(71~84)

71 예로부터 우리 민족은 <u>旱害</u>, 수해 등의 온갖 재앙을 막고 풍년을 기원하는 제천의식을 해 왔다.

① 조해   ② 간해   ③ 재해   ④ 한해

> **해설** • 旱害(한해) : 旱-가물 한, 害-해칠 해
>
> 답 ④

72 동학의 人乃天 사상은 '사람이 곧 하느님'이라는 뜻으로 하느님은 인간을 <u>超越</u>한 존재가 아닌 사람의 마음 속에 있는 존재로 보고 있다.

① 소망   ② 주재   ③ 초월   ④ 초대

> **해설** • 超越(초월) : 超-넘을 초, 越-넘을 월
>
> 답 ③

73 한 사회의 구성원들이 정상적인 것으로 인정하는 규범의 범위를 벗어난 행동을 <u>逸脫</u>행동이라고 한다.

① 일탈   ② 이탈   ③ 돌출   ④ 일출

> **해설** • 逸脫(일탈) : 逸-달아날 일, 脫-벗을 탈
>
> 답 ①

74 형은 두려움에 맞서 <u>勇敢</u>하게 싸웠습니다.

① 용기   ② 용맹   ③ 남감   ④ 용감

> **해설** • 勇敢(용감) : 勇-용맹할 용, 敢-감히 감
>
> 답 ④

75 동사 · 형용사 등 용언을 활용할 때 그 모양이 바뀌지 않는 부분을 **語幹**이라 한다.

① 언간   ② 어간   ③ 어근   ④ 어한

> 해설
> • 語幹(어간) : 語 – 말씀 어, 幹 – 줄기 간
>
> 답 ②

76 **爆破** 버튼을 누르자 15층 건물이 순식간에 무너져 내렸다.

① 폭파   ② 폭탄   ③ 폭발   ④ 폭죽

> 해설
> • 爆破(폭파) : 爆 – 터질 폭, 破 – 깨뜨릴 파
>
> 답 ①

77 사람들은 그대에게 비판을 요구한다. 그러나 그들은 사실상 **稱讚**을(를) 바라고 있을 뿐이다.

① 칭호   ② 칭송   ③ 칭찬   ④ 찬사

> 해설
> • 稱讚(칭찬) : 稱 – 일컬을 칭, 讚 – 기릴 찬
>
> 답 ③

78 학문의 최대의 적은 자기 마음속에 있는 **誘惑**이다.

① 미혹   ② 유감   ③ 호감   ④ 유혹

> 해설
> • 誘惑(유혹) : 誘 – 꾈 유, 惑 – 미혹할 혹
>
> 답 ④

79 결혼식을 **聲援**해주신 분들께 감사드립니다.

① 성원   ② 구원   ③ 지원   ④ 성취

> 해설
> • 聲援(성원) : 聲 – 소리 성, 援 – 도울 원
>
> 답 ①

80 팔만대장경은 몽골의 <u>侵入</u>을 불력으로 막으려는 의도에서 조판되었다.

① 잠입   ② 출입   ③ 침공   ④ 침입

> 해설
> • 侵入(침입) : 侵 − 침노할 침, 入 − 들 입
>
> 답 ④

81 콩트는 인생의 현상을 <u>寫實</u>적 묘사를 피하고 지적 요소와 오락적 요소를 가미한 작품을 말한다.

① 진실   ② 사실   ③ 사물   ④ 사무

> 해설
> • 寫實(사실) : 寫 − 베낄 사, 實 − 열매 실
>
> 답 ②

82 요즘 아파트는 <u>暖房</u>이 잘 되어 겨울에도 추위를 모른다.

① 온방   ② 난방   ③ 냉방   ④ 한방

> 해설
> • 暖房(난방) : 暖 − 따뜻할 난, 房 − 방 방
>
> 답 ②

83 그 남자의 <u>陰凶</u>한 속셈을 알고 있다.

① 음산   ② 음습   ③ 음흉   ④ 음침

> 해설
> • 陰凶(음흉) : 陰 − 응달 음, 凶 − 흉할 흉
>
> 답 ③

84 음식문화의 변화에 따라 우리의 <u>味覺</u>도 달라지는 것 같다.

① 촉각   ② 오각   ③ 감각   ④ 미각

> 해설
> • 味覺(미각) : 味 − 맛 미, 覺 − 깨달을 각
>
> 답 ④

※ 다음 문장에서 밑줄 친 한자어(漢字語)의 뜻풀이로 적절한 것은?(85~89)

85 독선과 독단에 빠져서 대사를 그르치는 일은 옛날부터 <u>非一非再</u>하였다.

① 극히 드문   ② 한두 번뿐임

③ 많지 않은   ④ 한두 번이 아님

• 非一非再(비일비재) : 한두 번이 아님. 즉 여러 번임

답 ④

86 그는 <u>傲然</u>한 태도를 가지며 위엄있는 음성으로 다가왔다.

① 방심한 태도   ② 오만한 태도

③ 순진한 태도   ④ 자신만만한 태도

• 傲然(오연) : 오만한 태도

답 ②

87 오늘 사무실에서 밀린 잡무 때문에 <u>景況</u>이 없었다.

① 여유나 형편   ② 흥미없는 상황

③ 놀라운 상황   ④ 당황스러운 상황

• 景況(경황) : 정신적 · 시간적인 여유나 형편

답 ①

88 우리집에서 버스정류장 사이의 거리는 <u>咫尺</u>이다.

① 아주 먼 거리   ② 걸어서 가는 거리

③ 아주 가까운 거리   ④ 멀지도 가깝지도 않은 거리

• 咫尺(지척) : 아주 가까운 거리

답 ③

89 여의도 <u>一帶</u>에는 고층 건물이 즐비하게 들어서고 있다.

① 제외한 곳   ② 그 근처

③ 비슷한 곳   ④ 지역의 전부

해설
- 一帶(일대) : 어느 지역의 전부, 일원(一圓)

답 ④

※ 다음 문장에서 빈칸에 들어갈 가장 적절한 한자어(漢字語)는?(90~94)

90 病은 □□을 알아야 제대로 고칠 수 있다.

① 病院   ② 原因   ③ 遠因   ④ 院長

해설
- 病(병)은 原因(원인)을 알아야 제대로 고칠 수 있다.
- ① 병원 ③ 원인 ④ 원장

답 ②

---

91 □□을(를) 잘 지키는 것이 사회생활의 기본이다.

① 安寧   ② 餘裕   ③ 賞罰   ④ 約束

해설
- 約束(약속)을 잘 지키는 것이 사회생활의 기본이다.
- ① 안녕 ② 여유 ③ 상벌

답 ④

---

92 지나친 물 □□를 자제하자.

① 消費   ② 節制   ③ 脫盡   ④ 生産

해설
- 지나친 물 消費(소비)를 자제하자.
- ② 절제 ③ 탈진 ④ 생산

답 ①

93 오랜 한자어의 실용 역사 속에서 한자의 국자화, 국어화 노력이 □□히 이어져 왔음을 확인하게 될 것이다.

① 危殆   ② 莫大   ③ 連綿   ④ 漸增

- 오랜 한자어의 실용 역사 속에서 한자의 국자화, 국어화 노력이 連綿(연면)히 이어져 왔음을 확인하게 될 것이다.
① 위태 ② 막대 ④ 점증

答 ③

94 요즘에는 꽃을 □□에서 키우므로 제철이 따로 없다.

① 道路   ② 溫暖   ③ 濕地   ④ 溫室

- 요즘에는 꽃을 溫室(온실)에서 키우므로 제철이 따로 없다.
① 도로 ② 온난 ③ 습지

答 ④

※ 다음 문장에서 밑줄 친 한자어(漢字語)의 한자표기(漢字表記)가 바르지 <u>않은</u> 것은?(95~100)

95 둘 중에서 하나가 ① <u>成立</u>되면 다른 하나는 ② <u>絕大</u>로 성립될 수 없는 ③ <u>關係</u>가 ④ <u>矛盾</u>이다.

- 絕大 → 絕對(절대)

答 ②

96 신춘 ① <u>文藝</u>는 작가를 뽑는 ② <u>登龍門</u>으로서의 ③ <u>機能</u>을 ④ <u>忠實</u>히 했다.

- 忠實 → 充實(충실)

答 ④

97 타인의 말을 자기의 ① <u>意見</u>인 양 말하지 말고 ② <u>附火雷同</u>하지 말며, 반드시 옛 ③ <u>聖賢</u>의 행동을 ④ <u>模範</u>으로 삼아야 한다.

> **해설**
> • 附火雷同 → 附和雷同(부화뇌동)
>
> 답 ②

98 메모하는 ① <u>習慣</u>은 ② <u>卽興</u>적인 생각이나 ③ <u>實踐</u>하고 싶은 이상안 등을 내가 ④ <u>望却</u>하지 않도록 도와주었다.

> **해설**
> • 望却 → 忘却(망각)
>
> 답 ④

99 충신들의 ① <u>刊切</u>한 충고를 ② <u>拒否</u>했던 군주들 대부분은 ③ <u>暴君</u>이란 ④ <u>汚名</u>을 남겼다.

> **해설**
> • 刊切 → 懇切(간절)
>
> 답 ①

100 ① <u>禽獸</u>는 날짐승과 길짐승의 뜻 외에도 ② <u>無禮</u>하고 ③ <u>推雜</u>한 ④ <u>行實</u>을 하는 사람이라는 뜻이다.

> **해설**
> • 推雜 → 醜雜(추잡)
>
> 답 ③

※ 다음 문장에서 밑줄 친 단어(單語)를 한자(漢字)로 바르게 쓴 것은?(101~108)

101 형제간의 우애가 <u>돈독</u>한 가정은 그만큼 화목하다.

① 敦獨　　② 豚篤　　③ 敦篤　　④ 敦督

해설
• 敦篤(돈독) : 敦 – 도타울 돈, 篤 – 도타울 독

답 ③

102 방송의 '골든아워'를 번역한 말은 황금시간대이다.

① 飜譯　　　　　② 煩譯　　　　　③ 番譯　　　　　④ 飜易

해설
• 飜譯(번역) : 飜 – 날 번, 譯 – 통변할 역

답 ①

103 유적한 산속에서 수도는 수도승은 담백한 성격의 소유자이다.

① 談白　　　　　② 擔白　　　　　③ 淡白　　　　　④ 淡百

해설
• 淡白(담백) : 淡 – 묽을 담, 白 – 흰 백

답 ③

104 교도의 중요성을 고취하면 범죄발생의 빈도가 낮아질 것이다.

① 高趣　　　　　② 鼓取　　　　　③ 稿吹　　　　　④ 鼓吹

해설
• 鼓吹(고취) : 鼓 – 북 고, 吹 – 불 취

답 ④

105 기지가 뛰어난 사람은 위기를 기회로 삼는 지혜가 있다.

① 知慧　　　　　② 智慧　　　　　③ 智惠　　　　　④ 志慧

해설
• 智慧(지혜) : 智 – 슬기 지, 慧 – 슬기로울 혜

답 ②

106 지진으로 붕괴된 건물에서 구조된 생존자는 이제야 <u>매몰</u> 당시의 충격으로부터 벗어나는 듯 했다.

① 買沒   ② 妹沒   ③ 埋沒   ④ 媒沒

> 해설
> • 埋沒(매몰) : 埋 – 묻을 매, 沒 – 가라앉을 몰
>
> 답 ③

107 붉은 물감으로 채색한 듯한 낙엽은 가을 산을 <u>장식</u>하는 소품이다.

① 粧植   ② 莊飾   ③ 葬式   ④ 粧飾

> 해설
> • 粧飾(장식) : 粧 – 단장할 장, 飾 – 꾸밀 식
>
> 답 ④

108 정부는 박학다식한 인재들을 <u>초빙</u>하여 국난극복의 방책을 모색하였다.

① 抄聘   ② 超聘   ③ 招聘   ④ 初聘

> 해설
> • 招聘(초빙) : 招 – 부를 초, 聘 – 찾아갈 빙
>
> 답 ③

※ 다음 문장에서 밑줄 친 단어(單語)나 어구(語句)의 뜻을 가장 잘 나타낸 한자(漢字) 또는 한자어(漢字語)는?(109~113)

109 갑작스러운 기온변화로 고속도로 주변에 <u>옅은 안개</u>가 끼었다.

① 農夫   ② 淡霧   ③ 農繁   ④ 淡墨

> 해설
> • 淡霧(담무) : 옅은 안개
> ① 농부 ③ 농번 ④ 담묵
>
> 답 ②

110 그 피의자는 범죄 <u>사실을 감추기</u> 위해 증거를 조작하였다.

① 恩師   ② 隱退   ③ 隱居   ④ 隱蔽

- 隱蔽(은폐) : 덮어 감추거나 가리어 숨김
  ① 은사 ② 은퇴 ③ 은거

답 ④

111 사람과 사람 사이의 신뢰 유지는 사회생활에서 <u>매우 중요하다.</u>

① 緊要   ② 緊張   ③ 緊急   ④ 緊迫

- 緊要(긴요) : 매우 중요함
  ② 긴장 ③ 긴급 ④ 긴박

답 ①

112 그는 어린 시절부터 외국어에 대한 관심이 매우 높아서 지금은 5개 국어를 <u>자유자재로 쓴다.</u>

① 口傳   ② 口述   ③ 具備   ④ 驅使

- 驅使(구사) : 자유자재로 다루어 씀
  ① 구전 ② 구술 ③ 구비

답 ④

113 일요일 오후 <u>낮잠</u>을 자고 있었는데 주변의 소란 때문에 잠이 깼다.

① 午時   ② 嗚泣   ③ 午睡   ④ 午後

- 午睡(오수) : 낮잠
  ① 오시 ② 오읍 ④ 오후

답 ③

※ 다음 글을 읽고 물음에 답하시오(114~117).

> 한국 사람들은 멋진 국기를 가지고 있습니다. 원과 선과 괘로써 이 세계에서 가장 완전한 철학을 ⊙ 구현하고 있는 것이 ⓒ 한국의 국기입니다. 그리고 그것은 아주 아름다운 이름을 가지고 있습니다. 거기에는 이 세상의 모든 양립되는 이원적 조화가 깃들어 있고 우주의 진리가 담겨 있습니다. 4방위, 더위와 ⓒ 추위, 선과 악, ⓔ 행복과 불행, 남자와 여자, 모든 인간의 조건이 대립적으로 한국의 국기에 담겨져 있습니다. 그것은 사각형의 조그만 형태이지만 거기서 나는 수많은 것을 배울 수 있었습니다.

114 ⊙의 한자 표기가 바른 것은?

① 具現   ② 俱現   ③ 具顯   ④ 求賢

 • 具現(구현) : 具－갖출 구, 現－나타날 현

답 ①

115 ⓒ에 해당하는 명칭으로 올바른 것은?

① 韓國旗   ② 星條旗   ③ 萬國旗   ④ 太極旗

 • 太極旗(태극기) : 太－클 태, 極－다할 극, 旗－기 기

답 ④

116 ⓒ의 뜻을 가진 것은?

① 暴   ② 暑   ③ 寒   ④ 旱

 • 寒 : 찰 한(차다, 차갑다)

답 ③

117 ㉣의 뜻에 해당하는 한자어를 가장 잘 나타낸 것은?

① 幸運   ② 不幸   ③ 禍福   ④ 幸福

> 해설
> • 禍福(화복) : 재앙과 복 → 吉凶禍福(길흉화복)
>
> 답 ③

※ 다음 글을 읽고 물음에 답하시오(118~123).

> ㉠ 근대화가 시작되면 사회 구조적 특징이 거의 정반대의 방향으로 ㉡ 바뀌게 된다. 사회 분화가 진행됨에 따라 사회 단위는 전체 사회가 하나의 생활 단위가 되어 크게 확대되며, 경제도 ㉢ 農耕 위주의 개인적 생존 경제에서 벗어나 공업 위주의 대량 생산, 대량 소비의 경제로 바뀌게 된다. 사회성원들은 그 직업과 거주지와 사회 경제적 지위의 변동을 심하게 경험하게 되고, 사회관계도 ㉣ 이질적인 개인들이 기능적으로 상호 의존 관계를 맺는 일이 더 많아지며, 과거처럼 혈연과 지연의 중요성이 강조되지 않게 되는 것이다. 그와 같은 사회 구조적 변동은 자연히 가치관에도 크게 변화를 일으켜 가족주의보다는 개인주의, 지방주의보다는 개방주의, 권위주의보다는 평등주의, 특수주의보다는 ㉤ 보편주의 등으로 바뀌게 되며, 사회관계에도 정의성, 인격성, 비공식성보다는 비정의성, 비인격성, 공식성이 더욱 강조되는 등의 변화가 일어난다.
> …(중략)…
> 이와 같은 전통사회의 해체는 물론 새롭게 변화하는 사회 구조에 대해서 전통적인 문화가 당면하게 되는 적합성의 위기에서 초래되는 것이다. 수백 년 내의 생활 양식으로 유지되었던 전통 사회의 문화가 사회 구조 변화의 속도에 맞먹을 정도로 신속하게 변화할 수는 없다. 그에 따라 근대화 추진 엘리트들은 변화하는 사회 구조와의 ㉥ 相衝성이 가장 많은 (또는 새로운 사회 구조에 대한 적합이 가장 적은) 유형부터 집중적으로 공격함으로써 전통적인 문화의 해체를 촉진하기도 한다.

118 ㉠의 한자어로 올바른 것은?

① 近代   ② 勤代   ③ 近貸   ④ 近帶

> 해설
> • 近代(근대) : 近 - 가까울 근, 代 - 대신할 대
>
> 답 ①

119 ⓛ의 뜻을 가진 한자어는?

① 夷   ② 易   ③ 譯   ④ 着

> **해설**
> • 易 : 바꿀 역(바꾸다, 고치다, 교환하다)
>
> 답 ②

120 ⓒ의 독음이 바른 것은?

① 농정   ② 농경   ③ 농업   ④ 농민

> **해설**
> • 農耕(농경) : 農 – 농사 농, 耕 – 밭갈 경
>
> 답 ②

121 ⓔ의 한자 표기가 바른 것은?

① 二質   ② 異姪   ③ 里質   ④ 異質

> **해설**
> • 異質(이질) : 성질이 틀림. 남달리 빼어난 재주 ⇔ 同質(동질)
>
> 답 ④

122 ⓜ의 한자 표기가 바른 것은?

① 保遍   ② 普扁   ③ 普遍   ④ 保便

> **해설**
> • 普遍(보편) : 普 – 널리 보, 遍 – 두루 편
>
> 답 ③

123 ⓗ의 독음이 바른 것은?

① 상성   ② 상이   ③ 상형   ④ 상충

> **해설**
> • 相衝(상충) : 相 – 서로 상, 衝 – 찌를 충
>
> 답 ④

※ 다음 글을 읽고 물음에 답하시오(124~127).

당시 유의태는 의술이 뛰어나 귀신처럼 병을 잘 고친다고 ㉠ 널리 알려져 있었다. 그는 ㉡ 醫術이 뛰어날 뿐 아니라 학식이 깊고 품성이 호탕하여 모든 사람들이 ㉢ 尊敬하고 있었다. 유의태는 늘 해진 옷을 입고 헌 갓을 쓰고 산천을 ㉣ 遊覽하면서 자신의 의술을 널리 폈다. 가난하고 ㉤ 無智한 백성들에게는 유의태야말로 구세주가 아닐 수 없었다.

그동안 자기의 뜻을 이루게 할 수 있는 사람을 구하던 유의태는 허준을 보자 곧 그가 ㉥ 適當한 인물임을 알아챘다. 그는 허준을 마치 자기의 ㉦ 분신인 것처럼 아껴 주었다. 허준은 유의태를 스승으로 받들게 되자 스승을 통해 의술을 배워 더 큰 이상을 실현시키리라 마음속으로 다짐했다.

124 ㉠의 뜻을 가진 것은?

① 有望　　　　　② 無名　　　　　③ 有明　　　　　④ 有名

 해설 ・有名(유명) : 세상에 이름이 널리 알려져 있음

답 ④

125 ㉡의 독음이 바른 것은?

① 마술　　　　　② 예술　　　　　③ 의술　　　　　④ 인술

 해설 ・醫術(의술) : 醫－의원 의, 術－꾀 술

답 ③

126 ㉢~㉥ 중 한자 표기가 바르지 않은 것은?

① ㉢ 尊敬　　　② ㉣ 遊覽　　　③ ㉤ 無智　　　④ ㉥ 適當

해설 ㉤ 無智 → 無知(무지)

답 ③

127 Ⓐ의 '분'자의 한자 표기가 바른 것은?

① 紛 ② 分 ③ 奔 ④ 墳

• 分身(분신) : 分 - 나눌 분, 身 - 몸 신

답 ②

※ 다음 글을 읽고 물음에 답하시오(128~133).

글을 쓰는 것은 자기의 과거와 현재를 기록하고 장래를 위하여 인생의 ㉠ 이정표를 세우는 알뜰한 작업이다. 글을 쓴다는 것은, 자기 자신의 헝클어지고 흐트러진 감정을 가라앉힘으로써 다시 ㉡ 고요한 자신으로 돌아오는 묘방(妙方)이기도 하다. 분노와 슬픔과 ㉢ 괴로움은 하나의 객관적인 사실로 떠오르고, 나는 거기서 한 발 떨어진 자리에서 그것들을 바라보는, 마음의 ㉣ 餘裕를 가지게 될 것이다.

안으로 자기를 ㉤ 庭頓하기 위하여 쓰는 글은, 쓰고 싶을 때에 쓰고 싶은 말을 쓴다. 아무도 나의 붓대의 길을 가로막거나 ㉥ 干涉하지 않는다. 스스로 하고 싶은 바를 아무에게도 ㉦ 披害를 주지 않고 할 수 있는 일, 따라서 그것은 즐거운 작업이다.

스스로 좋아서 쓰는 글은 본래 상품(商品)이나 매명(賣名)을 위한 수단(手段)도 아니다. 그것은 자기 자신이 읽기 위한 것이요, 간혹 자기와 절친한 가까운 벗을 독자로 ㉧ 예상할 경우도 없지 않으나, 본래 ㉨ 低俗한 이해와는 관계가 없는 ㉩ 風流가들의 예술인 것이다. 따라서 그것은 ㉪ 顧尙한 ㉫ 趣味의 하나로 헤아려진다.

128 ㉠의 한자 표기가 바른 것은?

① 里程標 ② 里程票 ③ 異程標 ④ 里定標

• 里程標(이정표) : 里 - 마을 이(리), 程 - 단위 정, 標 - 표 표

답 ①

129 ㉡의 뜻을 가진 것은?

① 擾 ② 跡 ③ 寂 ④ 亂

• 寂 : 고요할 적 → 寂寞(적막)

답 ③

130 ©의 뜻을 가장 잘 나타낸 것은?

① 孤獨　　　　　② 告白　　　　　③ 苦悶　　　　　④ 固定

> 해설
> • 苦悶(고민) : 괴로워하고 번민함
>
> 답 ③

131 ⓔ~ⓢ 중 한자 표기가 바른 것은?

① ⓔ 餘幽　　　② ⓜ 庭頓　　　③ ⓑ 干涉　　　④ ⓢ 披害

> 해설
> ⓔ 餘幽 → 餘裕(여유)
> ⓜ 庭頓 → 整頓(정돈)
> ⓢ 披害 → 被害(피해)
>
> 답 ③

132 ◎의 '예'자와 같은 한자를 사용하는 것은?

① 預金　　　　　② 豫防　　　　　③ 藝術　　　　　④ 例規

> 해설
> • 豫想(예상) : 豫 – 미리 예, 想 – 생각할 상
>
> 답 ②

133 ⓩ~ⓔ 중 한자 표기가 바르지 <u>않은</u> 것은?

① ⓩ 低俗　　　② ⓩ 風流　　　③ ⓚ 顧尙　　　④ ⓔ 趣味

> 해설
> ⓚ 顧尙 → 高尙(고상)
>
> 답 ③

※ 다음 글을 읽고 물음에 답하시오(134~140).

우리는 대체로 머리끝에서 발끝까지를 서양식으로 꾸미고 있다. "목은 잘라도 머리털은 못 자른다."고 하던 구한말의 ① 悲憤강개를 잊은 지 오래다. 외양뿐 아니라, 우리가 ⓒ 신봉하는 종교, 우리가 따르는 사상, 우리가 즐기는 예술, 이 모든 것이 대체로 서양적인 것이다. 우리가 연구하는 학문 또한 예외가 아니다. 피와 뼈와 살을 조상에게서 물려받았을 뿐, 문화라고 일컬을 수 있는 거의 모든 것이 서양에서 전수된 것들인 듯싶다. 이러한 현실을 앞에 놓고서 민족문화의 ⓒ 傳統을 찾고 이를 ② 繼承하자고 한다면, 이것은 시대 ⑩ 捉誤적인 ⑭ 排他주의나 국수주의로 ⊗ 誤認되기에 꼭 알맞은 이야기가 될 것 같다.

…(중략)…

전통은 물론 과거로부터 이어 온 것을 말한다. 이 전통은 대체로 그 사회 및 그 사회의 구성원인 개인의 몸에 배어있는 것이다. 그러므로 스스로 깨닫지 못하는 사이에 전통은 우리의 현실에 ⊙ 作用하는 ㉔ 境遇가 있다. 그러나 과거에서 이어 온 것을 무턱대고 모두 전통이라고 한다면, ㉕ 因襲이라는 것과의 구별이 서지 않을 것이다. 우리는 인습을 버려야 할 것이라고는 생각하지만, 계승해야 할 것이라고는 생각하지 않는다. 여기서 우리는 과거에서 이어 온 것을 객관화하고, 이를 ㉖ 비판하는 입장에 서야 할 필요를 느끼게 된다. 그 비판을 통해서 현재의 문화 창조에 이바지할 수 있다고 생각되는 것만을 우리는 전통이라고 불러야 할 것이다. 이같이 전통은 인습과 구별될 뿐더러, 또 단순한 ㉗ 유물과도 구별되어야 한다. 현재에 문화 ㉘ 창조와 관계가 없는 것을 우리는 문화적 전통이라고 부를 수가 없기 때문이다.

134 ㉠의 독음이 바른 것은?

① 애분　　　　② 비분　　　　③ 비보　　　　④ 비고

> 해설
> • 悲憤(비분) : 悲–슬플 비, 憤–분할 분 → 悲憤慷慨(비분강개)
>
> 답 ②

135 ⓒ의 한자 표기가 바른 것은?

① 信奉　　　　② 信封　　　　③ 神鳳　　　　④ 信蜂

> 해설
> • 信奉(신봉) : 믿고 받듦
>
> 답 ①

136 ⓒ~㉖ 중 한자 표기가 바르지 않은 것은?

① ⓒ 傳統　　　② ② 繼承　　　③ ⑩ 捉誤　　　④ ㉔ 排他

답 ③

137 ⓐ~ⓔ 중 독음이 바른 것은?

① ⓐ 인식   ② ⓞ 적용   ③ ⓩ 이유   ④ ⓩ 인습

해설 ⓐ 오인 ⓞ 작용 ⓩ 경우

답 ④

138 ㉠의 한자 표기가 바른 것은?

① 批販   ② 比版   ③ 批判   ④ 比判

해설 • 批判(비판) : 批－비평할 비, 判－판단할 판

답 ③

139 ㉣의 한자 표기가 바른 것은?

① 有物   ② 留物   ③ 遺物   ④ 唯物

해설 • 遺物(유물) : 사후에 남겨진 물건, 유품

답 ③

140 ㉤의 '창'자의 한자 표기가 바른 것은?

① 創   ② 倉   ③ 唱   ④ 暢

해설 • 創造(창조) : 創－비롯할 창, 造－지을 조

답 ①

02

주제별 한자성어

(1) 효(孝)

① 昏定晨省(혼정신성) : 조석으로 부모의 안부를 물어 살핌
② 反哺之孝(반포지효) : 자식이 자라서 어버이의 은혜에 보답하는 효성
③ 反哺報恩(반포보은) : 자식이 부모가 길러 준 은혜를 갚음
④ 班衣之戲(반의지희) : 부모를 위로하려고 색동저고리를 입고 기어가 보임
⑤ 出告反面(출고반면) : 밖에 나갈 때 가는 곳을 반드시 아뢰고, 되돌아와서는 반드시 얼굴을 보여 드림 – 出必告反必面(출필고반필면)
⑥ 昊天罔極(호천망극) : 끝없는 하늘과 같이 부모의 은혜가 크다는 것을 말함
⑦ 望雲之情(망운지정) : 고향의 부모를 생각하는 마음
⑧ 冬溫夏情(동온하정) : 부모에 효도함, 겨울은 따뜻하게 여름은 시원하게 해드림
⑨ 陸績懷橘(육적회귤) : 육적이 귤을 가슴에 품음
⑩ 百里負米(백리부미) : 백 리나 되는 먼 곳에서 쌀을 짐, 가난하지만 부모를 봉양함
⑪ 風樹之嘆(풍수지탄) : 효에 대한 탄식
⑫ 伯俞之孝(백유지효) : 韓伯俞(한백유)는 어머니로부터 종아리를 맞아도 아프지 않다 하여 어머니의 노쇠함을 탄식함 – 伯俞泣杖(백유읍장)
⑬ 鴇羽之嘆(보우지탄) : 백성이 전쟁터나 부역에 끌려가 어버이의 봉양을 다하지 못함을 탄식함

(2) 우정(友情)

① 金石之交(금석지교) : 쇠와 돌처럼 굳은 사귐
② 肝膽相照(간담상조) : 간과 쓸개가 가깝듯이 서로 마음을 터놓고 사귐
③ 膠漆之交(교칠지교) : 아교와 옻칠처럼 끈끈한 사귐
④ 刎頸之交(문경지교) : 자기의 목을 베어 줄 정도로 친한 사이나 벗
⑤ 金蘭之交(금란지교) : 쇠처럼 날카롭고 난초처럼 향기 나는 친구 사이
⑥ 芝蘭之交(지란지교) : 영지와 난초의 향기로운 향기 같은 벗 사이의 교제
⑦ 斷金之交(단금지교) : 매우 우정이 두터운 사이의 교제
　　– 其利斷金(기리단금), 其臭如蘭(기취여란)
⑧ 布衣之交(포의지교) : 곤경한 상황에서 사귄 친구
⑨ 知音知己(지음지기) : 악기 소리만 듣고도 내 마음을 알아주는 친구
　　– 同心之言(동심지언), 腹心之友(복심지우)
⑩ 貧賤之交(빈천지교) : 가난하고 어려운 때의 친구
⑪ 伯牙絶絃(백아절현) : 자기를 알아주는 참다운 벗의 죽음을 슬퍼함

⑫ 竹馬故友(죽마고우) : 어릴 때부터 같이 놀며 자란 친한 벗
   – 竹馬舊誼(죽마구의)

⑬ 水魚之交(수어지교) : 고기가 물을 떠나서는 잠시도 살 수 없는 것과 같은 관계
   – 魚水之親(어수지친), 猶魚有水(유어유수), 風雲之會(풍운지회)

⑭ 綈袍戀戀(제포연연) : 벗이 추위에 떠는 것을 보고 두껍게 짠 비단옷을 줌

⑮ 讓棗推梨(양조추리) : 대추와 배를 서로 권하고 사양함

(3) 원수지간(怨讐之間)

① 氷炭不相容(빙탄불상용) : 얼음과 숯은 서로 용납되지 아니함
   – 氷炭之間(빙탄지간), 氷炭不同器(빙탄부동기)

② 不俱戴天之讐(불구대천지수) : 하늘을 함께 이고 살아갈 수 없는 부모 죽인 원수

③ 吳越同舟(오월동주) : 서로 원수 사이인 오나라 사람과 월나라 사람이 같은 배를 탐

④ 犬猿之間(견원지간) : 개와 원숭이 사이 – 犬猫之間(견묘지간)

⑤ 水火相剋(수화상극) : 물과 불이 서로 공존할 수 없음 – 水火不相容(수화불상용), 水上油(수상유)

(4) 임시방편

① 姑息之計(고식지계) : 임시로 둘러맞추어 일을 꾸미는 계책
   – 姑息之策(고식지책), 因循姑息(인순고식), 權宜之計(권의지계)

② 凍足放尿(동족방뇨) : '언 발에 오줌 누기'라는 뜻

③ 彌縫策(미봉책) : 눈가림만 하는 일시적인 계책(計策)

④ 臨時變通(임시변통) : 갑자기 터진 일을 우선 간단하게 둘러맞추어 처리함

⑤ 下石上臺(하석상대) : 아랫돌 빼서 윗돌 괴고 윗돌 빼서 아랫돌 굄 – 上下撑石(상하탱석)

⑥ 掩耳盜鈴(엄이도령) : 제 귀를 가리고 방울을 훔침
   – 掩耳盜鐘(엄이도종), 掩耳偸鈴(엄이투령), 掩目捕雀(엄목포작)

⑦ 望梅解渴(망매해갈) : 매실은 보기만 하여도 침이 돌아 목마름이 해소됨 – 梅林止渴(매림지갈)

⑧ 窮餘之策(궁여지책) : 궁한 나머지 생각다 못하여 짜낸 계책

(5) 위태로운 상태

① 四面楚歌(사면초가) : 사방이 모두 적으로 둘러싸여 누구의 도움도 없는 고립된 상태
   – 孤立無援(고립무원), 進退兩難(진퇴양난), 進退維谷(진퇴유곡)

② 累卵之危(누란지위) : '층층이 쌓아 놓은 알의 위태로움'이라는 뜻
   – 累卵之勢(누란지세), 砂上樓閣(사상누각), 空中樓閣(공중누각)

③ 命在頃刻(명재경각) : 거의 죽게 되어 숨이 곧 넘어갈 지경에 이름

④ 百尺竿頭(백척간두) : 백 자나 되는 높은 장대 끝 – 竿頭之勢(간두지세)

⑤ 雪上加霜(설상가상) : 난처한 일이나 불행한 일이 잇따라 일어남
   – 七顚八倒(칠전팔도), 鷄卵有骨(계란유골)

⑥ 如履薄氷(여리박빙) : '살얼음을 밟는 것과 같다'는 뜻 – 如坐針席(여좌침석)

⑦ 五里霧中(오리무중) : 무슨 일에 대하여 방향이나 갈피를 잡을 수 없음

⑧ 一觸卽發(일촉즉발) : 금방이라도 일이 크게 터질 듯한 아슬아슬한 긴장 상태

⑨ 風前燈火(풍전등화) : '바람 앞의 등불'이라는 뜻 - 風前燈燭(풍전등촉)

⑩ 焦眉之急(초미지급) : 눈썹에 불이 붙은 것과 같이 매우 위급함
   - 存亡之秋(존망지추), 燒眉之急(소미지급), 燃眉之急(연미지급)

⑪ 罔知所措(망지소조) : 너무 당황하거나 급하여 어찌할 줄을 모르고 갈팡질팡함

⑫ 山盡水窮(산진수궁) : 산이 막히고 물줄기가 끊어져 더 갈 길이 없음
   - 山窮水盡(산궁수진), 山盡海渴(산진해갈)

⑬ 危機一髮(위기일발) : 머리털 하나로 천균(千鈞)이나 되는 물건(物件)을 끌어당김

⑭ 釜中之魚(부중지어) : 삶아지는 것도 모르고 솥 안에서 헤엄치고 있는 물고기
   - 游於釜中(유어부중), 涸轍鮒魚(학철부어)

⑮ 措火積薪(조화적신) : 불을 장작더미 밑에 두다는 뜻으로 큰 위험이 숨어 있음을 이르는 말

(6) 인생무상

① 南柯一夢(남가일몽) : 꿈과 같이 헛된 한때의 부귀영화를 이르는 말

② 一場春夢(일장춘몽) : '한바탕의 봄꿈'이라는 뜻

③ 草露人生(초로인생) : '풀잎에 맺힌 이슬과 같은 인생'이라는 뜻

④ 邯鄲之夢(한단지몽) : 인생과 영화(榮華)의 덧없음을 비유적으로 이르는 말
   - 老生之夢(노생지몽), 一炊之夢(일취지몽), 呂翁之枕(여옹지침), 黃粱一炊夢(황량일취몽), 人生朝露(인생
   조로), 人生草露(인생초로), 槿花一朝夢(근화일조몽)

⑤ 白駒過隙(백구과극) : 흰 망아지가 빨리 달리는 것을 문틈으로 봄

⑥ 水流雲空(수류운공) : 지난 일의 흔적이 없고 허무함

⑦ 雪泥鴻爪(설니홍조) : 눈이 내린 흙탕 위의 기러기 발자국이 눈이 녹아 자취도 없이 사라짐을 이르는 말

⑧ 諸行無常(제행무상) : 만물은 항상 돌고 변하여서 같은 모습으로 있지 아니함
   - 盛者必衰(성자필쇠)

(7) 태평한 시절

① 太平聖代(태평성대) : 태평스러운 시절 - 太平烟月(태평연월), 堯舜時代(요순시대)

② 康衢煙月(강구연월) : 강구(康衢)의 거리 풍경('강구'는 지명임)

③ 鼓腹擊壤(고복격양) : 배를 두드리며 흙덩이를 침, 곧 의식(衣食)이 풍족한 상황

④ 擊壤老人(격양노인) : 태평한 생활을 즐거워하여 노인이 땅을 치며 노래함

⑤ 含哺鼓腹(함포고복) : 잔뜩 먹고 배를 두드리며 즐김 - 飽食暖衣(포식난의)

⑥ 比屋可封(비옥가봉) : 집집마다 표창할 인물이 많다는 뜻
   - 十步芳草(십보방초), 多士濟濟(다사제제)

⑦ 國泰民安(국태민안) : 나라가 태평(太平)하고 백성(百姓)이 살기가 평안(平安)함
   - 濟世安民(제세안민)

⑧ 海不揚波(해불양파) : 바다에 파도가 일지 않음

⑨ 百花齊放(백화제방) : 갖가지 학문이나 예술이 함께 성함
⑩ 五風十雨(오풍십우) : 기후가 매우 순조로운 것 또는 세월이 평화로움
⑪ 道不拾遺(도불습유) : 길에 떨어진 것을 줍지 않음

(8) 아무 소용이 없음/불가능한 일을 하려 함

① 百年河淸(백년하청) : 아무리 시간이 지나도 일이 해결될 희망이 없다는 뜻
  - 勞而無功(노이무공), 對牛彈琴(대우탄금), 牛前彈琴(우전탄금), 牛耳讀經(우이독경), 馬耳東風(마이동풍), 曠日持久(광일지구), 曠日彌久(광일미구), 俟河之淸(사하지청), 不知何歲月(부지하세월), 河淸難俟(하청난사)
② 漢江投石(한강투석) : 한강에 돌 던지기, 지나치게 미미하여 전혀 효과가 없음
③ 紅爐點雪(홍로점설) : 벌겋게 달아오른 화로에 내리는 눈
④ 千年一淸(천년일청) : 황하 같은 탁류가 맑아지기를 바람
⑤ 亡子計齒(망자계치) : 죽은 자식 나이 세기
⑥ 緣木求魚(연목구어) : 나무에 올라 고기를 구함
  - 上山求魚(상산구어), 釋階登天(석계등천), 乾木水生(건목수생)
⑦ 陸地行船(육지행선) : 뭍으로 배를 운행하듯 무모한 행동을 이름
⑧ 鷄卵投石(계란투석) : 계란으로 바위 치기 - 以卵投石(이란투석)
⑨ 指天射魚(지천사어) : 하늘을 보고 고기를 쏨
⑩ 螳螂拒轍(당랑거철) : 자기의 힘을 헤아리지 않고 무모하게 대듦 - 螳螂之斧(당랑지부)
⑪ 憑空捉影(빙공착영) : 허공에 의지해 그림자를 잡음, 소설의 허구성
⑫ 猫項懸鈴(묘항현령) : 고양이 목에 방울 달기 - 猫頭縣鈴(묘두현령)
⑬ 卓上空論(탁상공론) : 현실성이 없는 허황된 이론이나 논의 - 机上空論(궤상공론)
⑭ 隔靴搔癢(격화소양) : 신 신고 발바닥 긁기 - 隔鞋搔癢(격혜소양), 隔靴爬癢(격화파양)
⑮ 黑狗沐浴(흑구목욕) : 검둥개 미역 감기기
⑯ 使蚊負山(사문부산) : 모기로 하여금 산을 지게 함 - 衆寡不敵(중과부적)
⑰ 龜毛兎角(귀모토각) : 거북의 털과 토끼의 뿔 - 龜背刮毛(귀배괄모)
⑱ 班門弄斧(반문농부) : 재주가 뛰어난 사람 앞에서 함부로 재간을 부림

(9) 마음으로 전함

① 以心傳心(이심전심) : 마음에서 마음으로 전함 - 腹心之友(복심지우)
② 心心相印(심심상인) : 마음과 마음에 서로를 새김
③ 不立文字(불립문자) : 문자나 말로써 도를 전하지 아니함
④ 敎外別傳(교외별전) : 설교 외에 석가가 마음으로써 따로 심원한 뜻을 전함
⑤ 拈華微笑(염화미소) : 이심전심의 경지 - 拈華示衆(염화시중)

(10) 일에 일관성이 없음

① 高麗公事三日(고려공사삼일) : 고려의 정책이나 법령은 기껏해야 사흘밖에 가지 못함
② 早變夕改(조변석개) : 아침에 고치고 저녁에 또 뜯어 고침 − 舌根未乾(설근미건)
③ 朝令暮改(조령모개) : 아침에 명령을 내리고 저녁에 다시 고침 − 反覆無常(반복무상)
④ 變化無常(변화무상) : 변화가 많아서 종잡을 수 없음 − 變化無雙(변화무쌍), 行雲流水(행운유수), 有爲變轉(유위변전), 波瀾重疊(파란중첩), 波瀾萬丈(파란만장), 風朝雨夕(풍조우석)
⑤ 附和雷同(부화뇌동) : 우레 소리에 맞추어 천지 만물이 함께 울림
⑥ 附肝附念通(부간부념통) : 간에 붙었다 쓸개에 붙었다 함
⑦ 追友江南(추우강남) : 친구 따라 강남 감
　　− 西施捧心(서시봉심), 西施嚬目(서시빈목), 東施效嚬(동시효빈)
⑧ 餘桃之罪(여도지죄) : 먹다 남은 복숭아를 먹인 죄로 총애를 받는 것이 도리어 죄를 초래하는 원인이 됨

(11) 나라의 멸망

① 麥秀之嘆(맥수지탄) : 보리 이삭이 무성함을 탄식한다는 뜻 − 麥秀黍油(맥수서유)
② 黍離之歎(서리지탄) : 기장만이 무성한 것을 탄식한다는 뜻 − 麥秀之詩(맥수지시)

(12) 실패에도 굴하지 않음

① 百折不屈(백절불굴) : 여러 번 꺾어져도 굽히지 않음 − 百折不撓(백절불요), 不撓不屈(불요불굴), 堅忍不拔(견인불발), 堅忍持久(견인지구), 精衛塡海(정위진해)
② 七顚八起(칠전팔기) : 일곱 번째 넘어지면 여덟 번째는 꼭 일어남 − 四顚五起(사전오기)
③ 愚公移山(우공이산) : 꾸준하게 한 가지 일만 열심히 하면 마침내 큰일을 이룰 수 있음
④ 十伐之木(십벌지목) : 열 번 찍어 안 넘어가는 나무가 없음을 이르는 말 − 水滴穿石(수적천석)
⑤ 磨斧爲針(마부위침) : 도끼를 갈아 바늘을 만듦 − 摩斧作針(마부작침), 面壁九年(면벽구년), 射石爲虎(사석위호), 駑馬十駕(노마십가)
⑥ 水到渠成(수도거성) : 학문을 깊이 닦으면 저절로 도가 이루어짐 − 水到魚行(수도어행)
⑦ 中石沒鏃(중석몰족) : 정신을 집중하여 전력을 다하면 어떤 일도 이룰 수 있음 − 中石沒矢(중석몰시), 日念通巖(일념통암)

(13) 학문에 전념함

① 自强不息(자강불식) : 스스로 힘써 행하여 쉬지 않음
② 手不釋卷(수불석권) : 손에서 책을 놓을 사이도 없이 열심히 공부함
③ 螢雪之功(형설지공) : 어려운 가운데서도 학문에 힘씀 − 螢窓雪案(형창설안), 鑿壁偸光(착벽투광), 囊螢照書(낭형조서), 映雪讀書(영설독서), 孫康映雪(손강영설)
④ 切磋琢磨(절차탁마) : 옥돌을 쪼고 갈아서 빛냄, 학문이나 덕행을 부지런히 닦음
⑤ 畫耕夜讀(주경야독) : 낮에는 농사짓고, 밤에는 공부함

⑥ 磨斧爲針(마부위침) : 도끼를 갈아서 바늘을 만듦 – 磨斧作針(마부작침)
⑦ 斷機之戒(단기지계) : 학문을 중도에 그만두면 지금까지 들인 공이 모두 수포로 돌아감을 뜻함
⑧ 走馬加鞭(주마가편) : 달리는 말에 채찍질하기

(14) 학문의 어려움

① 多岐亡羊(다기망양) : 학문의 길이 다방면이어서 진리를 찾기 어려움
② 亡羊之歎(망양지탄) : 학문의 길이 다방면이어서 진리를 찾기 어려움
③ 讀書亡羊(독서망양) : 다른 일에 정신을 팔다가 중요한 일을 소홀히 한다는 뜻

(15) 몰라보게 발전함

① 日就月將(일취월장) : 날로 달로 학문이 계속 발전해 감 – 日進月步(일진월보)
② 日新又日新(일신우일신) : 날로 새로워지고 또 새로워짐
③ 刮目相對(괄목상대) : 눈을 비비고 다시 보며 상대를 대함

(16) 제자가 스승보다 뛰어남[↔ 제자가 스승보다 못함 : 狗尾續貂(구미속초)]

① 靑出於藍(청출어람) : 쪽풀에서 뽑아낸 푸른 물감이 쪽빛보다 더 푸름
② 後生可畏(후생가외) : 후배가 선배들보다 나아질 가망이 높음 – 後生角高(후생각고)

(17) 모르는 게 없음

① 無所不知(무소부지) : 이르지 아니한 데가 없음 – 無不通知(무불통지)
② 博物君子(박물군자) : 온갖 사물에 정통한 사람

(18) 아주 무식함

① 目不識丁(목불식정) : 낫 놓고 기역자도 모름
② 一字無識(일자무식) : 글자 한 자도 모름
③ 魚魯不辨(어로불변) : 어와 로를 분별하지 못함 – 菽麥不辨(숙맥불변)
④ 盲者丹靑(맹자단청) : 뜻은 알아도 사물을 이해하지 못함
⑤ 無知蒙昧(무지몽매) : 아는 것이 없고 사리에 어두움

(19) 실력이 비슷함(겨고틀다)

① 難兄難弟(난형난제) : 형 노릇 하기도 어렵고 동생 노릇 하기도 어렵다는 뜻
② 莫上莫下(막상막하) : 더 낫고 더 못함의 차이가 거의 없음
③ 伯仲之勢(백중지세) : 형제는 비슷하게 닮았기 때문에 우열을 가릴 수 없음
④ 大同小異(대동소이) : 조금씩 차이는 있지만 거의 같고 비슷비슷함
⑤ 五十步百步(오십보백보) : 약간의 차이는 있으나 본질적인 면에서는 같다는 뜻

⑥ 龍虎相搏(용호상박) : 용과 범이 싸움
⑦ 春蘭秋菊(춘란추국) : 봄의 난초와 가을의 국화는 어느 것이 더 낫다고 할 수 없음

(20) 차이가 많이 남

① 天壤之差(천양지차) : 하늘과 땅처럼 큰 차이 – 天壤之判(천양지판), 霄壤之判(소양지판)
② 雲泥之差(운니지차) : 구름과 진흙의 차이

(21) 환경의 영향을 입게 됨

① 芝蘭之室(지란지실) : 향초가 있어 좋은 향기가 나는 방
② 近墨者黑(근묵자흑) : 먹을 가까이 하면 검은 물이 묻기 쉬움 – 近朱者赤(근주자적)
③ 堂狗風月(당구풍월) : 그 분야에 대하여 경험과 지식이 전혀 없어도 오래 있으면 얼마간의 경험과 지식을 가짐
④ 麻中之蓬(마중지봉) : 삼밭의 쑥, 평범한 사람도 선인과 접하면 선인이 됨
⑤ 南橘北枳(남귤북지) : 강남의 귤나무를 강북에 옮겨 심으면 탱자나무가 됨 – 橘化爲枳(귤화위지)
⑥ 孟母三遷(맹모삼천) : 맹자의 교육을 위해서 3번이나 이사함 – 三遷之敎(삼천지교)
⑦ 同聲異俗(동성이속) : 어릴 때의 울음소리는 같지만 자라면서 달라짐
⑧ 染絲之變(염사지변) : 명주(明紬)는 물들이는 색에 따라 그 색깔이 달라짐

(22) 고지식하여 융통성이 없음

① 刻舟求劍(각주구검) : 칼을 빠뜨린 뱃전에 칼자국을 내어 표시를 해놓고 배가 뭍에 와 닿자 칼자국이 있는 뱃전 밑 물속으로 뛰어듦
② 膠柱鼓瑟(교주고슬) : 아교를 붙이고 거문고를 탐
③ 守株待兔(수주대토) : 나무 그루터기를 지키며 토끼를 기다림
④ 尾生之信(미생지신) : 미련하도록 약속을 굳게 지키는 것
⑤ 漱石枕流(수석침류) : 돌로 양치질하고 흐르는 물로 베개를 삼음
⑥ 墨翟之守(묵적지수) : 자기 의견이나 주장을 끝까지 굳게 지킨다는 뜻 – 墨翟守城(묵적수성)
⑦ 鄭人買履(정인매리) : 실제(實際)를 무시(無視)하는 융통성(融通性) 없는 사람

(23) 견문이 좁음

① 井底之蛙(정저지와) : 우물 안 개구리 – 坎中之蛙(감중지와), 井中視星(정중시성)
② 坐井觀天(좌정관천) : 우물 속에 앉아서 하늘을 쳐다봄 – 井中觀天(정중관천)
③ 管見窺天(관견규천) : 대롱으로 하늘을 봄
– 管中之天(관중지천), 通管窺天(통관규천), 以管窺天(이관규천), 管中窺豹(관중규표)
④ 蜀犬吠日(촉견폐일) : 촉나라의 개가 해를 보고 짖음 – 越犬吠雪(월견폐설)
⑤ 尺澤之鯢(척택지예) : 작은 못 속의 암고래 – 夏蟲語氷(하충어빙), 醯鷄甕裏天(혜계옹리천)

⑥ 遼東之豕(요동지시) : 견문이 좁아 세상일을 모르고 저 혼자서 득의양양함
⑦ 孤陋寡聞(고루과문) : 학문(學問)이 얕고 견문(見聞)이 좁음 – 獨學孤陋(독학고루)
⑧ 群盲撫象(군맹무상) : 장님 코끼리 말하듯 함 – 群盲摸象(군맹모상), 群盲評象(군맹평상)

(24) 평범한 사람들

① 甲男乙女(갑남을녀) : 첫째 아들과 둘째 딸
② 張三李四(장삼이사) : 장 씨의 삼남과 이 씨의 사남
③ 匹夫匹婦(필부필부) : 평범한 사람들 – 愚夫愚婦(우부우부), 凡夫凡婦(범부범부)
④ 樵童汲婦(초동급부) : 나무하는 아이, 물 긷는 여인 – 樵童牧竪(초동목수)
⑤ 善男善女(선남선녀) : 평범한 사람들 또는 불교 신자

(25) 뒤늦은 후회

① 死後藥方文(사후약방문) : 죽은 후에 약방문(처방전)을 씀
 – 死後淸心丸(사후청심환), 臨難鑄兵(임난주병)
② 亡羊補牢(망양보뢰) : 양을 잃은 후에 우리를 고침 – 亡牛補牢(망우보뢰), 失馬治廐(실마치구)
③ 渴而穿井(갈이천정) : 목이 마르니 비로소 우물을 팜 – 臨渴掘井(임갈굴정)
④ 晩時之歎(만시지탄) : 시기가 뒤늦었음을 탄식
⑤ 十日之菊(십일지국) : 9월 9일에 피어야 할 국화가 하루 늦게 핌
⑥ 雨後送傘(우후송산) : 비 온 뒤에 우산을 보냄
⑦ 噬臍莫及(서제막급) : 배꼽을 물려고 하여도 입이 닿지 않음
⑧ 朱子十悔訓(주자십회훈) : 중국 유학자 주자가 제시한 해서는 안 될 후회 10가지

(26) 미래에 대한 준비(綢繆)

① 居安思危(거안사위) : 편안할 때도 위태로울 때의 일을 생각하라는 뜻
 – 居寵思危(거총사위), 安不忘危(안불망위), 安居危思(안거위사)
② 有備無患(유비무환) : 평소에 준비가 철저하면 후에 근심이 없음
③ 鍊磨長養(연마장양) : 갈고 닦고 오래도록 준비하여 옴
④ 經天緯地(경천위지) : 일을 계획적(計劃的)으로 준비(準備)하고 다스림
⑤ 先病服藥(선병복약) : 병이 걸리기 전에 미리 약을 복용
 – 先亂任善(선난임선), 杜漸防萌(두점방맹)
⑥ 環甲執兵(환갑집병) : 완전히 무장을 함
⑦ 曲突徙薪(곡돌사신) : 굴뚝을 굽어지게 하고 아궁이 근처의 나무를 다른 곳으로 옮김
⑧ 狡兎三窟(교토삼굴) : 토끼는 급할 때 몸을 숨기는 구멍을 여러 개 준비하고 있음
⑨ 有成竹胸(유성죽흉) : 매사에 착수하기 전에 이미 충분한 복안이 되어 있음
⑩ 徹頭徹尾(철두철미) : 머리에서 꼬리까지 투철함, 즉 처음부터 끝까지 투철함

(27) 가혹한 정치

① 苛斂誅求(가렴주구) : 가혹하게 세금을 징수하고 무리하게 재산을 빼앗음 – 率獸食人(솔수식인)
② 苛政猛於虎(가정맹어호) : 가혹한 정치는 호랑이보다 무섭다는 뜻 – 如狼牧羊(여랑목양)
③ 塗炭之苦(도탄지고) : 진구렁에 빠지고 숯불에 타는 듯한 고생
④ 炮烙之刑(포락지형) : 잔혹하고 가혹한 형벌 – 暴戾恣睢(폭려자휴)
⑤ 惑世誣民(혹세무민) : 세상을 어지럽히고 백성을 미혹하게 하여 속임
⑥ 焚書坑儒(분서갱유) : 농서를 제외한 모든 사상 서적을 불태우고 유학자를 생매장한 일
⑦ 酒池肉林(주지육림) : 매우 호화(豪華)스럽고 방탕(放蕩)한 생활(生活)
　　 – 肉山脯林(육산포림), 象著玉杯(상저옥배)
⑧ 罄竹事難事(계죽사난사) : 초와 월의 대나무를 모두 사용하여도 그 악행을 다 쓸 수가 없을 정도로 악행이 많음

(28) 제3자의 이득

① 漁父之利(어부지리) : 제3자가 공들이지 않고 이익을 얻음
② 蚌鷸之爭(방휼지쟁) : 조개와 도요새의 싸움으로 제3자가 이득을 봄
③ 犬兔之爭(견토지쟁) : 개와 토끼의 싸움으로 제3자가 이득을 봄
④ 田夫之功(전부지공) : 힘들이지 아니하고 이득을 보는 것을 이르는 말

(29) 인물이 빼어난 여자

① 傾國之色(경국지색) : 나라를 위기에 빠뜨리게 할 만큼의 미인 – 傾國之美(경국지미)
② 傾城之美(경성지미) : 한 성을 기울어뜨릴 만한 미색 – 傾城之色(경성지색)
③ 花容月態(화용월태) : 꽃 같은 용모에 달 같은 자태 – 雪膚花容(설부화용), 仙姿玉質(선자옥질)
④ 丹脣皓齒(단순호치) : 붉은 입술에 흰 이를 가진 여자 – 明眸皓齒(명모호치)
⑤ 絕世佳人(절세가인) : 세상에 견줄 만한 것이 없을 정도로 뛰어나게 아름다운 여인
⑥ 侵魚落雁(침어낙안) : 고기를 물속으로 가라앉게 하고, 기러기를 땅으로 떨어지게 할 만큼 아름다운 여자 – 萬古絕色(만고절색), 媚眼秋波(미인추파)
⑦ 纖纖玉手(섬섬옥수) : 가냘프고 고운 여자의 손
⑧ 解語之花(해어지화) : 말을 이해하는 꽃
⑨ 月下美人(월하미인) : 달빛이 비치는 곳의 미인 – 月下佳人(월하가인)
　　 ※ 중매쟁이 : 月下老人(월하노인), 月下氷人(월하빙인), 창녀 : 路柳墙花(노류장화)

(30) 공직자가 추구해야 할 덕목

① 先公後私(선공후사) : 공적인 일을 앞세우고 사적인 일을 뒤로 함
② 大義滅親(대의멸친) : 대의를 위하여 사사로움을 버림 – 捨生取義(사생취의), 從容取義(종용취의)
③ 泣斬馬謖(읍참마속) : 대의를 위하여 애통함을 무릅쓰고 사사로운 정을 버림
④ 見危致命(견위치명) : 나라의 위태로움을 보고 목숨을 버림

⑤ 殺身成仁(살신성인) : 인의(仁義)를 위하여 목숨을 바침
⑥ 滅私奉公(멸사봉공) : 사욕을 버리고 공익을 위하여 힘씀 – 斥邪衛正(척사위정)
⑦ 先憂後樂(선우후락) : 남보다 먼저 근심하고, 남보다 나중에 즐거워함
⑧ 淸廉潔白(청렴결백) : 마음이 고결하고 재물 욕심이 없고, 행동이나 마음 따위가 조촐하고 깨끗하여 허물이 없음 – 三馬太守(삼마태수), 洗手奉職(세수봉직)
⑨ 秋毫不犯(추호불범) : 몹시 청렴하여 조금도 범하지 않음
　　– 氷壺之心(빙호지심), 氷壺秋月(빙호추월)
⑩ 犬馬之勞(견마지로) : 임금이나 나라를 위해 충성을 다하는 것을 비유한 말
⑪ 易地思之(역지사지) : 상대편의 처지나 입장에서 먼저 생각해보고 이해함 – 恕而行之(서이행지)
⑫ 利民澤物(이민택물) : 백성들에게 이로움을 줌
⑬ 浩然之氣(호연지기) : 흔들리지 않는 바르고 큰 마음, 군자의 호탕한 기상
⑭ 挺身而出(정신이출) : 위급(危急)할 때 과감(果敢)히 나서서 모든 책임(責任)을 다함

(31) 공직자가 해서는 안 될 덕목

① 面從腹背(면종복배) : 면전에서는 따르나 내심으로는 배반함 – 面從後言(면종후언)
② 勸上搖木(권상요목) : 나무 위에 오르라 하고 오르자마자 아래서 흔들어 댐 – 登樓去梯(등루거제)
③ 羊頭狗肉(양두구육) : 겉으로는 그럴 듯하게 내세우나 속은 음흉한 딴 생각이 있음
④ 敬而遠之(경이원지) : 겉으로는 존경하는 체하면서 속으로는 멀리함 – 伐齊爲名(벌제위명)
⑤ 口蜜腹劍(구밀복검) : 입속에는 꿀을 담고 뱃속에는 칼을 지님
　　– 笑裏藏刀(소리장도), 笑中有劍(소중유검), 項莊劍舞(항장검무)
⑥ 表裏不同(표리부동) : 겉과 속이 일치하지 않음
⑦ 憑公營私(빙공영사) : 공적인 것을 빙자하여 사적인 이득을 꾀함 – 假公營私(가공영사)
⑧ 同床異夢(동상이몽) : 같은 잠자리에서 다른 꿈을 꾸는 것
⑨ 見利忘義(견리망의) : 이익을 보면 의리를 잊음 – 樂不思蜀(낙불사촉)
⑩ 各自圖生(각자도생) : 각각의 사람들이 자기 나름의 생활을 하며 살아감
⑪ 首鼠兩端(수서양단) : 이쪽저쪽 눈치만 살피며 자기에게 이로운 쪽을 택하려는 태도
　　– 優柔不斷(우유부단), 左顧右眄(좌고우면)
⑫ 推己及人(추기급인) : 제 마음을 표준삼아 남의 마음을 추측함
⑬ 尸位素餐(시위소찬) : 하는 일 없이 국가의 녹을 축내는 정치인을 비유한 말
⑭ 貪天之功(탐천지공) : 남의 공로를 자기의 것으로 함
⑮ 唯利是圖(유리시도) : 아무 것도 생각하지 않고 오직 이익만을 도모함
⑯ 各自僞政(각자위정) : 각자가 각각 자기 멋대로 하여 남을 생각하지 않는 것
⑰ 中飽私囊(중포사낭) : 중간에서 사적인 욕심(慾心)을 채움
⑱ 蝙蝠之役(편복지역) : 이런저런 핑계를 대어 교묘하게 자기의 책임을 회피하는 것

(32) 한 나라를 떠받들 만한 재목

① 股肱之臣(고굉지신) : 팔다리와 같이 임금이 가장 믿고 중히 여기는 신하
② 社稷之臣(사직지신) : 사직을 지탱할 만한 신하 – 經國之才(경국지재), 經世之才(경세지재)
③ 棟樑之材(동량지재) : 대들보가 될 만한 재목
④ 柱石之臣(주석지신) : 주춧돌이 될 만한 신하
⑤ 蓋世之才(개세지재) : 세상을 뒤덮을 만한 재주나 인재
⑥ 救國干城(구국간성) : 나라를 구할 만한 믿음직한 군인이나 인물 – 干城之材(간성지재)

(33) 무리 중에서 가장 뛰어남[= 出衆(출중), 拔群(발군), 白眉(백미), 泰斗(태두), 壓卷(압권), 綺羅星(기라성)]

① 泰山北斗(태산북두) : 어떤 전문 분야에서 썩 권위가 있는 사람
② 間世之材(간세지재) : 여러 세대를 통하여 드물게 있는 인재
③ 囊中之錐(낭중지추) : 주머니 속에 있는 송곳은 그 예리한 끝으로 주머니를 뚫고 나옴
　　– 錐處囊中(추처낭중)
④ 群鷄一鶴(군계일학) : 많은 닭 가운데 한 마리의 학
⑤ 鐵中錚錚(철중쟁쟁) : 여러 쇠붙이 가운데서 유난히 맑게 소리가 남
⑥ 伏龍鳳雛(복룡봉추) : 초야에 숨어 있는 훌륭한 인재
⑦ 一騎當千(일기당천) : 한 기병(騎兵)이 천 명의 적을 당해 냄
　　– 一人當千(일인당천), 一當百(일당백)
⑧ 國士無雙(국사무쌍) : 나라 안에 견줄 만한 자가 없는 인재
⑨ 呑舟之漁(탄주지어) : 배를 삼킬 만한 물고기

(34) 이러지도 저러지도 못하는 아주 곤란한 지경[= 鷄肋(계륵)]

① 四面楚歌(사면초가) : 사방이 모두 적으로 둘러싸인 상태
　　– 孤立無援(고립무원), 進退兩難(진퇴양난), 進退維谷(진퇴유곡)
② 罔知所措(망지소조) : 너무 당황하거나 급하여 어찌할 줄을 모르고 갈팡질팡함
③ 山盡水窮(산진수궁) : 산이 막히고 물줄기가 끊어져 더 갈 길이 없음
　　– 山窮水盡(산궁수진), 山盡海渴(산진해갈)
④ 兩手執餠(양수집병) : 두 손에 떡을 쥔 격으로 가지기도 버리기도 어려운 경우
⑤ 羅雀掘鼠(나작굴서) : 그물로 참새를 잡고 땅을 파서 쥐를 잡음
⑥ 事齊事楚(사제사초) : 제(齊)나라도 섬기고 초(楚)나라도 섬김

(35) 의지할 데 없이 외로움

① 四顧無親(사고무친) : 사방을 돌아보아도 의지할 데가 없음 – 無依無托(무의무탁)
② 孤城落日(고성낙일) : 고립무원한 외딴 성의 해가 지려고 하는 곳에 있음
　　– 西山落日(서산낙일), 暮雲落日(모운낙일)

③ 孤軍奮鬪(고군분투) : 고립된 군대가 분발하면서 힘에 겨운 싸움을 함
④ 客窓寒燈(객창한등) : 나그네가 머무는 객지의 방의 창에 비치는 쓸쓸한 등불
⑤ 束手無策(속수무책) : 손을 묶인 듯이 어찌 할 방책(方策)이 없어 꼼짝 못하게 됨
⑥ 計窮力盡(계궁역진) : 꾀와 힘이 다하여 어찌할 방도가 없음 – 刀折矢盡(도절시진)

(36) 세상이 많이 변함

① 桑田碧海(상전벽해) : 뽕나무밭이 푸른 바다가 됨
② 天旋地轉(천선지전) : 세상 일이 크게 변함
③ 吳越同舟(오월동주) : 뜻이 전혀 다른 사람들이 한자리에 있게 됨
④ 滄桑之變(창상지변) : 푸른 바다가 뽕나무밭으로 변화함
⑤ 陵谷之變(능곡지변) : 높은 언덕이 깊은 골짜기가 되고 깊은 골짜기가 높은 언덕이 됨
⑥ 隔世之感(격세지감) : 몰라보게 변하여 아주 다른 세상이 된 것 같은 느낌 – 今昔之感(금석지감)

(37) 그리움(상사병)

① 戀慕之情(연모지정) : 사랑하여 그리워하는 정
② 想思不忘(상사불망) : 사랑하는 남녀(男女)가 서로 그리워해 잊지 못함
③ 首揷石枏(수삽석남) : 머리에 꽂은 석남꽃, 생사를 초월한 애절한 사랑을 비유
④ 日久月深(일구월심) : 날이 오래고 달이 깊어 간다는 뜻으로, 세월이 흐를수록 더함
⑤ 落花流水(낙화유수) : 落花(낙화)를 남자에게, 流水(유수)를 여자에게 비유한 그리움
⑥ 朝雲暮雨(조운모우) : 몸은 떨어져 있어도 마음은 가까이 있음 – 巫山之雲(무산지운), 巫山之雨(무산지우), 巫山之夢(무산지몽), 薦枕席(천침석)

(38) 그리움(향수)

① 首丘初心(수구초심) : 여우는 죽을 때 제가 살던 언덕 쪽으로 머리를 돌림
② 思鄕之心(사향지심) : 고향을 그리워하는 마음
③ 越鳥巢南枝(월조소남지) : 남쪽의 월나라에서 온 새는 나무의 남쪽 가지에 집을 지음
④ 看雲步月(간운보월) : 구름을 바라보거나 달빛 아래를 거닒
⑤ 望雲之情(망운지정) : 구름을 바라보며 그리워함, 고향의 부모를 그리워함

(39) 그리워 잊지 못함

① 寤寐不忘(오매불망) : 자나 깨나 잊지 못함
② 輾轉反側(전전반측) : 누워서 이리저리 뒤척이며 잠을 이루지 못함
  – 輾轉不寐(전전불매), 輾轉反寐(전전반매)

(40) 애타게 기다림 또는 애가 타는 걱정

① 鶴首苦待(학수고대) : 학처럼 목을 길게 빼고 기다린다는 뜻
② 一日如三秋(일일여삼추) : 하루가 3년 같다는 뜻 – 一刻如三秋(일각여삼추)
③ 勞心焦思(노심초사) : 몹시 마음을 쓰며 애를 태움 – 苦心焦思(고심초사)

(41) 강자 틈에 끼인 약자의 고생(제3자의 피해)

① 鯨戰蝦死(경전하사) : 고래 싸움에 새우 등 터짐
② 間於齊楚(간어제초) : 제나라와 초나라 두 강대국 사이에 끼임
③ 殃及池魚(앙급지어) : 재앙이 연못 물고기에게 미침

(42) 필요할 때만 이익을 취함(비정한 세태)

① 甘呑苦吐(감탄고토) : 달면 삼키고, 쓰면 뱉음
② 炎涼世態(염량세태) : 금세 뜨거웠다가 차가워지는 세태
　　 – 榮枯盛衰(영고성쇠), 勢利之交(세리지교)
③ 兎死狗烹(토사구팽) : 토끼가 잡히면 사냥개도 잡아먹음
④ 得魚忘筌(득어망전) : 물고기를 잡고 나면 통발을 잊어버림

(43) 자연친화

① 江湖煙波(강호연파) : 대자연의 풍경을 이름
② 山紫水明(산자수명) : 산 색이 아름답고 물이 맑음 – 山明水麗(산명수려)
③ 煙霞日輝(연하일휘) : 안개와 노을과 빛나는 햇살
④ 箕山潁水(기산영수) : 소부와 허유가 귀를 씻은 곳
⑤ 武陵桃源(무릉도원) : 복숭아꽃 피는 아름다운 곳
⑥ 晩秋佳景(만추가경) : 늦가을의 아름다운 경치(景致)
⑦ 別有天地(별유천지) : 속계를 떠난 특별한 경지에 있음
⑧ 江湖閒情(강호한정) : 자연을 예찬하며 한가로이 즐김

(44) 자연을 좋아함

① 悠悠自適(유유자적) : 속세를 떠나 아무 속박 없이 조용하고 편안하게 삶
　　 – 物外閒人(물외한인), 雲中白鶴(운중백학), 雲上氣稟(운상기품)
② 泉石膏肓(천석고황) : 자연을 사랑하는 마음이 고질병처럼 깊음을 비유 – 膏肓之疾(고황지질)
③ 煙霞痼疾(연하고질) : 자연의 경치를 사랑하고 즐기는 성벽 – 煙霞之癖(연하지벽)
④ 吟風弄月(음풍농월) : 자연 속에서 시를 짓고 흥취를 자아내어 즐겁게 놂 – 吟風詠月(음풍영월)
⑤ 樂山樂水(요산요수) : 산수의 자연을 즐기며 좋아함
⑥ 風月主人(풍월주인) : 맑은 바람과 밝은 달 따위의 아름다운 자연을 즐기는 사람

(45) 자연과의 일체

① 胡蝶之夢(호접지몽) : 나비가 된 꿈이라는 뜻으로, 물아일체의 경지 또는 인생의 무상함
　– 莊周之夢(장주지몽)
② 主客一體(주객일체) : 주체와 객체가 하나가 됨 – 物我一體(물아일체), 物我一如(물아일여)
③ 渾然一體(혼연일체) : 생각, 행동, 의지 따위가 완전히 하나가 됨 – 混融一體(혼융일체)

(46) 앞길이 유망하거나 아득함

① 前程萬里(전정만리) : 앞길이 구만 리 같음, 앞길이 창창함
② 鵬程萬里(붕정만리) : 붕새는 한 번의 날갯짓으로 만 리를 날아감
③ 前道遼遠(전도요원) : 앞으로 갈 길이 아득히 멂, 목적한 바에 이르기에는 아직도 멂

(47) 아주 가까운 거리

① 咫尺之地(지척지지) : 매우 가까운 곳 – 咫尺之間(지척지간)
② 指呼之間(지호지간) : 손짓하여 부를 만큼 가까운 거리
③ 一衣帶水(일의대수) : 한 줄기 띠와 같이 좁은 강물이나 바닷물, 간격이 매우 좁음
　– 일우명지(一牛鳴地), 일우후지(一牛吼地)
④ 五十步百步(오십보백보) : 피차의 사이는 있으나 본질적으로는 같음

(48) 부부

① 琴瑟之樂(금슬지락) : 거문고와 비파, 금슬 좋은 부부간의 애정
　– 琴瑟相和(금슬상화), 如鼓琴瑟(여고금슬), 琴瑟相樂(금슬상락)
② 百年佳約(백년가약) : 남녀가 부부가 되어 평생을 함께 하겠다는 아름다운 언약
③ 偕老同穴(해로동혈) : 함께 늙어서 같이 묻힘 – 百年偕老(백년해로)

(49) 부부의 도리 또는 남편을 공경함

① 擧案齊眉(거안제미) : 양홍의 아내가 밥상을 눈썹 위까지 들어 올려 바침
② 夫唱婦隨(부창부수) : 남편이 주장하고 아내가 이에 잘 따름
③ 女必從夫(여필종부) : 아내는 반드시 남편을 따라야 한다는 말

(50) 의심받을 일

① 瓜田不納履(과전불납리) : 오이 밭에서 신발 끈을 고쳐 매지 않음
② 李下不整冠(이하부정관) : 자두나무 아래에선 갓을 바로 쓰지 않음
③ 烏飛梨落(오비이락) : 까마귀 날자 배 떨어짐, 관련 없는 일로 오해를 받게 됨

(51) 잘못한 사람이 오히려 큰 소리를 침

① 本末顚倒(본말전도) : 일의 원줄기를 잊고 사소한 일에 사로잡힘

② 主客顚倒(주객전도) : 입장이 서로 뒤바뀜 – 客反爲主(객반위주), 爲礪磨刀(위려마도)

③ 我歌君唱(아가군창) : 내가 부를 노래를 사돈집에서 부름 – 我歌査唱(아가사창)

④ 賊反荷杖(적반하장) : 잘못한 사람이 도리어 잘한 사람을 나무라는 경우

⑤ 越俎代庖(월조대포) : 제사를 담당하는 사람이 음식을 만듦 – 越俎之嫌(월조지혐)

⑥ 喧賓奪主(훤빈탈주) : 떠드는 손님이 주인자리를 차지함

(52) 떠도는 소문

① 流言蜚語(유언비어) : 아무 근거 없이 널리 퍼진 소문

② 道聽途說(도청도설) : 길거리에 떠돌아다니는 뜬소문

③ 街談巷語(가담항어) : 거리나 항간에 떠도는 이야기 – 街談巷設(가담항설)

④ 無稽之言(무계지언) : 믿을 수 없는 말, 근거가 없는 말, 터무니없는 말, 황당한 이야기

(53) 무례한 사람

① 傍若無人(방약무인) : 곁에 사람이 없는 것 같다는 뜻, 거리낌 없이 함부로 행동함
   – 白眼視(백안시)

② 眼下無人(안하무인) : 방자하고 교만하여 사람을 모두 얕잡아 보는 것 – 山鷄夜驚(산계야목)

③ 回賓作主(회빈작주) : 주장하는 사람의 의견을 무시하고 자기 마음대로 함
   – 各自僞政(각자위정)

④ 厚顔無恥(후안무치) : 뻔뻔스러워 부끄러워할 줄 모름 – 恬不爲愧(염불위괴)

⑤ 破廉恥漢(파렴치한) : 염치를 모르는 뻔뻔한 사람 – 嘗糞之徒(상분지도), 松都契員(송도계원)

⑥ 天方地軸(천방지축) : 함부로 날뛰는 모양 – 輕擧妄動(경거망동), 輕躁浮薄(경조부박)

⑦ 傲慢無道(오만무도) : 남을 업신여기는 태도 – 傲慢不遜(오만불손), 傲慢無禮(오만무례)

⑧ 妄自尊大(망자존대) : 함부로 제가 잘난 체를 함

⑨ 極惡無道(극악무도) : 더할 나위 없이 악하고 도리에 완전히 어긋나 있음
   – 奸惡無道(간악무도), 悖逆無道(패악무도)

⑩ 唯我獨尊(유아독존) : 세상에서 자기 혼자 잘났다고 뽐내는 태도
   – 夜郎自大(야랑자대), 遼東之豕(요동지시)

⑪ 牝鷄之晨(빈계지신) : 암탉이 새벽을 알림, 여자가 집안일을 자기 마음대로 처리함

⑫ 驕兵必敗(교병필패) : 자기가 강하다고 뽐내며 적을 우습게 보는 군대는 반드시 짐

⑬ 殺妻求將(살처구장) : 명성이나 이익을 위하여 갖은 수단을 씀

(54) 앞날을 예측하기 어려움

① 塞翁之馬(새옹지마) : 변방 노인의 말, 음지가 양지됨, 불행이 행운이 됨
 － 塞翁得失(새옹득실), 塞翁禍福(새옹화복), 北叟失馬(북수실마), 生者必滅(생자필멸), 黑牛生白犢(흑우생
 백독)
② 轉禍爲福(전화위복) : 화가 바뀌어 복이 됨
③ 興盡悲來(흥진비래) : 즐거운 일이 다하면 슬픈 일이 닥쳐옴
 － 興亡盛衰(흥망성쇠), 衰殘零落(쇠잔영락), 權不十年(권불십년), 花無十日紅(화무십일홍), 盛衰興廢(성쇠
 흥폐), 强弩之末(강노지말), 樂極哀生(낙극애생), 月明星稀(월명성희), 월만즉휴(月滿則虧), 直木先伐(직
 목선벌), 亢龍有悔(항룡유회)
④ 苦盡甘來(고진감래) : 고생 끝에 낙이 옴 － 如拔通齒(여발통치)

(55) 기쁨

① 抱腹絕倒(포복절도) : 배를 끌어안고 넘어질 정도로 몹시 웃음
② 弄璋之慶(농장지경) : 아들을 낳은 기쁨 또는 아들을 낳은 일을 이르는 말
③ 弄瓦之慶(농와지경) : 딸을 낳은 기쁨을 이르는 말 － 食前方丈(식전방장)
④ 錦上添花(금상첨화) : 비단 위에 꽃을 놓는다는 뜻으로, 좋은 일이 겹침을 비유
⑤ 多多益善(다다익선) : 많을수록 더욱 좋음
⑥ 拍掌大笑(박장대소) : 손뼉을 치며 크게 웃음 － 破顏大笑(파안대소), 呵呵大笑(가가대소)
⑦ 松茂栢悅(송무백열) : 친구가 잘되는 것을 기뻐함
⑧ 手舞足蹈(수무족도) : 손이 춤추고 발이 뜀 － 歡呼雀躍(환호작약)

(56) 슬픔

① 哀而不悲(애이불비) : 속으로는 슬프지만 겉으로는 슬픔을 나타내지 아니함
② 哀而不傷(애이불상) : 슬퍼하되 도를 넘지 아니함

(57) 분노하거나 참음

① 天人共怒(천인공노) : 하늘과 땅이 함께 분노함
② 含憤蓄怨(함분축원) : 분하고 원통한 마음을 품음
③ 悲憤慷慨(비분강개) : 슬프고 분한 느낌이 마음에 가득 차 있음
④ 切齒腐心(절치부심) : 몹시 분하여 이를 갈면서 속을 썩임
⑤ 捲土重來(권토중래) : 한 번 실패하였다가 세력을 회복하여 다시 쳐들어옴
 － 東山之再起(동산지재기)
⑥ 臥薪嘗膽(와신상담) : 원수를 갚으려고 괴롭고 어려운 일을 참고 겪음

(58) 실속이 없음

① 虛張聲勢(허장성세) : 실속이 없으면서 허세만 떠벌림
  - 言過其實(언과기실), 誇大妄想(과대망상), 過大皇張(과대황장)
② 虛禮虛飾(허례허식) : 예절, 법식 등을 겉으로만 번드레하게 함
③ 狐假虎威(호가호위) : 남의 권세를 빌려 허세를 부림을 비유하여 이르는 말
④ 泰山鴻毛(태산홍모) : 크게 더 벌이기만 하고 결과는 보잘 것 없음
  - 泰山鳴動鼠一匹(태산명동서일필)

(59) 전쟁에서 유래한 성어

① 背水之陣(배수지진) : 적과 싸울 때 강이나 바다를 등지고 친 진
  - 捨量沈舟(사량침주), 濟河焚舟(제하분주), 破釜沈船(파부침선), 破釜沈舟(파부침주), 棄糧沈船(기량침선), 背城借一(배성차일)
② 乾坤一擲(건곤일척) : 운명과 흥망을 걸고 단판걸이로 승부나 승패를 겨룸
  - 死生決斷(사생결단), 中原逐鹿(중원축록), 在此一擧(재차일거)
③ 捲土重來(권토중래) : 한 번 실패하였다가 세력을 회복하여 다시 쳐들어옴
  - 東山再起(동산재기)
④ 臥薪嘗膽(와신상담) : 원수를 갚으려고 풀섶에서 쓸개를 씹으며 참음
⑤ 一敗塗地(일패도지) : 한 번 싸우다가 여지없이 패하여 다시 일어나지 못함
  - 肝腦塗地(간뇌도지)
⑥ 聲東擊西(성동격서) : 동쪽을 치는 듯이 하면서 실제로는 서쪽을 침
⑦ 滅此朝食(멸차조식) : 한시 바삐 적을 물리치고 승리를 쟁취하려 함
⑧ 馬革裹尸(마혁과시) : 말가죽으로 시체를 싼다는 말로, 군인은 전쟁터에서 죽을 각오를 해야 한다는 뜻

(60) 공연히 의심이 많음, 쓸데없는 걱정[= 杞憂(기우)]

① 吳牛喘月(오우천월) : 더위 먹은 소가 달만 봐도 헐떡거림
② 杯中蛇影(배중사영) : 술잔 속의 뱀 그림자
③ 風聲鶴唳(풍성학려) : 바람 소리와 학의 울음소리
④ 草木皆兵(초목개병) : 초목이 적병처럼 보임
⑤ 傷弓之鳥(상궁지조) : 활에 상처를 입은 새는 굽은 나무만 보아도 놀람
⑥ 疑心暗鬼(의심암귀) : 의심하면 있지도 않은 귀신이 나오는 것처럼 느껴짐
⑦ 狐疑不決(호의불결) : 여우가 의심이 많아 결정을 제대로 하지 못함

(61) 실패에서 배움

① 他山之石(타산지석) : 다른 산의 나쁜 돌도 아름다운 옥을 가리는 데 도움이 됨 – 殷鑑不遠(은감불원)
② 覆車之戒(복거지계) : 앞 사람의 실패를 교훈으로 삼는 일 – 覆轍之戒(복철지계), 前車可鑑(전거가감)
③ 反面敎師(반면교사) : 다른 사람이나 사물의 부정적인 측면에서 가르침을 얻음

(62) 협동과 단결

① 孤掌難鳴(고장난명) : 손바닥도 부딪쳐야 소리가 남 – 紙丈對擧輕(지장대거경)
② 十匙一飯(십시일반) : 여러 사람이 조금씩 부조하면 한 사람을 충분히 도울 수 있음
③ 敎學相長(교학상장) : 스승은 학생을 가르치며 성장하고, 제자는 배우며 진보한다는 말
④ 主客一體(주객일체) : 주체와 객체가 하나가 됨
⑤ 渾然一體(혼연일체) : 생각, 행동, 의지 따위가 완전히 하나가 됨 – 混融一體(혼융일체)
⑥ 房謀杜斷(방모두단) : 방현령(房玄齡)의 지모와 두여회(杜如晦)의 결단력
⑦ 忍痛割愛(인통할애) : 힘든 일은 참고 사랑은 베풂

(63) 남을 놀리거나 속임

① 曲學阿世(곡학아세) : 자기가 배운 것을 굽혀가면서 세속에 아부함
② 牽强附會(견강부회) : 도리, 이치와는 상관없이 자기의 주장만을 내세우려 하는 것 – 白馬非馬(백마비마)
③ 我田引水(아전인수) : 제 논에 물 대기
④ 漱石枕流(수석침류) : 억지고집을 부리는 융통성 없는 사람을 지칭하는 말
⑤ 巧言令色(교언영색) : 교묘한 말과 알랑거리는 얼굴
⑥ 甘言利說(감언이설) : 달고 이롭다는 말
⑦ 朝三暮四(조삼모사) : 아침에는 세 개라 하고 저녁에는 네 개라 함 – 改頭換面(개두환면)
⑧ 指鹿爲馬(지록위마) : 윗사람을 농락하고 권세를 함부로 부리는 것을 비유한 말
⑨ 推舟於陸(주주어륙) : 땅에서 배를 밀어 감 – 南轅北轍(남원북철)
⑩ 自己矛盾(자기모순) : 창과 방패가 앞뒤로 맞지 않음
⑪ 自家撞着(자가당착) : 같은 사람의 말이나 행동이 앞뒤가 서로 맞지 아니하고 모순됨
    – 矛盾撞着(모순당착), 自繩自縛(자승자박), 仰天而唾(앙천이타), 戀着吐唾(당착토타), 作法自斃(작법자폐), 欺人自欺(사인자기), 請君入甕(청군입옹)
⑫ 二律背反(이율배반) : 양립하지 않는 두 명제가 동등한 타당성을 가지고 주장
⑬ 三人成虎(삼인성호) : 세 명이 시장에 호랑이가 나타났다고 하면 곧이 믿게 됨 – 胥動浮言(서동부언)
⑭ 聲東擊西(성동격서) : 동쪽을 치는 듯이 하면서 실제로는 서쪽을 침
⑮ 城狐社鼠(성호사서) : 성(城) 안의 여우와 사(社) 안의 쥐 – 至當大臣(지당대신)

(64) 아무런 관심이 없음

① 袖手傍觀(수수방관) : 소매에 손을 넣고 곁에서 보기만 함
② 吾不關焉(오불관언) : 관여해야 할 일에 간섭하지 않고 그대로 둠

(65) 많은 것 가운데 극히 적은 것(= 빙산의 일각)

① 九牛一毛(구우일모) : 소 아홉 마리에서 털 하나가 빠진 정도
② 滄海一粟(창해일속) : 큰 바다에 좁쌀 한 알 – 大海一滴(대해일적)
③ 鳥足之血(조족지혈) : 새 발의 피
④ 紅爐點雪(홍로점설) : 벌겋게 달아오른 화로에 내리는 눈
⑤ 升斗之利(승두지리) : 됫박만 한 이익 또는 파리머리만 한 이익
　– 蠅頭之利(승두지리), 蝸角之爭(와각지쟁), 蠻觸之爭(만촉지쟁), 食少事煩(식소사번)
⑥ 鼠肝蟲臂(서간충비) : 쥐의 간과 벌레의 팔
⑦ 尺吳寸楚(척오촌초) : 높은 산에 올라 세상을 내려다볼 때 산수가 보잘 것 없이 작음
⑧ 盲龜浮木(맹귀부목) : 바다에서 쓸쓸하게 백 년에 한 번 수면에 떠오르는 눈먼 거북이가 떠도는 나무에 뚫려 있는 구멍에 들어가려 해도 좀처럼 들어가기 어려움
⑨ 善供無德(선공무덕) : 남을 위하여 힘을 써도 별로 소득이 없음

(66) 쓸모없거나 소용없음

① 畵中之餠(화중지병) : 그림의 떡 – 畵餠充飢(화병충기), 鏡中美人(경중미인), 鏡花水月(경화수월)
② 無用之物(무용지물) : 쓸모없는 물건이나 사람
③ 有名無實(유명무실) : 이름만 그럴듯하고 실속은 없음 – 虛無孟浪(허무맹랑), 兎絲燕麥(토사연맥)
④ 夏爐冬扇(하로동선) : 여름의 화로와 겨울의 부채
⑤ 錦衣夜行(금의야행) : 비단 옷을 입고 돌아다님, 어울리지 않는 옷차림
⑥ 畵蛇添足(화사첨족) : 필요 없는 부분까지 그려 넣음
⑦ 羊質虎皮(양질호피) : 겉모습은 화려하지만 내실이 빈약함
⑧ 外華內貧(외화내빈) : 빛 좋은 개살구
⑨ 屠龍之技(도룡지기) : 용을 잡는 재주
⑩ 盲人眼疾(맹인안질) : 장님이 눈병에 걸림
⑪ 宋襄之仁(송양지인) : 송나라 양공(襄公)의 인정, 쓸데없는 인정을 베푸는 어리석음
⑫ 牛搜馬勃(우수마발) : 소의 오줌과 말의 똥, 소용없는 말이나 글
⑬ 虎前乞肉(호전걸육) : 호랑이에게 고기를 달라고 함, 전혀 기대할 수 없는 것을 기대함
⑭ 抱璧有罪(포벽유죄) : 구슬을 가지고 있는 것이 죄가 됨
⑮ 沐猴而冠(목후이관) : 원숭이가 관을 씀, 의관은 그럴 듯해도 사람답지 못함

(67) 처음 또는 최초

① 嚆矢(효시) : 전쟁터에서 우는 화살을 쏘아 개전의 신호로 삼음
② 濫觴(남상) : 큰 강물도 그 근원은 술잔이 넘칠 정도의 작은 물에서 시작함
③ 權輿(권여) : 저울을 만들 때는 저울대부터, 수레를 만들 때는 수레 바탕부터 만듦
④ 萌芽(맹아) : 식물(植物)에 새로 트는 싹
⑤ 根源(근원) : 물줄기의 근본(根本) – 基源(기원)
⑥ 始初(시초) : 시작(始作)한 처음 무렵
⑦ 鼻祖(비조) : 어떤 일을 가장 먼저 시작한 사람
⑧ 創始(창시) : 어떤 사상(思想)이나 학설(學說) 등을 처음 내세움 – 創開(창개)
⑨ 破天荒(파천황) : 이제까지 아무도 하지 않은 일을 행함을 이르는 말
  – 前代未聞(전대미문), 前無後無(전무후무), 未曾有(미증유), 前人未踏(전인미답), 空前絕後(공전절후)

(68) 부수기 어려운 성지

① 金城鐵壁(금성철벽) : 방비가 아주 견고한 성 – 金城湯池(금성탕지), 鐵甕城(철옹성)
② 牙城(아성) : 성곽의 중심부
③ 難攻不落(난공불락) : 치기 어려워 정복하기 어려운 성지

(69) 아주 가난함

① 糊口之策(호구지책) : 가난한 살림에서 겨우 먹고살아 가는 방책 – 糊口之計(호구지계)
② 艱難辛苦(간난신고) : 몹시 힘들고 어려우며 고생스러움
③ 貧則多事(빈즉다사) : 가난한 살림에 일은 많음
④ 三旬九食(삼순구식) : 서른 날에 아홉 끼니밖에 못 먹음 – 朝飯石粥(조반석죽)
⑤ 桂玉之艱(계옥지간) : 식량(食量) 구하기가 계수나무 구하듯이 어렵고, 땔감을 구하기가 옥을 구하는 만큼이나 어려울 정도로 생활이 곤란함 – 桂玉之嘆(계옥지탄)
⑥ 男負女戴(남부여대) : 가난한 사람들이 떠돌아다니며 사는 것
⑦ 糟糠之妻(조강지처) : 몹시 가난하고 천할 때에 고생을 함께 겪어 온 아내

(70) 가난 속의 풍류

① 安分知足(안분지족) : 편안한 마음으로 제 분수를 지키며 만족할 줄을 앎
② 安貧樂道(안빈낙도) : 가난한 생활을 하면서도 편안한 마음으로 도를 즐겨 지킴
③ 貧而無怨(빈이무원) : 가난하면서도 원망하지 않음
④ 簞食瓢飮(단사표음) : 한 소쿠리의 밥과 표주박의 물 – 簞瓢陋巷(단표누항)
⑤ 悠悠自適(유유자적) : 속세를 떠나 아무 속박 없이 조용하고 편안하게 삶 – 曳尾塗中(예미도중)
⑥ 曲肱之樂(곡굉지락) : 팔을 베개 삼아 누워 사는 즐거움

(71) 은혜를 잊지 않음

① 刻骨難忘(각골난망) : 은혜를 뼈에 깊이 새겨 잊지 않음
② 白骨難忘(백골난망) : 죽어도 잊지 못할 큰 은혜를 입음
③ 結草報恩(결초보은) : 은혜가 사무쳐 죽어서도 잊지 않고 갚음

(72) 은혜를 원수로 갚음

① 恩反爲仇(은반위구) : 은혜를 베푼 것이 도리어 원수가 됨 – 恩反爲讐(은반위수)
② 背恩忘德(배은망덕) : 남에게 입은 은덕을 저버리고 배신함
③ 人面獸心(인면수심) : 얼굴은 사람의 모습을 하였으나 마음은 짐승과 같음
④ 養虎後患(양호후환) : 범을 길렀다가 그 범에 물림
⑤ 過河折橋(과하절교) : 강을 건넌 다음에 다리를 제거함

(73) 끼리끼리 어울림

① 類類相從(유유상종) : 같은 무리끼리 서로 왕래하여 사귐
② 草綠同色(초록동색) : 같은 처지에 있는 사람들끼리 어울리게 마련이라는 뜻
③ 同病相憐(동병상련) : 같은 병을 앓고 있는 사람끼리 서로 가엾게 여긴다는 뜻
④ 狐死兎悲(호사토비) : 여우가 죽으니 토끼가 슬퍼함 – 狐死兎泣(호사토읍), 蕙焚蘭悲(혜분난비)
⑤ 黨同伐異(당동벌이) : 서로 의견과 뜻이 같은 사람끼리는 뭉치고 그렇지 아니한 사람은 배척함
⑥ 輔車相依(보거상의) : 수레의 덧방나무와 바퀴가 떨어져 있을 수 없듯이 서로 돕고 의지함

(74) 정도가 지나침

① 過猶不及(과유불급) : 지나친 것은 미치지 못한 것과 같다는 뜻
  – 過如不及(과여불급), 隨時處中(수시처중), 過恭非禮(과공비례), 追女失妻(추녀실처), 物極必反(물극
  필반)
② 矯角殺牛(교각살우) : 조그만 일에 힘쓰다가 큰일을 그르침 – 矯枉過直(교왕과직)
③ 小貪大失(소탐대실) : 작은 것을 탐하다가 큰 손실을 입는다는 뜻
  – 欲巧反拙(욕교반졸), 得隴望蜀(득롱망촉), 螳螂捕蟬(당랑포선), 玩物喪志(완물상지), 道見桑婦(도견
  상부), 利令智昏(이령지혼), 明珠彈雀(명주탄작), 好古破産(호고파산)
④ 欲速不達(욕속부달) : 일을 빨리 하려고 하면 도리어 이루지 못함 – 見彈求炙(견탄구자)
⑤ 見蚊拔劍(견문발검) : 하찮은 일에 너무 거창하게 덤비는 것을 비유 – 怒蠅拔劍(노승발검)
⑥ 針小棒大(침소봉대) : 작은 일을 크게 불리어 떠벌림
⑦ 牛刀割鷄(우도할계) : 소 잡는 칼로 닭을 잡음

(75) 한 가지에 몰입함[= 漂麥(표맥)]

① 無我之境(무아지경) : 정신이 한곳에 온통 쏠려 스스로를 잊고 있는 경지 – 忘我之境(망아지경)

② 無念無想(무념무상) : 무아의 경지에 이르러 일체의 상념을 떠남

③ 三昧境(삼매경) : 잡념을 떠나서 오직 하나의 대상에만 정신을 집중하는 경지

④ 中石沒鏃(중석몰촉) : 정신을 집중하여 전력을 다하면 어떠한 일도 이룰 수 있음

 – 中石沒矢(중석몰시), 日念通巖(일념통암)

(76) 이름을 널리 알림

① 流芳百世(유방백세) : 훌륭한 명성이나 공적이 후세에 길이 전함

 – 虎死留皮人死留名(호사유피 인사유명), 立身揚名(입신양명), 萬古流芳(만고유방), 萬口成碑(만구성비), 人口膾炙(인구회자), 蓋棺事定(개관사정)

② 遺臭萬年(유취만년) : 더러운 이름을 후세에 오래도록 남김

(77) 옛 것을 새롭게 함

① 溫故知新(온고지신) : 옛 것을 익히고 새것을 앎 – 以古爲鑑(이고위감), 學于古訓(학우고훈)

② 法古創新(법고창신) : 옛 것을 바탕으로 새것을 만들어 나감 – 法制創新(법제창신), 博古知今(박고지금)

③ 換腐作新(환부작신) : 썩은 것을 싱싱한 것으로 바꿈

(78) 최후의 완성

① 畵龍點睛(화룡점정) : 용을 그린 다음 마지막으로 눈동자를 그림

② 大佛開眼(대불개안) : 슬기로운 눈을 뜨게 함

PART 09

적중예상문제 CHAPTER 02

01 다음 글의 논지와 관계 깊은 한자성어는?

> 셋째, 전통의 확립과 문화 창조의 과정에서 유의해야 할 점은, 만일 사회 변동에 따른 문화적 적합성을 지나치게 일방적으로 강조하게 되면 문화의 정체를 상실하게 될 위험을 안게 되며, 만일 문화의 정체만을 지나치게 강조하게 되면 다시 문화의 적합성의 위기를 가중(加重)시킬 위험을 초래하게 되며, 또한 만일 문화의 통합성을 지나치게 강조하면 문화적 획일주의(劃一主義)에 빠져 문화의 침체를 가져올 위험이 있게 된다는 점이다. 그러므로 우리는 문화의 적합성, 정체성, 통합성에 대하여 다 같이 관심을 두고, 세 가지 조건을 동시에 충족시키는 문화를 형성해 나가야 한다. 그렇게 함으로써 한국의 문화적 전통은 자연스럽게 연속성을 가지게 되며, 동시에 세계적인 보편성을 지향할 수도 있게 되는 것이다.

① 隱忍自重

② 主客顚倒

③ 過猶不及

④ 一絲不亂

 해설 제시문은 지나친 적합성과 정체성, 통합성을 경계하고 있다. 따라서 지나친 것은 좋지 않다는 의미의 '過猶不及(과유불급)'이 적당하다.

目 ③

02 다음 중 의미가 다른 하나는?

① 미봉책(彌縫策)

② 언 발에 오줌누기(凍足放尿)

③ 조삼모사(朝三暮四)

④ 아랫돌 빼서 윗돌 괴기

해설 ③ 조삼모사(朝三暮四) : 간사한 꾀로 남을 속여 자신이 원하는 것을 얻는 행동

① · ② · ④ 임시방편으로 일을 해결하는 얄팍한 행동

目 ③

03 다음 한자성어의 뜻으로 옳은 것은?

> 李下不整冠

① 소 잃고 외양간 고친다.
② 낫 놓고 기역자 모른다.
③ 의심을 받을 일은 피한다.
④ 높은 벼슬자리에 있어도 검소하고 근면하다.

 해설 李下不整冠(이하부정관) : 자두(오얏)나무 밑에서 갓끈을 고쳐 매지 말라는 뜻으로, 공연히 남의 의심받을 일을 하지 말라는 의미

답 ③

04 밑줄 친 부분을 바꾸어 쓰는 과정에서 그 의미가 달라진 것은?

① 孤掌難鳴이라고 하지 않는가, 괜히 그가 화를 냈겠어?
  → 백지장도 맞들면 낫다.
② 나는 여러 차례의 전쟁을 치르고도 살아남았는데, 그까짓 일쯤은 如反掌.
  → 식은 죽 먹기
③ 螳螂拒轍이라고, 조그만 회사가 대기업을 상대로 정면 승부를 거는구나.
  → 달걀로 바위를 친다.
④ 識字憂患이라고 김 선생이 난리 중에 희생된 것이 꼭 그 모양이다.
  → 아는 게 병이요 모르는 게 약이다.

 해설 ① '고장난명(孤掌難鳴)'이란 통상 두 가지 의미로 사용된다. 하나는 '혼자서는 무슨 일을 이루기 힘들다.'라는 의미로, 다른 하나는 '맞서는 사람이 없으면 싸움이 되지 않는다.'라는 의미로 사용된다. 여기서는 후자의 의미로 사용되었다. 따라서 '외손뼉이 울겠느냐.' 정도로 바꾸어 표현하는 것이 옳다.

답 ①

05 다음의 뜻을 가장 잘 나타낸 한자성어는 무엇인가?

> 한 번에 두 가지 일을 할 수 없음을 비유한 말

① 大義滅親 ② 戴盆望天
③ 德無常師 ④ 道不拾遺

② 대분망천(戴盆望天) : '동이를 이고는 하늘을 볼 수 없고, 하늘을 보려면 동이를 일 수 없다.'라는 뜻으로 '한 번에 두 가지 일을 할 수 없음'을 비유한 말
① 대의멸친(大義滅親) : 큰 의리를 위해서는 사사로운 친함도 버려야 함
③ 덕무상사(德無常師) : 덕을 닦는 데는 일정한 스승이 없으며, 주변의 환경이나 사람 모두에게 배울 수 있음
④ 도불습유(道不拾遺) : 길에 떨어진 것을 주워서 함부로 갖지 않음. 즉 나라가 태평해 인정이 좋음. 또는 형벌이 준엄하여 함부로 법을 어기지 않음

답 ②

06 다음의 뜻을 가장 잘 나타낸 한자성어는 무엇인가?

> 효성이 지극하다.

① 斑衣之戱 ② 反目嫉視
③ 反面敎師 ④ 博而不精

① 반의지희(斑衣之戱) : 중국 초나라의 효자 '노래자'라는 사람이 부모를 기쁘게 하기 위해 일흔 살에 색동옷을 입고 어리광을 부렸다는 고사에서 나온 말로, 지극한 효도로서 봉양함을 비유하는 말
② 반목질시(反目嫉視) : 서로 미워하고 질투하는 눈으로 봄
③ 반면교사(反面敎師) : 다른 사람이나 사물의 부정적인 측면에서도 가르침을 얻을 수 있음
④ 박이부정(博而不精) : 널리 알지만, 정밀하거나 자세하지는 못함

답 ①

07 다음의 뜻을 가장 잘 나타낸 한자성어는 무엇인가?

> 교묘한 지혜로 위기를 모면하다.

① 光陰如流
② 狗尾續貂
③ 狡兎三窟
④ 窮鳥入懷

③ 교토삼굴(狡兎三窟) : 교활한 토끼는 굴을 세 개나 파놓음, 즉 사람이 교묘하게 잘 숨어 재난을 피함
① 광음여류(光陰如流) : 세월이 흐르는 물과 같이 한번 지나면 되돌아오지 않음
② 구미속초(狗尾續貂) : 담비 꼬리가 모자라 개 꼬리로 이음, 즉 좋은 것 다음에 보잘것없는 것이 뒤따름
④ 궁조입회(窮鳥入懷) : 쫓기던 새가 사람의 품안으로 들어옴, 즉 궁한 사람이 와서 의지함

답 ③

08 다음의 뜻을 가장 잘 나타낸 한자성어는 무엇인가?

> 몹시 뒤엉켜 복잡하다.

① 迂餘曲折
② 他山之石
③ 飽食暖衣
④ 好衣好食

① 우여곡절(迂餘曲折) : 돌고 휘어 구부러짐, 또는 여러 가지 사정이 뒤얽혀 몇 번이고 변화함
② 타산지석(他山之石) : 다른 산의 돌멩이라도 자기의 옥을 가는 일에 쓸 수 있음, 즉 다른 사람의 하찮은 언행을 통해서도 배울 만한 것이 있음
③ 포식난의(飽食暖衣) : 배불리 먹고 따뜻하게 옷을 입음, 즉 경제적으로 불편함 없이 넉넉하게 지냄
④ 호의호식(好衣好食) : 좋은 옷을 입고 좋은 음식을 먹음

답 ①

09 다음의 뜻을 가장 잘 나타낸 한자성어는 무엇인가?

> 눈앞의 욕심에 어두워 장차 다가올 재앙을 알지 못하다.

① 門前成市 ② 見物生心
③ 螳螂在後 ④ 螳螂拒轍

 ③ 당랑재후(螳螂在後) : 매미를 노리는 사마귀가 뒤에서 저를 노리는 참새가 있음을 모름, 즉 눈앞의 이익에만 정신이 팔려 닥쳐올 큰 재앙을 알지 못함
① 문전성시(門前成市) : 찾아오는 사람이 많아 집 문 앞이 시장을 이루다시피 함
② 견물생심(見物生心) : 재물을 보면 가지고 싶은 마음이 들게 됨
④ 당랑거철(螳螂拒轍) : 사마귀가 수레바퀴를 막으려 함, 즉 약한 자가 무모하게 강자에게 대항하려 함

답 ③

10 다음 글의 내용과 가장 관련이 깊은 한자성어는?

> 특히 박 장관은 일본 대중문화 개방 정책의 심사 분석 결과 일본 대중문화 개방이 우리 문화 산업에 미친 영향이 우려할 만한 수준은 아닌 것으로 나타났으며, 오히려 일본 내 우리 문화에 대한 이미지 제고로 우리 문화 상품의 본격적인 일본 진출의 계기가 된 것으로 평가된 것이 이번 개방 폭을 결정하는 데 많은 참고가 되었다고 밝혔다.

① 過猶不及 ② 刻舟求劍
③ 孤掌難鳴 ④ 轉禍爲福

 일본 대중문화 개방이 우려할 만한 일이 아니라 오히려 좋은 기회가 될 수도 있다는 내용이므로, 전화위복(轉禍爲福)이 가장 관련이 깊다.

답 ④

11 '김 주사는 박 과장 앞에서 일부러 쾌활하게 웃으며 힘써 재미있는 이야기를 꾸며 내어 비위를 맞추고 있었다.'의 내용과 통하는 한자성어는?

① 面從腹背 　　　　　　　　　② 巧言令色

③ 前人未沓 　　　　　　　　　④ 姑息之計

> **해설** 교언영색(巧言令色) : 교묘한 말과 애교 있는 낯빛으로 남의 기분을 사려고 함
>
> 　　　　　　　　　　　　　　　　　　　　　　　　　　　　　　　　　　답 ②

12 다음 한자성어에서 ○ 부분에 알맞은 한자는 무엇인가?

> 呵○大笑

① 隣 　　　　　② 喜 　　　　　③ 呵 　　　　　④ 加

> **해설** ③ 呵呵大笑(가가대소) : 우스워서 껄껄[呵呵] 크게 웃음(呵 − 꾸짖을 가)
> ① 이웃 린, ② 기쁠 희, ④ 더할 가
>
> 　　　　　　　　　　　　　　　　　　　　　　　　　　　　　　　　　　답 ③

13 다음 내용에 해당하는 한자성어는?

> 나무는 볼 수 있으나 숲은 보지 못한다.

① 東奔西走 　　　　　　　　　② 自家撞着

③ 走馬看山 　　　　　　　　　④ 無爲徒食

> **해설** ③ 주마간산(走馬看山) : 사물의 겉만을 대강 보고 지나침
> ① 동분서주(東奔西走) : 이리저리 바쁘게 돌아다님
> ② 자가당착(自家撞着) : 같은 사람의 말이나 행동이 앞뒤가 맞지 아니하고 모순됨
> ④ 무위도식(無爲徒食) : 하는 일 없이 놀고먹음
>
> 　　　　　　　　　　　　　　　　　　　　　　　　　　　　　　　　　　답 ③

14 '삼 밭에 쑥(蓬生麻中)'이라는 말의 뜻은?

① 일석이조의 효과가 있다.

② 정성을 다하여 한 일은 결과가 좋다.

③ 착한 일을 많이 하면 언젠가는 보답이 있다.

④ 착한 벗을 사귀면 자기도 착하여진다.

> **해설** 삼 밭에 쑥 : 삼밭에서 난 쑥은 삼대를 닮아 자연히 곧게 자란다는 뜻으로 환경이 좋은 가운데서 자라나면 좋은 영향을 받게 됨을 의미함
>
> 답 ④

15 다음의 뜻을 가장 잘 나타낸 한자성어는 무엇인가?

> 공적인 일을 빙자하여 사리를 도모한다.

① 擧案齊眉   ② 干將莫耶

③ 不遠千里   ④ 憑公營私

> **해설** ④ 빙공영사(憑公營私) : 공공의 일을 빙자하여 개인적인 이익을 꾀함
> ① 거안제미(擧案齊眉) : 밥상을 눈썹 높이까지 들어 남편 앞에 공손히 가지고 감. 즉 남편을 깍듯이 공경함
> ② 간장막야(干將莫耶) : 중국의 춘추 전국 시대에 칼의 명인이라는 '간장'과 그의 아내인 '막야'를 뜻함. 즉 매우 훌륭한 칼을 비유함
> ③ 불원천리(不遠千里) : 천리 길도 멀다고 여기지 않음
>
> 답 ④

16 다음의 뜻을 가장 잘 나타낸 한자성어는 무엇인가?

> 벗이 잘되는 것을 기뻐하다.

① 水魚之交　　　　　　　　② 類類相從
③ 螢窓雪案　　　　　　　　④ 松茂栢悅

 해설
④ 송무백열(松茂栢悅) : 소나무가 무성한 것을 잣나무가 기뻐함. 즉 남이 잘되는 일을 즐거워함
① 수어지교(水魚之交) : 물과 물고기의 사귐. 즉 매우 긴밀한 관계(군신과 부부 사이)
② 유유상종(類類相從) : 같은 무리끼리 서로 따르며 모임
③ 형창설안(螢窓雪案) : 반딧불이 비치는 창과 눈에 비치는 책상. 즉 어려운 가운데서도 학문에 힘씀

답 ④

17 한자성어의 뜻으로 옳지 <u>않은</u> 것은?

① 切磋琢磨 – 학문과 덕이 많음
② 群鷄一鶴 – 여러 사람 가운데서 뛰어난 사람
③ 首丘初心 – 자기의 고향을 몹시 그리워함
④ 萬頃蒼波 – 한없이 넓은 푸른 바다

 해설
① 절차탁마(切磋琢磨) : 옥돌을 쪼고 갈아서 빛을 냄. 즉 학문이나 인격을 수련·연마함

답 ①

18 다음 내용을 서두로 하여 글을 쓰고자 할 때, 결론을 강조하기 위해 이용할 한자성어로 가장 적절한 것은?

> 백인 선교사가 인디언에게 현대식 교육을 시키고 시험을 보게 했더니 인디언들은 시험 문제를 의논하면서 답을 작성했다. 백인 선교사는 "시험을 볼 때 남에게 묻거나 남의 답안지를 보거나 남에게 보여 주는 것은 비도덕적인 일이다."라고 말했다. 그러자 인디언들은 반론을 제기했다. "우리는 조상들로부터 어려운 일이 있을 때에는 늘 서로 의논해서 최선의 방법을 찾아내는 것이 올바른 길이라고 배웠다. 시험은 대표적인 어려운 일이므로 우리는 한 데 모여서 최선의 답을 찾는 것이다. 어려운 일을 의논해서 해결해야 하는데, 자기만 시험을 잘 보겠다고 남에게 답을 보여 주지 않는 행위는 비도덕적이다."

① 역지사지(易地思之)
② 타산지석(他山之石)
③ 우공이산(愚公移山)
④ 청출어람(靑出於藍)

> **해설** 이 글은 문화권에 따라 사고방식이 다를 수 있다는 것을 보여 주고 있다. 선교사는 자신의 문화만을 생각하고 인디언의 문화는 고려하지 않은 것이다. 따라서 남의 입장을 충분히 고려해 보아야 한다든지, 자기의 입장만을 고집해서는 안 된다는 내용의 주제를 제시할 수 있으므로 '역지사지(易地思之)'가 어울린다.
> ② 하찮은 남의 언행일지라도 자신을 수양하는 데 도움이 된다는 말
> ③ 쉬지 않고 꾸준하게 한 가지 일만 열심히 하면 마침내 큰일을 이룰 수 있음을 비유한 말
> ④ 제자가 스승보다 나음을 이르는 말
>
> 답 ①

19 다음 한자성어의 뜻으로 옳은 것은?

> 螳螂拒轍

① 권세에 두려움을 느끼지 않는다.
② 크게 놀라다.
③ 매우 사납다.
④ 계란으로 바위 친다.

> **해설** 螳螂拒轍(당랑거철) : 사마귀[螳螂]가 수레바퀴[轍]를 막으려고[拒] 함. 즉 약한 자가 무모하게 강자에게 대항하려 하는 것을 뜻함
>
> 답 ④

20 다음 속담과 한자성어의 연결이 잘못된 것은?

① 矯角殺牛 – 기와 한 장 아끼다가 대들보 썩힌다.
② 靑出於藍 – 나중 난 뿔이 우뚝하다.
③ 錦衣夜行 – 비단 옷 입고 밤나들이 한다.
④ 狐假虎威 – 하룻강아지 범 무서운 줄 모른다.

> 호가호위(狐假虎威) : 다른 사람의 권세를 빌어 위세를 부림
>
> 답 ④

21 다음 한자성어의 풀이로 옳은 것은?

> 隔世之感

① 어린 시절을 그리워함
② 딴 세대처럼 아주 달라진 느낌
③ 미래가 준비되지 않은 불안감
④ 보통사람의 식견이 좁음을 비유

> 隔世之感(격세지감) : 오래지 않은 동안에 몰라보게 변하여 매우 다른 세상이 된 것 같은 느낌
>
> 답 ②

부록 | 최신 기출문제

I wish you the best of luck!

우정사업본부 지방우정청 9급 계리직

한국사

(주)시대고시기획
(주)시대교육
www. **sidaegosi** .com

시험정보 · 자료실 · 이벤트
합격을 위한 최고의 선택

시대에듀
www. **sdedu** .co.kr

자격증 · 공무원 · 취업까지
BEST 온라인 강의 제공

01 밑줄 친 (   )의 재위 기간에 있었던 사실로 옳은 것은?

> (   ) 9년 3월에 사방(四方)의 우역(郵驛)을 비로소 설치하고, 담당 관리에게 명하여 관도(官道)를 수리하게 하였다.
>
>   – 『삼국사기』 –

① 처음으로 수도에 시장을 열어 사방의 물자를 유통시켰다.
② 중앙관서를 22부로 정비하고 수도를 5부로 편제하였다.
③ 우산국으로 불리던 울릉도를 정복하여 영토로 편입하였다.
④ 9주와 5소경을 설치하여 지방행정을 새롭게 정비하였다.

해설

제시된 사료는 신라 소지 마립간에 대한 설명이다.
① 소지 마립간은 국가의 공문을 전달하고 말을 공급하는 우역을 설치하였으며 동경(경주)에 시장을 열어 물자를 유통시켰다.
② 백제 성왕은 중앙관서를 22부로 정비하고 수도를 5부, 지방을 5방으로 편제하였다.
③ 신라 지증왕은 이사부를 파견하여 우산국(울릉도)을 복속하였다.
④ 통일신라 신문왕은 전국을 9주로 나누고, 수도가 동남쪽으로 치우쳐 있는 것을 보완하기 위하여 행정 · 군사상의 요충지에 5소경을 설치하였다.

답 ①

02 삼국시대 고분 중 벽화가 남아 있는 것을 모두 고른 것은?

> ㉠ 호우총
> ㉡ 쌍영총
> ㉢ 무용총
> ㉣ 각저총
> ㉤ 천마총

① ㉠, ㉡, ㉤

② ㉠, ㉢, ㉣

③ ㉡, ㉢, ㉣

④ ㉢, ㉣, ㉤

굴식돌방무덤은 돌로 널방을 만들고 그 위를 흙으로 덮어 봉분을 만든 것으로 널방의 벽과 천장에 벽화를 그리기도 하였다. 반면, 돌무지덧널무덤은 지상이나 지하에 시신과 껴묻거리를 넣은 나무 덧널을 설치하고 그 위에 돌을 쌓은 다음 흙으로 덮은 것으로 구조상 벽화를 그릴 수 없었다.

㉡ 쌍영총은 굴식돌방무덤 양식의 고구려 고분으로, 인물풍속도 및 사신도 벽화가 남아 있다.

㉢ 무용총은 굴식돌방무덤 양식의 고구려 고분으로, 무용도와 수렵도 등의 벽화가 남아 있다.

㉣ 각저총은 굴식돌방무덤 양식의 고구려 고분으로, 씨름도와 별자리 등의 벽화가 남아 있다.

㉠ 호우총은 돌무지덧널무덤 양식의 신라 고분으로, 당시 고구려와 신라의 교섭관계를 짐작할 수 있는 호우명 그릇이 출토되었다.

㉤ 천마총은 돌무지덧널무덤 양식의 신라 고분으로, 천마도가 발견되었다. 천마도는 벽화가 아니라 자작나무 껍데기를 여러 겹으로 겹친 장니 위에 그린 그림이다.

답 ③

03 (가)와 (나) 사이 시기 신라에서 있었던 사실로 옳은 것은?

> (가) 당(唐)이 고구려 평양에 안동도호부를 설치하였다.
> (나) 대조영이 동모산에서 진국(震國), 즉 발해를 건국하였다.

① 일반 백성들에게 정전을 지급하였다.
② 관리 채용을 위한 시험제도로 독서삼품과를 실시하였다.
③ 유교 교육을 진흥시키기 위해 국학을 설치하였다.
④ 관료전을 폐지하고 녹읍을 부활하였다.

해설

(가) 당(唐)은 668년 고구려 평양에 안동도호부를 설치하였다.
(나) 대조영은 698년 동모산에서 발해를 건국하였다.
③ 통일신라 신문왕은 682년 유학 교육 기관인 국학을 설립하였고, 유교 정치 이념을 확립하여 왕권을 강화하려 하였다.
① 통일신라 성덕왕은 722년 백성들에게 정전을 지급하여 국가의 토지 지배권을 강화하였다.
② 통일신라 원성왕은 788년 일종의 국가시험 제도인 독서삼품과를 실시하였다. 독서삼품과는 국학의 졸업생을 성적에 따라 3등급으로 나누어 관리로 채용하는 제도로, 골품제의 한계와 귀족들의 반발로 제대로 시행되지 못했으나 학문과 유학을 널리 보급하는 데 이바지하였다.
④ 통일신라 경덕왕은 757년 귀족들의 반발로 관료전을 폐지하고 녹읍을 부활하였다.

답 ③

04 후삼국 통일 과정에 있었던 사건의 순서를 옳게 나열한 것은?

> ⊙ 완산주에 도읍을 정하고 후백제를 건국하였다.
> ⓒ 국호를 태봉, 연호를 수덕만세로 정하였다.
> ⓒ 금성이 함락되고 경애왕이 사망하였다.
> ⓔ 왕건이 궁예를 몰아내고 즉위하였다.

① ⊙ → ⓒ → ⓒ → ⓔ
② ⊙ → ⓒ → ⓔ → ⓒ
③ ⓒ → ⊙ → ⓔ → ⓒ
④ ⓒ → ⊙ → ⓒ → ⓔ

해설 ⊙ 견훤은 900년 완산주(현재 전주)에 도읍을 정하고 후백제를 건국하였다.
ⓒ 궁예는 911년 국호를 마진에서 태봉으로 바꾸고 연호를 수덕만세로 정하였다.
ⓔ 왕건은 궁예의 휘하에서 공을 세워 높은 자리에 오른 후 918년 궁예를 몰아내고 고려를 건국하였다.
ⓒ 견훤은 927년 금성(경주)을 함락하였고 경애왕을 살해하고 김부(경순왕)를 왕으로 추대하였다.

정답 ②

05 밑줄 친 (   ) 제도를 개혁한 인물들로 옳은 것은?

> 개간된 토지의 넓이를 총괄해서 그 기름지고 메마른 것을 나누어 문무백관에서부터 부병(府兵) 한인(閑人)에게까지 과(科)에 따라주지 않음이 없었고, 또 그 과에 따라 초채지(땔감을 얻을 수 있는 땅)를 주었는데, 이를 (____) 제도라 한다.
>
> — 「고려사」 —

① 조준, 정도전
② 정도전, 이색
③ 이색, 정몽주
④ 조준, 이인임

해설 제시된 사료는 고려 시대 전시과 제도에 대한 설명이다.
전시과는 관직 복무와 직역의 대가로 관료들에게 토지를 나누어 주는 제도로 무신 집권기에 귀족들이 토지를 독점하고 세습하면서 분배 가능한 수조지가 부족해졌고 자영농이 몰락하기 시작하였다. 이에 따라 전시과 제도가 붕괴되었으며, 고려 말 공양왕 때 신진 사대부인 조준, 정도전 등의 건의로 토지 개혁법인 과전법이 실시되었다.

정답 ①

06 다음의 시(詩)를 지은 작자가 생존했던 시기에 있었던 사실로 옳은 것은?

> 오랑캐들이 아무리 완악하다지만 어떻게 이 물을 뛰어 건너랴.
> 저들도 건널 수 없음을 알기에 와서 진 치고 시위만 하네.
> ...(중략)...
> 저들도 마땅히 저절로 물러가리니 나라가 어찌 갑자기 끝나겠는가.
>
> – 『동국이상국집』 –

① 별무반을 조직하여 여진을 정벌하였다.
② 거란이 보낸 사신을 유배 보냈다.
③ 고려 국왕이 나주로 피난했다.
④ 경찰 업무를 수행하는 야별초를 만들었다.

해설 『동국이상국집』은 이규보가 저술한 시문집이다. 이규보는 고려 무신 정권기의 문인으로, 1168년에 태어나 1241년에 사망하였다.

④ 고려 무신 정권 시기 최우는 치안 유지를 위해 야별초를 설치하였다(1232).

① 고려 숙종 때 부족을 통일한 여진족이 고려의 국경을 자주 침입하자 윤관이 왕에게 건의하여 별무반을 편성하였다 (1104).

② 고려 태조 때 거란이 발해를 멸망시켰기 때문에 화친할 수 없다는 이유로 거란에서 보낸 사신을 섬으로 유배하고 낙 타는 만부교에 묶어 굶어 죽게 하였다(942).

③ 거란은 강조의 정변을 구실로 강동 6주를 넘겨 줄 것을 요구하며 침입하였다. 거란이 개경까지 함락하자 현종은 나 주로 피난하였다(1010).

답 ④

07 밑줄 친 내용에 해당하는 시기에 신설된 기구를 〈보기〉에서 모두 고른 것은?

> 문종이 태평한 통치를 펼치니 백성과 만물이 모두 빛났습니다. 그러나 후손들이 혼미하여 권신(權臣)이 정권을 멋대로 하면서 군병을 끌어안고 왕위를 노리게 되었으니 인종 때 이것이 한 번 벌어지자 신하가 정권을 잡는 일이 일어났고, 의종 때에 이르러서는 익숙해져 버렸습니다. 이로 말미암아 크고 간악한 권신들이 번갈아 가며 세력을 잡고서 임금을 앉히기를 바둑이나 장기 두듯이 하였으며, 강성한 적들은 번갈아 쳐들어와 백성들을 풀이나 갈대같이 베어 버렸지만, 원종이 위태롭고 의심스러운 상황에서 대란을 평정함으로써 겨우 선조들이 물려준 왕업을 보전할 수 있었습니다.
>
> ― 『고려사』 ―

보기	㉠ 정방	㉡ 교정도감
	㉢ 도평의사사	㉣ 정치도감

① ㉠, ㉡   ② ㉠, ㉣

③ ㉡, ㉢   ④ ㉢, ㉣

 해설 밑줄 친 내용에 해당하는 시기는 무신 집권기(1170~1270)이다.
㉠ 최우는 자신의 집에 정방을 설치하고 인사 행정을 담당하는 기관으로 삼아 인사권을 완전히 장악하였다(1225).
㉡ 최충헌은 자신에 대한 암살을 모의한 세력을 수색하고 처벌하기 위하여 국정을 총괄하는 중심 기구인 교정도감을 설치하고(1209), 스스로 기구의 최고 관직인 교정별감이 되어 인사 및 재정 등을 장악하였다.
㉢ 도평의사사는 도병마사의 후신으로 본래 도병마사는 국방·군사 문제만을 논의하던 임시회의 기구였으나, 고려 중기에 이르러 기능이 확대되었고, 충렬왕 5년(1279)에 도평의사사로 개편되면서 구성과 기능이 더욱 강화되어 정치를 주도하였다.
㉣ 충목왕 때인 1347년에 설치된 정치도감은 정치 기강 확립, 부원세력 척결, 농장 폐단과 수취제도의 문란 시정 등 개혁안을 제시하였다. 그러나 원의 정동행성이문소에서 그 활동을 방해하여 개혁이 제대로 이루어지지 못하였다.

정답 ①

08 〈보기〉의 정책을 시행했던 국왕의 재위 기간에 있었던 일로 옳은 것은?

> 보기
> • 귀법사를 창건하고 균여를 주지로 임명했다.
> • 개경을 황도(皇都)라고 하고, 서경을 서도라고 하였다.

① 전시과 제도를 시행하였다.
② 백관의 사색 공복을 정했다.
③ 광군을 조직하여 거란의 침입에 대비하였다.
④ 왕권을 위협하던 왕규를 제거하였다.

해설

〈보기〉의 정책을 시행했던 국왕은 광종이다. 광종은 왕권을 강화하기 위해 개경에 화엄종 계열의 귀법사를 창건하고 균여를 주지로 임명하였다. 또한 '광덕'과 '준풍' 등의 독자적인 연호를 사용하였으며, 수도였던 개경을 '황도(皇都)'로 높여 부르고 서경을 제2의 수도로 승격시켜 '서도'로 칭하였다.

② 관료들을 4색(자색, 단색, 비색, 녹색)으로 분류하여 지배층의 위계질서를 확립하고자 하였다.

① 고려 경종은 전시과 제도를 처음 시행하였다(976).

③ 고려 정종 때 거란의 침입을 대비하기 위하여 광군을 창설하였다(947).

④ 고려 혜종 때 왕규는 강력한 호족으로, 왕실의 외척으로서 정치 권력을 장악했던 인물이다. 왕규는 혜종을 죽이고 외손자인 광주원군을 왕위에 앉히려고 시도했는데, 왕식렴에 의해 제거당했다.

답 ②

09 〈보기〉는 조선 시대 전세(田稅) 수취제도에 대한 내용이다. 이 제도의 시행으로 나타난 변화상에 대한 설명으로 옳지 <u>않은</u> 것은?

> 보 기
> • 1결당 생산량을 300두에서 400두로 상향 조정하였다.
> • 생산량의 1/10을 징수하던 것을 1/20로 조정하였다.
> • 종래 3등으로 나누던 토지 등급을 6등으로 세분화하였다.

① 토지 등급과 작황 정도에 따라 전세를 차등 징수하였다.

② 이 제도는 전라도부터 시행하여 점차 전국으로 확산되었다.

③ 토지 등급에 따라 면적을 달리하는 이적동세를 실시하였다.

④ 이 제도의 시행으로 농민의 전세 부담이 낮아졌다.

해설

〈보기〉에서 설명하고 있는 조선시대 전세 수취제도는 공법이다.

③ 공법에서는 토지 등급에 따라 각기 다른 자를 사용하여 면적을 측정하는 수등이척법을 실시하였다.

① 공법은 풍흉(연분 9등법)과 토지 비옥도(전분 6등법)에 따라 전세를 차등 징수하였다.

② 공법은 전라도부터 시행하였고, 성종 때 함경도를 마지막으로 전국에서 실시되었다.

④ 공법 시행 이전에는 토지 1결의 생산량을 최대 300두로 정하고 30두를 조세로 거두었으나 공법 시행 이후에는 1결 당 최소 4두에서 최대 20두를 징수하여 전에 비해 전세의 부담이 낮아졌다.

目 ③

10 조선 전기의 노비에 대한 설명으로 옳은 것은?

① 노와 양녀 사이에 태어난 소생을 모의 신분을 따라 양인으로 삼는 '노비종모법'이 시행되었다.

② 중앙 관청에 소속된 공노비 가운데에는 하급 기술관직에 임용되기도 하였다.

③ 부족한 군역 자원을 확충하기 위해 양인과 함께 노비를 속오군에 편제하였다.

④ 국가에 소속된 공노비의 도망이 속출하자 내 · 시노비 중 일부를 속량하기도 하였다.

해설

② 조선 전기 중앙 관청에 소속된 공노비는 하급 기술관직에 임용되기도 하였다.

① · ③ · ④ 조선 후기의 노비에 대한 설명이다.

目 ②

11 밑줄 친 ( ) 기구에 대한 설명으로 옳은 것은?

> 이 제도는 젊고 재능 있는 문신들을 의정부에서 선발하여 (____)에 위탁 교육을 시키고, 40세가 되면 졸업시키는 인재양성의 장치였다. 교육 과정은 과강(課講)·과제(課製)의 강제(講製)가 주축이었다. 전자는 매달 15일 전과 20일 후에 행해졌고, 후자는 20일 후에 실시되었다. 이 제도는 국왕의 친위 세력을 육성하고자 하는 목적에서 시행되었다고 평가되고 있다.

① 학문 및 정책 연구를 위하여 경복궁 안에 설치되었다.
② 왕명 출납 등 국왕 측근에서 비서실의 기능을 하였다.
③ 정책을 비판하는 삼사의 하나로 국왕의 자문에 응하였다.
④ 창덕궁 후원에 설치되어 수만 권의 서적을 보관하였다.

밑줄 친 괄호 안에 해당하는 기구는 규장각이다. 정조는 인재양성을 위하여 새롭게 관직에 오르거나 기존 관리들 중 능력 있는 문신들을 규장각에서 재교육시키는 초계문신제를 실시하였다(1781).
④ 규장각은 조선 시대 왕실 도서관이면서 학술 및 정책을 연구한 관서로, 수만 권의 서적을 보관하였다.
① 규장각은 1776년 창덕궁 후원에 설치되었다.
② 왕명 출납 등 비서실의 기능을 한 기관은 승정원이다.
③ 정책을 비판하는 삼사의 하나로 자문 기관의 역할을 한 것은 홍문관이다.

답 ④

12 다음의 작품이 제작된 시기의 문학과 예술에 대한 설명으로 옳지 <u>않은</u> 것은?

① 중국의 남종문인화를 우리의 자연에 맞추어 토착화하는 화풍이 발생하였다.
② 『촌담해이』, 『필원잡기』 등 일정한 격식 없이 세상에 떠도는 이야기를 기록한 패설작품이 창작되었다.
③ 서양식 화법이 도입되어 원근법을 사용하거나 인물의 측면을 묘사하는 그림이 등장하였다.
④ 양반 사회를 비판하는 「양반전」, 「허생전」, 「호질」 등의 한문 소설이 지어졌다.

> **해설** 제시된 작품은 조선 후기 김홍도의 씨름도와 들밥이라는 풍속화이다.
> ② 조선 전기에 설화 문학이 유행하면서 『촌담해이』, 『필원잡기』 등이 편찬되었다. 『촌담해이』는 강희맹이 금양 지방의
>   민담과 관직 생활 중 들었던 여러 이야기를 엮은 것이고, 『필원잡기』는 서거정이 역사에 누락된 사실과 한담을 소재
>   로 서술한 수필집이다.
> ① 조선 후기 '진경산수화'와 관련된 설명이다. '진경산수화'는 기존의 실경산수화 기법에 중국의 '남존문인화'에서 사용
>   된 기법을 가미하여 창작된 것으로 우리의 고유한 자연에 맞춘 새로운 화법이 창안되었다.
> ③ 조선 후기에는 강세황의 '영통동구도'와 같이 음영이나 원근법을 이용한 서양화 화법을 사용하여 사실적으로 표현한
>   그림들이 창작되었다.
> ④ 조선 후기에는 양반의 위선적인 모습을 고발하는 박지원의 「양반전」, 「허생전」, 「호질」 등의 한문 소설이 창작되었다.
>
> 정답 ②

13 다음에서 (㉠)과 (㉡)에 들어갈 내용을 바르게 짝 지은 것은?

> 조선 전기에 (㉠)이/가 저술한 (㉡)은/는 예로부터 사람들이 감상하고 길러온 꽃과 나무 몇십 종에 대한 재배법과 이용법을 설명하고 있으며, 또한 꽃과 나무의 품격과 그 의미, 상징성을 논하고 있다.

	㉠	㉡
①	강희안	『양화소록』
②	양성지	『농잠서』
③	강희맹	『금양잡록』
④	신속	『농가집성』

해설

① '꽃과 나무에 대한 재배법과 이용법을 설명하고 있다'는 내용을 통해 강희안의 『양화소록』에 대한 설명임을 알 수 있다. 강희안의 『양화소록』은 꽃과 나무의 재배와 이용에 관해 서술한 원예서이다.
② 『농잠서』는 조선 전기 양성지가 양잠에 관해 저술한 서적이다.
③ 『금양잡록』은 조선 전기 성종 때 강희맹이 직접 농사를 지으면서 자신의 체험을 바탕으로 정리한 농서이다.
④ 『농가집성』은 조선 중기 효종 때 신속이 저술한 농서이다.

답 ①

14 〈보기〉의 궁궐에 대한 설명으로 옳은 것은?

> 본래 월산대군의 집터였는데, 임진왜란 이후 선조의 임시 거처로 사용되어 정릉동 행궁으로 불리다가 광해군 때에 경운궁으로 개칭되었다. …(중략)… 궁내에 서양식 건물이 여럿 지어진 것이 주목된다. …(중략)… 1945년 광복 후 석조전에서 미소공동위원회가 열려 한반도 문제가 논의되었다. 1963년 1월 18일에 사적 제124호로 지정되었다.

① 도성의 동쪽에 위치하여 동궐이라 불리기도 하였다.
② 전통 정원 조경의 자연미와 인공미가 조화를 이룬 후원이 유명하다.
③ 흥선대원군의 왕권강화에 대한 강력한 의지에 따라 크게 중건되었다.
④ 아관파천 이후 고종이 옮겨와 대한제국을 선포하고 광무개혁을 실시하였다.

해설

〈보기〉는 경운궁(덕수궁)에 대한 설명이다.

④ 아관파천 이후 고종은 덕수궁으로 환궁하여 대한제국을 선포하고 광무개혁을 실시하였다.

① 도성의 동쪽에 위치하여 동궐이라고 불린 궁궐은 창덕궁이다.

② 전통 정원 조경의 자연미와 인공미가 조화를 이룬 후원이 있는 궁궐은 창덕궁이다.

③ 흥선대원군이 왕권강화를 위해 중건한 궁궐은 경복궁이다.

目 ④

15 다음 정책의 결과로 옳지 <u>않은</u> 것은?

> 총독부는 15년 동안 토지개량과 농사개량을 통해 식량 생산을 대폭 늘려 일본으로 더 많은 쌀을 가져가고 조선의 농민생활도 안정시킨다는 계획을 세웠다. 이를 위해 논의 비중을 높이고 저수지와 같은 수리 시설을 개선·확충하며, 다수확 품종과 비료 개발을 진행했다.

① 조선인 자작농이 감소하고 소작농이 급증하였다.

② 미(米) 단작화로 경제구조의 파행성이 심화되었다.

③ 전국 토지의 토지대장, 지적도, 등기부가 작성되었다.

④ 식량 부족분을 해결하기 위해 만주산 좁쌀 등이 수입되었다.

해설

제시된 자료는 산미 증식 계획에 대한 설명이다.

③ 1910년대 토지조사사업 과정에서 전국 토지의 토지대장, 지적도, 등기부가 작성되었다.

①·②·④ 공업화 추진으로 인해 일본 내 식량이 부족해지자 모자란 쌀을 조선에서 수탈할 목적으로 산미 증식 계획이 진행되었다. 일본은 품종을 개량하고 수리 시설을 확충하였으며, 간척 사업을 실시하는 등 쌀 증산을 위해 노력하였지만 기대에 미치지 못하였고, 이 과정에서 수리 시설 개선과 품종 개량 등에 필요한 비용을 농민이 떠안게 되면서 생활이 어려워진 농민들은 대부분 소작농으로 전락하였다. 또한, 일본의 쌀 강제 공출로 인해 미곡의 단작화가 이루어졌으며 이로 인해 경제구조의 파행성이 심화되었고, 일본은 조선의 부족한 식량을 보충하기 위해 만주에서 조, 수수, 콩 등의 잡곡을 수입하였다.

目 ③

16 다음 '시정방침'에 따른 통치가 이루어지던 시기에 일어난 대중운동으로 옳지 않은 것은?

> 총독은 문무관 어느 쪽이라도 임용될 수 있는 길을 열고, 나아가 헌병에 의한 경찰 제도를 바꿔 보통 경찰에 의한 경찰 제도를 채택할 것이다. 그리고 복제를 개정하여 일반 관리, 교원이 제복을 입고 칼을 차던 것을 폐지하고, 조선인의 임용, 대우를 더 많이 고려하고자 한다.
>
> ─ 사이토 마코토, '시정방침' ─

① 전국적 규모의 노동자조직으로서 조선노동공제회가 결성되었다.
② 빈농을 주체로 한 토지혁명을 주장하는 농민조합운동이 일어났다.
③ 대중운동 전국적 조직화의 일환으로 조선청년총동맹이 결성되었다.
④ 백정들이 신분에 대한 불만을 타파하고자 조선형평사를 설립하였다.

> **해설** 사이토 마코토 총독의 '시정방침'에 따른 통치가 이루어지던 시기는 1920년대 문화통치기이다.
> ② 1930년대에 빈농을 주체로 한 토지혁명을 주장하는 농민조합운동이 일어났다.
> ① 1920년 지식인들과 노동자들을 중심으로 조선노동공제회가 결성되었다.
> ③ 1924년 민족주의 계열과 사회주의 계열의 청년단체들이 참여한 조선청년총동맹이 결성되었다.
> ④ 1923년 경남 진주에서 백정들은 평등한 대우를 요구하기 위하여 조선형평사를 설립하였다.
>
> 답 ②

17 (가)와 (나) 사이 시기의 사실로 옳은 것은?

> (가) 김종필과 오히라 일본 외상의 밀실회담 이후 한일회담은 급격히 진전되었다. 이에 대해서 전 사회적인 한일회담 반대 투쟁이 일어나 서울의 주요 대학 학생들을 중심으로 격렬한 거리시위가 전개되었다.
> (나) 한일 양국은 일본 도쿄에서 한일기본조약 조인식을 강행하였다. 하지만 막상 이 과정에서 한일 과거사에 대한 일본의 사죄는 명시되지 않았다.

① 정부는 계엄령을 선포하고 인민혁명당 사건을 조작, 발표하였다.
② 베트남 전쟁에 대한 전투부대 파병동의안이 국회에서 통과되었다.
③ 반공법과 데모규제법 제정을 추진하여 거센 반대운동을 불러왔다.
④ 대통령이 각종 법의 효력을 정지시킬 수 있는 긴급조치가 발동되었다.

(가) 박정희 정부 때 일어난 6 · 3 시위에 대한 내용이다. 1962년 11월 중앙정보부장 김종필과 오히라 외무상은 비밀리에 만나 회담을 하였고, 이 회담에서 일본은 한국에 무상자금을 '독립 축하금' 명목으로 제공하기로 하였다. 그러나 이 합의가 식민 지배에 대한 사과와 배상이 없이 이루어졌다는 것이 알려지자 학생들은 1964년 회담에 반대하는 6 · 3 시위를 전개하였다.

(나) 박정희 정부 때 체결된 한일 협정에 대한 내용이다. 6 · 3 시위가 지속되자 박정희 정부는 비상계엄을 실시하여 이를 억제하고 1965년 6월 한일 협정을 체결하였다.

① 굴욕적인 한일 협정에 대한 반발로 학생들의 시위가 지속되고 정권 퇴진을 요구하자 박정희 정부는 계엄령을 선포하였고, 1964년 8월 학생들의 배후에 북한의 지령을 받은 인민혁명단이 있다고 조작 · 발표하였다.

② 1965년 8월 베트남 전쟁에 대한 전투부대 파병동의안이 국회에서 통과되었다.

③ 장면 정부는 반공법, 데모규제법 제정을 추진하였으나 박정희 군부의 5 · 16 군사정변으로 중단되었다.

④ 박정희 정부는 유신 철폐를 주장하는 민주화 운동을 탄압하고자 1974년 1월부터 1975년 5월까지 긴급조치 1~9호를 잇따라 발표하였다.

달 ①

---

18 〈보기〉의 내용을 일어난 시간 순서대로 바르게 나열한 것은?

보기

㉠ 아름이의 작은 할아버지는 거제도 포로수용소에서 제3국행을 결정하여 아르헨티나로 갔다.

㉡ 수지의 할아버지는 미군과 함께 인천에 상륙하여 서울 수복을 위해 진격하였다.

㉢ 지연이의 큰 고모부는 흥남 부두에서 가족들과 헤어져 메러디스 빅토리호를 타고 부산으로 향했다.

① ㉠ → ㉡ → ㉢

② ㉡ → ㉠ → ㉢

③ ㉡ → ㉢ → ㉠

④ ㉢ → ㉠ → ㉡

㉡ 1950년 9월 인천 상륙 작전에 대한 내용이다. 북한의 남침 이후 서울이 함락되고 북한국의 진격이 가속화되자 국군과 유엔군은 1950년 9월 15일 인천 상륙 작전을 실시하였고 이 작전으로 북한군을 38선 너머로 격퇴시켰다.

㉢ 1950년 12월 흥남 철수 작전에 대한 내용이다. 1950년 10월 중공군의 공세가 거세지면서 국군과 유엔군은 한강 이남까지 후퇴하였다.

㉠ 1953년 정전 협정과 포로 처리 문제에 대한 내용이다. 이승만 정부는 1953년 6월 정전 협정 체결 직전에 반공 포로를 일방적으로 석방하기도 하였으며 반공 포로들은 한국군의 묵인 아래 포로수용소에서 탈출하였다. 정전 협정 체결 이후 본국 송환을 거부하는 포로들은 제3국으로 가게 되었다.

달 ③

19 밑줄 친 단어의 한자 표기가 옳지 <u>않은</u> 것은?

① 김 과장은 자산을 효율적으로 운용하여 이윤(利閏)을 남겼다.

② 박 과장은 국장의 격려(激勵)를 받자 업무에 더욱 몰두하였다.

③ 이 과장은 전염병에 감염(感染)되어 확진 판정을 받게 되었다.

④ 최 과장은 사표를 제출하였으나 국장이 수리(受理)하지 않았다.

> 해설
>
> ① 이윤(利閏 : 이로울 이, 윤달 윤)(×) → 이윤(利潤 : 이로울 이, 윤택할 윤)(○) : 기업의 총수입에서 임대, 지대, 이자, 감가상각비 따위를 빼고 남는 순이익
> ② 격려(激勵 : 과격할 격, 힘쓸 려) : 용기나 의욕이 솟아나도록 북돋워 줌
> ③ 감염(感染 : 느낄 감, 물들일 염) : 병원체인 미생물이 동물이나 식물의 몸 안에 들어가 증식하는 일
> ④ 수리(受理 : 받을 수, 다스릴 리) : 서류를 받아서 처리함
>
> 답 ①

20 밑줄 친 한자성어의 사용이 적절하지 <u>않은</u> 것은?

① 그는 온 세상을 덮을 만한 재주를 지니고 있어 <u>蓋世之才</u>라는 평가를 받았다.

② 그는 실로 <u>傍若無人</u>하여 주변 사람을 전혀 의식하지 않고 마음대로 떠들었다.

③ 그가 얼굴이 어두워져 들어온 것으로 볼 때 그 일의 결과는 <u>不問可知</u>였다.

④ 그가 시험에 응시하여 마침내 합격한 것은 <u>衆寡不敵</u>이라고 칭찬할 만했다.

> 해설
>
> ④ 중과부적(衆寡不敵 : 무리 중, 적을 과, 아닌가 부, 대적할 적) : 적은 수효로 많은 수효를 대적하지 못함
> ① 개세지재(蓋世之才 : 덮을 개, 인간 세, 갈 지, 재주 재) : 세상을 뒤덮을 만한 뛰어난 재주 또는 그 재주를 가진 사람
> ② 방약무인(傍若無人 : 곁 방, 같을 약, 없을 무, 사람 인) : 곁에 사람이 없는 것처럼 아무 거리낌 없이 함부로 말하고 행동하는 태도가 있음
> ③ 불문가지(不問可知 : 아닐 불, 물을 문, 옳을 가, 알 지) : 묻지 아니하여도 알 수 있음
>
> 답 ④

2021 기출문제

01 다음 글이 나오는 책에 대한 설명으로 옳은 것은?

> 대저 옛 성인들은 예악으로 나라를 융성케 하고 인의(仁義)로 가르쳤으며, 괴상한 힘이나 난잡한 귀신을 말하지 아니했다. …(중략)… 삼국의 시조들이 모두 신이(神異)한 데서 나왔다고 해서 어찌 괴이하겠는가? 이것이 신이로써 다른 편보다 먼저 놓은 까닭이며, 그 의도도 바로 여기에 있다.

① 현재 전하는 신라의 향가를 가장 많이 수록하고 있다.
② 유교 사서의 관례에 따라 중국 정사의 기전체(紀傳體) 형식을 도입했다.
③ 개인 전기가 실린 열전은 백제인이나 고구려인보다 신라인의 비중이 높다.
④ 신라가 독자적인 연호를 제정하여 사용한 것은 옳지 않다고 논했다.

해설
신이사관이 나타나는 것으로 보아 제시된 사료는 일연이 저술한 『삼국유사』의 일부임을 알 수 있다.
① 『삼국유사』에는 향가 14편이 수록되어 있고, 『균여전』에는 11편이 수록되어 전해지고 있다.
② 기전체의 형식을 도입한 것은 김부식이 저술한 『삼국사기』이다. 일연의 『삼국유사』는 기사본말체 형식을 가지고 있다.
③ 『삼국사기』의 열전에서는 백제인이나 고구려인보다 신라인의 비중이 높으며, 신라 계승 의식을 반영하고 있다.
④ 김부식은 『삼국사기』에서 신라가 독자적 연호를 제정해 사용한 것에 대해 비판하였다.

답 ①

02 다음 ( )의 국가에 대한 설명으로 옳은 것은?

> 지금 ( )의 창고에는 옥으로 된 벽(璧)·규(珪)·찬(瓚) 등 여러 대에 걸쳐 내려온 물건이 있어 대대로 보물로 여기는데, 원로들이 말하길 선대(先代) 왕이 하사받은 것이라 한다. 그 인문(印文)은 '예왕지인(濊王之印)'이다.
>
> – 『삼국지』, 「위서」 동이전 –

① 추수가 끝나는 10월에 동맹이라는 제천 행사를 열었다.

② 단궁, 과하마, 반어피 등의 특산물이 생산되었고 10월에 무천이라는 제천 행사를 하였다.

③ 해마다 씨를 뿌리고 난 5월과 추수를 마친 10월에는 계절제를 열어 하늘에 제사를 지냈다.

④ 사출도를 두었으며 12월에 영고라는 제천 행사를 개최하였다.

> **해설** 제시된 사료는 부여에 대한 내용이다.
> ④ 부여는 왕 아래에 마가, 우가, 저가, 구가가 있었으며, 이들 가(加)는 저마다 행정 구획인 사출도를 다스렸다. 영고는 매년 12월에 부여에서 열린 제천 행사이다.
> ① 고구려는 매년 추수가 끝나는 10월에 동맹이라는 제천 행사를 열었다.
> ② 단궁, 과하마, 반어피는 동예의 특산물이며, 동예는 매년 10월에 무천이라는 제천 행사를 열었다.
> ③ 삼한에서는 해마다 씨를 뿌리고 난 5월과 추수를 마친 10월에 계절제를 열어 하늘에 제사를 지냈다.
>
> 답 ④

03 신라의 발전 과정에 대한 사실들을 시대순으로 바르게 나열한 것은?

> ㉠ 고령의 대가야를 병합하여 영토를 확장하였다.
> ㉡ 호국의 염원을 담아 황룡사 9층 목탑을 세웠다.
> ㉢ 행정기관인 병부(兵部)를 설치하여 왕권을 강화하였다.
> ㉣ 주군현(州郡縣)의 제도를 정하고 실직주(悉直州)를 두었다.

① ㉢ → ㉣ → ㉠ → ㉡

② ㉢ → ㉣ → ㉡ → ㉠

③ ㉣ → ㉢ → ㉠ → ㉡

④ ㉣ → ㉢ → ㉡ → ㉠

> **해설** ㉣ 6세기 지증왕 때 주군현의 제도를 정비하였고 현재 강원도 삼척 지역에 실직주를 두었다.
> ㉢ 6세기 법흥왕은 병부를 설치하고 율령을 반포하는 등 통치 질서를 확립해 왕권을 강화하였다.
> ㉠ 6세기 진흥왕 때 대가야를 정복하였다.
> ㉡ 7세기 선덕여왕 때 자장의 건의로 황룡사 9층 목탑이 만들어졌다.
>
> 답 ③

04 다음 ( )에 해당하는 인물에 대한 설명으로 옳은 것은?

> 현종(玄宗) 개원(開元) 7년에 ( )이/가 죽었다. …(중략)… 아들이 왕위에 올라 영토를 크게 개척하니 동북의 모든 오랑캐들이 겁을 먹고 그를 섬겼으며, 또 사사로이 연호를 인안(仁安)으로 고쳤다.
>
> – 「신당서」, 「열전」 북적 발해 –

① 5경 15부 62주의 지방 행정 체계를 확립하였다.
② 장수 장문휴(張文休)를 시켜 등주를 공격하였다.
③ 3성 6부의 중앙 관제와 지방 행정 조직을 정비하였다.
④ 당의 군대를 천문령에서 물리치고 동모산에서 건국하였다.

 해설 아들이 인안(무왕이 사용한 연호)으로 연호를 고쳤다는 것으로 보아 괄호 안의 인물은 대조영임을 알 수 있다.
④ 대조영은 길림성의 동모산 기슭에 나라를 세웠으며, 국호를 '진(震)'으로 하였다.
① 5경 15부 62주의 지방 행정 체계를 확립한 왕은 9세기 발해 선왕이다.
② 732년 발해 무왕 때 장문휴는 당의 산둥반도를 공격하였다.
③ 당의 제도를 수용하여 3성 6부의 중앙 관제와 지방 행정 조직을 정비한 것은 문왕 때의 일이다.

답 ④

05 고려 시대 가족 제도와 여성의 지위에 대한 설명으로 옳지 <u>않은</u> 것은?

① 아들과 딸 모두 부모의 제사를 주관할 수 있었다.
② 여성은 사회 활동에 아무런 제한이 없이 남성과 대등한 위치에 있었다.
③ 혼인 형태는 일부일처가 일반적이었으나 축첩(蓄妾)도 가능하였다.
④ 여성이 호주(戶主)가 될 수 있었고 호적에도 아들과 딸을 구분하지 않고 나이에 따라 기록하였다.

해설 ② 고려 시대에는 여성의 사회적 지위가 상대적으로 높은 편이었지만, 관직에 진출할 수 없었으며 사회 활동을 하는 데 제한이 있었다.
① 고려 시대에는 여자도 제사를 지낼 수 있었으며 형제들이 돌아가면서 제사를 지내는 윤회(輪廻)봉사가 이루어지기도 하였다.
③ 일부일처제가 일반적이었지만, 지배층을 중심으로 축첩이 행해지기도 하였다.
④ 고려 시대에는 태어난 순서대로 호적에 기재하였으며 여성도 호주가 될 수 있었다.

답 ②

06 다음 작품이 제작된 시기의 문화 예술에 대한 설명으로 옳은 것은?

(안평대군의 꿈 이야기를 듣고 그린 그림)

① 자연을 벗삼아 사는 모습을 노래한 「청산별곡」이 창작되었다.

② 왕조의 창업과정과 왕실 선조들의 업적을 찬양한 『용비어천가』를 지었다.

③ 강화도에 외규장각을 두어 왕실의 행사를 기록한 의궤 등 중요한 서적을 보관하였다.

④ 중인 · 서얼층이 결성한 시사(詩社)를 중심으로 위항문학(委巷文學)이 유행하였다.

해설

위 그림은 안견의 '몽유도원도'로 조선 전기 세종 대의 작품이다. 도화서 화원이었던 안견이 안평대군의 꿈을 그림으로 형상화한 작품으로, 자연스러운 현실 세계와 환상적인 도원의 세계가 대조를 이루고 있다.

② 『용비어천가』는 조선 전기 세종 때 편찬되었다.

① 「청산별곡」은 고려 후기에 창작된 고려 속요이다.

③ 정조는 왕실에 규장각을 설치하였으며, 왕실 관련 서적을 보관할 목적으로 강화도에 외규장각을 두었다.

④ 위항문학은 조선 후기(18세기)에 유행하였다.

정답 ②

07 다음 전투가 일어난 시기를 〈보기〉의 (가)~(라)에서 바르게 고른 것은?

> 이여송이 휘하의 병사들을 거느리고 말을 몰아 급히 진격하였다. 왜적은 벽제관 부근에서 거짓으로 패하는 척하면서 명군을 진흙 수렁으로 유인하였다. 명군이 함부로 전진하다가 여기에 빠지자 왜적들이 갑자기 달려들어 명군을 마구 척살하였다. 겨우 죽음을 면한 이여송은 나머지 부하들을 이끌고 파주, 개성을 거쳐 평양으로 후퇴하였다.
>
> – 『연려실기술』, 선조조 고사본말 –

보기

신립이 탄금대 전투에서 패하고 자결하다.
↓ (가)
이순신이 이끄는 조선군이 한산도 해상에서 일본군을 크게 이기다.
↓ (나)
김시민 휘하의 조선 군인과 백성들이 진주성에서 일본군의 침입을 막아내다.
↓ (다)
권율이 지휘하는 조선군이 행주산성에서 일본군을 물리치다.
↓ (라)
원균이 칠천량 부근에서 전사하다.

① (가)   ② (나)

③ (다)   ④ (라)

- 신립의 탄금대 전투 : 1592년 4월
- 이순신의 한산도 대첩 : 1592년 7월
- 김시민의 진주 대첩 : 1592년 10월
- 권율의 행주 대첩 : 1593년 2월
- 원균의 칠천량 전투 : 1597년 7월

제시된 사료는 1593년 1월 파주 벽제관 전투와 관련된 내용으로, 1593년 1월 조명 연합군의 평양성 탈환과 2월 행주 대첩 사이에 일어난 사건이다.

답 ③

08 다음 글이 나오는 책을 지은 학자에 대한 설명으로 옳은 것은?

> 수령이라는 직책은 관장하지 않는 것이 없으니, 여러 조목을 열거하여도 오히려 직책을 다하지 못할까 두려운데, 하물며 스스로 실행하기를 기대할 수 있겠는가? 이 책은 첫머리의 부임(赴任)과 맨 끝의 해관(解官) 2편을 제외한 나머지 10편에 들어 있는 것만 해도 60조나 되니, 진실로 어진 수령이 있어 제 직분을 다할 것을 생각한다면 아마도 방법에 어둡지는 않을 것이다.

① 노론의 중심 인물로 대의명분을 중시하였다.
② 조세제도 개혁을 통해 정전제의 이념을 구현하려 하였다.
③ 자영농 육성을 위해 토지를 재분배하자는 균전론을 제기하였다.
④ 본인의 연행 경험을 바탕으로 상공업 진흥과 기술 발전을 제안하였다.

해설

수령의 역할을 제시하고 있는 것으로 보아 위 사료는 정약용이 저술한 『목민심서』의 일부임을 알 수 있다.
② 정약용은 토지제도 개혁안으로 처음에는 모든 토지의 사유화를 인정하지 않고 농사를 짓는 사람에게만 토지의 점유권과 경작권을 부여하는 여전론을 제시하였으나, 너무 이상적이라 판단하여 후에 현실적 대안인 정전제를 주장하였다.
① 정약용은 남인이며, 노론의 중심 인물로는 송시열이 있다.
③ 유형원은 자영농 육성을 목적으로 한 균전론을 제시하였다.
④ 본인의 연행 경험을 바탕으로 상공업 진흥과 기술 발전을 제안한 것은 박지원, 홍대용 등 중상학파 실학자들이다.

답 ②

09 다음에서 묘사한 도시에 대한 설명으로 옳은 것은?

> 운종가는 오가는 수많은 사람들의 바다
> 수레와 말들은 우레 소리 일으키네.
> 점포마다 온갖 상품 가득 쌓여
> 비단 가게에는 능라(綾羅)와 금수(錦繡)
> 어물 가게에는 싱싱한 갈치, 준치, 숭어, 붕어, 잉어
> 숭례문 밖 풍경을 보니 창고에는 곡식이 억만섬
>
> ― 『성시전도(城市全圖)』 ―

① 동시, 서시, 남시를 개설하였다.
② 건원중보와 해동통보가 화폐로 유통되었다.
③ 국가의 허가를 받아 영업하는 육의전이 번성하였다.
④ 벽란도와 중국의 항저우를 연결하는 해상길을 통해 교역이 이루어졌다.

'운종가', '숭례문' 등의 키워드를 통해 위 제시문은 조선 시대 한성의 모습을 묘사한 사료임을 알 수 있다.

③ 육의전은 조선 시대 한양에 설치된 시전으로, 종이, 명주, 모시, 어물, 삼베, 무명을 파는 상점이다.

① 동시와 서시, 남시를 설치한 것은 신라이다. 지증왕 때 동시가 설치되었고, 효소왕 때 서시와 남시가 설치되었다.

② 건원중보와 해동통보는 고려 시대의 화폐이며, 조선 시대에는 상평통보가 유통되었다.

④ 벽란도는 고려 시대의 국제 무역항이다.

답 ③

10 밑줄 친 '반란'에 대한 설명으로 옳은 것을 〈보기〉에서 모두 고른 것은?

> 반란을 일으킨 적도들은 평안도 가산읍 북쪽 다복동에서 무리를 모아 봉기하여 가산과 선천, 곽산 등 청천강 북쪽의 주요 고을들을 점령하고 기세를 떨쳤다.
>
> – 『서정록(西征錄)』 –

보기
⊙ 평안도 지역에 대한 차별에 저항하였다.
ⓒ 반정 후의 논공행상에 대한 불만이 원인이었다.
ⓒ 지역의 무반 출신과 광산노동자들이 적극 가담하였다.
ⓔ 의주와 안주를 연이어 점령하여 조정에 큰 위협이 되었다.

① ⊙, ⓒ

② ⊙, ⓒ

③ ⓒ, ⓒ

④ ⓒ, ⓔ

 제시문의 '반란'은 1811년 순조 때 발생하였던 홍경래의 난이다.

⊙ 홍경래의 난은 당시 서북 지역의 차별과 삼정의 문란에 반발하여 발생하였다.

ⓒ 홍경래의 난에는 광산노동자, 향임층, 무사 등 각계각층이 합세하였다.

ⓒ 1624년 인조반정 이후 이괄은 논공행상에 불만을 품고 난을 일으켰다.

ⓔ 홍경래의 난이 발생했을 때, 반란군은 청천강 이북의 여러 지역을 점령하였지만, 의주와 안주의 점령에는 실패하였다.

답 ②

11 근대문물이 들어오면서 조선 사회가 경험한 새로운 변화와 관련하여 옳은 것을 모두 고른 것은?

> ㉠ 근대식 우편 제도와 전신 시설은 모두 1884년에 시작하여 원거리 통신의 새로운 시대를 열었다.
> ㉡ 근대식 의료는 갑오개혁 이후 더욱 확산하여 1895년 정부에 위생국을 설치하고 전염병 예방 규칙도 제정하였다.
> ㉢ 전등은 1887년 고종과 미국인의 합작으로 설립한 한성전기 회사가 경복궁에 처음 설치하여 운영하였다.
> ㉣ 철도는 광무개혁 때 경인선을, 러일전쟁 때 경부선을, 간도협약으로 경의선을 모두 일본이 개통하였다.

① ㉠, ㉡

② ㉡, ㉢

③ ㉢, ㉣

④ ㉣, ㉠

해설
㉠ 근대식 우편 제도는 1884년 우정국이 설치되면서 시작되었고, 전신 시설은 1884년 부산과 일본 사이에 처음 개통되면서 시작하였다. 이는 부산과 일본 사이에서의 전신 개통에 해당하는 것이고 우리나라의 서울과 인천, 서울과 의주의 전신 개통은 1885년에 이루어졌다.
㉡ 위생국은 1894년 설치되었고, 1899년 대한제국 시기 '전염병 예방규칙'을 공포하여 당시 유행하던 전염병에 대처하도록 하였다.
㉢ 전등은 1887년에 경복궁에서 처음 설치되어 운영된 것은 맞지만, 한성전기 회사는 1898년에 만들어진 회사로, 전등의 설치와 관련이 없다.
㉣ 경의선은 간도협약 이전인 1906년에 개통되었다.

답 정답 없음

* 해당 문제는 당초 '㉠, ㉡'이 포함된 ①이 정답으로 공개되었으나, 이의 신청이 받아들여져 11번은 정답 없음으로 응시생 전원 정답 처리되었습니다.

12 밑줄 친 '정변'과 관련한 설명으로 옳은 것은?

> 전에는 …(중략)… 개화당을 꾸짖는 자도 많이 있었으나, 개화가 아름답다는 것을 말하면 듣는 사람들도 감히 크게 반대하지는 않았다. 그런데 정변을 겪은 뒤부터 조정과 민간에서 모두 "이른바 개화당이라고 하는 자들은 충의를 모르고 외국인과 연결하여 나라를 팔고 겨레를 배반하였다."라고 말하고 있다.
> － 『윤치호 일기』 －

① 이 정변을 계기로 주미공사 박정양을 미국에 파견하였다.

② 이 정변 직후 근대화를 위해 통리기무아문을 설치하였다.

③ 이 정변의 평화적 해결을 위한 상호 약속으로 제물포조약이 체결되었다.

④ 이 정변의 주도 세력은 혜상공국의 혁파 등 여러 개혁을 시도하였다.

'개화당'과 '정변'을 통해 위의 제시문에 해당하는 사건은 갑신정변(1884)임을 알 수 있다.

④ 갑신정변 당시에 급진개화파는 혜상공국의 혁파와 지조법 개혁 등의 내용을 담은 개혁 정강을 발표하고 추진하였다.

① 박정양이 초대 주미공사로 미국에 파견된 것은 1887년의 일이다.

② 통리기무아문은 1880년에 설치되었으며, 1882년 일어난 임오군란으로 인하여 폐지되었다.

③ 갑신정변의 결과 일본과 체결한 조약은 한성조약이다. 제물포조약은 임오군란으로 인해 조선과 일본 사이에 체결된 조약이다.

답 ④

13 다음 (가)의 활동에 대한 설명으로 옳은 것은?

1920년대 후반 민족유일당운동의 결과, 만주 지역 민족해방운동의 중심 단체이던 정의 · 신민 · 참의 3부가 국민부와 혁신의회로 재편되었다. 이후 1930년대에 국민부 계통은 (가)을/를 조직하여 남만주 일대를 중심으로 활약했다.

① 영릉가 전투와 흥경성 전투에서 일본군을 격파하였다.

② 혜산진 보천보를 습격하여 일제의 경찰주재소와 면사무소를 파괴하였다.

③ 쌍성보 전투, 대전자령 전투 등에서 일본군을 상대로 대승을 거두었다.

④ 일본군과 6일 동안 10여 회의 전투를 벌여 대승을 거둔 청산리 대첩을 이끌었다.

(가)의 단체는 조선 혁명군이다. 1930년대 국민부 계통은 조선 혁명군을 조직하여 남만주 일대를 중심으로 무장 투쟁을 전개하였다.

① 조선 혁명군은 영릉가 전투(1932)와 흥경성 전투(1933)에서 일본군에 승리를 거두었다.

② 동북 항일 연군의 조선 광복회가 보천보를 습격하여 일제의 경찰주재소와 면사무소를 파괴하였다.

③ 한국 독립군은 쌍성보 전투(1932), 대전자령 전투(1933)에서 일본군을 상대로 대승을 거두었다.

④ 김좌진의 북로군정서군을 중심으로 한 독립군 연합부대가 청산리 전투에서 승리를 거두었다.

답 ①

14 다음 설명에 해당하는 시기로 옳은 것은?

조선총독부는 「조선농지령」을 제정하여 지주의 소작료 수탈을 어느 정도 통제하고 소작인의 소작료감면 청구권을 법제화했다. 이는 소작인의 소작권을 안정시켜 농촌사회의 불안을 완화하려는 것이었으나, 실제 운영과정에서는 지주의 권익을 옹호하고 마름의 횡포를 통제하지 않았다.

	①		②		③		④	
국권피탈		3 · 1운동		신간회 해산		조선어학회 사건		8 · 15 해방

해설
「조선농지령」은 1934년에 제정된 법으로, 일제가 소작 문제를 소작료 수탈을 방지하는 것을 목적으로 제정되었으나 성과를 거두지 못했다.
국권 피탈은 1910년, 3 · 1운동은 1919년, 신간회 해산은 1931년, 조선어학회 사건은 1942년, 8 · 15 해방은 1945년에 발생한 사건이다.

답 ③

15 한국의 경제성장과 민주화의 진전에 대한 연대별 설명으로 옳지 <u>않은</u> 것은?

① 1960년대 : 노동집약적 수출 주도형 공업화 전략으로 매년 10% 안팎의 성장률을 기록하였다.
② 1970년대 : 근로조건 개선을 위한 전태일의 분신은 노동운동에 대한 관심을 고양하는 계기가 되었다.
③ 1980년대 : 저금리, 저유가, 저달러의 이른바 '3저 호황'에 힘입어 중반 이후 연평균 10%에 가까운 경제 성장률을 기록하였다.
④ 1990년대 : 한때 중단되었던 대통령 직선제를 부활하는 개헌을 통해 정치적 민주화에 진전을 이루었다.

해설
④ 1987년 6월 민주 항쟁의 결과 대통령 직선제 개헌이 이루어졌다.
① 1960년대에 제1 · 2차 경제개발 5개년 계획이 실시되면서, 노동집약적인 경공업을 집중적으로 육성하였다.
② 1970년에 전태일은 노동자들의 저임금, 장시간의 노동과 같은 노동 실태를 알리고 노동 환경 개선을 요구하였으나 받아들여지지 않자 근로조건의 개선을 위해 분신하면서 노동운동에 대한 사람들의 관심을 고양하는 계기가 되었다.
③ 1980년대 중반 이후에는 저금리 · 저유가 · 저달러의 '3저 호황'으로 수출이 증가하였고 높은 경제 성장률을 기록하였다.

답 ④

16 다음 각 자료에 해당하는 시대의 지방 제도에 대한 설명으로 옳은 것은?

> ㉠ 사람을 죽인 자는 바로 사형에 처하고, 남에게 상해를 입힌 자는 곡물로 배상하게 한다. 남의 물건을 훔친 자는 재산을 몰수하고 그 집의 노비로 삼는다.
>
> ㉡ 태조께서 나라를 통일한 후에 외관을 두고자 하였으나 …(중략)… 시행할 겨를이 없었습니다. …(중략)… 청컨대 외관을 두소서.
>
> ㉢ 골품을 따져 사람을 쓰기 때문에 그 족속이 아니면 비록 뛰어난 재주와 큰 공이 있어도 자기 신분의 한계를 넘지 못한다.
>
> ㉣ 이들은 집합하자마자 우선 독립 만세를 소리 높여 외쳐 …(중략)… 군중의 사기를 높이고 마침내는 경찰 관서를 습격하여 때때로 파괴적 행동에 빠지려 하였다.

① ㉠ : 5부를 설치하고 장관으로 욕살을 두었다.
② ㉡ : 12목을 설치하고 장관으로 목사를 두었다.
③ ㉢ : 8도를 설치하고 장관으로 관찰사를 두었다.
④ ㉣ : 23부를 설치하고 장관으로 관찰사를 두었다.

 해설

㉠은 고조선의 8조법, ㉡은 최승로가 고려 성종에게 건의한 시무 28조, ㉢은 신라의 골품제, ㉣은 3·1운동에 대한 설명이다.
② 고려 성종은 전국 주요 지역에 12목을 설치하였으며 지방관을 파견하였다.
① 고구려는 지방을 5부로 나누고 장관으로 욕살을 두었다.
③ 조선 시대에 8도를 설치하고 장관으로 관찰사를 두었다.
④ 제2차 갑오개혁 때 23부를 설치하고 장관으로 관찰사를 두었다.

답 ②

17 시대별 교육기관에 대한 설명으로 옳지 <u>않은</u> 것은?

① 삼국 가운데 백제와 신라는 모두 국학이라는 최고 교육기관을 설립하였다.
② 고려에서는 국자감과 향교 외에도 9재라는 사립교육 형태가 나타났다.
③ 조선에서는 선현을 모시는 서원이 고등 교육 기능도 함께 담당하였다.
④ 갑오개혁 시기에 신교육을 전담할 정부 부처로 학무아문을 설치하였다.

 해설

① 신라는 신문왕 때 국학을 설립하여 유학을 가르쳤으며, 백제의 교육기관에 대한 사료는 전하지 않지만, 오경박사와 역박사가 유교 경전과 기술학 등을 가르쳤다는 기록이 있다.
② 고려 시대에 최충은 9재 학당을 설립하였으며, 사학 12도가 융성하였다.
③ 서원은 선현에 대한 제사를 올리는 활동 이외에도 인재를 모아 교육시키는 교육기관의 기능을 담당하였다.
④ 1차 갑오개혁 때는 6조를 8아문으로 개편하였는데, 이 중에서 학무아문은 신교육을 전담하였다.

답 ①

18 다음 (가) 지역에서 일어난 사건으로 옳지 <u>않은</u> 것은?

(가)의 역사와 문화 탐방 계획

○ 일시 : 2021년 ○○월 ○○일
○ 탐방 장소 및 주제

탐방장소	주제
자연사박물관, 역사박물관	(가) 지역의 자연환경과 역사에 대한 기초적 이해
〈부근리 고인돌〉	고인돌을 통해 알 수 있는 선사 시대의 생활상
〈정족산성〉	병인양요와 정족산성 전투
〈초지진〉	운요호 사건과 초지진

① 몽골군의 침입에 대항하여 수도를 옮겼다.
② 프랑스 군이 침입하여 문화재를 약탈하였다.
③ 을사조약에 반대하여 최익현이 의병을 일으켰다.
④ 진위대의 군인들이 군대해산에 저항하여 봉기하였다.

해설

자료의 (가)에 해당하는 지역은 강화도이다.

③ 을사조약 체결에 반대하여 최익현은 전북 태인에서 의병을 일으켰다. 최익현은 순창에서 진위대와 대치한 상황에서 동포끼리 싸울 수 없다고 하여 <u>스스로</u> 체포되었으며 대마도에 끌려가 순절하였다.

① 최우는 몽골군의 침입에 대항해 강화도로 천도(1232)하였다.

② 병인양요(1866) 당시 프랑스 군은 강화도의 외규장각에 보관되어 있던 의궤를 약탈하였다.

④ 1907년에 군대를 해산하려 하자 이에 대항하여 을미개혁의 일환으로 설치된 근대적 지방군대인 진위대가 봉기를 일으켰다.

답 ③

19 밑줄 친 부분과 의미가 통하는 한자어를 연결한 것으로 옳지 <u>않은</u> 것은?

> ㉠ 코로나 19로 인해 <u>일을 쉬는</u> 날이 많아졌다.
> ㉡ 이 연극에서 <u>가장 뛰어난</u> 부분은 마지막 장면이었다.
> ㉢ 그는 <u>마음속에 간직하고 아직 드러내지 않은 생각</u>이 따로 있었다.
> ㉣ 다국적 기업들이 시장 점유율을 높이기 위해 <u>치열하게 다투고</u> 있다.

① ㉠ : 休務
② ㉡ : 壓卷
③ ㉢ : 覆案
④ ㉣ : 角逐

③ 부안(覆案 : 덮을 부, 책상 안)(×) → 복안(腹案 : 배 복, 책상 안)(○) : 마음속에 품고 있는 계획을 의미
① 휴무(休務 : 쉴 휴, 힘쓸 무) : 직무를 보지 않고 한동안 쉼을 의미
② 압권(壓卷 : 누를 압, 책 권) : 위의 책이 아래 책을 누른다는 뜻으로 여럿 중에서 가장 뛰어난 것을 의미
④ 각축(角逐 : 뿔 각, 쫓을 축) : 겨루고 쫓는다는 뜻으로, 서로 이기려고 세력이나 재능을 다툼을 의미

정답 ③

20 밑줄 친 단어의 한자 표기가 모두 옳은 것은?

① <u>의견수렴(意見收廉)</u>을 거쳐 우체국 <u>보험(保險)</u> 상품을 새로 시판했다.
② 예금주는 언제든지 예금거래 기본 <u>약관(約款)</u>의 <u>교부(交付)</u>를 청구할 수 있다.
③ 우정사업본부는 대한민국 <u>우편(郵便)</u> · 금융의 <u>초석 역할(楚石役割)</u>을 하고 있다.
④ 변동금리를 적용하는 <u>거치식(据值式)</u> <u>예금(預金)</u>은 최초 거래 시 이율 적용 방법을 표시한다.

해설
② 약관(約款 : 맺을 약, 항목 관)
  교부(交付 : 사귈 교, 줄 부)
① 의견수렴(意見收斂 : 뜻 의, 볼 견, 거둘 수, 거둘 렴)
  보험(保險 : 지킬 보, 험할 험)
③ 우편(郵便 : 우편 우, 편할 편)
  초석 역할(礎石役割 : 주춧돌 초, 돌 석, 부릴 역, 벨 할)
④ 거치식(据置式 : 근거 거, 둘 치, 법 식)
  예금(預金 : 맡길 예, 쇠 금)

정답 ②

좋은 책을 만드는 길, 독자님과 함께 하겠습니다.

2023 우정 9급 계리직 공무원 한국사[상용한자 포함] 기본서

개정15판1쇄 발행	2023년 03월 06일 (인쇄 2023년 01월 18일)
초 판 발 행	2015년 06월 10일 (인쇄 2015년 04월 27일)
발 행 인	박영일
책 임 편 집	이해욱
저 자	SD 공무원시험연구소
편 집 진 행	신보용 · 정유진
표지디자인	박종우
편집디자인	박지은 · 박서희
발 행 처	(주)시대고시기획
출 판 등 록	제10-1521호
주 소	서울시 마포구 큰우물로 75 [도화동 538 성지 B/D] 9F
전 화	1600-3600
팩 스	02-701-8823
홈 페 이 지	www.sdedu.co.kr

I S B N	979-11-383-4228-5 (13350)
정 가	30,000원

SD에듀와 함께, 합격을 향해 떠나는 여행